G. Falcon, *Lineamenti di diritto pubblico.*

GIANDOMENICO FALCON

LINEAMENTI
DI
DIRITTO PUBBLICO

Dodicesima edizione

CEDAM
CASA EDITRICE DOTT. ANTONIO MILANI
2011

ISBN 978-88-13-30839-1

Stampato in Italia - Printed in Italy

Centrofotocomposizione Dorigo - Padova
Stampato da L.E.G.O. S.p.A., Lavis (TN)

Premessa

Con la dodicesima edizione questo manuale arriva al ventiquattresimo anno di vita: davvero un lungo periodo, durante il quale il mondo, il paese e, per quello che conta, anche l'autore sono alquanto cambiati.

Nel 1987 il mondo era diverso. Politicamente, esso era ancora diviso nel blocco occidentale e nel contrapposto blocco sovietico: una divisione che sembrava eterna e strutturale, della quale oggi si è quasi smarrita la traccia. Tuttavia, l'apparente trionfo dell'Occidente nella guerra fredda sbiadisce ora di fronte al grandioso riequilibrio economico e politico delle diverse aree del mondo, simbolicamente rappresentato dalla potenza della Cina, e al riemergere in forme nuove dello storico contrasto con l'universo islamico. Tecnologicamente, la civiltà informatica ha rivoluzionato le nostre vite. Telefono personale e computer, o più avanzate fusioni tra i due, fanno apparire gli strumenti della vecchia era – da ultimo la macchina da scrivere – arcaici quanto la penna d'oca o lo stilo per incidere la cera. Se le distanze fisiche ancora rimangono, seppure di molto ridotte, quelle della comunicazione sono, in larghissima misura, scomparse.

Così, le diverse aree del mondo, politicamente divise, freneticamente interagiscono, nel commercio e nel turismo come nella ricerca, nella medicina o nello stesso diritto, o nei flussi migratori dalle aree povere alle aree ricche. La reciproca interdipendenza rende evidenti i bisogni comuni, da quello della pace a quelli della salute e dell'ambiente, della sicurezza e in generale del benessere. Nascono perciò e si moltiplicano a ritmo accelerato le istituzioni della globalizzazione: l'Organizzazione delle Nazioni Unite e la miriade di istituzioni collegate, la Banca mondiale, il Fondo monetario internazionale, l'Organizzazione mondiale del commercio, quella della sanità, quella che regola l'aviazione civile, quella che regola le denominazioni e gli indirizzi internet, le associazioni internazionali di autorità nazionali, che si sforzano almeno di coordinare le rispettive attività di regolazione della concorrenza, di vigilanza sulle banche, sulle assicurazioni, sui mercati mobiliari. Praticamente, ogni settore della vita collettiva cerca ormai ed in qualche modo trova il referente di una istituzione globale, senza peraltro che ciò abbia messo capo ad un vero ordine giuridico mondiale.

Di fronte a queste trasformazioni, il nostro paese cerca le vie di adattamento che gli consentano di mantenere – se possibile – il grado di benessere raggiunto negli ultimi decenni dello scorso secolo: impresa difficile per un paese privo di materie prime, non più competitivo nel mercato del la-

voro e nella conseguente divisione internazionale delle produzioni. Una di queste vie, naturalmente, è l'Unione europea, insieme alla moneta comune, l'euro. Le istituzioni europee sono una risorsa ed un vincolo, ed a seconda dei casi appaiono nell'uno o nell'altro aspetto. Le vicende di questi mesi, sintetizzabili nella «crisi dell'euro», mostrano che neppure esse hanno raggiunto una situazione di stabile equilibrio. Stati e popolazioni non di rado recalcitranti sono costretti dalla forza delle cose – o se si vuole dei «mercati» – ad una sempre maggiore unificazione delle politiche e dei destini, a sempre maggiori vincoli per godere di una sufficiente risorsa comune. Tuttavia, l'esito di questo processo rimane per ora non definito.

* * *

Anche le persone che hanno attraversato questo periodo, o che sono state attraversate da questi mutamenti, sono cambiate. Nel 1987 l'autore di questo manuale aveva del diritto una visione più positivista e maggiormente ristretta all'orizzonte statale: il diritto come insieme delle norme poste («volute») dal legislatore. Anche allora, ovviamente, vedevo l'ancoraggio alla società, ma esso mi appariva operante soprattutto nella legittimazione della fonte suprema dell'ordinamento, che viveva poi come un corpo separato.

*Se mi venisse richiesto oggi, definirei piuttosto il diritto come il processo di elaborazione di una varietà di materiali «giuridici» o giuridicamente rilevanti, materiali che non sempre pongono norme precise; le quali anzi (quando ci sono) sono subordinate a fonti – come le Costituzioni e le carte di diritti fondamentali – che contengono principi, valori, regole generali che coesistono e reciprocamente si delimitano. Sono materiali non solo italiani: se lo Stato nazionale rimane sovrano nella prospettiva delle decisioni ultime, nella vita reale il primato del diritto europeo – del diritto dell'Unione come (pur diversamente) della Convenzione europea dei diritti dell'uomo – è sancito e praticato. Sono materiali che si innestano in una tradizione di civiltà giuridica, la tradizione giuridica occidentale. Paesi con simili valori danno spesso simili risposte a simili problemi, magari attraverso diversi percorsi giuridici. La legge è spesso l'*espressione particolare, *più che la vera* fonte, *della regola giuridica. La parola del legislatore conta, ma ogni sua parola interagisce in un sistema che ha i suoi principi, i suoi valori, le sue regole.* Trovare il diritto *è un'operazione complessa, come forse – almeno in parte – risulta nei capitoli del volume.*

* * *

Può apparire sorprendente che, nonostante tutti i mutamenti intercorsi, l'articolazione fondamentale del libro abbia potuto rimanere quasi immutata nelle diverse edizioni. In essa, in realtà, il solo mutamento impor-

tante è consistito nell'inserimento – già con la seconda edizione del 1989 – del Capitolo 13, dedicato alle Istituzioni comunitarie europee *(e in seguito semplicemente alle* Istituzioni europee*). La trattazione, sia pure in sintesi, delle istituzioni europee in un manuale di diritto pubblico può oggi apparire naturale, dal momento che il diritto europeo è parte del nostro diritto interno (o, se si vuole, il nostro diritto interno è parte del diritto europeo). Nel 1989, invece, essa costituiva una scelta innovativa. Può darsi che un giorno debbano trovare specifica attenzione i fenomeni e le istituzioni della globalizzazione, la cui espressa trattazione mi è sembrata però ancora prematura, al di là di qualche accenno.*

Se è rimasta quasi immutata l'articolazione, lo stesso non si può certo dire per il contenuto dei singoli capitoli. Al contrario, ogni nuova edizione ha cercato di assorbire, mano a mano, i mutamenti intervenuti, riportando il manuale «a giorno».

Così anche in questa edizione le modifiche sono state numerose, pur in assenza di mutamenti specifici nella Costituzione italiana. È stato quasi integralmente riscritto il capitolo 13, dedicato alle istituzioni europee, per tenere conto del Trattato di Lisbona, e con esso della sostituzione della sola Unione europea al complesso precedentemente formato dall'Unione e dalla Comunità. È stato rivisto il capitolo 8, sugli strumenti del lavoro giuridico. Si è tenuto conto dei mutamenti introdotti a diverse riprese nella disciplina del procedimento amministrativo (l. n. 241 del 1990), della unificazione della disciplina del processo amministrativo operata dal d. lgs. n. 104 del 2010, delle modifiche intervenute nella disciplina degli strumenti finanziari che accompagnano l'approvazione del bilancio, ecc. La generale rilettura ha poi portato a moltissimi interventi di correzione, precisazione, soppressione e integrazione, più o meno appariscenti. Confido però che il libro abbia mantenuto anche in questa edizione il suo carattere di illustrazione chiara e lineare, e che il lettore possa non accorgersi del travaglio occorso per mantenerlo aggiornato.

* * *

La copertina riproduce un'opera di un artista italiano contemporaneo, Mimmo Paladino. Si tratta di un «tondo» (la sua dimensione reale è di ben m 2,50 di diametro) che forma un tricolore, animato da inserti di vario tipo. Mi è sembrato non solo bello, ma anche in grado di esprimere simbolicamente la complessità della situazione italiana, a 150 anni dalla raggiunta unità. Sono grato dunque all'autore e al collezionista proprietario dell'opera per il consenso prestato all'uso dell'immagine (ed il ringraziamento si estende alla Galleria Bonomo di Roma che ha tenuto i necessari contatti).

Infine, anche questa volta sono debitore di un ringraziamento a diverse persone: in particolare, a Fulvio Cortese, Christian Ferrazzi, Maurizio Malo e Carlo Padula, che hanno dato consigli e suggerito diverse revisioni; e ad Elisa Fontanella per la pazienza nella correzione delle bozze e nella revisione degli indici.

Padova, settembre 2011

Premessa alla undicesima edizione

Questa nuova edizione, pur ormai necessaria ad oltre due anni e mezzo dalla precedente, non registra però alcuna innovazione «maggiore» nel tessuto istituzionale italiano ed europeo.

Quanto all'Italia, l'estesa riforma della Parte seconda *della Costituzione approvata in sede parlamentare il 16 novembre 2005 è stata respinta da oltre il 60% dei voti nel* referendum *svoltosi nel giugno 2006, e dunque non ha potuto essere promulgata. Né sono giunti al termine – anche per la fine anticipata della legislatura – i successivi progetti rivolti a riformare, almeno, il bicameralismo perfetto del Parlamento. L'assetto fondamentale delle istituzioni italiane è rimasto dunque immutato.*

Sul versante europeo, dopo il fallimento del «Trattato costituzionale» del 2004 – già registrato nella precedente edizione – gli Stati membri dell'Unione hanno cercato di recuperarne il contenuto essenziale nel Trattato sottoscritto a Lisbona nel dicembre 2007, il quale sarebbe dovuto entrare in vigore, dopo le ratifiche, il 1° gennaio 2009. Ma anche il nuovo tentativo è entrato in una fase di crisi, dopo il negativo esito del referendum *svoltosi in Irlanda nel giugno 2008.*

Poiché le modifiche dei trattati europei sembrano necessarie e sono largamente condivise, si può credere che gli Stati cercheranno il modo di superare la difficoltà, con decisioni che saranno verosimilmente assunte nei prossimi mesi. Tuttavia, è difficile pensare che non vi sarà – al minimo – un rilevante ritardo nell'entrata in vigore. Sicché, per ora, le novità sul piano europeo consistono essenzialmente nell'allargamento della Comunità e dell'Unione, che con le nuove accessioni comprendono ormai ventisette Stati membri.

Pur in assenza di innovazioni istituzionali maggiori, la revisione del testo è stata ugualmente profonda. Tutte le parti hanno formato oggetto di un lavoro di manutenzione rivolto ad aggiornare il manuale. Da un lato, le innovazioni recate dalla legislazione ordinaria e dalla giurisprudenza costituzionale in oltre due anni sono state, ovviamente, numerose. Dall'altro, si è provveduto ad eliminare le parti che erano divenute obsolete.

Nella revisione si sono inoltre chiariti – anche su segnalazione di studenti partecipi – passi che potevano indurre in equivoco, e sono state eliminate talune incongruità nella punteggiatura.

Nonostante ciò, arrivato alla undicesima edizione non mi illudo più che essa sia del tutto priva di difetti e di errori, e continuerò ad essere grato a chi vorrà segnalarli, ad esempio all'indirizzo di posta elettronica giandomenico.falcon@unitn.it.

Come per la precedente edizione, un ringraziamento particolare va al prof. Carlo padula, che ha discusso con me la gran parte delle revisioni, e a Nadia Dorio, che ha curato in particolare l'aggiornamento degli indici.

Padova, 31 luglio 2008

INDICE SOMMARIO

I

IL DIRITTO, I SOGGETTI, GLI ATTI. NOZIONI DI BASE

Capitolo 1

IL DIRITTO

Capitolo 2

LE NORME E LA LORO APPLICAZIONE

Capitolo 3
I RAPPORTI TRA NORME GIURIDICHE

Capitolo 4
I SOGGETTI

Capitolo 5
LE SITUAZIONI GIURIDICHE SOGGETTIVE. I BENI

Capitolo 6
FATTI E ATTI GIURIDICI

Capitolo 7
IL NEGOZIO GIURIDICO

Capitolo 8

GLI STRUMENTI DEL LAVORO GIURIDICO

II

IL DIRITTO PUBBLICO

Capitolo 9

LO STATO

Capitolo 10

LO SVILUPPO DEGLI ORDINAMENTI STATALI

Capitolo 11

FORMAZIONE E VICENDE
DELLO STATO ITALIANO

Capitolo 12

PRINCIPI FONDAMENTALI DELLA ORGANIZZAZIONE PUBBLICA

Capitolo 13

LE ISTITUZIONI EUROPEE

III

IL PARLAMENTO, IL GOVERNO, IL PRESIDENTE DELLA REPUBBLICA

Capitolo 14

IL PARLAMENTO

Capitolo 15

IL GOVERNO

Capitolo 16

IL PRESIDENTE DELLA REPUBBLICA

IV

LE FONTI DI DIRITTO

Capitolo 17

LE FONTI COSTITUZIONALI

Capitolo 18

LE FONTI DELL'UNIONE EUROPEA
E LE FONTI INTERNAZIONALI

Capitolo 19

LA LEGGE ORDINARIA DEL PARLAMENTO

Capitolo 20

GLI ATTI LEGISLATIVI STATALI

Capitolo 21

I REGOLAMENTI DELL'ESECUTIVO

Capitolo 22

LE FONTI REGIONALI E LOCALI

Capitolo 23

ALTRE FONTI

V

LA PUBBLICA AMMINISTRAZIONE

Capitolo 24

L'ATTIVITÀ AMMINISTRATIVA
E IL DIRITTO DELL'AMMINISTRAZIONE

Capitolo 25
L'AMMINISTRAZIONE STATALE

Capitolo 26
LE AUTONOMIE TERRITORIALI E GLI ALTRI ENTI PUBBLICI

Capitolo 27
GLI ATTI AMMINISTRATIVI

Capitolo 28

I BENI PUBBLICI, LA FINANZA, IL BILANCIO

VI
LA MAGISTRATURA E LA CORTE COSTITUZIONALE

Capitolo 29

LA MAGISTRATURA ORDINARIA

Capitolo 30

LA GIUSTIZIA AMMINISTRATIVA E LE GIURISDIZIONI SPECIALI

Capitolo 31

LA CORTE COSTITUZIONALE

VII

LA PERSONA, LE LIBERTÀ, LA SOLIDARIETÀ SOCIALE

Capitolo 32

LE LIBERTÀ INDIVIDUALI E COLLETTIVE

Capitolo 33

GLI ISTITUTI DI SOLIDARIETÀ SOCIALE

I
IL DIRITTO, I SOGGETTI, GLI ATTI. NOZIONI DI BASE

capitolo 1

IL DIRITTO

1. Le regole prescrittive. – 2. Regole e sanzioni. – 3. Le norme giuridiche. – 4. La produzione delle norme giuridiche. – 5. L'ordinamento giuridico. – 6. Diritto e giustizia. – 7. Diritto, consenso e forza. – 8. Le Carte dei diritti dell'uomo.

1. le regole prescrittive

Le regole di comportamento

Ciascuno sa per esperienza diretta che cosa significhi comportarsi secondo **regole**. Ciò accade spesso, ad esempio, negli *sport*: chi gioca agli scacchi, o pratica la pallacanestro – come naturalmente altri giochi o *sport* – sa bene che il suo comportamento nel gioco non è libero, ma deve svolgersi secondo *regole predeterminate*. Ma va da sé che anche al di fuori del gioco accade molto spesso che determinati comportamenti *devano* essere tenuti, e determinati altri *devano* essere evitati. I comportamenti umani, in altre parole, possono essere – oltre che semplicemente *permessi* – *prescritti* oppure *vietati*.

Così, secondo la comune convinzione, si *deve* dire la verità; salutati, si *deve* rispondere al saluto; nella circolazione stradale, quando il semaforo diventa rosso, ci si *deve* fermare; se si fa una promessa, *bisogna* mantenerla, e così pure vanno *adempiuti* i contratti. In tutti questi casi – come in innumerevoli altri – i nostri possibili comportamenti formano l'oggetto di una *regola* (o *norma*) che stabilisce se essi possano, non possano, oppure debbano essere tenuti.

Generalità e astrattezza

Si noti che le regole di questo tipo non si riferiscono a *singole persone*, o a *singoli casi*, ma valgono per *chiunque* si trovi in una certa situazione, prevista dalla norma, e *tutte le volte* che una persona si trovi in quella situazione. Si dice perciò che le norme sono *generali* (nel senso che valgono per *tutti* coloro che si trovino o si troveranno in una certa situazione) e *astratte* (nel senso che per ognuno, la norma varrà *tutte le volte* che egli si trova in una situazione *dello stesso tipo*). Ad esempio, la regola secondo la quale si deve circolare a destra è *generale*, perché vale per chiunque si trovi a circolare; ma è anche *astratta,* nel senso che vale non solo per una determinata occasione, ma *ogni volta* che uno si trovi a circolare. **Generalità** ed **astrattezza** sono dunque caratteristiche delle regole delle quali abbiamo parlato.

Fa anche parte dell'esperienza comune che regole di questo tipo, cioè regole che prescrivono comportamenti, *devono* essere seguite ma, materialmente parlando, possono anche essere contraddette e trasgredite: come, ad esempio, quando qualcuno (avendo fretta o per altre ragioni) passa nonostante il semaforo rosso. La trasgressione, s'intende, è *vietata*, ma è tuttavia materialmente possibile. Solo perciò, del resto, ha un senso vietarla: nessuna persona di buon senso penserebbe di vietare azioni materialmente impossibili.

Regole prescrittive e regole descrittive

Esistono poi anche altre «regole», diverse da queste. Ad esempio, tutti sanno che c'è una regola secondo la quale se aumenta la richiesta di certi *beni*, esistenti in misura limitata, i prezzi di quei beni aumentano (è la cosiddetta legge della domanda e dell'offerta); o che esiste un'altra regola secondo la quale un corpo immerso nell'acqua riceve una spinta pari al peso dell'acqua spostata. Tuttavia queste regole, corrispondenti alle «leggi» naturali, o a quelle dell'economia, non vogliono certo *imporre* quei comportamenti, ogni volta che si diano quelle determinate circostanze, ma semplicemente *constatano* che essi, di fatto, si verificano.

Così il senso della legge della domanda e dell'offerta non è che, se la richiesta aumenta, i prezzi *debbano* salire: la conseguenza è anzi per lo più tanto indesiderata, che a volte ci si sforza di impedirla. La «regola» si limita invece a *descrivere* ciò che normalmente accade. Diciamo perciò che si tratta di regole di tipo *descrittivo*, e che a queste si contrappongono le regole di tipo *prescrittivo*, quali erano quelle di cui si parlava all'inizio.

Si noti che quando si tratta di valutare se ci si trovi realmente di fronte ad una regola, si seguono criteri diversi a seconda che si tratti di regole prescrittive o di regole descrittive. Le regole descrittive, in effetti, possono essere *vere* o *false*, a seconda che l'osservazione empirica della realtà le confermi o meno; ma una regola descrittiva «falsa» è, più semplicemente, un qualcosa che non esiste come regola. La regola prescrittiva, al contrario, non diventa affatto falsa per la sola circostanza che il comportamento da essa prescritto talora non si verifica (per il fatto, cioè, di non venire in singoli casi osservata). Se trasgredita, essa non cessa per nulla, in generale, di esistere come regola. Al contrario, la trasgressione è essa stessa in qualche modo *prevista*, e provoca l'applicazione di altre regole, appositamente stabilite per tale ipotesi.

Regola e trasgressione

Le regole *prescrittive*, dunque, sono regole che *qualificano come dovuto o come vietato un determinato comportamento*. Sempre, però, è materialmente possibile un comportamento diverso e difforme, che costituisce **trasgressione** della regola. In genere, i comportamenti difformi dalla regola sono *disapprovati*: significherebbe ben poco l'esistenza di una regola, se si potesse non rispettarla senza subire nessuna conseguenza o senza provocare nessuna reazione.

2. regole e sanzioni

La sanzione

Le conseguenze negative che colpiscono il trasgressore in relazione alla trasgressione della regola si chiamano comunemente, ed anche nel linguaggio giuridico, **sanzioni**. Anche a questo proposito, tuttavia, bisogna meglio precisare ciò che intendiamo, dato che non sempre le conseguenze negative di un comportamento sono vere sanzioni. Ad esempio, chi infranga frequentemente il precetto di non mentire, si farà prima o poi fama di essere bugiardo: non sarà creduto, e potrà capitare che le altre persone non intrattengano volentieri rapporti con lui, almeno rapporti nei quali sia essenziale la fiducia reciproca.

È *probabile* che ciò accada: ma non è in nessun modo *prescritto* che ciò *debba* accadere. La «regola» secondo la quale chi è bugiardo viene evitato è (nei limiti in cui risulta verificata, dato che altri fattori possono agire in senso contrario) una regola descrittiva, non una regola prescrittiva.

Molto spesso, però, la situazione è ben diversa. Nella pallacanestro ad esempio – come del resto in genere negli sport – il comportamento del giocatore che irregolarmente intervenga su un altro giocatore potrà essere (sul piano *descrittivo*) disapprovato o meno da coloro che seguono la partita (potrebbe ben trattarsi di un intervento involontario, o comunque giustificato dalle circostanze del gioco); ma sul piano delle regole prescrittive proprie di quel gioco, il comportamento irregolare *dovrà* essere colpito con una determinata *sanzione*, prestabilita in relazione alla trasgressione compiuta. Ciò significa che accanto alla regola che vieta quel comportamento, esiste un'altra regola, anch'essa *pre-*

scrittiva, che stabilisce quale sanzione deve essere inflitta nei casi di trasgressione della prima regola.

Per **sanzione** intendiamo perciò non *qualunque* conseguenza negativa di un certo comportamento, ma soltanto le conseguenze negative espressamente previste da *regole prescrittive* per quel comportamento.

3. le norme giuridiche

Regole giuridiche e altre regole di comportamento

Le regole del diritto, o **norme giuridiche** sono, è facile constatarlo, regole prescrittive, cioè *regole che disciplinano comportamenti umani, prescrivendo quali siano da tenere e quali da evitare*. Ma non tutte le regole o norme prescrittive sono norme giuridiche. Restando agli esempi fatti prima, il precetto di non mentire e quello di mantenere le promesse sono regole *morali*; il precetto di rispondere al saluto corrisponde – come in genere le regole del «galateo» – ad una regola di *cortesia*; le prescrizioni relative al semaforo e ai contratti sono invece vere e proprie norme *giuridiche*.

A volte, lo stesso comportamento può essere preso in considerazione da norme di diverso tipo: non rubare, ad esempio, è certo una regola morale (e anche, se si vuole, una regola imposta da determinate convinzioni religiose), ma non c'è dubbio che esiste anche una regola giuridica che proibisce il furto. L'attraversamento di una strada con il semaforo rosso non contravviene soltanto ad una norma giuridica ma anche, in generale, ad una regola di prudenza.

Necessità di regole vincolanti per tutti

La differenziazione delle regole giuridiche dalle altre regole prescrittive – e in particolare dalle regole morali e religiose – è propria delle società evolute. Se una persona desidera comportarsi in maniera ineducata, o non conforme a regole religiose, o persino in modo moralmente discutibile – ed è disposto ad affrontare la disapprovazione sociale che di fatto eventualmente ne derivi – ciò può anche essergli giuridicamente consentito: ma è chiaro che *ogni gruppo sociale*, per garantire la propria sopravvivenza, ed inoltre un'ordinata e accettabile convivenza, *deve porre una certa serie di regole, la cui osservanza sia garantita dalla previsione di specifiche ed apposite sanzioni da infliggere nelle ipotesi di trasgressione delle regole stabilite*. Al tempo stesso dovranno essere individuate le persone (autorità o giudici) abilitate dalle regole del gruppo sociale ad infliggere le sanzioni, e le procedure che dovranno essere seguite per arrivare a questo risultato.

Alcune delle regole così individuate coincideranno con regole morali (anche se certo non tutte le regole morali saranno considerate regole da sanzionare a cura di apposite autorità); altre saranno soltanto regole stabilite per la loro utilità (che può consistere anche solo nel fatto di avere una regola: si pensi alla norma che, nei paesi dell'Europa continentale, stabilisce l'obbligo di circolare a destra, mentre nel Regno Unito vale l'opposta regola della circolazione a sinistra).

Diritto obbiettivo

Nel loro insieme, esse costituiranno le regole mediante le quali la comunità organizzata: a) individua i *comportamenti da tenere o da evitare*; b) prevede le *sanzioni per coloro che non rispettino le regole di comportamento*; c) istituisce le *autorità cui spetta il compito di infliggere le sanzioni*. In prima approssimazione, possiamo dire che tali regole sono le regole del diritto, o norme giuridiche, che nel loro insieme costituiscono il **diritto obbiettivo**.

4. la produzione delle norme giuridiche

Nelle società occidentali contemporanee, le regole giuridiche, cioè le regole da far rispettare da parte dell'intero gruppo sociale, colpendo le eventuali trasgressioni mediante le apposite sanzioni, per lo più non nascono «spontaneamente» attraverso la formazione di consuetudini, né si ritengono imposte da autorità sovrumane (come accadeva invece, nella tradizione biblica, per i *dieci comandamenti* e come in parte accade ancora negli Stati islamici). Ed esse non sono nemmeno ricavate per *deduzione* (secondo criteri puramente razionali) da astratti principi di giustizia, o dalla «natura» umana: il diritto, cioè, non è per noi diritto «naturale» o un fatto di sola razionalità.

Le fonti del diritto

Le regole giuridiche vengono invece, in generale, prodotte dal gruppo sociale medesimo in modo volontario e consapevole, attraverso procedure a ciò appositamente destinate: in sintesi, attraverso quegli atti che chiameremo atti giuridici normativi, o atti fonte. Per **fonte del diritto**, infatti, intendiamo ogni *atto (o fatto) idoneo a produrre norme giuridiche*.

Si noti che in Inghilterra, negli Stati Uniti e in genere nei sistemi di origine anglosassone (cioè nei sistemi detti di *common law*) la base del diritto è formata non da norme scritte codificate, ma da regole e principi elaborati dai giudici attraverso le sentenze: per cui la conoscenza del diritto presuppone il riferimento agli specifici «casi» – non importa se recenti o remoti – in cui la regola fu definita. Naturalmente, anche in questi sistemi esistono norme di tipo legislativo, cioè prodotte in modo consapevole e volontario: ma si considera che esse via via *integrino* il diritto comune, che rimane il diritto di applicazione generale.

Poiché parliamo di regole prodotte «dal gruppo sociale», si potrebbe credere che, nel processo di determinazione delle regole stesse, *ogni singolo* componente del gruppo sia chiamato a decidere. Tuttavia, pur essendo la partecipazione di ciascuno alla formazione delle regole una componente importante dell'ideale della democrazia, una visione fortemente soggettivistica ed individualistica della produzione delle norme giuridiche sarebbe del tutto ingiustificata.

Infatti, è ovvio che ciascuno, nel momento in cui nasce e cresce, trova davanti a sé già vigenti ed operanti una enorme quantità di regole, alla cui formazione egli non ha, ovviamente, per nulla partecipato. È evidente insomma che ciascuno si inserisce in un sistema giuridico già in partenza costituito, e che la questione della sua partecipazione si pone soltanto in relazione alla modifica ed allo sviluppo del sistema giuridico, a partire dal momento in cui abbia raggiunto la necessaria capacità fisica e giuridica.

Ma anche entro questi limiti, è raro che ogni singolo componente del gruppo possa realmente partecipare alla produzione delle norme giuridiche. L'esperienza comune mostra invece che quasi sempre il compito di approvare le norme da seguire come norme giuridiche è affidato (da altre norme giuridiche) a determinate persone, che rivestono perciò nel gruppo una posizione di autorità o di potere. Tali posizioni di autorità o potere non sono attribuite alle persone come singole, come determinati e «privati» individui, e nemmeno – beninteso – sono attribuite a *gruppi* di persone specifiche e determinate. Piuttosto, alcune persone risultano investite di poteri in quanto esse sono state previamente chiamate a ricoprire le cariche o uffici, ai quali quei poteri risultano riferiti. Diciamo perciò che i poteri di decidere regole giuridiche spettano ad **organi** quali il Parlamento, il Governo, un determinato Ministro, o altri simili.

Determinare quali organi o uffici sono abilitati a stabilire le norme vincolanti per il gruppo, come debbano essere selezionati ed individuati i relativi titolari, e con quali procedure le norme debbano venire deliberate è – lo si intende facilmente – questione della massima importanza: dalla conformazione e localizzazione di simili poteri, infatti, dipende in gran parte il modo di essere, e in questo senso la «costituzione», del gruppo sociale. Nell'ambito di una comunità organizzata, d'altronde, la conformazione e la localizzazione dei poteri di cui parliamo è a sua volta disciplinata da *regole* (le «regole sulla produzione giuridica»). Tali regole, quando riguardino il potere normativo più elevato, hanno carattere «costituzionale», e sono spesso contenute in documenti solenni chiamati, appunto, *Costituzione*.

Norme-precetto, norme-sanzione e norme sulla produzione giuridica

Sappiamo, a questo punto, che si possono distinguere vari tipi o categorie di regole o norme giuridiche. Accanto alle norme destinate a disciplinare (nel senso di *prescriverlo, vietarlo* o *consentirlo*) il comportamento delle persone (norme-*precetto*) vi sono norme che prevedono le sanzioni da infliggere a coloro che trasgrediscono le norme sui comportamenti (norme-*sanzione*), e norme volte a stabilire quali autorità e quali persone abbiano il compito di giudicare delle trasgressioni e di applicare le sanzioni (norme che si possono chiamare norme di *organizzazione* dei pubblici poteri); e vi sono anche, come si è ora visto, norme che stabiliscono quali autorità e persone possono decidere la creazione di nuove norme o la modificazione o l'eliminazione delle norme esistenti, e con quali procedure ciò debba accadere (che si chiamano perciò norme *sulla produzione giuridica*).

Delle norme dell'ultimo tipo si tratterà più ampiamente – con riferimento al diritto italiano – nella *Parte IV* del volume. Fin d'ora però possiamo constatare che esse hanno una importanza essenziale, sia perché, come abbiamo visto, consentono di *rinnovare*, mano a mano che se ne presenti la necessità, le norme del sistema giuridico, sia perché forniscono un criterio sicuro per *riconoscere* le norme giuridiche del sistema, e perciò per distinguere le norme giuridiche dalle altre norme: dalle norme morali, di educazione, di cortesia, di correttezza, di prudenza, come anche dalle norme giuridiche di altri sistemi, come quelle degli altri Stati.

Infatti, norme giuridiche, nell'ambito di una comunità organizzata e indipendente, sono solo quelle che risultano *poste* attraverso le apposite regole di produzione giuridica del sistema considerato (come, ad esempio, attraverso il procedimento legislativo), o quelle che possono ricavarsi dalle norme così poste. Le norme sulla produzione giuridica (non solo quelle che valgono nel presente, ma anche quelle che si sono succedute nel passato) valgono così come *criteri di riconoscimento* delle norme giuridiche appartenenti ad un determinato sistema.

5. l'ordinamento giuridico

L'*insieme delle norme giuridiche di un gruppo sociale* costituisce un **ordinamento giuridico**, e il gruppo sociale apparirà *giuridicamente organizzato*. Un ordinamento giuridico contiene, come sappiamo, norme di vario tipo: norme-precetto, norme-sanzione, norme-organizzative, norme sulla produzione di norme giuridiche, come pure norme sulla «produzione» (cioè sul modo di formazione e sugli effetti) di altri **atti giuridici**, sia dei privati, come i *contratti*, sia delle pubbliche autorità, come le stesse *leggi*, i *provvedimenti* della pubblica amministrazione e le *sentenze* dei giudici: atti che impareremo a conoscere meglio nel corso della trattazione.

Pluralità degli ordinamenti

Dato che l'ordinamento giuridico si collega all'esistenza del *gruppo sociale*, è evidente che non esiste un solo, ma diversi ordinamenti, in corrispondenza della pluralità e diversità dei gruppi sociali (principio della cosiddetta **pluralità degli ordinamenti giuridici**). Spesso però, e non senza ragione, si considerano ordinamenti *giuridici* solo gli ordinamenti dei gruppi sociali *indipendenti*, cioè dei gruppi ai quali nessuna autorità può prescrivere regole vincolanti, se non con il loro consenso. Ma i gruppi sociali indipendenti sono – nella situazione attuale – i gruppi organizzati nella forma dello **Stato** (cioè, come vedremo, i gruppi costituiti da un *popolo*, che siano *sovrani* entro un determinato *territorio*): perciò i fondamentali ordinamenti giuridici sono gli *ordinamenti statali*.

Ciò non significa che non esistano altri ordinamenti giuridici, diversi da quelli statali. Intanto, è sicuramente un ordinamento giuridico il cosiddetto **ordinamento internazionale**, che è costituito dalle regole che disciplinano i comportamenti degli Stati stessi nei loro rapporti reciproci. Qui è il «gruppo sociale» che è particolare, dato che esso è formato non da individui ma da Stati. Inoltre, si ammette comunemente che sia un ordinamento giuridico anche il cosiddetto **ordinamento canonico**, cioè il complesso delle norme proprie della Chiesa cattolica. In forza di una lunga tradizione storica, infatti, anche la Chiesa cattolica, infatti, si considera un gruppo sociale indipendente (benché poi, nei singoli Stati, gli appartenenti alla Chiesa debbano sottostare anche alle norme statali), dotato di un proprio diritto.

Con la Chiesa cattolica non va confuso lo *Stato Città del Vaticano* il quale è – anche se piccolo – un vero *Stato*, e costituisce perciò un ulteriore ordinamento giuridico a sé stante.

Molti studiosi, inoltre, considerano ordinamento *giuridico* l'ordinamento di *qualunque* gruppo sociale organizzato, senza nessun ulteriore requisito. A questo modo risultano ordinamenti giuridici non solo quelli di qualunque associazione (come i *sindacati*, o i *partiti politici*), ma persino gli ordinamenti che secondo il diritto statale sono *illeciti*, come la mafia e la camorra.

La tesi secondo la quale ogni gruppo organizzato dà vita ad un proprio e distinto ordinamento giuridico ha avuto il merito di mettere in rilievo gli elementi comuni ai fenomeni di normatività sociale. Essa ha però trascurato le caratteristiche «storiche» degli ordinamenti che la tradizione ha sempre qualificato come ordinamenti giuridici, e conduce così al paradosso per cui il giurista, anziché assumere come diritto ciò che l'esperienza comune gli consegna come tale, pretende di individuarlo, in base a parametri puramente concettuali, là dove nessuno penserebbe.

Carattere pubblico dell'ordinamento giuridico

Tra le caratteristiche «storiche» degli ordinamenti giuridici veri e propri, di particolare importanza appare il carattere *pubblico*, cioè palese e non segreto, dell'ordinamento, cui si collega l'affermazione del proprio ordinamento come ordinamento giuridico da parte dei componenti del gruppo. Ora, entrambe le caratteristiche mancano, ad esempio, in ordinamenti come quello mafioso o camorristico, che sono invece caratterizzati dal segreto, e da una spiccata consapevolezza del carattere particolare e trasgressivo delle proprie regole.

S'intende però che anche coloro che pensano che si tratti in ogni caso, da un punto di vista «scientifico», di ordinamenti giuridici, non sono affatto dell'opinione che si debbano seguire le norme mafiose o camorristiche.

Poiché esistono più ordinamenti giuridici, può accadere che l'uno *prescriva* ciò che l'altro *vieta*. La qualificazione dei comportamenti, e di conseguenza il loro *valore* come comportamenti *prescritti* o *vietati*, perciò, non è nel diritto mai *assoluto*, ma sempre *relativo* ad un certo ordinamento. È questo il principio della cosiddetta **relatività dei valori giuridici**.

Molto spesso solo un ordinamento giuridico si preoccupa di assegnare un valore giuridico ad una determinata situazione: ed in questo caso è ovvio che non esiste nessun possibile conflitto. Altre volte però la stessa situazione viene considerata e valutata in due ordinamenti diversi. Se, ad esempio una persona si trovi ad essere cittadino di due Stati, e per sua sfortuna i due Stati si trovino in guerra tra loro, il comportamento che per l'uno costituirà atto di fedeltà e obbedienza, per l'altro costituirà puro e semplice tradimento.

Situazioni di conflitto non si pongono solo tra ordinamenti giuridici, ma anche – e forse più spesso – tra ordinamento giuridico e «norme» derivanti da convinzioni politiche, morali o religiose, o da regole di deontologia professionale. Si pensi al medico ospedaliero cui la legge imponga (senza consentirgli di far valere l'*obbiezione di coscienza*) di partecipare ad un intervento che ritiene immorale, o al giornalista cui la legge imponga di rivelare le proprie fonti riservate di informazione. In simili casi la trasgressione della norma rimane pur sempre *antigiuridica* (ed espone perciò alle sanzioni previste), ma non è (almeno nell'opinione del trasgressore) affatto immorale, e potrebbe al contrario rappresentare il massimo della moralità.

6. diritto e giustizia

Norme giuste e ingiuste

Le norme giuridiche di una comunità organizzata ed indipendente esistono e si riconoscono, come s'è detto, in quanto esse sono venute in essere attraverso particolari procedure, ad opera di autorità prestabilite. Dobbiamo quindi ammettere la possibilità che la norma così posta in essere sia (o almeno appaia a taluni) *ingiusta*, da un punto di vista assoluto, o da un punto di vista morale.

Delle norme esistenti in un sistema giuridico molte saranno giudicate senz'altro giuste, e molte altre appariranno, da questo punto di vista, del tutto indifferenti; ma taluna potrà anche sembrare o essere ingiusta. Ciononostante, noi dobbiamo ammettere che anche la norma «ingiusta» fa parte delle norme giuridiche di quel sistema, se essa è stata prodotta nei modi stabiliti – salvo poi pensare, se le norme ingiuste sono molte, o di particolare gravità, che quel sistema è nel suo insieme iniquo o tirannico.

Il «diritto naturale»

Secondo le *teorie del diritto naturale* (che tuttavia sono *molte* e tra loro in molti punti *differenti*) ci sarebbe perfetta coincidenza tra diritto e giustizia, nel senso che *tutte le norme giuste sarebbero solo perciò norme giuridiche*, e che d'altra parte *solo le norme giuste* lo sarebbero.

Simili opinioni, tuttavia, possono avere qualche fondamento solo entro gruppi sociali nei quali non vi siano forti differenze di valutazioni su che cosa è giusto e che cosa non lo è: e poco importa allora se si pensi di ricavare le norme giuste dalla «natura umana» o dalla «ragione», o se si pensi che sono giuste le norme poste dall'Essere supremo e rivelate agli uomini in qualche speciale modo. In ogni modo infatti, in tali condizioni (cioè nelle società fortemente omogenee per credenze e costumi), sarà abbastanza facile convincersi che si seguono certe norme perché esse sono *giuste*, e che l'inevitabile opera di precisazione da parte degli organi legislativi o dei giudici è soltanto la *formulazione* e la *traduzione* dei principi di giustizia.

Nelle società contemporanee, tuttavia, sarebbe ben difficile trovare un consenso generale su norme che risultassero «giuste» per tutti; sicché non si potrebbe che fermarsi a principi generalissimi – come «non nuocere a nessuno» o «dare a ciascuno il suo»: principi sui quali tutti sarebbero forse d'accordo, ma che non avrebbero, da soli, alcun significato pratico (dato che il problema è appunto di sapere *che cosa* spetta a ciascuno).

Il diritto positivo

Perciò risulta più agevole intendersi, più che sui *contenuti* delle singole norme, sui *modi* della loro formazione, cioè su quali autorità abbiano il potere di deciderle e sulle procedure da seguire nel deciderle. Tanto più che ciò che appare «giusto» e ciò che appare «ingiusto» varia fortemente nel tempo, col mutare delle circostanze, delle condizioni sociali e dei costumi (si pensi, ad esempio, a ciò che si considerava giusto un tempo e si considera giusto oggi nei rapporti di lavoro, o nella condizione femminile).

In questo modo, le norme giuridiche esistono e valgono non perché *giuste*, ma semplicemente perché sono venute in essere (sono state «poste») nei modi stabiliti: si dice perciò che il diritto è *diritto positivo*, cioè diritto *posto*.

Limiti del carattere positivo delle norme

Ciononostante, esistono testi normativi particolarmente solenni che vengono mediamente accettati come «giusti», e posti *perciò* (cioè perché *accettati* come giusti) a fondamento dell'intera normazione ed organizzazione della collettività. Della **Costituzione** italiana, ad esempio, potrebbe probabilmente dirsi che essa esprime i fondamentali principi e valori ritenuti mediamente «giusti» e che *perciò* – oltre che perché è stata approvata nei dovuti modi – essa è accettata come testo normativo fondamentale.

Il carattere *positivo* del diritto comporta l'ancoraggio a determinate procedure di *consacrazione* della norma, e costituisce perciò un fattore di **certezza**. Esso non va però esasperato oltre misura. Sarebbe ad esempio ingenuo ed erroneo credere che il diritto corrisponda né più né meno a ciò che ha consapevolmente voluto un determinato legislatore.

Intanto, molte delle norme di «diritto positivo» non sono esse stesse che la **codificazione** di regole elaborate – a volte, come nel caso delle regole di diritto privato fissate nel **Codice civile**, nel corso di parecchi secoli – dai giuristi e dai giudici come le più adatte alla disciplina dei fenomeni cui si riferiscono, secondo criteri di analisi razionale. Certo, oggi esse valgono, in ogni singolo Stato, nella particolare formulazione data dalla legge o dal codice che le ha recepite. Ma nella loro sostanza e nel loro insieme, è più facile credere che esse (e la razionalità ed i valori che esse esprimevano) si sono imposte agli stessi legislatori statali. Si spiega così la comunanza di regole ed istituti giuridici in ordinamenti che, come gli Stati, sono in teoria completamente separati ed indipendenti tra loro.

In secondo luogo, nessuna legge positiva può venire applicata se non viene prima «interpretata», cioè se il suo significato non viene individuato attraverso l'elaborazione dei giuristi. Ed a sua volta, l'interpretazione si svolge secondo criteri, principi e concetti che in larga parte non derivano da una specifica legislazione, ma piuttosto dalla tradizione, dalla elaborazione «scientifica» e sistematica delle regole, dall'analisi delle pronunce dei giudici, e simili.

D'altronde, come meglio si dirà (cap. 2, par. 4), l'interpretazione non può non risentire dei valori sociali in campo, del comune sentimento di giustizia, del conflitto degli interessi da risolvere.

Parlare di diritto positivo significa perciò, oggi, rifarsi ad un criterio di individuazione delle regole giuridiche stabilite (o se si vuole delle disposizioni normative dalle quali le regole debbono trarsi) e non certo manifestare una fede ingenua in un diritto completamente posto da un astratto legislatore.

7. diritto, consenso e forza

Abbiamo detto che, essendo impossibile individuare le norme giuridiche, necessarie ad assicurare il funzionamento di una società, secondo criteri di giustizia (anche perché molte norme, pur necessarie, appaiono sotto questo profilo del tutto *indifferenti*, come nell'esempio che abbiamo fatto della circolazione stradale a destra o a sinistra), risulta invece conveniente accordarsi o almeno pervenire ad un generale consenso, sul *modo* di fare le norme giuridiche; e abbiamo detto anche che i modi di fare le norme giuridiche sono stabiliti da altre norme giuridiche, che abbiamo chiamato norme sulla produzione giuridica. Così, ad esempio, esistono in Italia regole giuridiche che attribuiscono poteri normativi al Parlamento e disciplinano il procedimento legislativo, norme che prevedono poteri regolamentari del Governo, e altre simili.

Riconoscimento e accettazione del diritto

È evidente però che non si può risalire indietro all'infinito, e che i *criteri fondamentali*, o, se si preferisce, le *prime* norme su come debbano crearsi le norme giuridiche di una determinata comunità non possono essere essi stessi «giuridici» in quanto posti secondo procedure previste da altre norme anch'esse «giuridiche» per la stessa ragione. Il fatto è, invece, che *i criteri fondamentali di legittimazione di certe autorità come autorità massime (come «legislatore supremo») esistono, semplicemente e di fatto, in quanto essi sono riconosciuti nell'ambito di quel gruppo sociale.*

Ad esempio, se ci domandiamo che cosa legittima il Parlamento come autorità dotata del potere di fare le leggi, troviamo agevole risposta nella Costituzione della Repubblica (che stabilisce appunto, all'art. 70, che la funzione legislativa appartiene alle Camere, e ne detta poi la fondamentale disciplina); ma se ci domandiamo che cosa, oggi, legittimi la stessa Costituzione come atto normativo supremo, idoneo a disciplinare addirittura i poteri legislativi, siamo portati a rispondere non già cercando improbabili ragioni *giuridiche* del vigore della Costituzione, ma semplicemente constatando, come già abbiamo detto, che la Costituzione repubblicana è oggi *accettata* in Italia come supremo atto regolatore della vita associata.

I criteri secondo i quali un gruppo sociale riconosce ed accetta i principi supremi sulla produzione delle norme giuridiche non sono (e non possono essere) criteri giuridici, ma criteri politici. Nella nostra cultura, diamo giustamente valore ai principi *democratici*, secondo i quali le norme giuridiche, come in generale la volontà dei pubblici poteri, devono derivare dal *popolo*, così come esso si esprime, direttamente o attraverso i propri rappresentanti, secondo le regole della maggioranza e minoranza.

Bisogna tuttavia ammettere che vi sono casi in cui l'accettazione da parte dei soggetti interessati si fonda su altri valori, e persino casi nei quali l'adesione ed il riconoscimento sono ottenuti, da parte di un gruppo dominante, mediante l'uso della *forza*, o la minaccia di esso. Tali sistemi possono essere criticati da un punto di vista politico, o anche da un punto di vista di «giustizia» assoluta; ma essi sono pur sempre, considerati in se stessi, sistemi «giuridici», cioè sistemi nei quali si producono norme giuridiche, destinate a regolare, secondo quanto s'è detto, i comportamenti sociali.

Consenso e forza nell'accettazione del diritto

Deve essere comunque chiaro che parlando di diritto fondato sul *consenso* e diritto fondato sulla *forza* si indicano delle ipotesi *estreme*. In realtà *nessun sistema giuridico, per quanto democratico, può rinunciare ad imporsi con la forza* a coloro – per pochi che siano – i quali non lo accettino; e d'altra parte *nessun sistema giuridico, per quanto tirannico, può esistere senza il consenso* di alcuni: se non altro di quelli che dispongono della forza.

8. le Carte dei diritti dell'uomo

Secondo quello che abbiamo detto, ogni Stato è sovrano nel determinare che cosa, per il proprio ordinamento, sia giusto e sia sbagliato, o meglio cosa sia conforme e che cosa sia contrario al diritto. Tuttavia, dopo la seconda guerra mondiale si è avvertita sempre più fortemente la necessità di riconoscere i diritti fondamentali dell'uomo attraverso appositi *atti internazionali*, chiamati *Dichiarazioni* o *Carte*, che gli Stati si impegnano a rispettare.

La Dichiarazione universale dei diritti dell'uomo

La *Dichiarazione universale dei diritti dell'uomo* è stata adottata dall'assemblea generale dell'*Organizzazione delle nazioni unite* (ONU) il 10 dicembre 1948. Essa si apre con la solenne enunciazione della libertà naturale e dell'uguaglianza delle persone (art. 1) e con il divieto di discriminazione per ragioni di razza, colore, sesso, lingua, religione, opinione, origine nazionale o sociale, ricchezza, nascita o altra condizione (art. 2). Gli articoli da 3 a 29 enunciano i diritti umani fondamentali.

Sono così riconosciuti in termini positivi diversi *diritti*: alla vita, alla libertà ed alla sicurezza della propria persona (art. 3); al riconoscimento della personalità giuridica (art. 6); al ricorso ai tribunali nazionali contro atti che violino i diritti fondamentali (art. 8); ad una equa e pubblica udienza davanti ad un tribunale indipendente (art. 10); ad essere presunto innocente sino a che la colpevolezza non sia stata provata legalmente (art. 11); alla libertà di movimento e di residenza entro i confini di ogni Stato e a lasciare qualsiasi Paese, incluso il proprio, e ritornare nel proprio Paese (art. 13); di cercare e di godere in altri Paesi asilo dalle persecuzioni (art. 14); ad una cittadinanza (art. 15); di sposarsi e di fondare una famiglia (art. 16); ad una proprietà privata (art. 17); alla libertà di pensiero, coscienza e religione (art. 18); alla libertà di opinione e di espressione (art. 19); alla libertà di riunione e di associazione pacifica (art. 20); di partecipare al governo del proprio Paese sia direttamente sia attraverso rappresentanti liberamente scelti e di accedere in condizioni di eguaglianza ai pubblici impieghi del proprio Paese e alle elezioni a suffragio universale ed eguale, ed a voto segreto (art. 21); alla sicurezza sociale nonché alla realizzazione dei diritti economici, sociali e culturali alla dignità ed al libero sviluppo della personalità (art. 22); al lavoro, alla libera scelta dell'impiego, a giuste e soddisfacenti condizioni di lavoro ed alla protezione contro la disoccupazione, nonché di fondare sindacati e di aderirvi (art. 23); al riposo ed allo svago, comprendendo in ciò una ragionevole limitazione delle ore di lavoro e ferie periodiche retribuite (art. 24); ad un tenore di vita sufficiente a garantire la salute e il benessere proprio e della propria famiglia, comprensivo di speciali cure per la maternità e l'infanzia (art. 25); all'istruzione, gratuita almeno per quanto riguarda le classi elementari e fondamentali (art. 26); di prendere parte liberamente alla vita culturale della comunità, di godere delle arti e di partecipare al progresso scientifico ed ai suoi benefici, nonché alla protezione degli interessi morali e materiali derivanti da ogni produzione scientifica, letteraria e artistica di cui si sia autori (art. 27).

Altri diritti sono riconosciuti per mezzo di *divieti*, rivolti in primo luogo agli Stati: di schiavitù o di servitù (art. 4); di trattamenti o punizioni crudeli, inumani o degradanti (art. 5); di discriminazione (art. 7); di arbitrario arresto, detenzione o esilio (art. 9); di condanna senza che il reato e la pena siano previsti al momento della commissione (art. 11); il divieto di interferenze arbitrarie nella vita privata, nella famiglia, nella casa, nella corrispondenza (art. 12).

La *Dichiarazione universale dei diritti dell'uomo* è importante perché esprime gli obiettivi generali della comunità delle nazioni in relazione ai valori della persona e sui valori di libertà; essa però ha soprattutto valore morale e politico, e i suoi obbiettivi sono ben lontani dall'essere ovunque raggiunti. Nei decenni successivi alla *Dichiarazione* altri trattati internazionali elaborati nell'ambito delle Nazioni Unite hanno precisato diversi aspetti dei diritti umani, e ne hanno reso più vincolante il rispetto, almeno per gli Stati che li hanno sottroscritti e ratificati.

La Convenzione europea dei diritti dell'uomo

La *Convenzione europea per la salvaguardia dei diritti dell'uomo e delle libertà fondamentali*, firmata a Roma il 4 novembre 1950, ha un contenuto simile alla *Dichiarazione universale* (e del resto anche a molte dichiarazioni di diritti contenute nella Costituzione degli Stati, come nella stessa Costituzione italiana). Essa tuttavia ha un carattere più precisamente giuridico, e prevede che la violazione dei diritti umani da parte degli Stati possa essere accertata da un apposito giudice, la *Corte europea dei diritti dell'uomo* (v. *oltre*, cap. 13, par. 7), la quale può anche condannare lo Stato a risarcire il danno provocato.

Le Corti penali internazionali

Nella stessa prospettiva di garanzia dei fondamentali diritti umani – oltre e se necessario anche contro l'azione degli Stati interessati – si è posto il problema della *punizione* dei responsabili dei più gravi crimini: il genocidio, i crimini contro l'umanità, i crimini di guerra e il crimine di aggressione. In base a principi di diritto internazionale *umanitario*, alcuni di tali crimini possono in primo luogo essere puniti da qualunque giurisdizione penale nazionale (principio della cosiddetta «giurisdizione universale»); in secondo luogo, si è talora provveduto alla costituzione di appositi tribunali internazionali (come nel caso di quelli dalle Nazioni Unite per i crimini nella ex Iugoslavia ed in Ruanda).

Uno sviluppo significativo si è avuto ora con l'istituzione della **Corte penale internazionale permanente** con sede all'Aja, il cui Statuto è stato stabilito a Roma con trattato del 17 luglio 1998, divenuto operativo nel 2003. Essa ha il compito di giudicare, qualora non lo facciano le giurisdizioni dei singoli Stati, gli autori dei crimini di cui si è detto.

Così, se è vero che in ogni Stato il diritto vale essenzialmente per come lo Stato stesso lo crea e lo intende, è anche vero che su un nucleo di principi base della convivenza civile va emergendo un sostanziale consenso in larga parte della comunità internazionale, e che il «diritto» così riconosciuto trova vie ora più efficaci ora meno efficaci per imporsi agli Stati, e per influenzare il contenuto del loro diritto.

capitolo 2

LE NORME E LA LORO APPLICAZIONE

1. Norme scritte e norme non scritte. – 2. L'entrata in vigore. – 3. La norma e la fattispecie. – 4. L'interpretazione. – 5. L'analogia. – 6. I principi generali dell'ordinamento giuridico.

1. norme scritte e norme non scritte

Le norme scritte

La *maggior parte* delle norme con le quali abbiamo a che fare sono **norme scritte**, come quelle contenute nelle leggi e nei *regolamenti*. Esistono però anche norme non scritte, come quelle di origine *consuetudinaria*: le quali si formano, come meglio vedremo (cap. 23, par. 2), quando attraverso successive *ripetizioni* dello stesso comportamento (al verificarsi delle stesse circostanze), quel comportamento finisca per esser avvertito come giuridicamente *doveroso*. Inoltre, dalle stesse norme scritte possono ricavarsi *principi* più generali, che nella loro specifica formulazione non sono, ovviamente, *scritti* (v. oltre par. 6).

Caratteristico delle *norme scritte* è di presentarsi come *un messaggio linguistico, composto di parole e di frasi, che costituiscono il testo normativo.*

Nella norma scritta il testo normativo è l'*essenziale,* perché *è in primo luogo da quelle determinate parole e frasi che può e deve ricavarsi il significato della norma.* È vero che il «messaggio» contenuto nella prescrizione potrà poi essere *descritto* anche con parole diverse da quelle usate dal legislatore, e che inoltre altre parole *dovranno* essere usate per chiarire ciò che il legislatore ha voluto prescrivere. Ma le parole che usiamo per descrivere o per chiarire la prescrizione potranno essere quelle o altre, potranno essere *giuste o sbagliate*, mentre il *testo normativo* è il necessario *punto di partenza*, ciò che nei nostri tentativi di spiegazione ci *vincola*, da cui non possiamo prescindere: costituisce, insomma, il *dato* da interpretare.

Disposizione e norma

La prescrizione, considerata nel suo *testo normativo* (cioè nelle determinate parole e frasi dalle quali è *espressa*) si chiama più precisamente **disposizione**: mentre la **norma** è piuttosto la *prescrizione considerata nel suo significato*, in ciò che il legislatore ha *voluto dire* attraverso la *disposizione*.

La distinzione tra *disposizione* e *norma*, che sembra molto astratta, ha la sua importanza (anche se è vero che nel linguaggio comune, anche dei giuristi, le due parole si usano spesso indifferentemente). Ci sono, ad esempio, leggi che sono in vigore da molti decenni, qualche volta da più di un secolo: e si capisce allora che, se anche le *formulazioni normative* (cioè le *disposizioni*) non sono mutate, spesso sono mutati i *significati* che ad esse si attribuiscono (cioè le *norme* che se ne ricavano).

Non, naturalmente, che il semplice mutare nella lingua corrente del significato, cioè del valore semantico, di una parola usata in una disposizione faccia automaticamente mutare la norma da ricavare dalla disposizione: se si tratta solo di questo, sarà al contrario da avvertire, in via interpretativa, che la parola conserva nella disposizione il significato antico, ora non più in uso.

Si vuol dire invece che è proprio l'opera interpretativa, sollecitata dalle esigenze concrete e giustificata dall'incessante evoluzione dell'ordinamento, attraverso il continuo prodursi e sovrapporsi dei testi normativi, che porta a «scoprire» nelle parole della disposizione intenti e significati magari del tutto insospettati da coloro che materialmente scrissero il testo.

Inoltre, può darsi che una disposizione possa intendersi in *diversi modi*. Diciamo allora che da una disposizione possono ricavarsi, in astratto, *diverse norme*, e che si deve determinare quale di esse corrisponde all'intenzione del legislatore.

Da quanto detto risulta chiaramente che, anche quando la disposizione da applicare è «scritta», essa in realtà non può essere applicata senza un processo di *interpretazione*, che conduce a determinarne il significato in astratto e nel caso concreto (v. oltre, parr. 3 e 4).

Articoli e commi

Le disposizioni normative di ogni legge, regolamento o simili atti, sono scritte raggruppandole, per comodità di formulazione e di lettura, in *articoli*, numerati progressivamente. La distribuzione delle disposizioni in articoli singolarmente numerati è fondamentale. Ma se la legge (o regolamento, o altro atto normativo) è *ampia*, può darsi che gli articoli siano essi stessi raggruppati in unità maggiori. Il **Codice civile**, ad esempio, è diviso in *Libri*, a loro volta suddivisi in *Titoli*, che sono ulteriormente suddivisi in *Capi*. I *Capi* (ma solo i maggiori) si articolano poi in *Sezioni*; e le Sezioni (o i Capi) finalmente in *articoli*.

Qualche volta (specialmente nelle leggi organiche, come i codici) gli articoli sono individuati, oltre che dal numero, da un titoletto, denominato *rubrica*, che ne sintetizza il contenuto. Così, ad esempio, l'art. 1 del Codice civile s'intitola «Capacità giuridica». È evidente che la *rubrica* non contiene disposizioni normative (ciò che gli antichi esprimevano dicendo che il titolo della legge non è legge: *rubrica legis non est lex*).

Ma è pure evidente che anche la rubrica può servire a chiarire quale sia l'intenzione del legislatore.

Il contenuto di ogni *articolo* è poi (a meno che non si tratti di un articolo molto semplice) distribuito in *commi*. I commi si individuano con il loro numero (l'articolo inizia con il *primo comma*, ma può averne poi un *secondo, terzo*, ecc., sino all'*ultimo comma*). La numerazione dei commi fino a qualche tempo fa non era in Italia (al contrario che in altri Stati) esplicita, né scritta insieme all'articolo: il che può essere fonte d'impaccio e di equivoci quando i commi sono molti. Ora tuttavia è ormai consolidato anche da noi l'uso della numerazione dei commi.

Quando non sono numerati, i commi si distinguono per segni grafici: in pratica, si ha un nuovo comma ogni volta che, dopo un punto fermo, la scrittura ricomincia con una *a capo*. Il secondo comma viene perciò detto anche il *primo capoverso*, e così via.

Per lo più ogni comma è formato da un'unica frase, e termina perciò con il primo punto fermo. Non è però necessario che sia così, e non raramente un comma è formato da due frasi (o anche da più di due frasi), aventi contenuto normativo relativamente omogeneo. In questi casi si fa riferimento al singolo *periodo* (primo periodo, secondo periodo, ecc.).

2. l'entrata in vigore

Quando si debba applicare una determinata disciplina normativa è necessario innanzitutto accertarsi che si tratti di norme *esistenti* e già entrate in vigore: cioè che non solo siano state deliberate nei modi prescritti (diversi a seconda che si tratti di leggi, regolamenti o altra fonte), ma che siano state *pubblicate*: nella *Gazzetta Ufficiale della Repubblica italiana*, se si tratti di atti statali; nel *Bollettino Ufficiale* della Regione, se si tratti di atti regionali; mediante affissione all'albo («pretorio») se si tratti di norme comunali.

La pubblicazione e la *vacatio legis*

La **pubblicazione** ha lo scopo evidente di consentire la conoscenza delle norme a tutti coloro che dovranno rispettarle o applicarle. Ed è perciò previsto che esse entrino in vigore solo dopo il decorso di un certo tempo dalla pubblicazione, che normalmente è di quindici giorni (art. 73, co. 3, Cost.; art. 10 delle *Disposizioni sulla legge in generale*, anteposte al *Codice civile*). Il periodo di tempo durante il quale le norme pubblicate non sono ancora in vigore viene indicato con l'espressione **vacatio legis**.

Decorso il termine di *vacatio legis*, le norme entrano in vigore, divenendo *efficaci* e perciò *vincolanti*. Si noti che esse entrano in vigore per *tutti*, compresi coloro che non ne abbiano in realtà avuto nessuna conoscenza: i quali sono poi la maggior parte, dato che ben pochi sono soliti leggere le norme mano a mano che sono pubblicate nella Gazzetta Ufficiale. La regola è che le norme vigenti devono essere rispettate, e che la mancata conoscenza di esse non costituisce una scusante per il mancato rispetto.

Nell'ordinamento giuridico italiano la più evidente espressione di questo è la regola posta dall'art. 5 del codice penale, secondo la quale «*nessuno può invocare a propria scusa l'ignoranza della legge penale*». Si noti tuttavia che la Corte costituzionale, con la sentenza n. 364 del 1988, ha stabilito che alla regola debba farsi *eccezione* quando tale ignoranza sia *inevitabile* (ad esempio, perché la legge era oscura, e lo specifico comportamento tenuto dall'imputato era sempre stato considerato lecito dai giudici).

Oltre che essere già entrate in vigore, occorre anche che le norme da applicare non siano state successivamente *abrogate*: ma vedremo che anche le norme abrogate devono essere ancora applicate, quando si tratti di fatti accaduti quando esse erano in vigore (cap. 3, par. 2). Può darsi però che, in deroga alla regola generale fissata dall'art. 11 delle preleggi, una nuova legge disponga la propria **retroattività**: in questo caso, le sue norme si applicheranno anche ai fatti già accaduti, sino ad un punto del tempo stabilito dalla legge stessa.

Limiti all'eventuale retroattività

Beninteso nessuna norma, per quanto voglia essere retroattiva, potrà mutare in nulla ciò che è accaduto nel passato; ma una volta venuta in essere la norma retroattiva, quei fatti già accaduti verranno valutati (ovviamente ad effetti pratici *futuri*) *come se* le nuove norme fossero state già vigenti nel passato.

In certi casi la retroattività può essere un *vantaggio* per i destinatari: si pensi, ad esempio, ad una norma che introduca retroattivamente benefici fiscali per determinate categorie. In altri casi, però, la retroattività della norma si tradurrebbe in una palese ingiustizia, come accadrebbe ad esempio se, posto il divieto di fumare in certi luoghi, si volessero applicare le relative sanzioni anche a coloro che hanno fumato prima che il divieto ci fosse. Per questo la Costituzione dispone che «*nessuno può essere punito se non in forza di una legge che sia entrata in vigore prima del fatto commesso*». Ciò significa che *la norma incriminante deve già esistere al momento in cui l'azione incriminata viene compiuta* (c.d. **irretroattività** delle sanzioni *penali*: art. 25, co. 2, Cost.).

3. la norma e la fattispecie

Sin qui abbiamo parlato delle norme considerate in se stesse: ed è naturale, dato che esse sono il primo oggetto del nostro studio. Nella vita reale, tuttavia, le norme vengono in considerazione per risolvere casi concreti. È allora che ci si pone il problema di *quali siano le norme da applicare*, e *che cosa esse precisamente significhino*. Per rispondere dobbiamo ora addentrarci più a fondo nella struttura delle norme.

Si è detto che le norme prescrivono comportamenti. Più precisamente, diciamo che le norme prescrivono i comportamenti, nel senso che stabiliscono *quali conseguenze* debbano derivare dai comportamenti in concreto posti in essere. Ad esempio, la norma che vieta il furto non si esprime semplicemente dicendo «è proibito rubare»; essa dice invece, nei termini dell'art. 624 del codice penale, che «*chiunque s'impossessa della cosa mobile altrui, sottraendola a chi la detiene, al fine di trarne profitto per sé o per altri, è punito con la reclusione da sei mesi a tre anni*»; allo stesso modo, la norma del codice civile che sanziona i comportamenti illeciti (art. 2043) non dice affatto «non si devono danneggiare gli altri», ma stabilisce che «*qualunque fatto doloso o colposo, che cagiona ad altri un danno ingiusto, obbliga colui che ha commesso il fatto a risarcire il danno*».

È evidente che nel primo caso scopo della norma è principalmente di far sì che non avvengano furti (sicché la sanzione serve per rafforzare la proibizione), mentre nel secondo caso la norma non mira tanto ad impedire i comportamenti illeciti, quanto a far sì che i danni prodotti vengano risarciti. Tuttavia, nonostante la diversa accentuazione nello scopo, la struttura della norma è la medesima, e segue lo schema «se accade *A* *deve* accadere *B*»: se taluno commette il furto, *deve* essere punito; se taluno causa illecitamente danni ad altri, *deve* risarcirli.

La struttura della norma

In sostanza, la norma giuridica collega a certi accadimenti certe conseguenze; e per fare ciò essa «disegna» o «schizza» con le parole i tratti essenziali dell'accadimento al quale vuole collegare delle conseguenze. Questo «schizzo» o «immagine» di un accadimento o di un fatto, compiuto dalla norma, si dice **fattispecie** (dal latino *facti species*, immagine del fatto). Di fattispecie si parla però anche per indicare il fatto materiale, così come si è verificato, al quale si pensa di applicare una certa norma. Per distinguere i due usi si parla nel primo caso di *fattispecie astratta* (che indica perciò l'immagine del fatto disegnata dalle parole della disposizione), nel secondo di *fattispecie concreta*, che viene così ad indicare il fatto nella sua reale esistenza.

Quando si deve o vuole applicare una norma, un problema fondamentale è sempre la verifica che si siano in concreto realizzate le circostanze, previste dalla norma quali «causa» di certe conseguenze giuridiche: che cioè la «fattispecie concreta» (i «fatti reali») realizzi i tratti essenziali specificati dalla norma (la «fattispecie astratta»).

La verifica può sembrare semplice; ma non sempre lo è. La nozione di *furto*, che abbiamo visto prima, può sembrare chiara. Ma se uno studente prende dal banco la penna di un compagno per scrivere il compito, rimettendola poi al suo posto, diremo che ha compiuto un furto, oppure no? E se invece la penna fosse stata sfilata dalla tasca di una giacca? E se invece che di una penna si fosse trattato di un'automobile, presa per qualche ora per fare un giretto?

Il significato normativo

Qualche volta i dubbi posti da una disposizione normativa (cioè dalle *parole e frasi* usate per disciplinare un certo comportamento) sono chiariti da qualche altra disposizione. Nel nostro caso, ad esempio, almeno parte dei dubbi sono chiariti dal successivo art. 626 del codice penale, che specificamente prevede il cosiddetto «furto d'uso». Ma altre volte ciò non accade, ed il significato preciso della norma deve essere chiarito altrimenti, per poterla applicare.

Per fare un altro esempio, supponiamo di camminare in un parco pubblico, e di imbatterci in un cartello che dica: «*è vietata la circolazione dei v e i c o l i*» (può darsi che il cartello non dica altro; ma noi sappiamo ormai che accanto a questa vi sarà una norma-sanzione, che dispone la conseguenza da collegare all'eventuale trasgressione). Qual è, esattamente, il comportamento *v i e t a t o*? Tutti saranno d'accordo che non si può circolare in automobile; ma in bicicletta? ed a cavallo? Se intendiamo che non si possa circolare nemmeno in bicicletta, probabilmente però ammetteremo che si possa scendere, e condurre a mano la bicicletta (il che, a rigore, comporta pur sempre una «circolazione» del veicolo); ma dovrà scendere anche il bimbo dalla sua biciclettina, o dal triciclo?

A volte i dubbi possono sorgere dall'emergere di nuovi fenomeni e abitudini, che debbono inquadrarsi nelle norme esistenti. Così, ci si chieda se quelli che circolano su *pattini* vadano assimilati ai pedoni (con l'obbligo di utilizzare i marciapiedi) o piuttosto ai ciclisti, con l'obbligo di utilizzare la strada: o se per caso invece il pattinaggio in città non debba considerarsi del tutto interdetto.

4. l'interpretazione

Insomma, *applicare una norma significa sempre, in primo luogo, verificare il suo significato in relazione al caso concreto*: significa, in una parola, *interpretarla*. Per **interpretazione** intendiamo quell'operazione intellettuale (o quell'insieme di operazioni intellettuali) mediante le quali si perviene a chiarire quale significato debba attribuirsi alle frasi e parole con le quali la norma è espressa – cioè alla «disposizione» – nella prospettiva della sua applicazione in concreto.

Interpretazione letterale e logica

Come si procede nell'interpretazione? Poiché si tratta di chiarire il significato di norme *scritte*, è chiaro che l'*elemento letterale*, le parole e frasi impiegate, hanno una grandissima importanza; ma il fatto è che è proprio dalle parole usate – poste a confronto con i diversi casi che in concreto si danno – che sorgono i dubbi. Bisogna allora presupporre che la norma persegua un intento *razionale*, un risultato *logico*. Così, si argomenterà che la norma che vieta la circolazione dei veicoli nel parco si prefigge lo scopo di garantire la sicurezza e la tranquillità di coloro che lo frequentano, ma che questa non potrà verosimilmente dirsi turbata dai tricicli, e meno ancora dalle biciclette condotte a mano (le quali in effetti assomigliano in questo caso più a bagagli che a veicoli); e si potrà anche sostenere che in ogni caso il divieto non si applica, ad esempio, ai veicoli che siano usati per assicurare il servizio di raccolta dei rifiuti.

Come mostrano gli esempi fatti, esiste di solito, in ogni disposizione normativa, accanto ad un *nucleo centrale* di significato abbastanza chiaro (nel senso che individua dei casi che pacificamente vi rientrano), una *zona periferica* meno chiara, nella quale il confine tra ciò che rientra nella norma e ciò che non vi rientra è assai difficile da tracciare.

Abbiamo in questo modo individuato i due criteri dell'**interpretazione letterale** e dell'**interpretazione logica**, che sono anche quelli stabiliti nel diritto italiano dall'art. 12 delle *preleggi* (come usualmente si chiamano le *Disposizioni sulla legge in generale*, che precedono il testo del *Codice civile* vero e proprio), secondo il quale «*nell'applicare la legge non si può ad essa attribuire altro senso che quello fatto palese dal significato proprio delle parole secondo la connessione di esse, e dalla intenzione del legislatore*».

L'intenzione del legislatore

Va a questo proposito chiarito che l'«intenzione del legislatore» non si può intendere in altro modo che come il *risultato razionale* che si suppone voluto attraverso la norma.

Il «legislatore», infatti, non va immaginato come una persona determinata, alla quale si potrebbe sempre chiedere che cosa intendesse dire con quelle espressioni. Tutto ciò che «il legislatore» – attraverso uno dei modi di produzione del diritto, e perciò attraverso una delle *fonti* – ha *voluto* è che quelle determinate *formulazioni testuali* divenissero norme giuridiche. Potrà talora essere utile lo studio «storico» delle *ragioni* per le quali ha voluto certe norme, o ha voluto certe formulazioni in luogo di altre (nei limiti in cui questo è possibile, dato che tali ragioni non risultano né sempre né completamente documentate): ma resta che ciò che è voluto come norma è sempre e soltanto quella determinata formulazione.

Interpretazione sistematica

Piuttosto, si dovrà tener conto che l'attività del «legislatore» non si esaurisce con la produzione della sola norma che si debba in un certo caso interpretare, e che il significato delle espressioni usate potrà essere chiarito con il ricorso ad *altre norme,* sia precedenti (con le quali si potrà chiarire, ad esempio, qual è il significato di solito connesso a certe espressioni, e più in generale quale sia il «contesto» in cui la nuova norma deve trovare razionale collocazione) sia seguenti (le quali, come espressione di «nuove» intenzioni, influiscono sul significato complessivo della disciplina). Per indicare la necessità di intendere il significato di ogni norma nel collegamento con il significato delle altre norme si parla di **interpretazione sistematica**.

Insomma, il «comando» legislativo è cosa tutta diversa dal *comando diretto* esercitato da una persona verso un'altra. Infatti, quando una persona comanda qualcosa ad un'altra, che sia disposta o costretta ad obbedire, il comando esprime una volontà specifica e concreta. Se il destinatario avesse dei dubbi, o comunque fraintendesse ciò che gli è stato detto, l'autore del comando potrebbe intervenire con precisazioni, o accompagnando il comando con altri gesti e segni significativi, anche, eventualmente, non linguistici (come il segno della mano che indichi precisamente il punto in cui un certo oggetto deve essere posato).

I comandi legislativi, invece, non sono altro che nuovi messaggi testuali, inseriti in un sistema che già ne comprende molti, tutti affidati allo stesso meccanismo di applicazione ed interpretazione, senza alcuna relazione diretta e immediata tra chi prescrive e chi esegue.

Se ci chiediamo *chi* debba provvedere all'interpretazione delle norme giuridiche, dobbiamo rispondere che, in un certo senso, non c'è nessuno che possa evitarlo. A tutti infatti capita assai spesso di doversi sforzare di intendere il significato delle norme, per poter adeguare ad esse il proprio comportamento, o almeno per conoscere le conseguenze connesse a comportamenti difformi.

Interpretazione dottrinale e giurisprudenziale

È evidente però che l'interpretazione data da «chiunque» non può avere la stessa importanza dell'interpretazione offerta dagli *specialisti*, cioè dagli studiosi del diritto, la cui opera forma ciò che si chiama usualmente la *dottrina.* Tuttavia, anche l'**interpretazione dottrinale** non ha alcun particolare valore legale (cioè non produce alcun vincolo giuridico), e la sua importanza dipende solo dal suo valore qualitativo, come opera di riflessione sistematica ed approfondita.

Dato che, da ultimo, la parola definitiva sull'applicazione delle disposizioni normative spetta ai giudici attraverso le loro *sentenze,* spetta cioè alla «giurisprudenza», anche l'**interpretazione giurisprudenziale** o **giudiziale** ha grandissima importanza, e forse *la maggiore* importanza: ai fini pratici, infatti, ciò che conta è soprattutto sapere quale significato usualmente i giudici attribuiscono alle varie norme nelle loro decisioni. Ma anche l'interpretazione giudiziale non ha in generale, al di fuori del caso deciso, valore legale, e gli stessi giudici potrebbero, in teoria, la volta successiva mutare orientamento e intendere la stessa disposizione differentemente.

Ciò vale nei sistemi giuridici europei di tipo «continentale», come il nostro, nei quali il giudice è sempre chiamato ad applicare direttamente la legge, e non i «precedenti» della giurisprudenza (cioè le regole di diritto elaborate per la soluzione di precedenti casi). Diversamente va detto per i sistemi di tipo anglosassone, nei quali il precedente giudiziario vincola i giudici successivi inferiori (e talora di pari grado: ma i giudici supremi non sono vincolati dai propri precedenti, anche se se ne discostano raramente).

In pratica, però, anche nei sistemi continentali i «precedenti», soprattutto quando derivino dai giudici delle giurisdizioni superiori – come è da noi la **Corte di cassazione** – e siano consolidati nel tempo, ben difficilmente vengono abbandonati. In questo senso si può dire che le interpretazioni dei giudici svolgono una funzione di orientamento e di integrazione nell'applicazione delle norme giuridiche. Sul particolare valore delle sentenze della **Corte costituzionale** v. oltre, cap. 31.

Interpretazione estensiva e restrittiva

A seconda del risultato al quale giunge, l'interpretazione può risultare *estensiva* o *restrittiva.*

Si ha **interpretazione estensiva** quando si giunge alla conclusione che la parola usata nella legge ha un significato troppo ristretto rispetto all'intenzione del legislatore, il quale ha detto *meno di ciò che ha voluto.* Se ad esempio il testo della norma dice «*è vietato introdurre cani*», si può ragionevolmente pensare che il divieto valga anche per i gatti, ed a maggior ragione per i cavalli. Se è stato scritto «cani», non era per *limitare* il divieto ad essi, ma semplicemente perché non è usuale che si portino in giro gatti o cavalli.

Con l'**interpretazione restrittiva** si giunge invece al risultato contrario, di stabilire che il testo letterale della legge ha un significato *più ampio di quello voluto.* Così, in presenza di un divieto di circolazione dei veicoli in un parco, si può pensare che esso non si estenda ai tricicli per bambini, nonostante che anch'essi siano, alla lettera, *veicoli.*

Interpretazione autentica

Infine, talvolta (anche se raramente) capita che ad interpretare le norme giuridiche provveda lo stesso *legislatore.* Ciò può accadere, ad esempio, quando per l'infelice scelta delle parole i risultati ottenuti nell'applicazione della norma siano diversi da quelli attesi, per i quali la norma era stata posta. Si parla allora di **interpretazione autentica**, per sottolineare che *l'interpretazione ha la stessa provenienza della norma interpretata.*

Anche nel caso dell'interpretazione autentica, comunque, non si deve pensare la cosa come se si chiedesse alle «stesse persone» che hanno fatto la legge di spiegarne il senso. L'interpretazione autentica non è altro che la produzione di *nuove disposizioni* da parte di una fonte del diritto, aventi per scopo la precisazione del significato di disposizioni precedenti. Le persone che compongono l'organo legislativo possono essere nel frattempo mutate, oppure la disposizione interpretativa può essere approvata da una maggioranza del tutto diversa da quella che ha approvato la disposizione da interpretare; inoltre l'interpretazione autentica di una legge può essere contenuta in un decreto legislativo, e viceversa. Il carattere normativo spiega la ragione per la quale l'*interpretazione autentica* – al contrario delle altre viste – *è vincolante per tutti.* Con essa, infatti, si pongono nuove norme, che devono essere seguite come norme giuridiche. Più che di vera *interpretazione,* si tratta dunque di *prescrizioni interpretative.*

Le norme di interpretazione autentica *retroagiscono* operando negli stessi limiti temporali delle norme interpretate. Tuttavia, affinché possa parlarsi di vera *interpretazione* autentica il significato fatto proprio dalla legge interpretativa deve pur sempre essere uno dei significati possibili della disposizione interpretata (cfr. Corte costituzionale, sent. n. 133 del 1997). Diversamente si avranno semplicemente disposizioni innovative di quanto precedentemente disposto.

Interpretazione e caso concreto

Da ciò che si è detto risulta chiaro che l'interpretazione non è un'operazione semplice, né meccanica, ma che essa richiede nell'interprete cultura giuridica, sensibilità, equilibrio. La difficoltà – ma anche la ricchezza – dell'attività interpretativa risulta ancor più evidente se si pensa che l'interpretazione non si svolge (né potrebbe svolgersi) in astratto, ma in riferimento a casi specifici e concreti, dei quali occorre trovare la «giusta» soluzione. Ora, la soluzione «giusta» è sì quella che corrisponde alle regole, ma è anche quella che – nell'ambito delle regole – meglio soddisfa il senso di equità del'interprete, in relazione agli interessi coinvolti dalla decisione, i quali «premono» verso interpretazioni ad essi convenienti.

Accade allora che di fronte ad un caso si cominci ad esaminare quale potrebbe essere la soluzione secondo le regole interpretative più ovvie, come il significato più immediato, o generalmente accettato. Può darsi che si arrivi così ad una soluzione «soddisfacente», ma può anche darsi che rimanga un senso di insoddisfazione, che spinge a chiedersi se alle disposizioni non possano attribuirsi significati più ampi, o più ristretti, o diversi, oppure se le caratteristiche del caso in esame, meglio considerate, non possano portare all'applicazione di disposizioni diverse, e così via. Trovata una soluzione «migliore», non si potrà non tornare alle disposizioni da interpretare, per verificare se davvero esse la consentano o la impongano, e se essa sia davvero soddisfacente sotto ogni profilo.

Lo «sforzo» interpretativo poi è ancora più evidente quando chi lo compie non sia in una posizione neutrale, ma abbia come compito professionale la difesa degli interessi di una delle parti del caso (come accade agli avvocati): egli compirà ogni tentativo per ricavare dalle disposizioni, in relazione alle particolarità del caso, ogni possibile significato favorevole alla sua causa.

D'altra parte, anche l'operatore «neutrale» – quale è istituzionalmente il giudice – opera in questo contesto, in cui le interpretazioni possibili sono moltiplicate dagli stessi tentativi delle parti di dimostrare la propria ragione. Egli non deve decidere in base a criteri suoi personali, ma dovrà invece il più possibile ancorarsi ai dati obbiettivi dell'ordinamento giuridico: anche se la sua scelta definitiva dei significati normativi, e la sua stessa ricostruzione dei dati dell'ordinamento, non può non rimanere influenzata dal suo modo di concepire i rapporti sociali, dal suo modo di intendere altre norme giuridiche, collegate a quelle da interpretare, dalla sua percezione degli interessi in gioco, dalla sua percezione delle caratteristiche proprie della fattispecie in esame.

Il sillogismo giudiziale

Alla fine di tutto questo lavorìo – ma solo *alla fine* – la soluzione del caso assumerà, in estrema sintesi, la classica forma del sillogismo: enunciazione della regola (*premessa maggiore*), asserzione del caso in esame come caso corrispondente a quello considerato dalla regola (*premessa minore*), applicazione della regola enunciata al caso concreto (*conclusione*). Come si vede, il cosiddetto «sillogismo giudiziale» è il *risultato* dell'attività dell'interprete, non certo ciò in cui essa consiste.

Infatti, la regola (premessa maggiore) è il frutto dello sforzo interpretativo, condotto in relazione alle caratteristiche del caso, mentre l'asserzione del caso come corrispondente a quello considerato nella regola è a sua volta il risultato di una delicata opera di ricostruzione e analisi delle circostanze di fatto, condotta in relazione alla loro possibile rilevanza per l'applicazione delle regole.

Nell'insieme dell'attività interpretativa, è chiaro che l'interprete deve compiere molte *scelte* tra possibilità alternative di attribuzioni di significato: il che porta spesso a sottolineare l'aspetto *creativo* dell'interpretazione.

Tuttavia, l'atteggiamento mentale e metodologico dell'interprete è sempre – e deve restare – quello di chi si sforza di rinvenire una norma già più o meno chiaramente contenuta o implicita nel sistema giuridico, e non può mai divenire invece l'atteggiamento di chi *pone* la norma: perché se così facesse, l'interprete pretenderebbe di farsi esso stesso legislatore.

5. l'analogia

I casi non previsti da norme

Le norme giuridiche sono molte: ma ciononostante non è certo possibile che esse disciplinino ogni possibile caso o eventualità. Accade perciò talvolta che sorgano questioni, che non trovano soluzione in alcuna specifica norma dell'ordinamento (è il problema delle cosiddette **lacune**). Ma *il giudice*, davanti al quale la questione si ponga, non se la può certo cavare dicendo che il caso non è previsto, perché egli *deve comunque e sempre risolvere la controversia che gli è sottoposta.*

A prima vista sembra che non ci sia qui alcun problema di *interpretazione*: non essendoci, come abbiamo detto, la norma che regola il caso, non ci può essere alcun problema di capirne il significato.

La cosa non è però così semplice. Come potrà il giudice risolvere la controversia, se non ha a disposizione una norma che riguardi il caso da decidere? Una risposta potrebbe essere nel senso che il giudice deciderà secondo «equità», o secondo quello che *a lui personalmente* sembri giusto. Ma questa risposta, nell'ordinamento italiano e negli altri che si ispirano a simili principi, non viene data se non *eccezionalmente ed in singoli casi espressamente previsti.* La regola è invece che il giudice deve sempre trovare nell'ordinamento stesso i criteri della sua decisione. E allora?

Il caso simile e l'analogia

Il problema si risolve per mezzo della cosiddetta **analogia**, secondo quanto prescrive, per l'ordinamento italiano, l'art. 12, co. 2, delle *preleggi.* Si ragiona in questo modo. Il caso non è esplicitamente previsto, ma può darsi che ci siano norme che riguardano casi che sono strutturalmente *simili* a quello che deve essere risolto. Dalla norma che riguarda il caso simile si ricava un *criterio,* al quale il legislatore si è ispirato; si applica quindi *lo stesso criterio* al caso da risolvere, che non è espressamente disciplinato. Si dice allora che si è applicata per *analogia* una norma ad un caso, che non era per sé disciplinato da quella norma (ma nemmeno da qualunque altra).

Si parla a questo proposito di analogia *di legge* (più spesso, si usa l'espressione latina **analogia legis**). L'espressione però potrebbe indurre in errore: l'analogia non corre in realtà tra *norma* e *norma* (perché di norma ce n'è una sola, quella che regola il caso simile), e nemmeno tra *norma* e *caso* non regolato (perché le due cose non sono dello stesso genere). L'analogia corre invece *tra i due casi*: è in virtù della somiglianza tra il *caso* disciplinato e il *caso* non disciplinato che il criterio ispiratore della norma dettata per il primo caso può essere applicato al secondo.

Non è però ammesso il ricorso all'analogia quando si tratti di norme *penali* (perciò, ad esempio, la norma che punisce il *furto* non si può applicare a chi semplicemente non restituisce una cosa che gli era stata prestata), e quando si tratti di norme che «*fanno eccezione a regole generali*»: se un caso non è espressamente previsto come eccezione, è necessario si applichi la regola generale, e non la regola che fa eccezione. Nel diritto italiano ciò è stabilito dall'art. 14 delle *preleggi*.

È importante la differenza tra *interpretazione estensiva* di una disposizione e *estensione analogica* di una norma ad un caso da essa non regolato. La prima (l'interpretazione estensiva) è *sempre ammessa*: si tratta infatti soltanto di intendere il «senso vero» che la disposizione ha nell'intenzione del legislatore. Con la seconda invece (l'estensione per analogia) si applica la norma *oltre* il suo significato ed ambito proprio; ed essa, come si è ora detto, non è sempre ammessa.

6. i principi generali dell'ordinamento giuridico

Può accadere, tuttavia, che non solo il caso da risolvere non sia disciplinato da nessuna norma, ma nemmeno siano disciplinati da norme casi simili: sicché anche il tentativo di ricavare *per analogia* la regola del caso è destinato a fallire.

Nemmeno in questa ipotesi, tuttavia, il giudice può evitare di decidere *secondo diritto*. Egli non potrà nemmeno in questa ipotesi rifarsi ai suoi personali criteri di giustizia, ma dovrà, invece, ricercare quali *criteri orientatori* delle norme giuridiche vigenti possano essere utili per la soluzione del caso.

Criteri del genere potranno essere, ad esempio, la protezione della *buona fede*, o dell'*affidamento* (cioè di una *fiducia giustificata dalle circostanze*) che un soggetto abbia potuto fare su un determinato comportamento altrui, la *proporzionalità* di una misura assunta dall'amministrazione rispetto al risultato da raggiungere, e altri simili. Questi *criteri*, ricavati dalle norme esistenti, si chiamano (anche nel linguaggio legislativo: vedi l'art. 12, co. 2, delle *preleggi*) *principi generali dell'ordinamento giuridico*. Il richiamo, per la soluzione delle controversie, ai principi generali del diritto si chiama usualmente **analogia iuris**, «analogia con il diritto in generale»: per indicare che ciò che si applica per analogia non è qui la singola norma, ma i principi ispiratori delle norme.

Analogia iuris e clausole generali

Il ricorso ai principi generali presuppone, come si è detto, che non vi siano da applicare specifiche norme dettate per il caso in questione, o per casi simili. Non è perciò da confondere con il ricorso ai principi generali l'applicazione di *norme a contenu-*

to generico le quali vengono chiamate a loro volta **clausole generali**. Quando ad esempio il codice civile afferma che, nel concludere un contratto, le parti contraenti «devono comportarsi secondo buona fede» (art. 1337; si noti che «buona fede» va intesa qui come *correttezza*), esso stabilisce con ciò una norma che, proprio per il suo contenuto amplissimo, può essere applicata ad un grande numero di casi. Si tratta però di casi che trovano in quella norma *la loro propria disciplina*, e non affatto di casi non regolati dalla legge, per i quali possano utilizzarsi i procedimenti di analogia, o il ricorso ai principi generali del diritto. Tuttavia, lo stesso criterio potrà operare come principio generale per i casi che non rientrino nel campo di applicazione della norma espressa.

capitolo 3

I RAPPORTI TRA NORME GIURIDICHE

1. sviluppo e mutamento dell'ordinamento giuridico

Ordinamenti statici e ordinamenti dinamici

Si può immaginare un ordinamento giuridico, in cui le norme siano poste *in una volta sola* e *tutte insieme* in un momento iniziale, senza che si debba o si possa fare successivamente luogo alla produzione di altre norme giuridiche. Tale sarebbe, ad esempio, un sistema in cui le sole norme fossero i *dieci comandamenti* ricevuti da Mosè sul monte Sinai, o le *dodici tavole* degli antichi romani. Si tratterebbe di un ordinamento essenzialmente *statico,* dato che in esso – cioè nelle sue norme – non vi potrebbe essere alcun mutamento (vi potrebbero essere, tuttalpiù, dei mutamenti nei *modi di applicazione*, da parte delle autorità a ciò preposte).

In realtà, però, gli ordinamenti giuridici non sono statici ma *dinamici.* Non solo è sempre previsto che le norme giuridiche possano sorgere in *diversi modi* (esiste sempre, cioè, una pluralità di fonti del diritto, come ad esempio la **legge** e il **regolamento**), ma le fonti sono concepite come *capaci di produrre stabilmente e continuativamente nuove norme giuridiche*. Di qui due problemi: quali siano i rapporti tra le norme successivamente prodotte dalla *stessa* fonte, quali possano essere i rapporti tra le norme prodotte da fonti *diverse*.

2. successione di norme di una fonte

Il primo problema (che cosa succeda quando una fonte produce nuove norme) è il più semplice. Nulla vieta di pensare che le norme successivamente venute in essere semplicemente si *aggiungano* o si *sommino* l'una all'altra, rendendo sempre più «ricco» l'ordinamento giuridico al quale appartengono. E così infatti in generale è: ogni nuova norma prodotta *sviluppa* l'ordinamento, aggiungendosi alle precedenti. Può accadere tuttavia che la norma nuova disciplini in modo *diverso* una materia già prima disciplinata: ed è evidente che in questo caso la norma vecchia e la nuova non si possono applicare entrambe, dato che l'una *esclude* l'altra.

Il criterio cronologico e l'abrogazione

La soluzione corrisponde a ciò che anche intuitivamente si immagina. Quando una fonte pone in essere una nuova norma, incompatibile con una precedente norma posta dalla stessa fonte (o anche, come si dirà, da una fonte dello stesso grado), la nuova norma si sostituisce alla vecchia. Il contrasto tra le due norme viene così risolto secondo un criterio *cronologico*. Il risultato è l'**abrogazione** della norma precedente. Per abrogazione si intende appunto *il venir meno di una norma ad opera di altra norma successiva ed incompatibile con il permanere della prima*.

Irretroattività e retroattività della norma

Quando una norma viene abrogata, essa perde la sua efficacia, ma soltanto per il *futuro*. Sarebbe perciò errato credere che essa non possa più venire applicata *in nessun caso*: al contrario, di regola le norme abrogate continuano a venire applicate ai casi che si sono verificati prima della loro abrogazione, anche se la controversia sorge in un momento successivo. Perciò la norma abrogata cessa di applicarsi ai casi futuri, ma continua a vivere nell'ordinamento in relazione ai casi passati. Ciò è dovuto al fatto che *in generale le norme giuridiche non sono retroattive*, cioè non si applicano a fatti passati, ma solo a fatti futuri.

Per **retroattività** si intende invece la situazione opposta, che si ha quando una norma deve essere applicata non solo ai fatti che si verificheranno in futuro, ma anche a quelli che si sono già verificati nel passato. Va da sé che ciò che è già successo non può *mai*, nella sua realtà *fattuale*, essere influenzato dalla nuova norma (proprio perché *è già successo*). Ma se i fatti che si sono già verificati devono venire *nuovamente valutati* applicando una norma che all'epoca non c'era – ovviamente per ricavarne conseguenze *future* – si dice che la nuova norma è *retroattiva*.

Nel nostro ordinamento la regola della normale **irretroattività** è posta dall'art. 11 delle «preleggi» (come si chiamano usualmente le *Disposizioni sulla legge in generale*, che precedono il vero e proprio **Codice civile**).

Le stesse *preleggi* disciplinano anche il fenomeno dell'abrogazione, distinguendone tre diverse forme: l'abrogazione *espressa*, l'abrogazione *tacita* e l'abrogazione per *nuova disciplina dell'intera materia*. La prima (abrogazione *espressa*) si ha quando la nuova norma individua esplicitamente e con precisione quali disposizioni precedenti vengono abrogate; la seconda (abrogazione *tacita*) si ha quando, in assenza di abrogazione espressa, il venir meno della norma precedente si ricava dall'insanabile contrasto con la norma seguente; alla terza, l'abrogazione per *nuova disciplina dell'intera materia*, si ricorre quando la precedente disciplina di una materia sia venuta in essere disordinatamente ed in tempi diversi: sicché risulta conveniente riordinarla e raccoglierla in un unico atto normativo (si tratta, in pratica, dei c.d. **testi unici**: cap. 20, par. 1).

Modi di abrogazione

Può accadere che la norma seguente contrasti con la precedente non nel senso di farla venir meno *in generale* e *in tutti i casi*, ma nel senso di disciplinare in modo diverso solo *certi casi*, che pure rientrerebbero (in assenza della norma seguente) nella previsione della prima: come ad esempio se, data una norma che dice «nessun veicolo può attraversare i parchi pubblici», ne sopraggiungesse un'altra che consentisse il passaggio alle autoambulanze, agli automezzi della polizia e dei pompieri, e simili. In questi casi non si parla di abrogazione (dato che la norma precedente rimane in vigore) ma di **deroga** (dato che solo alcune situazioni tra quelle già previste vengono diversamente disciplinate).

La deroga

Talvolta leggi ordinarie prevedono che le proprie disposizioni possano essere abrogate o derogate solo in modo espresso. Si tratta soprattutto di normative organiche – si pensi ai Testi unici – per le quali l'esigenza di modifica espressa è apprezzabile. Tuttavia, è dubbio che simili disposizioni possano davvero vincolare il legislatore, in assenza di speciali prescrizioni costituzionali in materia. La Corte costituzionale con sentenza n. 457 del 1999 ha negato che oneri procedimentali previsti da leggi ordinarie per la propria modifica possano condizionare la validità delle leggi successive (nel caso, si trattava di un parere della Corte dei conti, che non era stato chiesto).

3. rapporti tra fonti. Parità, gerarchia, competenza

In concreto, tuttavia, le norme giuridiche non sono mai poste da una sola ed unica fonte. Al contrario, alle norme poste dalla **legge** – che è la fonte più importante degli ordinamenti statali contemporanei – si affiancano ad esempio, in Italia, le norme frutto di **decreti legislativi** (detti anche «leggi delegate»), o di **decreti-legge**, o di **leggi regionali**, o di **regolamenti**. Con tali nomi, infatti, si indicano diverse *fonti*, cioè diversi *modi di produzione del diritto*.

Con ciò il modo di funzionare delle fonti nel loro insieme diviene molto più complesso.

Rapporti di concorrenza

È innanzitutto possibile – ed è anzi frequente – che due o più fonti possano legittimamente porre norme nella stessa materia. Se tali norme non sono in contrasto tra loro (nel senso che non contengono prescrizioni reciprocamente incompatibili), esse non fanno altro che affiancarsi ed assommarsi l'una all'altra, come abbiamo visto accadere nel caso di norme successivamente create dalla stessa fonte. Così succede, ad esempio, quando ad una legge segua un regolamento di esecuzione, fatto per facilitare l'applicazione della legge: legge e regolamento formano *insieme* la disciplina della materia.

Parità

Quando due fonti possono dettare norme nella stessa materia, può accadere che esse siano poste su un piano di sostanziale *equivalenza* o, come si dice nel linguaggio giuridico, di **parità**. In questo caso le due fonti hanno la stessa **forza**, e nel caso che esse pongano in essere norme tra loro contrastanti, si applica lo stesso criterio che abbiamo usato per risolvere il contrasto tra norme prodotte in tempi diversi dalla stessa fonte: il criterio *cronologico*. In base ad esso, le norme poste da una fonte potranno liberamente modificare o abrogare le norme poste dall'altra, e potranno a loro volta essere abrogate o modificate da norme ancora successive della prima, e così via.

La **forza** di un atto normativo misura, come si vede, la *capacità delle norme da esso prodotte di innovare rispetto alle norme preesistenti, modificandole o abrogandole* (aspetto «attivo» della forza) o di *resistere alle innovazioni che venissero introdotte da norme non dotate della stessa forza* (aspetto «passivo» della forza).

Nel diritto italiano sono poste su un piano di sostanziale *parità* la **legge**, il **decreto-legge** ed il **decreto legislativo**.

Parliamo di «sostanziale» parità, e non di parità assoluta, perché vi sono aspetti per i quali decreto legislativo e decreto-legge non sono in tutto equivalenti alle leggi ordinarie. Così, il decreto legislativo deve ovviamente rispettare la legge di delega (che dunque è «superiore» ad esso), e il decreto-legge cede poi necessariamente il passo alla legge di conversione. Inoltre, in particolari casi previsti dalla Costituzione, deve usarsi la legge vera e propria, e non il decreto legislativo o il decreto-legge (cfr. cap. 20, par. 1 e par. 2). Per tutte queste ragioni qualche volta si dice che, mentre la legge è fonte primaria (cfr. cap. 19, par. 1), il decreto-legge e il decreto legislativo sono fonti *subprimarie*.

Gerarchia

In altri casi, invece, accade che una delle due fonti sia *subordinata* all'altra: che, cioè, le norme da essa prodotte debbano essere conformi alle norme prodotte dall'altra, senza potervi contraddire. Diremo perciò che le due fonti – e di conseguenza le norme da esse prodotte – non stanno sullo stesso piano, ma che l'una è *superiore*, l'altra *inferiore*. Possiamo dire la stessa cosa parlando di **gerarchia** tra le fonti. Così, nell'esempio che abbiamo fatto prima, il regolamento di esecuzione potrà dare svolgimento e precisare nel dettaglio le norme della legge, ma non potrà contenere norme ad esse contrarie. Il **regolamento** infatti è *fonte gerarchicamente subordinata alla legge*, e non può né modificarne né abrogarne le norme.

Naturalmente, potrà sempre accadere che, di fatto, una norma posta da una fonte inferiore si trovi a contrastare con una norma posta da una fonte superiore: ma in tale caso la norma inferiore sarà *illegittima*, e vi saranno dei modi che ne consentono l'eliminazione.

Nel diritto italiano, la **Costituzione** e le **leggi costituzionali** sono *superiori* alla **legge ordinaria**, la quale a sua volta è superiore ai **regolamenti**.

Rapporti di competenza

Infine, non è detto che a tutte le fonti sia assegnato lo stesso *ambito di materia*. Se, ad esempio, si dicesse (la realtà è assai più complessa: v. *oltre*, cap. 22, par. 2) che la legge statale detterà norme in materia di *diritto penale*, mentre le Regioni con propria legge disciplineranno il *turismo*, sarebbe chiaro che le norme statali e le norme regionali non sono destinate ad incontrarsi mai. Sinteticamente, potremmo dire che la fonte statale e la fonte regionale hanno una diversa **competenza** per materia. I rapporti di *competenza* escludono ogni legittima *concorrenza* tra le norme poste dalle fonti di cui si tratta.

Anche in questo caso può darsi però che, nei fatti, gli eventuali *limiti* di competenza posti ad una fonte vengano violati. Quando ciò accade, ne risulta una situazione che contrasta con le norme che disciplinano la produzione delle norme giuridiche, cioè una situazione di **illegittimità**.

Rapporti di competenza tra ordinamenti

Dai rapporti di competenza tra fonti di uno *stesso ordinamento* vanno distinti altri rapporti, che si potrebbero dire di competenza *tra ordinamenti* diversi. Vi sono situazioni nelle quali l'ordinamento italiano rinuncia a determinare con propria disciplina certe fattispecie, riconoscendo la *competenza* di un diverso ordinamento, le cui norme si applicano direttamente in Italia.

Il caso più vistoso e più noto riguarda le norme dell'*ordinamento dell'Unione Europea*, le quali, nei settori e nei limiti delle competenze assegnate dai Trattati istitutivi, devono operare direttamente ed unitariamente in tutti i paesi dell'Unione. Per consentire ciò, l'ordinamento italiano – secondo quanto è stato affermato dalla Corte costituzionale con sentenza n. 170 del 1984 – *limita* l'efficacia delle proprie norme, escludendo in via generale e preventiva l'applicazione di proprie eventuali disposizioni incompatibili con le regole derivanti dai Trattati stessi.

In pratica, perciò, una norma legislativa nazionale, sia preesistente che sopravvenuta, che si trovasse a contrastare con una norma europea direttamente applicabile, non dovrebbe essere applicata da parte di nessun operatore giuridico: si tratti del giudice nazionale, o della pubblica amministrazione, o anche del semplice cittadino, come la Corte costituzionale ha precisato con la sent. n. 389 del 1989 (sul fenomeno si veda anche cap. 18, par. 2).

La stessa Corte costituzionale ha poi ammesso la possibilità di dichiarare l'illegittimità costituzionale delle leggi contrastanti con precedente normativa europea, nel caso in cui tali leggi siano impugnate davanti ad essa in via principale (v. *oltre*, cap. 18, par. 2, e cap. 31, par. 3). Rimane però fermo che le leggi che contrastano con norme europee devono comunque essere disapplicate da qualunque operatore.

4. l'illegittimità delle norme

Si è detto che qualora una fonte, nel produrre norme giuridiche, superi i limiti ad essa imposti – si tratti di limiti derivanti da gerarchia o da competenza – si determina una situazione di illegittimità delle norme così prodotte. Ad esempio, si sa che nel nostro paese una norma di legge che contrasti con la Costituzione è illegittima: la Costituzione, infatti, si trova in una posizione di *superiorità gerarchica* rispetto alla legge.

Bisogna però fare attenzione: *dire che una norma è illegittima non è lo stesso che dire che una norma non esiste*. In generale la norma illegittima produce intanto, in via provvisoria e sino a quando non venga eliminata, degli effetti. D'altra parte, il problema di sapere se una norma è o meno veramente illegittima non sempre è di facile e certa soluzione; sicché ci si trova spesso in una situazione di incertezza, che dura sino a quando l'eventuale illegittimità non sia accertata dalle autorità competenti a farlo.

Quali siano le autorità competenti ad accertare l'illegittimità delle norme, non si può dire in astratto. Per lo più tale compito è affidato – come ci si aspetta – ai giudici. Ma *non tutti i giudici possono valutare la legittimità di tutte le norme*. Nel nostro ordinamento, ad esempio, le norme di *legge* possono essere giudicate illegittime e fatte venir meno solo dalla **Corte costituzionale**, e solo mediante certe procedure (cap. 31, parr. 3 e 4): fermo però che, come detto sopra, esse non possono venire applicate quando contrastino con norme dell'Unione Europea.

Le norme dei *regolamenti*, invece, possono essere giudicate illegittime – e perciò non applicate al caso in discussione – da *qualunque* giudice. Tuttavia, solo i *giudici amministrativi* hanno il potere di *annullarle* una volta per tutte (cap. 30, parr. 3 e 5).

capitolo 4

I SOGGETTI

1. Le persone fisiche. – 2. La capacità delle persone fisiche. – 3. La rappresentanza. – 4. Le persone giuridiche. – 5. Associazioni e fondazioni. – 6. Gli enti pubblici.

1. le persone fisiche

I destinatari delle norme

Le norme giuridiche regolano, come sappiamo, i comportamenti delle persone, le quali sono perciò i «destinatari» delle norme, cioè coloro ai quali le norme si rivolgono. Si noti che non sempre il *destinatario* è individuato esplicitamente dalla norma. Essa può anche dire «non sono ammessi animali», o «è vietata la circolazione dei veicoli a motore»; ma è ovvio che destinatari della norma non sono né gli animali né i veicoli a motore, bensì quelle *persone* che in un certo momento ne hanno la responsabilità.

I destinatari delle norme giuridiche si dicono **soggetti** di diritto; essi sono le persone cui le norme si applicano, in modo tale che le loro posizioni risultano disciplinate come **diritti**, o come **obblighi**, o come **doveri**, o **poteri** o altre simili: in sintesi, come una delle **situazioni giuridiche soggettive** – cioè delle situazioni giuridiche possibili per i soggetti – delle quali si parlerà nel capitolo successivo.

Quando diciamo: «il signor Rossi è proprietario della sua casetta», sottintendiamo che il signor Rossi è *soggetto* dell'ordinamento giuridico (o *nell'* ordinamento giuridico), e che come tale può godere del diritto di *proprietà* della sua abitazione. Analogamente, quando diciamo che invece «il signor Bianchi è in affitto», presupponiamo che anch'egli è soggetto di diritto: benché non si trovi ad essere proprietario, ma abbia altri diritti (come quello di abitare la casa per un determinato periodo) ed obblighi (primo tra tutti quello di pagare il canone di locazione) previsti dalle *norme*, e dal *contratto* che egli ha stipulato.

Capacità e personalità giuridica

Essere **soggetti** significa dunque essere capaci, ove si diano in concreto determinate circostanze, di essere titolari di diritti, obblighi o delle altre situazioni giuridiche. Questa «capacità» si chiama **capacità giuridica**, ed è propria di tutti coloro che, entro un certo ordinamento giuridico, sono considerati **persone**.

A volte – più frequentemente in relazione ai *soggetti* che non sono persone fisiche ma *organizzazioni* (si veda qui di seguito il par. 4) – si parla anche di «personalità» giuridica. **Personalità giuridica** e **capacità giuridica** sono espressioni di significato simile: possiamo dire che la prima indica quel presupposto (l'essere considerati «persone» nell'ordinamento) di cui la seconda è la naturale conseguenza.

Poiché il diritto e le sue norme servono a disciplinare i rapporti sociali, è chiaro che soggetti di diritto, dotati di personalità e di capacità giuridica saranno, innanzitutto, i *singoli individui*, coloro che sono nati e che sono viventi. Per indicarli il linguaggio giuridico usa l'espressione **persone fisiche**.

Universalità della capacità giuridica

Per noi è poi ovvio che *tutti* gli individui – uomini o donne, adulti o minori, stranieri o cittadini, poveri o ricchi che siano – abbiano soggettività giuridica e godano della capacità giuridica, e possano perciò divenire titolari di diritti, obblighi e altre posizioni giuridiche soggettive. E tale principio è sancito dall'art. 1, co. 1, del **codice civile**, secondo il quale «*la capacità giuridica si acquista nel momento della nascita*». Nella Costituzione la personalità e la capacità giuridica di ognuno sono implicite nel riconoscimento dei «diritti inviolabili dell'*uomo*» (art. 2) e del *principio di uguaglianza* «senza distinzione di sesso, di razza, di lingua, di religione, di opinioni politiche, di condizioni personali e sociali» (art. 3, comma 1: benché, alla lettera, tale principio sia riferito ai soli *cittadini*).

Naturalmente, non tutti gli individui esistenti al mondo avranno concretamente a che fare con l'ordinamento italiano e con le sue norme: ma quando ciò si verificasse, la capacità giuridica è riconosciuta ad ognuno, senza nessuna esclusione. Esiste anzi nella Costituzione una apposita norma, per la quale «*nessuno può essere privato, per motivi politici, della capacità giuridica*» (oltre che della *cittadinanza* – se si tratta di cittadino italiano – e del *nome*: art. 22).

Ciò vale per l'ordinamento giuridico italiano, come in generale per gli ordinamenti statali contemporanei: e certo non saremmo disposti oggi a considerare *giusto* e *civile* un ordinamento giuridico che non riconoscesse a tutti gli individui viventi, in condizioni di uguaglianza, la qualità di soggetto, la *capacità* o *soggettività* (come anche si dice) giuridica.

La storia ci mostra tuttavia esperienze nelle quali non tutti gli individui erano considerati, dal punto di vista del diritto, *persone*: così nel mondo romano classico gli individui in condizione di schiavitù non erano riconosciuti come possibili titolari di diritti o obblighi giuridici, ma venivano al contrario in considerazione quali possibili *oggetti* di diritti altrui (essendo ad esempio, ed in primo luogo, in *proprietà* di qualcuno). D'altronde, *limitazioni* della capacità giuridica per ragioni razziali si trovano ancora – sia pure in misura sempre minore – anche in Stati contemporanei; né si può dimenticare che nello stesso ordinamento italiano le leggi *razziali* del 1938 introdussero – fino alla caduta del fascismo – rigide limitazioni alla capacità giuridica degli *ebrei*.

Residenza e domicilio

Le persone fisiche non sono vincolate a stare in un luogo particolare. Al contrario, come più avanti vedremo (cap. 32, par. 4), la Costituzione garantisce la *libertà personale* in generale (art. 13), e per i cittadini la *libertà di circolazione e di soggiorno* (art. 16) in particolare. Tuttavia, per ogni persona fisica alcuni luoghi hanno un rilievo giuridico speciale. Questi luoghi sono, fondamentalmente, la **residenza** e il **domicilio**.

Il *codice civile* definisce la residenza come il «*luogo in cui la persona ha la dimora abituale*» (art. 43, co. 2). Per parte sua, la dimora è, come nel linguaggio comune, il luogo in cui qualcuno di fatto soggiorna, anche temporaneamente, ma non in modo puramente precario (perciò si *dimora*, ad esempio, nel luogo di villeggiatura; non cambia ogni giorno la dimora, invece, se si fa un giro turistico per varie città). Il luogo di *stabile* dimora è, secondo il codice, la residenza: che si può dunque definire come il luogo nel quale una persona fisica si trova quando non ha particolari ragioni per trovarsi altrove.

La residenza si determina attraverso l'iscrizione presso l'*anagrafe* di un Comune. Si noti che la *residenza* deve essere *effettiva*, anche se l'allontanamento dal luogo di residenza – pur per periodi relativamente lunghi – *non* ne comporta la *perdita*. Il luogo di residenza incide a vari effetti giuridici: ad esempio, determina il luogo di esercizio del diritto di voto, il luogo di normale *notificazione* degli atti giudiziari (art. 139, co. 1, del *codice di procedura civile*) e, più in generale, l'appartenenza ad un *Comune*, ad una Provincia e ad una Regione.

Il *domicilio* di una persona è il luogo «*in cui essa ha stabilito la sede principale dei suoi affari e interessi*» (art. 43, co. 1, c.c.). In quanto sede *principale*, il *domicilio generale* (che può bene coincidere con il luogo di residenza) è necessariamente *unico*: tuttavia, «*si può eleggere domicilio speciale per determinati atti o affari*» (art. 47 c.c.).

Anche il domicilio è rilevante a vari fini: così nel domicilio del *creditore* vanno pagate (salvo patti o usi contrari) le *somme di danaro* (art. 1182 c.c.), e nel domicilio del defunto si apre la *successione* (art. 456 c.c.).

2. la capacità delle persone fisiche

Capacità giuridica e capacità d'agire

Sappiamo ormai che le *persone fisiche* sono *soggetti* dell'ordinamento giuridico, e che come soggetti hanno quella *capacità di essere destinatari di norme giuridiche*, e perciò di divenire titolari di «situazioni» giuridiche, che abbiamo chiamato *capacità giuridica*. Anche un neonato, ad esempio, è titolare di **diritti**, che gli derivano direttamente dalle leggi: diritto alla vita, diritto al nome, diritto al riconoscimento della cittadinanza, diritto al mantenimento, all'assistenza, ed altri ancora.

È evidente però che il neonato, da solo, è da un diverso punto di vista del tutto «incapace»: non è in grado di fare *nulla* per acquistare *altri* diritti, oltre a quelli che le leggi direttamente attribuiscono a tutte le persone fisiche (o ai minori in particolare), e non è in grado di fare nulla nemmeno per ottenere la protezione dei diritti che ha, se essi venissero calpestati. Non che egli non possa in astratto divenire titolare di altri diritti – come divenire *proprietario* di una casa – o che non possa ottenere tutela di quelli che ha: solo che egli non è in grado di compiere *da sé* le *azioni* che a questo fine sono richieste, ad esempio concludere un contratto di compravendita (per acquistare la proprietà della casa), o iniziare una causa davanti ad un giudice (per avere soddisfazione dei propri diritti).

In altre parole, il neonato ha la capacità *giuridica*, ma non è in grado di *agire*. La **capacità d'agire** è ciò che consente ad un soggetto di compiere azioni (più avanti parleremo di *atti giuridici*), alle quali si collegano effetti giuridici (nei nostri esempi: l'acquisto della proprietà, l'instaurazione di un processo). Diremo perciò che il neonato ha capacità giuridica, ma non ha capacità d'agire.

Che il neonato non abbia capacità d'agire ci appare del tutto ovvio, dato che ad esso mancano quei *presupposti naturali*, senza i quali nessuna vera azione è possibile: la capacità di *conoscere* il mondo circostante e la capacità di elaborare, sulla base di tale conoscenza, delle *decisioni* conseguenti. A nessuno verrebbe in mente di attribuire significato di decisione consapevole ai segni eventualmente prodotti dal neonato, quand'anche da essi fosse riconoscibile, per dir così, una qualche preferenza. La mancanza di capacità d'agire è perciò per lui, possiamo dire, una pura conseguenza della mancanza di qualunque **capacità naturale**.

Gli incapaci d'agire. I minori

Per il diritto, tuttavia, non è privo della capacità d'agire solo il neonato, ma anche soggetti che si considerano e sono mediamente capaci di *intendere* e che sono anche, da un punto di vista naturale, perfettamente capaci di *volere*. Si tratta di tutti coloro che non hanno raggiunto la cosiddetta **maggiore età**, e che vengono perciò chiamati **minori** (d'età). Solo con la maggiore età (che è attualmente fissata dalla legge italiana al compimento del diciottesimo anno) si diventa capaci di compiere *qualunque* atto giuridicamente rilevante.

L'incapacità naturale

Naturalmente, può accadere che anche un soggetto che non sia né interdetto né inabilitato (cioè che non si trovi in stato di *incapacità legale*) si trovi per qualunque ragione, anche transitoria (malattia, ubriachezza o altro) ad essere – secondo l'espressione dell'art. 428 c.c. – «*incapace di intendere e di volere*», cioè incapace di valutare e decidere *responsabilmente*. Si parla a questo proposito di **incapacità naturale** (cioè non legalmente dichiarata). L'*incapacità naturale* fa sì che gli atti compiuti risultino *viziati* e siano perciò, a certe condizioni, *annullabili* (*oltre*, cap. 7, par. 4). Inoltre, secondo l'art. 2046 c.c., chi si trovi in tale condizione non è responsabile degli eventuali danni provocati a terzi, a meno che l'incapacità derivi da sua colpa (ne risponde, ove vi sia, il soggetto tenuto alla sorveglianza dell'incapace – art. 2047 c.c.).

3. la rappresentanza

Normalmente, la persona che «agisce» (cioè che compie un atto che produce effetti giuridici: ad esempio, che compera un appartamento) e la persona che riceve gli effetti dell'azione (nell'esempio: che diviene *proprietaria* dell'appartamento) sono *la stessa* persona. Ciascuno, in altre parole, agisce usualmente *per sé*.

È possibile tuttavia agire *per altri* o, simmetricamente, agire *attraverso altri*. Così, si può «comperare» una casa (cioè porre in essere il contratto di compravendita) senza diventarne noi stessi proprietari, ma facendo acquisire la proprietà ad un'altra persona. Il meccanismo giuridico che consente questo è la **rappresentanza**, e *potere di rappresentanza* si dice il potere, che uno abbia, di *agire producendo effetti giuridici per un'altra persona*.

Il *potere* di rappresentare altri, poi, può derivare direttamente dalla legge (si parla allora di rappresentanza *legale*) o dalla stessa volontà di colui per il quale l'atto viene compiuto (la rappresentanza si dice allora *volontaria*).

La rappresentanza degli incapaci

Sappiamo che esistono soggetti che hanno la *capacità giuridica*, ma che non hanno *capacità d'agire*.

Sennonché, una simile situazione sarebbe causa – se ci si fermasse a questo – di gravi difficoltà nella circolazione dei beni, e più in generale nella vita sociale. Supponiamo che taluno, morendo, abbia lasciato per testamento alcuni beni al figlio neonato di un caro amico. Il neonato *può* bensì divenire proprietario di quei beni (infatti, ha la capacità giuridica), ma non è in grado di compiere quell'atto, con il quale la proprietà si acquista: nel nostro caso, l'*accettazione* dell'eredità. Supponiamo ancora che un infermo di mente, che sia stato perciò interdetto, rimanga danneggiato in un incidente stradale. Egli ha certo *diritto* al **risarcimento** del danno subito ma, essendo infermo ed interdetto, non può decidere di rivolgersi al giudice per ottenerlo.

Per ovviare agli svantaggi collegati con l'esistenza di soggetti incapaci non c'è che un rimedio: che in luogo dell'incapace agisca un diverso soggetto, dotato della necessaria capacità, il quale *rappresenta* l'incapace. Naturalmente, il soggetto chiamato ad agire in luogo dell'incapace dovrà curare *gli interessi dell'incapace*, dovrà cioè agire, come si dice, per *conto* di quello; ma dal nostro punto di vista ciò che più interessa è che gli effetti dell'azione del soggetto capace dovranno per forza andare a cadere in capo all'incapace. Così, non potendo il neonato accettare l'eredità, altri dovrà decidere ed accettare per lui: ma in caso di accettazione, chi diventa proprietario è il neonato stesso. Si esprime la situazione ora descritta dicendo che il *rappresentante* agisce *in nome* – oltre che per conto – del *rappresentato*.

Rappresentanti legali

A chi spetti la rappresentanza dell'incapace a volte è determinato direttamente dalle leggi (così il figlio minore che abbia almeno un genitore è rappresentato da questo), a volte deve essere deciso da un giudice (così per lo stesso minore, se manchino entrambi i genitori) attraverso la nomina di un *tutore*. In entrambi i casi si suole parlare di **rappresentanza legale**, per indicare che è la legge che impone che la persona incapace sia rappresentata da una persona capace.

La rappresentanza volontaria

Abbiamo visto che, per consentirgli di *agire*, si attribuiscono all'incapace gli effetti dell'azione compiuta da un'altra persona, che lo rappresenta. Ma lo stesso meccanismo – l'attribuzione (o, tecnicamente, *imputazione*) ad una persona degli effetti delle azioni compiute da un'altra persona – può tornare utile per la soluzione di altri problemi, del tutto diversi.

Può darsi, ad esempio, che Tizio, perfettamente capace d'agire, desideri comperare un appartamento, o concludere qualunque altro contratto, ma che nel momento in cui l'affare dovrebbe essere concluso egli sia impedito di provvedervi, perché malato, o perché in viaggio, o per altre ragioni. Anche in questo caso la soluzione del problema sta nella possibilità di avvalersi di un *rappresentante*, cioè di una persona che abbia il potere ed il compito di agire in nome e per conto di colui che è impossibilitato (o che, semplicemente, *non vuole* agire personalmente).

In questo caso però non c'è nessuna ragione che sia la legge a preoccuparsi di assicurare che un rappresentante vi sia, o addirittura ad individuarlo. Sarà invece l'interessato (cioè colui che vuole farsi sostituire) a potersi ed a doversi preoccupare di indicare chi vuole agisca in suo nome. Si parla perciò in questi casi di **rappresentanza volontaria**.

La procura

L'atto con il quale una persona volontariamente conferisce ad altra persona la rappresentanza si chiama **procura**, ed è previsto dal codice civile all'art. 1387 (ed è poi disciplinato agli artt. 1392 e seguenti). La procura può riguardare singoli affari (si parla di procura *speciale*), o tutti in genere gli affari di una persona (si parla allora di procura *generale*).

Si noti, comunque, che non tutti gli atti possono essere compiuti mediante rappresentanti. Così, ad esempio, non è ammesso il *testamento* per procura, così come non è ammesso il *voto* per procura nelle elezioni politiche o amministrative.

Mentre di norma sono i soggetti *capaci* a rappresentare gli incapaci, può però succedere anche l'inverso, che sia un soggetto *incapace d'agire* (purché capace di *intendere e di volere*) a rappresentare un soggetto *capace*. La cosa può stupire. Solo così però si spiega come mai i minorenni compiano, nella vita di tutti i giorni, tanti atti che presuppongono la *capacità d'agire*, che essi non hanno (ad esempio, andando a comperare i giornali, o generi alimentari o d'abbigliamento, o altro: i cosiddetti **atti della vita quotidiana**). La spiegazione sta in questo, che si considera che essi abbiano ricevuto (insieme con il danaro necessario) una implicita *procura* all'acquisto.

La rappresentanza «organica»

Una forma di «rappresentanza» con caratteri particolari si realizza nel caso delle **persone giuridiche**, cioè dei soggetti che sono *organizzazioni*, come una *società* o un *ente pubblico*, di cui si dirà al paragrafo seguente.

La persona giuridica non si può dire, quanto a capacità naturale, né capace, né incapace; né si può dire che essa realmente *voglia* o *decida* qualcosa. Noi diciamo, è vero, che essa «vende» o «compra»; ma è evidente che la persona giuridica non può operare se non attraverso la sua *organizzazione*, cioè attraverso gli *uomini* che ne fanno parte: sono essi che, in un certo senso la «rappresentano».

Si parla in questo caso di **«rappresentanza organica»**, che non è però un vero rapporto di rappresentanza tra due soggetti, dato che il «rappresentante» opera come parte dell'*organizzazione-persona giuridica* (si veda meglio *oltre*, cap. 12, par. 1).

Inoltre, ad *una* delle persone fisiche che agiscono per l'organizzazione viene di solito assegnato il compito di *rappresentare* la persona giuridica *nel suo insieme*: ad esempio, quando si tratti di partecipare ad una *causa* (cioè ad una controversia) davanti al giudice. Chi ha questo compito – normalmente il *presidente* della società o ente – viene chiamato «legale rappresentante» della persona giuridica. Naturalmente, il *legale rappresentante*, nel senso ora detto, non va confuso con il rappresentante legale di una persona fisica *incapace* di agire.

4. le persone giuridiche

Tutti gli esseri umani sono, per il nostro ordinamento, soggetti dotati di *personalità* e di *capacità* giuridica; ma già da quanto sopra detto risulta chiaro che non tutti i soggetti, dotati di personalità e capacità giuridica, sono esseri umani.

Le organizzazioni

La cosa può a prima vista sembrare strana, ma si spiega agevolmente se si considera che nell'ambito della vita associata operano ed agiscono non solo singoli individui, ma anche **organizzazioni**. Si capisce che le organizzazioni sono esse stesse composte – non potrebbe essere altrimenti – da singoli individui. In esse però le singole persone fisiche entrano, appunto, come *componenti*: il che significa che l'organizzazione, per sé considerata, è un qualcosa di diverso e di più ampio dei singoli individui che la compongono.

Il fenomeno organizzativo ci è familiare, dato che è massicciamente presente nella vita sociale. Tutti consideriamo che siano «organizzazioni» non solo lo Stato, le Regioni, i Comuni e molte altre istituzioni pubbliche, ma anche le associazioni, le fondazioni, le società commerciali, come pure i sindacati ed i partiti politici. Ma che cosa è, precisamente, un'*organizzazione*? Che cosa differenzia quelle che abbiamo ora elencato da altri «insiemi» di persone, che non consideriamo vere organizzazioni?

Ad esempio, una classe scolastica, pur essendo un *insieme* relativamente stabile (e non puramente occasionale, come sono invece coloro che fanno la fila davanti ad un botteghino, o gli spettatori di una partita di calcio), e ben individuato in coloro che lo compongono, non ci appare come una vera organizzazione.

Se però gli studenti di una classe (che supponiamo maggiorenni e perciò capaci di agire) decidessero di dar vita ad una *associazione* che li riunisca – come potrebbe essere una «Associazione sportiva, ricreativa e culturale degli Studenti della V *a*» – e di seguito stabilissero, oltre al *criterio di appartenenza* (che sarebbe, in questo caso, l'appartenenza alla classe), gli *scopi* e le *finalità* per le quali operare, i *mezzi* da impiegare per il conseguimento degli scopi, nonché le *regole* per individuare coloro che dovranno agire (ad esempio andando ad acquistare articoli sportivi o libri per la biblioteca dell'associazione), non avremmo dubbi che è sorta una vera e propria organizzazione.

Loro elementi costitutivi

Possiamo perciò definire un'organizzazione come *un insieme di persone fisiche unificato* (e se si vuole «organizzato») *da:* 1) *regole che determinano gli scopi comuni;* 2) *regole sull'appartenenza dei soggetti all'organizzazione;* 3) *regole sulle risorse da acquisire ed utilizzare per il conseguimento degli scopi;* 4) *regole per determinare quali dei soggetti appartenenti all'organizzazione possano o debbano agire per essa.*

Nella vita sociale ogni organizzazione costituisce in qualche misura una *unità* separata e diversa dai soggetti fisici che la compongono. Il fenomeno della «persona giuridica» altro non è che la possibile traduzione sul piano del diritto di questo fenomeno sociale. All'unità *sociale* viene fatta allora corrispondere una «unità» *giuridica,* con la creazione di una «persona» che è *soggetto di diritto* nello stesso senso in cui lo sono le persone fisiche: può essere titolare di diritti, come pure essere soggetta ad obblighi, a responsabilità, e simili.

Realtà delle persone giuridiche

Gli studiosi hanno discusso se le «persone giuridiche» siano una creazione artificiale del diritto, o qualcosa di realmente esistente. Possiamo dire che esse sono indubbiamente «artificiali», se con ciò si vuol dire che non esistono in natura, in carne ed ossa, come le persone fisiche, ma che *non* sono affatto *artificiali* se con ciò si volesse dire che si tratta di una pura creazione giuridica, priva di corrispondenza con la realtà: al contrario esse sono, come dicevamo, la traduzione nel diritto di un fenomeno sociale.

Osserviamo però che, mentre le persone giuridiche sono, nel senso che abbiamo detto, organizzazioni, *non tutte le organizzazioni operanti nella società sono persone giuridiche.* Non hanno personalità giuridica, ad esempio, organizzazioni importanti come i **partiti** ed i **sindacati**, così come non sono persone giuridiche «organizzazioni» (sia pure embrionali) come la *famiglia*.

È la legge che stabilisce quali tipi di organizzazioni sono (o possono essere) *persone giuridiche*, e quali *requisiti* esse debbano avere a questo fine. Le società per azioni, ad esempio, sono *sempre* persone giuridiche; esse acquistano tale qualità con la loro stessa costituzione, una volta che l'atto costitutivo sia stato depositato presso l'ufficio del registro delle imprese (normalmente a cura del notaio che ha ricevuto l'atto:

art. 2330 c.c.), e che su questa base la società sia stata iscritta nel registro (art. 2331 c.c.): con l'iscrizione la società acquista la personalità giuridica.

La limitazione della responsabilità

Lo strumento della **persona giuridica** offre molti vantaggi: uno dei più importanti consiste nella *separazione* della **responsabilità** patrimoniale dell'organizzazione da quella delle persone fisiche che la compongono. Queste possono dunque *agire attraverso la persona giuridica,* e con ciò stesso *limitare la propria responsabilità* al capitale conferito nell'organizzazione.

Enti morali

Le persone giuridiche sono talora anche chiamate **enti morali** o anche, più spesso, semplicemente **enti**. Tra le tre denominazioni non c'è alcuna differenza. L'*ente morale*, in particolare, non è nulla di più di una persona giuridica: l'aggettivo «morale» non sta qui ad indicare qualcosa di particolarmente nobile, ma si contrappone piuttosto a «materiale», per dire che si tratta appunto di «enti immateriali», di entità che non hanno una corrispondente realtà *fisica*.

La sede

Le persone giuridiche non hanno né *residenza* né *domicilio generale*, ma hanno – agli stessi effetti giuridici – la **sede** in un determinato *luogo* (art. 46 c.c.).

5. associazioni e fondazioni

Tipi di persone giuridiche

Le organizzazioni possono essere distinte in organizzazioni del tipo della **associazione** e organizzazioni del tipo della **fondazione**. Cerchiamo innanzitutto di comprendere la distinzione nei suoi tratti fondamentali.

Nelle organizzazioni di tipo *associativo* abbiamo più persone che stringono tra loro un accordo di collaborazione per perseguire *insieme* un determinato *scopo*, da esse stesse deciso. S'intende che per perseguire lo scopo saranno necessari dei *mezzi*, e che perciò anche nelle organizzazioni associative l'elemento *patrimoniale* ha il suo peso, a volte assai rilevante. Appartengono al *tipo* dell'associazione non solo le **associazioni** in senso stretto (delle quali si parla subito sotto) ma anche le **società** commerciali, le quali si caratterizzano per avere ad oggetto l'esercizio di *attività imprenditoriali* e (normalmente) *scopo di lucro*, cioè per essere costituite in vista di un profitto. Le *società* hanno una loro disciplina, del tutto specifica, nel *Titolo V* del *Libro V* del Codice civile.

Nelle organizzazioni del tipo della *fondazione,* invece, l'istituzione è creata – di solito per fini di generale utilità – da un atto iniziale (appunto l'atto di *fondazione*) di un solo soggetto, che è inoltre diverso da coloro che saranno chiamati ad *amministrare* l'ente. Sicché mentre nelle associazioni i *soci* dispongono liberamente della associazione stessa (e se lo credono opportuno pongono liberamente *termine* ad essa), nelle fondazioni non ci sono *soci*, e gli *amministratori* possono soltanto operare per raggiungere nel modo migliore possibile gli scopi assegnati all'ente con l'atto di fondazione.

Le persone giuridiche private

Nel diritto privato, sia le *associazioni* che le *fondazioni* diventano **persone giuridiche**, e acquistano la «personalità giuridica», non (come le società) *automaticamente*, con il perfezionamento dell'«atto costitutivo» (che comunque deve essere un **atto pubblico**, cioè, di massima, un *atto notarile*), ma soltanto con un apposito atto di **riconoscimento** da parte della pubblica autorità. La pubblica autorità deciderà valutando la *liceità* e la *serietà* degli scopi del nuovo ente, la *sufficienza* dei mezzi da impiegare e simili.

Competenza al riconoscimento

Secondo il regolamento approvato con d.P.R. 10 febbraio 2000, n. 361, le associazioni, le fondazioni e le altre istituzioni di carattere privato acquistano la personalità giuridica mediante il riconoscimento. Il riconoscimento è compiuto dalle Regioni, per gli enti che operano nelle materie di competenza regionale e le cui finalità statutarie si esauriscono nell'ambito di una sola regione, altrimenti dai Prefetti. Al riconoscimento si collega l'iscrizione nel registro delle persone giuridiche, anch'esso tenuto, inrelazione alle rispettive competenze, dalle Regioni e dalle prefetture.

Con l'entrata in vigore del regolamento n. 361 del 2000 sono state abrogate le disposizioni che regolavano la materia nel codice civile, e in particolare l'art. 12.

L'associazione deve avere necessariamente una *assemblea dei soci*, che deve essere convocata almeno una volta all'anno per l'approvazione del *bilancio*. La rimanente disciplina dell'organizzazione – come pure la disciplina organizzativa delle *fondazioni* – è contenuta in un atto chiamato **statuto**, formato dai promotori insieme all'atto costitutivo dell'organizzazione.

La vita e gli atti delle *fondazioni* sono sottoposti a penetranti *controlli* dell'autorità pubblica, la quale può, tra l'altro, annullare le deliberazioni contrarie a **norme imperative** (cioè a norme che non possono essere derogate dai privati, al contrario delle cosiddette **norme dispositive**), all'**atto di fondazione** (che fissa i *fini* della fondazione stessa), all'**ordine pubblico** e al **buon costume** (cioè, rispettivamente, ai fondamentali principi *istituzionali* e *morali* – in senso ampio – cui si ispira la vita dello Stato).

Le associazioni non riconosciute

Una fondazione può esistere soltanto a condizione che chieda e ottenga il riconoscimento come persona giuridica. Le associazioni, invece, possono, secondo il Codice civile, esistere *anche senza il riconoscimento*, e possono anche fare a meno di chiederlo. Soltanto, esse non diventano persone giuridiche in senso pieno, ma rimangono nello stato di **associazioni non riconosciute**. Nelle associazioni non riconosciute sono sempre responsabili (secondo l'art. 38 c.c.) non solo l'associazione stessa, ma anche «*le persone che hanno agito in nome e per conto dell'associazione*» (non invece i singoli soci come tali).

Nelle associazioni non riconosciute non si realizza perciò quella radicale separazione tra la sfera giuridica dell'organizzazione e quella dei membri dell'organizzazione, che è tipica delle persone giuridiche.

Tuttavia, tali associazioni godono di una capacità giuridica (e di agire) molto ampia, potendo essere titolari di obblighi e diritti di ogni genere. La maggiore limitazione consisteva nell'impossibilità giuridica in cui esse si trovavano di figurare come intestatari di *beni immobili* (cfr. cap. 5, par. 7): per cui tali beni venivano in pratica intestati al Presidente dell'associazione (dovendo poi mutare intestazione ad ogni mutamento nella carica).

Anche questa limitazione è però caduta, da quando la l. 27 febbraio 1985, n. 52, modificando il testo dell'art. 2659 (co. 1, n. 1) del codice civile, ha ammesso anche le associazioni non riconosciute a comparire nei registri dei beni immobiliari come titolari del diritto di proprietà di beni immobili.

I comitati

Più persone fisiche – ma sempre in numero limitato – possono decidere di agire insieme e raccogliere mezzi tra i sottoscrittori per il raggiungimento di uno scopo di pubblica utilità, dando vita ad una sorta di provvisoria associazione tra di loro (senza però eleggere degli «amministratori», distinti dai semplici «soci»). Ciò accade di solito anche in considerazione del carattere «provvisorio» dell'organizzazione, costituita in vista di una specifica iniziativa: esaurita la quale, l'organizzazione si scioglie.

In questo caso si ha un **comitato**. Il Codice civile prevede che il comitato possa anch'esso chiedere il riconoscimento come persona giuridica. Ma se ciò non accade (come per lo più non accade), la regola (artt. 40 e 41) è che i *componenti* del comitato sono personalmente responsabili sia della conservazione e destinazione dei fondi raccolti, sia più in generale degli obblighi assunti.

Gli enti ecclesiastici civilmente riconosciuti

Accanto agli enti disciplinati dal codice civile sono *persone giuridiche* nell'ordinamento italiano gli **enti ecclesiastici civilmente riconosciuti**. Si tratta in pratica delle parrocchie, delle diocesi, degli istituti religiosi, dei seminari e di altre istituzioni aventi finalità religiose facenti capo alla Chiesa cattolica. Il riconoscimento della personalità giuridica è concesso a seguito di una speciale procedura disciplinata dalla l. 20 maggio

1985, n. 222. Il riconoscimento e la conseguente iscrizione nel registro delle persone giuridiche sono necessari perché tali enti possano concludere negozi giuridici (art. 6, co. 4, l. n. 222). Essi svolgono essenzialmente attività religiosa, ma possono a certe condizioni anche svolgere attività diverse.

6. gli enti pubblici

Le organizzazioni al servizio della comunità

Le *associazioni*, le *fondazioni* e le *società* disciplinate dal Codice civile sono *persone giuridiche private*. Ciò significa che sono strumenti offerti all'*autonomia privata* delle persone fisiche, per meglio perseguire i loro fini leciti, quali che essi siano. Una volta costituite, inoltre, esse operano secondo le regole del diritto privato, comune a tutti i soggetti: godono di diritti di proprietà, stipulano contratti ed assumono obblighi come qualunque altro soggetto dell'ordinamento. In generale, hanno la stessa capacità delle persone fisiche, salvi naturalmente i limiti derivanti dal fatto che esse *non sono persone fisiche*: per cui non si sposano, non riconoscono figli, non fanno testamento, e subiscono altre simili «limitazioni».

In una comunità indipendente, tuttavia, non possono non esserci *altre organizzazioni*, costituite non affinché i *singoli* possano meglio raggiungere i fini scelti da ciascuno, ma *affinché la convivenza di tutti, e la vita sociale in generale, possa svolgersi in un modo sufficientemente ordinato e sicuro*.

A questo fine provvede, in primo luogo, lo **Stato**, il quale è esso stesso, come meglio vedremo, una *organizzazione*: l'organizzazione sovrana di un popolo su un determinato territorio. Ma allo stesso fine sono costituite all'interno dello Stato, con distinti compiti, anche altre organizzazioni, quali le **Regioni**, le **Province**, i **Comuni**, e altre ancora. Il corso di diritto *pubblico* ha come suo scopo, in gran parte, lo studio del funzionamento e dell'azione di queste organizzazioni: delle organizzazioni che nel loro insieme formano le *istituzioni* del popolo italiano.

Le norme del diritto, così come considerano alcune organizzazioni private come *autonomi soggetti* (cioè come *persone giuridiche*), allo stesso modo considerano come persone giuridiche anche le organizzazioni del diverso tipo detto ora, a cominciare dallo Stato stesso. Ma poiché tali organizzazioni hanno come ragione della loro esistenza non il soddisfacimento degli interessi dei singoli ma il soddisfacimento degli interessi *della comunità*, o **interessi pubblici**, esse si dicono *persone giu-*

ridiche pubbliche o – più frequentemente – **enti pubblici**. *Enti pubblici* sono perciò *le organizzazioni costituite dalla comunità per il raggiungimento dei propri fini, riconosciute come persone giuridiche.*

I pubblici poteri

Le organizzazioni pubbliche – che chiamiamo da ora *enti pubblici* – hanno anch'esse la **capacità giuridica** come tutti gli altri soggetti: anch'esse possono concludere contratti, assumere obblighi, essere titolari di diritti (art. 11 c.c.). Tuttavia, il fine stesso per il quale lo Stato e gli altri enti pubblici esistono fa sì che ad essi – ed alle *autorità* costituite all'interno di essi – debbano essere riconosciuti *speciali poteri* che gli altri soggetti non hanno, e che proprio perciò si chiamano più frequentemente **potestà**: si pensi al potere di molti enti ed autorità di *imporre* determinati comportamenti con propri **atti normativi** (le leggi statali e regionali, i regolamenti dei comuni, e simili), o, sulla base degli atti normativi, con propri **provvedimenti** (ad esempio, *espropriando* il terreno necessario per la costruzione di una strada).

Il diritto pubblico

L'esistenza di questi poteri, e più in generale il fatto che gli enti pubblici e le pubbliche autorità non possano perseguire i fini che meglio credono, ma debbano perseguire i fini che la comunità stessa si pone e pone loro, fa sì che la loro organizzazione e la loro attività siano solo in parte disciplinate dal **diritto privato** (come ad esempio in relazione ai *contratti* da essi conclusi), ma siano invece fondamentalmente regolate dalle norme del **diritto pubblico**: il quale è appunto il ramo del diritto che disciplina l'*organizzazione pubblica*, e molta parte dei *rapporti tra l'organizzazione pubblica e i soggetti privati* (cfr. anche cap. 8, par. 1).

Enti pubblici e fondazioni di diritto speciale

Dato che, come abbiamo detto, le fondazioni sono costituite per perseguire uno scopo prefissato di pubblico interesse, sotto questo profilo la loro attività assomiglia a quella di enti pubblici che non siano titolari di pubblici poteri, ma svolgano attività di pura gestione. Questa somiglianza spiega come possa essere agevole per il legislatore trasformare enti pubblici di questo genere in fondazioni, quando ritenga opportuno *privatizzarne* l'amministrazione (così ad esempio gli *enti lirici* sono stati trasformati in fondazioni di diritto privato con il decreto-legge n. 345 del 2000, convertito in legge n. 6 del 2001). D'altronde, nel passato si era verificato anche il fenomeno inverso: come è accaduto per le *opere pie*, trasformate in *istituzioni pubbliche di assistenza e beneficenza* nel lontano 1890.

Altre volte lo strumento della fondazione è direttamente previsto dalla legge per il conseguimento di scopi pubblici (ad esempio la l. 388 del 2000 prevede la costituzione di fondazioni universitarie). In tutti questi casi si hanno fondazioni di diritto speciale soggette, oltre che alle regole generali del codice civile, alle regole particolari che le riguardano.

capitolo 5

LE SITUAZIONI GIURIDICHE SOGGETTIVE. I BENI

1. varietà di relazioni tra soggetti

Nella vita di tutti i giorni ciascuno di noi si trova ad avere rapporti con determinate persone e con determinati beni; ma i nostri rapporti con le persone ed i beni non sono sempre i medesimi.

Se dico: «scrivo con la *mia* penna», affermo con ciò che ne sono il *proprietario* – perché l'ho comperata, o anche perché l'ho ricevuta in regalo. Esserne il proprietario, significa avere, in relazione alla penna, il *diritto* di proprietà.

Se uno studente si trovasse senza penna il giorno del compito in classe, la chiederebbe probabilmente ad un compagno, come pura cortesia. È ovvio che con ciò non diventerebbe proprietario della penna; egli non avrebbe al contrario nessun diritto, e sarebbe *obbligato* a restituirla non appena il compagno gliela chiedesse.

Può però anche accadere che due studenti concordino un compenso per l'uso della penna per tutta la mattinata. Anche in questo caso chi utilizza la penna, avendola ottenuta in cambio della promessa di pagare una somma per l'uso, non ne è diventato affatto proprietario. Egli ha però ora un vero *diritto* a poter usare la penna per il periodo concordato; d'altra parte, egli è anche *obbligato* a pagare la somma convenuta.

Diritto ed **obbligo** sono due posizioni, nelle quali i soggetti si possono trovare nei confronti di certe persone, in relazione a certi beni. Diciamo sinteticamente che diritto ed obbligo sono *situazioni giuridiche soggettive*; ed allo stesso modo, chiameremo situazione giuridica soggettiva ogni altra possibile relazione giuridica dei soggetti tra loro, in relazione ai beni.

Situazioni di vantaggio e situazioni di svantaggio

Distinguiamo le situazioni giuridiche soggettive innanzitutto a seconda che esse siano *vantaggiose* o *svantaggiose* per colui che ne è portatore. Non c'è dubbio che le posizioni di *diritto* siano *vantaggiose*, quelle di *obbligo svantaggiose*. Ci sono però altre situazioni giuridiche, sia vantaggiose che svantaggiose, delle quali dobbiamo occuparci.

2. i diritti soggettivi

La garanzia di godimento

Si ha un diritto soggettivo quando ci è *garantito* il godimento di un determinato *bene della vita*. Il «bene» garantito può essere il più vario: una *cosa* (come un'automobile, o un terreno), oppure un *servizio* (come la custodia della stessa automobile, o una certa attività lavorativa), o più semplicemente una determinata *somma* di danaro. Ed anche ciò che in relazione alla «cosa» o al «servizio» è garantito può variare: il godimento della cosa, ad esempio, può essere garantito per un certo periodo oppure per «sempre», di fronte a *chiunque* o solo di fronte ad una certa persona «obbligata», e così via. Tuttavia, non c'è diritto soggettivo senza che vi sia la *garanzia* del godimento di un bene della vita.

La garanzia del diritto soggettivo è fornita dal «diritto». Naturalmente nel secondo caso per «diritto» intendiamo non il diritto soggettivo, ma l'insieme delle norme giuridiche (diritto in senso *obbiettivo*). Ciò che vogliamo dire è che sono le *norme di un certo ordinamento* a stabilire *quali* beni della vita possono essere garantiti (possono cioè formare oggetto di diritti soggettivi) ed *in che modo* essi sono garantiti.

Alla fine, in ogni modo, la garanzia del godimento di ciò che forma oggetto di un diritto soggettivo è sempre offerta dalla possibilità di ottenere il *riconoscimento* di esso e – nel caso che esso sia stato «leso» – la *riparazione* ad opera di un giudice, la cui decisione (**sentenza**) venga poi fatta eseguire anche *coattivamente* dallo Stato.

Nel campo dei diritti soggettivi – che sono moltissimi, e che si differenziano, come s'è detto, per l'oggetto e per il contenuto di ciò che è garantito – si fanno alcune fondamentali distinzioni, che sono utili perché ad esse corrispondono importanti differenze nelle norme che li riguardano.

Diritti assoluti e relativi

Si distingue, innanzitutto, tra **diritti assoluti** e **diritti relativi**. I primi, i diritti assoluti, si hanno *in relazione ad ogni altro soggetto*. Tuttavia, *gli altri soggetti non sono tenuti a fare alcunché* per soddisfare il nostro diritto, ma solo a *non fare* niente che sia *lesivo* del diritto stesso. Così è un diritto assoluto il diritto di proprietà: si è proprietari nei confronti di *chiunque,* ma nessuno è tenuto a nulla di specifico, che non sia l'*astenersi* dal disturbare il godimento del nostro bene. Egualmente, sono diritti assoluti il diritto alla vita, al nome, alla propria immagine, e altri ancora. Nessuno è obbligato ad un comportamento particolare, tutti sono tenuti a non ledere il diritto nostro.

I diritti relativi, al contrario, si hanno *in relazione a soggetti determinati*, e solo in relazione ad essi; e tali soggetti, d'altra parte, si trovano di fronte al titolare del diritto in situazione di *obbligo*. *Diritto*, da una parte, ed *obbligo* dall'altra, formano i termini del classico **rapporto giuridico**. Si osservi che spesso, nell'ambito di un rapporto giuridico, le situazioni di diritto ed obbligo sono intrecciate e simmetriche.

Ad esempio, se Tizio conclude con Caio – proprietario – un contratto di **locazione** di un appartamento, egli ha diritto che Caio gli lasci godere l'appartamento per il periodo pattuito (o per il periodo minimo stabilito dalla legge per i contratti di locazione): e si tratta di un diritto *relativo,* che esiste per Tizio solo nei confronti di Caio, mentre tutti gli altri non sono affatto toccati dal rapporto tra i due. Correlativamente, Caio ha l'*obbligo* di adempiere a ciò che ha pattuito nel contratto, e cioè di mettere a disposizione di Tizio l'appartamento.

Nel rapporto di locazione, però, anche Caio ha dei diritti soggettivi: primo tra tutti, il diritto di ricevere il *canone* pattuito (o fissato dalla legge); mentre Tizio, da questo punto di vista, si trova in posizione di obbligo. Si tratta anche in questo caso, come è facile constatare, di un diritto *relativo*, dato che il suo contenuto è una *prestazione* (il pagamento di una somma di danaro) di un determinato soggetto (Tizio).

I diritti relativi sono soggetti a venir meno se non vengono esercitati per molto tempo: è il fenomeno della cosiddetta **prescrizione** dei diritti. I diritti assoluti, invece, non sono sempre soggetti a prescrizione (ci sono però diritti assoluti che sono soggetti a prescrizione).

I diritti reali

Nell'ambito dei diritti *assoluti* hanno grande importanza i cosiddetti **diritti reali**, i quali possono definirsi come *diritti assoluti aventi ad oggetto le cose*. Si capisce che anche i diritti reali coinvolgono pur sempre, in relazione alla «cosa», i comportamenti delle *persone;* ma essi sono disciplinati in modo tale che spesso li si concepisce come se avessero ad oggetto direttamente *la cosa stessa*.

A prima vista, la distinzione del diritto *reale* – come diritto *assoluto* – da un diritto *relativo* che abbia anch'esso riferimento ad una cosa non è facile da afferrare. Abbiamo fatto prima l'esempio di un rapporto di **locazione** di un appartamento. Il diritto di Tizio, *locatario* (cioè colui che ha preso in locazione la cosa), è un diritto *personale,* non un diritto *reale.* Esso *non ha* infatti *ad oggetto direttamente la cosa* – o piuttosto il comportamento di *chiunque* rispetto alla cosa – ma *solo il comportamento di Caio, proprietario, rispetto alla cosa*: Tizio non ha direttamente alcun diritto *sulla cosa,* ma ha diritto *verso Caio* che la cosa sia lasciata in suo godimento. Il proprietario, invece, ha un diritto che, proprio perché vale contro *chiunque*, si può pensare come se si esercitasse direttamente «sulla cosa». È anche possibile costituire un diritto di *uso,* diverso dalla proprietà, concepito direttamente come diritto sulla cosa, e perciò come diritto *reale:* tale diritto è disciplinato dal Codice civile con il nome appunto di **uso** (art. 1021 c.c.).

I diritti reali di *godimento* riconosciuti nell'ordinamento italiano sono in tutto sette: accanto alla proprietà esistono infatti (come diritti reali *su cosa altrui*) il diritto di *superficie*, di *enfiteusi*, di *usufrutto*, di *uso*, di *abitazione*, di *servitù*. Sono diritti reali anche il *pegno* e l'*ipoteca*, che però non danno il *godimento* di un bene, ma fanno di esso uno strumento di garanzia di un credito. Il loro studio più approfondito è riservato al diritto privato. Si osservi comunque che mentre tutti i diritti reali sono diritti assoluti, non tutti i diritti assoluti sono diritti reali: il diritto al nome, alla vita, alla propria immagine, e altri, sono insieme *personali* ed *assoluti*.

Le facoltà

Si parla di **facoltà** per indicare ciò che il titolare del diritto *può fare* rispetto al bene il cui godimento gli è garantito. Il proprietario di un terreno, ad esempio, può utilizzarlo in molti modi: può *coltivarlo,* può (dopo aver ottenuto dalle pubbliche autorità i permessi necessari) *costruirvi* sopra, può utilizzarlo come *deposito* o per altri usi ancora. Caratteristico delle *facoltà* è che il loro esercizio (al contrario, come subito vedremo, di quanto accade per l'esercizio dei *poteri*) *non muta la situazione giuridica del bene o dei soggetti.* Così il coltivare il terreno è *lecito* (e rientra perciò tra le *facoltà* del proprietario), ma non muta in nulla la situazione giuridica preesistente.

Le *facoltà* delle quali abbiamo parlato sono ciò che talora si chiama *facoltà di godere* di un bene. Si parla anche qualche volta di *facoltà di disporre*, per indicare, ad esempio, la facoltà di *vendere* la cosa, o di darla in *locazione*, e simili. Come si vede, l'esercizio delle «facoltà di disporre» non lascia per nulla *immutata* la situazione giuridica del bene, ma è al contrario il mezzo giuridico per *mutarla*. Perciò la facoltà di disporre non è altro che un **potere giuridico**, nel senso subito spiegato al paragrafo seguente.

3. i poteri giuridici

Potere e capacità d'agire

Per **potere giuridico** si intende la *possibilità data ad un soggetto di produrre effetti giuridici con propri atti* a ciò rivolti. La nozione di potere giuridico si collega a quella che già conosciamo di *capacità d'agire*; possiamo dire, infatti, che la capacità d'agire non è altro che la *capacità di esercitare i poteri giuridici* di cui un soggetto si trovi ad essere titolare.

Facciamo degli esempi. Se Tizio vende qualcosa a Caio, si producono determinati effetti giuridici: la *proprietà della cosa passa* da Tizio a Caio, mentre Caio diviene *obbligato* a pagare il prezzo convenuto nella vendita. Questi effetti li ha prodotti, si potrebbe dire, la volontà comune di Tizio e di Caio, che si esprime nel contratto da essi concluso (la *compravendita*).

Ma Tizio e Caio hanno potuto produrre con i loro *atti di volontà* gli effetti giuridici che abbiamo visto, soltanto perché le norme giuridiche riconoscono loro il *potere* di farlo, stabilendo che da certi atti di volontà derivino effetti giuridici corrispondenti alla volontà espressa.

Possiamo perciò dire che i poteri giuridici *si realizzano* mediante atti volontari, ma non *derivano* dalla volontà, bensì *dalle norme* del diritto. Tuttavia, le norme spesso consentono che la volontà intervenga anche nella *attribuzione* dei poteri. Per esempio, ciascuno può attribuire ad altri il potere di agire in nome e per conto proprio, tramite la **procura** (vedi *retro*, cap. 4, par. 3).

Anche il potere giuridico, come il diritto soggettivo, ha ad oggetto *beni della vita*; ma *non* consiste in una *garanzia di godimento*, bensì nella *possibilità di mutarne la condizione giuridica*. Attraverso l'esercizio dei poteri i diritti stessi possono passare da un soggetto ad un altro, come nell'esempio ora fatto della compravendita.

Potere in astratto e potere in concreto

Qualche volta si distinguono i poteri considerati *in astratto* dai poteri considerati *in concreto*. Ad esempio, in certi casi alcuni organi pubblici (come il Prefetto, o il Presidente della Giunta regionale) hanno il potere di *espropriare* i beni immobili – terreni ed edifici – affinché possano essere eseguite opere di *pubblica utilità*: ma il potere di espropriare non può essere in concreto esercitato, sin tanto che l'opera da eseguire non sia stata nei modi dovuti dichiarata, appunto, di pubblica utilità. In altre parole, spesso i poteri possono essere effettivamente esercitati solo in presenza di certi *presupposti* (nel caso ora visto, la dichiarazione di pubblica utilità). Questa distinzione acquista talora importanza pratica nel *diritto amministrativo*.

Esercizio unilaterale o bilaterale

Ci sono effetti giuridici che ognuno può produrre con un *suo solo* atto di volontà. Con il testamento, ad esempio, ognuno può indicare i soggetti ai quali andranno i suoi beni, dopo la sua morte. Oppure, ciascuno può con la sua sola volontà – con la *procura* – indicare una persona che lo rappresenta.

Molto spesso, però per produrre un determinato effetto è necessario il convergere di due volontà, come accade tutte le volte che si debba concludere un contratto. Tutti sappiamo che non basta voler comperare una cosa per ottenerne la proprietà, e che occorre il consenso di colui che, essendo proprietario della cosa, la vende. Ma allo stesso modo anche la volontà di colui che vuol vendere una cosa non può trasferirne la proprietà, se non è accompagnata dalla volontà di colui che la compera.

Si distingue così tra poteri *ad esercizio unilaterale* e poteri *ad esercizio bilaterale*. I primi (poteri «unilaterali») sono quelli che *possono essere esercitati da un solo soggetto*, i secondi (ad esercizio bilaterale) sono quelli che *richiedono la partecipazione di almeno due soggetti* in posizione contrapposta.

Anche nei rapporti tra i privati esistono poteri *unilaterali:* si sono ora visti gli esempi del potere di fare *testamento* e del potere di attribuire ad altri la *procura*. Non altro che poteri unilaterali poi sono i cosiddetti **diritti potestativi** che qualche volta spettano ad una delle parti di un rapporto giuridico: ad esempio, quando sia consentito il **recesso** da un contratto (sicché l'uno o l'altro contraente possa per propria esclusiva decisione uscire dal rapporto contrattuale), o quando sia consentito al datore di lavoro di *licenziare* il lavoratore.

In genere, però, i rapporti volontari tra soggetti privati sorgono *consensualmente,* mediante l'uso di poteri ad esercizio *bilaterale,* che si manifestano nella formazione dei contratti.

Le potestà pubbliche

Caratteristici poteri unilaterali sono quelli propri delle **autorità**, sia che si tratti di fare le **leggi**, o che si tratti di decidere le controversie sorte tra i soggetti con le **sentenze**, o che si tratti di provvedere ai pubblici interessi con i **provvedimenti** amministrativi (come quando, ad esempio, si ordina al proprietario di demolire un edificio abusivamente costruito, o di provvedere al restauro di un edificio di notevole valore storico-artistico). In tutti questi casi *gli effetti giuridici* degli atti delle autorità, ed in primo luogo l'obbligo di osservarli, *derivano dalla sola manifestazione della volontà dell'autorità*, senza che conti il consenso o il dissenso dell'interessato.

I poteri unilaterali delle autorità sono la conseguenza della posizione di «superiorità» ad esse attribuita dalle norme giuridiche. Proprio per indicare questa posizione di superiorità li si chiama spesso, anziché semplicemente poteri, **potestà**. Si parla allora di potestà *normativa* (con riferimento al potere di fare le *norme*), di potestà *giurisdizionale* (con riferimento al potere di *giudicare*) e di potestà *amministrativa* (con riferimento ai poteri dati alle autorità per *provvedere ai pubblici interessi*).

4. interessi legittimi e interessi giuridicamente rilevanti

Per chiarire l'idea di *interesse legittimo* si supponga che un terreno di proprietà privata debba essere *espropriato* per costruire la piazza del Comune.

Sappiamo che il diritto di proprietà consiste – come tutti i diritti soggettivi – nella *garanzia* del godimento di un bene: e in realtà, sinché il terreno resta di proprietà privata, il godimento è garantito nei confronti di chiunque, anche della pubblica amministrazione. Ma l'autorità amministrativa ha, in certi casi, il potere (la *potestà*) di *sopprimere* il diritto del proprietario, e di trasferire coattivamente il bene, mediante un atto di **espropriazione** per ragioni di pubblica utilità. All'espropriato verrà corrisposta una somma come indennità (ad essa, anzi, l'espropriato ha un vero *diritto*); ma intanto il suo diritto di proprietà è scomparso, soppresso dall'atto dell'autorità amministrativa.

Il fatto è che *il proprietario non ha un diritto a restare proprietario* anche *di fronte all'espropriazione.* Di fronte al potere dell'autorità amministrativa, egli non può che *subire*. Si trova perciò, al fondo, in una posizione svantaggiosa, non in una posizione vantaggiosa: in quella posizione di svantaggio che tra poco chiameremo **soggezione**.

Interesse privato e atto dell'autorità

Tuttavia, l'interesse a restare nel godimento del bene come proprietario, che abbiamo visto non essere un diritto di fronte alla potestà amministrativa, continua a godere della protezione giuridica. Precisamente esso consente al proprietario (o meglio, a colui che prima dell'espropriazione *era* proprietario) di sottoporre al giudice l'atto con il quale è stato espropriato, perché si verifichi se esso è conforme alle norme che lo riguardano: se l'espropriazione è stata fatta dall'autorità che doveva farla, se ha seguito le regole procedurali prescritte, e simili.

Se l'atto di espropriazione risulta conforme alla legge, non vi sarà nulla da fare; ma se l'atto risulta non conforme alla legge – in una parola diciamo *illegittimo* – allora l'espropriato potrà, a certe condizioni, ottenere dal giudice l'**annullamento** dell'atto di esproprio. In tal caso, a causa dell'*annullamento* tutti gli effetti giuridici che esso aveva prodotto vengono meno, e l'*ex* proprietario torna ad essere *proprietario* del bene.

Dunque, anche se il proprietario non ha un vero e proprio *diritto* a restare proprietario quando l'amministrazione lo espropria, il suo interesse non è privo di protezione. Al contrario, esso cede di fronte all'atto *legittimo* dell'amministrazione, ma è protetto contro l'atto *illegittimo*. La garanzia del godimento del bene oggetto dell'interesse, tipica del diritto soggettivo, *si trasforma nell'interesse «legittimo» in garanzia limitata alla legittimità dell'azione dell'autorità amministrativa.*

Le situazioni di interesse legittimo

Interesse legittimo è ogni situazione di questo tipo: è la *situazione di vantaggio che si possiede di fronte al potere dell'amministrazione*. L'interesse leso dall'atto dell'autorità amministrativa è protetto con la *garanzia della legittimità dell'atto* stesso; ma se l'atto è invece *conforme* a legge, allora l'interesse di colui che è sottoposto al potere dell'amministrazione deve *cedere*.

Così come il proprietario espropriato, si trova in una situazione di interesse legittimo il cittadino che partecipi ad un concorso per diventare pubblico impiegato. Non si può dire che egli abbia un vero *diritto* a vincere il concorso, ma il suo interesse ad ottenere il posto è «protetto» con la garanzia della *legittimità* delle operazioni di concorso. Perciò il concorrente giunto secondo – in un concorso per un solo posto – ha un **interesse legittimo** a promuovere la verifica da parte del giudice della legittimità delle operazioni concorsuali, che in caso di illegittimità verranno annullate e quindi ripetute. Non è detto però che, svolte nuove prove (in modo stavolta legittimo), colui che era giunto secondo si trovi ad essere vincitore. Ciò potrà accadere, ma non gli è affatto *garantito*; ciò che gli è garantito non è altro che la legittimità degli atti dell'amministrazione che lo riguardano.

Allo stesso modo, si trova in una situazione di interesse legittimo lo studente che sia colpito da una **sanzione disciplinare** (ad esempio, per assenza ingiustificata), o che sia giudicato insufficiente nel rendimento scolastico. In effetti, le autorità scolastiche hanno il *potere* di infliggere in determinati casi sanzioni disciplinari, ed hanno il potere di valutare il rendimento scolastico dello studente, che si trova perciò anch'egli in posizione di **soggezione**. Ma egli, in virtù della sua posizione di *interesse legittimo* (nella quale pure contemporaneamente si trova), potrà provocare un controllo del giudice sulla *legittimità* dei provvedimenti presi nei suoi confronti; se però essi risultino legittimi, il suo interesse a non essere punito o ad essere promosso *cede,* perché l'amministrazione non ha fatto che esercitare i suoi poteri.

Si è detto che l'interesse legittimo è tutelato mediante la garanzia della legittimità del provvedimento: ma sarebbe sbagliato credere che (come viene talvolta affermato) l'interesse tutelato sia un interesse alla legittimità del provvedimento. Infatti, il titolare dell'interesse legittimo ha un interesse a che il provvedimento non gli tolga o non gli neghi un bene che ha o al quale aspira, ha cioè interesse a non essere colpito dal provvedimento lesivo; ma a parte ciò non ha in realtà nessun particolare interesse alla legittimità di questo. Paradossalmente, si potrebbe persino dire che egli ha interesse alla *illegittimità* del provvedimento (che lo ha colpito), perché solo ciò gli consente di ottenerne l'*annullamento*.

Il fatto è che l'interesse del soggetto a non essere privato del bene cui il provvedimento si riferisce è tutelato *nei limiti* in cui lo protegge la repressione dell'illegittimità. Dunque, la legittimità del provvedimento costituisce la *misura* della protezione, e non affatto il suo oggetto. Sul possibile risarcimento dell'eventuale danno derivante dall'esistenza o dall'esecuzione dell'atto illegittimo v. *oltre*, cap. 27, par. 12.

Interessi giuridicamente rilevanti

Possono assumere rilievo giuridico anche interessi meno intensi dell'interesse legittimo necessario per potere impugnare un provvedimento amministrativo davanti al giudice. Così, ad esempio, quando un soggetto titolare di interesse legittimo abbia aperto il giudizio, in esso possono intervenire altri soggetti interessati, che non avrebbero però avuto un interesse sufficiente ad iniziare l'azione. Più in generale, poi, nel procedimento amministrativo è ammessa la partecipazione di chiunque possa subire un pregiudizio dal provvedimento che l'amministrazione ipotizza di assumere (art. 9 l. n. 241 del 1990: v. anche cap. 27, par. 8).

5. obblighi, doveri, soggezione, oneri

Le situazioni giuridiche svantaggiose sono, in pratica, il *rovescio* di situazioni giuridiche vantaggiose attribuite ad altri.

L'obbligo

In particolare, si trova nella situazione di **obbligo** colui verso il quale si esercita la pretesa di adempimento di un diritto soggettivo. Chi ha il diritto può *pretendere* il comportamento che forma oggetto del diritto, l'obbligato *deve* prestare tale comportamento.

Nel diritto privato si chiama in particolare **obbligazione** l'obbligo di tenere un determinato comportamento, *economicamente valutabile*, che forma il contenuto del diritto soggettivo corrispondente all'obbligo. Così, è un'*obbligazione* l'obbligo di «risarcire il danno» da parte di colui che lo ha illecitamente provocato (secondo quanto dispone l'art. 2043 del codice civile). Il comportamento che deve essere tenuto dall'obbligato per il soddisfacimento del diritto altrui si chiama, a sua volta, **prestazione**, ed è, appunto, ciò che deve essere «prestato» (nel senso di «dato», «fornito») dall'*obbligato* al titolare del diritto.

Il semplice *obbligo* e l'*obbligazione* si distinguono tra loro per il contenuto nettamente economico che caratterizza l'obbligazione. Semplici obblighi si trovano frequentemente nei rapporti di famiglia (come gli obblighi di fedeltà, di assistenza, e simili).

L'onere

Nel Codice civile si chiama **onere** (agli articoli 647 e 793) *un obbligo che accompagna un beneficio* (o, come anche si dice, un *atto di liberalità*). Ad esempio: il figlio di un artista dona le opere del padre ad un museo, con l'*onere* di lasciarle vedere gratuitamente, o di tenerle esposte in una determinata sala. Oneri di questo genere sono frequenti nei *testamenti* o nelle *donazioni*. L'onere è un vero e proprio *obbligo*, che è però collegato ad un beneficio: sicché chi non desidera essere obbligato dall'onere non ha che da rifiutare il beneficio.

Qualche volta può essere incerto se si tratti di un *onere* o di qualcosa di diverso. Se ad esempio un tizio presta la propria casa al mare, però con l'obbligo di annaffiare il giardino e di dar da mangiare al gatto, siamo probabilmente disposti a pensare che il prestito della casa rimane – nonostante l'*onere* – un puro beneficio, un atto di *liberalità* (anche se un pochino interessata). Se però si chiedesse all'ospite anche di imbiancare le pareti, noi vedremmo allora nel rapporto piuttosto che un atto di liberalità collegato ad un onere, uno *scambio* vero e proprio, con diritti ed obblighi corrispettivi *da entrambe le parti*.

Di *onere* si parla anche in un senso alquanto diverso. Sempre nel Codice civile, ad esempio, per indicare che chi chiede qualcosa al giudice deve *provare* (cioè *dimostrare*) di aver ragione si parla di **onere della prova** (art. 2697). Ma naturalmente qui non c'è nessun vero *obbligo*: ciò che si vuol dire è che, se non si dimostra di aver ragione, si *perde* la *causa*. Similmente, si può dire che chi sia stato nominato ad un pubblico ufficio ha l'«onere» di presentarsi in servizio entro un termine prestabilito. Egli non è affatto «obbligato», ma se non assume servizio perde il posto. In questi casi, è il conseguimento di un beneficio *futuro* che è subordinato ad un determinato comportamento *presente*.

Si parla di *obbligo* o di *obbligazione*, come si è visto, quando dall'altra parte (dalla parte delle situazioni vantaggiose o «attive») ci sia un diritto relativo, cioè quando ci sia un *rapporto* tra un determinato **creditore** (il titolare del diritto) ed un determinato **debitore** (il titolare dell'obbligo, cioè il soggetto obbligato).

Già sappiamo che se uno è titolare, ad esempio, di un diritto di proprietà (o di un altro diritto *assoluto*), di fronte a lui non c'è *nessuno* che sia *obbligato* ad un particolare comportamento, mentre *tutti* devono però astenersi da *qualunque* comportamento che sia lesivo del diritto del proprietario.

Il dovere giuridico

In questi casi, poiché non è prescritto uno specifico comportamento da tenere nell'interesse di qualcuno in particolare, ma per regola generale ci si deve astenere da ogni lesione dei diritti degli altri, piuttosto che di obbligo si preferisce spesso parlare di **dovere**. Per dovere giuridico si intende *ogni comportamento che è prescritto*, e perciò *deve* essere tenuto, e *che tuttavia non forma oggetto di una specifica pretesa di un altro soggetto in particolare*.

Anche le pubbliche autorità si trovano frequentemente in una situazione di *dovere*, nel senso ora spiegato. Le norme infatti stabiliscono i comportamenti che esse devono tenere in presenza di certe circostanze o al verificarsi di certi *presupposti,* senza che ne sorgano per soggetti determinati *diritti soggettivi*, e senza che le autorità possano dirsi *obbligate* di fronte a qualcuno in particolare. Così, ad esempio, il sindaco *deve* ordinare la demolizione degli edifici abusivi o la chiusura di una fabbrica inquinante: ma non si può dire che il comportamento che il sindaco deve tenere costituisca per lui un *obbligo* di fronte a qualcuno che possa vantare un corrispondente *diritto soggettivo*. Si tratta invece di un *dovere* giuridico.

La soggezione

Si parla di **soggezione** per indicare la situazione di colui che si trova esposto alle conseguenze negative dell'esercizio di un potere altrui. Si ha soggezione, nei rapporti tra privati, quando un soggetto eserciti un cosiddetto *diritto potestativo* (ad esempio, dia *disdetta* di un contratto di locazione). La posizione di soggezione è poi caratteristica nei rapporti tra privati e *autorità pubbliche*, in relazione all'esercizio delle *potestà* di cui esse dispongono.

Non bisogna confondere la posizione *giuridica* di soggezione – che è quella di coloro nei confronti dei quali il potere si esercita – dalle conseguenze negative che si possono talora produrre per certi soggetti dal fatto che altri soggetti usano i loro poteri in un modo anziché in un altro. Se l'azienda A stipula un contratto con l'azienda B, può darsi che l'azienda C, che avrebbe desiderato stipulare lo stesso contratto con l'azienda A, ne risulti anche gravemente danneggiata. Tuttavia, né l'azienda A né l'azienda B hanno esercitato alcun *potere giuridico* nei confronti dell'azienda C, la quale *non* si trova affatto, dal punto di vista del diritto, in posizione di *soggezione* rispetto alle altre due. Il suo «svantaggio» è un puro fatto *economico*.

6. l'azione e la tutela delle situazioni soggettive

Ciascuno si aspetta di poter godere dei suoi diritti, e di dover far fronte ai propri obblighi. Nella realtà però può accadere, ed anzi accade spesso, che i diritti non vengano riconosciuti, o che al contrario vengano accampati diritti inesistenti. Quando qualcuno pretende di avere un diritto verso un altro, e l'altro lo nega, inevitabilmente sorge una **controversia**.

La controversia e l'azione

Nella vita quotidiana, vi sono molte *controversie* che, in un modo o nell'altro, trovano una soluzione più o meno spontanea. Ma è evidente che ci deve essere un modo *legale* per risolvere le controversie, quando esse non trovino spontanea soluzione. Non si può ammettere, infatti, che si faccia ragione da sé chi si trovi ad essere semplicemente *il più forte*, per prestanza fisica, per armamento, per potere politico o economico.

Il mezzo legale per far valere le proprie ragioni è l'*azione*, cioè il *potere*, dato ai soggetti, di chiamare un giudice a decidere con sentenza sulla controversia che li interessa. Nell'ordinamento italiano, questo potere è solennemente riconosciuto dalla Costituzione, secondo la quale «*tutti possono agire in giudizio per la tutela dei propri diritti e dei propri interessi legittimi*» (art. 24, co. 1): «agire in giudizio» significa appunto esercitare il potere di *azione*.

La difesa il contradditorio, l'onere della prova

È chiaro però che, così come si riconosce a ciascuno il potere di *agire*, allo stesso modo occorre riconoscere a colui contro il quale l'azione è rivolta la possibilità di *resistere* alla pretesa, facendo valere a sua volta le proprie ragioni. È perciò che lo stesso art. 24 della Costituzione prosegue affermando che «*la difesa è diritto inviolabile in ogni stato e grado del procedimento*» (co. 2).

In altre parole, attraverso l'azione si instaura il **processo**. Ma nel processo deve essere garantito il **contraddittorio**: chi esercita l'azione per vedere riconosciuta una sua pretesa si sforzerà di convincere il giudice, allegando i fatti che sostengono le sue ragioni. Infatti, in generale, l'**onere della prova** – cioè il compito di mostrare il buon fondamento della pretesa – pesa su colui che agisce (art. 2697, co. 1, c.c.).

Chi resiste alla pretesa potrà difendersi contestando l'esistenza o la validità delle ragioni portate a sostegno della pretesa, o eccependone l'inefficacia, o eccependo che il diritto si è modificato o estinto (cosiddette **eccezioni**: art. 2697, co. 2, c.c.). Colui che agisce potrà però ancora ribattere che le eccezioni della controparte non sono fondate, e così via.

Toccherà poi al giudice giudicare la controversia imparzialmente secondo le regole del diritto, e secondo i fatti che sono stati provati in giudizio.

Supponiamo che taluno affermi che un altro gli deve dei danari come pagamento di una merce. Se non riesce ad ottenere l'adempimento spontaneo – cioè, in pratica, se non riesce a farsi dare i soldi – il venditore dovrà esercitare l'*azione*, chiamando in giudizio il compratore, e chiedendo al giudice di condannare questi al pagamento.

Per ottenere la condanna, dovrà dimostrare il fondamento del suo credito, provando – ad esempio attraverso il contratto scritto – di aver davvero venduto la merce al compratore. Il compratore però potrà difendersi, ad esempio *eccependo* di aver già pagato la somma pattuita, e dimostrandolo attraverso la ricevuta sottoscritta dal venditore. Al che il venditore potrà a sua volta ribattere affermando la falsità della firma sulla presunta ricevuta, o dimostrando che l'assegno ricevuto in pagamento era scoperto e non è stato pagato, o in altri simili modi.

Autonomia del potere di azione

La Costituzione parla di «agire in giudizio per la tutela dei propri diritti». Ma naturalmente, nel momento in cui l'azione è esercitata non è certo che colui che la esercita sia davvero titolare del diritto che *afferma* di avere: ciò si saprà solo alla fine del giudizio aperto dall'azione. Può ben darsi che, a conti fatti, il giudice accerti che il diritto non esiste, e respinga la pretesa. Intanto però l'azione è stata esercitata, e il giudizio si è svolto.

È chiaro perciò che il *potere d'azione* è un potere autonomo, che spetta al soggetto anche se non gli spetti in realtà il diritto che pretende di avere.

L'interesse ad agire

Affinché il giudizio si svolga davvero fino alla fine, arrivando ad una sentenza che decide la controversia (cosiddetta **sentenza di merito**), non basta però affermare la titolarità di un diritto, o trovarsi nella situazione di interesse legittimo, ma è necessario anche – secondo la disposizione dell'art. 100 del codice di procedura civile – avere uno *specifico interesse all'esercizio dell'azione*, interesse che prende il nome di **interesse ad agire**.

Così se uno domanda al giudice di stabilire con sentenza la sua qualità di proprietario della casa che abita, chiede indubbiamente l'accertamento di un suo diritto soggettivo. Ma se non c'è nessuno che contesti la sua qualifica di proprietario, e non ci sia perciò nessuno stato di difficoltà o incertezza nell'esercizio del diritto, il proprietario non ha interesse ad agire.

Similmente, chi sia arrivato decimo in un pubblico concorso per l'assegnazione di un solo posto, non può agire per far valere la mancanza nel vincitore dei requisiti richiesti. Infatti, se anche avesse ragione, non otterrebbe mai quel posto, dato che davanti a lui ci sono altri otto concorrenti: perciò egli non ha nessun interesse ad agire (diverso è il caso, invece, se contesta i requisiti di *tutti* i concorrenti che lo precedono, dato che, se ha ragione, egli diventa automaticamente il vincitore).

In entrambi i casi, l'azione eventualmente proposta verrà dichiarata *inammissibile*, per difetto di interesse, e il giudizio non si svolgerà (se non per quello che è occorso per accertare l'inammissibilità).

Legittimazione all'azione senza diritti o interessi legittimi

A volte la legge riconosce il potere di azione a soggetti che non sono (né si affermano) titolari di un diritto soggettivo o di un interesse legittimo.

Ciò accade in molti casi previsti dal codice civile: si pensi all'azione per ottenere l'*inabilitazione* o l'*interdizione* dell'infermo di mente proposta dai congiunti (art. 417), all'azione di opposizione al matrimonio proposta dai genitori e parenti (art. 102), all'azione per la nullità del contratto o per l'annullamento del testamento proposta da «chiunque vi abbia interesse» (artt. 1421 e 624).

Azione popolare

Nel diritto pubblico, in alcuni casi eccezionali è consentito l'esercizio del potere d'azione a *chiunque*, a prescindere dall'esistenza in capo a chi esercita l'azione di un qualunque specifico *interesse*. Si parla in questi casi di **azione popolare**.

Così, ad esempio, «qualsiasi cittadino» può contestare in giudizio le decisioni delle commissioni competenti in materia di iscrizione alle liste elettorali (art. 42 del D.P.R. 20 marzo 1967, n. 223). Analogamente, qualunque elettore del Comune, della Provincia o della Regione può contestare in giudizio l'eleggibilità di candidati eletti rispettivamente nei consigli comunali, provinciali, regionali.

7. i beni

Beni e cose

Secondo il *codice civile*, i *beni* sono «*le cose che possono formare oggetto di diritti*» (art. 810). Per *cosa*, però, *non* si deve intendere esclusivamente un *oggetto* materiale. Al contrario, la prima distinzione che si deve fare è proprio la distinzione tra **beni materiali** e **beni immateriali**. Così è un *bene*, dal punto di vista del diritto, un libro nella sua materialità, ma è anche un bene (un *diverso* bene) l'opera artistica che in esso è stampata: la quale è, in sé, *immateriale*. Egualmente, sono beni immateriali le «*energie naturali che hanno valore economico*» (art. 814 c.c.).

D'altra parte, *non tutte le cose sono beni*, in senso giuridico, ma *solo* le cose che possono formare *oggetto di diritti*. Ne rimangono perciò escluse le cose che non sono nella disponibilità di nessuno (come gli astri), o che sono nella disponibilità di tutti, senza però che nessuno possa vantare su essi un diritto particolare (come l'aria, o il calore del sole).

Servizi

Non sempre ciò che forma *oggetto* di un diritto è una specifica *cosa*. A volte si ha diritto alla prestazione di un **servizio** (ad esempio, una prestazione sanitaria), o ad un particolare comportamento altrui, che *non* si può definire come una *cosa*: nemmeno come cosa *immateriale*. Perciò si dice che la nozione di *bene* è più ristretta di quella di *oggetto del diritto*.

Beni immobili e beni mobili

Lo studio analitico dei *beni* in generale, e dei diritti relativi ad essi, spetta al *diritto privato*. È però necessario aver chiara fin dall'inizio – accanto alle nozioni generali appena dette – almeno la fondamentale distinzione tra **beni immobili** e **beni mobili**.

Bene *immobile* è, in generale, il *suolo* e *tutto ciò che vi è incorporato, naturalmente* o *artificialmente*, come – secondo l'esplicita indicazione dell'art. 812 c.c. – «*gli alberi, gli edifici e le altre costruzioni*». Beni *mobili* sono tutti gli altri beni, che non possiedono la caratteristica indicata.

La distinzione tra beni *immobili* e beni *mobili* è rilevante per il diritto sotto vari profili. Tra i più evidenti, la circostanza che i contratti relativi a diritti reali su beni *immobili* richiedono la forma *scritta* (art. 1350 c.c.).

Alcuni beni mobili (le *navi*, gli *aerei*, le *automobili*) sono *iscritti in pubblici registri* (si dicono perciò **beni mobili registrati**) e sono soggetti ad un regime particolare, che li avvicina per certi aspetti ai beni *immobili* (cfr. art. 815 c.c.).

Beni privati e beni pubblici

Secondo l'art. 42, co. 1, della Costituzione, la *proprietà* è *pubblica* o *privata*. Correlativamente, è stabilito che «*i beni economici appartengono allo Stato, ad enti o a privati*».

È così posta la distinzione tra **beni privati** e **beni pubblici**. Nel senso più ampio e generico, beni *pubblici* sono i beni di proprietà degli *enti pubblici*. Tuttavia, *talvolta gli enti pubblici possiedono beni a puro titolo di proprietà privata*, cioè possiedono beni che possono essere acquistati e venduti, che possono formare oggetto di diritti nei modi previsti dal codice civile, che possono essere *usucapiti*: in brevi parole, che seguono in tutto e per tutto il regime dei beni privati.

Perciò, in un senso più specifico si possono dire beni *pubblici* quei beni che non solo sono di proprietà pubblica, ma sono soggetti ad un regime giuridico particolare. Vengono qui in considerazione essenzialmente i **beni demaniali** e i **beni patrimoniali indisponibili**. Di essi si dirà più avanti studiando i *mezzi* dell'azione della *pubblica amministrazione* (cap. 28, par. 2).

capitolo 6

FATTI E ATTI GIURIDICI

1. i fatti giuridici

Non tutto ciò che accade produce conseguenze giuridiche. Se uno va in gita, o a fare una passeggiata, ciò è per sé, dal punto di vista del diritto, del tutto *indifferente*: non muta la situazione giuridica (i diritti, gli obblighi o simili) di colui che agisce, né quella di altre persone.

Fatti naturali e fatti umani

Questo per i **fatti umani**, cioè i fatti che consistono in *azioni* consapevolmente poste in essere da *uomini*. Ma allo stesso modo, ed ancor più, anche i **fatti naturali** spesso non producono conseguenze giuridiche: non solo quelli che si ripetono costantemente, come il sorgere del sole o l'alternarsi delle stagioni, ma anche quelli particolari ed individuali, come una certa tempesta, l'eruzione di un vulcano, e simili. Anche in tutti questi casi non si producono, in generale, conseguenze giuridiche particolari: come pure, naturalmente, in occasione dei tanti piccoli fatti della vita quotidiana.

Ci sono però altri «fatti», umani o naturali, che vengono presi in considerazione dalle norme giuridiche per ricavarne conseguenze sul piano del diritto. La *nascita* di una persona, ad esempio, costituisce un fatto dal quale derivano conseguenze giuridiche – costituisce un fatto *rilevante* per il diritto: infatti, come sappiamo, la nascita di un uomo determina l'esistenza di un nuovo *soggetto di diritto* con suoi diritti, poteri e altre situazioni soggettive. Egualmente anche la *morte* è un fatto produttivo di conseguenze giuridiche – in sintesi un fatto giuridico – dato che essa determina l'*estinzione del soggetto giuridico* e la «successione» di altri soggetti in una parte delle situazioni giuridiche che gli erano proprie (altre, invece, non possono essere trasmesse, e si estinguono anch'esse).

Fatto giuridico è dunque *ogni fatto dal quale una norma del diritto faccia derivare qualche conseguenza*, o, come pure si può dire, ogni fatto giuridicamente *rilevante*. Presi a sé, i fatti sono ciò che sono, né «giuridici», né non giuridici: è la *norma* che, nel collegare a certe circostanze conseguenze giuridiche, qualifica un fatto come fatto *giuridico*. Se uno compie diciassette anni, questo è del tutto indifferente per il diritto; ma quando lo stesso soggetto ne compie diciotto, allora si è di fronte ad un importante fatto giuridico, dato che egli acquista, con la *maggiore età*, la **capacità di agire**. Ma accadrebbe il contrario se la legge stabilisse la maggiore età al compimento del diciassettesimo anno.

2. il decorso del tempo

Termine

Tra i fatti produttivi di effetti giuridici, o fatti giuridici, una posizione particolare ha il decorso del *tempo*. Spesso infatti, le norme prevedono che il decorso del tempo sia produttivo di effetti giuridici. Con la parola **termine** si intende, in generale, il momento nel quale giunge a maturazione un determinato *effetto* giuridico collegato al decorso del tempo.

A volte vi sono effetti che si producono in un certo momento, per durare poi nel tempo. Si parla allora di **termine iniziale**, per indicare il momento nel quale essi *cominciano* a prodursi. Così, ad esempio, sappiamo che le leggi entrano in vigore il quindicesimo giorno successivo a quello della loro pubblicazione nella Gazzetta ufficiale.

Se gli effetti giuridici sono destinati a prodursi *per un certo periodo di tempo*, per poi *cessare*, si parla di **termine finale** per indicare il momento in cui l'effetto *cessa*.

Spesso vi sono attività che *devono* essere compiute entro un certo tempo o, come anche si dice, entro un certo *termine*: il non compierle entro il tempo previsto costituisce la *trasgressione di un obbligo*, e dà luogo ad una *sanzione* (come ad esempio l'omettere di presentare la *denuncia dei redditi* entro la data dovuta).

Altre volte ci sono attività che *possono* essere compiute, ma *solo entro un certo tempo*: dopodiché viene meno la possibilità di svolgerle. Si dice allora che il termine è *perentorio*. Se invece si possono compiere anche dopo, il termine è solo *ordinatorio* (cioè prevede un ordine temporale, ma non lo prescrive in modo assoluto).

Decadenza e prescrizione

Termini perentori, nel senso detto, sono stabiliti per l'esercizio di molti *poteri giuridici*. Il potere di chiedere lo scioglimento di una compravendita per vizio della cosa acquistata si perde se il reclamo non avviene entro otto giorni dalla scoperta del vizio, mentre il potere di chiedere (sempre al giudice) l'annullamento di un provvedimento amministrativo lesivo (come una illegittima *espropriazione*) viene meno dopo *sessanta giorni* dalla conoscenza dell'atto. Poiché dopo il decorso del tempo stabilito si *decade* dalla possibilità di esercitare il potere, si parla in questi casi di termine di **decadenza**.

Simile alla decadenza è la **prescrizione**, che consiste nel venir meno di un *diritto*, quando esso non viene esercitato per un tempo prestabilito. Non tutti i diritti, però, sono soggetti alla prescrizione (non si prescrive, ad esempio, il diritto di proprietà, e nemmeno, naturalmente, i diritti «personalissimi», come il diritto alla vita, al nome, alla propria immagine e simili). Vi sono regole sulla *sospensione* e sulla *interruzione* dei termini di *prescrizione*: regole che non si applicano ai termini di *decadenza*, e differenziano così le due figure giuridiche (v. artt. 2941 e seguenti del codice civile).

Calcolo dei termini

Se il termine è indicato mediante il riferimento ad un determinato giorno (come se si dicesse: «entro il 15 dicembre» di un certo anno), la determinazione della scadenza temporale non dà di regola luogo a difficoltà; basterà specificare che il termine scade con il *finire* di quel giorno, cioè alle ore 24.

Maggiori problemi potrebbero sorgere quando il termine è indicato in altro modo, come ad esempio mediante il riferimento ad un certo numero di giorni o di mesi. L'art. 2963 del codice civile contiene alcune regole rivolte a risolvere tali problemi. Esse si riferiscono in particolare ai termini di *prescrizione*, ma esprimono criteri validi nell'ordinamento italiano in ogni caso non diversamente disciplinato.

Intanto – premesso che in ogni caso si deve fare riferimento al calendario comune – se il termine scade in un giorno festivo, esso è *prorogato di diritto* al giorno seguente non festivo. Ciò vale *in generale*, e perciò anche per i termini indicati mediante data precisa (sempre che non risulti espressamente il contrario).

Quando il termine è indicato a partire da un momento iniziale, nel calcolo non si conta il primo giorno (cioè quello in cui cade il momento iniziale), e il termine scade «*con lo spirare dell'ultimo istante del giorno finale*». Così trenta giorni dal 15 di febbraio comportano lo scadere del termine il 17 di marzo (il 16 negli anni bisestili).

Se il termine è calcolato *a mesi*, esso scade nel mese di scadenza, nel giorno corrispondente al giorno del mese iniziale. Ad esempio, un mese dal 15 di febbraio equivale al 15 di marzo, anche se febbraio ha solo ventotto giorni. E se diciamo «un mese dal 31 gennaio?» Il termine scade il 28 febbraio (il 29 negli anni bisestili). Infatti, in assenza del giorno indicato, il termine scade nell'ultimo giorno del mese.

3. i fatti illeciti

Una importante categoria di fatti giuridici è costituita dai fatti **illeciti**, che possiamo definire come quei comportamenti umani – comportamenti, cioè, di un essere consapevole e responsabile – che sono *contrari al diritto*, e dai quali le norme fanno derivare conseguenze negative per chi li ha posti in essere (le **sanzioni**).

Illecito civile

Gli illeciti si distinguono in primo luogo in **illeciti civili** e **illeciti penali**. L'illecito *civile* consiste in un comportamento che provoca un danno ingiusto verso una o più persone in particolare, violandone i diritti soggettivi. La **sanzione** è perciò, di solito, il **risarcimento** del danno provocato. Così, ad esempio, compie un illecito (civile) e dovrà risarcire i danni provocati il fotografo che rovina le foto affidategli, o il gestore di ristorante che, dopo aver pattuito il servizio per un pranzo di nozze di trecento persone, metta a disposizione spazi per sole cento persone.

Può darsi che il comportamento dannoso consista – come negli esempi fatti – nella trasgressione di una preesistente **obbligazione** (cosiddetto illecito *contrattuale*). Più in generale, tuttavia, il Codice civile stabilisce (art. 2043) che «*qualunque fatto doloso o colposo, che cagiona ad altri un danno ingiusto, obbliga colui che lo ha commesso a risarcire il danno*» (cosiddetto illecito *extracontrattuale*).

Illecito penale

Negli illeciti civili (il cui studio approfondito è oggetto del diritto *privato*) la norma che stabilisce la sanzione – e la sanzione stessa – sono posti a protezione dei *singoli* individui danneggiati. Anche negli illeciti *penali* si ha la trasgressione di una norma, con un comportamento che costituisce **reato**: ma la norma è posta non a tutela dei singoli come tali, bensì dei valori a beni giuridici propri della *comunità* in generale, contro comportamenti considerati «dannosi» (non solo, né principalmente, nel senso del danno economico) per l'intera collettività, e perciò *puniti* con sanzioni chiamate, appunto, **pena**. Tutti sanno, ad esempio, che è punito il *furto*; ma è pure punita l'offesa a una confessione religiosa (artt. 403 e 404 c.p.), per la lesione che essa infligge alla normale sensibilità delle persone.

Le *pene*, oggi, incidono sulla *libertà personale* (come la pena della *reclusione*) o sul *patrimonio* (come l'*ammenda*). Nel passato sono esistite (e in molti Stati tuttora esistono) pene specificamente rivolte a provocare *sofferenze* o *mutilazioni* nei colpevoli (si pensi al taglio della mano, che punisce il furto secondo la legge coranica).

I comportamenti puniti con sanzioni penali (cioè i *reati*) sono previsti nel **codice penale** o in altre leggi. Nelle società occidentali viene seguito il principio secondo il quale *nessuno può essere punito se non per aver tenuto un comportamento vietato dalla legge all'epoca in cui il comportamento è stato tenuto* (cosiddetto principio *nullum crimen sine lege*: nessun crimine senza legge). In Italia esso è sancito dall'art. 25 della Costituzione.

Illecito amministrativo

Accanto all'illecito civile e all'illecito penale esiste l'**illecito amministrativo**. Si parla di illecito *amministrativo* per indicare un comportamento che è colpito con una sanzione che non consiste né in una vera pena, né con l'obbligo di risarcire il danno causato, ma che di solito consiste invece nell'*obbligo di pagare una somma di danaro* a favore della **pubblica amministrazione** (cioè degli enti cui sono affidati i pubblici interessi della comunità) a titolo di **contravvenzione**. Commette illecito amministrativo, ad esempio, colui che lascia l'automobile in sosta vietata. Le sanzioni amministrative sono inflitte dalla stessa pubblica amministrazione (salva la possibilità di contestarle davanti al giudice).

Non tutti gli illeciti amministrativi sono puniti con *contravvenzioni*. La *costruzione abusiva di edifici*, ad esempio, è oggi sanzionata con la *demolizione* o (se il proprietario non demolisce) con la acquisizione della proprietà alla pubblica amministrazione.

Illecito disciplinare

Ci sono poi gli **illeciti disciplinari** – cioè i comportamenti scorretti di coloro che sono sottoposti alla pubblica amministrazione (come ad esempio i militari o, in diverso modo, gli studenti di una scuola pubblica) – che sono colpiti con sanzioni dette appunto **sanzioni disciplinari**.

Contemporaneità di illeciti

Uno stesso comportamento può dar luogo, nello stesso tempo, a più forme di illecito. Chi commette un furto compie, come s'è detto, un illecito penale, ed è punito con la reclusione. Ma l'azione così compiuta costituisce anche un illecito civile nei confronti del derubato, ed il ladro è obbligato anche al risarcimento del danno causato.

Fatti o atti illeciti

Conviene avvertire che spesso i fatti illeciti vengono classificati dai giuristi come *atti giuridici*, per la considerazione che essi consistono in azioni consapevoli e volontarie. A noi sembra che sia preferibile seguire la terminologia del *codice civile*, e considerarli come **fatti**, anche se come fatti *umani*. In effetti, pur trattandosi di comportamenti volontari e consapevoli (di regola almeno, dato che gli illeciti consistenti in *omissioni* non presuppongono una reale volontarietà) i cosiddetti «atti illeciti» non assomigliano affatto agli altri *atti giuridici*, i quali, come subito si dirà, sono espressione del *potere* attribuito ai soggetti di provvedere alla regolazione dei propri interessi (mentre non esiste, ovviamente, un «potere» di compiere atti illeciti: al contrario, si tratta di *azioni* contrastate con apposite sanzioni). In altre parole nell'«atto» illecito la conseguenza giuridica procede in direzione opposta al comportamento, mentre nei veri atti giuridici essa asseconda e realizza il senso soggettivo dell'azione.

I fatti giuridici o sono venuti ad esistenza – ed allora si producono le conseguenze che le norme collegano ad essi – oppure *non* sono venuti ad esistenza: e allora nessun effetto si produce. Ciò può sembrare ovvio. Vedremo subito però che per gli **atti giuridici** le cose stanno invece in modo più complicato.

4. gli atti giuridici

La stipulazione di un contratto, o la votazione di una legge sono anch'essi *fatti giuridici?* In un certo senso sì, dato che dal contratto derivano effetti giuridici importanti, come il sorgere di *diritti* e di *obblighi,* e dalla legge addirittura il sorgere di *norme* giuridiche.

La volontà e gli effetti

Tuttavia «fatti» giuridici come la deliberazione di una legge o la conclusione di un contratto si distinguono nettamente da quelli dei quali abbiamo finora parlato. In essi, infatti, il «comportamento» nel quale il fatto consiste si riporta, essenzialmente, alla manifestazione di una determinata *volontà:* volontà di porre in essere norme con un certo contenuto, volontà di stipulare un contratto di un certo tipo. È la manifestazione di volontà che le norme individuano come il «fatto» dal quale far derivare conseguenze giuridiche, che vanno nel senso nel quale la volontà è manifestata: la produzione delle norme *deliberate*, il sorgere del rapporto giuridico voluto dai contraenti.

In altre parole, le norme prevedono e consentono – entro certi limiti – che i soggetti possano con la loro volontà determinare gli *effetti* giuridici voluti: possiamo dire, in sintesi, che le norme danno ai soggetti il **potere** di determinare il sorgere di quegli effetti. Così si può far sì che un oggetto diventi di proprietà di un altro, si può diventare debitori o creditori di una somma, perché le norme riconoscono a ciascuno il *potere* di farlo, nei modi stabiliti. Gli atti con i quali, manifestando la propria volontà, i soggetti esercitano i poteri loro attribuiti dalle norme, si dicono **atti giuridici**, distinguendoli così dai *fatti* giuridici in genere.

Un atto giuridico è perciò *una manifestazione di volontà* (ma qualche volta anche *una manifestazione di giudizio*, o *di scienza*) *con la quale un soggetto esercita un potere previsto dalle norme, producendo effetti giuridici corrispondenti alla volontà espressa.*

Questo non significa che si producano *soltanto* gli effetti giuridici espressamente *voluti.* Se due soggetti stipulano un contratto di locazione di un appartamento, certi effetti giuridici si producono direttamente perché previsti dalla legge, a prescindere dal fatto che i contraenti li vogliano o no. Nell'insieme, però la locazione sorge in forza della volontà delle *parti,* e nei termini nei quali essa viene espressa.

Abbiamo detto alla fine del precedente paragrafo che i «fatti giuridici» o si sono prodotti (e allora si producono anche gli effetti giuridici collegati) o non si sono prodotti (e di conseguenza non c'è nessun effetto giuridico). Insomma, i fatti giuridici o esistono o non esistono, e non può esserci nessuna situazione «intermedia».

Validità e invalidità

Per gli *atti* giuridici, invece, le cose stanno diversamente. Essi sono esercizio di poteri attraverso manifestazioni di volontà: e può accadere che essi *esistano* (perché la volontà è stata manifestata e il potere perciò esercitato), ma in modo non conforme a quello previsto dalla legge. Nei *contratti,* ad esempio, può darsi che la volontà manifestata da uno dei contraenti sia frutto di un *errore*, facilmente riconoscibile da parte dell'altro contraente. Per le *leggi,* può darsi che qualche norma in esse contenute sia contraria alla Costituzione. Per tutti gli *atti delle pubbliche autorità* vi possono essere irregolarità nella procedura o in altri aspetti della deliberazione (come ad esempio se un Sindaco concede un permesso di construzione senza aver sentito il prescritto parere della commissione edilizia comunale).

In tutti questi casi non si può dire che l'atto giuridico non esiste. Esso invece *esiste,* ma non è come dovrebbe essere secondo le norme che lo riguardano. Poiché esso, pur esistendo, è per qualche aspetto contrario alle norme, diciamo che è **invalido**. Gli atti giuridici possono dunque anche essi, come i fatti giuridici, *esistere* o *non esistere*. Ma gli atti esistenti possono poi essere validi (cioè conformi alle regole che li riguardano) o *invalidi* (cioè difformi da esse). I fatti giuridici, invece, non possono mai essere «invalidi», perché essi, se non si producono nel modo previsto dalle norme, semplicemente *non esistono*.

Gli atti invalidi, proprio perché invalidi, possono in genere venire posti nel nulla o, come si dice nel linguaggio giuridico, essere dichiarati **nulli** o essere **annullati** a seconda dei casi. Ma non si deve credere che la loro esistenza sia indifferente; al contrario, molto spesso essi, se non sono radicalmente *nulli* (cap. 7, par. 4), producono i loro propri effetti fino a che non siano eventualmente annullati, nei modi consentiti. Il contratto sarà vincolante per le parti, sino a quando colui che è caduto nell'errore (e solo lui) non ne ottenga l'annullamento. La legge che contrasta con la Costituzione dovrà essere applicata, fino a che la Corte costituzionale non constati il «vizio» che la rende invalida; ed allo stesso modo in genere gli atti delle autorità sono vincolanti per coloro cui sono rivolti, fino a quando questi non ottengano dai giudici competenti la constatazione della loro invalidità e il loro annullamento.

La forma

Non può esistere un atto giuridico, se la volontà che esso esprime non si manifesta in qualche modo all'esterno, divenendo riconoscibile. Il modo di manifestazione prende il nome di **forma** dell'atto.

Nel diritto privato, la regola più generale è che gli atti giuridici possono avere qualunque forma, purché essa sia idonea ad esprimere la volontà di colui o di coloro che li compiono (cosiddetto principio della *libertà delle forme*). Può bene trattarsi di forma *orale*, ma a volte possono essere sufficienti dei segni significativi, come avviene quando si comperi un giornale all'edicola semplicemente lasciando il danaro necessario e prendendone una copia nel mucchio lasciato in vista.

Forma scritta

Capita spesso, tuttavia, che per certi atti il codice civile richieda la forma *scritta*. Ciò accade ad esempio per la compravendita di beni immobili, o per i contratti di locazione degli stessi beni, quando sono destinati a durare più di nove anni (art. 1350 c.c.).

Attraverso la richiesta della forma scritta la legge mira da una parte a rendere più consapevoli i soggetti degli impegni che assumono, dall'altra a ridurre il numero delle controversie, o comunque a renderle più facilmente risolvibili, attraverso il documento.

In alcuni casi l'atto può essere validamente compiuto anche a voce: e tuttavia, se sorge una controversia, la sua esistenza non può essere dimostrata nel giudizio se non attraverso lo scritto: così è, ad esempio, per il contratto di assicurazione (art. 1888 c.c.). In questi casi però non è necessario che scritto sia l'atto in sé considerato, ma è sufficiente che vi sia una *qualunque* documentazione scritta del rapporto, anche successiva all'atto. Non si tratta dunque di un requisito di esistenza o di validità dell'atto, ma di una limitazione dei mezzi di prova ammessi in giudizio (rimane in particolare esclusa la prova per *testimoni*).

Si parla di **scrittura privata** per indicare un atto redatto e (soprattutto) sottoscritto dalle stesse parti interessate, senza nessuna ulteriore formalità.

La scrittura privata può poi essere *autenticata*. Ciò significa che essa è stata sottoscritta dalle parti davanti ad un notaio o altro pubblico ufficiale, il quale attesta che le firme sono *autentiche*, cioè che sono state apposte dalle persone che risultano come firmatarie.

Forma solenne

In altri casi ancora, la legge non si accontenta della semplice forma scritta, ma richiede la forma particolarmente solenne dell'**atto pubblico**, cioè dell'atto redatto da un notaio o da altro pubblico ufficiale, autorizzato ad attribuirgli *pubblica fede* (art. 2699 c.c.). È necessario ad esempio l'atto pubblico per il contratto di *donazione* (art. 782 c.c.).

All'*atto pubblico* la legge attribuisce un particolare valore. Esso infatti fa piena prova, fino a *querela di falso* (fino a quando, cioè, non se ne contesti la veridicità con apposito procedimento giudiziario), «*della provenienza del documento dal pubblico ufficiale che lo ha formato, nonché delle dichiarazioni delle parti e degli altri fatti che il pubblico ufficiale attesta avvenuti in sua presenza*» (art. 2700 c.c.).

La forma nel diritto pubblico

Nel diritto pubblico, le esigenze di formazione e spesso anche di conservazione degli atti fanno sì che debba quasi sempre usarsi la forma *scritta*. Non si può oggi immaginare una *legge*, o un atto di *espropriazione*, che abbiano forma orale.

Tuttavia, non esiste una regola che imponga in assoluto in ogni caso la forma scritta, ed esistono invece casi di provvedimenti amministrativi non scritti. Si pensi, ad esempio, all'ordine di scioglimento di una manifestazione non autorizzata, che viene dato mediante intimazione orale accompagnata (almeno in teoria) da squilli di tromba.

Ciò detto, va però precisato che la stessa legislazione presuppone che normalmente il provvedimento sia espresso e redatto per iscritto: come quando l'art. 3 della l. n. 241 del 1990 prescrive che ogni provvedimento sia *motivato*, o quando la l. n. 1034 del 1971 stabilisce che il ricorso al giudice amministrativo sia fatto entro 60 giorni dalla data della *notificazione* o comunicazione dell'atto, e che il ricorrente debba depositarne *copia* in giudizio.

Un caso particolare è costituito dagli atti degli organi collegiali. Come si vedrà, la deliberazione non è per sé scritta, ma viene in seguito documentata attraverso un atto scritto, detto **verbale** (cfr. cap. 12, par. 4).

Mancanza della forma richiesta

La mancanza della forma richiesta come requisito sostanziale dell'atto ha in ogni caso come conseguenza la sua *nullità* (v. *oltre*, cap. 7, par. 4).

La forma degli atti e l'informatica

Nuove possibilità e nuovi problemi in materia di forma derivano dall'uso sempre più ampio di mezzi informatici e telematici sia nella redazione degli atti che nella loro trasmissione e archiviazione.

La legge italiana dispone in via di principio che gli *atti, dati e documenti*, nonché i *contratti* formati dalla pubblica amministrazione e dai privati con strumenti telematici ed informatici sono, quanto alla forma, validi e rilevanti a tutti gli effetti di legge (art. 15, co. 2, l. n. 59 del 1997). La disciplina applicativa è contenuta nel regolamento emanato con il d.P.R. 10 novembre 1997, n. 513.

5. gli atti di autonomia privata

Sono atti di **autonomia privata** gli atti con i quali ciascuno esercita il potere a lui riconosciuto di disporre dei propri interessi. Una persona fa *testamento* o affida ad un altro il compito di *rappresentarlo* dandogli la *procura*, oppure con propria dichiarazione riconosce come suo un figlio; due soggetti concludono una compravendita, o qualunque altro *contratto*. In tutti questi casi sono gli stessi interessati che provvedono con proprie libere decisioni a produrre gli effetti giuridici da essi desiderati: la trasmissione dell'eredità a certe persone, la possibilità che un soggetto operi in nome di un altro, il sorgere del rapporto di filiazione, il passaggio della proprietà della cosa venduta.

Caratteri dell'autonomia privata

Chiamiamo questi atti *atti di autonomia* per indicare la loro importante caratteristica di essere atti con i quali i soggetti provvedono *da sé e liberamente* a disciplinare i propri rapporti (*auto-nomia* significa appunto, secondo l'origine della parola, «disciplinare da sé»). Specifichiamo poi che si tratta di atti di autonomia *privata* per indicare che questa posizione di libertà è quella che caratterizza i soggetti «privati» (sia persone fisiche che persone giuridiche): cioè tutti i soggetti comuni, diversi dagli «enti pubblici», cui sono assegnate posizioni di pubblica autorità.

Più precisamente, dire che i soggetti dell'ordinamento hanno *autonomia privata* significa sottolineare che essi non sono tenuti a perseguire nessuno scopo imposto, e che nelle loro scelte essi possono perseguire i fini che credono, o anche non perseguirne nessuno in particolare. La posizione dei privati si differenzia perciò radicalmente da quella degli organi della **pubblica amministrazione**, i quali, anche quando hanno la possibilità di compiere delle scelte (ad esempio, di decidere dove collocare le aree di espansione del centro abitato, e dove le strade e le zone verdi), devono in ogni momento perseguire il *fine* per il quale l'amministrazione pubblica esiste, cioè *ottenere il migliore soddisfacimento possibile degli interessi pubblici* (nel nostro caso, il migliore soddisfacimento degli interessi *urbanistici* della comunità).

Per questa ragione, gli atti dei privati in generale non hanno nessun bisogno di essere *motivati*: non c'è nessun bisogno, ad esempio, di specificare nel contratto le ragioni per le quali uno ritiene opportuno di comperare o di vendere un'automobile o un frigorifero, perché qualunque ragione – dal puro capriccio alla più seria necessità – sarebbe *indifferente* per l'atto compiuto. Gli atti della pubblica amministrazione devono invece, sempre in generale, essere *motivati*, cioè contenere l'indicazione delle ragioni per le quali è stato compiuto un certo atto invece che un atto diverso, o un atto con quel contenuto invece che un atto con contenuto diverso. Eccezione è fatta, come si dirà, solo per gli atti *normativi* e per quelli a contenuto *generale*.

I soggetti godono dunque di autonomia privata; ma ciò non significa che nello svolgimento della loro autonomia essi non incontrino dei *limiti*. Suoi limiti

Ad esempio, un collezionista di opere d'arte potrebbe voler commissionare il furto di un'opera che gli interessa, e trovare un soggetto disposto a compiere il furto in cambio di una certa somma di danaro: ma il loro accordo non potrebbe mai essere riconosciuto come un *contratto* vero ed impegnativo! Infatti, la «prestazione» che forma oggetto dell'ipotetico contratto è del tutto illecita, e costituisce un *reato*.

Ma anche quando l'atto sia ammesso, non è detto che chi lo pone in essere sia del tutto libero nel determinarne il contenuto, perché molto spesso il contenuto dell'atto è in parte maggiore o minore predeterminato dalla legge. Così due persone sono assolutamente libere (dal punto di vista del diritto) di sposarsi o meno, ma se decidono di sposarsi, la loro libertà nel determinare il contenuto del rapporto matrimoniale è molto ridotta.

È evidente che i limiti al libero svolgimento dell'autonomia privata sono posti a tutela di interessi preminenti della società, o di categorie che appaiono più deboli di fronte ad altre. Questi limiti possono *ridurre* il campo di applicazione dell'autonomia, ma non ne cambiano la *natura,* dove essa è riconosciuta.

6. la pubblicità

Spesso è necessario che l'esistenza di atti o di fatti giuridicamente rilevanti sia conosciuta, o almeno *conoscibile*, da parte di persone e soggetti che non ne hanno e non ne possono avere conoscenza diretta.

Talvolta, basta portare la notizia a conoscenza di determinate persone, più direttamente e necessariamente interessate. A ciò sono rivolte le **comunicazioni** e le **notificazioni**. Esse si rivolgono a destinatari personalmente determinati, e si distinguono per le diverse modalità e per il diverso grado di formalità. Comunicazioni e notificazioni

Le *notificazioni*, in particolare, sono speciali comunicazioni di atti e notizie, eseguite su richiesta degli interessati ed a cura degli *ufficiali giudiziari* (o anche, in certi casi, dei *messi comunali*), secondo regole stabilite fondamentalmente dal codice di procedura civile (artt. 137 ss.).

Tra gli atti che debbono essere notificati ricordiamo gli atti di esercizio dell'*azione* (cioè l'atto di *citazione* nel processo civile, *il ricorso* nel processo amministrativo, e simili).

Esistono però molti atti e situazioni giuridiche, la cui conoscenza può interessare *chiunque* venga a trovarsi in certe circostanze. Chi voglia comperare un terreno, ha interesse a sapere con certezza se il venditore ne è davvero il proprietario; chi contratta con una società, ha interesse a conoscerne esattamente la consistenza patrimoniale e gli amministratori. Non occorre dire, poi, che tutti devono poter conoscere esattamente gli atti normativi, come le leggi, e molti altri importanti atti pubblici, come ad esempio i piani regolatori dei Comuni, o i bandi di concorso per il pubblico impiego.

In simili casi, è evidente che non si possono comunicare le notizie a ciascuno singolarmente. Ciò sarebbe infatti non solo dispendioso, ma anche in realtà impossibile, dato che i soggetti interessati alla notizia non si possono precisamente individuare, né nel presente né nel futuro. Non si fanno perciò comunicazioni a singoli, ma si predispone il modo in cui le persone che lo desiderano possano conoscere ciò che loro interessa. In altre parole, si dà a quegli atti **pubblicità**, garantendo al «pubblico» la possibilità di accedervi.

Strumenti di pubblicità

La pubblicità degli atti si ottiene in vari modi. Uno dei più noti – usato, tra l'altro, per le leggi e per molti atti normativi – consiste nella *pubblicazione a stampa* in fogli ufficiali, quali la Gazzetta Ufficiale della Repubblica. Ma vi sono altri strumenti, più o meno efficaci, di pubblicità: l'*affissione ad albi* (come avviene per molti atti dei Comuni), l'inserimento in *raccolte ufficiali* (come le raccolte degli usi commerciali tenute dalle Camere di commercio), il *deposito* in appositi uffici (come avviene in genere per le sentenze: però le sentenze della Corte costituzionale sono altresì integralmente pubblicate a stampa nella Gazzetta Ufficiale).

Registri ufficiali

Di fondamentale importanza, tra le forme di pubblicità, sono poi i **registri ufficiali**. Essi sono archivi di atti e notizie relativi a specifici oggetti, tenuti a cura di pubbliche autorità, le quali provvedono ad organizzare la loro consultazione, ed a rilasciare copie o estratti a chi vi abbia diritto.

Tra i più importanti vanno ricordati i registri dello *stato civile* (tenuti presso ogni Comune: art. 449 c.c.) e i registri *immobiliari* (tenuti dalle apposite *Conservatorie*: art. 2673 c.c.).

I registri dello stato civile contengono le notizie relative alle persone fisiche, dalla loro nascita alla loro morte. Rettificazioni del loro contenuto possono essere disposte solo dal giudice, con una sentenza che sia divenuta definitiva (art. 454 c.c.).

Nei registri immobiliari sono obbligatoriamente annotate, mediante un atto che la legge chiama **trascrizione**, le vicende relative alla proprietà ed agli altri diritti reali sui beni immobili.

Esistono anche molti altri registri: delle *persone giuridiche* (d.P.R. n. 361 del 2000); delle *imprese* (art. 2188 c.c.); delle *tutele* e delle *curatele*; il *pubblico registro automobi-*

listico e i registri delle navi e degli aeromobili (cioè i registri per particolari categorie di beni mobili, detti appunto *registrati*) e simili. Carattere non dissimile hanno talora gli *albi*, quali gli albi professionali tenuti dai rispettivi ordini.

Negli ultimi anni i pubblici registri sono stati informatizzati, ed è possibile l'accesso *on line*.

7. la prova

Gli atti ed i fatti giuridici producono i loro effetti semplicemente venendo ad esistenza nei dovuti modi. Tuttavia, quando sorga una controversia e ci si trovi a discutere dinanzi al giudice, diventa importante poter *dimostrare* la loro esistenza o la loro inesistenza. Si dicono **prove** i possibili modi di dimostrazione dell'esistenza o dell'inesistenza dei fatti giuridici.

Onere della prova e presunzioni legali

Già sappiamo che chi afferma una pretesa deve provare i *fatti* che ne costituiscono il fondamento (cosiddetto **onere della prova**: art. 2697 c.c.). Non è invece necessario provare in giudizio l'esistenza delle *norme giuridiche*. Infatti, il giudice ha il dovere di conoscerle ed applicarle da sé, senza bisogno di nessuna sollecitazione. Naturalmente però nessuno vieta che le parti del giudizio collaborino in questo con il giudice, ciascuna nel proprio interesse.

Il giudice accerta d'ufficio anche la legge straniera, quando gli tocchi di doverla applicare. In questo caso tuttavia egli può valersi di esperti e di istituzioni specializzate, oltre che delle parti (art. 14 l. 31 maggio 1995, n. 218).

Inoltre, esistono dei fatti che non occorre provare, perché essi, per previsione di legge, si *presumono* al verificarsi di altri fatti: si parla allora di **presunzioni legali**. Così, ad esempio, si presume concepito durante il matrimonio il figlio nato quando sono trascorsi almeno 180 giorni da esso, e non sono ancora trascorsi 300 giorni dopo l'eventuale scioglimento, annullamento o separazione (art. 232 c.c.).

Nel caso citato ora ad esempio, ed in diversi altri casi, la legge non solo non richiede alcuna dimostrazione del concepimento durante il matrimonio, ma *non permette* nemmeno che sia dimostrato il contrario (se non nei tassativi casi nei quali può essere esercitata l'azione di disconoscimento, ai sensi dell'art. 235 c.c.). Si parla allora di presunzione *assoluta*.

Altre volte, invece, la legge stabilisce una presunzione, ma permette che si provi che essa è falsa nel caso concreto. Si parla allora di presunzione *relativa*. Essa ha come conseguenza pratica che la prova deve essere data non da chi afferma il fatto, ma da chi lo nega (cosiddetta *inversione dell'onere della prova*). Così il figlio concepito durante il matrimonio si *presume* generato dal marito della madre (art. 231 c.c.): ma il marito può, sia pure entro ristretti limiti, dimostrare il contrario.

Non hanno poi bisogno di essere provati i c.d. **fatti notori**, cioè i fatti che rientrano nella comune esperienza, come l'esistenza di una guerra, il verificarsi di un tumulto popolare, di una crisi economica, della svalutazione monetaria, e simili.

I mezzi di prova

Fondamentali mezzi di prova sono le **prove documentali**. Esse consistono in *documenti* di qualsiasi natura (scritti, fotografie, registrazioni o altro). Ovviamente, esse esistono già *prima* del giudizio, nel quale sono solo *esibite*. Le prove documentali sono sempre ammesse in tutti i tipi di processo (civile, penale e amministrativo: cfr. cap. 29, paragrafi 3 e 4, e cap. 30, par. 5).

Le altre prove sono invece formate nel corso del processo. Un mezzo di prova di questo tipo è – come tutti sanno – la **prova per testimoni**. La legge però non la consente sempre: ben sapendo che ciò che viene detto è troppo spesso influenzato dagli interessi e dagli scopi di ciascuno. Essa è però sempre ammessa nel processo *penale*, ove l'esigenza di scoprire in qualunque modo la verità prevale su ogni altra considerazione.

In generale, il giudice assegna valore e importanza alle prove secondo la propria valutazione (cosiddetto principio del *libero convincimento* del giudice), ed è anche libero di considerare provati fatti che non lo sono, ma che si desumono secondo prudenza ed esperienza da fatti provati (cosiddette **presunzioni semplici**: art. 2729 c.c.).

Prove legali

Però già sappiamo (*sopra*, par. 6) che certi atti, come gli atti pubblici, fanno *pubblica fede* sino a che non siano contestati nei dovuti modi: e ciò vincola anche il giudice. Si parla in questo caso, e nei casi simili, di **prova legale**, nel senso che il valore (vincolante) della prova è prestabilito. Sono prove legali solo le prove considerate tali dalla legge.

Il codice civile prevede come prove legali, accanto all'atto pubblico ed alla scrittura privata autenticata, la *confessione* (con la quale una parte ammette fatti ad essa sfavorevoli) e il *giuramento* (che una parte può essere chiamata a fare dall'altra o, in certi casi, anche dal giudice), previsti dagli articoli 2730 e 2736 c.c.

capitolo 7

IL NEGOZIO GIURIDICO

1. gli atti negoziali

Gli atti giuridici di autonomia privata, con i quali i soggetti provvedono con *proprie* manifestazioni di volontà, ed esercitando i poteri ad essi attribuiti, a regolare da sé i propri interessi, determinando la nascita, la modificazione o l'estinzione di un rapporto giuridico sono chiamati, nel linguaggio del diritto privato, **negozi giuridici**. È ovvio che parlando di «negozio» non ci si riferisce a ciò che oggi si chiama così nel linguaggio di tutti i giorni, ma si intende la parola nel senso originario, come opposto di *ozio* (*nec otium*), e perciò nel senso di un determinato tipo di *attività* giuridica.

Sono perciò *negozi* giuridici, ad esempio, tutti i contratti, il testamento, l'accettazione dell'eredità, il matrimonio, la procura, il riconoscimento di figlio naturale e molti altri atti: in pratica, come s'è detto, tutti gli atti che sono espressione dell'*autonomia privata*, cioè del potere dato ai soggetti di disporre da sé dei propri interessi e delle proprie situazioni giuridiche.

Il negozio giuridico è un concetto introdotto ed elaborato dagli studiosi, e non (in Italia almeno) un qualcosa che sia appositamente disciplinato dalle norme giuridiche. In altre parole, mentre esistono numerose norme del Codice civile che definiscono e regolano il *contratto*, il «negozio giuridico» non è nemmeno nominato dalle norme. Si dice sì, nel codice, che le regole sui contratti «*si osservano, in quanto compatibili, per gli atti unilaterali tra vivi aventi contenuto patrimoniale*» (art. 1324). Ma il concetto di *negozio* è ancora più ampio, dato che comprende, ad esempio, anche atti che non hanno contenuto *patrimoniale* (come il riconoscimento di un figlio naturale).

Negozi e altri atti privati

Tutti gli atti giuridici sono, nel senso ora detto, «negozi»? Se si guarda anche al di fuori del diritto privato, certamente no, perché gli atti delle pubbliche autorità non sono espressioni di *autonomia privata*. *Non* sono perciò *negozi* atti giuridici come le leggi, i provvedimenti della pubblica amministrazione, le sentenze dei giudici. Restando nel campo del diritto privato, rispondono facilmente che *non tutti gli atti giuridici sono negozi* coloro che mettono tra gli *atti* anche i *comportamenti* illeciti (i quali evidentemente non sono «negozi», cioè manifestazioni di volontà dirette alla nascita, modificazione o estinzione di rapporti giuridici). In ogni modo, *restano sicuramente al di fuori della nozione di negozio giuridico le dichiarazioni di scienza*, cioè quegli «atti» con i quali taluno comunica a determinati fini non una propria volontà, ma la *conoscenza* che egli abbia di certi fatti.

Come si vede, comunque, sono *negozi giuridici* atti tra loro molto diversi per struttura, contenuto, effetti, ampiezza dell'autonomia e della libertà attribuita dalle norme a coloro che li pongono in essere. Ma l'utilità della nozione di negozio giuridico è proprio questa, di mettere in rilievo ciò che questi atti hanno di comune come *dichiarazioni di volontà*, e di offrire così una prospettiva unitaria per esporre le più importanti regole, ad esempio, sul modo di manifestazione della volontà e sui vizi che possono renderla **invalida** (quei *vizi* dei quali il Codice civile parla a proposito dei *contratti*, chiamandoli **errore, violenza** e **dolo**).

2. gli elementi essenziali del negozio

Un negozio giuridico non può esistere senza che vi siano un **soggetto** che lo pone in essere, una **volontà** manifestata in una qualche **forma** di disporre in relazione ad un **oggetto**, ed infine una **causa** del risultato giuridico voluto. Si dice perciò che *soggetto, volontà, forma, oggetto* e *causa* sono gli *elementi essenziali* del negozio giuridico.

Il soggetto

Quanto al **soggetto**, vi sono negozi che richiedono la volontà di un unico soggetto, come il *testamento* (negozi *unilaterali*) e negozi che richiedono l'intervento di almeno due soggetti, come i *contratti* (negozi *bilaterali*).

Più precisamente, nei negozi *bilaterali* si parla di due o più **parti**, che sono i *centri di interesse* (come nella compravendita, l'*alienante* e l'*acquirente*) *presenti nell'atto*. Non sempre il numero delle parti coincide con il numero dei *soggetti* che partecipano all'atto. Ad esempio, se due amici comprano insieme un'imbarcazione per le vacanze, il numero dei *soggetti* che stipulano il contratto è di tre, ma il numero delle *parti* è sempre *due*: la *parte che vende* e la *parte che acquista*. Ci sono però anche contratti che possono avere più di due *parti*: ad esempio, il contratto con il quale si costituisce una *società*.

La volontà e la forma

La **volontà** deve essere una volontà *effettiva*. In particolare, non sarebbe effettiva, e non produrrebbe nessuna conseguenza giuridica una «volontà» espressa a fini di insegnamento, o nell'ambito di un gioco, o di programmi pubblicitari, e simili. Nemmeno sarebbe effettiva la volontà manifestata con la firma di un documento, se la mano del firmatario è stata coattivamente guidata da un altro (si parla in questo caso di **violenza fisica** o **assoluta**).

Quando si dice che la **forma** è un elemento essenziale del negozio si intende che la volontà, oltre che effettiva, deve essere *manifestata* in qualche modo. A volte però è richiesta la forma *scritta*, a volte ancora la forma *solenne*, secondo le regole che si sono già illustrate (cap. 6, par. 4).

L'oggetto

Per **oggetto** del negozio si intende *la cosa, il diritto o il comportamento di cui si dispone mediante l'atto*. L'*oggetto* deve essere *possibile, lecito, determinato* o *determinabile*.

L'oggetto è *possibile* quando il bene di cui si dispone esiste (o può venire ad esistenza) nella realtà. È *lecito* quando si tratta di un bene di cui è *consentito* disporre, anche in relazione ai principi giuridici ed al senso morale di un gruppo sociale. È *determinato o determinabile* quando esso è indicato con precisione nella sua individualità, o quando sono indicati i modi per giungere ad individuarlo.

Costituirebbe (forse ancora oggi) oggetto impossibile l'impegno di trasportare qualcuno su Marte; oggetto illecito l'impegno ad adoperarsi per riuscire a frodare il fisco; oggetto indeterminato ed indeterminabile la compravendita di generi alimentari non meglio specificati.

La causa

Infine il negozio deve avere una sua **causa**, cioè una sua *funzione economico-sociale*, che stia a giustificazione degli effetti giuridici che l'atto è destinato a produrre.

Se, ad esempio, Tizio *vende* una cosa a Caio, ma non risulta che Caio si obblighi a pagare *nessun prezzo,* il contratto così stipulato è *privo di causa*, dato che *nessuna ragione* giustifica, nel caso concreto, un trasferimento di proprietà non accompagnato dal pagamento di un prezzo.

Oltre che mancante, la *causa* può essere *illecita,* come sarebbe, ad esempio, nell'ipotesi di un contratto con cui uno si impegnasse a non andare a votare, o a votare per un determinato partito: la *libertà politica* non può essere infatti vincolata (si potrebbe però sostenere che in un simile caso illecita non è tanto la *causa* – che è pur sempre lo *scambio* della prestazione con il prezzo – quanto l'*oggetto*).

Causa e motivi

Dalla *funzione economica* che il contratto svolge occorre distinguere bene le *ragioni concrete, individuali* e *particolari*, che hanno spinto le parti a concluderlo. In altre parole, la *causa* – cioè lo *scopo obbiettivo* del contratto – è cosa diversa dai **motivi**, che sono le *finalità soggettive* dei contraenti.

Per esempio, l'acquisto di una casa in campagna può essere motivato dal desiderio di investire del danaro, o di servirsene come seconda casa, o di riceverví gli amici. I *motivi* possono essere i più vari, ma non modificano il *significato obbiettivo* dell'operazione economica, che resta lo *scambio* del *danaro* con la *proprietà* di una cosa. È questa la *funzione costante e tipica* – cioè la *causa* – della compravendita.

La distinzione è importante, perché normalmente i *motivi* che inducono qualcuno a contrarre *non hanno rilievo giuridico* (il legislatore li considera cioè *indifferenti*). Se, ad esempio, il compratore della casa si accorge che essa non gli serve per lo scopo che pensava, ha certamente *sbagliato* a comperarla: ma altrettanto certamente la legge *non gli consente*, per questo «errore», di rimettere in discussione il contratto. In effetti, se si desse importanza ai *motivi* in simile misura, i contratti sarebbero molto fragili.

Nei contratti il *motivo* è *rilevante* solo quando è contemporaneamente: *a*) *illecito*; *b*) *comune* a entrambe le parti; *c*) *l'unica ragione* che ha indotto al contratto. In questo caso, il motivo *illecito* porta addirittura alla *nullità* del contratto (art. 1345 c.c.).

Il negozio giuridico e il diritto pubblico

La teoria del negozio giuridico quale strumento dell'autonomia privata è propria del diritto privato. Tuttavia, le varie nozioni di cui essa si compone (elementi essenziali, elementi accidentali, invalidità) costituiscono molto spesso dati di base della terminologia e del linguaggio giuridico. Così ad esempio la nozione di *condizione* o di *termine*, o i concetti base sulla *validità* ed *invalidità* non cambiano affatto nel diritto pubblico e non possono essere ignorati in nessuno studio giuridico; ed anche dove vi sono nette differenziazioni (come ad esempio nella contrapposizione tra *autonomia privata* e *discrezionalità amministrativa*) la conoscenza dei concetti di base del diritto privato permette una migliore comprensione dei fenomeni del diritto pubblico.

3. gli elementi accidentali

Si dicono elementi *accidentali* del negozio la **condizione**, il **termine**, il **modo**. Mentre gli elementi *essenziali* sono *requisiti* del negozio – e senza di essi il negozio non esiste, o è nullo – gli **elementi accidentali** invece non sono requisiti del negozio, ma semplicemente delle speciali *clausole*, che le parti possono inserire in esso, se lo vogliono. Essi si chiamano «accidentali» proprio perché la loro esistenza dipende solo dalla volontà delle parti.

La condizione

La **condizione** è definita dall'art. 1353 del *codice civile* come la clausola con cui le parti subordinano «*l'efficacia o la risoluzione*» del contratto ad un avvenimento *futuro* ed *incerto. Si distingue perciò la* **condizione sospensiva**, che *sospende* la produzione degli effetti fino all'eventuale *avverarsi* della condizione, dalla **condizione risolutiva**, per la quale l'avverarsi della condizione fa venir meno gli effetti, che intanto però si erano già prodotti.

Si ha condizione sospensiva, ad esempio, se uno vende l'appartamento in cui abita, a condizione che gli sia concesso il *trasferimento* ad un'altra città, da lui richiesto. Gli effetti della vendita non si producono fino al momento dell'eventuale trasferimento.

Ma le stesse parti avrebbero anche potuto utilizzare la condizione *risolutiva* anziché la condizione sospensiva, concordando la *risoluzione* della vendita se il venditore avesse vista *rifiutata* la domanda di trasferimento. In questo caso, gli effetti si sarebbero prodotti *subito*, ma sarebbero venuti meno all'avverarsi della condizione (il rifiuto del trasferimento).

L'avverarsi della condizione – sia essa *sospensiva* o *risolutiva* – ha effetto *fin dal momento in cui il negozio è stato concluso*. Così, nel primo esempio fatto, il passaggio di proprietà, realizzatosi solo al momento in cui è stato ottenuto il *trasferimento* del posto di lavoro da parte del venditore, una volta che la condizione si è verificata si considera avvenuto *sin dall'inizio*, mentre in caso di condizione risolutiva il passaggio di proprietà, subito realizzatosi, si considera *non mai verificato* una volta sciolto il contratto a causa dell'avverarsi della condizione (art. 1360 c.c.).

Può darsi che la condizione sia *impossibile* (ad esempio: «se la terra sarà invasa dai marziani»). In questo caso il contratto è *nullo* se si tratta di condizione *sospensiva* (si considera infatti che le parti non abbiano realmente voluto effetti che non potrebbero mai prodursi), mentre si considera come *non apposta* se si tratta di condizione *risolutiva* (dal momento che gli effetti voluti non potrebbero mai venir meno). Invece la condizione *illecita* (ad esempio: «se testimonierai a mio favore») rende in ogni caso *nullo* il contratto (non però il *testamento*, per il quale valgono regole rivolte a conservare fin che è possibile valore alla volontà del defunto: cfr. art. 634 c.c.).

Il termine

Così come possono *condizionarla* all'avverarsi di determinati avvenimenti, allo stesso modo le parti possono collegare l'efficacia del negozio ad un preciso momento del tempo, chiamato **termine.** Il *termine* può essere – come già sappiamo (cap. 6, par. 2) – *iniziale* o *finale*, a seconda che dal momento indicato *comincino* a decorrere gli effetti, oppure *vengano meno.*

Il *termine* segna un momento del tempo *futuro* ma (diversamente dalla condizione), non incerto, bensì *certo* (un certo giorno, una certa data). Ancora diversamente che nella *condizione*, il sopraggiungere del termine non ha effetto retroattivo: l'efficacia dell'atto inizia o finisce nel termine convenuto, senza nessun riferimento alla data di conclusione del negozio.

A volte il termine si riferisce non genericamente al momento dell'efficacia del contratto, ma al momento in cui deve essere compiuta una prestazione. E tale termine può essere *essenziale* per una delle parti (art. 1457 c.c.): si pensi al termine per la consegna di un abito da nozze. Se l'altra parte non adempie, il contratto si scioglie, e la parte inadempiente è tenuta a *risarcire* i danni prodotti.

Il modo

Il terzo elemento accidentale del negozio – il **modo**, detto anche **onere** – si riferisce in realtà ai soli atti di **liberalità** (donazioni e testamenti), e si può definire come un *obbligo* che accompagna un *beneficio*. Della situazione giuridica soggettiva che così si determina si è già detto (cap. 5, par. 5).

4. l'invalidità del negozio

Il negozio si definisce **invalido** quando *non ha* o *non ha pienamente i requisiti che secondo la legge dovrebbe avere*. Si distinguono però due fondamentali forme di *invalidità:* la **nullità** e l'**annullabilità**.

La nullità

La **nullità** è la forma più grave di invalidità. Essa si ha, per regola generale, quando il negozio *manchi di uno degli elementi essenziali*; ma si ha egualmente, secondo l'art. 1418 c.c., quando il negozio sia, nel suo contenuto o nella sua causa, contrario a **norme imperative** (a meno che la legge non preveda che in un certo caso il negozio sia semplicemente *annullabile*) o comunque **illecito** (perché *immorale* o perché contrario ai principi e valori fondamentali cui si ispira l'ordinamento giuridico).

Il negozio nullo non produce nessuno degli effetti cui è in astratto rivolto. In pratica, il negozio nullo ha l'*apparenza* del negozio, ma non la sostanza, perché non modifica la situazione giuridica delle parti.

Naturalmente la nullità del negozio può essere oggetto di *controversia*. In tal caso, la sentenza si limita ad *accertare* se il negozio sia *nullo* (e dunque sin dall'origine *inefficace*) o meno. Si dice però che la sentenza che accerta la nullità è una **sentenza dichiarativa**, nel senso che non produce nessuna modificazione della situazione giuridica esistente, ma si limita a renderla *certa*.

La *nullità* si riflette anche sui *terzi* (cioè su coloro che non sono stati *parti* del contratto), quando i loro diritti dipendono dal contratto.

Si supponga, ad esempio, che uno comperi un appartamento con un contratto solo *orale* (e perciò *nullo*, per mancanza della forma essenziale), e che poi a sua volta *venda* l'appartamento ad un terzo, questa volta con un regolare contratto *scritto*. Ciononostante, *anche il secondo contratto è nullo,* perché il *venditore* non era in realtà proprietario dell'appartamento venduto (dato che l'aveva acquistato con un contratto *nullo*).

Le cause di nullità sono tutte legate ad esigenze che superano gli interessi di una singola parte del contratto, e corrispondono piuttosto ad interessi di ordine *pubblico*. Perciò, la dichiarazione di nullità può essere richiesta non solo dalle parti del contratto, ma *da chiunque vi abbia interesse*, e la nullità può essere rilevata di sua iniziativa (*d'ufficio*) dal giudice stesso (art. 1421 c.c.). Per le stesse ragioni, la possibilità di chiedere al giudice l'accertamento della nullità non è soggetta a *prescrizione* (art. 1422 c.c.), e si può quindi esercitare *in qualunque momento*, senza limiti.

Verrebbe da dire che il negozio nullo è, in pratica, *inesistente*. Tuttavia, nel *diritto privato* conviene tenere distinta la *nullità* dall'*inesistenza*, e parlare di **inesistenza** solo quando manchino anche quei minimi elementi per poter considerare effettivamente *compiuto* l'atto. Il negozio *nullo* può infatti avere, in certi casi, una qualche *indiretta* conseguenza.

Ad esempio, un contratto di lavoro stipulato da una persona che non ha l'età minima richiesta è *nullo*. Ma se il lavoro è stato cionondimeno *prestato*, il lavoratore ha diritto alla retribuzione.

L'annullabilità

È **annullabile**, in generale, l'atto che presenta vizi che la legge non considera così gravi da determinare la *nullità*. Al contrario del negozio nullo, *il negozio annullabile esiste e produce intanto i suoi effetti*, solo che è data la possibilità di ottenerne dal giudice l'*annullamento*, facendo con ciò venir meno il negozio e gli effetti già da esso prodotti.

La sentenza che pronuncia l'*annullamento* si dice perciò **sentenza costitutiva**, per indicare che essa non si limita ad accertare la situazione esistente (come la sentenza che *dichiara* la *nullità*), ma *costituisce* una *situazione nuova*: produce l'*annullamento* del negozio, con la conseguente *eliminazione* degli effetti da esso prodotti.

Si noti però che l'atto viene privato degli effetti *fin dall'inizio*, in modo *retroattivo*. Si ripristina così la situazione giuridica *come sarebbe stata se l'atto annullato non fosse stato mai compiuto*.

Tuttavia, qualche volta il codice civile tiene conto degli effetti che l'atto ha sia pur provvisoriamente *prodotto*, per proteggere i *terzi* che abbiano acquistato *diritti* sulla base di un atto annullato. Così se uno ha comperato un appartamento con un contratto *annullabile*, e poi vende a sua volta ad un *terzo*, l'acquisto del terzo rimane *valido* anche se in seguito il primo contratto d'acquisto venga *annullato* (purché il *terzo* sia *in buona fede*, ed abbia acquistato «*a titolo oneroso*», cioè *non gratuitamente*: art. 1445 c.c.).

La richiesta di annullamento

L'*annullamento* può essere richiesto soltanto dalla *parte* (o dalle *parti*) nel cui interesse è prevista la possibilità di annullare l'atto, e *non* da *chiunque* vi abbia interesse. Si dice perciò che l'annullabilità è *relativa*, nel senso che è stabilita *in relazione* ad una parte (la *nullità*, invece, è *assoluta*, perché può essere fatta valere da *qualunque interessato*). Vi sono però dei casi di annullabilità *assoluta* (tale, ad esempio, è l'annullabilità del testamento: art. 624 c.c.).

Quando l'annullabilità è *relativa*, le stesse parti che possono farla valere hanno normalmente la possibilità di *convalidare* l'atto (art. 1444 c.c., in relazione ai *contratti*) o di *sanare* l'invalidità (art. 122, u.c., in relazione al *matrimonio*).

In assenza della richiesta da parte del soggetto a ciò legittimato, invece, il giudice non potrebbe pronunciare l'annullamento nemmeno se nel corso di un giudizio si accorgesse da sé dell'invalidità dell'atto. Inoltre, la possibilità di ottenere l'annullamento è soggetta a venir meno per *prescrizione*, nel termine di *cinque anni* (art. 1442 c.c.).

Si noti, tuttavia, che colui che non ha chiesto o non può chiedere al giudice, di sua iniziativa, l'annullamento del negozio, perché sono decorsi i termini, può però sempre, se è l'altra parte a chiedere l'adempimento delle obbligazioni assunte (e che non siano state ancora eseguite), *rifiutarsi* facendo valere l'*invalidità* del contratto.

L'incapacità d'agire

Si ha annullabilità in primo luogo *quando il negozio è stato posto in essere da un soggetto incapace d'agire,* cioè da un *minore*, o da chi sia stato legalmente privato della capacità, o anche da chi si trovi temporaneamente privo della capacità di intendere o di volere (purché ricorrano anche gli altri presupposti indicati dall'art. 428 c.c.).

In questi casi l'annullabilità del negozio è stabilita a vantaggio del soggetto incapace. È vero che essa può essere fatta valere anche da altre persone (come i genitori o il tutore, o gli eredi e altri «aventi causa» dall'incapace): ma essa non può invece *mai* essere fatta valere, ad esempio, *dall'altra parte del contratto*, essa stessa perfettamente *capace*.

È anche *annullabile*, come già accennato, il negozio compiuto da un soggetto il quale, benché legalmente capace d'agire, si trovi di fatto in condizione di *incapacità di intendere e di volere* nel momento in cui compie l'atto (art. 428 c.c.). La legge richiede però che dall'atto derivi un pregiudizio *grave* per l'autore e, nel caso dei contratti, che l'altro contraente fosse a conoscenza dello stato di incapacità, e ne abbia approfittato.

I vizi della volontà

Si ha poi annullabilità del negozio quando la volontà di chi lo ha posto in essere sia *viziata* da **errore**, **dolo** o **violenza morale**.

L'errore

Si ha **errore** quando *il soggetto ha concluso il negozio, o un negozio con quel certo contenuto, solo a causa di una falsa rappresentazione della realtà*.

È evidente però che la legge deve sì da una parte proteggere chi si sbaglia, ma deve anche d'altra parte proteggere la certezza e la sicurezza delle contrattazioni, e mettere chi contratta in buona fede al riparo dal rischio che gli impegni assunti vengano posti a capriccio nel nulla da chi accampa di essersi sbagliato (è uno degli aspetti della cosiddetta «tutela dell'**affidamento**»). Perciò la legge stabilisce – sempre nel caso dei *contratti* – due distinti *requisiti* dell'errore: l'*essenzialità* e la *riconoscibilità*.

Per la legge l'errore è *essenziale* quando non solo è stato *determinante* (cioè tale che senza di esso il soggetto non avrebbe compiuto l'atto), ma cade *su alcuni fondamentali aspetti del contratto*, elencati espressamente dall'art. 1429 c.c.: *natura e oggetto del contratto, identità* o *qualità essenziali della prestazione, identità della controparte, errore di diritto* quando sia stato la ragione unica o principale del contratto.

Un errore, anche determinante, che non riguardi gli oggetti indicati non è causa di annullamento del contratto. È il cosiddetto errore sui *motivi*: ad esempio, quello di chi venda la sua casa solo perché crede di doversi trasferire (cfr. *sopra*, par. 2).

L'errore è poi *riconoscibile* solo quando l'*altra* parte avrebbe potuto accorgersi dell'errore con una normale attenzione.

Il dolo

Il **dolo** non è altro che *un errore provocato dall'altrui inganno*. Dato che in questo caso l'errore è *provocato ad arte,* è naturale che sia maggiore la tutela dell'*ingannato:* sicché il negozio è annullabile, purché l'inganno sia stato *decisivo* nella formazione della volontà, e chi ne ha tratto vantaggio fosse a *conoscenza* dell'inganno.

Non è però vero *dolo*, e non è causa di annullabilità, l'esagerazione e l'esaltazione delle qualità di qualcosa o dell'abilità di qualcuno, che si riscontrano quotidianamente nella vita del commercio e degli affari (cosiddetto *dolus bonus*, contrapposto al *dolus malus*, che è il vizio vero e proprio). In questi casi è il compratore che deve stare in guardia. Naturalmente occorre anche considerare le circostanze. Chiunque sa – o dovrebbe sapere – di non poter contare sulle virtù miracolose di un unguento anonimo comperato a pochi soldi al mercato delle pulci; ma una specialità medicinale prodotta da una casa farmaceutica e comperata in farmacia deve corrispondere alle specifiche che la accompagnano.

La violenza morale

Sia l'*errore* sia il *dolo* comportano che il negozio venga concluso sulla base di una *cattiva conoscenza* della realtà (ed è questa che fa sì che la conseguente volontà si formi *viziata*).

Nel caso della **violenza morale** la conoscenza della realtà è perfetta, e ad essere viziato è direttamente il processo di formazione della volontà. La violenza morale consiste nella *minaccia di un male ingiusto e notevole, che induce il minacciato a concludere un certo negozio*. È evidente che qui la situazione non è la stessa che nel caso visto sopra di *violenza fisica* o *assoluta*. Quella, infatti, esclude l'esistenza di una vera volontà, mentre nel caso della violenza morale chi conclude il negozio *vuole veramente* farlo, anche se, certamente, non lo avrebbe voluto senza la minaccia. La volontà, in altre parole, è *costretta e non libera,* eppure *esiste:* di qui la diversa conseguenza della *nullità* nel primo caso, della *annullabilità* nel secondo.

Requisito essenziale della violenza è dunque la *minaccia* proveniente dall'esterno. Non è violenza una sensazione psicologica di timore, che nasce però dal soggetto stesso, senza essere provocata da minacce altrui. In particolare, l'art. 1437 c.c. esclude la rilevanza del *timore reverenziale*, cioè di quella soggezione psicologica che si può provare verso una persona che abbia particolare autorità o potere (come il datore di lavoro, o il superiore gerarchico, o una persona che ricopre un'importante carica).

Il male minacciato è di solito *ingiusto* in quanto consistente esso stesso in una *violazione del diritto*: così è, ad esempio, per la minaccia di *percosse*. Però anche la minaccia di far valere un proprio diritto o potere può divenire *i n g i u s t a,* quando è usata per ottenere vantaggi che non hanno nulla a che vedere con quel diritto o potere. Così la minaccia di una *querela penale* (cioè di una personale denuncia, senza la quale alcuni reati non possono essere perseguiti) non è ingiusta se mira ad ottenere il risarcimento del danno subito dal reato stesso: ma sarebbe *ingiusta* se usata, ad esempio, per ottenere la donazione o anche la vendita di un immobile.

La *gravità* del male minacciato va valutata secondo le circostanze, avendo riguardo all'età, al sesso e alla condizione delle persone. In ogni caso, per l'esistenza del vizio – e perciò per l'*a n n u l l a b i l i t à* del negozio – occorre che la minaccia sia tale «*da fare impressione sopra una persona sensata*» (art. 1435 c.c.).

capitolo 8

GLI STRUMENTI DEL LAVORO GIURIDICO

1. i rami del diritto

Gruppi di regole

Le regole di cui si compone un ordinamento giuridico statale costituiscono una quantità *enorme*: sicché sarebbe quasi impossibile orientarsi tra esse, se non si trovassero dei criteri per ordinarle sistematicamente e per raggrupparle a seconda delle loro omogeneità e del loro corrispondere a principi comuni ai raggruppamenti ottenuti.

Discipline giuridiche

Con tali criteri si individuano diversi **rami del diritto**. Essi sono ad un tempo l'*insieme delle regole* così individuate, e la *disciplina giuridica* – cioè quella parte della «scienza» giuridica – che si occupa di studiarle. Ad alcune di tali suddivisioni si è già avuto occasione di accennare: dobbiamo ora renderci meglio conto della cosa.

Diritto privato e diritto pubblico

La distinzione fondamentale è la ripartizione tra **diritto privato e diritto pubblico**. Si tratta di una distinzione molto antica, che risale ai giuristi romani. Essa è *esaustiva*, nel senso che ogni norma del diritto statale o appartiene al diritto *privato* o appartiene al diritto *pubblico*: ogni ulteriore individuazione dei *rami del diritto* avviene dunque all'interno di questa prima e più generale suddivisione.

Mentre la distinzione è universalmente accolta, sui *confini* tra diritto privato e diritto pubblico si potrebbe discutere a lungo. Ai nostri fini, sarà sufficiente dire che *appartengono al diritto p r i v a t o le norme giuridiche che sono destinate a disciplinare i rapporti tra i soggetti che agiscono nell'ordinamento giuridico su un piano di reciproca eguaglianza.* Il diritto privato comprende perciò la disciplina dei rapporti di *famiglia*, dei diritti *reali* e *di credito*, dei *contratti*, delle *successioni*, dei rapporti di *lavoro privato*, e simili.

Appartengono invece al diritto *pubblico* le norme che riguardano *rapporti nei quali almeno uno dei soggetti agisce come pubblica autorità,* esercitando poteri o svolgendo compiti che sono assegnati a quel soggetto proprio in quanto esso è pubblica autorità. Il diritto pubblico comprende perciò le norme sulla *produzione di norme giuridiche* da parte delle autorità pubbliche, le norme sui poteri delle autorità amministrative, le norme sullo svolgimento dei *processi*, le norme sugli speciali obblighi dei cittadini verso lo Stato (quali gli obblighi tributari), le norme che stabiliscono le *pene* per i *reati*, e simili.

Sarebbe più semplice dire che il diritto privato disciplina i rapporti tra soggetti *privati*, il diritto pubblico i rapporti tra un soggetto *pubblico* e uno *privato*, o tra più soggetti *pubblici*. Ciò però non sarebbe del tutto vero, dato che tra soggetti pubblici e privati, o anche tra più soggetti pubblici, possono esistere e spesso esistono rapporti disciplinati dal *diritto privato*.

Si pensi ad un *Comune* il quale con un *contratto* compera da una ditta *privata* i mobili per i propri uffici. Un simile contratto non è altro che una compravendita, ed il rapporto così istituito si svolge allo stesso modo che se si trattasse di un rapporto tra privati. Il fatto è che in simili casi il Comune opera *sullo stesso piano del privato*, come un comune soggetto dell'ordinamento giuridico. Di qui la necessità di una formulazione più complessa della distinzione tra diritto pubblico e diritto privato.

I settori privatistici

Lo studio del *diritto privato* si scompone poi, nella nostra tradizione giuridica, in diversi *rami*. Fondamentalmente, si distinguono il **diritto civile** e il **diritto commerciale**. Un tempo i rapporti commerciali erano disciplinati da un apposito corpo di regole, contenuto nel *codice di commercio*. In seguito però le due materie sono state riunite (con avvicinamento dei relativi principi ispiratori) nel *codice civile* del 1942.

Oggetti di studio autonomo, nell'ambito del diritto privato, sono poi: il **diritto del lavoro** – appartengono però in parte al *diritto pubblico* la disciplina del *pubblico impiego* (cap. 12, par. 7) e la disciplina della *previdenza sociale* (cap. 33, parr. 3 e 4); il **diritto della navigazione**.

e i settori pubblicistici

Il *diritto pubblico*, a sua volta, si scompone in una pluralità di materie. Il **diritto costituzionale** ha ad oggetto la fondamentale struttura dell'organizzazione e dei poteri statali, anche in relazione alle libertà e diritti fondamentali garantiti ai cittadini e ai soggetti dell'ordinamento. Il **diritto amministrativo** regola l'*organizzazione amministrativa* e i rapporti tra i soggetti e la *pubblica amministrazione*, quando questa agisce come *autorità*. Il **diritto penale** riguarda i comportamenti vietati come *reati*, puniti con sanzioni chiamate *pene*. Ancora al diritto pubblico appartengono il **diritto processuale civile** e il **diritto processuale penale**, che disciplinano e studiano lo svolgimento dei rispettivi processi.

Le distinzioni e categorie sopra esposte sono tipiche degli ordinamenti statali, ma valgono anche, con gli opportuni adattamenti, per il diritto dell'**Unione Europea.**

I codici

In Italia abbiamo oggi quattro fondamentali *codici*: il **codice civile**, il **codice di procedura civile**, il **codice penale** e il **codice di procedura penale**. Esiste inoltre il **codice della navigazione** e il **codice del processo amministrativo** (d.lgs. 2 luglio 2010, n. 104).

Il **Codice civile** è il fondamentale corpo normativo del **diritto privato**, e riguarda, in generale, le persone e i loro rapporti reciproci. Esso è stato emanato con il regio decreto 16 marzo 1942, n. 262, intitolato appunto *Approvazione del testo del codice civile*; è stato però nel corso del tempo parecchie volte modificato in singoli punti: bisogna perciò avere l'avvertenza (che vale anche per gli altri Codici) di consultarlo in una edizione aggiornata. Consta di ben 2969 articoli, distribuiti in sei Libri (*Delle persone e della famiglia, Delle successioni, Della proprietà, Delle obbligazioni, Del lavoro, Della tutela dei diritti*).

Il **Codice di procedura civile** – emanato con il regio decreto 28 ottobre 1940, n. 1443 (*Approvazione del Codice di procedura civile*) – contiene le regole sull'instaurazione e sullo svolgimento dei **processi civili** (cioè dei processi rivolti alla definizione dei rapporti tra privati). È formato da 840 articoli; il suo contenuto è distribuito in quattro Libri: *Disposizioni generali, Del processo di cognizione, Del processo di esecuzione, Dei procedimenti speciali*. Conviene ricordare che modificazioni importanti del Codice di procedura civile sono state introdotte dalla legge 26 novembre 1990 n. 353.

Il **Codice penale** (approvato con regio decreto 19 ottobre 1930, n. 1398) individua i comportamenti per i quali le pene devono essere applicate, cioè i **reati**, e contiene le regole sull'applicazione delle **pene**. Consta di 734 articoli distribuiti in tre Libri (*Dei reati in generale, Dei delitti in particolare, Delle contravvenzioni in particolare*).

Il **Codice di procedura penale** (approvato con decreto legislativo del 22 settembre 1988, n. 447) contiene le regole sui processi rivolti all'applicazione delle *pene*. È formato da 746 articoli, distribuiti in undici Libri (*Soggetti, Atti, Prove, Misure cautelari, Indagini preliminari e udienza preliminare, Procedimenti speciali, Giudizio, Procedimento davanti al Pretore, Impugnazioni, Esecuzione, Rapporti giurisdizionali con autorità straniere*). Esso ha sostituito il precedente codice del 1930, rimasto in vigore fino al 1989, ispirato a principi sensibilmente differenti (cfr. cap. 29, par. 4).

Altri atti normativi

Benché i Codici siano atti normativi molto importanti, chi limitasse ad essi la propria conoscenza avrebbe una visione molto limitata e del tutto insufficiente del diritto italiano. Non solo, infatti, l'atto normativo che ha il maggior valore oggi in Italia è la **Costituzione della Repubblica italiana**, promulgata il 27 dicembre 1947 ed entrata in vigore il 1° gennaio 1948; non solo *le stesse materie trattate in via generale nei codici* sono disciplinate anche da altre leggi ed altri atti normativi. Soprattutto, esistono al di fuori delle materie dei codici numerosissime *altre leggi* che disciplinano gli oggetti più vari – anche di grandissima importanza per la vita civile e pubblica (al di fuori dei codici, ad esempio, sta per intero il *diritto amministrativo*). Occorre perciò sapere come trovare la specifica legge che disciplina una certa materia.

Le leggi – come tutti i più importanti atti normativi – sono individuate dalla **data**, dal **numero** e dal **titolo**. Ad esempio, è con la legge 7 agosto 1990, n. 241 (recante «*Nuove norme in materia di procedimento amministrativo e di diritto di accesso ai documenti amministrativi*») che è stata introdotta in Italia la prima disciplina generale del procedimento amministrativo.

2. strumenti di formazione e prima consultazione

Chi opera nel mondo del diritto ha bisogno di alcuni *strumenti,* che gli permettono di svolgere nel modo migliore la sua attività.

Gli servono certamente *manuali* per la formazione di base e per una rapida consultazione. Deve poi essere in grado di poter agevolmente trovare le *norme* giuridiche che disciplinano i casi sottoposti alla sua attenzione; deve ancora poter facilmente verificare se si sono posti in passato *casi simili*, e in ipotesi positiva deve poter trovare *le sentenze* con cui essi sono stati decisi dai giudici. Inoltre, il giurista deve saper dove cercare e trovare *gli studi* che sono stati fatti, sia su un piano generale che a fini applicativi, su specifici argomenti.

I manuali

Tutti sanno che cosa è un *manuale*: è *un volume nel quale sono esposte, in modo possibilmente chiaro e bene ordinato, le principali nozioni e principi regolatori propri di una determinata materia di studio*. Anche per lo studio del diritto esistono moltissimi manuali: ci sono i manuali destinati alla formazione nelle scuole superiori, ci sono i manuali universitari, e ci sono anche i manuali sintetici e riassuntivi scritti per le occasioni che esigono una rapida (o...rapidissima) preparazione. Il manuale serve per lo studio, ma è ovvio che serve anche per ritrovare, all'occorrenza, ciò che si è studiato. In altre parole, il manuale è contemporaneamente uno strumento di *formazione* e di *consultazione*.

I trattati

Si parla invece di *trattato* se l'esposizione è particolarmente ampia e analitica, addentrandosi in tutti gli aspetti della materia, e normalmente articolandosi in più volumi.

Le enciclopedie

Tra gli strumenti di rapida consultazione un posto importante occupano le *Enciclopedie giuridiche*. Le Enciclopedie giuridiche sono opere di ampia mole (composte cioè di parecchi volumi), che danno una informazione sintetica ma completa su tutti gli aspetti del diritto, attraverso *voci* pubblicate in ordine alfabetico. Tra esse vanno segnalate l'*Enciclopedia del diritto* (Giuffrè, Milano), il *Novissimo digesto italiano* (Utet, Torino) e l'*Enciclopedia giuridica* (Istituto dell'Enciclopedia italiana, Roma).

A volte si preferisce esporre la disciplina di una determinata materia attraverso il *commento* ai singoli articoli della legge o delle leggi che la regolano. L'opera che ne risulta è allora chiamata *commentario*. I commentari

Naturalmente i *commentari* si riferiscono soprattutto ai corpi normativi più ampi e sistematici, come tradizionalmente i *codici*, di cui subito si dirà. Ma esistono anche commentari *della Costituzione*, come pure di altre specifiche leggi. I commentari possono essere più o meno estesi ed analitici, fino ai commentari di parecchi volumi: ciò che li caratterizza è soltanto la forma espositiva, basata sul commento al singolo articolo della legge.

3. la ricerca delle norme

Le leggi e in genere gli atti normativi sono identificati dalla *data*, dal *numero* e dal *titolo*. Essi sono resi noti, mano a mano che vengono prodotti, mediante pubblicazioni ufficiali, come la *Gazzetta ufficiale dell'Unione Europea*, la *Gazzetta Ufficiale della Repubblica Italiana* o il *Bollettino Ufficiale* di ciascuna Regione. Il testo così pubblicato è considerato il *testo ufficiale* dell'atto normativo, almeno sino a quando non se ne provi la difformità dal testo legalmente approvato. In Italia, la materia è disciplinata dal d.P.R. 28 dicembre 1985, n. 1092, *Approvazione del testo unico delle disposizioni sulla promulgazione delle leggi, sulla emanazione dei decreti del Presidente della Repubblica e sulle pubblicazioni ufficiali della Repubblica italiana*.

Un tempo era ovvio che tali pubblicazioni ufficiali consistevano in fascicoli stampati, conservati nelle biblioteche e messi in commercio per gli operatori e in generale per il pubblico. Attualmente la rivoluzione informatica e digitale ha messo in dubbio questa circostanza, ed in alcuni Stati europei la versione ufficiale è già oggi quella elettronica. Secondo una recente *proposta di regolamento* la stessa regola dovrebbe valere a partire dal 1° gennaio 2012 per la *Gazzetta ufficiale dell'Unione Europea*. Anche l'Italia è in una fase di transizione: coesistono la versione elettronica (consultabile in parte liberamente in parte in abbonamento, al sito *http://www.gazzettaufficiale.it*) e quella a stampa: la quale per ora ancora è il «testo legale» dell'atto normativo.

La consultazione diretta dell'atto normativo nella pubblicazione ufficiale ha il vantaggio di assicurare l'esattezza e l'autenticità della disposizione normativa, ma presenta anche – ovviamente – lo svantaggio corrispondente di presentarla *nella sua versione originaria*, e di non potere per definizione tenere conto di eventuali modifiche sopravvenute, o persino della sopravvenuta abrogazione, ad opera di altri atti normativi.

Esistono perciò apposite raccolte che presentano le leggi e gli altri atti normativi *nel testo vigente*. Un tempo si trattava di complesse raccolte cartacee, a volte *a fogli mobili*, in modo da garantire l'aggiornamento continuo, senza dovere con il passare del tempo sostituire l'intera opera con una nuova edizione. Attualmente si tratta invece di complessi archivi informatici, sia pubblici che privati, ai quali l'accesso avviene via internet. I più sofisticati di tali archivi consentono sia l'accesso al cosiddetto *testo storico*, sia l'accesso al *testo vigente*, ed a tutte le modifiche intermedie che la legge in questione abbia eventualmente subito.

L'accesso pubblico e gratuito al diritto dell'Unione Europea è assicurato, nelle diverse lingue, dal sito *eur-lex.europa.eu*. Ugualmente, l'accesso libero e gratuito alla legislazione italiana è assicurato dal sito *www-.normattiva.it*. Le Regioni mettono in genere a disposizione la propria legislazione nei siti istituzionali della Giunta o del Consiglio regionale, e lo stesso avviene per molte Province e Comuni.

I siti specializzati consentono di solito la ricerca per data, per numero ed anno, per tipo di atto, per parole testuali, e simili. I motori di ricerca di internet, come *Google*, *Yahoo*, *Altavista*, ecc., consentono anche la ricerca libera, con dati e parole di propria fantasia: quasi sempre è sufficiente – per gli atti non troppo remoti nel tempo – digitare il nome dell'atto, il numero e l'anno. Escono così di solito molti risultati, e l'atto normativo cercato si trova agevolmente: occorre però che chi fa la ricerca faccia molta attenzione, dato che non può essere data per scontata né l'affidabilità del testo così trovato, né il suo «aggiornamento», nel senso delle eventuali modifiche o addirittura abrogazione.

Come in Italia, in moltissimi altri Stati, se non in tutti, esistono siti pubblici che mettono a disposizione gli atti normativi e gli altri materiali giuridici. Questo naturalmente facilita la comparazione giuridica, che un tempo richiedeva lunghi viaggi e permanenza in biblioteche lontane, e che ora si fa facilmente rimanendo seduti al proprio computer: il che non toglie, ovviamente, che l'esatta comprensione delle norme, nel contesto legale ed istituzionale loro proprio, richieda ben più che la semplice disponibilità del testo normativo.

4. come si trovano le sentenze

Nel lavoro del giurista è essenziale conoscere le norme; ma è molto importante, evidentemente, anche conoscere i *modi* con i quali le norme sono state nel passato intese e applicate ai casi concreti dai giudici nelle loro decisioni. Così come occorre sapere dove trovare le leggi, occorre anche sapere come si trovano le **sentenze**.

Si osservi che mentre per le leggi e gli altri atti normativi sono stabilite delle forme di pubblicazione (a stampa o tramite Internet) idonee ad assicurarne la generale conoscenza da parte di chiunque, le sentenze sono in genere pubblicate soltanto mediante **deposito** negli *uffici di cancelleria* del giudice che ha emesso la pronuncia. Del *deposito* viene data notizia alle parti del giudizio, che hanno diritto ad avere copia della decisione.

Tuttavia, le sentenze della Corte costituzionale sono pubblicate «nelle medesime forme stabilite per la pubblicazione dell'atto dichiarato costituzionalmente illegittimo» (art. 30 l. n. 87 del 1953). In pratica, esse sono pubblicate nella Gazzetta Ufficiale, precisamente nella *prima Serie speciale*, ed hanno efficacia dal giorno successivo a tale pubblicazione.

Una sentenza si individua essenzialmente attraverso il **giudice** che l'ha pronunciata (*Corte costituzionale, Corte di cassazione, Consiglio di Stato, Corte d'appello di Napoli, Tribunale di Milano* e simili), la **data** e il **numero** della sentenza, e i nomi delle **parti** litiganti.

Le riviste di giurisprudenza

Esistono però numerose *Riviste* – sia generali, sia di settore, sia anche locali – specializzate nella pubblicazione di sentenze; esse vengono chiamate riviste di *giurisprudenza*. Tra le più importanti riviste di giurisprudenza di carattere generale (cioè non specializzate né per giudice, né per materia) ricordiamo *La giurisprudenza italiana*, edita dalla Utet, e *Il foro italiano*, della omonima Società editrice.

Al momento della pubblicazione, si usa redigere e premettere al testo della sentenza vera e propria una breve sintesi della materia e del contenuto della decisione – chiamata **rubrica** – e una breve enunciazione del criterio giuridico seguito dal giudice nel decidere – che si dice la **massima** della decisione. La *massima*, in particolare, viene enunciata allontanandosi il meno possibile dalle parole della sentenza.

Sia l'una che l'altra, comunque, non fanno parte della sentenza vera e propria, ma sono opera dei redattori della rivista. Ciononostante, entrambe sono molto importanti. La *rubrica* è importante soprattutto per la classificazione della sentenza secondo le materie trattate. La *massima*, enunciando il principio giuridico posto a base della decisione, è in un certo senso il *cuore* della sentenza. Le «massime» delle sentenze vengono poi usate dagli avvocati per sostenere le proprie tesi, e ricordate dai giudici stessi nelle proprie sentenze. È anche usuale che di molte sentenze sia pubblicata *solo la massima*, e non l'intero testo.

Nelle raccolte di giurisprudenza, come ad esempio la *Giurisprudenza italiana*, le sentenze sono pubblicate in fascicoli mensili raggruppati in volumi annuali. Esse sono distribuite in distinte *Parti* del volume (la Parte I raccoglie le sentenze delle Corti internazionali, della Corte costituzionale, della Corte di cassazione, delle Corti d'appello e dei tribunali civili; la Parte II raccoglie la giurisprudenza penale; la Parte III raccoglie la giurisprudenza amministrativa e tributaria). Ciò che consente di trovare la sentenza che interessa (se essa è pubblicata nella raccolta) sono però gli *indici*: indice *alfabetico delle materie*, indice *cronologico* delle decisioni; indice *alfabetico dei nomi delle parti*, indice *per articoli delle disposizioni di legge* applicate nella sentenza.

Distinte pubblicazioni sono poi i *Massimari*, quale il *Massimario della giurisprudenza italiana*, che raccoglie anno per anno *tutte le massime della Cassazione civile*.

Ancora diversa è la funzione dei *repertori* di giurisprudenza, che sono pubblicazioni anch'esse annuali ove sono raccolte e ordinate per materia le massime di tutte le sentenze pubblicate, con l'indicazione del luogo di pubblicazione (rivista, annata, parte, pagina). L'uso dei repertori è anch'esso facilitato da *indici*, corrispondenti a quelli detti prima.

Naturalmente la rivoluzione digitale ha toccato anche le sentenze, e importanti archivi di dati giurisprudenziali sono accessibili via *internet*.

Per la giurisprudenza italiana in generale la più importante banca dati (contenente peraltro anche legislazione e dottrina) è oggi quella prodotta e gestita dal *Centro elettronico di documentazione* della Corte di cassazione (*www.cortedicassazione.it*). L'accesso alla banca dati è libero per gli organi costituzionali, giurisdizionali e le amministrazioni dello Stato, nonché per i magistrati, procuratori e avvocati dello Stato. Gli altri interessati possono accedervi previa sottoscrizione di apposito abbonamento.

Le decisioni della Corte costituzionale sono accessibili al sito ufficiale della Corte (*www.cortecostituzionale.it*) o, in alternativa, al sito «*www.giurcost.org*», mentre per le sentenze dei giudici amministrativi (*Tribunali regionali* e *Consiglio di Stato*), l'indirizzo da consultare è «*www.giustizia-amministrativa.it*». Le sentenze della *Corte di giustizia* e del *Tribunale di primo grado* dell'Unione Europea si trovano al sito della Corte (*www.curia.eu*).

5. studi e approfondimenti

I *manuali* offrono, come s'è detto, una panoramica generale ed una organizzazione sistematica dei vari argomenti che formano una certa materia o disciplina giuridica. È naturale però che nel lavoro del giurista – o di chiunque debba professionalmente applicare norme giuridiche – alcuni argomenti debbano essere studiati più a fondo, e meglio approfonditi: esaminando, ad esempio, le *ragioni* di una certa disciplina, la sua *evoluzione* storica, i conflitti di *interessi* che ad essa sottostanno, le *difficoltà interpretative*, le *soluzioni* possibili e quelle preferibili, anche a paragone di quelle normalmente accolte dai giudici, le *eventuali esigenze di «riforma»*, cioè di un nuovo intervento legislativo che muti la disciplina vigente.

Tutto ciò costituisce il campo della «ricerca» nel diritto. Gli studi di diritto, contenenti le opinioni dei «dottori», vengono usualmente denominati la **dottrina**.

Le riviste giuridiche

Gli studi giuridici sono spesso pubblicati in *libri*: esistono anzi case editrici – quali la Cedam, o Giuffrè, o altre – *specializzate* nel settore. Altrettanto e più spesso, però, gli studi sono pubblicati in *Riviste* giuridiche, ciascuna delle quali ha un campo di intervento più o meno ampio. Citiamo, tra le più generali e diffuse, la *Rivista di diritto civile*, la *Rivista trimestrale di diritto pubblico*, la *Rivista di diritto processuale*, nonché, più legate all'attualità giuridica, *Le nuove leggi civili commentate* o *La nuova giurisprudenza civile commentata*. Ci sono poi Riviste che pubblicano contemporaneamente sia *dottrina* (cioè *studi* dei giuristi) che *giurisprudenza* (cioè *sentenze*). Così la *Giurisprudenza costituzionale* da un lato pubblica tutte le decisioni della Corte costituzionale, dall'altro ospita commenti, saggi e in genere studi di diritto costituzionale. Ugualmente, le maggiori riviste di giurisprudenza offrono di norma anch'esse commenti e saggi dottrinali.

Anche per le riviste la possibilità di comunicare senza limiti spaziali attraverso *internet* ha aperto nuove possibilità, e non mancano ormai neppure riviste giuridiche pubblicate *soltanto* in rete.

I generi degli studi giuridici

Gli studi giuridici si possono dividere in diversi *generi letterari*. Si dicono *monografie* i volumi dedicati all'approfondimento sistematico ed esauriente di uno specifico tema o argomento (ad esempio il volume su *L'ordinamento giuridico* di Santi Romano). Anche gli articoli pubblicati in Riviste possono essere di *tipo monografico*, quando si propongono lo stesso scopo.

Ci sono poi le *rassegne*, che sono scritti con i quali si offre ai lettori una panoramica generale della legislazione in una certa materia (*rassegne di legislazione*), o delle sentenze che si sono avute (*rassegne di giurisprudenza*), o degli studi compiuti (*rassegne di dottrina*).

Un genere letterario molto diffuso negli studi giuridici è la cosiddetta *nota a sentenza*, che è un *commento* (critico o adesivo) ad una determinata sentenza, che viene pubblicato *insieme* alla sentenza stessa, come una annotazione. Naturalmente, vengono annotate le sentenze che sembrano più interessanti, o perché decidono questioni di grande rilievo, o perché affermano principi giuridici nuovi.

Dei *Trattati* e dei *Commentari* si è già detto sopra.

II
IL DIRITTO PUBBLICO

capitolo 9

LO STATO

1. nozione generale

Nel suo significato più ampio, l'idea di **Stato** implica l'esistenza di *una comunità organizzata*, e perciò di una *organizzazione, che esercita le massime funzioni di governo, in modo indipendente ed efficace, rispetto ad un determinato territorio.*

Quando secondo una definizione tradizionale spesso ancora oggi utilizzata si dice che lo Stato è un «ente» composto di **sovranità, territorio** e **popolo**, non si intende, in fondo, cosa diversa. Infatti il «popolo» corrisponde all'idea della *comunità,* la sovranità richiama l'*indipendenza* della comunità statale e l'*efficace esercizio* dei massimi poteri di governo entro un *territorio* determinato, mentre il riferimento all'ente sta ad indicare che lo Stato non si identifica con nessuno dei singoli «elementi» che lo costituiscono: non cioè con la sola *organizzazione* che esercita i poteri sovrani, non con la sola *comunità* del popolo, meno ancora ovviamente con il solo *territorio*.

Al contrario, lo Stato consiste in un *legame* degli elementi costitutivi, in una determinata loro *relazione*. Lo Stato è, come spesso si dice, un *or-* Stato e ordinamento giuridico *dinamento*, cioè un «ordine» che *lega* insieme gli elementi costitutivi. In questa formulazione si esprimono e si sintetizzano l'elemento personale – la comunità del popolo – e l'elemento organizzativo, il *particolare modo di ordinarsi* di tale comunità. Naturalmente occorre poi aggiungere, per tornare alla definizione di partenza, che si tratta di un ordinamento *territoriale*.

Poiché ciò che lega i diversi elementi costitutivi si manifesta in *norme giuridiche*, diciamo, in sintesi, che lo Stato forma un **ordinamento giuridico** (cap. 1, par. 5).

2. l'ordinamento e l'istituzione statale

Riprendiamo ora i vari punti della definizione che abbiamo dato, e cerchiamo di precisarli.

Stato in senso ampio e in senso ristretto

Innanzitutto, la nostra definizione si riferisce allo Stato nel senso più ampio del termine. A volte però la stessa parola viene usata anche in un senso più ristretto.

Alcuni esempi serviranno a chiarire questo punto. Ci domandiamo se le Regioni fanno parte o meno dello Stato. Se stiamo parlando dello *Stato italiano* a paragone, poniamo, dello *Stato francese*, esse sono senz'altro «dentro» il nostro Stato, della cui *organizzazione complessiva* fanno parte. È in questo senso che si dice, ad esempio, che le Regioni dello Stato italiano hanno maggiore importanza e maggiori poteri che quelle istituite nello Stato francese.

Altrettanto bene però possiamo parlare – ne parla la stessa Costituzione all'art. 134 – di «conflitti» tra lo Stato e una o più Regioni, o più in generale di *controversie* tra essi, sulle quali i giudici potrebbero essere chiamati a decidere. Ciò significa che, *in questo secondo senso, lo Stato e le Regioni sono realtà (o, più precisamente, organizzazioni) diverse*, al punto che esse possono *contrapporsi* tra loro.

Ancora, l'affermazione secondo la quale tocca *allo Stato* di tutelare la salute dei cittadini, è giusta se ci si riferisce allo Stato in senso ampio (dice infatti la Costituzione – all'art. 32 – che «*la Repubblica tutela la salute come fondamentale diritto dell'individuo e interesse della collettività*»), ma sarebbe imprecisa se ci si riferisse allo Stato in senso stretto, all'*istituzione particolare* che si *distingue* da istituzioni diverse (quali le Regioni, i Comuni, ed altre simili), e a volte si *contrappone* ad esse. Secondo l'art. 117 Cost., infatti, la tutela della salute rientra nei poteri legislativi dello Stato (quanto ai principi fondamentali), ma anche delle Regioni (quanto alla legislazione attuativa ed operativa): saranno in concreto le Regioni ad organizzare l'attività di assistenza sanitaria, nel rispetto dei principi di cui all'art. 118 Cost.

In *senso ampio* dunque lo Stato è *l'insieme delle istituzioni proprie del popolo italiano* o, se si preferisce, lo stesso popolo italiano organizzato nelle sue istituzioni. In *senso stretto,* lo Stato è *soltanto una di tali istituzioni*, benché si tratti di *quella dotata rispetto alle altre di una supremazia*, che si esercita nell'ambito della Costituzione e delle leggi.

Occorre perciò imparare a distinguere i due significati della parola Stato, ed a riconoscere le situazioni nei quali ciascuno di essi è usato. Se ad esempio l'Italia venisse accusata da un altro Stato di aver *violato* un accordo internazionale (supponiamo, per aver rifiutato ad un cittadino straniero qualcosa che, secondo l'accordo, doveva essergli concessa), poco varrebbe obiettare che la violazione è stata compiuta in realtà *da una Regione,* e non dallo Stato: perché in questo tipo di situazioni responsabile è lo Stato *in senso ampio,* comprensivo di tutte le pubbliche *istituzioni* facenti capo ad esso.

Chi invece dicesse che «il consiglio comunale» è un organo dello Stato, direbbe una cosa sicuramente *errata*, dato che la parola «organo», nel suo significato giuridico, non si può usare – come meglio si dirà – che per indicare *una parte di una determinata organizzazione, chiamata ad esprimere, entro certi limiti di competenza, la volontà dell'organizzazione di cui esso è parte*: e nel nostro caso l'organizzazione di cui il consiglio comunale è parte è ovviamente il *Comune,* e non lo Stato.

3. il territorio

In generale, gli studiosi riconoscono che esiste un legame tra *Stato* e *territorio,* e che non si può concepire lo Stato – almeno in circostanze normali – se non come insediato entro un determinato territorio. Non tutti però hanno la stessa opinione sul carattere di tale legame.

Secondo alcuni, il **territorio** è qualcosa su cui lo Stato esercita un *diritto* (un diritto di «sovranità»), in qualche modo simile al diritto di proprietà: il territorio sarebbe, perciò, *qualcosa che lo Stato ha.* Secondo altri, invece, il territorio è un *elemento* dello Stato, uno dei «componenti» dei quali lo Stato è l'*insieme*; si tratterebbe, in questa prospettiva, di *qualcosa che lo Stato è.* Stato e territorio

Secondo altri ancora, infine, il territorio è, più semplicemente, l'*ambito spaziale* entro il quale un certo Stato – nel senso di una certa organizzazione sovrana di un popolo – esercita il proprio *dominio.* Non si tratterebbe perciò né di qualcosa che lo Stato *ha* (il dominio si svolgerebbe *nel territorio*, ma non avrebbe in particolare il territorio come suo *oggetto*), né di qualcosa che lo Stato *è* (dato che non avrebbe senso un composto di elementi così *eterogenei* quali il potere sovrano, il territorio e il popolo), ma semmai di *qualcosa entro la quale, ed in relazione alla quale, lo Stato opera come Stato.*

L'ultima opinione è forse la più giusta. Ma più che «scegliere» tra le diverse teorie, a noi conviene sottolineare che ciascuna di esse contiene almeno una parte di vero, perché mette in rilievo qualche aspetto significativo del rapporto tra lo Stato e il suo territorio. Contemporaneamente va aggiunto che il territorio rappresenta il luogo di stabile *radicamento* del gruppo sociale indipendente organizzato in forma statale, e perciò il luogo di radicamento del *popolo.*

Poiché il territorio è l'*ambito spaziale* entro il quale lo Stato esercita uno stabile dominio, l'estensione e l'ampiezza del territorio di ogni singolo Stato si individuano, in primo luogo, secondo il criterio dell'*effettività*, cioè a seconda che tale dominio si eserciti *nei fatti*, oppure no. Beninteso è poi normale che il territorio sia individuato dalle leggi dello Stato, e può anche accadere che uno Stato *affermi* che una zona, sulla quale esso non esercita di fatto alcun potere, *debba* far parte del suo territorio, e può darsi che esso già la *consideri* in questo modo nelle sue leggi. Queste stesse leggi, tuttavia, potranno essere praticamente applicate solo dove il potere statale effettivamente si eserciti, cioè nel territorio *effettivamente* dominato.

Delimitazione del territorio

Rispetto agli altri Stati il territorio statale è delimitato dai *confini* o dal mare. Si dice che i confini possono essere *naturali*, cioè coincidenti con fenomeni *geografici* idonei a separare e delimitare (quali i fiumi e le catene montuose), oppure *artificiali*, cioè arbitrariamente fissati dagli Stati medesimi. Ma è ovvio che anche il più naturale dei confini è pur sempre una conseguenza della circostanza – che in sé non ha nulla di «naturale» – che su quella zona insistono, l'uno accanto all'altro, più Stati. Così le Alpi sono certamente un *confine naturale:* ma nulla per sé vieterebbe, ad esempio, che vi fosse un unico Stato europeo, all'interno del quale esse non segnerebbero nessun confine (se non, poniamo, tra Regioni). D'altra parte, nella storia vi sono state situazioni nelle quali taluni Stati si estendevano *al di là* ed *al di qua* delle Alpi, come accadeva quando taluni territori oggi italiani facevano parte dell'impero austriaco.

Quando vi siano tra due Stati confini naturali, una serie di regole del diritto internazionale da tutti riconosciute (si parla di regole «consuetudinarie») forniscono i criteri per la precisa individuazione della linea di confine: che coincide ad esempio con la linea di *spartiacque* (nel caso delle montagne), o con la linea *mediana* (per i fiumi non navigabili) o con la linea di *massima profondità* (per quelli navigabili).

Il mare territoriale

Se il territorio statale è delimitato dal *mare,* occorre distinguere la parte di mare che forma il così detto **mare territoriale** dalla parte rimanente, che viene chiamata *mare libero* (o *alto* mare). La distinzione è importante, perché nello stesso diritto internazionale il mare territoriale è in pratica assimilato al territorio *statale,* mentre il mare libero non è oggetto di dominio da parte di nessuno Stato. Non è del tutto pacifico quale sia l'estensione del mare territoriale: un tempo si parlava della gittata di un cannone, poi il limite si fissò per consuetudine internazionale in tre miglia marine. Oggi un certo margine di decisione è rimesso ai singoli Stati, e si pensa che essi possano stabilire il limite fino a dodici miglia.

Il mare territoriale è considerato ad ogni effetto parte integrante del territorio statale. Anche al di fuori del mare territoriale tuttavia gli Stati possono esercitare alcuni diritti e poteri, collegati alla loro sicurezza o allo sfruttamento economico delle risorse marine.

Si parla così di uno spazio *contiguo* al mare territoriale, di ulteriori dodici miglia, entro il quale gli Stati fanno valere alcune particolari disposizioni, ad esempio di ordine *fiscale.* Inoltre, si tende attualmente a riconoscere agli Stati il diritto esclusivo allo sfruttamento economico di una ulteriore zona del mare (e della sottostante *piattaforma continentale*) – denominata **zona economica esclusiva** – per una estensione non superiore a duecento miglia.

4. il popolo

La cittadinanza

Il **popolo**, quale elemento *personale* dello Stato, è formato da *tutti coloro che, secondo le regole poste dallo Stato stesso, godono della cittadinanza.* La **cittadinanza** a sua volta è una particolare qualificazione giuridica, che *definisce una persona fisica come membro di una determinata comunità statale.* Alla qualifica di cittadino si collegano determinati *diritti* – quale ad esempio il *diritto di voto* (che però richiede anche l'ulteriore requisito della *maggiore età*) – e determinati *doveri,* quale il dovere di difendere la patria. Tra cittadini e popolo (in senso giuridico) c'è perfetta *corrispondenza*: il popolo di uno Stato è composto *solo* dai cittadini, e d'altra parte *tutti* i cittadini fanno parte del popolo.

Popolo, popolazione e nazione

La maggior parte dei cittadini (e perciò del *popolo*) vive e risiede nel territorio statale. È evidente però che ciò non accade per tutti i cittadini, che cioè vi sono in ogni momento cittadini che vivono *fuori* del territorio statale; e d'altra parte non tutti coloro che vivono o si trovano in un certo momento nel territorio statale sono cittadini. Possiamo indicare con la parola **popolazione** l'*insieme di coloro che risiedono entro il* *territorio di uno Stato*. La nozione di *popolazione* è sotto molti profili utile ed importante, ma essa non va confusa con quella di popolo: questo è formato da tutti i cittadini, ovunque residenti, la popolazione da tutti i soggetti *residenti*, anche se **stranieri** (cioè cittadini di un diverso Stato) o **apolidi** (cioè soggetti privi di qualunque cittadinanza). Ed è evidente che il far parte della popolazione di uno Stato non attribuisce affatto i diritti propri del cittadino.

Ancora, l'idea di popolo non va confusa con l'idea di **nazione**. A una stessa *nazionalità* appartengono *coloro che sono legati da comuni caratteristiche di lingua, costumi, religione* o simili. Ma ciò non significa che coloro che si identificano in una stessa nazionalità costituiscano anche un solo popolo, organizzato in un solo Stato. Vi sono anche oggi, come già in passato, **Stati plurinazionali**: è il caso, ad esempio, della Confederazione elvetica (ma si pensi agli stessi Stati Uniti, dove la questione delle varie nazionalità si pone in modo del tutto particolare). Inoltre, negli stessi **Stati nazionali**, che costituiscono oggi la forma statale più diffusa, e nei quali esiste in via di massima coincidenza tra popolo e nazione (nel senso che i cittadini hanno la stessa nazionalità), vi sono spesso **minoranze etniche** o **linguistiche**, cioè cittadini appartenenti ad una nazionalità che non è quella della maggioranza.

Così lo stesso Stato italiano comprende *minoranze* nazionali tedesche, slovene e altre (la Costituzione, anzi, impone all'art. 6 una particolare *tutela* dei cittadini italiani appartenenti a tali minoranze). Secondo la l. n. 482 del 1999 (*Norme in materia di tutela delle minoranze linguistiche storiche*) si tratta delle popolazioni albanesi, catalane, germaniche, greche, slovene e croate, nonché di quelle parlanti il fracese, il franco-provenzale, il friulano, il ladino, l'occitano e il sardo. Tra i diritti riconosciuti a tali minoranze si segnala la facoltà dell'uso della propria lingua nella scuola e nei rapporti con le amministrazioni e la previsione di speciali trasmissioni televisive.

D'altra parte, ci sono anche persone di nazionalità italiana che, non essendo cittadini italiani, non appartengono al nostro Stato, e non fanno parte del popolo italiano, come ad esempio i gruppi nazionali italiani in Slovenia e Croazia o i cittadini di S. Marino. La Costituzione, stabilisce che gli «*italiani non appartenenti alla repubblica*» possono essere ammessi, al pari dei cittadini, ai *pubblici uffici* ed alle cariche *elettive* (art. 51, co. 2); tuttavia si ritiene non facciano parte di questa categoria gli «italiani» da tempi remoti appartenenti ad altre comunità, quali i ticinesi o i còrsi.

La Nazione nella Costituzione

Nella Costituzione italiana tuttavia l'espressione *nazione* è usata per intendere la comunità complessiva che si esprime nella Repubblica italiana, e non per indicare una particolare nazionalità, tra quelle che fanno parte di tale comunità. In questo senso più ampio va inteso sia l'art. 67, secondo il quale «ogni membro del Parlamento rappresenta *la Nazione*» che l'art. 98, co. 1, secondo cui «i pubblici impiegati sono al servizio esclusivo *della Nazione*». E nello stesso è usato il corrispondente aggettivo sia nell'art. 49 (secondo cui i partiti concorrono a determinare «la politica nazionale») che nell'art. 87, co. 1 (secondo cui il Presidente della Repubblica rappresenta «l'unità nazionale»).

Apolidìa e pluripolidìa

Ogni Stato stabilisce autonomamente le regole cui attenersi per attribuire alle persone la propria cittadinanza, dando rilievo alla *cittadinanza dei genitori* – a prescindere dal luogo di nascita – o invece al *luogo di nascita,* a prescindere dai genitori, o ad altri elementi. Può darsi perciò che qualcuno si trovi ad avere più di una cittadinanza – cioè che si trovi ad essere cittadino di più di uno Stato (si avrà allora la cosiddetta **pluripolidìa**); così come può darsi, al contrario, che qualcuno si trovi a non avere *nessuna* cittadinanza (si tratterà allora di **apolidìa**).

Le due situazioni (di pluripolidìa e di apolidìa) sono evidentemente *opposte,* ma entrambe possono comportare complicazioni e situazioni di difficoltà: ad esempio si pensi, per chi sia cittadino di *più* Stati, a ciò che può accadere se essi vengano a *conflitto* tra loro, e, per chi sia *apolide*, al fatto che egli può non avere un diritto garantito a risiedere in *nessuno* Stato, né usufruisce della protezione del proprio Stato quando si trovi all'estero. Perciò gli Stati si sforzano in genere di evitarle, conformando le proprie legislazioni ad accordi internazionali e stabilendo, ad esempio, che una persona acquisti in determinati casi la cittadinanza, ma soltanto qualora non ne acquisti già un'altra in base alle leggi di un altro Stato.

Acquisto e perdita della cittadinanza

Così la cittadinanza italiana – disciplinata ora fondamentalmente dalla l. 5 febbraio 1992, n. 91 – si acquista in primo luogo per *filiazione* (c.d. *jus sanguinis*), cioè nascendo, non importa in quale luogo, da padre italiano o da madre italiana, e ciò anche se il figlio si trovasse di conseguenza ad avere due cittadinanze. Ma è egualmente cittadino italiano chi nasca in Italia (c.d. *jus loci*) senza che si sappia chi sono i genitori, o da genitori apolidi, o anche da genitori stranieri (cioè da genitori provvisti di una cittadinanza diversa da quella italiana) se lo Stato al quale appartengono non attribuisca al figlio nato in Italia la cittadinanza.

Oltre che al momento della nascita, la cittadinanza si può acquistare in momenti successivi. Così diviene cittadino il minore straniero adottato da un cittadino italiano. Altre volte l'acquisto della cittadinanza presuppone la domanda dell'interessato e un atto di una autorità italiana. Ad esempio, con decreto del Ministro dell'interno è riconosciuta la cittadinanza italiana al coniuge straniero o apolide di cittadino italiano, quando risieda da almeno due anni in Italia, ovvero dopo tre anni dal matrimonio (purché il matrimonio sia ancora in atto, senza separazione, al momento del riconoscimento). Quando ricorrano determinati requisiti (residenza per un determinato numero di anni, prestazioni di servizi alle dipendenze dello Stato, o comunque l'aver reso servizi eminenti, o per eccezionale interesse dello Stato), la cittadinanza può essere *concessa* con decreto presidenziale, sentito il Consiglio di Stato (si parla in questi casi di **naturalizzazione**).

La cittadinanza, comunque acquisita, può essere *perduta*. Come per l'acquisto, le circostanze che conducono alla perdita vanno cercate nelle leggi di ogni singolo Stato. La cittadinanza italiana, ad esempio, può perdersi quando il cittadino che sia pubblico impiegato o che presti servizio militare presso uno Stato estero non ottemperi all'intimazione che gli venga rivolta dal Governo di abbandonare l'impiego o il servizio.

Tale possibilità, prevista dall'art. 12, co. 1, della legge n. 91 del 1992, va intesa tenendo presente che l'art. 22 della Costituzione sancisce che nessuno può essere privato della cittadinanza «per motivi politici», cioè motivi attinenti al personale orientamento politico dell'interessato (l'art. 12, invece, si riferisce alla violazione del dovere di fedeltà alla Repubblica italiana, deducibile dall'art. 52 Cost.)

La *rinuncia* (cioè la *volontaria* dismissione della cittadinanza) è ammessa, secondo la legge italiana, solo in determinati casi. Ad esempio, può rinunciare alla cittadinanza (ma solo se trasferisca la propria residenza all'estero) il cittadino che «possiede, acquista o riacquista una cittadinanza straniera» (art. 11 l. 91/1992). Si noti che il cittadino che ha o acquista anche una cittadinanza straniera non è in alcun modo tenuto a rinunciare a quella italiana, ma ne ha semplicemente *facoltà*.

Sulla cittadinanza dell'Unione europea v. *oltre*, par. 13, cap. 3.

5. la sovranità

Secondo la tradizione, ciò che realmente contraddistingue gli ordinamenti statali rispetto ad altri, pure facenti riferimento ad un *territorio* e ad una *collettività* determinata – quali ad esempio le Regioni, o i Comuni – è il carattere **sovrano** del potere esercitato.

L'opinione tradizionale è fondamentalmente vera. Tuttavia, si riconosce in generale che sono veri Stati anche gli Stati membri di Stati federali (cfr. *oltre*, cap. 10, par. 2), anche se essi non possono considerarsi sovrani rispetto alla Federazione e non sono autonomi soggetti di diritto internazionale. La ragione per la quale tali entità sono considerate comunque di carattere statale sta (oltre che, talvolta, in ragioni di carattere storico) nelle caratteristiche della loro organizzazione e soprattutto nella disponibilità da parte loro dell'intera gamma dei poteri pubblici, tranne quelli devoluti alla Federazione.

In generale, un potere è sovrano quando non esiste un altro potere ad esso *superiore*, che sia in grado di porgli dei *vincoli giuridici*. Non riconoscere poteri superiori non significa però essere *in assoluto* superiori a qualunque altro potere: gli Stati sono superiori ad ogni altro potere non *in assoluto,* ma limitatamente al proprio territorio.

Supremazia e indipendenza

La sovranità significa dunque, in primo luogo, una *supremazia* nei confronti di ogni altro soggetto o organizzazione operante nel territorio statale. Non, ovviamente, che non possano esistere organizzazioni diverse dall'istituzione statale; ma lo Stato non sarebbe realmente sovrano se non riuscisse a determinare le *condizioni* alle quali esse possono legittimamente esistere ed i *modi* nei quali esse possano operare, ed a colpire le eventuali trasgressioni in modo mediamente efficace.

Nei confronti degli altri Stati, invece, la sovranità non si manifesta come superiorità (se così fosse, esisterebbe un unico Stato, dato che i pretesi altri sarebbero subordinati al primo), ma come *indipendenza*. Si può dire, perciò, che rispetto agli altri Stati una comunità organizzata è sovrana (è cioè essa stessa uno *Stato*), quando sia a tutti gli effetti *indipendente* rispetto a quelli, capace di decidere senza essere vincolata dalle decisioni altrui.

Si dirà che esistono Stati grandi e potenti, in grado di condizionare con il proprio atteggiamento molti altri, e Stati piccoli e fragili, che in realtà possono «sovranamente» decidere ben poco. Ciò è anche troppo vero. Non bisogna tuttavia confondere, ai nostri fini, i *condizionamenti* con i *vincoli giuridici*. Uno Stato è sovrano quando (e *fino* a quando) non è *giuridicamente* subordinato ad un altro, con un vincolo dal quale non possa da sé liberarsi. Per questo non influiscono sulla sovranità gli impegni stipulati nei trattati internazionali: da essi lo Stato può sempre liberarsi con la *denuncia* del trattato.

Va da sé che uno Stato potente può avere molti modi per influire su uno Stato minore. Tuttavia, se lo Stato minore non cede volontariamente ai condizionamenti, il maggiore non può costringerlo, se non infrangendo con la *forza* l'organizzazione di quello ed eliminandone di fatto la sovranità.

La sovranità «interna»

Abbiamo sin qui parlato della sovranità *dello Stato* come tutto; in questo senso diciamo ad esempio che l'*Italia* o la *Francia* sono Stati sovrani. Questione del tutto diversa è quella della «collocazione» della sovranità all'*interno* dello Stato, cioè del *come* vengano esercitati i massimi poteri statali, di chi ne sia *titolare*. La risposta a questo quesito, tuttavia, non può essere eguale per tutti gli Stati. Negli Stati ispirati ai principi della democrazia politica si cerca in diversi modi di attribuire la sovranità ai *cittadini*. Così la Costituzione italiana esplicitamente afferma all'art. 1 che «*la sovranità appartiene al popolo*»: anche se poi, conviene subito precisare, il popolo stesso può esercitare la propria sovranità «interna» soltanto «*nelle forme e nei limiti della Costituzione*» (e perciò di regola, in pratica, attraverso le istituzioni *rappresentative*).

6. nascita, trasformazione ed estinzione degli Stati

L'esistenza degli Stati costituisce per ciascuno di noi un elemento della propria esperienza: ciascuno infatti nasce in uno Stato, di cui normalmente è cittadino (anche se, considerate le regole esposte al par. 4, ciò non accade *necessariamente*), ed apprende nel tempo l'esistenza del proprio e degli altri Stati. Infatti, praticamente non esiste terra stabilmente abitata che non faccia parte di uno Stato.

Ciononostante, l'esistenza degli Stati non costituisce un fenomeno statico, una realtà che sia sempre esistita e che sia sempre uguale a se stessa. Da una parte, infatti, lo Stato, nelle forme in cui ora lo conosciamo, è frutto di una lunga e determinata evoluzione storica (cfr. cap. 10). D'altra parte, i singoli Stati sono anch'essi formazioni storiche, che nascono, si trasformano, talora si estinguono.

Formazione originaria e formazione derivata

Naturalmente, dato che l'intera popolazione mondiale è pressoché totalmente organizzata in Stati, è ben difficile oggi che un nuovo Stato sorga in via «originaria», senza cioè che nessun altro Stato si trovi ad essere modificato nei suoi elementi costitutivi (e soprattutto nel territorio o nel popolo) in conseguenza della nascita del primo, come era frequente all'epoca delle *colonie*. Assai più spesso invece la nascita di un nuovo Stato comporta la modificazione o addirittura l'estinzione di Stati che già esistevano (cosiddetta formazione «derivata»).

Smembramento, fusione, incorporazione

In particolare, si parla di *smembramento* (o *frazionamento*) quando l'unità statale di un territorio viene meno, e le sue singole parti divengono Stati indipendenti (ovviamente i nuovi Stati sono tutti più piccoli dello Stato smembrato). Si parla invece di *fusione* quando un nuovo Stato nasce dall'unione di Stati già indipendenti, che nella fusione perdono almeno in parte (nella essenziale parte della *sovranità*) la loro natura statale per dar vita alla nuova formazione (che, essendo la somma, è ovviamente più grande di ciascuno degli Stati preesistenti). Si parla infine di *incorporazione* quando il popolo e il territorio di uno Stato entrano a far parte di un diverso Stato preesistente: in questo caso lo Stato «incorporato» si estingue, e lo Stato incorporante risulta ingrandito (non vi è però formazione di un nuovo Stato, dato che lo Stato incorporante preesisteva, ma solo la trasformazione di questo).

Il riconoscimento

La nascita di un nuovo Stato o – in altre parole – l'acquisizione del carattere di Stato sovrano di una comunità territoriale che prima non aveva tale carattere è in primo luogo una questione *di fatto*. A questo fine, non conta tanto se la comunità in questione abbia un qualche «diritto» (che d'altra parte quasi sempre non sarebbe che di ordine politico o ideale) ad esistere come Stato, quanto invece il *fatto* che essa riesca ad esercitare un sufficiente grado di sovranità esterna ed interna in relazione al proprio territorio. Ciò non toglie, tuttavia, che nella prassi internazionale siano in uso atti di c.d. **riconoscimento**, con i quali appunto gli Stati «riconoscono» l'esistenza di uno Stato nuovo (o di uno Stato che comunque in precedenza non avevano voluto riconoscere, ad esempio per ragioni politiche o di avversione al processo della sua formazione).

Il *riconoscimento* non determina esso stesso il sorgere del nuovo Stato, e non ha perciò carattere *costitutivo*. Tuttavia, il riconoscimento da parte di un sufficiente numero di Stati significativi costituisce una condizione indispensabile per una effettiva partecipazione dello Stato nuovo alla vita della comunità internazionale, quale premessa ai rapporti diplomatici, alla stipulazione di trattati, e simili.

Recenti trasformazioni statali in Europa

Nei primi decenni seguenti la fine della seconda guerra mondiale (1945), i processi di formazione, trasformazione ed estinzione degli Stati sono stati più frequenti ed evidenti al di fuori dell'Europa, verificandosi soprattutto in Africa ed in Asia in coincidenza con il progressivo scomparire delle *colonie* degli Stati europei e con il corrispondente formarsi di nuove formazioni statali, esse stesse non sempre stabili. Tuttavia dopo il 1989, il crollo del «socialismo» (nei termini in cui esso si era realizzato nell'Unione sovietica e – in larga misura coattivamente – nell'est europeo) ha comportato di fatto un corrispondente crollo nel «sistema» degli Stati già socialisti.

In primo luogo, la stessa Unione sovietica si è «disintegrata», lasciando spazio ad una pluralità di Stati sovrani, ancora collegati (salvo alcuni) con la attuale Federazione russa in una fragile ed incerta unione, la *Comunità di Stati indipendenti*, che non ha tuttavia natura statale. Sono diventati o talora «ridiventati» Stati non solo comunità forzosamente inglobate nell'Unione sovietica nel corso degli eventi che sfociarono nella seconda guerra mondiale (come la Lituania, l'Estonia e la Lettonia), ma anche paesi il cui legame con la Russia pareva più forte, quali l'Ucraina e la Georgia, e numerosi altri.

In secondo luogo, anche gli Stati dell'Europa centrale ed orientale hanno subito i contraccolpi della disintegrazione sovietica e della conseguente scomparsa di quel potente e costrittivo fattore di stabilizzazione e aggregazione. Ancor prima del venir meno dell'Unione sovietica, la cessazione della guerra fredda e delle storiche ragioni di divisione (la «cortina di ferro») ha consentito la riunificazione della Germania (1990), ciò che in pratica ha significato l'estinzione della Repubblica democratica tedesca e l'incorporazione dei *Länder* che la componevano nella Repubblica federale.

Negli anni seguenti, si sono invece rivelati potentemente fattori di divisione di Stati precedentemente uniti: così la Cecoslovacchia si è scissa in due distinte Repubbliche (rispettivamente *ceca* e *slovacca*), e la Iugoslavia si è scissa in distinte entità statali, tra le quali la Slovenia, la Croazia, la Serbia (che ha mantenuto la continuità con la Federazione iugoslava), la Macedonia e, dopo vicende tormentate ed anche tragiche, la Bosnia-Erzegovina.

7. le funzioni e i poteri statali

Nella sua opera di governo e di promozione della vita sociale e collettiva lo Stato pone in essere varie e multiformi attività, nelle quali è a prima vista difficile rinvenire una trama unitaria. Lo Stato – è chiaro che parliamo qui dello Stato in senso ampio – fissa le regole di comportamento; riscuote le imposte; risolve le controversie tra i soggetti fisici e giuridici; punisce i colpevoli di azioni criminose; costruisce strade, ponti, dighe, ospedali, scuole, perfino case d'abitazione; organizza e gestisce servizi di trasporto, servizi sanitari e altri servizi del più vario genere; permette comportamenti in linea di principio vietati, o vieta comportamenti in genere permessi; eroga danaro ai privati per attività che ritiene meritevoli di finanziamento e aiuto; provvede alla difesa nazionale; intrattiene rapporti e stipula accordi con altri Stati. Si tratta di un elenco molto sommario, al quale ciascuno sarebbe probabilmente in grado di aggiungere qualcosa.

La scienza del diritto pubblico ha cercato sin dalle sue origini di trovare un filo conduttore, o meglio dei *criteri di analisi* che consentano di ordinare le attività statali in modo significativo e coerente dal punto di vista giuridico.

La funzione normativa

In primo luogo, è evidente che una parte qualitativamente molto importante dell'attività statale consiste nel creare e modificare le **norme giuridiche** destinate a guidare ed orientare i comportamenti dei soggetti che operano all'interno dello Stato, e dello Stato stesso (in senso stretto) quale particolare soggetto del proprio ordinamento. Lo Stato italiano produce norme giuridiche attraverso le **leggi** del Parlamento e gli atti del Governo con forza di legge, e ancora attraverso altre *fonti* di vario tipo.

La funzione giurisdizionale

Poste le norme giuridiche, un'altra parte molto importante dell'attività statale consiste nel garantire che i rapporti sociali e i conflitti di interessi che inevitabilmente si producono tra i soggetti si svolgano o si risolvano secondo le norme stesse. In un certo senso, si tratta di assicurare che la vita sociale si svolga secondo *giustizia*; ma si deve tenere presente che la realizzazione della giustizia, dal punto di vista dello Stato, consiste in larga misura nella realizzazione delle norme che esso stesso ha fissato, o che esso riconosce.

L'attuazione delle norme giuridiche è garantita mediante l'istituzione di appositi organi chiamati a *giudicare*, risolvendo le controversie sorte tra i soggetti e applicando ad essi le *sanzioni* previste dalle norme dell'ordinamento giuridico. La funzione così esercitata si è chiamata **funzione giurisdizionale**, e gli organi che la esercitano si chiamano **organi giurisdizionali** o, più semplicemente, **giudici**.

Nell'esercizio della funzione giurisdizionale non devono entrare altri interessi, diversi da quello all'applicazione delle norme; perciò, negli Stati più civili e progrediti esistono norme rivolte ad assicurare l'*indipendenza* del giudice, in particolare di fronte al potere politico. È anche ovvio che *il giudice deve essere del tutto estraneo alla controversia, nella quale non deve avere alcun interesse*. Per esprimere ciò si dice che il giudice è *terzo* rispetto alla controversia, o anche che si trova in posizione di *terzietà*. Perciò, è regola che non sia l'organo giudicante a sollevare dinanzi a sé la controversia, e che egli si attivi invece solo su iniziativa delle parti controvertenti. In altre parole, *il giudice non procede d'ufficio* (cioè di propria iniziativa).

Quando la lite corre tra due soggetti privati, è chiaro che sarà uno dei due a «chiamare» (o *citare*) in giudizio l'altro. È questa la situazione tipica del **processo civile**, che tende ad accertare gli *illeciti civili* e ad applicare le corrispondenti sanzioni (in generale, il risarcimento del danno subito). Ma anche quando è lo Stato stesso a perseguire un individuo accusato di avere commesso dei *reati* chi apre il giudizio e sostiene l'accusa non è l'organo giudicante ma un altro organo statale giurisdizionale, chiamato **pubblico ministero**. È questa la situazione tipica del **processo penale**, volto appunto ad accertare le responsabilità di chi abbia commesso dei reati e ad infliggere le *sanzioni penali*, detentive o pecuniarie a seconda dei casi.

La sentenza

Qualunque sia il processo, esso normalmente si chiude con la decisione del giudice, espressa in un atto che prende il nome di **sentenza**. La sentenza che chiude il processo contiene la decisione del giudice relativa al caso sottoposto al suo esame, la «ragione» e il «torto». Nel processo civile essa stabilisce, in pratica, i diritti e gli obblighi reciproci tra le parti; nel processo penale la innocenza o la colpevolezza dell'imputato; nel processo amministrativo l'eventuale illegittimità di un atto dell'amministrazione e le conseguenze di tale illegittimità.

A seconda del suo contenuto, la sentenza può essere *dichiarativa* (quando si limiti ad *accertare* la situazione giuridica tra le parti), *costitu-*

tiva (quando determina essa stessa una situazione giuridica *nuova*: cfr. cap. 7, par. 4), o *di condanna* (quando *ordina* ad una delle parti di tenere un certo comportamento, come il pagamento di una somma di denaro, o quando *ordina* che all'imputato sia inflitta una certa pena).

In genere, la prima sentenza pronunciata dal giudice in relazione ad un determinato caso non è *definitiva*, e la parte insoddisfatta può chiedere un nuovo giudizio (giudizio di **appello**) di fronte ad un giudice di grado più elevato. Tuttavia, se nessun nuovo giudizio viene richiesto, o una volta che siano stati percorsi tutti i *gradi* di giurisdizione disponibili, la sentenza da ultimo pronunciata non può più essere contestata, e fissa così in modo definitivo la soluzione giuridica di quel caso. Per esprimere ciò, si dice che la sentenza passa in **giudicato**, e che il giudicato è *immutabile* (anche se in realtà anche la sentenza passata in giudicato può essere in casi eccezionali modificata attraverso un processo detto, a seconda dei casi, di *revocazione* o di *revisione*: come ad esempio se si scopra che la presunta vittima di un condannato per omicidio è in realtà viva e vegeta).

Certamente tuttavia sono molte le attività statali che non rientrano né nella funzione normativa né nella funzione giurisdizionale.

La funzione esecutiva o di governo

Per molto tempo esse sono state tutte accomunate con il nome di **funzione esecutiva**, propria del *potere* detto a sua volta **potere esecutivo**, facente capo agli apparati di governo.

«Esecutivo» tale potere fu chiamato quasi polemicamente, per sottolineare il primato della legge e del potere legislativo sui poteri un tempo assoluti degli apparati sovrani. Oggi noi usiamo ancora la stessa espressione, pur sapendo che – fermo il primato della legge – l'attività di governo non è affatto attività puramente *esecutiva*: si pensi soltanto alla deliberazione dei disegni di legge, alla predisposizione del bilancio, alla conduzione della politica estera, insomma a tutti gli atti in cui si manifesta l'attuazione del *programma* governativo. Ora, se è vero che in tutti questi atti gli apparati di governo sono collegati all'azione del Parlamento, è anche vero però che l'azione dei governi è – piuttosto che «esecutiva» di scelte parlamentari – *propulsiva* e quasi *direttiva* di esse.

La funzione amministrativa

La funzione cosiddetta *esecutiva* non si limita però ai compiti che si sono ora detti di *governo*, ma comprende essa stessa svariate attività, che hanno in comune l'essere rivolte a perseguire gli interessi della collettività: possiamo dire gli *interessi pubblici*. Per la cura degli interessi sociali e collettivi vengono costruite le opere pubbliche, organizzati i pubblici servizi, riscosse le imposte, emanati atti con i quali determinati specifici comportamenti vengono imposti, vietati o permessi. Tutte le attività con le quali lo Stato e le altre pubbliche amministrazioni perseguono gli interessi pubblici della collettività formano il contenuto della **funzione amministrativa**.

Poiché l'analisi delle funzioni statali avviene qui nella prospettiva del diritto, è naturale si ponga al centro dell'attenzione il rapporto tra le *norme* del sistema giuridico e la funzione amministrativa. E tale rapporto si rivela molto stretto.

In effetti, quando i nuovi ceti borghesi emergenti nello Stato liberale imposero la *legge del Parlamento* (la cui formazione essi ormai controllavano) come l'atto normativo di maggior forza, vollero anche utilizzare lo strumento così acquistato sia per *governare l'amministrazione*, sia anche per stabilire *garanzie* contro i suoi possibili abusi. Così, la legge intervenne sempre di più ad individuare i fini pubblici che dovevano essere perseguiti dagli apparati amministrativi, a disciplinare questi stessi apparati, e soprattutto a fissare e delimitare i poteri d'autorità che l'amministrazione avrebbe potuto usare per il raggiungimento di quei fini.

Principio di legalità

Ne derivò il cosiddetto *principio di legalità* della pubblica amministrazione, secondo il quale è nella legge che l'amministrazione trova i fini della propria azione e i poteri giuridici che essa può esercitare, e secondo il quale essa non può esercitare nessun potere al di fuori di quelli che la legge le attribuisce. Oggi il principio di legalità vale ancora, non più come garanzia per classi particolari ma come garanzia per tutti, quale *espressione del principio democratico* e della *supremazia della volontà popolare*, espressa nella legge, su tutti i pubblici apparati.

Amministrazione e giurisdizione

Lo stretto legame tra funzione normativa (e *legge* in particolare) e amministrazione espresso nel *principio di legalità* ha fatto sì che anche l'attività amministrativa sia spesso apparsa come attività di «attuazione della legge». Sicché si è poi posto il problema della distinzione tra la funzione giurisdizionale e la funzione amministrativa, dal momento che entrambe apparivano nella prospettiva della *attuazione* delle norme giuridiche.

Dal punto di vista concettuale, tuttavia, si può dire che il problema stesso è frutto di un equivoco. Solo per la funzione giurisdizionale si può dire che essa consiste – fondamentalmente – nella attuazione delle norme giuridiche: poiché la «giustizia» non è altro che il riconoscimento dei diritti di ciascuno, così come le norme li prevedono e riconoscono. La funzione amministrativa, invece, ha tutt'altro contenuto e scopo che l'attuazione della legge. Essa è attività rivolta al raggiungimento di interessi pubblici, e la legge costituisce per essa, più che uno scopo, una fonte di *poteri* da utilizzare e di *limiti* da rispettare (si veda comunque anche *oltre*, cap. 24, par. 1, e cap. 27, par. 1).

Ciò non toglie che l'emergere tra la fine del '700 e i primi decenni del '900 (in tempi diversi nei diversi ordinamenti statali) di una funzione specificamente amministrativa soggetta a regole particolari, e conseguentemente la nascita della disciplina giuridica del diritto amministrativo, sia il frutto caratteristico della transizione dagli ordinamenti di origine medievale agli ordinamenti moderni e contemporanei. Negli ordinamenti medievali anche la funzione che oggi chiamiamo amministrativa era (per quella parte che allora esisteva) esercitata dalle cariche magistraturali e ricompresa in una concezione amplissima di «giurisdizione», quale funzione attuativa dell'ordinamento giuridico. Da questo punto di vista si può osservare, tra l'altro, che il tardivo emergere della funzione e del diritto amministrativo in un paese quale il Regno Unito di Inghilterra è in larga misura dovuto al più lungo sopravvivere delle forme organizzative di origine medievale ben più che ad una presunta sottoposizione di tutta l'attività amministrativa alle regole comuni del diritto privato.

L'indirizzo politico

La *funzione normativa*, la *funzione giurisdizionale* e la *funzione amministrativa* costituiscono le tradizionali funzioni dello Stato moderno; più recentemente si è avvertita l'esigenza di individuare e considerare una quarta funzione, chiamata funzione di **indirizzo politico**, che consiste nel formare ed esprimere le scelte di fondo e le priorità cui si ispirerà l'azione statale. L'indirizzo politico si manifesta, tra l'altro, nel *programma* del Governo, e in atti del Parlamento (detti per lo più **mozioni**: prima tra tutte la mozione di **fiducia** al Governo, sulla base del programma); ma naturalmente esso si manifesta poi anche nell'insieme dell'attività normativa ed amministrativa. Estranea all'indirizzo politico deve invece rimanere l'attività giurisdizionale.

La separazione dei poteri

Storicamente, l'analisi delle funzioni statali fu accompagnata dalla teorizzazione del cosiddetto *principio della separazione dei poteri*. In particolare fu Montesquieu che, intorno alla metà del Settecento, riflettendo sul problema della migliore organizzazione statale, credette di ricavare dall'esperienza inglese a lui contemporanea l'idea della necessità che le tre fondamentali funzioni statali – che egli individuava come funzione legislativa, funzione esecutiva e funzione giudiziaria – siano affidate a distinti complessi di organi, ed in questo senso a distinti «*poteri*» all'interno dello Stato, reciprocamente indipendenti. In questo modo, secondo il filosofo francese, ognuno dei «poteri» disporrebbe *di una parte soltanto* della sovranità, e sarebbe *frenato* e *bilanciato* dall'esistenza e dall'azione degli altri due: e si eviterebbe così la *tirannide* di un solo potere su tutto il popolo.

Si avverta comunque che – a prescindere dal merito e dal senso originario dell'analisi di Montesquieu – in realtà in Inghilterra non vige affatto un rigido criterio di separazione di poteri, e che (fermo restando il ruolo ultimo di garanzia delle Corti) il Parlamento è in sostanza libero di conferire ogni tipo di potere all'autorità che ritiene più adatta.

Suo valore attuale

Oggi il principio della divisione dei poteri viene considerato ancora valido, ma piuttosto come *regola tendenziale* che come criterio assoluto. In particolare, in una *repubblica parlamentare* (cap. 10, par. 3) la supremazia non può non spettare al Parlamento (e perciò al «potere legislativo»), come espressione della *sovranità popolare*. Il Governo (cioè il «potere esecutivo») è bensì indipendente (nell'ambito delle leggi) nella sua attività; ma la sua permanenza in funzione dipende dalla **fiducia** del Parlamento. Il «potere giudiziario» gode – sempre nell'ambito della legge, che i giudici sono chiamati ad applicare – di una notevole (anche se non assoluta) indipendenza, che ha lo scopo di assicurare che l'attività giurisdizionale sia svolta *imparzialmente*.

Si noti comunque che in una repubblica parlamentare, quale quella italiana, non tutti gli organi fondamentali sono facilmente e rigidamente rinchiudibili in uno dei tre classici «poteri». Proprio il **Presidente della Repubblica**, in particolare, non esercita né il potere legislativo, né il potere esecutivo e nemmeno il potere giudiziario (altrettanto deve dirsi per la *Corona* nelle monarchie parlamentari). Si è detto qualche volta, con espressione suggestiva anche se non precisa, che il Capo dello Stato esercita qui un «potere neutro». In realtà, come meglio vedremo, il Presidente della Repubblica, pur non essendo titolare di nessuno dei tre tradizionali poteri, è collegato a ciascuno di essi, ed opera come una specie di «garante» del corretto funzionamento dei meccanismi costituzionali.

In molti Stati esiste poi una ripartizione di poteri tra le autorità centrali e le autorità di comunità territoriali interne allo Stato, dotate di ampia autonomia (così è, tipicamente, per gli *Stati federali*: v. cap. 10, par. 2).

8. la comunità degli Stati e l'ordinamento internazionale

La comunità degli Stati

Gli Stati, complessivamente considerati, formano la **comunità degli Stati**. Anch'essa è (benché si possa talora avere una contraria impressione) disciplinata da *regole*, che si rivolgono però non ai singoli *individui,* ma agli *Stati* stessi. Per indicare che anche la comunità degli Stati forma *un insieme ordinato* da regole concernenti gli Stati diciamo che anch'essa è un *ordinamento giuridico*: l'**ordinamento internazionale**. Di tale ordinamento gli Stati sono i *soggetti*, cioè i *destinatari* delle norme dell'ordinamento, al modo nel quale le singole persone fisiche e giuridiche sono «soggetti» negli ordinamenti statali. Gli Stati sono i fondamentali soggetti dell'ordinamento internazionale, anche se nei tempi più recenti si è ammessa la personalità internazionale di organizzazioni come l'*Organizzazione delle nazioni unite* (ONU) o come, in altro ambito, la *Comunità europea* (CE). Le organizzazioni internazionali sono anzi ormai più numerose degli Stati, ed esercitano un ruolo crescente nella vita internazionale, dando vita a fenomeni giuridici nuovi.

Il tradizionale modo di essere dell'ordinamento internazionale è profondamente diverso dal modo di essere degli Stati, al loro interno. Mentre infatti negli ordinamenti interni esistono *concentrati* nello Stato *autorità* e *poteri*, ai quali ciascun soggetto è *sottoposto,* nell'ordinamento internazionale non esistono autorità *organizzate* e *concentrate*: non esiste un Governo, né un Parlamento che legiferi per tutti, né giudici che risolvano in modo vincolante le controversie, né forza pubblica che ne faccia eseguire coattivamente le decisioni.

Caratteri dell'ordinamento internazionale

L'ordinamento internazionale si presenta, in altre parole, come un ordinamento *paritario*, nel quale manca una distinzione tra *autorità governanti* e *soggetti governati* (che dovrebbero essere, nel caso, i singoli Stati). Ciò dà ovviamente a tale ordinamento una fisionomia del tutto particolare. Così la produzione delle regole giuridiche – delle regole *ulteriori* rispetto a quelle che si possono desumere dal modo di essere dell'ordinamento, o dai principi in esso generalmente riconosciuti – è affidata principalmente alla formazione di **consuetudini** o agli *accordi* che gli Stati stipulano tra loro (v. cap. 23, par. 2).

Le sanzioni

Ancor più complesso è il problema delle **sanzioni** da infliggere agli Stati che violano le norme di diritto internazionale. Infatti, in assenza di autorità che possano prima accertare le infrazioni e risolvere le controversie in modo vincolante, poi applicare in concreto le sanzioni, la situazione assomiglia un poco a quella di un gruppo di persone che giochino a calcio senza arbitro: la squadra che ha subito un fallo lo denuncerà, e il più delle volte la squadra avversa lo ammetterà, e si darà luogo alla sanzione. Ma inevitabilmente vi saranno casi di disaccordo, per i quali bisognerà trovare – se il gioco deve continuare – una soluzione di compromesso. Ad esempio: la squadra che non ha riconosciuto il fallo ammetterà che in casi simili anche la squadra avversaria possa non riconoscerlo. Oppure, si potrà pregare un terzo di decidere.

Naturalmente, i rapporti tra gli Stati costituiscono un problema ben più serio, e in caso di insanabile disaccordo la loro convivenza non può semplicemente cessare, come può cessare il gioco del pallone. L'estremo rimedio nella soluzione delle controversie rimane pur sempre l'uso della forza, esercitato anziché (come negli Stati) da una legittima autorità superiore ai contendenti (che invece manca), dagli Stati stessi gli uni contro gli altri. Ciò che ne risulta è, da ultimo, la **guerra**: la quale perciò dal punto di vista dei contendenti (e dello stesso ordinamento internazionale) non rappresenta una violazione, ma un modo di affermazione e restaurazione dei diritti violati. Va però da sé che nulla garantisce che vincitore rimanga alla fine chi, da un punto di vista astratto e legale, aveva «ragione»: diciamo piuttosto che sarà il vincitore a far prevalere, con la vittoria, la *sua* ragione.

La guerra è sempre stata, sotto il profilo umano, un evento terribile. Attualmente però la stessa enormità delle forze distruttive a disposizione degli Stati maggiori, e la potenziale capacità di questi di distruggere praticamente ogni forma di vita, rende la guerra generalizzata uno strumento inutilizzabile nella soluzione delle controversie. Si dà perciò una relativa (perché contraddetta dall'esistenza di molte guerre solo comparativamente «minori») *pace*, fondata essa stessa, come spesso si constata, sull'equilibrio del terrore che ogni parte è in grado di incutere all'altra.

Quanto affermato sull'assenza di autorità internazionali non è contraddetto dall'esistenza di *organizzazioni internazionali* quali l'ONU (*Organizzazione delle Nazioni Unite*). L'ONU infatti non è altro che una volontaria associazione di Stati; ed anche nella sua azione concreta, essa è spesso apparsa più che altro come una sede di discussione e di formazione della «opinione pubblica» degli Stati, e non è per ora riuscita ad evolvere – come forse taluni avevano sperato – verso la figura di un vero luogo di *governo* internazionale.

Tuttavia, a partire dalla fine degli anni '80, in coincidenza con il venir meno dell'Unione sovietica e con la fine dell'equilibrio bipolare tra «superpotenze» (che a suo modo assicurava uno strumento di controllo da parte di ciascuna, all'intento della propria area), gli Stati Uniti d'America e gli altri Stati maggiori hanno sempre più spesso sentito il bisogno di appoggiare la propria azione di «autorità» mondiale su una legittimazione ed un mandato proveniente dalla stessa comunità internazionale, attraverso l'ONU, che è così divenuto titolare formale di azioni di «polizia internazionale» nelle più varie parti del mondo (Cambogia, Iraq, Somalia, Bosnia, ecc.) con efficacia e successi alterni. L'ONU finisce così per agire come fonte di legittimazione di una *forza* che, in ultima analisi, è sempre quella degli Stati.

Neppure contraddice ciò che si è detto l'esistenza di tribunali internazionali, qual è ad esempio *la Corte internazionale di giustizia* dell'Aia. L'attività di tali tribunali, infatti, non si fonda su un potere che essi abbiano in assoluto, ma su accordi presi tra gli Stati di sottoporre alla loro decisione certe controversie (ad esempio, le controversie relative all'applicazione di un determinato trattato).

Molte volte può aversi l'impressione che l'ordinamento internazionale abbia ben poco di «giuridico», e che esso sia guidato dai rapporti di forza tra gli Stati, e non da regole prestabilite. Ora, è evidente che una simile impressione non manca di qualche fondamento: tuttavia, se si pensa alla enorme quantità dei rapporti internazionali di ogni tipo, non si può negare che la loro grandissima maggioranza si svolge nel pieno rispetto delle regole, e che da questo punto di vista anche l'ordinamento internazionale funziona – anche attraverso l'azione delle ormai numerosissime organizzazioni internazionali – come elemento ordinatore della convivenza tra gli Stati.

capitolo 10

LO SVILUPPO DEGLI ORDINAMENTI STATALI

1. Verso la formazione dello Stato moderno. – 2. Le forme di Stato. – 3. Le forme di governo. – 4. Stato e costituzione. – 5. Stato e partiti.

1. verso la formazione dello Stato moderno

Forme organizzative di tipo statale – e non soltanto di tipo familiare o al più *tribale* – sono esistite da tempi molto antichi. Tali erano sicuramente, ad esempio, le **Città-Stato** dei greci e la **repubblica** prima, poi l'**impero** dei romani. Tuttavia, lo **Stato moderno** come noi lo conosciamo nasce dalla riorganizzazione del mondo dell'alto medioevo, a seguito di una lunga serie di trasformazioni ed evoluzioni, che hanno caratterizzato la tradizione giuridica occidentale.

Cruciali in questo processo appaiono diversi e concomitanti fattori ed eventi, a partire da poco oltre la soglia dell'anno 1000. Un ruolo determinante ha avuto la riorganizzazione che i papi dell'epoca – tra essi Gregorio VII – impressero alla chiesa, sottraendola al potere anche spirituale e carismatico precedentemente riconosciuto ai re ed al capo dell'impero (la cosiddetta *lotta per le investiture*), ed acquisendo così il monopolio del governo – e della connessa giurisdizione – su una *sfera spirituale* che allora includeva i rapporti di famiglia, la cura dei poveri e dei malati, molti contratti, la repressione di numerosi crimini e in genere tutto ciò che poteva essere ricondotto alla salvezza spirituale delle persone. Il diritto canonico, risistemato anche sulla base del riscoperto diritto romano, venne costituendo l'ossatura giuridica di una organizzazione istituzionale complessa, fondata su strutture permanenti sia centrali (la cancelleria, la tesoreria e la *curia* come corte) che locali: per cui è stato detto – non troppo paradossalmente – che il primo Stato moderno fu la chiesa.

Parallelamente venivano assumendo una più netta fisionomia – in Sicilia, in Normandia, in Inghilterra, in Francia, nei paesi di lingua tedesca e altrove – i regni ormai *secolari*, che organizzandosi anch'essi in modo corrispondente riuscivano sempre più ad esercitare anche localmente una autorità *diretta* e non semplicemente intermediata dai legami di vassallaggio propri del rapporto feudale.

Nello stesso periodo sorsero o risorsero in Europa – in modo particolarmente intenso in Italia – migliaia di città, che spesso rivendicarono con successo autonomia ed ordinamenti giuridici propri, esercitando quell'autorità che altrove era propria di re e imperatori. Inoltre, il rifiorire del commercio portò alla creazione e al riconoscimento di un sistema di relazioni giuridiche proprio dei mercanti, denominato appunto *jus mercatorum*.

Ne risultò, per alcuni secoli, una complessa rete di relazioni giuridiche tra ordinamenti e diritti diversi, che si riconoscevano e si limitavano a vicenda. Diritto canonico, diritto dell'impero (per dove effettivamente operava) e diritti dei singoli regni, diritto feudale, diritto consuetudinario dell'economia curtense, diritto delle città e diritto dei mercanti costituivano gli elementi costitutivi dell'assetto di una Europa ormai abituata a considerare le relazioni anche e non marginalmente sotto il profilo del loro valore giuridico.

La storia della formazione dello Stato moderno è da allora storia delle relazioni reciproche tra questi diversi ordinamenti: del progressivo scomparire di taluno (come quello feudale e quello curtense), del restringersi dell'ambito di altri (come di quello canonico) e del coordinarsi di altri ancora all'interno di ordinamenti statali sempre più assorbenti e sempre più propensi ad affermare la propria natura *sovrana*.

Esercito e burocrazia

Fondamentali strumenti del concentrarsi dell'autorità e della sovranità negli Stati furono la costituzione di *eserciti permanenti* e la costituzione di *corpi di funzionari civili*, localizzati sia al centro che in periferia, pure essi al servizio stabile del sovrano. È attraverso tali strumenti, in effetti, che i nuovi sovrani poterono acquistare sia la forza di mantenere la propria indipendenza di fronte ad aggressioni esterne e di reprimere gli episodi di ribellione all'interno, sia la capacità e la possibilità di controllare prima, dirigere e governare poi lo sviluppo della vita civile.

2. le forme di Stato

Naturalmente non ci proponiamo qui di fare la *storia* delle diverse esperienze statali che a questo modo venivano emergendo dall'ambiente medievale: nemmeno di quelle che, come la formazione della Francia, o dell'Inghilterra, possono dirsi sin dall'inizio più compiute e significative. Dobbiamo invece presupporre la conoscenza, anche sommaria, di quelle vicende, ed indicare attraverso quali *tappe* l'istituzione statale assume i caratteri e la fisionomia degli Stati attuali.

Fare ciò significa ripercorrere lo sviluppo delle *forme* che lo Stato ha assunto, e l'ampiezza che esse hanno attualmente. Nell'individuazione e classificazione delle **forme di Stato** dobbiamo tenere presenti da una parte i rapporti tra le autorità sovrane e i soggetti sottoposti alla sovranità statale, dall'altra la funzione e i fini che le autorità sovrane attribuiscono a se stesse, in relazione alla collettività e al territorio sui quali la sovranità si svolge.

Lo Stato assoluto

Nell'ambito del continente europeo (esclusa perciò l'Inghilterra) consideriamo per prima la forma del cosiddetto **Stato assoluto**, che si ritiene storicamente realizzata dalla Francia del Re Sole. Essa è caratterizzata da una forte concentrazione dell'autorità statale nel sovrano (si ricorda l'espressione di Luigi XIV «lo Stato sono io»), e insieme dall'assenza di *garanzie giuridiche* di fronte al potere statale. Inoltre, *nello Stato assoluto non c'è divisione di poteri*, ma essi fanno tutti egualmente capo al sovrano (pur distinguendosi secondo vari criteri gli atti di esercizio).

L'assenza di specifiche garanzie giuridiche non significa affatto che, nelle dottrine dell'epoca, al sovrano fosse consentito qualunque arbitrio. Si ricordi che già nell'ambito delle concezioni medievali e feudali le relazioni verticali di potere erano fondate su un concetto di fedeltà reciproca che si traduceva nella protezione da una parte e nell'omaggio e servizio dall'altra.

Nel Settecento, prima della rivoluzione francese, lo Stato assoluto evolve in **Stato di polizia** (l'espressione «polizia» va qui intesa nel senso originario di «cura della *polis*», della «città» – e perciò della *collettività* – e non nel senso dell'apparato repressivo), quando, sotto l'influsso della filosofia illuminista, i sovrani avvertono e proclamano come proprio il compito di promuovere e sviluppare il benessere e la «felicità» dei sudditi. In questo spirito, Federico II di Prussia afferma di essere egli stesso «il primo servitore dello Stato»: a significare che la sovranità statale non è data per l'esercizio di un potere personale, ma come funzione di governo della collettività.

Lo Stato liberale

Il periodo successivo alla rivoluzione francese è caratterizzato sia dall'espansione della partecipazione di *nuovi ceti*, ed in particolare della borghesia, alla sovranità statale, sia dalla fissazione di precise *garanzie giuridiche* per i cittadini di fronte allo stesso esercizio dei poteri statali.

La borghesia ottiene assemblee legislative nelle quali essa è rappresentata, e si afferma così contestualmente la superiorità della *legge* di fronte agli altri atti statali (si parla perciò di **Stato legale**, in quanto Stato fondato sulla supremazia della legge, espressione della «volontà generale»).

A questo modo si individua come potere autonomo il «potere legislativo»; ma poiché anche il «potere giudiziario» acquista progressivamente specificità e autonomia, possiamo dire che emerge la tendenza alla *separazione dei poteri*. Inoltre, progressivamente vengono istituite istanze e tribunali dinanzi ai quali gli amministrati possono ottenere il riconoscimento dei loro diritti anche quando questi siano offesi da atti illegali delle autorità statali. Per indicare questo aspetto, si parla di **Stato di diritto**.

Lo Stato legale di diritto è la compiuta espressione istituzionale del periodo del liberalismo. In esso sono ormai penetrati i *principi rappresentativi*: sempre più spesso, non solo i Parlamenti – istituzioni rappresentative per eccellenza – ma gli stessi Governi sono, sia pure indirettamente, collegati alla collettività: sotto questo profilo si può notare una tendenza al *collegamento* del potere esecutivo con il potere legislativo.

Lo Stato democratico

Nel corso del '900 nei paesi di tradizione occidentale i principi liberali si sviluppano – benché talora non senza involuzioni autoritarie anche imponenti quali il nazismo ed il fascismo – nella forma dello **Stato democratico**. In esso i diritti politici (cioè i diritti di partecipazione alle funzioni statali), che lo Stato liberale riconosceva solo in favore di ceti e classi privilegiate, vengono riconosciuti a tutti i cittadini. Strumento fondamentale di questa evoluzione è il *suffragio universale*, cioè la concessione a tutti i cittadini adulti (ma inizialmente solo ai maschi) del diritto di voto. La base sociale dello Stato è ora costituita da tutte le classi sociali (Stato «pluriclasse»).

Proprio perciò i compiti assegnati allo Stato tornano ad espandersi; e mentre lo Stato liberale tendeva a presentarsi – anche più di quanto poi non fosse – come «Stato gendarme» (cioè come Stato il cui compito si limitava a stabilire e a far rispettare le regole del gioco, garantendo in particolare l'*ordine pubblico*), lo Stato democratico è per definizione «interventista» nella direzione dell'economia e «sociale» nella predisposizione di strumenti ed istituti per la promozione ed il mantenimento del benessere, in particolare delle classi non agiate.

Lo Stato socialista

A partire dal 1917, dopo la rivoluzione sovietica, si è andata prima sperimentando poi consolidando e (dopo la seconda guerra mondiale) estendendo (fino a comprendere, accanto all'Unione Sovietica e con caratteristiche più o meno simili, Stati quali la Repubblica Democratica Tedesca, l'Ungheria, la Cecoslovacchia, la Polonia, la Iugoslavia, l'Albania, la Cina, Cuba, la Corea del Nord, il Vietnam) la forma dello **Stato socialista**. Nella sua ispirazione, essa mirava alla liberazione della società dalla divisione in classi e dallo «sfruttamento» del lavoro generati, secondo la teoria di Marx – divenuta dottrina ufficiale della nuova forma di Stato – dalla proprietà privata dei mezzi di produzione e dallo sviluppo in senso *capitalista* della vita economica. Perciò fondamentale carattere dello Stato socialista era la nazionalizzazione o socializzazione dei mezzi di produzione.

Secondo la teoria di Marx, il venir meno del capitalismo e della divisione della società in classi determinerebbe, in prospettiva, l'inutilità della stessa organizzazione statale, considerata come lo strumento del dominio della borghesia sulle classi più povere ed emarginate, e perciò la scomparsa dello Stato.

Nella loro esperienza storica, gli Stati socialisti hanno ritenuto di non poter garantire la loro esistenza se non attraverso una drastica limitazione o soppressione delle libertà politiche e civili dei cittadini. In particolare, anche dove non vigeva il principio del *partito unico*, non era mai ammessa la costituzione di partiti (o sindacati) ispirati a principi antagonisti, o comunque concorrenti con il partito comunista nella guida della società. Più ancora, era fortemente limitata o del tutto interdetta la possibilità di manifestare opinioni dissenzienti rispetto alla dottrina ufficiale, e risultavano analogamente limitate molte altre libertà, quali la libertà di riunione, di movimento, e simili.

Cosicché gli Stati socialisti da una parte hanno, almeno in certi periodi, raggiunto risultati talora notevoli nel miglioramento delle condizioni di vita delle classi lavoratrici, nella formazione degli istituti di solidarietà sociale e nell'organizzazione della vita collettiva, ma d'altra parte hanno anche assunto – contro la fondamentale istanza di liberazione dalla quale traevano ispirazione – i tratti di regimi autoritari ed oppressivi.

Inoltre, si è anche rivelato a lungo andare illusorio il tentativo di mantenere un adeguato dinamismo economico, sostituendo al regime di libera iniziativa e di concorrenza una programmazione pubblica generalizzata e globale (economia «di comando» in luogo dell'economia «di mercato»). Ne sono invece derivati fenomeni di burocratizzazione e di sclerotizzazione, con insufficiente produzione di beni e generi, o con produzione di beni e generi non corrispondenti alla domanda.

Evoluzioni e scomparsa in Europa

In questa situazione, negli ultimi decenni del secolo scorso – con una decisiva accelerazione nel 1989 – in molti significativi Stati già socialisti, a partire dalla stessa Unione Sovietica, si è prodotto un processo di rinnovamento radicale: sia nel senso di una riconquista delle libertà personali in generale e della libertà politica in particolare (con riconoscimento del pluralismo, del metodo delle libere elezioni e con assegnazione dei poteri di governo alle forze di maggioranza, e non più a un prestabilito «partito guida»), sia anche nel senso di riassegnare al mercato – al rapporto tra domanda e offerta dei prodotti e dei fattori di produzione – un ruolo determinate nel processo economico, con rivalutazione del valore della stessa proprietà privata dei mezzi di produzione.

In concreto, le vicende dei diversi Stati sono state e sono differenti, talvolta drammatiche. L'Unione sovietica, già perno del sistema (al punto da aver costretto gli altri Stati «satelliti» ad una condizione di «sovranità limitata») e stavolta iniziatrice del processo di riforma, si è infine dissolta. Le singole repubbliche sono divenute indipendenti, e solo talune di esse hanno dato vita insieme alla maggiore (la Repubblica russa) ad una «Comunità», che tuttavia non ha acquisito una reale vitalità. In altri paesi, quali la Polonia e la Cecoslovacchia, le elezioni ormai libere hanno condotto ad un netto ricambio della classe di governo: ma la Cecoslovacchia si è successivamente scissa nelle due distinte repubbliche Ceca e Slovacca.

Ugualmente si è frammentata in una pluralità di Stati la repubblica iugoslava, la cui unità si è rivelata artificiosa, e non ha resistito al prepotente emergere delle rivalità etniche tra le sue componenti, che hanno dato vita non solo al sorgere di formazioni statali che siano ormai consolidate quali la Slovenia, la Croazia e la Serbia, ma altresì alle sanguinose vicende della Bosnia.

Un caso a sé stante è poi rappresentato dalle vicende della Repubblica democratica tedesca. Essendo la creazione di due distinti Stati tedeschi frutto combinato della sconfitta della Germania nella seconda guerra mondiale e della guerra fredda, non può stupire che la Repubblica democratica, appena recuperata la condizione di Stato libero si sia estinta, ed il suo territorio sia stato incorporato, per decisione degli organi di governo e sulla base di un apposito trattato internazionale, nella Repubblica federale, venendo così a fare direttamente parte della stessa Comunità europea.

Dopo tali eventi, non si può più parlare di Stato socialista in Europa.

Zone di sopravvivenza

Lo stato socialista sopravvive invece nell'estremo oriente, come in Cina, nella Corea del Nord, nel Vietnam, sia pure in forme *sui generis* e con processi di riforma nell'economia radicali e tumultuosi.

Alquanto anomala appare ormai la sopravvivenza dello Stato socialista a Cuba, ove il regime instaurato da Fidel Castro appare in grande difficoltà economica, una volta venuto meno il rilevante sostegno dell'Unione sovietica, e perdurando invece l'ostilità degli Stati Uniti, che si traduce in pratica in una situazione di isolamento commerciale.

Gli Stati federali

Da un punto di vista del tutto diverso, che ha riguardo non più (come finora) alle finalità dell'organizzazione statale e ai rapporti tra Stato e cittadini, ma alla *struttura* della stessa organizzazione statale, si distingue tra **Stato unitario** e **Stato federale**. Lo *Stato federale* è uno Stato *composto di Stati*, cioè di organizzazioni che con ampia autonomia esercitano all'interno del loro territorio le funzioni legislative, di governo ed esecutive, nonché infine giudiziarie, che abbiamo visto essere proprie e tipiche degli Stati.

Lo Stato federale è così una organizzazione statale «centrale» che riunisce, coordina e aggrega gli «Stati membri» della Federazione. Si noti però che, a differenza dagli Stati veri e propri, gli *Stati membri* di uno Stato federale non possono considerarsi e non sono pienamente sovrani: se lo fossero, infatti, essi sarebbero del tutto indipendenti reciprocamente e rispetto alla Federazione, la quale perciò rappresenterebbe una organizzazione comune degli Stati, ma non sarebbe essa stessa uno Stato pienamente indipendente e sovrano. Si aggiunga che, nei fatti, si registra oggi negli Stati federali una netta tendenza verso il rafforzamento dei poteri dello Stato centrale ed una restrizione delle autonomie degli Stati membri.

Esistono attualmente moltissimi Stati federali. Ricordiamo tra i maggiori, gli *Stati Uniti d'America*, la *Federazione russa*, il *Canada*, la *Repubblica federale tedesca*. Negli Stati federali è usuale che alla camera rappresentativa dei cittadini si affianchi un organismo che ha più forti legami con gli Stati membri, o addirittura li rappresenta (come in Germania il *Bundesrat*).

Stati *unitari* sono tutti gli Stati al cui interno esiste un'unica organizzazione avente le caratteristiche delle organizzazioni statali. S'intende che anche all'interno degli Stati unitari esistono di regola altre istituzioni territoriali che esercitano poteri pubblici, come i Comuni e, in Italia, anche le Regioni. Ma queste istituzioni non hanno quella ampiezza e completezza di poteri legislativi, amministrativi e giurisdizionali propria degli Stati.

Il confine tra veri e propri Stati federali e Stati ad ampia autonomia regionale (quale ad esempio la Spagna) non è agevole da tracciare né in teoria né in pratica. Anche i contrassegni che sembrano più caratteristici degli Stati federali a volte possono mancare nei singoli ordinamenti: così negli stessi Stati Uniti il Senato rappresenta attualmente (diversamente da quanto accadeva nel passato) i cittadini degli Stati e non gli Stati membri come tali.

Da un diverso punto di vista, si consideri la difficoltà di definire esattamente l'*Unione europea*, che sotto diversi profili unisce molti Stati dell'Europa occidentale e centrale. Infatti l'Unione europea possiede – nella distribuzione dei poteri rispetto agli Stati che la compongono – non pochi dei tratti di una Federazione; ma essa non è un vero Stato federale, dato che le manca la pienezza della sovranità. D'altra parte gli Stati membri sembra rimangano, nonostante l'amplissima devoluzione alla comunità di poteri di tipo sovrano, in ultima analisi essi stessi sovrani (v. anche *oltre*, cap. 13).

3. le forme di governo

Mentre la distinzione delle forme di Stato riguarda le finalità complessive degli apparati statali, e i rapporti tra tali apparati e coloro che fanno parte dello Stato, la distinzione delle **forme di governo** si basa sul modo in cui i massimi poteri statali – in particolare il potere legislativo ed il potere «esecutivo» – sono distribuiti tra gli organi di vertice dello Stato.

Monarchia e repubblica

Il punto di partenza sta nella distinzione tra **monarchia** e **repubblica**. Si ha forma di governo repubblicana (e si dice perciò che lo Stato è una *repubblica*) quando l'*organo di vertice* (il «Capo dello Stato») ha, direttamente o indirettamente, carattere rappresentativo del popolo. Si ha invece *monarchia* quando *il Capo dello Stato, comunque individuato* (eventualmente anche per elezione da parte di ristretti corpi elettorali: si pensi ancor oggi, tralasciando gli esempi storici, al Papa, quale sovrano dello Stato *Città del vaticano*) *non ha carattere rappresentativo*, non è cioè considerato rappresentante del popolo.

È normale che la carica di Presidente della Repubblica sia *temporanea*, mentre il monarca lo è generalmente a vita. Vi sono tuttavia esempi, anche recenti, di Presidenti della Repubblica a vita: naturalmente, in questo caso il nome «ufficiale» di *repubblica* si riduce ad una pura finzione, che nasconde un potere personale di tipo sostanzialmente monarchico, o addirittura *dittatoriale*.

La distinzione tra monarchia e repubblica è divenuta però ormai assai meno importante di quanto fosse un tempo, per una ragione molto semplice: che nelle monarchie oggi esistenti – o almeno in quelle *occidentali* – i monarchi, pur restando formalmente i «Capi» dello Stato, non esercitano il potere effettivo, ed adempiono a funzioni prevalentemente simboliche e rappresentative. Il potere effettivo invece è esercitato, come in molte repubbliche, dal Governo, e dal Parlamento di fronte al quale il Governo è poi responsabile. In altre parole, i principi rappresentativi sono penetrati (talora, come in Inghilterra, da tempi assai remoti) nelle stesse forme monarchiche, anche se in omaggio alla tradizione ed alla propria storia si mantiene il carattere *non rappresentativo* del «Capo dello Stato».

Monarchia costituzionale e monarchia parlamentare

Più precisamente, la monarchia già *assoluta* divenne in un primo tempo (in epoche diverse a seconda degli Stati: in Inghilterra già dal 1688) **monarchia costituzionale**. Con tale espressione si intende una *limitazione dei poteri del sovrano, che perde in tutto o in parte il potere legislativo, pur conservando ogni potere di governo e di amministrazione*. Il sovrano regna e governa attraverso *suoi* Ministri, cioè Ministri che egli «nomina e revoca» come meglio ritiene.

Con l'aumentare della forza dei Parlamenti, e delle classi sociali in essi rappresentate (che per tutto l'ottocento sono ancora essenzialmente la borghesia e l'aristocrazia), la monarchia costituzionale evolve ulteriormente in **monarchia parlamentare**. Si afferma dapprima il principio che i Ministri nominati dal Re debbono godere *anche* della fiducia del Parlamento; in seguito, con lo svilupparsi e l'affermarsi dei partiti politici, il sovrano dovrà limitarsi ad assegnare gli incarichi di governo a coloro che abbiano la concreta possibilità di ottenere la fiducia del Parlamento.

L'evoluzione dalla monarchia costituzionale alla monarchia parlamentare si ebbe anche nella storia italiana. In effetti, lo **Statuto** che Carlo Alberto concesse per il Regno di Sardegna nel 1848, che divenne nel 1861 lo Statuto del Regno d'Italia, prevedeva che il Re potesse *nominare e revocare i suoi Ministri*, lasciando con ciò intendere – secondo l'opinione prevalente tra i commentatori – che la funzione di governo ed il potere esecutivo restavano prerogativa del sovrano. Ma nella pratica i Governi vennero ben presto formati secondo la regola della *fiducia* del Parlamento, che si affermò come principio giuridico creato dalla consuetudine. Si ebbe così il *governo parlamentare*.

Repubblica parlamentare e repubblica presidenziale

Passando ora all'esame delle forme di governo *repubblicane*, è agevole constatare che alla *monarchia parlamentare*, ora illustrata, perfettamente corrisponde la **repubblica parlamentare**. Molto simili sono nelle due forme i rapporti tra Capo dello Stato e Governo da una parte, Governo e Parlamento dall'altra: in entrambe, il Capo dello Stato ha in relazione al potere esecutivo il solo (anche se importante) compito di individuare, e nominare quali componenti del Governo, gli esponenti delle forze politiche che formando maggioranza potranno garantire al Governo stesso la *fiducia* del Parlamento.

Ciò che differenzia le due forme è naturalmente il diverso *carattere* della figura del Capo dello Stato, che nel caso della Repubblica parlamentare è di solito un Presidente rappresentativo del popolo, eletto dal Parlamento per un periodo predeterminato. Lo Stato italiano è oggi, come meglio vedremo, una repubblica parlamentare.

Mentre nell'Ottocento i sistemi parlamentari (fossero poi monarchici o repubblicani) vedevano in larga misura al centro delle decisioni sostanziali il *Parlamento*, nel nostro secolo la straordinaria crescita dei **partiti politici** ha fatto sì che molto spesso i Parlamenti funzionino da «cassa di risonanza» delle decisioni prese da essi, e più precisamente dai partiti di *maggioranza*. Inoltre, dato che sono sempre i partiti che esprimono le forze chiamate a formare il *Governo*, ne è risultato anche un rafforzamento dei Governi rispetto al Parlamento.

Dato l'enorme peso assunto dai partiti, si comprende come il sistema costituzionale finisca per funzionare in pratica diversamente a seconda del numero e della fisionomia dei partiti. Ad esempio, la stabilità governativa e politica è molto maggiore nei sistemi nei quali i partiti sono poco numerosi (come in Inghilterra e in Germania) che nei sistemi caratterizzati da un esasperato *multipartitismo* – come lo stesso Stato italiano – nei quali i Governi sono sorretti da *coalizioni* spesso instabili di partiti.

Come la repubblica parlamentare corrisponde alla monarchia parlamentare (al punto che si parla spesso di «governo parlamentare», senza precisare se si tratti di repubblica o monarchia), così l'altra forma di governo repubblicana, la **repubblica presidenziale**, assomiglia in alcuni aspetti a ciò che un tempo era la *monarchia costituzionale*, sopra descritta. Nella repubblica *presidenziale*, infatti, il potere di governo ed esecutivo spetta al *Presidente della Repubblica*. Al Parlamento spetta bensì la funzione legislativa, ma esso non può incidere sulla vita del governo; i Ministri sono, tecnicamente, degli aiutanti del Presidente, cui spettano comunque le decisioni e le scelte fondamentali.

Forme di collegamento tra Governo e Parlamento possono però esistere anche nella repubblica presidenziale. Negli Stati Uniti, ed esempio, i membri del Governo debbono ottenere il gradimento del Senato.

Ciò che distingue radicalmente la repubblica presidenziale dalle antiche forme di monarchia costituzionale è il carattere rappresentativo del Presidente, che nella repubblica presidenziale è ancora più accentuato che nella repubblica parlamentare. Infatti il Presidente della Repubblica non viene eletto dal Parlamento, ma dal popolo, direttamente o con sistemi di secondo grado (per cui il popolo elegge gli «elettori» che poi eleggeranno il Presidente). L'esempio maggiore di repubblica presidenziale è costituito dagli Stati Uniti d'America, ove tale forma di governo esiste sin dagli inizi dell'esperienza statale.

La repubblica semipresidenziale

Una forma intermedia tra il classico governo parlamentare e la repubblica presidenziale è stata introdotta in Francia dalla costituzione del 1958 (come modificata nel 1962). In essa il Presidente della Repubblica è eletto direttamente dal popolo ed è parte integrante del potere esecutivo, con ampli poteri di indirizzo politico: ma il governo vero e proprio (di cui il Presidente nomina il Primo ministro) deve ottenere la fiducia delle camere. Per il suo carattere misto tale forma di governo è stata detta *semipresidenziale* (da altri parlamentare a tendenza presidenziale).

Il sistema di fatto funziona in termini differenti a seconda che la maggioranza nelle camere sia omogenea o non omogenea rispetto al Presidente. Nel primo caso il Presidente è il capo della maggioranza di governo, sicché l'esecutivo si trova rispetto a lui in una posizione politicamente subordinata. Ma se il Presidente non ha la maggioranza in Parlamento, si trova di fronte un Primo ministro che, pur da lui nominato, si appoggia su una propria maggioranza e segue una diversa linea politica, destinata a prevalere su quella del Presidente (tranne che nell'area dei poteri esclusivi di questi).

4. Stato e costituzione

La costituzione e i suoi significati

La forma di Stato e la forma di Governo individuano, in un certo senso, la *costituzione* di ogni singolo Stato, il suo *modo di essere particolare*, rispetto agli altri Stati. Se, ad esempio, diciamo che l'Italia è uno *Stato democratico sociale*, ordinato come *repubblica parlamentare*, non c'è dubbio che abbiamo con ciò descritto i tratti fondamentali dell'organizzazione statale italiana, le regole fondamentali del suo funzionamento: ed in questo senso, come dicevamo, la sua costituzione. Da questo punto di vista, non esiste alcuno Stato che non abbia la sua *costituzione*, dato che in questa prospettiva la costituzione non è niente altro che l'insieme delle fondamentali regole di funzionamento dello Stato.

Di **costituzione** si parla però anche in un diverso senso, per indicare un atto scritto e solenne, nel quale sono espressamente e consapevolmente stabilite le regole fondamentali della vita statale, sia quanto all'individuazione degli organi di vertice ed ai loro reciproci rapporti, sia spesso quanto ai diritti e doveri dei cittadini, ed ai rapporti tra i cittadini e lo Stato. La redazione ed adozione di tali atti corrisponde naturalmente a momenti di particolare importanza nella storia dello Stato, e registra l'equilibrio e i rapporti tra le forze politiche fondamentali. Quando ciò accade, la Costituzione è una *costituzione scritta*, che si pone come il principale degli atti normativi dello Stato. Non tutti gli Stati hanno però una *costituzione scritta* (benché tutti gli Stati abbiano, nel senso prima detto, una *costituzione*).

Costituzioni rigide e flessibili

Abbiamo detto ora che la Costituzione scritta, quando c'è, è il *principale* tra gli atti normativi dello Stato. In senso storico e politico, questo è senz'altro vero. Dal punto di vista del diritto, bisogna fare delle distinzioni. Ci sono dei casi – tra questi oggi il caso dello Stato italiano – nei quali anche dal punto di vista del diritto la Costituzione ha una *effettiva superiorità gerarchica sulle altre fonti del diritto, e in particolare sulla legge ordinaria del Parlamento*. Ciò significa che le norme della Costituzione non possono essere legittimamente modificate, abrogate o comunque contraddette da una qualunque legge.

Si capisce che deve pur esistere un modo per modificare la Costituzione, perché se essa fosse del tutto immodificabile, sarebbe impossibile adattarla a nuove e mutate esigenze. Ma il procedimento per la modifica della Costituzione è un procedimento *diverso e più gravoso*, più *difficile* da percorrere, rispetto al procedimento proprio dell'ordinaria legislazione.

Quando la Costituzione è superiore alla legge (ordinaria), la quale non può né abrogarla o modificarla, né comunque contraddirvi, si dice che si tratta di una **costituzione rigida**. Si parla invece di **costituzione flessibile** nel caso opposto, quando la legge (ordinaria) del Parlamento è idonea e sufficiente per modificare o abrogare norme costituzionali.

Negli Stati che non hanno una Carta costituzionale scritta (sicché le regole costituzionali risultano da consuetudini, o da norme sparse di varia natura) la costituzione è sempre *flessibile*. Non vale però sempre l'opposto: può darsi che uno Stato abbia una costituzione *scritta*, e che tuttavia questa sia *flessibile*, come nel caso, nel Regno d'Italia, dello Statuto concesso da Carlo Alberto nel 1848. L'attuale Costituzione italiana è invece una costituzione *rigida*, dal momento che essa stessa prevede uno speciale procedimento – *aggravato* rispetto all'ordinario procedimento legislativo – per la sua revisione.

La rigidità di una Costituzione è di solito garantita dalla possibilità che le norme di legge contrastanti con la Costituzione, che venissero eventualmente (ed *illegittimamente*) ad esistenza, siano eliminate. In Italia il compito di giudicare degli eventuali contrasti tra *leggi* e *Costituzione* è affidato in esclusiva ad uno speciale giudice, che è la **Corte costituzionale** (cap. 31).

La c.d. costituzione materiale

Infine, alcuni autori chiamano **costituzione formale** l'insieme dei testi normativi di rango costituzionale (si tratta, cioè, degli atti che sono venuti in essere secondo la *forma* – nel senso dell'insieme delle regole di formazione – delle fonti costituzionali), e contrappongono poi alla costituzione «formale» la cosiddetta costituzione *in senso materiale*, o più brevemente **costituzione materiale**.

All'espressione *costituzione materiale* possono essere attribuiti vari significati. Per lo più però – ed ormai anche nel linguaggio politico – se ne parla non tanto per alludere alla «materia costituzionale» regolata (gli organi fondamentali, le fonti del diritto, e simili) in contrapposizione con la «forma» costituzionale di un atto normativo, ma per alludere all'effettivo modo di essere ed ai reali rapporti reciproci delle forze «dominanti» di uno Stato: partiti, sindacati, forze economiche e sociali. E si sottintende che sono le forze sottostanti alla costituzione materiale che, alla fine, sostengono la stessa costituzione formale.

La teoria della costituzione materiale (peraltro non sempre chiara) ha il merito di attirare l'attenzione dei giuristi sui fenomeni *reali* propri del funzionamento dei sistemi politici e istituzionali, e sulla complessità di ciò che in ogni momento è il diritto costituzionale, come elemento normativo di tali sistemi. Non sarebbe però accettabile la contrapposizione, che talora affiora, di un «diritto della realtà» (appunto la *costituzione materiale*) ad un «diritto ideale» espresso dalla costituzione *formale*.

Certo, determinare che cosa in un certo momento della vita di uno Stato è davvero *diritto* costituzionale è operazione interpretativa molto complessa, che sarebbe ingenuo pensare di compiere col solo aiuto delle «parole» di un certo testo costituzionale: ma la difficoltà di ricostruire l'effettivo elemento normativo di un determinato sistema non significa che si possa sostituire ad esso il semplice rinvio ai comportamenti (del resto tutt'altro che univoci) delle forze sociali e politiche.

In effetti, ai fini della ricostruzione del sistema normativo, ciò che conta non sono tanto i comportamenti materiali delle forze dominanti, quanto i criteri di legittimazione giuridica che esse affermano, implicitamente o esplicitamente, i quali altro non sono, in fine, che i criteri di *riconoscimento e accettazione del diritto* di cui si è già parlato (cap. 1, par. 7) posti in riferimento con il diritto costituzionale, cioè con l'ambito della disciplina dei supremi organi costituzionali e delle fondamentali relazioni tra cittadini e Stato.

5. Stato e partiti

In tutti gli Stati, qualunque sia la loro costituzione, le decisioni vengono prese da appositi organi statali, come i parlamenti e i governi: e le decisioni da essi prese valgono ad ogni effetto ed in ogni sede come decisione e volontà dello Stato. Ma come si forma in concreto la volontà degli Stati, e come viene decisa la composizione degli organi statali di comando?

È chiaro che la risposta a questa domanda non può essere la stessa per tutti gli Stati presenti, meno ancora per gli Stati del passato. Nelle monarchie assolute, ad esempio, la volontà politica dello Stato coincideva, per definizione, con la volontà del sovrano (l'*Etat c'est moi*), che d'altra parte era tale «per grazia di Dio», in virtù di una linea di successione ereditaria.

Ruolo dei partiti

Un elemento caratteristico comune a molti Stati contemporanei, e in particolare agli Stati ispirati ai principi della democrazia politica, consiste nella circostanza che nella composizione degli organi statali e nella determinazione sostanziale delle scelte da compiere un ruolo dominante o comunque non secondario è assunto dai **partiti politici**.

I *partiti politici* sono composti, come tutti sanno, da persone che si uniscono riconoscendosi in determinati interessi, valori o ideali, che si organizzano per tradurre la propria ispirazione in *programmi* operativi, che operano per portare i membri e dirigenti del partito alla guida degli organi statali in modo che l'azione e le decisioni dello Stato siano ispirate ai valori propri del partito.

I partiti sono perciò il tramite tra la società (o se si vuole il *popolo* come insieme giuridicamente indifferenziato dei *cittadini*) e lo Stato, rendendo palese ed operante in questo la pluralità ed il dinamismo sociale.

Pluripartitismo e monopartitismo

Poiché in ogni società complessa esistono diversi gruppi, ceti e classi sociali, e diversi valori ed ideali di riferimento, è normale che si formino vari e diversi partiti, ognuno dei quali mira a portare nella guida dello Stato i propri programmi e i propri fini. Storicamente, si può constatare che in tutti gli Stati in cui è esistito o esiste un solo partito (sistemi cosiddetti a *partito unico*), questa situazione non si è prodotta e non perdura spontaneamente, per un fenomeno di consenso sociale, ma si è prodotta perché un partito impadronitosi del potere statale ha soppresso i partiti avversari ed introdotto il divieto della formazione di nuovi partiti.

Negli Stati ispirati alla democrazia politica vale ovviamente la regola del *pluripartitismo*, che si manifesta non solo nella libertà garantita ad ognuno di aderire al partito prescelto (o a *nessun* partito), ma anche nella libertà di unirsi ad altri per dar vita ad un *nuovo* partito. Ciò non significa però che per qualunque partito sorto sia poi facile l'accesso alle istituzioni: anche perché spesso esistono regole e meccanismi elettorali – rivolti a garantire l'efficienza dell'azione di governo e ad evitare l'eccessiva frammentazione in minuscole frazioni – che necessariamente privilegiano i partiti più grandi. I metodi elettorali *maggioritari*, ad esempio, tendenzialmente favoriscono (ove il loro funzionamento non sia modificato da altri meccanismi) l'affermazione di sistemi tendenzialmente *bipartitici*, secondo il classico esempio del Regno Unito d'Inghilterra.

Pur svolgendo funzioni in una certa misura corrispondenti in qualunque sistema politico (come la funzione di selezione dei candidati per gli organi rappresentativi) i partiti hanno nei diversi Stati e sistemi politici caratteristiche particolari e diverse.

Vi sono situazioni, come quella degli Stati Uniti, in cui il partito è importante soprattutto nel momento elettorale, ma non ha una presenza né un'organizzazione stabile: per cui, passata la battaglia elettorale, gli eletti agiscono di propria iniziativa, al di fuori di orientamenti o disciplina di partito.

In altre situazioni invece (come spesso in Europa, ed in modo particolare in Italia) i partiti, dotati di una propria forte organizzazione, hanno costituito formazioni sociali sempre presenti, da un lato assicurando stabilità e continuità alla vita politica, dall'altro esercitando una influenza permanente sulla vita delle istituzioni.

Tuttavia, a partire dagli anni '90 del secolo da poco trascorso i partiti «storici» dei primi decenni della Repubblica sono venuti meno, ed i partiti che li hanno sostituiti – anche quando non sono apparsi la pura e semplice proiezione organizzativa del *leader* – non hanno raggiunto lo stesso grado di stabilità e di radicamento nella società che caratterizzava i precedenti. La vita politica è dunque risultata maggiormente consistere nella competizione tra i *leader* che nella competizione tra i partiti come tali.

Per la disciplina costituzionale e legislativa dei partiti in Italia, si veda *oltre*, cap. 32, par. 10.

capitolo 11

FORMAZIONE E VICENDE DELLO STATO ITALIANO

1. il Regno d'Italia dallo Statuto albertino al novecento

Il *Regno d'Italia* fu proclamato con legge del 17 marzo 1861. Si è discusso se si trattasse di uno Stato «nuovo» rispetto al Regno di Sardegna, e si è risposto di no: dato che nello Stato italiano continuarono ad operare tutte le istituzioni del regno piemontese, che soltanto «estesero» il loro ambito territoriale con le *annessioni* seguite ai *plebisciti*. Si sarebbe trattato in altre parole di una serie di «incorporazioni» nel senso chiarito al cap. 9, par. 6. In ogni modo – senza qui discutere se un così ampio mutamento nel *territorio* e soprattutto nel *popolo* significasse anche un mutamento dello Stato – il Regno d'Italia conservò come propria costituzione lo **Statuto** che Carlo Alberto aveva *concesso* al Regno di Sardegna il 4 marzo 1848.

La forma di governo nello Statuto

Nel suo spirito originario, lo Statuto albertino trasformava il Regno di Sardegna da monarchia *assoluta* in monarchia *costituzionale*. In esso il Sovrano conservava notevolissimi poteri. Non solo vi si affermava che «*al Re solo appartiene il potere esecutivo*», ma lo stesso *potere legislativo* era esercitato, oltre che dal Parlamento (composto di due Camere, una elettiva, l'altra di nomina regia), anche dal Sovrano stesso, che poteva respingere le leggi rifiutando ad esse la *sanzione* (così si chiamava l'atto che esprimeva il suo necessario consenso). Non era previsto un vero e proprio Governo, ma soltanto dei Ministri, dei quali si diceva che il Re li *nominava* e li *revocava*.

In teoria perciò i *centri di potere* nello Stato avrebbero dovuto essere due: da una parte il *Re*, che continuava sulla carta ad essere il più forte (dato che poteva influire sul Parlamento sia bloccando le leggi, sia nominando i senatori, sia all'occorrenza sciogliendo la Camera dei deputati e indicendo nuove elezioni), dall'altra parte lo stesso *Parlamento*.

Lo stesso Statuto affermava tuttavia all'art. 2, non senza ambiguità, che «*lo Stato è retto da un Governo Monarchico Rappresentativo*»: il che – si è sostenuto – comportava nel linguaggio dell'epoca la forma di governo parlamentare.

Suo funzionamento

In ogni modo il sistema funzionò, sia pure non senza qualche contraddizione ed incertezza, come una monarchia *parlamentare*. Già Cavour prima teorizzò e poi impose la necessità di un rapporto di fiducia con il Parlamento. Progressivamente venne prendendo rilievo il *Consiglio dei Ministri*, con un *Presidente del Consiglio* dotato di specifiche funzioni: fatti tutti in sostanza incompatibili con la permanenza nel Sovrano degli effettivi poteri di governo.

L'Italia restava tuttavia uno Stato liberale, e non uno Stato democratico. C'era, è vero, un Parlamento rappresentativo del popolo (anche se solo in parte, dato che i senatori venivano nominati dal Re), che non soltanto faceva le leggi ma attraverso la *fiducia* condizionava l'esistenza e le scelte del Governo. Sennonché il «popolo» era rappresentato in Parlamento assai parzialmente, a causa delle limitazioni al diritto di voto. Si consideri che, nonostante i progressivi allargamenti, alle elezioni del 1900 ebbe diritto al voto il 6,9% dei cittadini residenti nel Regno.

Sviluppo e crisi della democrazia

È nell'età caratterizzata dalle riforme sociali dei Governi presieduti da Giolitti (detta perciò comunemente «*età giolittiana*») che fu introdotto, con la legge 30 giugno 1912, n. 665, il **suffragio universale** maschile (le donne voteranno per la prima volta, in Italia, soltanto dopo la seconda guerra mondiale), concedendosi il diritto di voto a tutti i cittadini maggiori di età e di sesso maschile: sicché alle elezioni del 1913 poteva prender parte oltre il 23% della cittadinanza.

Lo sviluppo della democrazia portò, nelle seguenti elezioni del 1919, all'affermazione dei partiti della nuova era, quali il partito *popolare* e il partito *socialista*, a scapito del tradizionale ceto politico liberale (al quale continuarono tuttavia ad essere assegnati i maggiori incarichi di Governo). Ma a questo sviluppo venne a sovrapporsi la profonda crisi sociale ed economica che seguì la prima guerra mondiale e che vide protagoniste le masse che la guerra stessa aveva contribuito a porre in campo.

Vi fu un periodo di grande instabilità politica e di grandi disordini, in cui confluirono antiche rivendicazioni contadine e nuove aspirazioni operaie, speranze rivoluzionarie, già influenzate dalla recentissima rivoluzione russa, e scontentezza del ceto medio frustrato dalla crisi economica e sensibile alla propaganda nazionalista. Occupazioni delle terre, occupazioni delle fabbriche, scioperi dilaganti anche tra gli impiegati pubblici (fatto inconcepibile per la vecchia mentalità liberale, che vi vedeva incrinata la stessa base dello Stato), furono fra i fenomeni che indussero parte non piccola della classe dominante, ed infine la Corona stessa, a ritenere che non vi fosse mezzo per ristabilire gli ordinamenti sociali ormai sconvolti se non abbandonare gli strumenti della democrazia e dello stesso liberalismo, affidandosi alla forza aggressiva e violenta del movimento *fascista*, un movimento antisocialista ed antioperaio ormai organizzato in forme paramilitari.

2. il fascismo

Dopo che Mussolini alla fine dell'ottobre del 1922 fu nominato Presidente del Consiglio cominciò la progressiva trasformazione dello Stato liberal-democratico italiano in quello che fu, dal punto di vista delle istituzioni, lo *Stato fascista*. Ancora nel 1922 fu creata, accanto allo squadrismo di fatto, una Milizia fascista. Fu stravolta la legge elettorale, prima nel 1923 (nelle elezioni del 1924, svoltesi tra violenze ed intimidazioni di ogni genere, il *listone* «nazionale» di Mussolini ottenne il 64,9% dei voti), poi, ancor più profondamente, nel 1928 (quando le elezioni si ridussero all'approvazione plebiscitaria di una lista unica).

Le leggi fascistissime

Con le leggi dette già all'epoca «fascistissime» 24 dicembre 1925, n. 2263, e 31 gennaio 1926, n. 100, viene meno la necessità della *fiducia* del Parlamento al Governo, e con ciò ogni parvenza di regime parlamentare; inoltre, nessun argomento può più essere posto all'ordine del giorno delle Camere senza il consenso del Capo del Governo. Questi acquista una nuova *preminenza* anche all'interno stesso del Governo, dato che i Ministri sono responsabili dinanzi ad esso, e che esso può provocarne la revoca. Il Governo acquista ampi poteri normativi, tra i quali il potere di emanare decreti-legge che, anche se non approvati dal Parlamento, rimangono in vigore per due anni.

Le libertà politiche e sindacali, già di fatto compromesse, furono ufficialmente soppresse nel 1926 con lo scioglimento di tutti i partiti, associazioni e organizzazioni esplicanti attività contraria al regime (sistema del *partito unico*), con l'attribuzione di nuovi e ampi poteri alla polizia (si introdusse ad esempio l'istituto del *confino* di polizia), con il divieto dello sciopero (considerato ormai come reato contro lo Stato) e con l'inquadramento obbligatorio in un sindacato divenuto ormai organo statale. Nello stesso anno fu istituito il Tribunale speciale per la difesa dello Stato, che operava secondo la logica dei tribunali militari, e poteva infliggere la pena di morte.

In quel periodo si venne altresì sopprimendo il carattere elettivo delle amministrazioni locali: i sindaci furono sostituiti da *podestà* di nomina governativa, così come in generale gli amministratori comunali e provinciali. Nell'organizzazione costituzionale dello Stato fu inserito nel 1928 il *Gran Consiglio del fascismo*, con vari compiti importanti tra i quali la formazione della lista unica dei candidati alle elezioni, l'espressione di pareri sulle maggiori leggi, la formulazione delle candidature per la carica di Capo del Governo (questa competenza, che non fu mai esercitata, aveva lo scopo di porre comunque dei vincoli ad un eventuale intervento del Re), la formulazione di pareri sulle questioni di successione dinastica (con implicita minaccia alla monarchia).

Il fascismo stabilizzato

Negli *anni trenta* il regime fascista, ormai stabilizzato, tenta di sviluppare sul piano delle istituzioni dell'economia e del lavoro i principi del *corporativismo*, che rappresenta un tentativo di conciliare il conflitto tra lavoratori e datori di lavoro attraendone la gestione all'interno delle istituzioni statali, e in ogni caso subordinandolo all'«interesse nazionale». Vengono istituite le *corporazioni*, chiamate a rappresentare «l'organizzazione unitaria delle forze della produzione» in ciascun settore di attività. Ma l'attività delle corporazioni si ridusse a ben poco e l'esperimento, al quale molti avevano guardato con attenzione, sostanzialmente fallì; nel frattempo, del resto, il regime aveva spostato il centro del suo interesse alla *politica estera* iniziando, con la guerra d'Etiopia e la fondazione dell'«impero», quell'attitudine aggressiva ed espansiva che porterà poi l'Italia al coinvolgimento a fianco della Germania nazista nella seconda guerra mondiale.

L'opera di «fascistizzazione» dello Stato italiano trova il suo completamento nella legge 11 gennaio 1939, n. 129, che trasforma la Camera dei deputati in *Camera dei fasci e delle corporazioni* (organo nemmeno più formalmente elettivo, ma nominato dall'alto), e fa comunque di entrambe le Camere dei meri *organi ausiliari* del Governo. Un anno prima erano state emanate le *leggi razziali*, che imposero il censimento degli israeliti (il che rese poi più facile la persecuzione nazista) e li privarono di molti fondamentali diritti civili, tra cui il diritto di contrarre matrimonio al di fuori della comunità israelitica, l'accesso ai pubblici impieghi (compresi l'insegnamento e gli uffici militari) e a non pochi impieghi e professioni private.

3. dalla caduta del fascismo alla Repubblica

Il 25 luglio

Le vicende della seconda guerra mondiale, cui l'Italia partecipò dal 1940, fecero precipitare la crisi del regime, che aveva ormai perduto quel consenso di massa che in certi periodi aveva pur ottenuto. Le forze politiche antifasciste premevano per un rovesciamento del regime, quando lo stesso Gran Consiglio del Fascismo, riunito dopo un lungo periodo di completa paralisi, con il famoso *ordine del giorno* del 25 luglio 1943 chiese un'iniziativa del Re. Il giorno seguente Vittorio Emanuele III revocò Mussolini da Capo del Governo; quindi, senza attendere designazioni dal Gran Consiglio (come avrebbe voluto la legge del 1928), nominò nuovo Capo del Governo il maresciallo Badoglio.

La nomina del nuovo Governo avvenne quindi al di fuori degli schemi della legalità fascista; e la rottura si fece netta quando, subito dopo, il Governo Badoglio con propri decreti-legge provvide ad eliminare o paralizzare le istituzioni proprie del fascismo: il Gran Consiglio, il Tribunale speciale per la difesa dello Stato, la Milizia volontaria per la sicurezza nazionale, il Partito nazionale fascista e la stessa Camera dei fasci e delle corporazioni. Proprio la soppressione della Camera dei fasci, anzi, fece sì che quei decreti-legge non potessero affatto essere convertiti in legge, dato che del Parlamento non era rimasto che il Senato. I decreti valsero perciò per forza propria.

Il Regno del Sud

La caduta del fascismo non riportò certo la quiete nelle vicende istituzionali italiane. L'8 settembre 1943 l'annuncio americano dell'armistizio concordato tra l'Italia e gli Alleati (che avrebbe dovuto rimanere per qualche tempo ancora riservato) e la reazione delle truppe tedesche, massicciamente presenti al Centro e al Nord dell'Italia, indussero il Re ed il Governo a rifugiarsi a Salerno, dando vita a quello che fu chiamato il *Regno del Sud*.

Poco dopo Mussolini (che, arrestato dopo il 25 luglio, era stato in seguito liberato con un colpo di mano dalle truppe tedesche) con il favore della Germania formò la cosiddetta *Repubblica sociale italiana*, chiamata anche «Repubblica di Salò», dal nome della cittadina sul lago di Garda ove essa ebbe sede. Ci furono così due formazioni, reciprocamente avverse, che aspiravano a porsi – benché nella pretesa della «Repubblica sociale» non vi fosse nessun fondamento giuridico – come continuatori dello Stato italiano.

Il patto di Salerno

Intanto, i partiti antifascisti (Partito Liberale, Democrazia del lavoro, Democrazia Cristiana, Partito d'azione, Partito socialista, Partito comunista) avevano stretto un patto di unità d'azione, costituendo il 9 settembre 1943 il *Comitato di liberazione nazionale* (C.L.N.) e ponendosi alla guida politica del movimento di *Resistenza* al nazismo e a quanto restava del fascismo. Essi però rifiutavano ogni collaborazione con il Re, del quale chiedevano anzi l'abdicazione. La situazione di conflitto che ne derivò fu sbloccata dal cosiddetto *patto di Salerno*, stretto tra le forze politiche del C.L.N. e la Monarchia. In virtù di esso la «questione istituzionale» (cioè la decisione su quale forma di governo avrebbe dovuto avere l'Italia in futuro, compresa la scelta tra *monarchia* e *repubblica*) fu rinviata a dopo la liberazione del Paese; inoltre – mentre Vittorio Emanuele III, pur senza abdicare, lasciava ogni potere al figlio Umberto, nominato «Luogotenente del Regno» – fu intanto formato un Governo nel quale (come poi nei seguenti) entrarono i sei partiti del C.L.N. Il contenuto del compromesso fu sancito dal decreto-legge 25 giugno 1944, n. 151, che stabiliva nei termini esposti la «Costituzione provvisoria» dello Stato.

Il governo tornava così ad essere nella sostanza *rappresentativo*, anche se mancava sempre un Parlamento, data l'ovvia impossibilità di procedere (nella situazione di guerra e, in parte del territorio, di occupazione) ad elezioni. Qualcosa di simile ad un Parlamento fu comunque dalla primavera del 1945 la *Consulta nazionale*, organo composto di personalità politiche (nel numero di circa 400), chiamato a dare *pareri* sui problemi generali e sugli atti legislativi che venivano sottoposti ad essa dal Governo.

A liberazione avvenuta, con il decreto legislativo 16 marzo 1946, n. 98, fu stabilito che la scelta tra monarchia e repubblica sarebbe stata fatta direttamente dal popolo tramite un *referendum* (e non, come prima si prevedeva, dalla futura *Assemblea costituente*). Il 9 maggio 1946 – subito prima delle elezioni della Costituente – Vittorio Emanuele III, al fine di presentare al corpo elettorale una Corona non compromessa con il passato regime, *abdicò* ufficialmente, e il Luogotenente assunse il titolo di Umberto II, Re d'Italia. Vi furono per questo gesto molte polemiche, e i sostenitori della repubblica sostennero che era stato violato l'accordo, preso a Salerno, di non alterare la situazione istituzionale prima della decisione definitiva.

Il referendum istituzionale

Il *referendum*, svoltosi il 2 giugno contemporaneamente alle elezioni per l'Assemblea costituente, diede il seguente risultato: 12.717.923 elettori a favore della Repubblica; 10.719.284 a favore della Monarchia; 1.498.136 schede bianche o nulle. Il risultato era perciò favorevole alla Repubblica: Umberto II fu così Re dal 9 maggio al 17 giugno (cosiddetto «Regno di maggio»). Il 29 giugno l'assemblea costituente elesse *Capo provvisorio dello Stato* l'on. Enrico De Nicola.

4. l'Assemblea costituente e la Costituzione

Le elezioni per l'Assemblea costituente diedero il seguente esito: 207 membri ebbe la democrazia cristiana; 115 il partito socialista italiano; 104 il partito comunista italiano; 41 l'unione democratica nazionale (liberali e altri); 30 il fronte dell'uomo qualunque; 23 il partito repubblicano; 36 altre liste varie. La stessa composizione dell'Assemblea lasciava perciò prevedere che la Costituzione repubblicana non avrebbe potuto nascere se non da un'intesa e da un compromesso tra i cattolici e le sinistre, che sommati avevano ben 426 rappresentanti su 556 seggi disponibili. Ricordiamo che l'Assemblea costituente non aveva il compito di fare le leggi, ma – salve limitate eccezioni – il solo compito di redigere la nuova Costituzione.

La formazione della Costituzione

Fu in primo luogo redatto un *Progetto di costituzione*, ad opera di una Commissione (detta «dei settantacinque» dal numero dei suoi componenti), con un lavoro che durò dal luglio 1946 al gennaio del 1947. Nel corso del '47 furono discussi, emendati e votati gli articoli del progetto. Il testo complessivo, in qualche punto rivisto da un «Comitato di coordinamento», fu sottoposto alla votazione finale dell'Assemblea il 22 dicembre 1947. La votazione, a scrutinio segreto, diede 453 voti a favore, 62 contrari. La nuova Costituzione fu quindi *promulgata* (cioè solennemente proclamata) dal Capo provvisorio dello Stato il 27 dicembre 1947, ed entrò in vigore il 1° gennaio 1948.

Contenuto e caratteri

La Costituzione approvata dall'Assemblea costituente, che sta ancora oggi, con qualche marginale modifica, a fondamento delle istituzioni della Repubblica italiana, è composta di 139 articoli, più diciotto disposizioni «transitorie e finali». Essa si compone dei *Principi fondamentali* (che comprendono i primi 12 articoli) della Parte prima, *Diritti e doveri dei cittadini* (che comprende gli articoli da 13 a 54, e si suddivide in quattro «Titoli», rispettivamente denominati *Rapporti civili, Rapporti etico-sociali, Rapporti economici* e *Rapporti politici*), della Parte seconda, *Ordinamento della Repubblica* (che comprende gli articoli da 55 alla fine, e si suddivide in sei «Titoli», e precisamente: *Il Parlamento; Il Presidente della Repubblica; Il Governo; La magistratura; Le Regioni, le Province, i Comuni; Le garanzie costituzionali*).

Si tratta perciò di una costituzione «lunga» (così sono chiamate le Costituzioni che non si limitano a dettare le norme sull'*organizzazione* dello Stato). E proprio la parte relativa ai *principi fondamentali* e ai *diritti e doveri dei cittadini* è la più originale, e quella in cui meglio si riflette l'ispirazione delle forze politiche che la vollero. In essa sono sanciti i fondamentali diritti della persona – con al centro il *principio di eguaglianza*, e l'obbligo dello Stato di operare per «rimuovere gli ostacoli di ordine economico e sociale» che di fatto ne limitano la piena esplicazione – tra i quali il *diritto al lavoro*, e le *libertà* «individuali» (come la libertà personale, di domicilio, di comunicazione, di movimento, di riunione e associazione, di religione, di manifestazione del pensiero, di iniziativa economica), e «collettive» (come le libertà sindacali e politiche).

Nella Costituzione inoltre si definiscono i compiti delle istituzioni pubbliche nel governo della società e dell'economia, rendendo in sostanza responsabile la Repubblica del benessere collettivo, e fondando così lo *Stato sociale*, o Stato «interventista» (in opposizione alla concezione ottocentesca dello Stato «gendarme», dello Stato che si limita a porre e a far rispettare le *regole del gioco*).

L'organizzazione della Repubblica

La parte relativa all'*Organizzazione* della Repubblica è, come si è spesso osservato, la meno «innovativa», dato che essa riprende pienamente le forme del «governo parlamentare» di tipo liberale democratico. Tuttavia, rispetto alla precedente esperienza italiana, non mancano le novità di rilievo. Innanzitutto – ed ovviamente – la piena realizzazione della *democrazia*, con l'affermazione di principio della *sovranità popolare* e con la completa attuazione (già introdotta alle elezioni del 2 giugno 1946 per il *referendum* e per l'Assemblea costituente) del *suffragio universale*, maschile e femminile.

Accanto a ciò, sono ancora da indicare l'introduzione di un **controllo di legittimità costituzionale delle leggi**, la previsione delle **Regioni**, l'introduzione di sia pur limitate occasioni di **democrazia diretta** (cioè di occasioni in cui il *popolo* è chiamato a decidere direttamente esso stesso, anziché attraverso i propri rappresentanti parlamentari).

Con la possibilità di una verifica della legittimità costituzionale delle leggi, ad opera di un giudice specialissimo come la Corte costituzionale, si rende effettiva la subordinazione della legislazione ordinaria alla Costituzione, e si assicura il carattere *rigido* di questa. Le Regioni sono previste come istituzioni aventi notevole autonomia – al punto da potere disciplinare la propria azione mediante *leggi regionali.* L'intervento diretto del popolo si ha in particolare con la possibilità di abrogare le leggi mediante *referendum* popolare (un altro *referendum* è inoltre possibile nel procedimento di modifica della Costituzione).

5. la prima attuazione della Costituzione e la scelta europea

La guerra fredda

La traduzione in reali istituzioni quotidiane delle scelte fatte dall'Assemblea costituente avvenne in un contesto politico ed internazionale sensibilmente mutato rispetto a quello del primo dopoguerra. L'alleanza tra Stati Uniti, Inghilterra, Francia e Unione Sovietica, che aveva portato alla sconfitta della Germania nazista e dei suoi alleati, venne meno, per dare luogo ad una radicale contrapposizione su scala mondiale tra il «blocco occidentale», formato essenzialmente da Stati Uniti, Inghilterra, Francia (cui si vennero aggregando molti altri Stati che si ispiravano ai principi istituzionali della democrazia liberale), e il «blocco sovietico», imperniato sull'Unione Sovietica e sugli Stati che di buono o cattivo grado ricadevano nella sua sfera di influenza (quali l'Ungheria, la Polonia, la Cecoslovacchia), ispirati ai principi già illustrati dello «Stato socialista». Militarmente i due blocchi si fronteggiavano in due distinte alleanze, la NATO e il Patto di Varsavia, in quella che fu chiamata la *guerra fredda*, per alludere ad una competizione non meno decisa di quella bellica, anche se non combattuta con le armi (se non in modo parziale ed indiretto, ed in zone lontane dall'Europa, quali la Corea prima ed il Vietnam dopo). In Europa il segno più evidente di questa contrapposizione era la divisione della Germania in due Stati appartenenti agli opposti blocchi.

Le conseguenze in Italia e la scelta occidentale

In Italia, la guerra fredda provocò una lacerazione profonda tra i partiti già uniti nel Comitato di liberazione nazionale e nel primo Governo della Repubblica. Il Partito comunista e quello socialista si rifacevano, sia pure con la prudenza di un dirigente come Togliatti, agli ideali rivoluzionari incarnati nel blocco sovietico, la Democrazia cristiana guidata da De Gasperi ed altri partiti minori si schierarono nettamente dalla parte occidentale. Le elezioni politiche del 1948, svoltesi con i sistemi elettorali di tipo proporzionale che nel frattempo erano stati deliberati, e vinte dalla Democrazia cristiana che ottenne la maggioranza assoluta in Parlamento, determinarono la collocazione dell'Italia nel campo occidentale ed il suo ingresso nella NATO (il cui Trattato istitutivo, del 4 aprile 1949, fu ratificato con l. 1 agosto 1949, n. 465). Da allora e per lungo tempo, nonostante il progressivo allontanamento del Partito comunista dagli ideali teorici dello Stato socialista ed il progressivo allentamento dei relativi legami organizzativi, la lotta politica in Italia non fu percepita soltanto come scontro tra partiti *conservatori* e partiti *progressisti*, ma ben di più come scontro globale di civiltà e valori e come scelta tra diverse ipotesi di collocazione internazionale.

Attuazione e inattuazione della Costituzione

In questo clima di accesa conflittualità, e di fronte anche alle impellenti necessità di ricostruzione di un paese uscito sconfitto ed in larga misura distrutto dalla guerra, non può stupire che la compiuta attuazione dei meccanismi istituzionali più innovativi previsti dalla Costituzione subisse ritardi o veri e propri rinvii. Di fatto congelata – nonostante l'approvazione nel 1953 di una legge apparentemente in senso contrario – fu l'istituzione delle Regioni: alcune delle quali inevitabilmente si sarebbero dovute consegnare al governo del Partito comunista. L'Italia rimase così intanto uno Stato di tipo accentrato. Le istituzioni innovative centrali furono invece realizzate, sia pure con alcuni anni di ritardo. La *Corte costituzionale* come giudice della legittimità costituzionale delle leggi poté funzionare a partire dal 1956, ed il *Consiglio superiore della magistratura* (cioé l'organo chiamato ad «amministrare» il personale giudicante, in luogo del Ministro di grazia e giustizia) dal 1958.

L'integrazione europea

La scelta di fondo compiuta dall'Italia con lo schieramento nel campo occidentale si era intanto venuta completando con l'altra fondamentale scelta dell'integrazione europea. Già delineata nel 1951 con la partecipazione alla *Comunità europea del carbone e dell'acciaio*, la scelta si completa e si perfeziona nel 1957 con la creazione, insieme a Francia, Germania (allora *ovest*) Belgio, Lussemburgo, Olanda, della *Comunità economica europea* e dell'*Euratom*. I trattati istitutivi delle Comunità europee avrebbero rivelato con il tempo – anche per la lungimiranza e saggezza politica degli ideatori – una straordinaria vitalità ed una straordinaria capacità di espansione. Gli sviluppi di quei trattati e le successive adesioni danno vita a quella che è oggi la fondamentale istituzione comune sovranazionale di quasi tutta l'Europa occidentale, e che si appresta ad accogliere anche gli Stati dell'Europa già detta «dell'*est*», ma in realtà più propriamente centrale: una istituzione i cui principi fondamentali in materia di libertà economiche sono entrati a far parte integrante del modo di essere degli Stati membri, e le cui norme (sia quelle dei Trattati istitutivi che quelle via via create dagli organi di governo della Comunità) in larga misura operano direttamente negli Stati membri, determinando rilevanti modifiche nel reale assetto delle «fonti del diritto» proprio di ciascuno, e con ciò sostanziali modifiche nel funzionamento della costituzione.

Il centrismo

Nonostante la saggezza delle fondamentali scelte ora accennate, e nonostante il successo della politica economica della ricostruzione che – anche aiutata dai rilevanti aiuti che gli Stati Uniti riversarono sull'Europa con il c.d. *piano Marshall* – aveva portato l'Italia con il cosiddetto *miracolo economico* ad un livello di benessere prima impensabile, la vita politica ed istituzionale italiana rimaneva chiusa in spazi angusti. Esclusa la partecipazione ai governi della destra nostalgica del regime fascista, rimasta estranea alla stessa fase costituente, le forze di sinistra – che pure esprimevano in larga misura la rappresentanza delle classi lavoratrici – per le aspirazioni dichiarate e per i legami internazionali risultavano anch'esse emarginate e non utilizzabili, in diverso modo ma non in misura minore. L'area del governo del paese si riduceva perciò alle forze politiche di «centro» (Democrazia cristiana e minori partiti alleati), e con il nome di *centrismo* si designò la corrispondente fase politica.

6. la seconda attuazione della Costituzione

Il primo centro-sinistra

Fu all'inizio degli anni '60 che – pur sempre nella cornice della guerra fredda – si compì un primo tentativo, in parte riuscito, di allargare la base della rappresentanza e del consenso nel governo del paese. Il Partito socialista si distaccò dall'alleanza con il Partito comunista e – abbandonate le prospettive rivoluzionarie – si schierò per una politica di modernizzazione (e non di sconvolgimento) della struttura economica e sociale esistente. Con ciò furono poste le basi per il costituirsi di governi a partecipazione socialista, detti (in connessione con la fase precedente) governi di *centro-sinistra*.

Dopo che già nel 1962 era stata data attuazione all'art. 34 Cost. riformando la scuola media e portando l'istruzione obbligatoria e gratuita all'età di 14 anni, i governi di centro-sinistra cercarono di porre al centro dell'attenzione il tema della guida pubblica dello sviluppo economico: da un lato continuando ad utilizzare la già ingente presenza dello Stato (quale si era venuta realizzando sin dagli anni '30 attraverso il progressivo accumulo nelle sue mani di partecipazioni azionarie), dall'altro con la *nazionalizzazione dell'energia elettrica* (realizzata con l'espropriazione delle imprese elettriche e la concentrazione della produzione e vendita nell'ENEL: primo ed unico esempio di attuazione del disposto dell'art. 43 Cost.), dall'altro ancora con la politica della *programmazione economica*: anche se essa fu più un tentativo che una realtà.

I più duraturi frutti della nuova stagione politica si ebbero tuttavia in un periodo successivo, anche a seguito delle istanze di rinnovamento e cambiamento manifestate nel mondo occidentale – ed anche in Italia – dalla protesta giovanile e studentesca del 1968. La spinta al rinnovamento in parte si tradusse in una nuova fase di attuazione di istituzioni e meccanismi già previsti dalla Costituzione ma di fatto non realizzati, che ora venivano a realizzazione in un contesto politico ed in relazione ad esigenze così diverse da quelle originarie. Così, dopo un certo periodo di gestazione, nel 1970 furono davvero istituite su tutto il territorio nazionale *le Regioni*, e nello stesso anno fu disciplinato l'istituto del *referendum abrogativo*. Nel 1971 fu completato il sistema di tutela contro gli atti della pubblica amministrazione, con l'istituzione degli *organi di primo grado* di giustizia amministrativa previsti dall'art. 125 Cost.

Altre importanti leggi dello stesso periodo, pur non ponendosi in diretto collegamento con istituzioni previste dalla Costituzione, sono tuttavia anch'esse significative di una espansione delle libertà civili (si pensi alla legge n. 898 del 1970 che consente a certe condizioni lo scioglimento del matrimonio, la cui corrispondenza alla volontà popolare fu saggiata nel primo *referendum* richiesto) e delle libertà democratiche nei luoghi di lavoro (si pensi allo *statuto dei lavoratori*, approvato con la legge n. 300 del 1970).

7. la questione delle riforme e della «seconda Repubblica»

Con le istituzioni ora indicate, il processo di attuazione della Costituzione può considerarsi, dal punto di vista istituzionale, sostanzialmente compiuto: anche se il processo di attuazione delle Regioni, oltre la loro formale istituzione, ha richiesto ancora altri anni, per acquisire una forma relativamente definita soltanto alla fine degli anni '70.

Naturalmente, il termine del processo di attuazione costituzionale non significa che in seguito le istituzioni siano rimaste del tutto immobili, ma soltanto che le successive evoluzioni si sono compiute all'interno della cornice costituzionale, che per circa quattro decenni – salvo aggiustamenti minori – ha costituito un punto di riferimento operante e sostanzialmente costante.

Il dibattito sulle riforme istituzionali

Alla fine degli anni '80, tuttavia, nella sempre più mutata situazione nazionale e (ancor più) internazionale, è andato progressivamente crescendo il dibattito sulle cosiddette *riforme istituzionali*: nell'ambito del quale – salvi i valori fondamentali – praticamente ogni aspetto dell'organizzazione costituzionale dello Stato ha formato oggetto di proposte di riforma. Punti focali nel dibattito sono stati da una parte l'esigenza, fortemente sentita, di assicurare al paese una migliore *governabilità* (cioè una migliore capacità di decidere e di agire da parte delle istituzioni di governo), dall'altra l'esigenza (più controversa) di riordinare le istituzioni rappresentative in modo da assicurare al livello nazionale una adeguata rappresentanza delle comunità regionali e locali.

Approvazione di nuove leggi elettorali

Fatto sta comunque che nel corso del 1992 il dibattito «astratto» sulle riforme istituzionali è stato in parte accelerato, in parte travolto dalla crisi politica derivata, tra l'altro, dalla scoperta per via giudiziaria della degenerazione di molti partiti politici e dei connessi imponenti fenomeni di corruzione ed illegalità: scoperta che ha portato in primo piano il problema del ricambio della classe politica e del rinnovamento dei metodi di selezione della rappresentanza, a cominciare dal sistema elettorale, drasticamente modificato, prima per referendum (per il Senato) e poi per legge (per entrambe le Camere), in senso maggioritario (su tali vicende, e sulle nuove leggi elettorali, v. cap. 14, par. 2).

La Commissione per le riforme istituzionali

Nel 1993 con l. costituzionale del 6 agosto, n. 1, è stato assegnato ad una *Commissione parlamentare per le riforme istituzionali* (detta «bicamerale») il compito di elaborare un progetto organico di revisione dell'organizzazione costituzionale. La stessa legge prevedeva poi disposizioni speciali per l'approvazione del progetto, che avrebbe dovuto essere comunque sottoposto, dopo l'approvazione, ad un *referendum* popolare (di tipo *approvativo*, e non di tipo abrogativo quale quello previsto in via ordinaria dall'art. 75 della Costituzione).

La Commissione bicamerale è riuscita ad elaborare ed approvare un progetto, ufficialmente consegnato ai due rami del Parlamento. In tale progetto una forte attenzione era posta alla modifica ed alla valorizzazione delle istituzioni regionali. Ma lo scioglimento delle Camere subito seguito ha impedito che esso avesse ulteriore seguito.

Le elezioni del 1994

Il 27-28 marzo 1994 si sono tenute le prime elezioni politiche con la nuova legge elettorale, in parte ancora proporzionale ed in parte più grande basata sul sistema maggioritario a collegi uninominali. Il fatto nuovo fu costituito dalla «discesa in campo» di un noto imprenditore (del settore televisivo e di molti altri settori) che, temendo che lo sfaldamento dei partiti tradizionali di governo dopo la scoperta della corruzione diffusa favorisse la vittoria delle sinistre, ha in pochi mesi creato dal nulla una nuova formazione politica, denominata *Forza Italia*, e l'ha «lanciata» con una forte campagna pubblicitaria, largamente utilizzando il supporto delle proprie reti televisive.

Alle elezioni si presentò nell'Italia settentrionale una coalizione tra *Forza Italia* e il partito federalista della *Lega Nord*, al Sud una coalizione tra *Forza Italia* e la formazione di destra *Alleanza nazionale*. Nell'insieme, i tre partiti ottennero la maggioranza alla Camera, quasi la maggioranza al Senato. Spinti dal successo, e nonostante la palese incompatibilità di principio e di programmi tra la *Lega Nord* e *Alleanza nazionale*, i tre partiti formarono una coalizione di maggioranza per un governo guidato dal *leader* di *Forza Italia*, che sostituì il governo «tecnico» che aveva guidato il paese fino alle elezioni.

La cosiddetta seconda Repubblica

Parve in quel momento a molti che la nuova sensibilità e le nuove leggi maggioritarie avessero portato ad un sistema politico-istituzionale radicalmente diverso dal precedente, che consentiva di identificare immediatamente, sulla base del voto popolare, la maggioranza di governo e lo stesso primo ministro. Per sottolineare il passaggio dal precedente al nuovo sistema si parlò, con termine suggestivo, di *Seconda Repubblica*, e talora si pose persino in dubbio, senza alcun fondamento giuridico, la permanente validità della Costituzione del 1947.

Tuttavia, anche il sistema maggioritario con collegi uninominali assicura l'immediata identificazione della maggioranza di governo solo se la maggioranza dei seggi è conquistata da una formazione unitaria o almeno da una coalizione omogenea, presentatasi come tale all'elettorato; mentre se tale condizione non si verifica, è evidente che la maggioranza non può che formarsi in Parlamento, sulla base di accordi politici tra i partiti presenti in esso. Non è affatto sorprendente perciò, data la forte disomogeneità tra *Lega Nord* da una parte, *Forza Italia* e *Alleanza Nazionale* dall'altra, che la coalizione si sia spezzata con il passaggio della *Lega Nord* all'opposizione nel dicembre 1994 e con la formazione (nell'impossibilità di costituire una diversa maggioranza politicamente coesa) di un governo «tecnico».

Il dibattito sul «federalismo»

In questo periodo il dibattito istituzionale si è sostanzialmente concentrato su tre temi maggiori. Da una parte, il ruolo acquisito almeno per un certo periodo dalla *Lega Nord* ha posto al centro dell'attenzione il tema della possibile trasformazione dell'Italia in una repubblica *federale*: di qui la produzione (oltre al progetto della Commissione bicamerale cui si è sopra accennato) di diversi progetti, peraltro ispirati a concezioni molto differenziate sia quanto ai «soggetti» federati (dalla proposta estrema delle tre Repubbliche del Nord, del Centro e del Sud alle attuali Regioni), sia quanto ai rapporti istituzionali complessivi tra la Federazione, gli Stati membri (o Regioni) ed il sistema delle autonomie locali.

sulle regole

D'altra parte la prima esperienza di governo «maggioritario» ha posto al centro dell'attenzione il problema delle *regole* della competizione politica (ed in particolare la questione detta della *par condicio*, ovvero della parità di possibilità per le varie formazioni politiche nell'accesso ai mezzi di diffusione), e più in generale ha posto il problema della coesistenza tra maggioranza e minoranza, e delle *garanzie* da assicurare alla minoranza in un sistema nel quale il meccanismo elettorale rafforza tendenzialmente la maggioranza.

e sul rafforzamento dell'esecutivo

Inoltre, la constatazione che le modifiche al sistema elettorale introdotte nel 1993 non garantiscono di per sé un governo stabile ha sollecitato l'elaborazione di nuove proposte per favorire una più diretta investitura popolare dell'esecutivo: secondo alcuni nella direzione del *presidenzialismo*, secondo altri nella direzione del *semipresidenzialismo*, secondo altri ancora nella direzione dell'elezione del Primo ministro da parte del Parlamento (sistema del *cancellierato* quale forma corretta del sistema parlamentare), o addirittura da parte del corpo elettorale.

Le elezioni del 1996 e la nuova Commissione bicamerale per le riforme istituzionali

Le elezioni politiche del 21 aprile 1996 diedero la vittoria alla coalizione di centro-sinistra denominata *Ulivo*, il cui *leader* assunse dunque il compito di formare il Governo. L'esigenza di porre finalmente mano alla riforma della Costituzione, avvertita sia dalle forze politiche di maggioranza che da quelle di opposizione, ha portato (l. cost. 24 gennaio 1997, n. 1) ad affidare ad una nuova *Commissione bicamerale* il compito di presentare una proposta organica di revisione della Parte II della Costituzione, da sottoporre alla (doppia) approvazione delle Camere e quindi al *referendum* popolare: e tale Commissione ha in effetti presentato la propria proposta nel novembre 1997.

La proposta di riforma

Quanto alla *forma di Stato*, la proposta prevedeva uno Stato ampiamente decentrato su diversi livelli di enti locali (Comuni, Province e le stesse Regioni), privilegiando il livello comunale.

Quanto alla *forma di governo*, il progetto introduceva l'elezione diretta del Presidente della Repubblica, mantenendo però fermo che il Governo deve avere la fiducia delle Camere dei deputati (e perciò conserva il carattere *parlamentare*), e che il Presidente della Repubblica ha soprattutto il compito di garantire il funzionamento dei meccanismi costituzionali. Il Parlamento avrebbe mantenuto il precedente carattere *bicamerale*, anche se con una forte differenziazione dei compiti assegnati al Senato. Per l'approvazione di alcune leggi inoltre il Senato sarebbe stato integrato da componenti eletti in sede locale in rappresentanza delle Regioni, delle Province e dei Comuni.

Tuttavia, nel 1998 il procedimento di revisione costituzionale è stato sostanzialmente abbandonato per sopraggiunti contrasti politici.

Le leggi costituzionali approvate

L'abbandono del maggiore disegno di riforma costituzionale non toglie però che «riforme» si siano fatte. Limitandosi qui a quelle di livello costituzionale, con la legge costituzionale n. 1 del 1999 è stata profondamente mutata la forma di governo delle Regioni, con l'introduzione anche per esse (come già per i Comuni e le Province) dell'elezione diretta del Presidente. La legge costituzionale n. 2 del 1999 ha invece meglio specificato i principi del *giusto processo*, sia con riferimento alla sua ragionevole durata che con riferimento alle garanzie per l'imputato nel processo penale. Nel 2000 e nel 2001 (con le leggi costituzionali n. 1 di ciascun anno) sono state inoltre modificate alcune regole concernenti il Parlamento e le elezioni, per assicurare una migliore opportunità di voto per gli *italiani all'estero*.

La più impegnativa riforma costituzionale compiuta è però costituita dalle *Modifiche al titolo V della parte seconda della Costituzione*, approvate con legge costituzionale 18 ottobre 2001, n. 3. Esse modificano profondamente i poteri legislativi dello Stato e delle Regioni, e più in generale contengono un nuovo disegno dei rapporti tra i Comuni, le Province, le Città metropolitane (peraltro non ancora concretamente istituite), le Regioni e lo Stato, i quali nel loro insieme costituiscono «La Repubblica», secondo il nuovo testo dell'art. 114 Cost.: v. più ampiamente *oltre*, cap. 26.

E quella non approvata dal referendum

Nel 2005 il Parlamento ha approvato un'ampia riforma dell'intera Parte seconda della Costituzione. Essa mirava – nell'intenzione delle forze politiche che la sostenevano – ad una ulteriore importante devoluzione di competenze alle Regioni (da cui la denominazione di *devolution* che nel linguaggio della politica spesso identificava l'intero testo della riforma). A questo ulteriore spostamento del baricentro del sistema istituzionale verso le Regioni si ponevano due correttivi: da un lato, si creava il contrappeso di un governo – e soprattutto un primo ministro – forte, attraverso la trasformazione della forma di governo da quella tipicamente parlamentare ad una basata sul «premierato», cioè sul governo del Primo Ministro; al tempo stesso una delle due camere del Parlamento, il Senato, avrebbe assunto il compito di rappresentare «al centro» le articolazioni territoriali della Repubblica, assumendo la denominazione di «Senato federale». Il potere legislativo avrebbe abbandonato la forma attuale del bicameralismo perfetto: la rappresentanza politica in senso proprio si sarebbe concentrata nella Camera dei deputati (con cui soltanto vi sarebbe stato il rapporto di fiducia con il Governo), mentre il Senato federale era chiamato ad esprimere la posizione e quando necessario il consenso delle realtà territoriali in relazione alla legislazione statale.

Tuttavia, molti temevano gli effetti disgregativi della cosiddetta *devolution*, che pure in realtà era debole e quasi insignificante. Con maggiore fondamento molti temevano che il rafforzamento dei poteri del

Governo e soprattutto del Primo Ministro potesse mettere in crisi la funzione del Parlamento, ed in definitiva mettere capo a forme di autoritarismo. La trasformazione del Senato in camera territoriale, poi, era più apparente che reale, e comunque era destinata a divenire operativa in un futuro ancora lontano, come il 2016. Per una ragione o per l'altra, nel *referendum* svoltosi nel 2006 la riforma costituzionale non è stata approvata dal popolo.

La nuova legge elettorale del 2005

Intanto la maggioranza di centro-destra aveva imposto con la legge n. 270 del 2005 un nuovo sistema elettorale che (soppressi i collegi uninominali) introduceva una competizione a liste concorrenti «bloccate» – cioè senza la possibilità per gli elettori di incidere sull'ordine di lista – e garantiva alla Camera un abnorme *premio di maggioranza* alla lista o coalizione di liste che ottenesse più voti.

Le successive elezioni del 2006 avevano dato un risultato di sostanziale parità tra centro-sinistra e centro-destra, che la legge elettorale approvata verso la fine della legislatura aveva trasformato in una netta maggioranza di centro-sinistra alla Camera, ma non al Senato. Emergeva così in primo piano il problema della *governabilità*, collegato al tema del senso del *bicameralismo*. Ne risultavano tentativi di recuperare dal progetto bocciato dal *referendum* almeno la riforma del Parlamento. Tuttavia, nonostante l'ampio consenso politico che si era raggiunto su questo punto, la fine anticipata della legislatura travolgeva anche questo disegno.

Le elezioni del 2008 intanto hanno registrato una netta maggioranza del centro-destra sia alla Camera che al Senato, risolvendo in termini pratici – almeno per ora – il problema della governabilità.

capitolo 12

PRINCIPI FONDAMENTALI DELLA ORGANIZZAZIONE PUBBLICA

1. persona giuridica, organi e uffici

Le persone giuridiche sia pubbliche che private, hanno, come già si è detto, **capacità giuridica** e **capacità d'agire**. Ma è ovvio che esse non possono agire altrimenti che attraverso una persona *fisica,* che opera *per* la persona giuridica: di qui il classico problema di quale sia il rapporto tra la persona giuridica e la persona fisica che agisce in suo nome e per suo conto.

L'agire *in nome e per conto* di un altro, e di conseguenza la *separazione* tra colui che *opera* (nel nostro caso, la persona fisica) e colui per il quale debbono prodursi le conseguenze giuridiche dell'azione compiuta (la persona giuridica) ci ricorda un fenomeno che abbiamo già incontrato, cioè la **rappresentanza** (cap. 4, par. 3): colui che agisce sarebbe allora il «rappresentante», la persona giuridica il «rappresentato».

Gli organi della persona giuridica

Questa spiegazione trascura però che la persona giuridica è, innanzitutto, *organizzazione*, e che essa in generale opera *non attraverso estranei*, ma *attraverso l'organizzazione stessa*, cioè attraverso «parti» di essa, a ciò stabilmente destinate. Per sottolineare questo aspetto si dice che colui che opera per la persona giuridica non è un *rappresentante* (cioè un soggetto estraneo) ma il titolare di un **organo**, cioè di *una parte della stessa persona giuridica, un suo «ufficio», che ha come proprio compito il compito di esercitare i poteri giuridici ad essa attribuiti.* Ad esempio la persona fisica che opera per il Comune come *Sindaco* è titolare dell'*ufficio* (organo) chiamato appunto «ufficio del Sindaco», che è *una parte* della complessiva organizzazione comunale.

Parlare di *organo* invece che di *rappresentante* ha anche un significato pratico. Infatti, gli effetti giuridici dell'atto compiuto dal rappresentante si producono, come abbiamo detto, per il rappresentato: ma *solo* se il rappresentante è rimasto nei *limiti* a lui assegnati dalla *legge* o dalla *procura*. Dato invece che l'organo è considerato una parte dell'*organizzazione propria* della persona giuridica, *tutto ciò che è compiuto dall'organo* – fosse pure al di fuori dei suoi compiti, o in violazione della legge – è *pur sempre una azione della persona giuridica, la quale ne è responsabile.*

Naturalmente, se il Sindaco di un Comune provoca un incidente automobilistico mentre va al cinema, o a fare acquisti per la sua famiglia, è chiaro che il Comune non ne risponde per niente. Ma ciò avviene perché in questi casi l'azione della persona fisica non ha a che vedere con il suo *ufficio*, non è una azione compiuta come *titolare dell'organo* chiamato Sindaco. Se egli invece come Sindaco ordina illegittimamente l'abbattimento di un edificio, il Comune risponde dei danni prodotti. Nonostante che l'atto fosse illegittimo, infatti, si trattava pur sempre di un atto *del Comune*.

Dato che l'organo non è altro che una parte dell'organizzazione della persona giuridica, è chiaro che tra persona giuridica e organo non corrono *rapporti giuridici*. In altre parole l'organo, come *parte* della persona, non può avere verso la persona giuridica né diritti, né obblighi, né altre situazioni giuridiche soggettive: le quali presuppongono tutte una *distinzione tra due soggetti*. Si usa dire invece che l'organo si *immedesima* nella persona giuridica.

Secondo ciò che abbiamo ora detto è chiaro ad esempio che *il Sindaco* come organo non può avere obblighi o diritti verso *il Comune*, perché l'ufficio del Sindaco non è altro che una parte del Comune stesso, e perciò *si immedesima* in esso. Ma va da sé che *la persona fisica che funge da Sindaco* (cioè il *titolare* dell'organo «Sindaco») *ha invece, per proprio conto, veri diritti e veri obblighi verso il Comune* (ad esempio, il diritto all'«indennità» che spetta al Sindaco, e l'obbligo di svolgere le funzioni dell'ufficio). Non si tratta però di rapporti tra ente e organo, ma di rapporti tra ente e persona fisica titolare dell'organo, inerenti al servizio prestato. Dei «rapporti di servizio» si parlerà più ampiamente nei successivi paragrafi 6 e 7.

Gli uffici

Gli *organi* sono *parti dell'organizzazione di un ente, cui è affidato il compito di esercitare i poteri giuridici dell'ente*. Esistono però in ogni ente anche *altre* parti di organizzazione, le quali non esercitano i poteri giuridici dell'ente, e tuttavia producono il *lavoro* necessario affinché l'ente possa raggiungere i suoi fini. Queste parti di organizzazione, questi *apparati* che, senza esercitare poteri giuridici, operano per l'ente si dicono **uffici**. Si parla qualche volta di *meri uffici* per distinguerli meglio dagli organi, cioè da quegli «uffici» cui è invece affidato l'esercizio dei poteri giuridici, che si dicono allora *uffici-organi*.

Ciò che identifica un ufficio, e lo distingue da un altro ufficio dello stesso ente, è in primo luogo il *compito* ad esso affidato, cioè il *tipo di lavoro* che esso deve svolgere (ricordiamo che *ufficio* significa, nella sua origine, proprio «compito»).

All'ufficio sono poi assegnate determinate persone, delle quali una è il *capo* o il *titolare* dell'ufficio, le altre gli *addetti* all'ufficio stesso. All'ufficio sono ancora assegnate dotazioni di materiali (al minimo, arredi, tavoli e sedie; ma anche telefoni, *computer* e altri macchinari più o meno sofisticati). L'*ufficio* è perciò, sotto questo profilo, un *insieme di compiti, persone e mezzi*.

Ogni persona giuridica ha i suoi *organi* e i suoi *uffici*. Nel Comune, ad esempio, ci sono sempre gli organi previsti dalla legge (il *Consiglio comunale*, la *Giunta comunale* ed il *Sindaco*), e c'è sempre almeno un *ufficio di segreteria*, il cui titolare è il *Segretario comunale*.

Si noti che un ufficio può avere, in aggiunta alle sue funzioni di ufficio, anche talune funzioni di organo. Così lo stesso Segretario e i dirigenti comunali operano come organi quando, ad esempio, stipulino un contratto in nome del Comune (v. *oltre*, cap. 26, par. 7).

2. rapporti fra organi

La persona giuridica *agisce* – esercitando i propri poteri giuridici – attraverso i suoi organi. Usiamo il plurale, e non il singolare, perché in effetti gli organi di una persona giuridica sono sempre più di uno (tranne che, talvolta, nei casi di amministrazione straordinaria o commissariale): il che fa subito sorgere il problema dei loro reciproci *rapporti*.

Quando parliamo di *rapporti tra organi* vogliamo genericamente riferirci alle loro rispettive posizioni all'interno dell'ente, ed alle relazioni reciproche che ne derivano. *Non* si tratta però certo di rapporti giuridici *intersoggettivi*: gli organi di una persona giuridica, essendo interni ad essa, non hanno tra loro né diritti, né obblighi, né altre simili relazioni giuridiche *reciproche*.

In generale, i diversi organi di un ente non sono chiamati a fare tutti la stessa cosa, ma a ciascuno è affidato un proprio compito, differenziato da quello degli altri. In parole più precise, l'*insieme dei compiti e dei poteri giuridici assegnati ad un ente* – cioè la complessiva **attribuzione** dell'ente – *viene ripartito dalle norme che lo riguardano tra i diversi organi*, di modo che ciascun organo si caratterizza per la sua **competenza**. Si intende per *competenza* di un organo la *parte di attribuzione ad esso affidata*. Competenza

Nel Comune, ad esempio, è il *Consiglio comunale* che delibera i **regolamenti** (quali il *regolamento d'igiene*, il *regolamento di polizia urbana* e il *regolamento edilizio*), ma è il *Sindaco* che nomina il Segretario comunale.

Quando ciascuno abbia una sua competenza delimitata e differente da quella di ciascun altro, gli organi svolgono i compiti ed esercitano i poteri loro affidati in reciproca *indipendenza*.

Rapporti di sovraordinazione

Altre volte però si realizzano (essendo previste dalle norme organizzative) diverse relazioni tra organi, che risultano collegati in una relazione tale che gli uni si possono dire in qualche modo *superiori*, gli altri allo stesso modo *inferiori*.

Gerarchia

Un tempo era frequente (soprattutto nelle organizzazioni complesse e ramificate, come l'organizzazione amministrativa dello Stato) il puro e semplice **rapporto gerarchico**, quale intercorreva ad esempio tra il responsabile centrale del Ministero (che all'epoca era soltanto il *Ministro*) e gli organi periferici: si aveva così gerarchia tra *Ministro dell'Interno e Prefetto*, o tra *Ministro della pubblica istruzione* e *Provveditore agli studi*.

Il rapporto gerarchico funzionava più o meno nel modo seguente: i due organi avevano la stessa competenza per materia, attribuita genericamente alla «autorità amministrativa», e la loro posizione rispettiva nell'organizzazione portava a definirli l'uno globalmente *sopraordinato*, l'altro *subordinato*. All'organo superiore erano riconosciuti i caratteristici *poteri* tipici del rapporto gerarchico: il potere di dare **ordini** all'inferiore, vincolandone il comportamento in modo preciso, il potere di **controllo** sugli atti dell'inferiore (con conseguente potere di annullamento, revoca e modifica), il potere di **sostituzione** e di **avocazione** a sé di ogni decisione, il potere di decidere eventuali **ricorsi** contro gli atti dell'inferiore, e altri simili poteri.

Si noti che la *gerarchia tra organi*, di cui abbiamo parlato ora, non va confusa con la *gerarchia tra fonti del diritto* della quale si è parlato in precedenza (cap. 3, par. 3). La gerarchia delle fonti si manifesta in modo *obiettivo* nella diversa **forza** delle norme prodotte; la gerarchia tra organi si manifesta in **poteri** di un organo in relazione a un altro.

Si noti poi che *non esiste mai gerarchia tra organi giurisdizionali, cioè tra giudici*. È vero che i giudici «superiori» possono normalmente modificare o porre nel nulla le sentenze dei giudici «inferiori» (se così non fosse, la loro esistenza non avrebbe significato). Ogni giudice tuttavia, «superiore» o «inferiore» che sia, *decide le controversie nell'ambito della propria competenza in piena e perfetta indipendenza da ogni altro*.

Il rapporto gerarchico di cui parliamo si riferisce perciò in pratica esclusivamente all'ambito della **pubblica amministrazione** (cioè degli apparati cui è affidato il raggiungimento in concreto degli *interessi pubblici* della comunità).

Oggi i rapporti di pura e semplice *gerarchia* nel senso indicato sopravvivono in ambiti ristretti, quali quello dell'amministrazione militare e di altre amministrazioni in cui è ugualmente dominante l'esigenza di unità, come l'amministrazione della *pubblica sicurezza*.

Direzione

Nelle rimanenti amministrazioni, ad ogni organo è tendenzialmente assegnata una specifica ed esclusiva competenza, che esso esercita in modo definitivo e almeno relativamente autonomo. I rapporti di *sovraordinazione*, che pure rimangono (si pensi al rapporto tra il responsabile politico del Ministero, il *Ministro*, e i *dirigenti* titolari degli organi di vertice di direzione amministrativa, sia centrali che periferici) si esprimono in forme diverse e meno intense del tradizionale rapporto di gerarchia. Ad esempio, al potere di dare *ordini* si sostituisce il potere di dare **direttive**, cioè atti che indicano solo in termini di massima i *fini* da raggiungere e i *mezzi* da impiegare, lasciando però agli organi destinatari il compito di attuare le direttive decidendo sui singoli casi. Tale rapporto viene spesso indicato come rapporto di **direzione**.

Un rapporto di gerarchia che corrisponde maggiormente alla nozione tradizionale si riscontra invece nei rapporti tra dirigenti di vertice e dirigenti di uffici subordinati. In tali rapporti, ad esempio, il dirigente di vertice può delegare l'adozione di determinati provvedimenti, e comunque può decidere i ricorsi gerarchici contro gli atti del dirigente dell'ufficio inferiore.

Si noti poi che i poteri di supremazia di un organo rispetto ad un altro non si riducono ai poteri che riguardano direttamente gli atti o il comportamento dell'organo inferiore, ma vanno completati con i poteri dell'organo superiore che riguardano la *titolarità* dell'organo inferiore. È chiaro ad esempio che dove esista un ampio potere di *nomina*, o di *rinnovo*, o di *revoca* della carica, o di *trasferimento* della sede (come accade ad esempio nel rapporto tra Governo e Prefetti), l'organo superiore ha ampia possibilità di determinare il comportamento dell'inferiore, anche indipendentemente dal diretto potere di dare ordini.

I rapporti di sovraordinazione tra *organi* (o più precisamente tra *uffici-organi*) sono soltanto una parte di un fenomeno più generale di rapporti di sovraordinazione tra *uffici*, o tra le *persone* addette all'ufficio.

3. tipi di organi

Gli organi vengono studiati distinguendoli e classificandoli in vari modi. Queste classificazioni sono fatte secondo *criteri diversi*, e ciascuna è utile per mettere in luce determinati aspetti dell'organizzazione pubblica.

Organi costituzionali

All'interno di uno Stato si chiamano **organi costituzionali** gli *organi fondamentali senza i quali lo Stato sarebbe sostanzialmente diverso nella* *sua forma di governo*. Ad esempio, non è decisivo che lo Stato abbia in ogni provincia un organo chiamato *Questore*: ma se in Italia non ci fosse il **Parlamento**, lo Stato italiano non sarebbe quello che è – cioè uno Stato a forma di governo *parlamentare* – ma uno Stato diverso.

Nel senso che abbiamo detto, sono organi costituzionali accanto al Parlamento, il **Governo**, il **Presidente della Repubblica**, la **Corte costituzionale**. Alcuni considerano organo costituzionale anche il **Consiglio superiore della magistratura** (l'organo previsto dalla nostra Costituzione per assicurare l'*indipendenza dei magistrati dal potere esecutivo*: si veda *oltre*, cap. 29, par. 5), cui tuttavia la Corte costituzionale ha riconosciuto soltanto un «rilievo» costituzionale (sent. n. 148 del 1983).

Organi centrali e organi periferici

Quando una persona giuridica dispone di una organizzazione ramificata nel territorio, si possono distinguere gli **organi centrali** dagli **organi periferici**. I primi sono *gli organi che hanno competenza estesa all'intero territorio*. Gli **organi periferici**, invece, hanno una *competenza* più limitata e parziale, relativa a specifici ambiti territoriali.

Nello Stato sono ovviamente organi centrali gli **organi costituzionali**. Ma vi sono anche moltissimi altri organi centrali che non sono organi costituzionali, come ad esempio i singoli Ministri, la Corte di cassazione, il Consiglio di Stato. Gli organi centrali di regola hanno sede nella Capitale (ma nulla vieterebbe che taluni di essi avessero sede altrove).

Organi periferici dell'amministrazione statale sono invece, tra gli altri, i Prefetti, i Questori, i dirigenti degli uffici scolastici regionali e provinciali.

Il fatto che gli organi centrali abbiano competenza estesa all'intero territorio non significa che essi siano competenti *in ogni caso*. Ad esempio, sono molti i provvedimenti che *devono* essere presi dall'*Ufficio scolastico regionale*, e non dal Ministro della pubblica istruzione, nonostante che il primo sia un organo periferico, il secondo un organo centrale.

Può essere opportuno ricordare che Regioni, Province e Comuni *non sono organi periferici dello Stato*, bensì *altre persone giuridiche pubbliche, diverse dallo Stato*. Tuttavia, il Sindaco, che è in generale un organo del Comune, è contemporaneamente, per certi aspetti, un organo (periferico) dell'amministrazione statale, e perciò un organo dello Stato (*v. oltre*, cap. 26, par. 6).

Organi attivi, consultivi e di controllo

Abbiamo detto che gli *organi* hanno il compito di *decidere* per l'ente del quale sono parte. Sono questi gli organi *deliberativi* o, più semplicemente, **attivi**. Ci sono però anche altri organi i quali, pur essendo inseriti nel *processo decisionale* (infatti, se non lo fossero non sarebbero *organi*, ma soltanto *uffici* dell'ente) hanno compiti *diversi*. Precisamente, si tratta degli **organi consultivi** e degli **organi di controllo**.

Organi *consultivi* si dicono gli organi che sono chiamati a dare *consigli* o, come tecnicamente si dice, **pareri**, agli organi che debbono decidere.

A seconda dei casi, i pareri possono avere diverso oggetto: ci sono pareri su aspetti *tecnici*, oppure sulla convenienza *politica o amministrativa* di una deliberazione, o anche sulla sua *legittimità* (pareri *giuridici*).

Se l'organo che decide ha solo la *facoltà*, ma non l'*obbligo* di chiedere consiglio, si parla di **parere facoltativo**. Quando invece l'intervento dell'organo consultivo *deve* essere richiesto, il parere si dice **obbligatorio**. Si parla poi di **parere vincolante** quando l'eventuale decisione deve essere *conforme* al parere ricevuto. La regola è però che i pareri non sono vincolanti, se la legge non lo prevede espressamente.

Il **Consiglio di Stato** è – oltre che *giudice amministrativo* (cap. 30, par. 4) – un importante *organo consultivo* del quale può avvalersi il Governo (cap. 25, par. 4). Anche all'interno dei Ministeri esistono vari organi consultivi, che spesso prendono il nome di *Consigli* (Consiglio superiore della *sanità*, Consiglio superiore dei *lavori pubblici*, Consiglio nazionale della *pubblica istruzione*, e simili).

È ovvio che non tutti gli organi chiamati *consigli* sono organi consultivi. I *Consigli regionali, provinciali* e *comunali*, in particolare, sono *organi attivi*, come d'altronde lo stesso *Consiglio dei ministri*. I *consigli di amministrazione*, presenti in molti enti pubblici, sono anch'essi, in parte, organi decisionali. I *Consigli di circoscrizione*, esistenti in molti Comuni, possono avere a seconda dei casi poteri solo consultivi o anche di decisione.

È poi ugualmente ovvio che non tutti gli organi consultivi debbono per forza chiamarsi *consigli*. Nei Comuni, ad esempio, è organo consultivo la *Commissione edilizia*, chiamata a dare pareri sulle domande di edificazione.

Organi di *controllo* sono quelli che hanno il compito di verificare la conformità alle norme, cioè la **legittimità**, di atti compiuti da altri organi. Organo di controllo della legittimità è, ad esempio, la **Corte dei conti** per gli atti statali (cap. 25, par. 4).

Organi monocratici e organi collegiali

Una delle distinzioni più importanti nello studio del funzionamento degli organi delle persone giuridiche si fa tra **organi monocratici** e **organi collegiali**. Per comprendere tale distinzione occorre ricordare che ogni organo ha un suo «titolare», cioè un qualcuno cui è stabilmente assegnato il compito di svolgere le funzioni per le quali l'organo è costituito.

Talvolta il titolare dell'organo, cioè colui che materialmente agisce come organo, è una *singola* persona fisica: così è per il Presidente della Repubblica, per i Ministri, per il Sindaco e, tra i giudici, per il Giudice di pace. In tutti questi casi, e in moltissimi altri, è una determinata persona fisica che «funge» da organo.

Altre volte invece il titolare dell'organo non è una singola persona fisica, ma *una pluralità* di persone fisiche, le quali però non possono agire da sole singolarmente, ma debbono agire decidendo tutte insieme. Si dice allora che l'organo è *collegiale*, e che i suoi componenti costituiscono un **collegio** e agiscono, appunto, *collegialmente*. Sono organi collegiali, tra gli altri, il Parlamento, il Consiglio dei ministri, i Consigli regionali, provinciali e comunali, nonché le Giunte regionali, provinciali e comunali. Tra i giudici – che sono *quasi tutti* costituiti da organi collegiali (tranne che ai gradi inferiori della giurisdizione civile) – ricordiamo i Tribunali, le Corti di appello, la Corte di cassazione.

4. il funzionamento degli organi collegiali

Il funzionamento degli organi collegiali comporta – come facilmente si capisce – difficoltà e problemi ben maggiori che il funzionamento degli organi monocratici.

La convocazione

Il primo problema consiste nella necessità di far sì che i componenti del collegio effettivamente si *riuniscano* per prendere le necessarie decisioni. Perché ciò accada è necessaria la **convocazione**: nella quale sono indicati il luogo, la data e l'ora della riunione, ed è fissato l'**ordine del giorno**, cioè l'insieme degli oggetti sui quali il collegio è chiamato a deliberare. Alla convocazione provvede, di regola, il Presidente del collegio.

Può accadere che l'organo collegiale non possa essere convocato dal suo Presidente – ad esempio perché il Presidente stesso deve ancora essere eletto dal collegio nella prima riunione. In simili casi, vi sono regole che stabiliscono chi debba procedere alla convocazione. A prescindere da ciò, vi sono talora organi che possono essere convocati anche da estranei al collegio. I Consigli comunali, ad esempio, possono in determinati casi essere convocati dal Prefetto.

La fissazione dell'ordine del giorno nella convocazione è necessaria affinché i componenti del collegio possano prendere nella riunione una decisione ponderata ed informata. Esso comunque è *vincolante*, nel senso che per regola generale *il collegio non può deliberare su argomenti che non siano all'ordine del giorno*. Si fa però eccezione se tutti i membri del Collegio sono presenti, e nessuno si opponga alla deliberazione.

Usualmente è inserita nell'ordine del giorno anche una voce «varie ed eventuali», che sembra contraddire alla regola della previa individuazione degli argomenti da trattare. In sostanza però non è così, perché *le questioni di una qualche importanza devono sempre essere specificamente indicate nell'ordine del giorno*, mentre sotto la voce «varie ed eventuali» possono essere legittimamente introdotti solo argomenti di minimo rilievo. Nella pratica però gli abusi non sono rari, e danno spesso luogo a discussioni e controversie.

La riunione

I membri del collegio, regolarmente convocati, dovrebbero effettivamente partecipare alla riunione; ma può essere che qualcuno non *possa* oppure anche – in certi casi – non *voglia* partecipare. Si pone allora il problema se il collegio possa deliberare egualmente con i componenti presenti, oppure no: in altre parole, se esso sia o no regolarmente *costituito*.

Non esiste però una risposta unica al problema. Vi sono collegi che non possono deliberare se non è presente la *totalità* dei componenti previsti dalla legge. Ciò accade in generale per i *giudici*; inoltre, devono pure lavorare al completo le *commissioni dei pubblici concorsi* e le *commissioni di disciplina*. Molti studiosi usano l'espressione *collegio perfetto* per indicare questo tipo di collegi.

Negli altri casi, invece, gli organi collegiali possono per lo più funzionare anche in assenza di una parte dei componenti, purché i presenti raggiungano un certo numero, detto **numero legale**. Il *numero legale* è perciò *il numero dei componenti la cui presenza è necessaria affinché il collegio possa funzionare*. Tale numero può essere il più vario, secondo quanto prevedono le specifiche disposizioni: in assenza di norme diverse, lo si intende come coincidente con la metà più uno dei componenti.

La deliberazione e le maggioranze

Una volta riunito, il collegio passa a trattare degli argomenti all'ordine del giorno sotto la guida del *presidente*, che illustra gli argomenti, concede la parola, coordina la discussione e sottopone le deliberazioni alla votazione.

La deliberazione posta in votazione si considera approvata se ha ricevuto voti favorevoli in numero sufficiente a raggiungere la prescritta *maggioranza*. Se non è stabilito nulla di diverso la maggioranza necessaria è la cosiddetta **maggioranza semplice**, che si ottiene con il voto favorevole di un numero superiore alla metà dei *presenti*.

In certi casi le norme prevedono che debbano essere raggiunte maggioranze diverse. Si parla di **maggioranza assoluta** quando è richiesto il voto positivo di un numero superiore alla metà *dei componenti* il collegio (anziché semplicemente *dei presenti*, come per la maggioranza semplice).

Si parla poi di **maggioranza qualificata** quando è richiesto il voto favorevole di un numero ancor più alto di componenti.

Un buon esempio delle varie maggioranze richieste è offerto dal procedimento di approvazione di una legge di modifica della Costituzione. Tale legge infatti, secondo l'art. 138 della Costituzione stessa, deve essere approvata *due volte* da ciascuna Camera; e mentre nella prima votazione è sufficiente la consueta maggioranza (che è la maggioranza *semplice*), nella seconda è *necessaria* la maggioranza *assoluta*. Infine, solo se nella seconda votazione hanno votato a favore almeno i *due terzi* dei componenti (cioè una maggioranza *qualificata*) la legge di modifica della Costituzione entra senz'altro in vigore, senza che su di essa possa esser prima promosso un *referendum* per verificare se la volontà modificatrice del Parlamento è condivisa dagli elettori.

Quando si tratti di elezioni, e si possa scegliere tra *più di due* persone, o liste di partito, si parla anche di **maggioranza relativa**, per indicare che una persona o una lista ha ottenuto più voti degli altri, presi ciascuno a sé. Se basti la maggioranza *relativa* per essere eletti alla carica dipende dalle norme che disciplinano l'elezione. Essa basta, ad esempio, per divenire sindaco di un Comune con meno di 15.000 abitanti, ma non basta in molti altri casi.

Regole particolari disciplinano il funzionamento dei collegi elettorali nelle elezioni politiche ed amministrative, nelle quali il popolo si esprime come *corpo elettorale*. In essi infatti non vi è una vera e propria *riunione* dei membri del collegio (che sarebbe anzi, se qualcuno la volesse fare, vietata), dato che gli elettori si recano individualmente ai seggi ed individualmente votano, senza alcuna *discussione* (la «discussione» è in questi casi in pratica sostituita dalla campagna elettorale che precede le votazioni, ma che non può aver luogo durante il loro svolgimento).

Il verbale

Le deliberazioni degli organi collegiali vengono documentate attraverso un resoconto scritto, che prende il nome di **verbale**, e la loro esistenza può essere dimostrata solo attraverso di esso. Il *verbale* è redatto dal *segretario* dell'organo, e controfirmato dal Presidente. All'inizio di ogni riunione viene approvato il verbale della seduta precedente, qualora non vi si sia provveduto *seduta stante* (come può accadere in caso di urgenza).

Durata in carica e scadenza

Il d.l. 16 maggio 1994, n. 293 (conv. in l. n. 444 del 1994), ha disciplinato la durata in carica degli organi collegiali di amministrazione attiva, consultiva e di controllo, stabilendo che essi svolgono le loro funzioni fino alla scadenza del termine di durata previsto dalle norme che li riguardano; e che tuttavia, qualora a tale data non siano stati rinnovati nella composizione, essi sono prorogati di diritto per altri quarantacinque giorni (peraltro con competenza limitata agli atti di *ordinaria amministrazione* ed agli atti *urgenti ed indifferibili*). Così disponendo la legge ha voluto concedere il tempo che può essere ancora strettamente necessario al rinnovo, ed al tempo stesso evitare il fenomeno della indefinita sopravvivenza di organi ormai da tempo scaduti.

La legge non si applica tuttavia agli organi rappresentativi (i consigli regionali, provinciali e comunali) e agli organi di rilevanza costituzionale, la cui scadenza è soggetta a regole proprie.

5. organi elettivi e sistemi elettorali

Si chiamano **organi elettivi** gli *organi dei quali il titolare o i titolari sono scelti mediante votazione da parte di una pluralità di persone* che formano un **corpo elettorale**.

Talvolta il *corpo elettorale* coincide con i cittadini maggiorenni, come nelle elezioni politiche per la Camera dei deputati (anche se poi in concreto le elezioni sono organizzate e lo stesso corpo elettorale è articolato in *collegi* parziali e minori). Ma vi sono anche organi eletti da corpi elettorali assai più limitati: talvolta si tratta di porzioni territoriali del corpo elettorale generale (così il Sindaco di un comune è eletto dai cittadini residenti in quel comune), mentre altre volte di tratta di corpi elettorali particolari e speciali costituiti dai membri di un organo collegiale, come quando i membri del Parlamento (in «seduta comune» ed integrati dai rappresentanti delle Regioni) eleggono il Presidente della Repubblica ai sensi dell'art. 83 della Costituzione.

Elezione di organi monocratici

Gli organi elettivi possono essere *monocratici* (come negli ultimi due esempi ora fatti) o *collegiali*, come accade per le due Camere del Parlamento e per i Consigli regionali, provinciali e comunali. Quando si tratta di eleggere un organo individuale il problema maggiore sta, come già si è accennato, nello stabilire *quale percentuale dei voti* un candidato debba ottenere per risultare eletto.

Così per l'elezione a Presidente della Repubblica è richiesta – secondo l'art. 83 Cost. – la «*maggioranza dei due terzi dell'assemblea*»; se però questa non si raggiunga, dopo la terza votazione è sufficiente la «*maggioranza assoluta*».

E di organi collegiali

Quando invece si tratta di eleggere i componenti di un organo collegiale (come ciascuna Camera del Parlamento, il Consiglio regionale, il Consiglio provinciale ed il Consiglio comunale), il problema dell'organizzazione delle elezioni e dei connessi **sistemi elettorali** diviene molto più complesso.

Posto che in ogni caso si tratta di tradurre i *voti* ottenuti in *seggi* da assegnare nell'organo da eleggere, si suole distinguere tra sistemi *proporzionali* e sistemi *maggioritari*: e si tratta, come subito vedremo, di una distinzione importante e utile. Conviene tuttavia per chiarezza premettere ad essa una diversa distinzione tra sistemi **a collegi uninominali** e sistemi **a collegi plurinominali**.

Il sistema maggioritario uninominale

Con la tecnica del collegio uninominale il corpo elettorale complessivo viene scomposto in tanti collegi quanti sono i seggi da assegnare: sicché è evidente che per ciascun collegio deve essere eletto *un solo* candidato (di qui appunto la denominazione di collegio *uninominale*).Essendoci un solo seggio da assegnare, è chiaro che il sistema a collegio uninominale è perciò stesso un sistema *maggioritario*: al candidato sorretto dalla maggioranza viene assegnato il seggio, al candidato o ai candidati rimasti in minoranza non può toccare nulla. Se, per paradossale ipotesi, *tutti* i candidati di un partito ottenessero, ciascuno nel suo collegio, la maggioranza, quel partito occuperebbe tutti i seggi disponibili; ma naturalmente ciò non accade – come nei fatti non è mai accaduto – a causa delle differenze di orientamento politico tra i diversi collegi uninominali. È a questo modo che anche il sistema a collegi uninominali da un lato tendenzialmente assicura una decisa maggioranza parlamentare alle forze che nei singoli collegi dispongano di una maggioranza anche esigua, dall'altro assicura nel complesso una sufficiente rappresentanza almeno alla minoranza più forte (nel senso di essere maggioritaria in un certo numero di collegi).

A turno unico

Abbiamo detto che nel sistema a collegio uninominale in ogni collegio l'unico seggio disponibile viene assegnato a chi abbia ottenuto «la maggioranza». Ma in realtà il calcolo della maggioranza necessaria, e di conseguenza l'assegnazione del seggio, può avvenire secondo diverse regole. La soluzione più semplice – seguita nel classico sistema inglese – consiste nell'assegnare il seggio al candidato che abbia avuto più voti di ciascun altro individualmente preso. Se ad esempio – posto un collegio elettorale di 1.000 elettori con 5 candidati – tre candidati avessero ottenuto 200 voti, uno 199 ed il rimanente 201, il seggio sarebbe assegnato al candidato con 201 voti.

L'esempio fatto è paradossale, essendo evidente che i 5 candidati dispongono in pratica ciascuno di un consenso equivalente, e che l'assegnazione del seggio ad uno di essi ha un sapore alquanto artificioso: sarebbe bastato il ritiro di uno qualunque dei candidati prima delle elezioni per alterare completamente l'esito.

Nel funzionamento reale, la stessa conoscenza anticipata delle regole elettorali porta a concentrare il voto e le stesse candidature su poche persone, fino potenzialmente a due soli candidati contrapposti. Inoltre, il sistema inglese ha il vantaggio di assegnare immancabilmente tutti i seggi disponibili, senza bisogno di turni elettorali supplementari.

A doppio turno

È evidente che nel sistema inglese per «maggioranza» si intende una qualunque maggioranza *relativa*, consistente nell'aver ottenuto anche un solo voto più di ciascun altro. È possibile invece – come accade in Francia – esigere per l'assegnazione del seggio che il candidato vincitore abbia ottenuto una *vera* maggioranza, cioè una maggioranza commisurata non ai voti di ciascun altro candidato individualmente preso, ma ai voti complessivi dati dagli elettori. Ma se si esige una simile maggioranza, e di fatto nessun candidato la ottiene, bisogna necessariamente ricorrere ad un *secondo turno* elettorale, ed in più per assicurare il risultato bisogna limitare la partecipazione al secondo turno ai candidati più votati nel primo (cosiddetto turno di *ballottaggio*).

In questi termini è chiaro che il processo elettorale è nel sistema a doppio turno più lungo e complicato. Inoltre i detrattori di questo sistema contrappongono all'evidente vantaggio di determinare maggioranze reali il difetto di favorire in vista del secondo turno le contrattazioni (non sempre di alto livello) tra i partiti. All'elettore di maggioranza, comunque, il sistema a doppio turno consente, se non di ottenere l'elezione del candidato preferito, almeno di ottenere la non elezione dei candidati meno graditi.

I sistemi plurinominali proporzionali

Nei sistemi plurinominali ad ognuno dei collegi in cui sia eventualmente ripartito il corpo elettorale sono assegnati *più* seggi. Alle elezioni partecipano non candidati singoli, ma *liste* di candidati. Essendovi più seggi, il sistema dei collegi plurinominali consente di attribuire i posti disponibili *in proporzione* ai voti ottenuti da ciascuna lista.

Non che il collegio plurinominale sia di per sé incompatibile con il criterio maggioritario. Ad esempio, quando un organo assembleare debba eleggere al suo interno un organo esecutivo collegiale, è normale che la lista vincente abbia tutti i posti dell'organo esecutivo. Ma quando si tratta di eleggere una rappresentanza politica del popolo, il sistema a collegi plurinominali è soprattutto adatto ad assicurare alle diverse forze (elettoralmente alle diverse *liste*) una consistenza in seggi proporzionale ai voti ricevuti. Il sistema a collegi plurinominali opera perciò normalmente, nelle elezioni politiche, come sistema *proporzionale*. Il suo vantaggio sta appunto nell'assicurare a ciascun partito una rappresentanza esattamente corrispondente al suo peso elettorale; ma per ciò stesso esso favorisce la *frammentazione* delle forze politiche, e rende inevitabili governi di *coalizione* tra numerosi partiti, ciascuno portatore di istanze particolari; e di conseguenza produce governi instabili ed impegnati in estenuanti mediazioni al proprio interno.

Sistemi proporzionali corretti

Per rimediare ai difetti del sistema proporzionale puro e semplice sono stati sperimentati diversi *correttivi*, che tendono a dare al sistema elettorale un'impronta più o meno marcatamente *maggioritaria*, assicurando alle forze che dispongono di un sostegno maggiore una rappresentanza superiore a quella che deriverebbe dall'applicazione di un criterio puramente proporzionale, e tendenzialmente la maggioranza dei seggi nel complesso disponibili.

Così per correggere nel senso detto il sistema proporzionale si sono talora introdotte – come in Germania – le cosiddette *soglie di sbarramento*, stabilendo ad esempio che nessun partito possa essere rappresentato in Parlamento se non ha ottenuto almeno il 5% dei voti sul totale nazionale: ed è chiaro che i seggi «perduti» dalle liste che non superano la soglia vanno ad aumentare i seggi assegnati proporzionalmente alle liste che la superano. Oppure in modo più diretto si è in vario modo fatto ricorso ai cosiddetti *premi di maggioranza*. Si può ricordare che in Italia la legge elettorale fascista del 1923 (legge «Acerbo» dal nome dell'ideatore) aveva trasformato in senso maggioritario il sistema elettorale per la Camera dei deputati, prevedendo che il partito che ottenesse almeno il 25% dei voti avesse i due terzi dei seggi. In questo caso la differenza tra la percentuale dei voti da ottenere e quella dei seggi assicurati era enorme, e il sistema degenerava in senso antidemocratico: ma è chiaro che un più moderato uso del premio di maggioranza può essere compatibile con le esigenze della democrazia.

Il sistema uninominale ha comportato, almeno nell'esperienza inglese, vantaggi che non appaiono a prima vista. Ad esempio, dato che ogni circoscrizione elettorale elegge solo un deputato, quel deputato si considera egli stesso, ed in effetti è, il rappresentante degli elettori dell'intera circoscrizione, e non solo di coloro che lo hanno votato. Così, il deputato inglese è il naturale punto di riferimento dei cittadini della circoscrizione per tutti i loro problemi con l'amministrazione centrale. E ciò egli fa non per legame di *clientela* con i suoi elettori, ma per compito istituzionale: al punto che gli inglesi considerano l'opera dei parlamentari come la prima e la più importante forma di protezione di fronte alla pubblica amministrazione, e in questo senso di «giustizia amministrativa».

In Italia per oltre quattro decenni dal 1948, nonostante l'esistenza di qualche meccanismo teoricamente maggioritario (ad esempio, nell'elezione del Senato), il sistema elettorale è stato complessivamente caratterizzato in senso nettamente proporzionale. Ma nel 1993, a seguito del *referendum* concernente il sistema elettorale del Senato, il Parlamento ha approvato due leggi (4 agosto 1993, rispettivamente n. 276 e n. 277) che hanno introdotto sia per il Senato che per la Camera un sistema elettorale che prevede l'assegnazione dei tre quarti dei seggi con sistema maggioritario a collegio uninominale e turno unico, del rimanente quarto con sistema proporzionale. Questo sistema è stato tuttavia a sua volta travolto dalla legge n. 270 del 2005, che ha introdotto un sistema basato su liste concorrenti e (per la Camera) un premio di maggioranza estremamente ampio, che per di più viene assegnato a prescindere dal raggiungimento di una soglia minima di voti (e questo aspetto è stato considerato «problematico» della Corte cost. nella sent. 15/2008) (v. anche *oltre*, cap. 14, par. 2).

6. il rapporto di servizio

Si è detto prima che tra organo ed ente non esiste un rapporto *giuridico* (come avverrebbe se si trattasse di due «soggetti» diversi), ma piuttosto, come spesso si dice, un rapporto di *immedesimazione*, o se si vuole un rapporto di *parte a tutto*: l'organo è *una parte* di quel complesso organizzativo che nel suo insieme è riconosciuto come soggetto di diritto.

Tuttavia, tra le persone che divengono di volta in volta *titolari* dell'organo e l'ente per il quale esse prestano la propria opera si instaura un rapporto giuridico vero e proprio, fatto di *reciproci diritti ed obblighi* tra due distinti soggetti: l'*ente* da una parte, la *persona fisica* che presta la sua attività dall'altra. Poiché questo rapporto ha per oggetto la prestazione all'ente di un *servizio* da parte della persona fisica, esso viene chiamato **rapporto di servizio.**

Rapporto di servizio è dunque il rapporto che intercorre tra l'ente e la persona fisica che presta la sua attività per l'ente, e che ha per contenuto la determinazione giuridica delle modalità e delle condizioni del servizio da prestare, dei diritti ed obblighi inerenti ad esso.

Abbiamo ora distinto il rapporto di servizio – che è un vero rapporto giuridico – dal «rapporto» tra organo ed ente (che non è invece un rapporto giuridico). Dobbiamo però precisare che *si trovano in rapporto di servizio con l'ente tutti coloro che prestano la loro attività nell'ambito dell'organizzazione dell'ente*, e non soltanto coloro che sono titolari di *organi* dell'ente. Così, ad esempio, tanto il Sindaco che il più modesto degli impiegati si trovano *in servizio* presso il Comune, ed hanno perciò con esso un *rapporto di servizio*. Naturalmente, si tratta di rapporti di servizio *diversi*, contraddistinti da diversi contenuti.

Tipi di rapporto di servizio

Normalmente, chi entra a prestare servizio in una organizzazione pubblica lo fa *volontariamente*. Tuttavia, vi sono dei casi in cui la prestazione del servizio è *obbligatoria*. Si distingue così tra **servizio volontario** e **servizio coattivo**. Il più noto esempio di servizio *coattivo* è lo svolgimento del *servizio militare di leva* (o del *servizio civile* sostitutivo), al quale l'interessato non può sottrarsi senza andare incontro a pesanti sanzioni, anche penali (tuttavia, l'obbligo di leva è oggi sospeso in Italia, e il servizio obbligatorio è sostituito dal servizio volontario).

Quando il servizio è *volontario*, bisogna distinguere se colui che lo presta lo fa come *proprio lavoro* – ricavando da esso in via abituale e principale i propri redditi – o lo svolge invece come un compito a lui assegnato, che non è però il suo *lavoro*. Il servizio prestato per lavoro viene detto **professionale** (non si tratta però di libera professione, ma di lavoro dipendente), mentre l'altro è detto **onorario**.

Il principale rapporto di servizio *professionale* è il rapporto di *pubblico impiego*, del quale diremo al paragrafo seguente. Servizio *onorario* prestano moltissimi titolari di organi: dal Presidente della Repubblica ai parlamentari, dai ministri ai consiglieri regionali, provinciali e comunali, ai sindaci, ai presidenti e consiglieri di amministrazione di enti pubblici, e molti altri.

In linea di massima i rapporti di tipo professionale sono *stabili*, i rapporti onorari *temporanei* (vi sono però rapporti di lavoro temporanei, e servizi onorari stabili: si pensi ai senatori a vita). Un tempo i servizi onorari erano anche rigidamente *gratuiti*. Chi li svolgeva non percepiva nessuna somma di denaro, ed era semmai ripagato dal prestigio (dall'«onore») connesso alla carica. Ciò corrispondeva ad un ideale molto nobile, ma certo non consentiva a chi fosse sprovvisto di mezzi propri di assumere pubbliche funzioni impegnative, spesso inconciliabili – se non altro di fatto – con lo svolgimento in modo adeguato di altra attività lavorativa. Oggi perciò anche le funzioni onorarie, quando comportino un impegno notevole, sono normalmente compensate con somme di denaro, solo corrisposte a titolo di *indennità* (per il sacrificio sopportato e le spese imposte dalla carica) invece che a titolo di *retribuzione*. E la differenza può talora risultare sottile.

La responsabilità dei funzionari: verso i terzi

Accanto ai diritti e doveri, va ricordato che i *funzionari* (come più in generale i *dipendenti* dello Stato e degli enti pubblici) sono anche responsabili per i danni arrecati ai terzi (cioè, in questo caso, ai soggetti amministrati) nell'esercizio delle loro funzioni. Infatti, l'art. 28 Cost. afferma che essi «*sono direttamente responsabili, secondo le leggi penali, civili e amministrative, degli atti compiuti in violazione dei diritti*».

Direttamente responsabili significa che il danneggiato può far valere la sua pretesa personalmente contro il funzionario, e non è tenuto a rivolgersi in primo luogo all'amministrazione. Tuttavia, nella legislazione ordinaria vi sono talvolta clausole che *limitano* la responsabilità diretta del funzionario verso i terzi: così il t.u. sugli *impiegati civili* dello Stato condiziona la responsabilità diretta dell'impiegato all'aver agito con *dolo* o *colpa grave* (art. 23 del dPR n. 3 del 1957).

In ogni modo, secondo lo stesso art. 28 Cost., la responsabilità civile per gli atti compiuti dai funzionari «*si estende allo Stato e agli enti pubblici*».

In altre parole, il danneggiato *può* intentare l'azione, come detto prima, direttamente contro il funzionario, ma può anche intentarla contro la stessa amministrazione, la quale ha anch'essa una responsabilità *diretta* di fronte all'amministrato (salva poi l'eventuale responsabilità del funzionario per il danno causato all'amministrazione, secondo le regole cui si accenna subito sotto). Ed anzi per lo più il danneggiato preferisce agire contro l'amministrazione, alla quale non possono in generale mancare i mezzi per risarcire il danno.

e verso l'amministrazione

Oltre che verso i terzi, i pubblici impiegati e funzionari rispondono anche dei danni direttamente o indirettamente provocati alla pubblica amministrazione. Tale loro responsabilità è disciplinata in modo speciale, e su di essa giudica la *Corte dei conti* (v. oltre, cap. 25, par. 4). Anche verso l'amministrazione tuttavia attualmente la responsabilità è limitata ai casi di dolo o colpa grave (art. 1 l. 14 gennaio 1994, n. 20).

Instaurazione e fine del rapporto

Di qualunque tipo sia, il rapporto di servizio si instaura in concreto attraverso appositi atti che a seconda dei casi possono consistere in una *elezione*, in una *nomina* o anche in un *contratto di lavoro* (mentre l'*effettivo inserimento* nell'organizzazione di cui si tratta avviene con la cosiddetta *presa di servizio*).

Una volta iniziato, esso può venire a cessare per diverse ragioni. Le più comuni sono la *scadenza dei termini* (se l'ufficio è temporaneo, come di solito avviene per i servizi onorari) ed il *collocamento a riposo* per limiti di età (per il rapporto d'*impiego*). Vi sono però molte altre cause di cessazione dal servizio. In ogni modo – a parte il caso di *morte* della persona fisica, o di *estinzione* dell'ente presso il quale il servizio è prestato – è sempre necessario un *atto dell'ente*, che talvolta è compiuto su apposita *domanda* di colui che presta il servizio.

A volte l'atto che pone fine al rapporto di servizio è *dovuto* (cioè giuridicamente necessario al verificarsi di certi presupposti). Così è per la pronuncia della *decadenza* (o *dimissione d'ufficio*), che si ha, tra l'altro, quando sopraggiungano situazioni di *incompatibilità* (è, il caso, ad esempio, di un impiegato che assuma un ulteriore pubblico impiego), o per la perdita della *cittadinanza* richiesta, o anche (per gli impiegati) per semplice *assenza ingiustificata* oltre un certo periodo.

Altre volte, invece, l'interruzione del rapporto di servizio consegue ad una decisione alla quale l'ente arriva per sua propria *valutazione*: come è il caso del *licenziamento* dopo il periodo di prova, della *destituzione* per ragioni disciplinari, della *dispensa* per scarso rendimento, o per incapacità, o per motivi di salute.

A richiesta dell'interessato il rapporto di servizio si estingue per *collocamento a riposo* su domanda o per *dimissioni volontarie*. Si noti però che l'impiegato *dimissionario* rimane in servizio fino a quando l'ente non abbia *accettato* le dimissioni, o almeno non abbia «preso atto» di esse. E in certi casi l'ente pubblico ha anche il potere di *ritardare* per qualche tempo l'accettazione.

7. il rapporto di pubblico impiego

In generale coloro che prestano a titolo professionale (cioè come proprio *lavoro*) la loro attività a favore dello Stato o di un altro ente pubblico si trovano con l'ente in un rapporto di **pubblico impiego**. Si tratta di un rapporto che, proprio in quanto è prestato a favore di pubbliche amministrazioni, ha caratteristiche particolari, che lo distinguono più o meno profondamente dai normali rapporti di lavoro nell'ambito privato. Tradizionalmente, a fronte di una maggiore sicurezza del posto, in sostanza sottratto alle incertezze del mercato, il pubblico impiegato godeva di una minore libertà sindacale (il suo stato giuridico ed economico era disciplinato completamente dalla legge, al di fuori di procedure di contrattazione), ed aveva un più forte vincolo di subordinazione verso la pubblica amministrazione.

Proprio per tali particolari caratteristiche le controversie derivanti da azioni proposte da pubblici impiegati non erano affidate alla giurisdizione del giudice ordinario, bensì a quella «esclusiva» del giudice amministrativo (cap. 30, par. 5).

Nel tempo, tuttavia, alcune delle maggiori differenze tra pubblico impiego e lavoro privato si sono attenuate. Così alla tipica *contrattazione collettiva* propria del lavoro privato (la contrattazione tra *sindacati* dei lavoratori e associazioni sindacali dei datori di lavoro) si è progressivamente affiancata una analoga contrattazione collettiva nel pubblico impiego, che aveva trovato largo riconoscimento per la disciplina degli aspetti *economici* del rapporto (e di altri aspetti collegati, quali l'organizzazione del lavoro, il lavoro straordinario, la mobilità del personale, la formazione e altri ancora) nella *Legge quadro sul pubblico impiego* 29 marzo 1983, n. 93: pur se, occorre precisare, ancora nel sistema della legge quadro le norme derivanti dagli accordi dovevano poi essere recepite in appositi atti statali di carattere regolamentare.

Il processo di avvicinamento del pubblico impiego al rapporto di lavoro privato è stato fortemente accelerato dal decreto legislativo n. 29 del 1993 (ora trasfuso nel d. lgs. n. 165 del 2001): a seguito del quale il rapporto di pubblico impiego non ha più carattere unitario, ma si distingue in due diversi ambiti.

Personale «privatizzato»

Da una parte, per la generalità dei pubblici impiegati (escluse le categorie di cui si dirà subito oltre) vale la regola secondo cui i relativi rapporti di lavoro sono in linea di principio, e salvo deroghe, disciplinati dalle disposizioni del codice civile e dalle leggi sui rapporti di lavoro subordinato nell'impresa. Di conseguenza, dunque, i diritti e i doveri dei pubblici impiegati sono ora disciplinati secondo le regole generali del lavoro dipendente, sia pure «fatte salve le eventuali diverse disposizioni» (art. 2, co. 2, d. lgs. n. 165 del 2001), e dunque con le *eccezioni* che esamineremo: ed è per tale sottoposizione dei pubblici impiegati alle regole comuni del lavoro che si è parlato di «privatizzazione» del rapporto di pubblico impiego.

e personale non privatizzato

Dall'altra parte vi sono invece alcune categorie espressamente escluse dalla privatizzazione: si tratta dei magistrati ordinari, amministrativi e contabili, degli avvocati e procuratori dello Stato, del personale militare e delle forze di polizia, del personale della carriera diplomatica e prefettizia. Per tali categorie – che il legislatore ha individuato in relazione al loro particolare legame con lo Stato come autorità – rimangono in vigore le tradizionali regole del pubblico impiego.

La cosiddetta privatizzazione del rapporto di pubblico impiego – che costituisce per ora il culmine del lungo processo di avvicinamento del lavoro pubblico al lavoro privato – è stata realizzata da un lato con lo scopo di conseguire per questa via una maggiore efficienza degli apparati pubblici, dall'altro con l'obbiettivo di sradicare differenziazioni ingiustificate.

Si noti però che la (relativa) efficienza del settore privato è dovuta soprattutto ai vincoli derivanti dal mercato, mentre il solo mutamento giuridico nel rapporto di lavoro non basta certo per migliorare l'efficienza della pubblica amministrazione, così come il rapporto pubblico non è per sé solo sinonimo di inefficienza. In teoria, anzi, l'efficienza avrebbe dovuto raggiungersi quasi più facilmente nell'ambito di una disciplina del rapporto che poneva l'accento più sull'interesse pubblico che sulla tutela del lavoratore: ed era stata piuttosto la prassi a degenerare in senso lassista.

Si tratta perciò di vedere se ora al mutamento della disciplina corrisponderà l'auspicato mutamento della prassi. Non ci si deve nascondere, comunque, che differenze sostanziali di condizione tra i lavoratori pubblici e quelli privati sono destinate a rimanere, anche (ma non soltanto) per la particolare disciplina che il pubblico impiego continua ad avere per taluni aspetti, come di seguito esposto.

Il rapporto generale di pubblico impiego

Dato che il rapporto di lavoro presso le pubbliche amministrazioni è ormai disciplinato in via di principio dalle disposizioni del codice civile, potrebbe sembrare che non vi sia più luogo a parlare di *pubblico impiego*, se non per le categorie escluse dalla privatizzazione. Non è però così perché le particolarità della disciplina del rapporto mantenute o determinate dallo stesso d. legisl. n. 165 del 2001 sono di tale quantità e natura, che il lavoro presso le pubbliche amministrazioni mantiene una fisionomia particolare, che può ancora essere espressa con la denominazione di «pubblico impiego».

L'accesso per concorso

Pubblici impiegati si diventa, in generale, attraverso un **concorso** pubblico. La regola è sancita dall'art. 97, co. 3, Cost., secondo il quale *«agli impieghi nelle pubbliche amministrazioni si accede mediante concorso, salvi i casi stabiliti dalla legge»*.

Il decreto legislativo si attiene ovviamente alla regola costituzionale, consentendo l'assunzione mediante le liste di collocamento solo per le qualifiche per le quali è sufficiente la scuola dell'obbligo.

Il concorso si apre con il **bando**, il quale nel rispetto delle leggi e dei regolamenti indica il numero e il tipo dei posti messi a concorso, i requisiti richiesti per la partecipazione dei candidati (*cittadinanza, idoneità fisica, titolo di studio, conoscenze ed abilità specifiche*, e simili; la l. n. 732 del 29 ottobre 1984 ha invece eliminato il requisito della c.d. *buona condotta*), le modalità e i termini per la presentazione delle domande, il tipo e il numero delle prove e dei giudizi (concorso per esami, per titoli, per titoli ed esami, per prove di selezione). Si noti che anche i cittadini degli Stati della Comunità europea possono partecipare ai concorsi per i posti che «non implicano esercizio diretto o indiretto di pubblici poteri, ovvero non attengono alla tutela dell'interesse generale» (art. 38 d. lgs. n. 165 del 2001: in concreto i posti riservati ai cittadini italiani sono indicati dal regolamento emanato con dPCM 7 febbraio 1994, n. 174).

Una volta presentate le domande, il concorso è di regola espletato da una *commissione* appositamente nominata, la quale provvede allo svolgimento delle prove ed alla assegnazione dei punteggi, sulla base di criteri prefissati. La commissione termina il proprio lavoro con la formazione della **graduatoria** degli idonei. In questa sono elencati in ordine di merito tutti coloro che siano stati riconosciuti idonei. In generale, gli idonei possono essere in numero più alto dei posti messi a concorso; i *vincitori* saranno però solo in numero corrispondente a quello dei posti disponibili (se qualcuno rinunciasse, risulterebbe vincitore un altro degli idonei, sempre seguendo l'ordine di merito). La *graduatoria* è soggetta ad una *approvazione*, mediante la quale l'autorità che ha indetto il concorso verifica ed attesta che esso si è svolto in modo regolare.

Le commissioni di concorso sono formate esclusivamente con esperti di provata competenza (quali i funzionari delle amministrazioni o i docenti), che non rivestano ruoli politici né sindacali (sent. della Corte costituzionale n. 453 del 1990), e neppure siano rappresentanti del personale (art. 44 d. lgs. n. 165 del 2001).

All'approvazione della graduatoria segue la **nomina** dei vincitori. La nomina è tradizionalmente considerata un *provvedimento* unilaterale dell'amministrazione: anche se ai fini dell'efficacia (e perciò del reale instaurarsi del rapporto di impiego) si richiedeva pur sempre l'*accettazione* del nominato (cui seguiva poi la concreta «presa di servizio» entro il termine prefisso). Dopo il d. lgs. n. 29 del 1993 le regole ora esposte valgono per le categorie non soggette alla privatizzazione, mentre per il personale soggetto alla privatizzazione le determinazioni delle parti relative alla costituzione del rapporto di lavoro danno vita ad un **contratto individuale** di lavoro.

Come detto, la regola dell'accesso mediante concorso è stata recepita dalla Costituzione. Tuttavia nel passato sono state frequenti le cosiddette *leggi di sanatoria*, mediante le quali si è provveduto ad inserire senza concorso nei **ruoli** (cioè negli elenchi dei posti stabili) coloro che avessero prestato per un certo tempo un servizio non di ruolo o comunque *precario* nella pubblica amministrazione.

La disciplina del rapporto

Lo svolgimento del rapporto è disciplinato, come detto, dalle regole stabilite per il lavoro privato. Vi sono tuttavia alcune significative deroghe: ad esempio, l'esercizio temporaneo di mansioni superiori non attribuisce il diritto alla loro assegnazione definitiva (art. 52 d.lgs. n. 165 del 2001). La disposizione si spiega con le particolari regole di accesso ai diversi livelli dell'impiego, e con la necessità di evitare fenomeni di arbitrio e di clientelismo.

La dirigenza

Ancora, del tutto specifica è la disciplina della *dirigenza* pubblica. In effetti, non solo le *funzioni* dei dirigenti, in rapporto a quelle degli organi politici, sono definite dalla legge, ma la legge disciplina anche i *livelli* dirigenziali, i requisiti e le modalità di accesso alla qualifica di «dirigente» (per concorso o per corso-concorso presso la Scuola superiore della pubblica amministrazione) e di «dirigente generale» (per nomina governativa di dirigenti o di altri qualificati soggetti), i criteri per il conferimento degli *incarichi dirigenziali* (che peraltro possono venire attribuiti, entro certi limiti anche a soggetti privi della qualifica dirigenziale), la peculiare *responsabilità* (su tali aspetti v. anche *oltre*, cap. 25, par. 2).

La dirigenza è articolata in due fasce nell'amministrazione statale, mentre nelle altre amministrazioni, nelle Regioni e negli enti locali c'è di regola un solo livello dirigenziale.

La contrattazione collettiva

Anche la disciplina della contrattazione collettiva continua ad essere peculiare nel rapporto di pubblico impiego. In primo luogo, infatti, pur se essa «si svolge su tutte le materie relative al rapporto di lavoro», continuano tuttavia ad essere riservate alla legge (ovvero, in base alla legge, ad altri atti normativi ed agli atti amministrativi) alcune materie specificamente individuate, ed in particolare le responsabilità degli operatori, il disegno degli organi e degli uffici (e le modalità di conferimento), l'accesso agli impieghi, i ruoli e le dotazioni organiche, le incompatibilità (secondo quanto dispongono l'art. 2, co. 1, lett. c), della l. n. 421 del 1992 e l'art. 40 del d. lgs. n. 165 del 2001).

Ancora, per le stesse materie di contrattazione, e pur non essendoci più il recepimento del contratto in un atto normativo unilaterale, sono pur sempre la legge dello Stato o gli atti attuativi che determinano (oltre agli oggetti della contrattazione) la composizione delle parti contraenti (per gli impiegati secondo il criterio della «rappresentatività sindacale», per la parte pubblica una apposita *Agenzia per le relazioni sindacali*, sulla base di direttive governative) e, una volta che le parti abbiano convenuto su una bozza di contratto, le procedure per la definitiva *autorizzazione alla sottoscrizione* da parte del Governo. Sulla natura delle norme contrattuali v. *oltre*, cap. 23, par. 3.

Si possono considerare di massima comunque ancora esistenti i tradizionali *doveri* del pubblico impiegato: il dovere di *fedeltà*, che consiste nel curare esclusivamente l'interesse dell'ente pubblico, in vista del pubblico bene (ne sono possibili violazioni, tra l'altro, l'inosservanza del segreto d'ufficio e l'appartenenza ad associazioni segrete); il dovere di *diligenza*, che consiste nello svolgere le proprie mansioni con cura ed impegno (violazioni: assenza ingiustificata, inosservanza dell'orario, inerzia e trascuratezza); il dovere di *legalità*, consistente nel rispetto delle leggi e in generale delle norme giuridiche (tra le violazioni: irregolarità e parzialità, rifiuto di rilasciare copie di documenti a chi ne abbia diritto); il dovere di *rettitudine*, consistente nel comportarsi – anche fuori dall'ufficio – secondo morale e giustizia (violazioni: ogni tipo di condotta scorretta o immorale, come il procurarsi raccomandazioni, l'abusare della fiducia, e simili o più gravi comportamenti); il dovere di *subordinazione*, che consiste nell'obbligo di obbedienza e rispetto verso i superiori (tuttavia, l'impiegato è tenuto a non eseguire ordini illegittimi, a meno che essi non vengano rinnovati per iscritto, e non deve in nessun caso eseguire ordini, la cui esecuzione costituisca reato o concorso in un reato).

Naturalmente, accanto ai doveri vi erano (e vi sono) anche i *diritti* del pubblico impiegato: il diritto alla *retribuzione* (stipendio o salario); il cosiddetto diritto al *posto* (spettante solo agli impiegati di *ruolo*, e soggetto comunque in certi casi a venir meno, ad esempio per ragioni disciplinari); il diritto all'*esercizio delle funzioni* corrispondenti alla propria qualifica; il diritto al *riposo settimanale*, ai *congedi* ordinari e straordinari, ed alla *aspettativa* con conservazione del posto per l'assunzione di particolari cariche elettive, di certe cariche sindacali, per servizio militare, per maternità, per motivi di famiglia e di salute, e per eventuali altri motivi ammessi; i «diritti sindacali» (come il diritto di *associazione* sindacale, di *assemblea* e – pur con certe limitazioni – di *sciopero*); il diritto al *trattamento di quiescenza* (che diviene attuale al momento della cessazione del rapporto di lavoro).

La giurisdizione sui rapporti di impiego

Come sopra accennato, la competenza del giudice amministrativo sui ricorsi proposti dai pubblici impiegati era coerente con il carattere del tutto particolare e «pubblicistico» della disciplina da applicare. Ma è chiaro che, se si privatizza il rapporto di lavoro e si assimila il pubblico impiego all'impiego privato, non c'è più ragione per una giurisdizione su di esso distinta dalla normale giurisdizione del lavoro. Ed infatti l'art. 68 del d.lgs. n. 29 del 1993 (ora trasfuso nell'art. 63 del d.lgs. 30 marzo 2001, n. 165) ha devoluto al giudice ordinario (v. *oltre*, cap. 29, par. 2) «in funzione di giudice del lavoro» (e perciò con le speciali procedure previste davanti ad esso) «tutte le controversie relative ai rapporti di lavoro alle dipendenze delle pubbliche amministrazioni».

Sono comprese nella giurisdizione del giudice ordinario le controversie relative alla assunzione al lavoro, al conferimento revoca degli incarichi dirigenziali, alla responsabilità dirigenziale, alle indennità di fine rapporto. Se nella controversia vengono in questione come presupposti atti amministrativi *illegittimi*, il giudice non li applica (o come si dice, li *disapplica*). Con la sentenza il giudice può adottare nei confronti delle pubbliche amministrazioni tutti i provvedimenti, di accertamento, costitutivi o di condanna necessari per la tutela dei diritti in gioco.

Si noti che rimane invece ferma la giurisdizione del giudice amministrativo per le controversie che riguardano il personale *non privatizzato*. Inoltre, restano soggette alla giurisdizione del giudice amministrativo anche le controversie in materia di *pubblici concorsi* per l'assunzione dei dipendenti delle pubbliche amministrazioni.

capitolo 13

LE ISTITUZIONI EUROPEE

1. dalle Comunità all'Unione europea

Lo Stato italiano fa parte dell'**Unione europea**, insieme ad altri ventisei Stati membri. L'*Unione*, a sua volta, è subentrata nel 2009 alla *Comunità europea* (alla quale era rimasta affiancata a partire dal 1993). In questo paragrafo sono esposte le nozioni fondamentali sulle origini e sullo sviluppo che ha condotto dal sistema delle *Comunità* europee al vigente sistema dell'*Unione*.

Le istituzioni comunitarie nascono con il trattato istitutivo della *Comunità europea del carbone e dell'acciaio* (CECA), firmato a Parigi il 18 aprile 1951 tra la Francia, la Germania, il Belgio, i Paesi Bassi, il Lussemburgo e l'Italia. È difficile percepire oggi – quando l'accento si è spostato su altre fonti di energia ed altri strumenti di potere – l'importanza fondamentale di quel trattato nel garantire la pace tra la Francia e la Germania, e con ciò, in definitiva, la pace europea.

La CECA nasce come una sorta di ente sovranazionale governato da una Alta autorità (organismo collegiale composto di membri designati dagli Stati), attorno alla quale furono sin da allora posti una *Assemblea comune*, composta dai rappresentanti dei popoli dei sei Stati fondatori (designati però dai rispettivi Parlamenti nazionali) ed una apposita *Corte di giustizia* per la soluzione delle controversie. Inoltre, un *Consiglio speciale dei Ministri*, composto da membri dei Governi nazionali, assicurava il raccordo politico ed istituzionale con gli Stati.

La positiva esperienza fatta con il grande mercato del carbone e dell'acciaio fu alla base degli sviluppi contenuti nei trattati di Roma del 25 marzo 1957, con i quali venivano costituite, tra gli stessi sei Stati partecipi del primo trattato, la *Comunità economica europea* (**CEE**), che estendeva a tutti i settori economici gli scopi della CECA (la quale manteneva tuttavia la sua autonoma esistenza e la sua propria organizzazione), ed una *specifica Comunità* relativa al settore dell'energia nucleare, denominata **Euratom**. Alla ratifica ed esecuzione dei due nuovi trattati si provvide in Italia con la l. 14 ottobre 1957, n. 1203.

Il modello organizzativo della CEE fu in una certa misura ricalcato su quello della CECA, tranne che in luogo dell'Alta Autorità fu istituita la *Commissione*, ferma restando la presenza dell'organo assembleare parlamentare (che nel 1962 assunse con propria decisione la denominazione di *Parlamento europeo*), della Corte di giustizia e del Consiglio dei Ministri. La maggiore differenza fu nel peso che nella gestione della nuova Comunità si volle mantenere al Consiglio dei Ministri (cioè all'organo composto dagli esponenti dei Governi nazionali), rispetto al peso predominante che nella CECA aveva l'Alta Autorità.

Nonostante che si parlasse comunemente di *Comunità europea*, le Comunità europee erano giuridicamente *tre*, distinte e separate. Tuttavia, l'Assemblea e la Corte di giustizia furono sin dall'inizio *uniche* per le tre Comunità, mentre nel 1965 si dispose anche la fusione degli *esecutivi*. Da allora le tre Comunità sono state così governate dagli stessi organi.

La prima comunità, la Comunità europea del carbone e dell'acciaio, era stabilita per la durata di cinquanta anni. Essa è venuta a cessare nel 2003, sicché il settore rientra ormai nella disciplina generale del Trattato Comunità europea.

Ai membri fondatori della CECA e della CEE – che avevano dato origine alla cosiddetta *Europa dei sei* – si aggiunsero nel tempo la Danimarca, l'Irlanda ed il Regno Unito (1973), quindi la Grecia (1981), quindi il Portogallo e la Spagna (1986), poi l'Austria, la Finlandia e la Svezia (1995), dando vita alla cosiddetta *Europa dei quindici*. La Comunità (alla quale si era aggiunta nel 1993 l'Unione) comprendeva così la maggior parte dei paesi dell'Europa occidentale.

Dopo la caduta dell'Unione sovietica (1991) ed il ritorno della democrazia negli Stati dell'Europa centrale ed orientale si posero le premesse per l'ingresso di tali paesi europei nelle istituzioni comuni. Nel 2004 sono divenuti membri della Comunità e dell'Unione Cipro, la Lettonia, la Lituania, l'Estonia, Malta, la Repubblica ceca, la Polonia, la Slovacchia, la Slovenia e l'Ungheria, mentre la Bulgaria e la Romania sono entrate nel 2007, portando così il numero dei membri agli attuali *ventisette*.

Gli sviluppi

Nel 1987 un rilevante ampliamento delle competenze comunitarie si ebbe con l'entrata in vigore di un nuovo trattato denominato *Atto unico europeo*. Una ulteriore evoluzione verso l'unità istituzionale dell'Europa è stata sancita dal *Trattato di Maastricht* (detto anche *Trattato sull'Unione europea – TUE*), stipulato il 7 febbraio 1992, ed entrato in vigore nel 1993.

L'Unione europea

Esso da una parte segna ancora un ampliamento delle materie e delle «politiche» *comunitarie*, dall'altra – pur senza compiutamente colmare il «deficit democratico» delle istituzioni comunitarie (dovuto al fatto che nell'equilibrio di poteri tra le istituzioni di governo sono ancora più forti gli organi rappresentativi degli Stati membri che quello che esprime i popoli per sé considerati) – ha esteso la cooperazione a nuovi settori, creando una *Unione europea* «fondata sulle Comunità europee», integrate dalle nuove «politiche e forme di cooperazione» disciplinate dal Trattato stesso.

La Carta dei diritti fondamentali dell'Unione europea

Nel 2000 il Consiglio europeo ha solennemente adottato la *Carta dei diritti fondamentali dell'Unione europea*. Nel contenuto essa riprende i diritti già riconosciuti dalla *Convenzione europea*, sviluppandoli ulteriormente (sono così espressamente menzionati, ad esempio, il diritto alla protezione dei dati di carattere personale, i diritti dei bambini e degli anziani, il principio di tutela dell'ambiente, il diritto ad una buona amministrazione). La *Carta dei diritti* esprime così su un piano generale in modo relativamente completo e preciso i valori della persona condivisi nell'Unione europea.

Dopo un ulteriore trattato stipulato ad Amsterdam, che ha tra l'altro provveduto sul piano formale ad una generale rinumerazione degli articoli sia del trattato CE che del trattato UE, il trattato di Nizza, entrato in vigore nel 2003, ha introdotto importanti modifiche nella composizione e nelle regole di decisione delle istituzioni comunitarie.

Il progetto di *Trattato costituzionale* ed il *Trattato di Lisbona*

Il momento sembrava opportuno per una generale rifondazione dell'ordinamento comunitario, rivolta a dare ad esso una «Costituzione», sia pure approvata nelle forme di un nuovo trattato internazionale. Fu così convocata una «convenzione» – rappresentativa dei governi e dei parlamenti degli Stati membri, degli Stati candidati all'adesione, del Parlamento europeo e della Commissione. Sulla base dei lavori della Convenzione fu stipulato il trattato volto ad istituire una Costituzione per l'Europa (2004).

Il trattato costituzionale – che avrebbe dovuto sostituire sia il trattato istitutivo della Comunità europea che quello istitutivo dell'Unione europea – era diviso in tre parti. La prima comprendeva le disposizioni fondamentali sulle istituzioni europee, la seconda riprendeva nella sostanza la Carta dei diritti fondamentali, la terza conteneva, con qualche modifica, le norme residue dell'attuale trattato Comunità europea.

Tra le maggiori innovazioni istituzionali, oltre all'inserimento nel trattato della Carta dei diritti (che assumeva così pieno valore giuridico) ed alla fusione della Comunità e dell'Unione nella sola *Unione*, vi erano la creazione di una presidenza lunga – pari a due anni e mezzo – per il

Consiglio europeo, l'istituzione di un Ministro degli esteri, e l'introduzione della denominazione ufficiale di *legge* per i più importanti atti normativi, deliberati con la partecipazione essenziale del Parlamento. Inoltre, molte decisioni che attualmente richiedono l'unanimità sarebbero state assunte a maggioranza qualificata.

Tuttavia, il Trattato costituzionale non è potuto entrare in vigore, dato che i *referendum* svoltisi in Francia e nei Paesi Bassi hanno dato esito negativo. Dopo tale fallimento, gli Stati europei hanno cercato di recuperare la sostanza delle riforme progettate mediante un nuovo Trattato, sottoscritto a Lisbona nel dicembre 2007 ed entrato in vigore, a seguito delle ratifiche, il 1° dicembre 2009.

Anche tale Trattato elimina la duplicità tra Comunità e Unione europea, riconosce – anche se attraverso un semplice richiamo – il valore giuridico della Carta dei diritti, mantiene la presidenza lunga per il Consiglio europeo, valorizza il ruolo del Parlamento europeo e quello dei Parlamenti nazionali, semplifica il processo decisionale prevedendo in molti casi la maggioranza qualificata in luogo dell'unanimità. Invece, non è più prevista la figura del Ministro degli esteri (permane tuttavia un *Alto rappresentante*, con corrispondenti compiti), né viene dato il nome di *legge* ai maggiori atti normativi.

2. l'Unione europea. Caratteri, finalità, valori e competenze

L'**Unione europea** costituisce una organizzazione (e un corrispondente *ordinamento giuridico*) istituita dagli Stati che ne fanno parte come «un'unione sempre più stretta tra i popoli dell'Europa», alla quale gli Stati membri «attribuiscono competenze per conseguire i loro obiettivi comuni» (art. 1 TUE).

Sin dalla sentenza del 15 luglio 1964 (*Costa c. Enel*) la Corte di giustizia (allora delle Comunità europee) ha stabilito che l'ordinamento comunitario è un ordinamento giuridico di tipo nuovo, distinto sia da quello internazionale che da quelli degli Stati membri, con i quali peraltro si integra e rispetto ai quali sotto numerosi profili si impone.

La struttura e le competenze dell'Unione sono precisate sia dallo stesso Trattato Unione Europea, sia dal gemello Trattato sul Funzionamento dell'Unione Europea (TFUE), che ha «lo stesso valore giuridico» del primo.

Caratteri dell'Unione

La disposizione dell'art. 1 TUE, prima ricordata, mette in rilievo sin dall'inizio che l'Unione europea *non è uno Stato dotato di una autonoma sovranità*, e che i pur vasti poteri di cui essa dispone sono pur sempre poteri *attribuiti dagli Stati* – che rimangono in linea di principio pienamente sovrani – ad una organizzazione da essi creata per meglio raggiungere i propri scopi.

Dopo le modifiche introdotte con il trattato di Lisbona, è ora espressamente previsto che uno Stato membro possa uscire dall'Unione. Tuttavia, secondo l'art. 50 TUE il recesso è efficace soltanto a seguito dell'entrata in vigore di un apposito accordo tra lo Stato interessato e l'Unione, denominato *accordo di recesso* (o in mancanza di accordo dopo due anni dalla notifica della decisione di recedere).

Naturalmente, la circostanza che molte delle competenze statali siano in realtà attribuite all'Unione fa sì che – come in uno Stato federale – assuma fondamentale rilievo la problematica del *riparto di competenze* tra l'Unione e gli Stati membri, e che l'ordinamento giuridico dell'Unione si comporti sotto molti profili come quello di uno Stato federale: ferma, però, la differenza di fondo.

All'inizio, la differenza tra una formazione di tipo statale ed un'organizzazione come quella delle Comunità europee era evidente anche sotto il profilo delle *finalità*: di ordine *generale* per gli Stati, soprattutto di ordine *economico* per le tre Comunità (delle quali la più ampia si chiamava, appunto, *Comunità economica*). Negli anni, e nella successione dei Trattati fino a quello di Lisbona, tale differenza può dirsi venuta meno, dato che le finalità dell'Unione hanno assunto la straordinaria ampiezza indicata dall'art. 3 TUE: basti qui dire che tra l'altro essa «si prefigge di promuovere la pace, i suoi valori e il benessere dei suoi popoli», offrendo «ai suoi cittadini uno spazio di libertà, sicurezza e giustizia senza frontiere interne».

Valori dell'Unione

Quali siano i valori dell'Unione è indicato dall'art. 2 TUE, secondo il quale essa «si fonda sui valori del rispetto della dignità umana, della libertà, della democrazia, dell'uguaglianza, dello Stato di diritto e del rispetto dei diritti umani, compresi i diritti delle persone appartenenti a minoranze». Questi valori vengono contestualmente dichiarati «comuni agli Stati membri in una società caratterizzata dal pluralismo, dalla non discriminazione, dalla tolleranza, dalla giustizia, dalla solidarietà e dalla parità tra donne e uomini».

Essi si traducono nei diritti, nelle libertà e nei principi sanciti nella Carta dei diritti fondamentali dell'Unione europea del 7 dicembre 2000 (adottata il 12 dicembre 2007 a Strasburgo), della quale l'art. 6 TUE afferma ora che essa «ha lo stesso valore giuridico dei trattati». Inoltre, sempre l'art. 6 prevede che l'Unione aderisca alla *Convenzione europea per la salvaguardia dei diritti dell'uomo e delle libertà fondamentali* (il processo di adesione è attualmente in corso) e specifica che «i diritti fondamentali, garantiti dalla Convenzione europea per la salvaguardia dei diritti dell'uomo e delle libertà fondamentali e risultanti dalle tradizioni costituzionali comuni agli Stati membri, fanno parte del diritto dell'Unione in quanto principi generali». Un meccanismo di verifica del rispetto dei valori fondamentali dell'Unione da parte degli Stati membri, e di eventuale sanzione della loro violazione, è previsto dall'articolo 7 TUE.

Competenza di attribuzione

Le finalità ed i valori dell'Unione, tuttavia, sono pur sempre perseguiti nel quadro del principio della *competenza d'attribuzione*, secondo il quale i poteri attribuiti all'Unione, per quanto ampi, sono solo quelli individuati dai trattati istitutivi. Esso è già implicito nel ricordato art. 1, ed è ribadito dall'art. 5, secondo il quale «qualsiasi competenza non attribuita all'Unione nei trattati appartiene agli Stati membri».

Non che le clausole dei trattati che prevedono poteri dell'Unione siano da interpretare restrittivamente. Al contrario, esse sono da intendere *finalisticamente*, comprendendovi tutti i poteri che si possano considerare *impliciti* in quelli assegnati, o che siano *necessariamente sussidiari* ad essi. Inoltre, secondo l'art. 352 TFUE «se un'azione dell'Unione appare necessaria, nel quadro delle politiche definite dai trattati, per realizzare uno degli obiettivi di cui ai trattati senza che questi ultimi abbiano previsto i poteri di azione richiesti a tal fine, il Consiglio, deliberando all'unanimità su proposta della Commissione e previa approvazione del Parlamento europeo, adotta le disposizioni appropriate».

Il riparto delle competenze

Il Trattato sul funzionamento (TFUE) distingue le competenze attribuite all'Unione in tre categorie: le competenze *esclusive*, le competenze *concorrenti* e le competenze di *sostegno, coordinamento o completamento* (talora dette competenze *parallele*).

Carattere particolare mantiene la competenza in materia di politica estera e di sicurezza comune, compresa la definizione progressiva di una politica di difesa comune, disciplinata dalle disposizioni del trattato sull'Unione europea, e non soggetta alle regole generali sugli atti dell'Unione e sul loro regime giuridico.

Secondo l'art. 2 TFUE, «quando i trattati attribuiscono all'Unione una competenza esclusiva in un determinato settore, solo l'Unione può legiferare e adottare atti giuridicamente vincolanti», mentre «gli Stati membri possono farlo autonomamente solo se autorizzati dall'Unione oppure per dare attuazione agli atti dell'Unione» (comma 1). Nelle materie concorrenti, sia l'Unione che gli Stati membri «possono legiferare e adottare atti giuridicamente vincolanti», ma gli Stati membri possono esercitare la loro competenza solo «nella misura in cui l'Unione non ha esercitato la propria» (comma 2). Circa la competenza di sostegno, coordinamento o completamento, invece, la competenza dell'Unione non si sostituisce ma si *aggiunge* a quella dello Stato, al fine di renderne più efficace l'azione.

Gli articoli da 3 a 6 TFUE tracciano una prima sintesi degli ambiti delle tre diverse competenze, fermo restando che per una conoscenza precisa occorre fare ricorso agli interi testi sia del Trattato sull'Unione europea che del Trattato sul funzionamento. Secondo l'articolo 3 l'Unione ha competenza esclusiva nei settori dell'*unione doganale*, della *concorrenza* in relazione al mercato interno, della *politica monetaria* (solo per gli Stati membri la cui moneta è l'euro), della *conservazione delle risorse biologiche del mare*, della *politica commerciale comune*. Essa ha inoltre competenza esclusiva per la conclusione di *accordi internazionali* quando tale conclusione è prevista in un atto legislativo dell'Unione o è necessaria per consentirle di esercitare le sue competenze a livello interno.

L'art. 6 prevede la competenza di sostegno e coordinamento (dunque, la competenza «aggiuntiva» dell'Unione) nelle seguenti materie: *tutela della salute*; *industria*; *cultura*; *turismo*; *istruzione, formazione professionale, gioventù e sport*; *protezione civile*; *cooperazione amministrativa* (cui vanno aggiunte, in base all'art. 4, *la ricerca, lo sviluppo tecnologico e lo spazio* e la materia *cooperazione allo sviluppo e aiuto umanitario*).

Secondo l'articolo 4 l'Unione ha competenza concorrente con quella degli Stati membri «quando i trattati le attribuiscono una competenza che non rientra nei settori di cui agli articoli 3 e 6». Tra le altre, si tratta delle seguenti materie: mercato interno; politica sociale; coesione economica, sociale e territoriale; agricoltura e pesca; ambiente; protezione dei consumatori; trasporti; reti transeuropee; energia; spazio di libertà, sicurezza e giustizia; problemi comuni di sicurezza in materia di sanità pubblica.

Principi di sussidiarietà e di proporzionalità

Nel sistema dell'Unione europea la potestà normativa concorrente non è limitata (come avviene in Italia per la potestà legislativa concorrente dello Stato: v. oltre, cap. 19, par. 2) alla sola indicazione dei principi fondamentali. Tuttavia, anche l'esercizio dei poteri normativi dell'Unione trova un limite – secondo quanto dispone l'art. 5, comma 1, TUE – nei principi di sussidiarietà e proporzionalità. In forza del primo «nei settori che non sono di sua competenza esclusiva l'Unione interviene soltanto se e in quanto gli obiettivi dell'azione prevista non possono essere conseguiti in misura sufficiente dagli Stati membri, né a livello centrale né a livello regionale e locale, ma possono, a motivo della portata o degli effetti dell'azione in questione, essere conseguiti meglio a livello di Unione» (art. 5, comma 3). In forza del principio di proporzionalità «il contenuto e la forma dell'azione dell'Unione si limitano a quanto necessario per il conseguimento degli obiettivi dei trattati» (comma 4). Alla verifica del rispetto del principio di sussidiarietà collaborano i parlamenti nazionali secondo una apposita procedura.

La cooperazione rafforzata

Il TUE ed il TFUE prevedono l'eventualità che alcuni Stati membri dell'Unione desiderino mettere in comune competenze che altri Stati membri non sono disposti a condividere, ed a questo scopo disciplinano l'istituto della **cooperazione rafforzata**, consentendo agli Stati che lo desiderano di utilizzare le istituzioni e le procedure dell'Unione.

Le cooperazioni rafforzate sono disciplinate dall'art. 20 TUE e dagli articoli da 326 a 334 TFUE. È prevista la partecipazione di un minimo di nove Stati membri, fermo restando il principio cardine che qualunque altro Stato membro può aderirvi successivamente se lo vuole. La loro costituzione è soggetta ad autorizzazione del Consiglio, ma vi sono casi in cui l'autorizzazione si considera automaticamente concessa (v. ad esempio artt. 82 e 83 TFUE). Una volta istituita, le relative decisioni sono assunte solo dagli Stati che ne fanno parte, che d'altronde sono i soli a rimanerne vincolati.

Esempi di cooperazione rafforzata sono in un certo senso sia l'unione monetaria – alla quale partecipano per ora i diciassette Stati che utilizzano l'*euro* come propria moneta – sia l'accordo per l'eliminazione delle frontiere interne (trattato di *Schengen*, al quale peraltro aderiscono anche stati non membri dell'Unione, come la Svizzera). Entrambi sono stati però realizzati prima che le norme sulla cooperazione rafforzata venissero introdotte nei trattati, e ne hanno in pratica prefigurato il modello.

3. la forma di governo, la cittadinanza e le istituzioni dell'Unione

La democrazia rappresentativa

Nel quadro di finalità e valori sopra indicato, la forma di governo dell'Unione non poteva essere che la *democrazia*, ovviamente (data l'ampiezza dell'Unione) nella versione (comune del resto a tutti gli Stati membri) della *democrazia rappresentativa* (art. 10 TUE): una democrazia, cioè, nella quale i poteri normativi ed esecutivi non sono esercitati direttamente dai cittadini, ma da loro *rappresentanti*.

e i cittadini europei

Ma chi sono i cittadini europei così rappresentati? Ai fini dell'esercizio dei diritti politici è definito cittadino dell'Unione «chiunque abbia la cittadinanza di uno Stato membro» (art. 9 TUE). La cittadinanza dell'Unione si aggiunge alla cittadinanza nazionale e non la sostituisce. I fondamentali diritti che nascono dalla cittadinanza europea sono più ampliamente disciplinati dal TFUE, che all'art. 20 elenca in particolare il diritto di *circolare e di soggiornare liberamente nel territorio degli Stati membri*, il *diritto di voto e di eleggibilità alle elezioni del Parlamento eu-*

ropeo e alle elezioni comunali nello Stato membro in cui risiedono, il diritto di godere (nel territorio di un paese terzo nel quale lo Stato membro di cui hanno la cittadinanza non è rappresentato) della *tutela delle autorità diplomatiche e consolari di qualsiasi Stato membro*, il diritto di *presentare petizioni al Parlamento europeo*, di *ricorrere al Mediatore europeo*, di rivolgersi alle istituzioni e agli organi consultivi dell'Unione in una delle lingue dei trattati e di ricevere una risposta nella stessa lingua.

Si noti che alcuni dei diritti dei cittadini europei, come il diritto di libera circolazione, possono estendersi anche a non cittadini, in forza di altri principi del diritto dell'Unione (ad esempio, il diritto all'unità della famiglia).

Il quadro istituzionale dell'Unione

Peraltro, il solo organo che *direttamente* rappresenta i cittadini europei è il **Parlamento**, mentre per il resto – e coerentemente con i caratteri dell'Unione – un ruolo fondamentale spetta alle istituzioni che rappresentano *gli Stati*, cioè il **Consiglio europeo** ed il **Consiglio**, rispettivamente composti dai *capi* di Stato o di governo e dai membri dei governi degli Stati membri: dei quali l'art. 10, comma 2, TUE sottolinea che sono «a loro volta democraticamente responsabili dinanzi ai loro parlamenti nazionali o dinanzi ai loro cittadini».

Si noti che all'inizio dell'esperienza della Comunità europea anche il Parlamento (o più precisamente la *Assemblea comune*, come allora si chiamava) non aveva carattere direttamente rappresentativo, dato che i suoi membri erano eletti dai singoli Parlamenti nazionali. Esso inoltre disponeva di soli poteri consultivi. L'attuale ruolo «codecisorio» del Parlamento europeo è dunque il frutto di un lungo processo di progressivo avanzamento della democrazia europea.

Il *quadro istituzionale* dell'Unione è poi completato dalle altre istituzioni elencate dall'art. 13 TUE, cioè la *Commissione*, la *Corte di giustizia*, la *Banca centrale* e la *Corte dei conti*. Inoltre, sempre secondo l'art. 13 il Parlamento europeo, il Consiglio e la Commissione sono assistiti da un *Comitato economico e sociale* e da un *Comitato delle regioni*, che esercitano funzioni consultive.

Come meglio apparirà tra poco, l'assetto istituzionale dell'Unione diverge non poco da quello tradizionale di uno Stato. In esso ha un ruolo fondamentale un organo (il Consiglio europeo) che ha soltanto funzioni di indirizzo e di impulso. La funzione legislativa non è monopolizzata dal Parlamento, ma condivisa con il Consiglio dei ministri, (il quale un tempo ne disponeva quasi in esclusiva). La funzione di governo ed esecutiva è distribuita su tre organi: il *Consiglio europeo* come organo di indirizzo, il *Consiglio* come organo decisionale che rappresenta gli Stati e la *Commissione* come organo titolare in genere del poteri di proposta nonché come organo esecutivo, nell'interesse generale dell'Unione, collegato al Parlamento da una relazione simile ad una relazione fiduciaria. Si noti che il Consiglio è anche contitolare della funzione legislativa, e che in minor misura anche la Commissione esercita poteri normativi. Del resto, anche il Parlamento esercita poteri di indirizzo – sia pure non giuridicamente vincolanti – attraverso le proprie mozioni. Radicalmente separata dalle altre è dunque soltanto la funzione *giurisdizionale*.

Il Consiglio europeo

Iniziamo la nostra esposizione con il *Consiglio europeo*, allontanandoci dalla tradizione (e dallo stesso ordine del Trattato UE) che vede nel *Parlamento* l'organo fondamentale. La ragione sta nella natura dell'ordinamento comune europeo, al cui interno non esiste un potere costituente, ma solo poteri costituiti (perciò l'art. 13 sottolinea che «ciascuna istituzione agisce *nei limiti delle attribuzioni che le sono conferite dai trattati*, secondo le procedure, condizioni e finalità da essi previste»). Titolari dei poteri costituenti sono semmai *gli Stati membri*, ed è perciò che per le decisioni più innovative il fondamentale organo propulsivo dell'Unione è tuttora costituito dal Consiglio europeo, nel quale gli Stati sono rappresentati al massimo livello: a seconda dell'ordinamento costituzionale di ciascuno, dal capo dello Stato o dal capo del Governo. Ad essi si aggiungono, quali componenti, il presidente della *Commissione* e il presidente dello stesso Consiglio europeo, mentre l'*Alto rappresentante dell'Unione per gli affari esteri e la politica di sicurezza* «partecipa» ai lavori, senza far parte del Consiglio (art. 15, comma 2, TUE).

Il Consiglio europeo non esercita specifici poteri, ed in particolare esso «non esercita funzioni legislative»; tuttavia, esso «dà all'Unione gli impulsi necessari al suo sviluppo e ne definisce gli orientamenti e le priorità politiche generali» (art. 15, comma 1). A questo scopo esso si riunisce almeno due volte a semestre. In generale, esso delibera per *consenso*, senza specifica votazione (il consenso si considera raggiunto quando non vi siano o non vi siano più opposizioni ad una proposta).

Il Presidente del Consiglio europeo

Una delle più importanti innovazioni introdotte dal Trattato di Lisbona consiste nella previsione di un *Presidente* eletto (a maggioranza qualificata) dallo stesso Consiglio europeo per un mandato di due anni e mezzo, rinnovabile per una volta. A questo modo l'Unione può – almeno potenzialmente – «individualizzarsi» in una figura stabile e determinata, che ne può divenire il naturale punto di riferimento.

Se poi questo avvenga realmente o meno dipende dalle circostanze, ed anche dalle caratteristiche personali e dal rilievo politico del presidente eletto.

Per evitare che la presidenza del Consiglio europeo dia un eccessivo potere ad un singolo Stato è previsto che esso «non può esercitare un mandato nazionale». Il Presidente «presiede e anima» i lavori del Consiglio europeo», assicura la preparazione e la continuità dei suoi lavori, facilita la formazione del consenso e dopo ciascuna riunione presenta una relazione al Parlamento europeo. Inoltre, esso assicura la rappresentanza esterna dell'Unione per le materie relative alla politica estera e di sicurezza comune.

Inoltre, il Consiglio europeo (con l'accordo del presidente della Commissione), nomina l'Alto rappresentante dell'Unione per gli affari esteri e la politica di sicurezza, con il compito di guidare la politica estera e di sicurezza comune dell'Unione (art. 18 TUE). L'Alto rappresentante fa parte della *Commissione*, della quale è uno dei vicepresidenti.

e l'Alto rappresentante per gli affari esteri

Secondo l'art. 14 TUE «il Parlamento europeo esercita, congiuntamente al Consiglio, la funzione legislativa e la funzione di bilancio». Esso esercita inoltre «funzioni di controllo politico e consultive», ed elegge il presidente della Commissione.

Il Parlamento

Il Parlamento è composto di rappresentanti eletti dai cittadini dell'Unione a suffragio universale diretto, libero e segreto, per un mandato di cinque anni, in un numero non superiore a settecentocinquanta, più il presidente (attualmente sono settecentotrentasei). Ai fini della elezione, ad ogni Stato è assegnato un numero di parlamentari in proporzione alla popolazione, calcolata però in misura decrescente. A nessuno Stato membro sono assegnati più di novantasei seggi.

Tuttavia, nel concreto del lavoro parlamentare spesso non conta tanto il paese d'origine, quanto l'appartenenza a gruppi politici formati all'interno del Parlamento. I gruppi politici maggiori sono quello del *Partito popolare europeo* (cristiano-democratici) e quello della *Alleanza progressista dei socialisti e democratici* (centro-sinistra). Ci sono però diversi altri gruppi (*Alleanza dei Liberali e Democratici per l'Europa, Verdi - Alleanza Libera Europea, Conservatori e Riformisti europei, Sinistra Unitaria Europea - Sinistra Verde Nordica, Europa della Libertà e della Democrazia*). L'importanza dei partiti è sottolineata in modo particolare dal Trattato, secondo il quale «i partiti politici a livello europeo contribuiscono a formare una coscienza politica europea e ad esprimere la volontà dei cittadini dell'Unione».

Al Parlamento è collegato un diverso organo chiamato *Mediatore europeo*, previsto dall'art. 228 TFUE ed eletto dal Parlamento stesso con il compito di ricevere le denunce degli interessati e di indagare sui casi di cattiva amministrazione nell'azione delle istituzioni o organismi dell'Unione (non però della Corte di giustizia nell'esercizio delle sue funzioni giurisdizionali). Quando constati un caso di cattiva amministrazione, il Mediatore ne investe l'istituzione interessata, che deve comunicare la propria posizione entro tre mesi. Il Mediatore trasmette poi una relazione al Parlamento europeo e all'istituzione o organismo interessati, ed il denunciante viene informato dell'esito dell'indagine.

Il *Consiglio* (nella prassi chiamato spesso *Consiglio dei ministri*) « è composto da un rappresentante di ciascuno Stato membro a livello ministeriale, abilitato a impegnare il governo dello Stato membro che rap-

Il Consiglio

presenta e ad esercitare il diritto di voto» (comma 2) e – quanto alle funzioni – esso «esercita, congiuntamente al Parlamento europeo, la funzione legislativa e la funzione di bilancio», e inoltre «esercita funzioni di definizione delle politiche e di coordinamento» (art. 16, comma 1, TUE).

Applicando le nozioni proprie del diritto statale potremmo dire che il Consiglio esercita sia alcune delle funzioni di decisione e di indirizzo tipiche di un *governo*, sia le funzioni normative proprie di una camera parlamentare. Si può dire perciò che – nonostante gli accresciuti poteri del Parlamento, che ora condivide la funzione normativa – gli Stati continuano ad essere protagonisti non solo delle grandi decisioni (attraverso il Consiglio europeo) ma anche della ordinaria vita dell'Unione.

Il Consiglio delibera in generale «a maggioranza qualificata, salvo nei casi in cui i trattati dispongano diversamente» (comma 3; per alcune decisioni, in effetti, è tuttora richiesta l'unanimità).

Data l'enorme differenza tra i vari Stati dell'Unione, la maggioranza del Consiglio si calcola in modo da tenere conto anche della popolazione. In particolare è previsto che a decorrere dal 1° novembre 2014, per maggioranza qualificata si intenda «almeno il 55% dei membri del Consiglio, con un minimo di quindici, rappresentanti Stati membri che totalizzino almeno il 65% della popolazione dell'Unione». Tuttavia, la maggioranza qualificata si considera sempre raggiunta se la minoranza (detta *di blocco*) non comprende almeno quattro membri del Consiglio (art. 16, comma 4).

Il ministro che rappresenta lo Stato nel Consiglio non è sempre lo stesso, ma muta a seconda delle materie da trattare. In altre parole, il Consiglio si riunisce in formazioni diverse. Lo stesso TUE individua il Consiglio *Affari generali* (che assicura la coerenza dei lavori delle varie formazioni del Consiglio e prepara le riunioni del Consiglio europeo, e ne assicura il seguito), ed il Consiglio *Affari esteri* (chiamato ad elaborare l'azione esterna dell'Unione secondo le linee strategiche definite dal Consiglio europeo).

Il Consiglio si riunisce in seduta pubblica quando delibera e vota su un progetto di atto legislativo. La presidenza delle formazioni del Consiglio è esercitata dai rappresentanti degli Stati membri nel Consiglio secondo un sistema di rotazione paritaria, che attualmente prevede un periodo di sei mesi. Tuttavia, la presidenza della formazione Affari esteri è assicurata dall'Alto rappresentante dell'Unione per gli affari esteri e la politica di sicurezza.

Un comitato dei rappresentanti permanenti dei governi degli Stati membri (detto *Coreper*) è responsabile della preparazione dei lavori del Consiglio.

La Commissione

Secondo l'art. 17 TUE «la Commissione promuove l'interesse generale dell'Unione e adotta le iniziative appropriate a tal fine». Inoltre, essa «vigila sull'applicazione dei trattati e delle misure adottate dalle istituzioni in virtù dei trattati», dà «esecuzione al bilancio e gestisce i programmi», esercita «funzioni di coordinamento, di esecuzione e di gestione», ed assicura «la rappresentanza esterna dell'Unione» (tranne che per la politica estera e di sicurezza comune).

La Commissione è dunque l'*esecutivo* proprio dell'Unione, ha sede a Bruxelles ed è il vertice degli apparati amministrativi. Tuttavia, anche se su un piano diverso da quello del Consiglio europeo e del Consiglio, essa è anche organo *propositivo* e *propulsivo*: lo stesso art. 17 precisa che «un atto legislativo dell'Unione può essere adottato solo su proposta della Commissione, salvo che i trattati non dispongano diversamente», e che in generale «gli altri atti sono adottati su proposta della Commissione se i trattati lo prevedono».

Quando il Consiglio delibera su proposta della Commissione, esso può in genere modificarla solo deliberando all'unanimità (art. 293 TFUE), ma la Commissione può modificare la propria proposta in ogni momento.

La Commissione non rappresenta gli Stati, ed ha invece uno specifico legame con il *Parlamento*. I suoi membri sono scelti in base alla loro competenza e al loro impegno europeo tra personalità che offrano tutte le garanzie di indipendenza e sono tenuti a non sollecitare né accettare istruzioni da alcun governo, istituzione, organo o organismo.

Data la natura e i compiti della Commissione non è strettamente necessario che il numero dei suoi membri corrisponda al numero degli Stati, come è stato finora, ed in effetti il TUE prevede che dopo il 2014 la Commissione sia composta da un numero di membri corrispondente ai due terzi del numero degli Stati membri, «a meno che il Consiglio europeo, deliberando all'unanimità, non decida di modificare tale numero» (art. 17, comma 5): e tutto lascia pensare che la Commissione continuerà a comprendere un cittadino per ogni Stato membro.

Il mandato della Commissione è di cinque anni. Essa ha un proprio *presidente*, il quale viene eletto per primo ed esercita una spiccata primazia: contribuisce a definire la composizione della Commissione, ne definisce gli orientamenti generali, decide l'organizzazione interna, nomina i vicepresidenti, può chiedere (e, s'intende, ottenere) le dimissioni degli altri membri.

La Commissione è formata secondo una procedura complessa. Il Consiglio europeo propone al Parlamento europeo un candidato alla carica di presidente «tenuto conto delle elezioni del Parlamento europeo e dopo aver effettuato le consultazioni appropriate» (art. 17), il quale risulta eletto se ottiene il voto della maggioranza dei componenti (diversamente, la procedura si deve ripetere con un nuovo candidato, e così di seguito). Dopo di che il Consiglio, di comune accordo con il presidente eletto e in base alle proposte degli Stati membri, adotta l'elenco delle altre personalità che propone di nominare membri della Commissione (nella prassi più recente a tale designazione fanno seguito audizioni individuali dei candidati davanti alle commissioni parlamentari). Quindi il presidente, l'Alto rappresentante dell'Unione per gli affari esteri e la politica di sicurezza e gli altri membri della Commissione sono soggetti, collettivamente, ad un voto di approvazione del Parlamento europeo. Ed in seguito a tale approvazione la Commissione è nominata dal Consiglio europeo, che delibera a maggioranza qualificata.

Nonostante la complessità del procedimento di investitura, una volta nominata la Commissione è responsabile collettivamente dinanzi al Parlamento europeo, con il quale ha dunque un legame di tipo quasi fiduciario. Infatti, il Parlamento europeo può votare una mozione di censura: e se questa è approvata con la doppia maggioranza dei due terzi dei voti espressi e dei membri che compongono il Parlamento, i membri della Commissione si dimettono collettivamente dalle loro funzioni.

Tuttavia l'Alto rappresentante dell'Unione per gli affari esteri e la politica di sicurezza si dimette soltanto dalle funzioni che esercita in seno alla Commissione – di cui è uno dei Vicepresidenti – dal momento che come alto commissario esso era stato nominato dal Consiglio europeo con la procedura sopra indicata.

Come detto, alla Commissione fa capo la struttura amministrativa burocratica dell'Unione: le direzioni generali, i servizi, istituti e centri, le agenzie esecutive. Essa rappresenta perciò sotto questo profilo una sorta di «governo» dell'Unione, pur se le decisioni di maggiore importanza e peso politico spettano al Consiglio.

La Banca centrale europea

Nel quadro della politica che ha portato all'unione monetaria e (per alcuni degli Stati membri) all'euro come moneta unica è stata istituita la **Banca centrale europea**, con sede a Francoforte, come perno del *Sistema europeo delle banche centrali*. La BCE è indipendente nell'azione rispetto agli Stati ed alle altre istituzioni dell'Unione. Essa ha personalità giuridica ed ha «il diritto esclusivo di autorizzare l'emissione dell'euro» (art. 282 e art. 128 TFUE).

Il consiglio direttivo della Banca centrale europea comprende, tra l'altro, i governatori delle banche centrali nazionali degli Stati membri la cui moneta è l'euro. Il presidente della Banca centrale è nominato dal Consiglio europeo, su raccomandazione del Consiglio e previa consultazione del Parlamento europeo e del consiglio direttivo della Banca centrale europea.

La Corte dei conti

La Corte dei conti è istituita con il compito di assicurare il *controllo dei conti* dell'Unione. Essa è composta da un cittadino di ciascuno Stato membro, ed i suoi membri esercitano le loro funzioni in piena indipendenza, nell'interesse generale dell'Unione (art. 285 TFUE). I componenti sono nominati dal Consiglio, previa consultazione del Parlamento europeo, su proposta di ciascuno Stato membro. Il mandato dura sei anni.

Gli organi consultivi

Altri due organi, di carattere consultivo, sono costituiti con il compito di inserire nel processo decisionale dell'Unione (che finora abbiamo visto fondato sui due poli della rappresentanza dei *cittadini* e degli *Stati membri*) da un lato la società civile e le categorie produttive, dall'altro gli enti territoriali interni agli Stati, rispettivamente attraverso **Comitato economico e sociale** ed il **Comitato delle regioni**.

Il *Comitato economico e sociale* è composto da rappresentanti delle organizzazioni di datori di lavoro, di lavoratori dipendenti e di altri attori rappresentativi della società civile, in particolare nei settori socioeconomico, civico, professionale e culturale (art. 300 TFUE). Il Comitato delle regioni è composto da rappresentanti delle collettività regionali e locali che sono titolari di un mandato elettorale nell'ambito di una collettività regionale o locale, o politicamente responsabili dinanzi ad un'assemblea eletta. Per entrambi, i componenti sono nominati per cinque anni dal Consiglio, conformemente alle proposte presentate da ciascuno Stato membro. Pur se presentati dagli Stati, essi non sono vincolati da alcun mandato imperativo ed esercitano le loro funzioni in piena indipendenza, nell'interesse generale dell'Unione.

Le Agenzie

Infine, in corrispondenza con il progressivo aumento dei compiti affidati prima alla Comunità ed ora all'Unione europea, sono stati creati apparati relativamente indipendenti, specializzati in settori o compiti specifici, secondo un modello che è stato chiamato modello della *agenzia europea* (da non confondere con le generiche *agenzie esecutive*, che fanno parte degli apparati esecutivi della Commissione).

A tale modello sono riconducibili, tra gli altri, l'*Agenzia europea per la gestione della cooperazione operativa alle frontiere esterne (FRONTEX)*, l'*Agenzia europea per l'ambiente*, la *Fondazione europea per la formazione*, l'*Osservatorio europeo delle droghe e delle tossicodipendenze*, l'*Agenzia europea per i medicinali*, l'*Agenzia europea per la sicurezza e la salute sul lavoro*, l'*Ufficio comunitario delle varietà vegetali*, l'*Ufficio europeo di polizia (Europol)*, l'*Agenzia europea per la difesa*, l'*Unità di cooperazione giudiziaria dell'Unione europea (Eurojust)*.

4. atti e procedimenti

Regolamenti, direttive e decisioni

Secondo l'art. 288 TFUE, «per esercitare le competenze dell'Unione, le istituzioni adottano regolamenti, direttive, decisioni, raccomandazioni e pareri» (primo comma). Del **regolamento** il secondo comma dello stesso articolo precisa che esso ha «portata generale», e che «è obbligatorio in tutti i suoi elementi e direttamente applicabile in ciascuno degli Stati membri». Si tratta dunque di un atto destinato in generale (e salve le possibili eccezioni) a contenere *norme giuridiche*, le quali si applicheranno in tutti gli Stati membri, senza che vi sia bisogno di alcun atto di recepimento.

La **direttiva**, invece, è un atto rivolto agli Stati membri, che in linea di principio (e salvo quanto si dirà oltre: v. cap. 18, par. 2) non è destinato ad essere applicato direttamente, bensì attraverso una normativa nazionale di recepimento. Essa, sempre secondo l'art. 288 «vincola lo Stato membro cui è rivolta per quanto riguarda il risultato da raggiungere, salva restando la competenza degli organi nazionali in merito alla forma e ai mezzi» (terzo comma).

Mentre i regolamenti e le direttive sono in genere atti normativi (le direttive nel senso che sono destinate ad essere tradotte in norme giuridiche nazionali), la **decisione** è tradizionalmente un atto individuale, cioè destinato a soggetti singoli: in pratica l'equivalente, nel diritto della Comunità (ed ora dell'Unione), di ciò che nel diritto nazionale è il *provvedimento amministrativo*. Perciò l'art. 249 del Trattato Comunità europea la diceva «obbligatoria in tutti i suoi elementi per i destinatari da essa designati». Tuttavia, il TUE – tenendo conto anche della prassi – ha preferito definirla semplicemente come «obbligatoria in tutti i suoi elementi», precisando che *se* essa designa i destinatari, allora «è obbligatoria soltanto nei confronti di questi» (quarto comma). Se ne deduce che anche le decisioni possono, all'occorrenza, avere portata generale.

Molto spesso il tipo di atto da adottare non è lasciato alla scelta delle istituzioni coinvolte, ma è predeterminato dai trattati: essi in genere limitano l'uso dei regolamenti ai casi in cui sia necessario avere un'unica normativa europea, mentre quando ciò non è necessario preferiscono l'uso della direttiva, che lascia agli Stati maggiore autonomia e la paternità formale delle regole da applicare. Inoltre, secondo l'art. 296 TFUE «qualora i trattati non prevedano il tipo di atto da adottare, le istituzioni lo decidono di volta in volta, nel rispetto delle procedure applicabili e del principio di proporzionalità». In generale, dunque, non è consentito l'uso di un atto più penetrante (come il *regolamento*) quando lo stesso risultato si possa raggiungere con un atto meno penetrante (come la *direttiva*).

Le **raccomandazioni** e i **pareri** hanno un contenuto corrispondente al loro nome, e l'art. 288 si limita a precisare che essi «non sono vincolanti» (quinto comma).

Gli atti legislativi

Da quanto sopra esposto risulta chiaro che non vi è nel diritto dell'Unione europea un atto normativo denominato *legge*, al quale possa riconoscersi una posizione corrispondente a quella delle leggi nel diritto interno, come atti subordinati alla Costituzione ma per il resto al vertice delle fonti dell'ordinamento. Tuttavia, il TUE ed il TFUE non solo parlano (come già detto) di «funzione legislativa», assegnandola al Parlamento e al Consiglio, ma prevedono ora – dopo le modifiche introdotte con il Trattato di Lisbona – che molto spesso sia i regolamenti che le direttive che le decisioni siano adottate attraverso una procedura denominata *procedura legislativa ordinaria*, la quale consiste «nell'adozione congiunta di un regolamento, di una direttiva o di una decisione da parte del Parlamento europeo e del Consiglio su proposta della Commissione» (art. 289, primo comma, TFUE); che non meno frequentemente gli stessi atti siano approvati mediante una *procedura legislativa* denominata *speciale*, caratterizzata dalla «adozione di un regolamento, di una direttiva o di una decisione da parte del Parlamento europeo con la partecipazione del Consiglio o da parte di quest'ultimo con la partecipazione del Parlamento europeo» (art. 289, secondo comma); e che gli atti approvati attraverso entrambe tali procedure siano considerati *atti legislativi* (terzo comma).

Dal complesso dei trattati – e dalla stessa eterogeneità degli atti approvati con tali procedure – risulta però chiaro che il carattere legislativo di un atto non serve ad assegnare ad esso una particolare posizione nella gerarchia delle fonti, bensì appunto a sottoporre l'atto in questione ad una specifica procedura e ad uno specifico regime giuridico, caratterizzato tra l'altro da uno speciale rapporto con i Parlamenti nazionali: i quali hanno diritto di ricevere i relativi progetti per controllare il rispetto del principio di sussidiarietà, ed ove lo ritengano violato possono ricorrere direttamente alla Corte di giustizia. Inoltre, le sedute del Consiglio destinate alla adozione degli atti legislativi sono pubbliche.

Gerarchia e competenza negli atti dell'Unione

In sintesi, ferma la subordinazione di tutti gli atti alle regole previste dai trattati (cioè la subordinazione del c.d. *diritto derivato* alle regole del *diritto primario*), non vi è un rapporto di tipo gerarchico né tra regolamenti, direttive e decisioni, né tra atti legislativi e atti non legislativi. La *forza* di ciascun atto dipende invece piuttosto dall'ambito di competenza che i trattati gli attribuiscono, dalla *base giuridica* – come nella prassi viene chiamata – sulla quale si fonda il potere di emanarlo.

Tuttavia, alcune norme del TFUE prevedono per certi atti una competenza che risulta *a priori* limitata. Così l'art. 290 prevede che un atto legislativo possa «delegare alla Commissione il potere di adottare atti non legislativi di portata generale che integrano o modificano determinati elementi non essenziali dell'atto legislativo», esplicitamente indicando «gli obiettivi, il contenuto, la portata e la durata della delega di potere» e fermo restando che «gli elementi essenziali di un settore sono riservati all'atto legislativo». Ancora più ristretto è il potere che secondo l'art. 291 può essere attribuito alla stessa Commissione (o eccezionalmente al Consiglio) quando sia necessario indicare agli Stati «condizioni uniformi di esecuzione degli atti giuridicamente vincolanti dell'Unione»: è chiaro, infatti, che le condizioni di esecuzione sono necessariamente subordinate agli atti da eseguire.

La procedura legislativa ordinaria

Gli atti dell'Unione europea sono adottati secondo una notevole varietà di procedure. Emerge però per la sua importanza la *procedura legislativa ordinaria*, che dopo il Trattato di Lisbona ha sostituito, con poche varianti, quella che prima era denominata la procedura di *codecisione* tra Consiglio e Parlamento.

Il punto di inizio di tale procedura sta sempre in una proposta della Commissione, presentata al Parlamento ed al Consiglio, che dà avvio alla c.d. *prima lettura*. La proposta viene esaminata dal Parlamento, il quale «adotta la sua posizione» e la trasmette al Consiglio: se il Consiglio approva la posizione del Parlamento europeo, l'atto in questione risulta definitivamente adottato nella formulazione, e la procedura di approvazione ha termine.

Se il Consiglio non ritiene di approvare direttamente la posizione del Parlamento, esso adotta una propria posizione e la trasmette al Parlamento europeo. A questo punto anche la Commissione manifesta al Parlamento la sua posizione, e si apre la *seconda lettura*, di nuovo con la parola al Parlamento. Se esso approva la posizione del Consiglio, l'atto si considera adottato, e la procedura di approvazione ha termine (lo stesso accade se il Parlamento non si pronuncia in un termine di tre mesi). Se il Parlamento *respinge* la posizione del Consiglio (a maggioranza dei componenti che lo compongono), l'atto proposto si considera non adottato, e la procedura ha ugualmente termine (ma ovviamente con opposto esito).

Può darsi però che in seconda lettura il Parlamento non approvi e non respinga, ma proponga (sempre a maggioranza dei componenti) emendamenti alla posizione del Consiglio. In questo caso il testo emendato è comunicato al Consiglio e alla Commissione che di nuovo formula il proprio parere. Il Consiglio a questo punto, se condivide tutti gli emendamenti, può adottare l'atto (all'unanimità in caso di parere negativo della Commissione). Se non li condivide, si apre una ulteriore fase procedurale, volta a trovare un punto di incontro: viene convocato un *comitato di conciliazione*, composto di membri del Consiglio e del Parlamento, ai cui lavori partecipa anche la Commissione, con funzioni di mediazione. Se il comitato non trova un accordo (nel termine di sei settimane), la procedura termina senza esito. Se perviene ad un accordo, il Parlamento e il Consiglio sono separatamente chiamati ad approvare il testo concordato, che si considera adottato se intervengono entrambe le approvazioni entro un ulteriore termine di sei settimane.

Gli atti legislativi adottati secondo la procedura legislativa ordinaria sono firmati dal presidente del Parlamento europeo e dal presidente del Consiglio (gli atti legislativi adottati secondo una procedura legislativa speciale sono firmati dal presidente dell'istituzione che li ha adottati). Dopo l'adozione, gli atti legislativi sono pubblicati nella Gazzetta ufficiale dell'Unione europea, per entrare in vigore il ventesimo giorno successivo alla pubblicazione, se l'atto non prevede una data diversa.

La procedura di bilancio

Un esempio particolare di *procedura legislativa speciale* è costituito dalla procedura di approvazione del bilancio dell'Unione, disciplinata dall'art. 314 TUE.

La proposta di bilancio è presentata dalla Commissione, sulla base dei suggerimenti (non vincolanti) di ciascuna istituzione, entro il 1° settembre dell'anno precedente. Su di essa il Consiglio prende posizione per primo, entro il 1° ottobre, mentre il Parlamento dispone di un termine di quarantadue giorni, entro il quale può approvare il bilancio (con termine della procedura), rimanere inerte (con uguale risultato di approvazione del bilancio) o adottare (a maggioranza dei componenti) degli emendamenti.

In questo caso, il progetto emendato è trasmesso al Consiglio e alla Commissione, e viene immediatamente convocato il comitato di conciliazione: il quale, tuttavia, neppure si riunisce se, entro un termine di dieci giorni da detta trasmissione, il Consiglio comunica al Parlamento europeo che approva tutti gli emendamenti.

Diversamente, il comitato di conciliazione ha il compito di giungere ad un accordo su un progetto comune, entro il termine di ventuno giorni dalla convocazione. Raggiunto l'accordo, il Parlamento europeo e il Consiglio dispongono ciascuno di un termine di quattordici giorni a decorrere dalla data di tale accordo per approvare il progetto comune, sia espressamente che tacitamente.

Se il comitato di conciliazione non trova l'accordo, o se l'accordo trovato è respinto dal Parlamento, o se è respinto dal Consiglio nell'inerzia del Parlamento, allora la Commissione deve formulare una nuova proposta di bilancio.

Se invece il Parlamento europeo approva il progetto comune, mentre il Consiglio lo respinge, il Parlamento europeo può, entro quattordici giorni dalla data in cui il Consiglio lo ha respinto, prendere le decisioni definitive, tuttavia deliberando a maggioranza dei membri che lo compongono e dei tre quinti dei voti espressi.

Altre decisioni

Abbiamo considerato sino a qui alcuni dei procedimenti più importanti, quelli che potremmo chiamare «costituzionali», in quanto di essi sono protagoniste tutte le fondamentali istituzioni politiche dell'Unione. Si consideri tuttavia che nella ordinaria gestione dell'Unione sono quotidianamente assunti molti altri atti, specialmente molte *decisioni* della Commissione e di altri organismi, per i quali sono previsti procedimenti di tipo amministrativo, che a seconda dei casi possono risultare semplici o complessi, ma non coinvolgono gli organi costituzionali nel loro insieme.

5. la giurisdizione dell'Unione

Sin dall'inizio i trattati istitutivi delle Comunità europee hanno previsto un organo giurisdizionale, la **Corte di giustizia**, e lo hanno chiamato a svolgere tre compiti fondamentali: assicurare il rispetto dei trattati e del diritto prodotto in base ad essi da parte degli Stati, assicurare il rispetto della legalità da parte delle istituzioni comunitarie, assicurare l'uniforme applicazione del diritto comunitario.

Nel tempo, è risultato necessario affiancare alla Corte di giustizia un ulteriore organo giurisdizionale, che allora fu detto *Tribunale di primo grado*, dato che era appunto chiamato a risolvere in primo grado talune delle controversie già affidate alla Corte di giustizia (in particolare, si trattava dei ricorsi promossi dai soggetti diversi dagli Stati e dalle stesse istituzioni comunitarie, cioè dalle *persone fisiche e giuridiche*). Successivamente, fu prevista come possibile l'istituzione di ulteriori organismi giurisdizionali – specializzati per materia e denominati perciò *tribunali specializzati* – rispetto ai quali il Tribunale già di primo grado (ora denominato semplicemente **Tribunale**) avrebbe esercitato le funzioni di appello. Sicché il sistema della giurisdizione europea, inteso come «Corte di giustizia» in senso ampio, comprende ora «la Corte di giustizia, il Tribunale e i tribunali specializzati», che nel loro complesso assicurano «il rispetto del diritto nell'interpretazione e nell'applicazione dei trattati» (art. 19, comma 1, TUE).

Ad oggi il solo *tribunale specializzato* che sia stato istituito è il *Tribunale per la funzione pubblica*, che ha il compito di giudicare in prima istanza sulle controversie tra l'Unione europea e i suoi oltre trentamila dipendenti. Tali controversie riguardano il rapporto di lavoro nei suoi diversi aspetti (accesso, retribuzione, carriera, disciplina), comprese la sicurezza sociale e la previdenza sociale.

Si noti che il sistema giurisdizionale della Comunità europea e quelli degli Stati membri rimangono *separati*, nel senso che non è possibile per le parti litiganti impugnare una sentenza nazionale davanti ad un giudice comunitario, neppure allegando che il giudice nazionale abbia male applicato il diritto comunitario. Esiste invece, come subito si dirà, un sistema di *coordinamento* in virtù del quale i giudici nazionali, quando si trovino ad applicare diritto comunitario, possono o devono chiedere una previa decisione di un giudice comunitario (normalmente la Corte di giustizia).

Il rispetto dei trattati da parte degli Stati

Il compito di assicurare il rispetto del diritto comunitario da parte degli Stati, mediante la decisione sulle c.d. *infrazioni*, è tuttora svolto in esclusiva dalla Corte di giustizia, secondo le regole enunciate dagli articoli 258 e 259 TFUE.

Le controversie per inadempimento dei trattati possono essere instaurate davanti alla Corte da ciascuno degli Stati membri, contro un altro Stato. Ma ben più efficace si è rivelata in pratica la previsione che l'azione possa venire instaurata *da parte della stessa Comunità*, e precisamente da parte della *Commissione*. Come già accennato, la Commissione deve però prima di tutto contestare la trasgressione allo Stato ed ascoltarne il punto di vista, assumendo poi le proprie determinazioni. Solo nel caso che queste rimangano senza seguito, l'azione può essere promossa.

Con l'esercizio dell'azione, la Commissione può chiedere che lo Stato venga condannato al pagamento di una somma di danaro, adeguata alle circostanze. Spetta poi alla Corte di giustizia valutare se la trasgressione ci sia stata, e se essa debba essere anche sanzionata con una penalità.

I giudici degli atti comunitari in via diretta

Il Tribunale e la Corte di giustizia sono giudici esclusivi della legittimità degli atti delle istituzioni comunitarie (art. 263 TFUE). Infatti gli atti comunitari illegittimi possono essere annullati, ma solo da parte del giudice comunitario appunto, e non invece da parte dei giudici nazionali. Va però sottolineato che il ricorso al giudice comunitario può essere proposto (oltre che dai singoli Stati) dalle stesse istituzioni comunitarie (s'intende nei confronti dell'atto di un diverso organo), nonché *dai privati* colpiti o lesi dall'atto impugnato.

Inoltre, è anche possibile ricorrere contro la mancata emanazione di un atto che sia *dovuto* a norma del trattato (è il cosiddetto ricorso «in carenza», previsto dall'art. 265 TFUE).

Il ricorso può essere promosso contro gli atti di qualunque istituzione comunitaria, purché si tratti di atti di tipo decisorio, e non puramente consultivo.

Il ricorso per illegittimità deve essere proposto nei due mesi dalla conoscenza dell'atto, e se fondato conduce all'*annullamento* di questo.

O su rinvio del giudice nazionale

Alla Corte di giustizia spetta di giudicare sull'interpretazione da dare ai trattati o agli atti delle istituzioni comunitarie, quando l'interpretazione le venga richiesta da un giudice nazionale, al fine della soluzione di una controversia posta davanti ad esso. In altre parole, la Corte di giustizia assicura che in tutti gli Stati della Comunità gli atti comunitari vengano interpretati *uniformemente* (artt. 19 TUE e 267 TFUE).

Oltre che la corretta interpretazione, può essere richiesto alla Corte anche un giudizio sulla *validità* dell'atto in questione: ma non può essere posta in discussione la validità dei *trattati* istitutivi, che rappresentano il fondamento della legalità comunitaria.

La valutazione della necessità di investire la Corte di giustizia di una questione di interpretazione va fatta, ovviamente, dal giudice nazionale. Precisiamo comunque che, mentre tutti i giudici nazionali *possono* chiedere l'interpretazione della Corte, i giudici di ultima istanza vi sono *tenuti*, ogni volta che il significato di un atto comunitario da applicare in giudizio non sia chiaro. Il rinvio alla Corte di giustizia è invece assolutamente necessario quando il giudice nazionale ritenga che l'atto delle istituzioni comunitarie possa essere illegittimo, dato che nessun giudice nazionale è abilitato ad accertare autonomamente la validità degli atti comunitari.

Si noti che dal punto di vista del diritto comunitario non c'è dubbio che anche le *Corti costituzionali* degli Stati membri (s'intende ove esistano) siano *giudici nazionali* ai fini del dovere di operare il rinvio pregiudiziale alla Corte di giustizia. Tuttavia, solo alcune delle Corti costituzionali hanno effettuato rinvii, e nel passato la Corte costituzionale italiana ha espressamente negato – a questo fine – la propria qualità di vero e proprio giudice. Nel 2008 tuttavia la Corte ha effettuato con l'ordinanza n. 103 il suo primo rinvio, nel corso di un giudizio in via principale (v. *oltre*, cap. 31, par. 3), nel quale la Corte si trova a dovere risolvere una controversia tra Stato e Regioni sulla legittimità costituzionale di una legge regionale o statale.

Il giudice europeo si limita a risolvere la questione «pregiudiziale» di interpretazione o di validità che gli è stata posta, dopo di che il processo riprende davanti al giudice nazionale per giungere alla sua conclusione. Per tale ragione la procedura che investe il giudice europeo della questione si chiama usualmente *rinvio pregiudiziale*.

I giudici della responsabilità delle istituzioni comunitarie

Ancora, spetta alla Corte di giustizia (e in primo grado al Tribunale) di giudicare in materia di risarcimento dei danni provocati dalle istituzioni o dai funzionari della Comunità (s'intende, nell'esercizio delle loro funzioni). Si tratta perciò di giudizi in materia di *responsabilità extracontrattuale* della Comunità. Nel giudizio, la Corte deve applicare i «principi generali comuni ai diritti degli Stati membri» (art. 340).

Composizione della Corte

La Corte di giustizia è composta da un giudice per ogni Stato membro (art. 19, co. 2, TUE), e può operare a seconda dei casi, oltre che in seduta plenaria, anche attraverso *sezioni* o in *grande* sezione (art. 251 TFUE). Essa è assistita da otto *avvocati generali*, il cui compito non consiste nel rappresentare le parti del giudizio ma nell'esprimere nel giudizio un punto di vista obbiettivo ed imparziale (in pratica, in ogni processo uno degli avvocati generali è chiamato a dare la propria valutazione su come andrebbe decisa la causa). Gli uni e gli altri sono nominati, per la durata di sei anni, dagli Stati membri, di comune accordo.

I componenti debbono avere i requisiti richiesti per le più alte magistrature, o essere giureconsulti di notoria competenza. Il Presidente è eletto dagli stessi giudici, per la durata di tre anni.

Il Tribunale

Il Tribunale è composto da *almeno* un giudice per ogni Stato membro. Quando decide su ricorso diretto, le decisioni da esso assunte possono essere impugnate dinanzi alla Corte di giustizia, tuttavia per i soli motivi di diritto (non può cioè essere contestata la ricostruzione dei fatti accolta dal Tribunale). Le decisioni del Tribunale emesse come giudice d'appello in relazione alle sentenze del Tribunale per la funzione pubblica possono essere oggetto di riesame da parte della Corte di giustizia solo ove sussistano gravi rischi per l'unità o la coerenza del diritto comunitario. Nei particolari casi in cui il Tribunale di primo grado sia competente a decidere *su rinvio pregiudiziale* di un giudice nazionale, esso può a sua volta rinviare la causa dinanzi alla Corte di giustizia, e le decisioni che esso emetta possono ugualmente essere oggetto di riesame da parte della Corte di giustizia ove sussistano gravi rischi per l'unità o la coerenza del diritto comunitario (art. 256 TFUE).

6. altre istituzioni europee. Il Consiglio d'Europa e la Corte europea dei diritti dell'uomo

Il Consiglio d'Europa

Oltre che dell'Unione europea, l'Italia fa parte di una ulteriore e diversa istituzione europea, denominata **Consiglio d'Europa** – al quale partecipano attualmente quarantasette Stati europei (compresa la Russia e altri Stati dell'Europa orientale), il cui Statuto fu approvato da un accordo sottoscritto a Londra il 5 maggio 1949 tra dieci Stati fondatori. Al *Consiglio d'Europa* è assegnato lo scopo di *«conseguire una più stretta unione fra i suoi membri per salvaguardare e promuovere gli ideali e i principi che costituiscono il loro comune patrimonio»* e di *«favorire il loro progresso economico e sociale»* (art. 1 St.). In concreto, il Consiglio promuove discussioni, accordi, azioni comuni, nonché, in particolare, *«la salvaguardia e l'ulteriore sviluppo dei diritti dell'uomo e delle libertà fondamentali»*.

Il Consiglio d'Europa, diversamente dalle Comunità europee, non è stato concepito come una struttura dotata di propri poteri normativi e amministrativi sopranazionali, ma piuttosto come un luogo di dibattito e di elaborazione di accordi, che successivamente vengono stipulati e ratificati dagli Stati membri come convenzioni internazionali.

Ciò non impedisce che il Consiglio d'Europa abbia una propria struttura organizzativa basata su diversi organi, tra cui fondamentali sono l'*Assemblea consultiva* e il *Comitato dei Ministri* (oltre che un *Segretariato* con funzioni esecutive). L'Assemblea è composta di rappresentanti degli Stati membri, individuati con l'intervento dei Parlamentari nazionali, ed ha il compito di formare gli orientamenti che vengono poi formalizzati dal Comitato dei Ministri.

Convenzione e Corte europea dei diritti dell'uomo

Secondo quanto detto, il Consiglio d'Europa ha particolare rilievo per la tutela dei *diritti dell'uomo* e delle *libertà fondamentali*. Ed infatti, si deve ad esso l'elaborazione di quella che è poi divenuta la *Convenzione europea per la salvaguardia dei diritti dell'uomo e delle libertà fondamentali*, firmata a Roma il 4 novembre 1950 (cui è stata data esecuzione in Italia con l. 4 agosto 1955, n. 848). La *Convenzione* (di cui si dirà ancora *oltre*, cap. 32, par. 1) non solo ha codificato i diritti e le libertà in termini uniformi per gli Stati europei che hanno aderito, ma ha anche creato particolari istituzioni per la tutela dei diritti stessi: tra le quali spicca l'istituzione della *Corte europea dei diritti dell'uomo* (con sede a Strasburgo), come organo giurisdizionale al quale, a certe condizioni ed entro certi limiti, possono rivolgersi direttamente i soggetti degli ordinamenti statali, quando non abbiano ottenuto adeguata tutela nell'ambito dell'ordinamento interno.

La Corte è composta da tanti giudici quanti gli Stati che sono parte della *Convenzione*. Essi sono eletti dall'Assemblea, ciascuno su una lista di tre presentata da ciascuno Stato, e durano in carica nove anni non rinnovabili. La Corte decide normalmente mediante *comitati* o *camere* composti di un numero ristretto di giudici (rispettivamente tre e sette), ma le questioni più rilevanti vengono decise dalla *Grande camera*, formata da diciassette giudici.

La Corte può essere adita da chiunque pretenda di essere vittima di una violazione dei diritti delll'uomo commessa da uno Stato che sia parte della Convenzione. Tuttavia, vale la regola del c.d. «previo esaurimento delle vie interne di ricorso». In altre parole, l'interessato deve avere già fatto tutto quanto era giuridicamente possibile fare secondo il diritto statale. Questo comporta che spesso i casi che arrivano alla Corte siano già stati decisi in modo definitivo dai giudici nazionali: quando questo accade, la *Corte europea* non ha il potere di annullare le sentenze nazionali, ma può dichiarare l'illecito e accordare «un'equa soddisfazione» alla parte lesa.

Può capitare che alcune violazioni della Convenzione da parte di determinati Stati siano il risultato non di singole vicende, ma di un problema strutturale o sistemico proprio della situazione o della normazione di quello Stato. In questo caso, la Corte può decidere di applicare la speciale procedura detta della *sentenza pilota*, che conferisce carattere prioritario al caso, e permette alla Corte di indicare, nella sentenza, la natura del problema riscontrato e le misure da assumere per rimediarvi.

III
IL PARLAMENTO, IL GOVERNO, IL PRESIDENTE DELLA REPUBBLICA

capitolo 14

IL PARLAMENTO

1. il Parlamento e le due Camere

Il bicameralismo

Il **Parlamento** italiano è composto, sin dall'inizio dello Stato italiano, da due distinte *Camere*: la **Camera dei deputati** e il **Senato**. Considerate nei loro compiti e nei loro poteri, le due Camere sono in tutto e per tutto uguali (per indicare ciò si parla spesso di *bicameralismo perfetto*). Il compito di formare le leggi, in particolare, è assegnato *collettivamente* ad entrambe le Camere (art. 70 Cost.).

Dato che le due Camere sono eguali per *compiti* e *poteri*, ci si può chiedere in che cosa esse si distinguano e, prima ancora, per quale ragione la Costituzione abbia scelto un sistema a *due* Camere, anziché un sistema nel quale *una sola* Camera esercitasse le funzioni del Parlamento (cioè un sistema *monocamerale*).

Storicamente, infatti, le due Camere si differenziavano (e perciò erano due) perché esse davano voce a diversi gruppi sociali. Mentre la Camera dei deputati (Camera «bassa») era elettiva (anche se bisogna ricordare che inizialmente solo poche persone abbienti potevano votare) il Senato (o Camera «alta») non lo era, e rappresentava le antiche classi privilegiate: o per proprio diritto di tipo nobiliare – come un tempo la

House of Lords nel regno Unito (oggi i *Lord*, circa 800, sono per lo più nominati a vita, mentre i *Pari ereditari* hanno ormai solo una piccola rappresentanza) – o per nomina da parte del Re, come nel Senato italiano prima della Costituzione, all'epoca dello Statuto di Carlo Alberto.

In altri casi le due Camere, pur essendo entrambe *rappresentative*, rappresentano però realtà diverse. Ciò accade, fondamentalmente, negli **Stati federali** – quali gli Stati Uniti d'America, la Repubblica federale tedesca, e molti altri – dove accanto alla *Camera* rappresentativa dei cittadini esiste un secondo organismo che è espressione degli Stati membri (come per il *Bundesrat* – «Consiglio federale» – in Germania e in Austria) o che, pur eletto anch'esso dai cittadini, mantiene comunque un certo collegamento con gli Stati membri (come accade per il *Senato* degli Stati Uniti).

Il *Bundesrat* tedesco è composto da componenti dei governi dei *Länder*, che votano seguendo le istruzioni ricevute dall'esecutivo cui appartengono. Esso non partecipa solo alla funzione legislativa, ma anche a quella amministrativa centrale. Il *Bundesrat* è dunque in realtà qualcosa di *diverso* da una camera del Parlamento (anche se la grande maggioranza delle leggi non può essere approvata senza il suo consenso): esso esprime la collaborazione dei *Länder* alle funzioni che, pur riguardandoli direttamente, non possono essere esercitate che in modo centrale ed unitario.

Camera e Senato in Italia

In Italia sia la Camera che il Senato rappresentano i cittadini, i quali eleggono sia i *deputati* sia i *senatori*. Le due Camere, però, non sono in tutto e per tutto eguali, dato che – appunto nel tentativo di evitare che l'una fosse il doppione dell'altra – la Costituzione e le leggi hanno stabilito talune differenziazioni tra esse (ferma restando, come detto, l'uguaglianza nei compiti e poteri).

Composizione

In primo luogo, ben diverso è il numero dei componenti dei due organi. La Camera, infatti, consta di *seicentotrenta* deputati (art. 56, co 2, Cost.), tutti eletti dai cittadini, mentre il numero dei senatori elettivi è di *trecentoquindici* (art. 57, co 2). Bisogna però tener conto della circostanza che, mentre la Camera dei deputati è composta di *soli* membri elettivi, del Senato fanno parte anche componenti non elettivi: e questa è – ovviamente – una seconda differenza tra le due Camere.

Così, la Costituzione prevede (art. 59) che facciano parte del Senato gli *ex* Presidenti della Repubblica (i quali sono perciò componenti *di diritto*), e che, inoltre, il Presidente della Repubblica possa nominare senatori a vita «*cinque cittadini che hanno illustrato la Patria per altissimi meriti nel campo sociale, scientifico, artistico e letterario*».

È chiaro però che il numero dei componenti non elettivi è destinato a rimanere, nel complesso, esiguo. Ciò rimarrebbe vero anche se si volesse sostenere (contrariamente a quanto si è per lo più pensato: cfr. cap. 16, par. 3) che *ogni* Presidente della Repubblica può nominare cinque senatori a vita – e non invece che i senatori nominati a vita dal Presidente della Repubblica possono essere cinque in tutto.

Elettorato attivo e passivo

Una ulteriore differenziazione tra Camera e Senato sta nella diversa *età* richiesta sia per votare (**elettorato attivo**) che per essere votati (**elettorato passivo**). Così l'elettorato attivo, cioè il diritto al voto, si acquista con la *maggiore età* (cioè a diciotto anni) per la Camera, ma solo a *venticinque anni* per il Senato (cfr. artt. 48, primo comma, e 58, secondo comma, Cost.); mentre l'elettorato passivo, cioè la possibilità di essere votati e divenire membri del Parlamento, richiede *venticinque anni* alla Camera e *quaranta* al Senato (artt. 56, comma terzo, e 58, comma secondo, Cost.).

Conseguenze

A questo modo, il Senato dovrebbe risultare più *anziano*, cioè più propenso alla ponderazione ed alla riflessione, la Camera più *giovane*, cioè in potenza più sensibile all'esigenza del nuovo. Ciò tuttavia si può dire più in teoria che in pratica, dato che sia per la Camera che per il Senato (come in generale per tutti gli organi eletti dai cittadini) sono i **partiti politici** che già al momento delle elezioni organizzano le *candidature*: sicché gli eletti saranno per lo più membri di un partito. Inoltre, i partiti influenzano gli stessi lavori del Parlamento, dato che sia i deputati che i senatori si raggruppano, all'interno della Camera o del Senato, per *tendenza politica*, dando vita a raggruppamenti interni alle Camere, chiamati **gruppi parlamentari**, che corrispondono – a grandi linee – ai partiti stessi. Sicché sono i *partiti*, più che l'età degli elettori o degli eletti, a determinare l'atteggiamento di entrambi i rami del Parlamento.

La riforma del Parlamento

La profonda modifica del Titolo V della parte seconda della Costituzione, operata con la legge costituzionale n. 3 del 2001, ha ridato attualità al dibattito sulla riforma del Parlamento, in direzione della possibile trasformazione del Senato in un organismo rappresentativo delle Regioni e delle autonomie locali (cioè degli enti che secondo il nuovo testo dell'art. 114 Cost. insieme allo Stato *costituiscono* la Repubblica).

In particolare, l'art. 11 della legge costituzionale ha disposto che «sino alla revisione delle norme del titolo I della parte seconda della Costituzione» – cioè fino alla riforma del Parlamento, che risulta dunque «promessa» dal legislatore costituzionale – «i regolamenti della Camera dei deputati e del Senato della Repubblica possono prevedere la partecipazione di rappresentanti delle Regioni, delle Province autonome e degli enti locali alla Commissione parlamentare per le questioni regionali» (su questa v. *oltre* cap. 19, par. 2). Tuttavia questa disposizione è rimasta finora inattuata.

2. i sistemi elettorali per la Camera e per il Senato

Le differenze sin qui descritte tra Camera e Senato non incidono dunque profondamente sul comportamento politico dei due organi. Maggiore influenza sotto questo profilo potrebbe avere la disciplina di un essenziale aspetto, che la Costituzione in sostanza non vincola, ma lascia alle leggi di attuazione: la disciplina dei **sistemi elettorali**, cioè dei modi mediante i quali attraverso la procedura elettorale si determinano in concreto i componenti delle due Camere.

Va però precisato – ad evitare equivoci – che la differenza tra le due Camere non può riguardare il **voto**, considerato in se stesso. Per esso, l'art. 48 Cost. afferma, con disposizione di carattere generale (che vale dunque anche per le elezioni regionali, provinciali e comunali) che «*il voto è personale ed eguale, libero e segreto*», e che «*il diritto di voto non può essere limitato se non per incapacità civile o per effetto di sentenza penale irrevocabile e nei casi di indegnità morale indicati dalla legge*» (co. 2 e 4). La differenza investe invece il meccanismo elettorale.

Già sappiamo che, in generale, i sistemi elettorali si possono distinguere in sistemi *proporzionali* e sistemi *maggioritari*. I primi, i sistemi proporzionali, ripartiscono i posti disponibili («seggi») tra i diversi partiti, in proporzione ai voti ricevuti da ciascuno. I secondi, i sistemi maggioritari, premiano invece, in modi e misure diverse, coloro che hanno ricevuto più voti, o una certa maggioranza dei voti (cap. 12, par. 5).

Il sistema proporzionale

Nei primi decenni dopo la Costituzione le elezioni per la Camera dei deputati e per il Senato si svolgevano con un metodo rigorosamente proporzionale. Per la Camera, si trattava del sistema direttamente previsto dalla legge. Per il Senato invece la legge prevedeva in teoria, per i tre quarti dei seggi, un sistema maggioritario fondato su collegi uninominali; ma al tempo stesso richiedeva, per assegnare ciascun seggio, che uno dei candidati raggiungesse il 65% dei voti del collegio, il che non capitava quasi mai. Scattava a questo punto un criterio alternativo di assegnazione dei seggi, di carattere proporzionale, fondato su un meccanismo di collegamento tra i candidati dello stesso partito nell'ambito della regione. In questo modo, in definitiva, il sistema proporzionale operava sia per la Camera che per il Senato.

Il sistema proporzionale presenta il vantaggio di rispecchiare esattamente nel Parlamento la composizione politica della società, e di favorire la nascita di nuove formazioni politiche le quali, anche se piccole, possono comunque avere (salvi sbarramenti minimi) la propria rappresentanza parlamentare. Ma corrispondentemente, ha il difetto di frammentare al massimo la rappresentanza: con la conseguenza – dato che nessun partito dispone di una vera maggioranza – che i governi devono costantemente fondarsi su coalizioni di partiti, nelle quali anche le formazioni minori hanno in sostanza un potere di veto e di decisione. Ne risultano governi per la loro stessa struttura incapaci di mantenere un indirizzo preciso e determinato, e propensi a rincorrere la soddisfazione degli interessi più eterogenei e disparati.

La crisi del sistema politico e il passaggio parziale al maggioritario

All'inizio degli anni '90, sotto la spinta della crisi dei partiti politici allora esistenti, alimentata da sempre più evidenti fenomeni di corruzione e sistematico sfruttamento delle cariche pubbliche a fini di finanziamento della politica, si formò un movimento di opinione favorevole alla sostituzione del sistema elettorale proporzionale con un sistema maggioritario, ritenuto più idoneo ad assicurare governi stabili e a scongiurare l'eccessivo predominio dei partiti. Nel 1993 un referendum popolare determinò a larghissima maggioranza l'abrogazione delle disposizioni che impedivano il funzionamento in senso maggioritario della legge elettorale per il Senato.

Nella situazione creata dal *referendum*, dunque, si sarebbe avuta una vera e sostanziale differenziazione tra il Senato, eletto ormai (per i tre quarti dei seggi) col sistema del collegio uninominale maggioritario, e la Camera, eletta con il sistema proporzionale. Dal punto di vista politico, tuttavia, la nuova situazione risultava del tutto assurda: se il sistema proporzionale era la causa dei guasti del sistema politico italiano, non si capiva come si potesse mantenerlo per l'elezione della Camera dei deputati.

La successiva disciplina legislativa fino al 2005

Così sempre nel 1993, prendendo atto della volontà popolare, il Parlamento con due distinte leggi (n. 276 e 277 oggi non più vigenti) ha creato per entrambe le Camere un sistema *misto*, con prevalenza dell'elemento uninominale maggioritario.

In tale sistema i tre quarti dei seggi venivano assegnati con il metodo del collegio uninominale a turno unico, in virtù del quale in ogni collegio risultava eletto il candidato che avesse ottenuto anche un voto solo più dei concorrenti. I tre quarti dei seggi (tolti quelli assegnati alla *circoscrizione Estero*) venivano così assegnati con un sistema che si avvicinava a quello *inglese*. Il rimanente quarto dei seggi era invece assegnato, sia per il Senato che per la Camera dei deputati, secondo un criterio *proporzionale*, sulla base di liste presentate dai partiti. Pur nella fondamentale analogia, i sistemi elettorali mantenevano alcune *differenze*, che in sintesi si traducevano in un regime di maggior privilegio per i partiti nelle elezioni per la Camera dei deputati.

La nuova legge elettorale del 2005

Il sistema elettorale prevalentemente uninominale e maggioritario voluto dal corpo elettorale con il *referendum* del 1993 è stato tuttavia abrogato dalla legge n. 270 del 2005, che ha introdotto sia per la Camera che per il Senato un sistema elettorale fondato su *liste concorrenti* e caratterizzato da *soglie di sbarramento* – al di sotto delle quali le liste non partecipano alla assegnazione dei seggi – e da *premi* alle liste o alle coalizioni che hanno ottenuto più voti. Sia le soglie di sbarramento che i premi sono concepiti diversamente per la Camera e per il Senato.

Per la Camera, partecipano alla assegnazione dei seggi da una parte le liste che abbiano ottenuto sul piano nazionale (sia presentandosi isolatamente che all'interno di coalizioni) almeno il quattro per cento dei voti validamente espressi, dall'altra le liste che abbiano ottenuto sul piano nazionale almeno il due per cento dei voti validamente espressi, a condizione che facciano parte di coalizioni che hanno ottenuto sul piano nazionale almeno il 10 per cento dei voti. Soglie diverse valgono per le liste (isolate o facenti parte di coalizioni) rappresentative di minoranze linguistiche riconosciute, presentate esclusivamente in una delle circoscrizioni comprese in regioni il cui statuto speciale prevede una particolare tutela di tali minoranze linguistiche.

Tra le liste che hanno titolo a partecipare alla assegnazione i seggi vengono distribuiti secondo un criterio proporzionale. Tuttavia, alle liste che fanno parte della coalizione che ha ottenuto più voti – o in ipotesi alla lista singola che avesse ottenuto più voti anche rispetto alle coalizioni concorrenti – sono attribuiti quale «**premio di maggioranza**» (se già non risultassero ottenuti secondo il computo proporzionale) i seggi necessari per arrivare complessivamente a 340. In questo caso i rimanenti 277 (tenendo conto dei 12 della «circoscrizione estero», di cui subito si dirà, e del seggio spettante alla Valle d'Aosta/*Vallée d'Aoste*) sono distribuiti proporzionalmente tra le rimanenti liste aventi diritto all'assegnazione secondo i criteri prima esposti.

Per il Senato, in ossequio all'art. 57, primo comma, Cost., secondo il quale il Senato è eletto «a base regionale», le soglie di sbarramento sono calcolate con riferimento agli ambiti regionali anziché all'ambito nazionale. Così partecipano alla assegnazione dei seggi da una parte le liste che abbiano ottenuto sul piano regionale (sia presentandosi isolatamente che all'interno di coalizioni) almeno l'otto per cento dei voti validamente espressi, dall'altra le liste che abbiano ottenuto almeno il tre per cento dei voti validamente espressi, a condizione che facciano parte di coalizioni che hanno ottenuto, sempre sul piano regionale, almeno il 20 per cento dei voti. Regole particolari valgono per la Valle d'Aosta/*Vallée d'Aoste* (unico collegio uninominale) e per il Trentino-Alto Adige/*Südtirol* (sei collegi uninominali e restanti seggi con il metodo del recupero proporzionale).

Anche in relazione al Senato la legge prevede «premi» denominati «di coalizione», benché essi possano essere assegnati anche a liste singole. In particolare, alle liste che fanno parte della coalizione che ha ottenuto più voti in ogni regione – o in ipotesi alla lista singola che avesse ottenuto più voti anche rispetto alle coalizioni concorrenti – sono attribuiti quale «premio di coalizione» (se già non risultassero ottenuti secondo il normale computo proporzionale) i seggi necessari per arrivare complessivamente al cinquantacinque per cento dei seggi da assegnare nella regione. In questo caso i rimanenti seggi sono distribuiti proporzionalmente tra le rimanenti liste aventi diritto all'assegnazione secondo i criteri prima esposti.

Va notato che mentre per la Camera l'alterazione della logica proporzionale nell'assegnazione dei seggi (e con ciò della stessa uguaglianza del valore del singolo voto), pur potenzialmente molto rilevante, può trovare una spiegazione, se non una giustificazione, nella finalità di assicurare in ogni caso una maggioranza di governo, per il Senato l'alterazione della logica proporzionale che così si produce non ha alcuna giustificazione: da un lato, infatti, senatori eletti nella stessa regione non hanno alcuna decisione di governo da assumere a maggioranza, dall'altro, ai fini della maggioranza sul piano nazionale, l'operare dei premi di coalizione regionali può persino essere controproducente, impedendo il formarsi della naturale maggioranza che si produrrebbe con il semplice criterio proporzionale, in corrispondenza del vero esito del voto. Perciò molti giuristi ritengono, con buone ragioni, che il sistema complessivo non sia conforme alla Costituzione.

Si supponga ad esempio che concorrano soltanto le coalizioni *A* e *B*, e per semplicità che le regioni abbiano la stessa dimensione demografica e lo stesso numero di votanti. Se nella metà delle regioni la coalizione *A* ottiene il 55 per cento dei voti e la coalizione *B* il 45, mentre nell'altra metà la coalizione *A* ottiene il 49 per cento dei voti, la coalizione *B* il 51 per cento dei voti, applicando il normale criterio proporzionale la coalizione *A* avrebbe la maggioranza dei seggi, in corrispondenza ad una effettiva maggioranza dei voti (52 per cento complessivo, contro il 48 per cento della lista *B*), mentre applicando il «premio di coalizione» regionale le due coalizioni avrebbero lo stesso numero di seggi, nonostante la coalizione *B* abbia un numero di voti inferiore di ben il 4 per cento. Se poi in una ulteriore regione la coalizione *B* ottenesse il 51 per cento dei voti, essa avrebbe addirittura la maggioranza dei seggi, nonostante il numero complessivo dei suoi voti rimanga decisamente inferiore a quelli della coalizione *A*.

Né per la Camera né per il Senato l'elettore può esprimere alcuna preferenza tra i candidati della lista da lui prescelta, i quali risulteranno invece eletti nell'ordine di inserimento nella lista, cioè nell'ordine stabilito dai partiti di appartenenza: sicché entro certi limiti si può dire che i parlamentari sono scelti dai partiti, mentre gli elettori si limitano a determinare il numero degli eletti per ogni lista. I fautori della eliminazione del voto di preferenza rilevano che viene così meno la «battaglia interna» tra i candidati di ciascuna lista, che determina un sovraccarico di spese elettorali, di propaganda e talora anche il formarsi di meccanismi di controllo del voto.

Nella presentazione delle liste per la Camera i partiti o i gruppi politici organizzati che si candidano a governare, sia isolatamente che collegati in una coalizione, debbono depositare il programma elettorale ed indicare il *capo della forza politica* o l'unico *capo della coalizione*. È evidente che lo scopo della norma è di consentire all'elezione di individuare il futuro Presidente del Consiglio, anche se la legge precisa che restano ferme le prerogative spettanti al Presidente della Repubblica previste dall'articolo 92, secondo comma, della Costituzione.

La circoscrizione Estero

La legge costituzionale n. 1 del 2000 ha introdotto nell'art. 48 della Costituzione un nuovo secondo comma, rivolto a favorire l'esercizio del diritto di voto dei cittadini residenti all'estero. A tale fine essa ha istituito una *circoscrizione Estero*, alla quale sono assegnati *dodici seggi* per la Camera (nuovo testo art. 56) e *sei* seggi per il Senato (nuovo testo art. 57).

L'esercizio del diritto di voto è stato disciplinato dalla l. n. 459 del 2001. Nell'àmbito della circoscrizione Estero sono individuate le seguenti quattro ripartizioni: *Europa* (compresi i territori asiatici della Federazione russa e della Turchia); *America meridionale*; *America settentrionale e centrale*; *Africa, Asia, Oceania e Antartide*. In ciascuna di esse è eletto un deputato e un senatore, mentre gli altri seggi sono distribuiti tra le stesse ripartizioni in proporzione al numero dei cittadini italiani che vi risiedono. Il voto espresso è inviato per corrispondenza. L'assegnazione dei seggi tra le liste concorrenti avviene con metodo proporzionale per ciascuna ripartizione.

Ineleggibilità e incompatibilità

Comuni alle elezioni della Camera e del Senato sono le cause di **ineleggibilità**, e comune è anche la disciplina delle situazioni di **incompatibilità**.

Ricordiamo che per *ineleggibilità* si intende la situazione di impossibilità di essere validamente eletti, in cui la legge pone alcune persone che, per la carica o posizione che occupano, potrebbero facilmente influenzare l'elettorato. Così sono ineleggibili, tra l'altro, i sindaci dei comuni con più di ventimila abitanti, i prefetti e altri alti funzionari statali civili e militari, i magistrati (in relazione alla loro circoscrizione), i diplomatici in servizio presso Governi esteri (non più invece i consiglieri regionali dopo la sentenza della Corte costituzionale n. 344 del 1993).

L'eventuale elezione di persone che si trovano in situazione di ineleggibilità è *nulla*. Le ineleggibilità sono disciplinate dal testo unico *sulle elezioni della Camera* (d.P.R. 30 marzo 1957, n. 361), al quale rinvia anche il d.lgs. 20 dicembre 1993, n. 533, relativo alle elezioni del Senato.

L'*incompatibilità* è invece la situazione di colui che, pur validamente eletto, non può validamente conservare l'ufficio di parlamentare, assunto a seguito della proclamazione dei risultati elettorali, perché (e *sino a che*) si trova ad occupare una certa carica o posizione, che l'ordinamento giuridico vieta di unire a quella. Alcune incompatibilità sono indicate dalla stessa Costituzione. Così nessuno può essere contemporaneamente membro delle due Camere (art. 65, co. 2), né possono essere al tempo stesso parlamentari il Presidente della Repubblica (art. 84, co. 2), i membri del Consiglio superiore della magistratura (art. 104, u.c.) o i giudici della Corte costituzionale (art. 135, co. 6). Altre incompatibilità sono previste in via generale dalla legge 13 febbraio 1953, n. 60.

In genere si ritiene che il sopraggiungere per un parlamentare già in carica di una situazione che avrebbe determinato l'*ineleggibilità* (ad esempio, l'elezione a Sindaco di un grosso Comune) debba valere come situazione di *incompatibilità*, con la conseguenza che l'interessato dovrebbe optare per uno dei due uffici. La soluzione, che in sé sarebbe discutibile (dato che non può più esistere il rischio di inquinamento delle elezioni), va però ammessa quando si possa ritenere che il legislatore, pur parlando di ineleggibilità, abbia voluto affermare contemporaneamente anche l'incompatibilità tra i due uffici: come fa l'art. 66 della Costituzione, parlando di *cause sopraggiunte* di ineleggibilità (e di incompatibilità).

Le regole sulla ineleggibilità e incompatibilità sono *eccezionali* e non possono essere estese per analogia oltre i casi previsti (cfr. cap. 2, par. 5). In quanto limitative dei diritti politici esse sono anche di *stretta interpretazione*.

La disciplina complessiva delle elezioni della Camera dei deputati si trova tuttora nel t.u. approvato con d.P.R. 30 marzo 1957, n. 361, le cui disposizioni sono state aggiornate con le riforme del 1993 e del 2005; la disciplina delle elezioni del Senato si trova nel decreto legisl. 20 dicembre 1993, n. 533, *Testo unico delle leggi recanti norme per l'elezione del Senato della Repubblica* (anch'esso modificato nel 2005).

La verifica dei poteri

Secondo l'art. 66 della Costituzione «ciascuna Camera giudica dei titoli di ammissione dei suoi componenti e delle cause sopraggiunte di ineleggibilità e incompatibilità». Il giudizio reso da ciascuna Camera è *definitivo*, e non può essere contestato in nessuna altra sede, né davanti ad alcun giudice.

Il potere di ogni Camera di verificare i requisiti di appartenenza dei propri membri è una regola posta a garanzia della sovranità del Parlamento, che si traduce nel principio di *autonomia organizzativa* (cfr. paragrafo seguente). Tuttavia, non ci si può nascondere che, assegnata alle Camere, tale verifica rischia di divenire più un fatto di ordine politico che non, come dovrebbe essere, di ordine giuridico.

Paradossalmente, infatti, più sono politicamente forti coloro che non avrebbero dovuto essere votati, più sarà improbabile che le regole vengano fatte rispettare nei loro confronti. La disposizione sembra perciò richiedere una riforma.

3. il funzionamento e l'organizzazione delle Camere

Entrambe le Camere restano in carica, ordinariamente, cinque anni, che costituiscono perciò la durata normale della **legislatura** (art. 60 Cost.). Tale durata non può essere prorogata se non in caso di guerra, mediante una legge.

La loro vita e la loro attività si svolgono secondo tre fondamentali principi: il principio *bicamerale*, il principio di *continuità*, il principio di *autonomia*.

Il principio bicamerale

Del sistema di **bicameralismo perfetto** instaurato dalla Costituzione – per il quale le due Camere dispongono di *poteri* in tutto e per tutto eguali – abbiamo già detto. In osservanza del principio bicamerale, le Camere lavorano *separatamente* anche se, almeno in relazione alla funzione legislativa (secondo quanto prescrive l'art. 70 cost.), *collettivamente* (nel senso che le decisioni legislative positive richiedono il consenso di *entrambe* le Camere). Solo eccezionalmente, come tra breve vedremo, le due Camere prendono alcune decisioni «in seduta comune», cioè formando un unico e più ampio collegio.

Il principio di continuità

Il principio di **continuità** dell'attività parlamentare significa in primo luogo che le Camere possono riunirsi in qualunque momento, senza limitazioni (anticamente, invece, i Parlamenti operavano solo durante le *sessioni*, aperte e chiuse dai Sovrani). Ciò *non* vuol dire però che esse siano riunite *continuamente*. La Costituzione prevede che le Camere si riuniscano «di diritto» (cioè anche senza bisogno di apposita convocazione) il primo giorno non festivo di febbraio e di ottobre (art. 62). Ciascuna Camera programma poi i lavori in base ad un certo calendario indicando, al termine di ogni periodo di lavoro, la data della nuova riunione (è il cosiddetto «aggiornamento» dei lavori). Ma a prescindere da questo, in qualunque momento una Camera può essere convocata «in via straordinaria» (quando ciò accade, l'altra Camera è convocata automaticamente «di diritto»: art. 62, co. 3, Cost.).

Inoltre, il principio di continuità significa che non esiste *nessuna interruzione* tra la vita di una Camera, ormai scaduta nella sua durata, e la vita della successiva, neoeletta. L'art. 61 della Costituzione dispone infatti che «*finché non siano riunite le nuove Camere sono prorogati i poteri delle precedenti*».

Si tenga però presente che il principio di continuità tra Camere vecchie e Camere nuove non si applica compiutamente all'attività legislativa. Se una proposta di legge viene approvata da un «ramo» del Parlamento, ma poi prima che sia approvata dall'altro ramo interviene la fine della legislatura, la proposta «decade»; sicché non è sufficiente nella nuova legislatura l'approvazione della sola Camera che nella precedente non l'aveva votata, ma è necessaria una *nuova approvazione da parte di entrambe le Camere.*

Il principio di autonomia

L'**autonomia** di ciascuna Camera è garantita in varie direzioni: del Governo e del potere esecutivo, del potere giudiziario, della stessa altra Camera.

L'autonomia organizzativa

Un primo importante aspetto della tutela della libertà del Parlamento è dato dalla *autonomia organizzativa* di ciascuna Camera. Tale autonomia trova limiti *solo nella Costituzione* (mentre non potrebbe essere limitata da leggi *ordinarie*), e si manifesta nella attribuzione del compito di disciplinare l'organizzazione ed il funzionamento della Camera ad un apposito **regolamento** approvato dalla Camera stessa, e soltanto da essa (si veda anche cap. 21, par. 1).

Secondo le norme costituzionali ogni Camera ha un **Presidente** ed un **Ufficio di presidenza**, eletti fra i suoi componenti. Il Presidente, che «rappresenta la Camera», deve agire in modo imparziale, garantendo nello svolgimento dei lavori sia i diritti della maggioranza che delle minoranze. Perciò, per consuetudine, egli non vota e non manifesta opinioni politiche personali.

All'interno di ogni Camera si formano i **gruppi parlamentari**, quali raggruppamenti di deputati o senatori, di solito corrispondenti ai *partiti politici* (i partiti, come tali, non hanno esistenza ufficiale in Parlamento: l'hanno invece i *gruppi*). Poiché per costituire un *gruppo* occorre – salvo deroghe – un numero minimo di parlamentari, coloro che non possono o non vogliono rientrare in alcun altro gruppo si iscrivono al cosiddetto *gruppo misto*. I gruppi parlamentari, attraverso i loro Presidenti, affiancano e coadiuvano il Presidente di ciascuna Camera nella programmazione dei lavori.

Organi di essenziale importanza all'interno di ciascuna Camera sono le **commissioni permanenti**: attualmente *quattordici* sia alla Camera dei deputati che al Senato. Ognuna si occupa di determinate materie (che spesso coincidono con le competenze di uno o più Ministeri). Esse sono composte in modo da «*rispecchiare la proporzione dei gruppi parlamentari*», secondo quanto l'art. 72 della Costituzione prescrive per lo svolgimento dei compiti di maggior rilievo (ma la regola si applica di fatto in tutti i casi): sicché ognuna di esse riproduce, in piccolo, la composizione politica della Camera alla quale appartiene. Le *commissioni permanenti* hanno un ruolo fondamentale nel procedimento di formazione delle leggi: sempre esse sono chiamate a collaborare al procedimento, redigendo, sulla base di quelli proposti, un progetto da sottoporre alla discussione dell'assemblea parlamentare, e riferendo su esso. In determinati casi esse addirittura *approvano* la legge, senza bisogno di un voto assembleare. Su ciò ci si soffermerà parlando del procedimento legislativo (cap. 19, par. 4).

Infine all'interno delle Camere si formano le **giunte** (per il *regolamento*, per le *elezioni*, per le *autorizzazioni*). Esse svolgono un ruolo che potremmo dire più tecnico che politico: la giunta per il regolamento dà pareri sull'interpretazione del regolamento, e all'occorrenza propone le modifiche che ritiene opportune; la giunta per le elezioni svolge attività istruttoria per le valutazioni relative alla c.d. *verifica dei poteri* (v. § precedente); la giunta per le autorizzazioni propone alla assemblea di concedere o di negare le autorizzazioni richieste dalla magistratura ai sensi dell'art. 68 Cost. per le perquisizioni, intercettazioni e simili nei confronti dei parlamentari. I componenti delle giunte sono nominati dal presidente della camera di appartenenza.

Le immunità parlamentari

Inoltre, l'autonomia delle camere è garantita (nei confronti del potere giudiziario e del potere esecutivo) dalle **immunità parlamentari** previste dall'art. 68 della Costituzione, volte ad assicurare la piena libertà del membro del Parlamento nell'esercizio del suo mandato. Senza autorizzazione della Camera alla quale appartengono, infatti, i deputati e i senatori *non possono essere sottoposti a perquisizione personale o domiciliare, né essere arrestati o altrimenti privati della libertà personale, o mantenuti in detenzione*: a meno che ciò non avvenga in esecuzione di una *sentenza irrevocabile di condanna*, o quando il parlamentare sia *colto nell'atto* di commettere un delitto per il quale è previsto l'arresto obbligatorio in flagranza (nei due casi indicati, cioè, non è richiesta la previa autorizzazione). Analoga autorizzazione è richiesta per sottoporre i membri del Parlamento a intercettazioni di conversazioni o comunicazioni, ed a sequestro di corrispondenza.

Fino al 1993 l'art. 68 richiedeva la previa autorizzazione della camera di appartenenza anche per la semplice sottoposizione a *procedimento penale*, ed anche per l'arresto e la detenzione in esecuzione di *sentenze irrevocabili*. Senonché, l'estesa garanzia attribuita ai parlamentari aveva dato luogo, nella prassi applicativa, ad evidenti abusi, che hanno finito per trasformarla in una situazione di ingiustificato privilegio. Il Parlamento stesso si è reso interprete dello scontento dei cittadini, e con l. cost. n. 3 del 1993 ha limitato le garanzie di immunità come detto sopra (anche se può sembrare incongruo dover chiedere l'autorizzazione per una perquisizione o per una intercettazione, dato che queste possono condurre a risultati solo se eseguite di sorpresa).

Inoltre, i parlamentari «*non possono essere chiamati a rispondere delle opinioni espresse e dei voti dati nell'esercizio delle loro funzioni*». Mentre la necessità dell'autorizzazione della Camera di appartenenza riguarda – finché dura la condizione di parlamentare del presunto colpevole – *qualunque* reato (fosse anche il più «personale» e meno politico, come il furto o la rapina), qui si tratta soltanto di *opinioni* e di *voti* espressi *nell'esercizio delle funzioni* (ad esempio, in un discorso in Parlamento; non però nel parlare come esponente di partito ad una «tribuna politica»). In compenso, questa immunità è *assoluta* e vale *sempre*, anche dopo la cessazione dalla carica. Si tratta, cioè di una vera *irresponsabilità* (mentre l'altra è una provvisoria «inviolabilità»).

L'immunità delle «alte cariche»

Nel 2008, con la legge n. 124, il Parlamento aveva ritenuto di fornire una speciale protezione ai titolari delle quattro più alte cariche dello Stato, cioè al *Presidente della Repubblica*, al *Presidente del Senato*, al *Presidente della Camera* ed al *Presidente del Consiglio dei ministri*. In relazione a tali figure istituzionali la legge disponeva che «salvi i casi previsti dagli articoli 90 e 96 della Costituzione» – cioè il caso dei reati dei ministri nell'esercizio delle funzioni e del reato di alto tradimento e di attentato alla Costituzione da parte del Presidente della Repubblica – gli eventuali processi penali fossero «sospesi dalla data di assunzione e fino alla cessazione della carica o della funzione», ivi compresi quelli relativi a «fatti antecedenti l'assunzione ella carica o della funzione» (art. 1, co. 1). In base a tali norme i titolari di tali cariche, di qualunque reato si fossero resi colpevoli, non avrebbero potuto essere processati fino alla scadenza del mandato.

Le norme così stabilite – che riprendevano con modifiche talune disposizioni dichiarate illegittime dalla Corte costituzionale con la sentenza n. 24 del 2004 – sono state anch'esse dichiarate illegittime, in quanto estendevano con semplice legge ordinaria le (più limitate) garanzie previste dalla Costituzione, violando così il principio di uguaglianza (sentenza n. 262 del 2009).

Per corrispondenti ragioni è stata poi dichiarata costituzionalmente illegittima la speciale disciplina dettata dalla legge n. 51 del 2010 per il *legittimo impedimento* del Presidente del Consiglio e dei Ministri a comparire in udienza, nella parte in cui non prevedeva che sia il giudice a valutare in concreto, a norma dell'art. 420-*ter*, co. 1, c.p.p., l'impedimento addotto.

Le sedute e le deliberazioni

Le sedute delle due Camere sono *pubbliche* (anche se l'accesso è poi in concreto regolamentato e necessariamente ristretto, per ovvie ragioni), ma ciascuna Camera può decidere, se lo ritiene opportuno, di riunirsi in seduta *segreta* (art. 64 Cost.). Le Camere non sono regolarmente costituite se non è presente la maggioranza dei componenti (numero *legale*, o *quorum strutturale*); le deliberazioni sono adottate a maggioranza dei *presenti* (*quorum funzionale*): è perciò sufficiente la maggioranza *semplice*, salvo che la stessa Costituzione o leggi costituzionali prescrivano maggioranze diverse.

Nonostante la regola ora enunciata, non raramente accade che le Camere deliberino in assenza del numero legale. Infatti, in generale si *presume* che i parlamentari siano presenti nel numero richiesto, e si procede a verifica solo se un certo numero dei presenti lo chiede espressamente.

La Costituzione non si occupa di specificare *come* vada espresso il voto, e nemmeno di dire quando esso debba essere *palese* e quando *segreto*. La materia è perciò disciplinata dai *regolamenti parlamentari*.

Per evitare il fenomeno dei «franchi tiratori» (cioè del voto contrario, nella votazione segreta, di parte dei parlamentari della stessa maggioranza) tali regolamenti parlamentari limitano drasticamente i casi e le materie per le quali può essere richiesto il voto segreto. Così, secondo il regolamento della Camera, si vota segretamente quando la votazione riguarda persone nonché, su richiesta, in materia di principi e diritti di libertà, di famiglia, di organizzazione costituzionale, di organi regionali, di leggi elettorali.

4. le funzioni del Parlamento

Il potere legislativo

Tutti sanno che il Parlamento – attraverso le due Camere – fa le leggi. In realtà nel *procedimento legislativo* confluiscono attività anche di organi o soggetti diversi dalle Camere: da coloro che presentano i progetti di legge (e che possono anche non appartenere alle Camere), al Presidente della Repubblica, chiamato a «promulgare» la legge approvata. Ma anche se la legge non è frutto della sola attività delle Camere, esse vi hanno però un ruolo essenziale e dominante. Le Camere sono pur sempre il *potere legislativo* per eccellenza.

La fiducia

Accanto al potere di fare le leggi le Camere hanno un altro fondamentale potere, che caratterizza le forme di governo che si dicono, proprio perciò, «parlamentari»: il potere di concedere o di negare la **fiducia** al Governo, costringendolo, in caso negativo, alle *dimissioni*.

L'art. 94 della Costituzione, stabilito che «*il Governo deve avere la fiducia delle due Camere*», prescrive che, una volta costituito, «*entro dieci giorni dalla sua formazione il Governo si presenta alle Camere per ottenerne la fiducia*». In qualunque momento, poi, può essere presentata «*da almeno un decimo dei componenti della Camera*» una *mozione di sfiducia* (la quale non può però essere messa in discussione prima di *tre giorni* dalla sua presentazione: per consentire che sulla mozione vi sia una adeguata riflessione, e che gli animi eventualmente surriscaldati possano quietarsi).

Il Governo deve avere la fiducia delle *due* Camere. Basta perciò il venir meno della fiducia di una Camera a determinare per il Governo l'obbligo delle dimissioni. Si noti però che il voto contrario di una o di entrambe le Camere su una qualunque proposta del Governo non equivale, per sé, a sfiducia, e *non* comporta l'obbligo delle dimissioni: sempre che, s'intende, non sia stato proprio il Governo a porre – come più volte nella prassi è successo – la cosiddetta «questione di fiducia» sulla votazione.

Non è raro che il Governo ponga nel modo ora detto la questione della fiducia. A volte ciò accade perché si tratta di decisioni di fondamentale importanza (sicché il Governo avverte che non potrebbe rimanere in carica se esse venissero risolte diversamente dalle sue proposte). Altre volte accade perché il Governo vuole evitare il prolungamento della discussione, e vuole inoltre che si deliberi con voto *palese*, e non con voto segreto. Ponendo la questione di fiducia il Governo ottiene, secondo i regolamenti parlamentari, entrambe le cose; ma in compenso, se risulta sconfitto deve dimettersi.

Controllo sul Governo

Sia attraverso la stessa funzione legislativa (si pensi in modo particolare all'approvazione del *bilancio consuntivo*, o all' autorizzazione alla ratifica dei *trattati internazionali*), sia attraverso il rapporto di fiducia il Parlamento esercita, in un certo senso, un «controllo» sull'attività del Governo. Ma allo stesso fine sono previsti anche altri e specifici strumenti, quali le **interrogazioni**, le **interpellanze**, le **inchieste** e le **indagini conoscitive**.

L'*interrogazione* consiste in una *domanda* (scritta) *rivolta al Governo per sapere se un fatto sia vero, se una informazione sia esatta, se vi siano documenti o notizie da comunicare, se siano imminenti provvedimenti*. Dato che essa è rivolta a *conoscere*, è spesso usata anche da parlamentari della maggioranza governativa. L'*interpellanza* consiste in una *domanda* (anch'essa scritta) *rivolta al Governo per conoscere i motivi e gli intendimenti della sua condotta su questioni che coinvolgano la sua politica*. Come si vede, l'interpellanza ha carattere più «politico», ed ha più la fisionomia di uno strumento di controllo. Nella pratica, tuttavia, interrogazioni ed interpellanze tendono a confondersi.

Mentre le interrogazioni e le interpellanze sono a disposizione dei *singoli* parlamentari, le *inchieste* e le *indagini conoscitive* vengono decise dalle Camere stesse (le prime), o almeno dalle Commissioni permanenti (le seconde). Secondo l'art. 82 Cost. «*ciascuna Camera può disporre inchieste su materie di pubblico interesse*»; a tale scopo «*nomina fra i propri componenti una commissione formata in modo da rispecchiare la proporzione dei vari gruppi*».

Secondo lo stesso articolo la **commissione d'inchiesta** così costituita «*procede alle indagini e agli esami con gli stessi poteri e le stesse limitazioni dell'autorità giudiziaria*». Essa può perciò fare verifiche, ispezioni, perquisizioni; e può ancora *interrogare testimoni*, che sono soggetti a sanzioni penali se si rifiutano, o se dicono il falso.

I regolamenti parlamentari prevedono poi che le Commissioni permanenti, nelle materie di loro competenza e previa intesa con il Presidente della Camera di cui fanno parte, possano disporre **indagini conoscitive** dirette ad acquisire notizie, informazioni e documenti utili alla attività della Camera. Nello svolgimento delle indagini, tuttavia, le Commissioni permanenti non sono dotate di nessun potere coattivo, ma possono solo «invitare» ad una collaborazione spontanea.

Accanto alla funzione di controllo, le Camere esercitano anche una **funzione di indirizzo** nei confronti del Governo. Anch'essa si esercita in parte attraverso la stessa attività legislativa (si pensi ad esempio alla legge di approvazione del *bilancio preventivo*, ma anche all'approvazione delle varie *leggi di spesa*), ma si esercita anche attraverso vari atti della Camera o delle stesse Commissioni permanenti, chiamati variamente *mozioni, ordini del giorno, risoluzioni*: atti tutti con i quali il Parlamento «vincola» il Governo a determinati comportamenti, da tenere in conformità agli orientamenti ed agli indirizzi parlamentari (ma s'intende che si tratta di un vincolo operante sul piano politico, e che può esser fatto valere soltanto attraverso lo strumento della *fiducia*).

5. il Parlamento in seduta comune

In alcuni casi, espressamente previsti dalla Costituzione, il Parlamento si riunisce *in seduta comune* (art. 55 Cost.). Quando ciò accade, deputati e senatori formano un *unico organo collegiale*, di cui Presidente è il Presidente della Camera dei deputati (art. 63 Cost.). Egualmente, il Parlamento in seduta comune opera secondo le regole di funzionamento previste dal regolamento della Camera.

In seduta comune il Parlamento è chiamato in primo luogo a procedere ad alcune *elezioni*. Prima per importanza è l'*elezione del Presidente della Repubblica*. In questo caso però accanto ai parlamentari siedono e Elezioni votano i *rappresentanti delle Regioni* previsti dall'art. 83, co. 2, Cost. Di tale elezione si dirà al capitolo 16 (par. 1).

Viene poi l'*elezione di un terzo dei componenti della Corte costituzionale* (art. 135, co. 1, Cost.). Poiché i membri della Corte sono in tutto quindici, il Parlamento è chiamato ad eleggerne *cinque*. Naturalmente, ciò non significa che il Parlamento elegga sempre – come è accaduto per la *prima* elezione – cinque giudici *contemporaneamente*, dato che, per qualunque ragione un giudice cessi dalla carica (fosse anche cioè per morte o dimissioni), si provvede subito a rinnovarlo. L'elezione dei giudici avviene a maggioranza qualificata (dei *due terzi* nelle prime tre votazioni, dei *tre quinti* se le prime tre non hanno dato risultato utile: l. cost. 22 novembre 1967, n. 2).

Il Parlamento in seduta comune deve inoltre (art. 104, co. 4, Cost.) *eleggere un terzo dei componenti del Consiglio superiore della magistratura*, cioè, in questo caso, *otto* componenti (cfr. cap. 29, par. 5). Si rilevi che mentre gli altri componenti, eletti dai giudici, sono essi stessi dei giudici, i componenti eletti dal Parlamento non lo sono, dovendo esser scelti tra gli avvocati e i professori universitari di materie giuridiche. L'elezione avviene a maggioranza dei *tre quinti* (art. 22 l. 24 marzo 1958, n. 195).

Lo stato di accusa del Presidente della Repubblica

Al Parlamento in seduta comune è poi assegnato il compito di mettere in *stato di accusa* davanti alla Corte costituzionale (che opera in questo caso come giudice penale) il Presidente della Repubblica che si sia reso colpevole di *alto tradimento* o di *attentato alla costituzione* (art. 90 Cost.). Lo stato di accusa è deliberato a *maggioranza assoluta*.

Fino alla modifica operata dalla legge costituzionale 16 gennaio 1989, n. 1, la Costituzione prevedeva che fossero messi in stato di accusa da parte del Parlamento in seduta comune, per essere poi giudicati dalla Corte costituzionale, anche il *Presidente del Consiglio* e i *ministri* per i reati compiuti nell'esercizio delle loro funzioni.

Tuttavia, il funzionamento concreto del meccanismo così istituito era stato del tutto insoddisfacente. Da una parte, infatti, il Parlamento (e la sua *Commissione inquirente*, che aveva il compito di istruire le questioni) si è rivelato – come naturale per un organo politico – in molti casi più propenso a proteggere la maggioranza di governo e ad «insabbiare» le indagini che a perseguire i reati. Dall'altra, quando il giudizio penale della Corte in un caso fu finalmente attivato, emersero incongruenze giuridiche (dovettero venir giudicati dalla Corte anche soggetti privati qualunque, imputati di concorso negli stessi reati che si presumevano compiuti dai ministri) e pratiche (la Corte risultò per un lungo periodo distratta dagli altri propri compiti, con accumulo di un ingente arretrato). Perciò la legge costituzionale n. 1 del 1989 – anche interpretando il significato di un *referendum* svoltosi nel 1987 – ha modificato l'art. 96 Cost. e riportato i reati ministeriali alla giurisdizione del giudice ordinario (precisamente di una sezione specializzata, comunemente detta «tribunale dei ministri»), previa autorizzazione a procedere della Camera o del Senato, a seconda delle diverse ipotesi previste dall'art. 5 della stessa legge.

Infine, sempre in seduta Comune il Parlamento «riceve» il *giuramento* di fedeltà alla Repubblica e di osservanza della Costituzione che il Presidente della Repubblica deve prestare prima di assumere le funzioni (art. 91 Cost.), e compila mediante elezione – con le modalità usate per l'elezione dei giudici costituzionali – un elenco di cittadini, dal quale verrebbero all'occorrenza estratti a sorte i sedici «giudici» che a norma dell'art. 135 Cost., co. 7, integrano la composizione della Corte costituzionale, quando essa opera come *giudice penale* per il Presidente della Repubblica (cfr. cap. 31, par. 6).

Le commissioni parlamentari bicamerali

Al tema del Parlamento in seduta comune può essere accostata l'esistenza di **commissioni bicamerali**, composte unitariamente di parlamentari di entrambe le Camere.

La stessa Costituzione prevede (art. 126, co. 1) la «Commissione di deputati e senatori» che deve essere sentita prima dello scioglimento del Consiglio regionale (cfr. cap. 26, par. 3).

Altre Commissioni bicamerali possono essere previste da legge costituzionale, come avviene per il «Comitato» formato dai componenti della Giunta per le autorizzazioni a procedere del Senato della Repubblica e della Camera dei deputati, introdotto dalla legge costituzionale 16 gennaio 1989, n. 1, con il compito di svolgere una relazione al Parlamento in seduta comune per la messa in stato di accusa del Presidente della Repubblica.

Sulla speciale Commissione per le riforme istituzionali che ha operato nel 1993-94 e su quella che ha operato nel 1997 si veda *sopra* cap. 11, par. 7.

Altre commissioni sono invece istituite da leggi ordinarie. Ricordiamo, oltre alle commissioni bicamerali d'inchiesta via via create (le quali ovviamente cessano una volta compiuta l'inchiesta affidata), la *commissione per l'indirizzo e la vigilanza sui servizi radiotelevisivi* e il *comitato parlamentare per la sicurezza della Repubblica* (COPASIR).

capitolo 15

IL GOVERNO

1. Il Governo in generale. – 2. Il Presidente del Consiglio dei ministri. – 3. Il Consiglio dei ministri. – 4. Le altre componenti del Governo. – 5. I comitati interministeriali. – 6. La crisi e la formazione del nuovo Governo.

1. il Governo in generale

Secondo la Costituzione «*il Governo della Repubblica è composto dal Presidente del Consiglio e dai ministri, che costituiscono insieme il Consiglio dei ministri*» (art. 92). Dunque, il Governo è fondamentalmente il **Consiglio dei ministri**, ed al Consiglio dei ministri vanno di massima riferiti tutti i poteri che la Costituzione e le leggi affidano, senza nulla specificare, al «Governo». Ma il Consiglio è a sua volta un *organo composto da altri organi*, quali sono, anche individualmente presi, tanto il **Presidente del Consiglio** quanto i singoli **ministri**.

Presidente del Consiglio e ministri sono le componenti *necessarie* del Governo: necessarie nel senso che sono previste dalla Costituzione, e che perciò non vi può essere Governo senza di essi. Nella prassi si sono però affermate anche altre figure, quali i ministri senza portafoglio e i sottosegretari; inoltre, si sono talora avuti vice-Presidenti del Consiglio e alti commissari. Tutte queste figure appartengono, in qualche modo, al «Governo» in senso ampio; ma *non ne sono componenti necessarie*, nel senso che un Governo potrebbe in teoria validamente formarsi ed esistere senza nessuna di esse. Alcune delle figure introdotte inizialmente dalla prassi hanno trovato in seguito previsione esplicita nella legge 23 agosto 1988, n. 400, *Disciplina dell'attività di Governo e ordinamento della Presidenza del Consiglio dei Ministri*. Resta comunque fermo il loro carattere non necessario, nel senso indicato.

Il Governo vero e proprio è *nominato* dal Presidente della Repubblica: per primo il Presidente del Consiglio, poi, su proposta del Presidente del Consiglio appena nominato, i singoli ministri (art. 92, co. 2, Cost.). Esso *giura* fedeltà alla Repubblica, alla Costituzione ed alle leggi (secondo la formula stabilita dall'art. 1, comma 3, della l. 400 del 1988) nelle mani del Presidente della Repubblica, e in quel momento assume le sue funzioni (fino a quel momento, invece, era rimasto in carica il precedente Governo, sia pure dimissionario). Sappiamo però che entro dieci giorni dalla sua formazione il Governo, già nell'esercizio delle sue funzioni, deve *presentarsi alle Camere* per ottenerne la *fiducia*; se non la ottiene deve dimettersi.

D'altronde, usualmente sia il Presidente del Consiglio che i ministri sono essi stessi dei *parlamentari*. Tuttavia, nessuna regola prescrive che così *debba essere*: e nei fatti non solo non è del tutto infrequente che incarichi ministeriali vengano assegnati a persone non appartenenti al Parlamento, scelte per la loro autorevolezza o per la loro competenza in settori specifici (i cosiddetti «tecnici»), ma è anche accaduto che lo stesso Presidente del Consiglio non fosse un parlamentare. La Costituzione ammette espressamente l'ipotesi che i membri del Governo non facciano parte delle Camere, stabilendo che essi hanno comunque «diritto, e se richiesti obbligo, di assistere alle sedute», e che inoltre debbano «essere sentiti ogni volta che lo richiedono» (art. 64, co. 4, Cost.).

2. il Presidente del Consiglio dei ministri

Posizione costituzionale

Al Presidente del Consiglio dei ministri la Costituzione assegna – nell'ambito del Governo – una posizione ed un ruolo del tutto particolari, affermando che egli «*dirige la politica generale del Governo e ne è responsabile*», e che inoltre «*mantiene l'unità di indirizzo politico ed amministrativo, promuovendo e coordinando l'attività dei ministri*» (art. 95, co. 1, Cost.).

Se si considera che i ministri sono nominati *su proposta* del Presidente del Consiglio, sembra risultarne una posizione di *netta preminenza* del Presidente del Consiglio sui singoli ministri. Tuttavia, ciò è vero solo in parte, e solo in limitata misura.

Intanto, che al Presidente spetti un compito di *direzione* della politica governativa, e che ne abbia la *responsabilità* secondo la disposizione costituzionale ricordata, non significa però che egli sia libero nel *determinarla*. Al contrario è il Consiglio nella sua collegialità, e non il Presidente, che determina «*la politica generale del Governo*» nonché, in vista della sua attuazione, «*l'indirizzo generale dell'azione amministrativa*», e che delibera «*su ogni questione relativa all'indirizzo politico fissato dal rapporto fiduciario con le Camere*»: secondo quanto dispone – raccogliendo la prevalente elaborazione degli studiosi – l'art. 2 della l. n. 400 del 1988.

Sulla funzione di indirizzo politico in generale v. *sopra*, cap. 9, par. 7.

In pratica la preminenza del Presidente del Consiglio si è manifestata nel *potere di rappresentanza* del Governo «nel suo insieme» che egli ha, e più concretamente nel potere, che ovviamente gli spetta, di *convocare* il Consiglio dei ministri e di fissarne l'*ordine del giorno*, individuando gli argomenti da affrontare. Per il rimanente, invece, l'autorità di cui egli gode e la sua capacità di imprimere una effettiva unità all'indirizzo politico governativo dipendono piuttosto dalle sue doti personali e dalle circostanze politiche in cui operi.

La l. n. 400 del 1988

In ogni modo la l. n. 400 del 1988 meglio individua alcuni poteri e compiti del Presidente del Consiglio, distinguendo da un lato quelli che si connettono al suo proprio e speciale ruolo costituzionale, previsto dal primo comma dell'art. 95 Cost., dall'altro quelli che gli spettano come espressione unitaria del Consiglio dei ministri.

Specifici compiti e poteri

In proprio, il Presidente del Consiglio ha visto così riconosciuto, tra gli altri previsti dall'art. 5, il potere di inviare ai ministri (sia in attuazione delle deliberazioni del Consiglio che in riferimento alla propria responsabilità di direzione) direttive rivolte ad assicurare l'imparzialità, il buon andamento e l'efficienza degli uffici pubblici. In casi singoli, egli può «*sospendere l'adozione di atti da parte dei Ministri competenti in ordine a questioni politiche e amministrative*», per sottoporli alla deliberazione del Consiglio dei ministri (art. 5, co. 2). Inoltre, egli può istituire *comitati di ministri* per lo studio di questioni particolari da sottoporre al Consiglio dei ministri.

Ancora la legge si sforza di evitare il fenomeno, non raro nella prassi, della frantumazione dell'indirizzo politico del Governo – o almeno della sua immagine – ad opera delle più varie e disparate dichiarazioni pubbliche dei ministri, stabilendo che queste, quando eccedano la normale responsabilità ministeriale, debbano essere concordate con il Presidente.

Come espressione del Governo – o, come dice la legge, «*a nome del Governo*» – il Presidente, tra l'altro, comunica alle Camere la composizione del Governo ed ogni eventuale mutamento, pone le questioni di fiducia (anche a mezzo di un Ministro espressamente delegato), presenta alle Camere i disegni di legge governativi, richiede (ancora eventualmente a mezzo di un Ministro espressamente delegato) la rimessione alla Camera di un disegno di legge assegnato alla commissione deliberante (cfr. cap. 19, par. 4), controfirma i decreti del Presidente della Repubblica relativi agli atti con forza di legge ed agli altri atti per i quali è intervenuta la deliberazione del Consiglio.

Il Presidente compie poi molti atti relativi all'organizzazione governativa, alcuni dei quali sono assunti previa deliberazione del Consiglio. Così, ad esempio, egli emana il regolamento interno del Consiglio, assegna incarichi speciali a ministri e funzioni ai ministri senza portafoglio. Egli inoltre propone al Presidente della Repubblica la nomina dei *sottosegretari*, di concerto con i singoli ministri interessati (art. 10 l. 400).

Sul piano concreto un rilevante rafforzamento del ruolo politico del Presidente del Consiglio è derivato dai mutamenti del sistema elettorale, che a partire dal 1993 hanno portato alla aggregazione dei pur molti partiti in due maggiori schieramenti contrapposti (c.d. *bipolarismo*), ciascuno guidato da un *leader* sin dall'inizio indicato come futuro Presidente del Consiglio in caso di vittoria della sua parte. A questo modo, infatti, il Presidente del Consiglio è in un certo senso «scelto direttamente dal popolo»: anche se, naturalmente, i meccanismi formali e sostanziali di investitura del Governo (nomina da parte del Presidente della Repubblica e fiducia delle Camere) rimangono invariati (e la Corte cost. ha rilevato che la nuova legge elettorale «non modifica ... la posizione costituzionale» del Presidente del Consiglio: sent. n. 23 del 2011).

L'esito elettorale vincola anche il Presidente della Repubblica, che difficilmente potrebbe evitare di nominare quale Presidente del Consiglio il capo della coalizione vincente. Si ricordi tuttavia che quella italiana rimane nella Costituzione vigente una repubblica *parlamentare*, e che in caso di crisi della coalizione che ha vinto le elezioni è sempre possibile dare vita ad un differente Governo sostenuto da una diversa coalizione di forze politiche, se queste sono disposte a farlo. Diversamente, occorrerà sciogliere le Camere e procedere a nuove elezioni.

Il Consiglio di gabinetto

Un potere non dei minori del Presidente del Consiglio consiste nella facoltà – già affermata nella prassi e prevista dall'art. 6 della l. n. 400 – di chiamare alcuni Ministri a partecipare ad un comitato denominato **Consiglio di gabinetto**. Il Consiglio di gabinetto coadiuva il Presidente nello svolgimento delle funzioni derivantegli dall'art. 95, co. 1, Cost., ora considerate. Esso è del tutto *privo di poteri formali*, e svolge attività prevalentemente preparatoria delle riunioni del Consiglio. Tuttavia, nei fatti esso può assumere nella formazione delle decisioni governative un'importanza notevole, soprattutto se esso sia composto in modo da rispecchiare la composizione politica della coalizione governativa.

La Vicepresidenza del Consiglio

Fino al 1988 il titolo di *Vice-Presidente del Consiglio*, pur qualche volta attribuito ad uno o anche a più ministri, si risolveva in una qualifica puramente *onorifica* – volta a sottolineare il *rilievo politico* della partecipazione al governo di determinate persone – e non comportava lo svolgimento di nessuna funzione in particolare. Anche quando si trattasse di sostituire il Presidente del Consiglio (per quei compiti nei quali egli può essere sostituito), si riteneva che l'incarico potesse essere affidato indifferentemente al Vice-Presidente (se c'era) o ad un altro Ministro.

La legge n. 400 del 1988 ha in parte conservato in parte delimitato la flessibilità della situazione precedente. L'esistenza di un Vicepresidente continua ad essere non necessaria, e i vicepresidenti, quando vi sono, possono essere più di uno. Tuttavia, se è nominato il Vicepresidente, ad esso (o al più anziano tra i nominati, se siano più di uno) spetta ormai *di diritto* la supplenza del Presidente in caso di sua assenza o impedimento temporaneo (art. 8).

Se nessun Vicepresidente è stato nominato ed occorra far luogo alla supplenza, questa viene affidata secondo le disposizioni del Presidente. La legge dispone però che in mancanza di diverse disposizioni la supplenza spetti comunque al ministro più anziano secondo l'età.

Dalle disposizioni ora descritte si ricava perciò che, benché la figura del Vicepresidente rimanga una componente *non necessaria* del Governo, la funzione del potenziale supplente è invece ormai stabilmente ed istituzionalmente prevista.

Nel 2008 la legge n. 124 ha assicurato al Presidente del Consiglio una generale immunità dal processo penale, per il periodo della carica (v. *sopra*, cap. 14, par. 3).

3. il Consiglio dei ministri

Compiti costituzionali del Consiglio

Come si è detto, al Consiglio dei ministri nella sua dimensione collegiale spettano le funzioni genericamente attribuite al «Governo». Tra quelle di maggiore importanza previste dalla Costituzione ricordiamo: la deliberazione dei **decreti-legge**, con i quali viene esercitato un potere normativo *straordinario* per fronteggiare situazioni di necessità e di urgenza (art. 77); la deliberazione dei **decreti legislativi**, con i quali si esercita un potere normativo su *delega* del Parlamento (art. 76); la deliberazione dei *disegni di legge* (art. 71, co. 1); l'impugnazione delle leggi regionali dinanzi alla Corte costituzionale (art. 127). Tutti questi atti saranno meglio studiati nella Parte IV, dedicata alle fonti del diritto.

La Costituzione non si preoccupa di definire in termini generali il ruolo del Consiglio dei ministri. Abbiamo però già visto al precedente paragrafo che la l. n. 400 affida ad esso la determinazione dell'indirizzo politico e dell'indirizzo generale dell'azione amministrativa.

La stessa legge elenca poi numerosi altri compiti del Consiglio, ora codificando la prassi, ora riprendendo disposizioni già contenute in precedenti testi normativi. Alcuni di questi poteri verranno ricordati quando esamineremo la posizione del Governo nell'ambito della pubblica amministrazione (cap. 25, par. 1). Qui ricordiamo che al Consiglio dei ministri come organo titolare dell'indirizzo politico l'art. 2 della l. n. 400 assegna così, tra l'altro: le proposte dei trattati e l'esame delle questioni internazionali in genere (comprese quelle relative all'appartenenza alla Comunità europea); gli atti relativi ai rapporti tra lo Stato e la Chiesa cattolica, come pure ai rapporti con gli altri culti; la deliberazione dei più importanti regolamenti statali.

Si tenga presente che in genere al Governo spetta, come s'è detto, la *deliberazione* degli atti, ma che molti di tali atti sono poi emanati come *decreti del Presidente della Repubblica*, pur se il Presidente della Repubblica rimane – come deve rimanere – del tutto estraneo alla decisione, ed esercita tutt'al più un controllo formale e costituzionale.

Spettano ancora al Consiglio la deliberazione del proprio regolamento interno (art. 4 l. n. 400), l'assegnazione dell'incarico di Vicepresidente del Consiglio (art. 8), la deliberazione delle funzioni da assegnare ai ministri senza portafoglio e l'assegnazione di incarichi speciali ai ministri (art. 9); la nomina dei commissari straordinari (art. 11).

Consiglio dei ministri e pubblica amministrazione

Il Consiglio dei ministri è l'organo di livello più elevato del potere esecutivo, e perciò dell'intera **pubblica amministrazione**. Tuttavia, le singole amministrazioni statali, organizzate per **ministeri** (o, come anche si dice, per «dicasteri»), trovano il loro vertice *nei singoli ministri* e non nel Consiglio dei ministri. In altre parole, *non esiste alcuna gerarchia* tra Consiglio dei ministri e ministri stessi, e nell'ambito degli affari del Ministero spetta al Ministro (e ai dirigenti di vertice, secondo le rispettive competenze) la parola definitiva. In questo senso la stessa Costituzione, dopo aver stabilito che i ministri «*sono responsabili collegialmente degli atti del Consiglio dei ministri*», aggiunge che essi sono inoltre responsabili «*individualmente degli atti dei loro dicasteri*» (art. 95, co. 2).

Il Consiglio dei ministri ha però un potere generale di *annullamento* di tutti gli atti illegittimi posti in essere dalle autorità della pubblica amministrazione. Tale potere è stato confermato dalla l. n. 400 (art. 2, co. 3, lett. *p*), che esplicitamente lo pone a tutela dell'*unità dell'ordinamento*.

La stessa disposizione richiedeva inoltre, per l'annullamento degli atti delle Regioni, il parere della Commissione parlamentare per le questioni regionali. Ma la Corte costituzionale con sentenza n. 229 del 1989 ha dichiarato illegittima la previsione di un generale potere statale di annullamento degli atti amministrativi regionali: sicché tale potere è venuto meno.

Per indicare i compiti del Consiglio dei ministri nell'ambito dell'amministrazione si parla spesso di «attività di *alta amministrazione*», che si manifesta in atti del tipo di quelli ora ricordati.

Le riunioni

Il Consiglio dei ministri è costituito esclusivamente dal Presidente del Consiglio e da tutti i ministri (compresi quelli «senza portafoglio» di cui subito si dirà), su un piano di completa eguaglianza. Ne rimangono fuori invece i *sottosegretari*, tranne il sottosegretario della Presidenza del Consiglio, che è presente alle sedute (pur non votando) ed ha il compito di redigere il *verbale* e di conservare il registro delle deliberazioni (art. 4, co. 2, l. 400).

Non esiste una periodicità fissa delle riunioni del Consiglio, che sono decise e convocate di volta in volta dal Presidente del Consiglio. Alcuni Presidenti hanno seguito la prassi della riunione settimanale, ma di norma le riunioni sono state ben più rade.

4. le altre componenti del Governo

I ministri senza portafoglio

Accanto a coloro che *necessariamente* fanno parte del Governo, cioè il *Presidente del Consiglio* e i veri e propri *ministri*, nominati a capo di un *Ministero*, si pongono poi, in primo luogo, i cosiddetti **ministri senza portafoglio**. Essi sono pur sempre *ministri*, nominati dal Presidente della Repubblica; come tali fanno parte a pieno titolo, con diritto di voto, del *Consiglio dei ministri*. La particolarità della loro posizione sta soltanto nel fatto che, al contrario degli altri, *i ministri senza portafoglio non sono a capo di un Ministero*, ma sono nominati (secondo la dizione dell'art. 9, co. 1, della l. n. 400 del 1988) «*presso la Presidenza del Consiglio dei ministri*».

Essi sono sempre individuati da un *particolare incarico* (come la «riforma della pubblica amministrazione», «le riforme isituzionali», le «Regioni», i «rapporti con il Parlamento», la «condizione femminile», «la famiglia» e simili), che può anche comprendere – per *delega* del Presidente del Consiglio – la direzione di uffici e apparati amministrativi: che non costituiscono però un autonomo Ministero ma rimangono strutture interne alla Presidenza del Consiglio (d. lgs. n. 303 del 1999).

Al di là dell'utilità dell'incarico, tuttavia, le ragioni per le quali vengono nominati ministri «senza portafoglio» sono talvolta politiche: esse si riassumono allora nell'opportunità di distribuire tra le forze della *coalizione* governativa più incarichi ministeriali di quanti siano i ministeri.

I singoli incarichi di Ministro senza portafoglio non hanno carattere permanente: ci sono in un Governo e possono non esserci nel successivo. Tuttavia, non raramente le leggi attribuiscono a tali ministri compiti permanenti (ad esempio, secondo la l. 22 agosto 1985, n. 444, il Ministro per la funzione pubblica ha il compito di pubblicare ogni due anni il quadro dei posti vacanti nell'amministrazione statale). Sicché tali uffici tendono a *stabilizzarsi*. Tuttavia, è sempre possibile che in un determinato Governo un certo ministro senza portafoglio, cui le leggi assegnano stabili funzioni, non risulti nominato; in questo caso i relativi compiti si intendono assegnati al Presidente del Consiglio dei ministri, che può delegarli ad altro ministro (art. 9, co. 2, l. n. 400).

Sottosegretari

Le stesse ragioni – utilità obbiettive e opportunità politiche – hanno condotto all'introduzione ed alla stabilizzazione della figura dei **sottosegretari di Stato**. «Sottosegretari» essi si chiamarono in origine in Inghilterra, ove erano i segretari parlamentari dei ministri «segretari di Stato». Al contrario dei ministri senza portafoglio che solo nel 1988 hanno trovato riconoscimento legislativo, i sottosegretari sono stati previsti e in parte disciplinati in Italia sin dal 1888.

Va sottolineato che i sottosegretari in quanto tali *non fanno parte del Consiglio dei ministri*. Perciò *i sottosegretari*, che pur fanno parte della *formazione governativa*, non fanno però parte del Governo in senso stretto. Tuttavia, come già detto, il sottosegretario della Presidenza del Consiglio partecipa (senza diritto di voto) alle riunioni del Consiglio per redigerne il verbale.

Secondo la legge n. 400 del 1988 (art. 10) i sottosegretari sono scelti su proposta del Presidente del Consiglio, di concerto con il ministro interessato, che esprime così il proprio consenso. Segue poi la deliberazione del Consiglio dei ministri, e la nomina è infine formalizzata con decreto del Presidente della Repubblica. Il numero dei sottosegretari è variabile.

I loro compiti, comunque, sono innanzitutto di ordine politico. Riprendendo antiche formulazioni, la legge dispone che essi «*possono intervenire, quali rappresentanti del Governo, alle sedute delle Camere e delle commissioni parlamentari, sostenere la discussione in conformità alle direttive dei ministri e rispondere ad interrogazioni e interpellanze*» (art. 10, co. 4).

Inoltre anche i sottosegretari, come i ministri senza portafoglio, possono svolgere per delega compiti propri dei Ministeri o della Presidenza del Consiglio, dirigendo i relativi uffici.

A non più di dieci Sottosegretari può essere attribuito il titolo di **vice ministro**, se ad essi sono conferite deleghe relative all'intera area di competenza di una o più strutture dipartimentali ovvero di più direzioni generali. In tale caso la delega, conferita dal Ministro competente, è approvata dal Consiglio dei Ministri, su proposta del Presidente del Consiglio dei Ministri. Tali vice ministri possono essere invitati a «partecipare alle sedute del Consiglio dei Ministri, senza diritto di voto, per riferire su argomenti e questioni attinenti alla materia loro delegata» (art. 10, co. 3 e 4).

Numero massimo dei componenti del Governo

La legge stabilisce che «il numero dei componenti del Governo a qualsiasi titolo, ivi compresi ministri senza portafoglio, vice ministri e sottosegretari, non può essere superiore a sessantacinque» (art. 1, comma 376, l. n. 244 del 2007).

Il limite, già fissato a sessanta, è stato portato a sessantatré e poi a sessantacinque nel 2009. La disposizione è naturalmente rivolta a evitare che la necessità di rappresentare le diverse componenti della coalizione o del partito di governo ne producano l'elefantiasi – come è capitato nel passato. L'esperienza insegna tuttavia che si tratta di norme che possono essere agevolmente superate, se il nuovo Governo lo vuole, modificando la norma mediante lo strumento del decreto-legge.

La stessa disposizione precisa ancora che «la composizione del Governo deve essere coerente con il principio stabilito dal secondo periodo del primo comma dell'articolo 51 della Costituzione», cioè con il principio della promozione delle «pari opportunità tra donne e uomini».

Alti commissari

Infine, specifiche funzioni amministrative sono state talora attribuite per legge ad **alti commissari** (o qualche volta semplicemente *commissari*), nominati anch'essi con decreto del Presidente della Repubblica, su proposta del Presidente del Consiglio. Essi sono, in un certo senso, il *rovescio* dei ministri senza portafoglio: dato che sono a capo di apparati amministrativi (che non sono però veri *ministeri*), ma non sono ministri. Non raramente però è successo che gli *alti commissariati* siano stati poi trasformati in ministeri veri e propri: come è accaduto per l'*Alto commissariato per l'igiene e sanità* (trasformato poi nel *Ministero della salute*), e come era accaduto per l'*Alto commissariato per il turismo*, trasformato nel corrispondente *Ministero*, poi soppresso in seguito a referendum.

Nell'esperienza più recente, si è avuto un *Alto commissario per la protezione civile*, al quale hanno fatto seguito *ministri senza portafoglio* o *sottosegretari* delegati.

Commissari straordinari

Mentre gli alti commissari del passato erano istituiti e disciplinati singolarmente, ciascuno in via eccezionale, la legge prevede e disciplina ora in via permanente la figura dei **commissari straordinari** del Governo. I *commissari straordinari* possono essere nominati per lo svolgimento di compiti (determinati dal decreto di nomina), in relazione a specifici obbiettivi o per particolari e temporanee esigenze di coordinamento operativo tra amministrazioni (art. 11 l. n. 400 del 1988).

Essi sono nominati con decreto del Presidente della Repubblica (su proposta del Presidente del Consiglio, previa delibera del Consiglio dei ministri) per un tempo determinato. La loro nomina è comunicata al Parlamento, e pure al Parlamento il Presidente del Consiglio riferisce sull'attività da essi svolta.

5. i comitati interministeriali

Accanto al Consiglio dei ministri operano per determinati settori – anche assorbendo compiti che altrimenti spetterebbero al Consiglio stesso – dei **comitati interministeriali.** Essi sono organi collegiali composti dai ministri interessati ai settori di attività del *comitato*, e quasi sempre dallo stesso Presidente del Consiglio, che in tal caso li presiede.

Oggi, il principale dei *comitati interministeriali* è il **Comitato interministeriale per la programmazione economica** (CIPE), istituito con la legge 27 febbraio 1967, n. 48, con il compito di predisporre gli indirizzi della politica economica nazionale. Alle sue direttive è sottoposto – almeno in teoria – il **Comitato interministeriale per il credito ed il risparmio** (CICR), che ha il compito di indirizzare e coordinare il sistema bancario (in collaborazione con il Ministro dell'Economia, che lo presiede, e con il Governatore della Banca d'Italia).

Va inoltre ricordato il **Comitato interministeriale per gli affari comunitari europei** (CIACE) istituito dalla l. n. 11 del 2005 con il compito di contribuire a definire la posizione italiana nella fase di predisposizione degli atti comunitari e in generale al migliore adempimento dei vincoli derivanti dall'appartenenza all'Unione. Esso è presieduto dal Presidente del Consiglio dei ministri o dal Ministro per le politiche comunitarie. Ad esso partecipano il Ministro degli affari esteri, il Ministro per gli affari regionali e gli altri Ministri aventi competenza nelle materie oggetto dei provvedimenti e delle tematiche inseriti all'ordine del giorno.

Quando si trattano questioni che interessano anche le regioni e le province autonome, possono chiedere di partecipare il presidente della Conferenza dei presidenti delle regioni e delle province autonome di Trento e di Bolzano o un presidente di regione o di provincia autonoma da lui delegato e, per gli ambiti di competenza degli enti locali, i presidenti delle associazioni rappresentative degli enti locali.

Si può ricordare ancora il **Comitato interministeriale per la sicurezza della Repubblica**, disciplinato dalla l. n. 124 del 2007.

Non è invece assimilabile ad un comitato interministeriale, pur comprendendo alcuni ministri, il **Consiglio supremo di difesa**. Tale organo – previsto dall'art. 87 della Costituzione – è infatti presieduto dal Presidente della Repubblica, come manifestazione del *comando delle forze armate* che la Costituzione almeno formalmente gli attribuisce (anche se la responsabilità effettiva non può non riconoscersi al *Governo*).

Ammissibilità dei Comitati

Gli studiosi hanno spesso discusso se l'esistenza dei comitati interministeriali non finisca per privare di unitarietà e coordinamento la politica del Governo, la cui azione risulta frammentata in diversi rivoli. Infatti, nemmeno il Presidente del Consiglio è in grado di assicurare un effettivo coordinamento, sia perché le leggi non lo chiamano a presiedere veramente *tutti* i Comitati (il CICR è presieduto, come si è detto, dal Ministro dell'Economia), sia perché, di fatto, anche quando è ufficialmente il presidente del comitato, egli finisce per *delegare* il compito di presidenza a singoli e diversi ministri. Per questa e per altre regioni, è frequente il dubbio sulla compatibilità dei comitati interministeriali con il sistema di governo previsto dalla Costituzione.

Che sul piano dei fatti la presenza e l'azione dei comitati interministeriali (in passato numerosi) abbiano contribuito per la loro parte alla discontinuità ed alla frammentarietà dell'azione governativa, può bene essere. Sul piano del diritto, tuttavia, la tesi dell'inammissibilità dei comitati interministeriali potrebbe essere sostenuta solo se le attribuzioni che le leggi affidano loro fossero tra quelle che, ai sensi di esplicite o almeno implicite disposizioni della Costituzione, non possono non spettare al Consiglio dei ministri. A questa stregua, sarebbe certamente viziata da illegittimità costituzionale solo una ipotetica legge istitutiva di un comitato interministeriale avente poteri deliberativi formali in materia di indirizzo politico – generale o anche settoriale – *esclusivi* o comunque *alternativi* rispetto a quelli del Consiglio dei ministri.

Per realizzare il necessario coordinamento tra l'azione del Consiglio dei ministri e l'azione dei comitati interministeriali, la legge n. 400 del 1988 ha stabilito da una parte che i comitati devono tempestivamente comunicare al Presidente del Consiglio l'ordine del giorno delle riunioni, dall'altra che lo stesso Presidente può «*deferire singole questioni al Consiglio dei ministri*», perché questo stabilisca le *direttive* alle quali i comitati debbono attenersi (art. 6, co. 3).

Comitati di ministri con funzioni istruttorie

I comitati interministeriali dotati di stabili competenze previste dalla legge non vanno confusi con i **comitati di ministri** cui, secondo il regolamento del 10 novembre 1993, il Presidente del Consiglio può deferire l'esame di singole questioni. Si tratta in questo caso di comitati con funzioni puramente istruttorie, i quali comunicano le proprie conclusioni al Presidente del Consiglio. Ai loro lavori possono partecipare anche sottosegretari delegati ovvero espressamente autorizzati dal Presidente del Consiglio a sostituire o a coadiuvare i rispettivi ministri.

6. la crisi e la formazione del nuovo Governo

Nemmeno il Governo più stabile è costituito per durare in eterno. Dopo le elezioni politiche, formato il nuovo Parlamento, il Governo è tenuto *in ogni caso* a presentare le proprie dimissioni: salva naturalmente la possibilità che il nuovo Governo sia simile o identico al precedente. A prescindere da ciò, comunque, il Governo entra in **crisi** ogni volta che esso non ha più la **fiducia** delle Camere.

La sfiducia

La Costituzione prevede che il Governo perda la fiducia quando una Camera approvi una *mozione di sfiducia* a ciò rivolta: mozione che viene messa ai voti per *appello nominale* – il che comporta il voto palese – non prima di tre giorni dalla sua presentazione (art. 94, commi 2, 3 e 5). Lo stesso risultato però ha un voto negativo su una proposta del Governo sulla quale questo abbia posto la *questione di fiducia* (non, invece, il voto negativo su una *qualunque* proposta del Governo: art. 94, co. 4). In entrambi i casi il Governo è tenuto a presentare al Presidente della Repubblica le proprie **dimissioni**: e poiché il Governo è risultato sconfitto in Parlamento, si parla in questi casi di «crisi parlamentare».

La sfiducia individuale

Diversa è la mozione di sfiducia rivolta a richiedere le dimissioni non del Governo ma di un ministro singolarmente considerato (c.d. mozione di *sfiducia individuale*). Essa non è prevista dalla Costituzione, ma è ammessa dal regolamento della Camera. La Corte costituzionale, investita dalla questione a seguito del conflitto di attribuzioni intentato dal Ministro della giustizia (cui il Senato aveva tolto la fiducia), ha ritenuto che la possibilità della sfiducia individuale trovi fondamento costituzionale nella responsabilità dei ministri per gli atti del loro dicastero (espressamente definita come *collegiale e individuale* dall'art. 95, co. 2, Cost.) e nella logica stessa del sistema parlamentare (sent. n. 7 del 1996).

Secondo la Corte l'approvazione della sfiducia individuale obbliga alle dimissioni il Ministro cui è rivolta, e legittima il Presidente del Consiglio e il Presidente della Repubblica a rispettivamente proporre e nominare un nuovo Ministro in sostituzione di quello sfiduciato.

Nella logica costituzionale il nuovo Ministro dovrebbe poi a rigore presentarsi alle Camere per ottenerne la fiducia (il che non è accaduto nel caso che ha dato origine alla controversia, nel quale il Presidente del Consiglio ha assunto *ad interim* l'incarico vacante).

Si noti che mentre la sfiducia al Governo è tipicamente uno strumento dell'opposizione, rivolto a far cadere il Governo, la sfiducia individuale è stata piuttosto (nell'unica esperienza sinora avutasi di mozione approvata) uno strumento *della maggioranza* per far valere il suo indirizzo politico contro il Ministro dissenziente che non accetti di dimettersi spontaneamente. D'altronde, se l'opposizione propone la sfiducia contro un Ministro che con i suoi atti rappresenta l'indirizzo del Governo, fatalmente la mozione finisce per coinvolgere nella sostanza l'intero esecutivo.

Le dimissioni volontarie

In realtà di norma il Governo – e per esso il Presidente del Consiglio – non aspetta affatto che la crisi si manifesti attraverso una formale votazione in Parlamento, ma la *anticipa* dimettendosi quando constati il venir meno della *base politica* della sua esistenza, dando luogo ad una crisi che viene detta «extraparlamentare». Poiché la costituzione di un Governo e la stessa fiducia accordatagli dal Parlamento si basano su un *accordo politico* stretto tra i partiti che danno vita alla *coalizione*, è naturale che se quel patto politico si rompe, il Governo sia portato a dimettersi, soprattutto se ormai privo di una stabile maggioranza in Parlamento. Il Presidente della Repubblica può richiedere al Governo di presentarsi alle Camere per una verifica della fiducia, ma se il Governo insiste nelle dimissioni egli non può che prenderne atto.

Con le *dimissioni* in ogni modo il Governo non cessa affatto di essere tale, ma continua ad avere il potere ed anche il *dovere* di provvedere all'**ordinaria amministrazione** fino a quando, con il *giuramento*, non sia entrato in carica un nuovo Governo. Nella prassi di fronte alle dimissioni il Presidente della Repubblica si «riserva di accettarle», e invita intanto il Governo a *restare in carica per il disbrigo degli affari correnti*.

Il Governo dimissionario non compie atti aventi rilievo politico; ma in caso di necessità dispone dei poteri occorrenti (ad esempio, anche adottando decreti-legge).

Dopo le dimissioni – per qualunque ragione esse siano state presentate – il Presidente avvia un procedimento che conduce alla formazione di un *nuovo Governo*. Esso si sviluppa in tre fasi: la fase delle **consultazioni**, la fase dell'**incarico**, la fase della **nomina**.

Consultazioni e incarico

Le *consultazioni* (che non sono previste dalla Costituzione, ma corrispondono ad una ormai radicata *consuetudine*) servono al Capo dello Stato per formarsi una migliore conoscenza sul *modo nel quale potrà essere risolta la crisi*, con la formazione di un Governo capace di ottenere la fiducia delle Camere. Devono venire consultati perciò fondamentalmente i *capi dei gruppi parlamentari* e i *segretari dei partiti politici* rappresentati in Parlamento, nonché i *Presidenti delle Camere*. Non è invece ritenuta necessaria (pur non essendo ovviamente esclusa) la consultazione degli *ex* titolari di organi costituzionali: *ex* Presidenti della Repubblica, del Consiglio e delle Camere.

Si noti che le *consultazioni* diventano poco più di una formalità se si sono appena svolte nuove elezioni, ed il loro esito è stato univoco. In questo caso, infatti, il candidato naturale alla formazione del nuovo Governo è il capo del partito (o della coalizione dei partiti) vincente.

Terminate le consultazioni, il Capo dello Stato conferisce l'*incarico* di formare il nuovo Governo. La persona incaricata (il *Presidente designato*) può accettare l'incarico contestualmente, oppure accettarlo «con riserva». Nel secondo caso, egli svolge proprie informali consultazioni per verificare se egli potrà ottenere la fiducia delle Camere, e con quale Governo: se l'esito è positivo, scioglie la riserva ed accetta l'incarico.

Nomina ed assunzione delle funzioni

È su questa base che il Presidente della Repubblica può finalmente provvedere alla *nomina* del Governo: prima il Presidente del Consiglio e subito dopo, su proposta del Presidente del Consiglio, i ministri. Contestualmente vengono finalmente accettate le dimissioni del precedente Governo. Sia il decreto di nomina che il decreto di accettazione delle dimissioni del precedente governo sono controfirmati dal Presidente del consiglio nominato (art. 1 l. n. 400 del 1988). Si noti però che con la nomina il nuovo Governo non assume ancora le sue funzioni.

Ciò accade invece al momento, di poco successivo, del **giuramento** nelle mani del Presidente della Repubblica: dopo di che il nuovo Governo, ormai in carica, deve *entro dieci giorni* presentarsi alle Camere per ottenerne la fiducia. È ovvio che se una Camera rifiutasse la fiducia, il Governo sarebbe tenuto a presentare le proprie dimissioni, e il Presidente della Repubblica dovrebbe dare di nuovo inizio al procedimento per la formazione di un ulteriore diverso Governo.

capitolo 16

IL PRESIDENTE DELLA REPUBBLICA

1. la carica di Presidente della Repubblica

Il **Presidente della Repubblica** è il *capo dello Stato* e rappresenta l'*unità nazionale*. Egli è eletto per sette anni dal Parlamento, riunito in seduta comune dei suoi componenti e integrato dai rappresentanti delle Regioni. Può essere eletto *qualunque cittadino italiano*, purché abbia compiuto *cinquanta anni* e sia in possesso dei *diritti civili e politici*. Per l'elezione occorre la maggioranza dei *due terzi* dell'assemblea nelle prime tre votazioni, ma è sufficiente la *maggioranza assoluta* nelle successive. Vediamo ora le ragioni e il significato delle regole enunciate.

La funzione rappresentativa

Il Presidente è il capo dello Stato e rappresenta l'unità nazionale (art. 87, co. 1, Cost.). Della frase va accentuata la seconda parte: il Presidente *rappresenta l'unità nazionale*. «Capo» dello Stato egli è, nella nostra Repubblica, *non* nel senso del *comando* (egli non «comanda» nessuno dei tre fondamentali poteri dello Stato: non il *legislativo*, non l'*esecutivo* né il *giudiziario*) ma nel senso del simbolico «concentrarsi» dello Stato in un'unica persona, che lo *rappresenta* ovunque, e in tutte le circostanze in cui ciò sia necessario: dai rapporti internazionali (anche se ciò non vieta che lo Stato italiano sia rappresentato, nelle sedi politiche e diplomatiche, da *altri* soggetti, quali ministri e ambasciatori) alla stessa rappresentanza «interna» nelle più varie occasioni ufficiali e ufficiose, quali solennità, commemorazioni, calamità.

L'elezione

Il Presidente è eletto *dal Parlamento*. Questa è la scelta fondamentale compiuta dai Costituenti, coerentemente con il carattere *parlamentare* che essi intendevano imprimere alla Repubblica. Nelle Repubbliche presidenziali, infatti, il Presidente è eletto – direttamente o indirettamente – dal popolo, e non attraverso la rappresentanza parlamentare.

Per l'elezione il Parlamento è riunito in *seduta comune*, come avviene in genere per le elezioni cui esso debba provvedere. Solo in questo caso però esso è integrato da «*tre delegati per ogni Regione, eletti dal Consiglio regionale in modo che sia assicurata la rappresentanza delle minoranze*» (art. 83, co. 2, Cost.; solo la Valle d'Aosta, in ragione della sua dimensione, non ha che *un* rappresentante). L'integrazione non è molto rilevante da un punto di vista *quantitativo*, ma è importante da un punto di vista *qualitativo*: con essa si vuole significare che il Presidente è espressione dell'intera comunità nazionale, considerata anche nelle sue articolazioni territoriali.

Nella stessa direzione è significativo che il Presidente sia eletto per *sette* anni, due di più della durata ordinaria delle Camere. Inoltre la maggioranza richiesta (i due terzi, o comunque la maggioranza *assoluta* dell'assemblea) è anch'essa finalizzata allo scopo di far sì che il Presidente sia il Presidente *di tutti* – come spesso si dice – e non di una ristretta o occasionale *maggioranza*. L'elezione avviene con *voto segreto* (art. 83, co. 3). Attraverso la segretezza del voto i Costituenti hanno voluto garantire che la scelta corrisponda ad un'intima convinzione, e non soltanto alle direttive dei partiti rappresentati in Parlamento.

Giuramento e responsabilità presidenziale

Il Presidente eletto prima di assumere le funzioni presta **giuramento** di fedeltà alla Repubblica e di osservanza della Costituzione (art. 91 Cost.). La formula costituzionale enuncia contemporaneamente i fondamentali *doveri* del Presidente, la cui trasgressione dà luogo ai soli reati per i quali sia prevista una *responsabilità* presidenziale: l'**alto tradimento** e l'**attentato alla Costituzione** (art. 90, co. 1).

Per il rimanente, l'art. 90 Cost. stabilisce che «*il Presidente della Repubblica non è responsabile degli atti compiuti nell'esercizio delle sue funzioni*».

Tale **irresponsabilità** va collegata alla circostanza che la responsabilità degli atti è assunta (secondo la previsione dell'art. 89, co. 1) tramite la cosiddetta **controfirma** dai «ministri proponenti», ai quali (o al Governo nel suo insieme) spetta anche, come subito si vedrà, la paternità sostanziale dell'atto.

Ricordiamo che per i reati di *alto tradimento* e di *attentato alla Costituzione* (che non risultano meglio definiti dalle norme) il Presidente della Repubblica è posto in stato di accusa dal Parlamento riunito in *seduta comune*, ed è giudicato dalla Corte costituzionale, nella composizione integrata dai componenti di origine parlamentare (vedasi meglio *più avanti*, cap. 31, par. 6).

Anche al Presidente della Repubblica la legge n. 124 del 2008 ha dato una generale immunità dal processo penale per il periodo della carica (v. *sopra*, cap. 14, par. 3).

In caso di **impedimento** temporaneo *le funzioni del Presidente sono assunte per s u p p l e n z a dal Presidente del Senato* (art. 86 Cost.).

La supplenza

L'impedimento può derivare soprattutto da malattia. Si è discusso se costituisca *i m p e d i m e n t o* all'esercizio delle funzioni un viaggio all'estero; e si è osservato come per lo più tali viaggi siano compiuti proprio *in veste di Presidente*: sicché sembrerebbe assurdo parlare di impedimento all'esercizio delle funzioni. Fatto sta che in queste circostanze *solo parte* delle funzioni presidenziali possono essere esercitate dal Presidente; e nella prassi è stata escogitata la soluzione della *supplenza parziale*, per cui le funzioni rimangono affidate al supplente per la sola parte che vada esercitata nel territorio nazionale.

Cessato l'impedimento, ogni funzione è riassunta dal titolare. Se si trattasse invece di *impedimento permanente* la Costituzione prevede (come per il caso di *morte* o *dimissioni*) la indizione della nuova elezione (art. 86, co. 2).

Terminato il settennio, trenta giorni prima della scadenza sono indette le elezioni per il nuovo Presidente (art. 85, co. 2). Il Presidente uscente è *rieleggibile* senza limiti; tuttavia, una rielezione non si è mai verificata. Una volta cessato dalla carica, l'*ex* Presidente della Repubblica assume, salva sua rinunzia, la qualifica di *senatore a vita* (art. 59, co. 1, Cost.).

All'ufficio di Presidente della Repubblica è collegata una *dotazione*, consistente in immobili (quali il palazzo del Quirinale, le tenute di Castelporziano e di S. Rossore) e in denaro; il Presidente gode inoltre di un *assegno* personale. Agli *u f f i c i* e ai *s e r v i z i* dipendenti dalla Presidenza provvede il *Segretario generale della Presidenza della Repubblica.*

2. il Presidente e i poteri dello Stato

Atti formalmente presidenziali

Se si prendesse alla lettera la Costituzione – e anche molte altre leggi – il Presidente della Repubblica apparirebbe un autentico «capo» dello Stato: tanti e tali sono i poteri che sembrano a lui attribuiti.

nella funzione normativa

Così, ad esempio, per quanto riguarda gli *atti normativi* il Presidente da una parte *promulga le leggi* (entro un mese dalla loro approvazione), e può chiederne *con messaggio motivato* alle Camere una nuova deliberazione, dall'altra *emana i decreti aventi valore di legge* (decreti-legge e decreti legislativi), nonché i *regolamenti*, e *indice i r e f e r e n d u m* richiesti dal popolo. Inoltre influisce sulla partecipazione del Governo alla funzione legislativa, giacché lo *autorizza* a presentare propri disegni di legge. Ancora, il Presidente influisce sullo stesso Parlamento, non solo nominando *cinque senatori a vita*, ma *indicendo le elezioni e fissando la prima riunione delle Camere*, assumendo l'iniziativa per la loro *convocazione straordinaria*, ed ancor più esercitando il *potere di scioglimento* di una o di entrambe le Camere.

nella funzione di governo

Per quanto riguarda la funzione di *governo* e di *pubblica amministrazione*, il Presidente in primo luogo, come sappiamo, *nomina il Presidente del Consiglio* e su sua proposta *i ministri*, ne *riceve il giuramento* e ne *accetta le dimissioni*. Nei rapporti internazionali *ratifica i trattati, accredita* i rappresentanti diplomatici dell'Italia all'estero, *riceve* i rappresentanti degli Stati esteri in Italia. Ha il *comando* delle forze armate; *presiede* il Consiglio supremo di difesa; *dichiara* lo stato di guerra deliberato dalle Camere. Sul piano più propriamente amministrativo egli provvede con proprio *decreto* tra l'altro: alla *nomina* dei più alti funzionari civili e militari, nonché di molti consigli di amministrazione e amministratori di enti pubblici; al *conferimento* delle onorificenze; all'*annullamento* «d'ufficio» degli atti amministrativi illegittimi di qualunque autorità; alla *decisione* dei ricorsi «straordinari» prodotti dagli interessati contro atti amministrativi ritenuti illegittimi; allo *scioglimento* nei casi previsti dalla legge dei Consigli regionali, provinciali, comunali.

nella giustizia

Perfino sulla *funzione giurisdizionale* – nonostante la giustizia sia ormai esercitata «in nome del popolo» e i giudici siano soggetti «solo alla legge» (art. 101, co. 1 e 2, Cost.) – il Presidente sembra esercitare determinati poteri. Egli *presiede* il *Consiglio superiore della Magistratura* (costituito con il compito di provvedere alla «amministrazione» dei magistrati ordinari: nomine, promozioni, trasferimenti, disciplina e simili) e *nomina* un terzo dei giudici della Corte costituzionale. Inoltre egli può, in singoli casi, concedere la **grazia**, o *commutare* le pene.

È certissimo, tuttavia, che il Presidente della Repubblica non dispone affatto, nella sostanza, di una così grande autorità, e che anzi *egli è* – in linea di principio prima ancora che nei fatti – *fondamentalmente estraneo all'esercizio di tutti e tre i massimi poteri dello Stato*. La funzione *legislativa* spetta, per disposizione della Costituzione, *collettivamente alle due Camere*; il *Governo*, titolare del potere «esecutivo» e amministrativo, è composto *dal Presidente del Consiglio e dai ministri*, responsabili di fronte al *Parlamento*; la *giustizia* è esercitata *in nome del popolo* da *magistrati indipendenti*.

Poteri sostanzialmente governativi

Il fatto è che dei molti poteri sopra descritti, una parte notevole compete, quanto alla decisione vera e propria, al *Governo* (o anche, a seconda dei casi, a singoli ministri), mentre il Presidente della Repubblica si limita ad *emanare* l'atto, senza poter incidere né sulla decisione di emanarlo, né sul suo contenuto. Sicché l'emanazione di tali atti a sua volta è per il Presidente un *atto dovuto*. Egli potrà certo formulare dei rilievi di forma o anche di opportunità costituzionale, ma non può opporsi alla decisione del Governo.

La controfirma

A questa ripartizione dei compiti tra organi del Governo, che decidono, e Presidente della Repubblica, che si limita ad *emanare* l'atto, si collega la necessità che gli atti presidenziali siano muniti – salvo poche eccezioni – della cosiddetta **controfirma**, che cioè siano *firmati anche dai ministri proponenti, i quali ne assumono l'effettiva responsabilità* (in primo luogo la responsabilità *politica* di fronte al Parlamento).

Spetta così *al Governo*, tra l'altro, ogni decisione su:

- la presentazione dei disegni di legge alle Camere
- l'emanazione dei decreti-legge
- l'emanazione dei decreti legislativi
- l'emanazione dei regolamenti
- ogni decisione in materia di politica internazionale, ivi compresa la ratifica dei trattati (ferma la necessità della *legge* di autorizzazione nei casi previsti dall'art. 80 Cost.)
- il comando effettivo delle forze armate (salve le competenze delle autorità militari in tempo di guerra)
- ogni decisione sulle nomine di funzionari, e in genere sugli atti di pubblica amministrazione.

Altri atti dovuti

Inoltre, non pochi altri atti compiuti dal Presidente della Repubblica sono anch'essi in realtà *atti dovuti*, cioè atti *previsti come necessari e doverosi dalla Costituzione o dalle leggi*, al verificarsi di certi presupposti: nemmeno al loro compimento il Presidente può sottrarsi.

In particolare, sono atti dovuti:

- la promulgazione delle leggi, salvo il potere di richiedere per una volta sola una nuova deliberazione
- l'indizione delle elezioni e dei *referendum*
- la dichiarazione dello stato di guerra deliberato dalle Camere

Quelli che rimangono sono i veri poteri del Presidente. Dobbiamo ora esaminare meglio i più importanti tra essi, per vedere in quali casi e in quale modo essi possano e debbano essere esercitati.

3. le funzioni e il ruolo del Presidente

Premesso che non ci occuperemo qui degli atti che riguardano la vita del *Governo* (per i quali rinviamo a quanto detto nel capitolo precedente), cominciamo invece con gli atti che interferiscono con la vita o con l'attività del *Parlamento.*

Lo scioglimento delle Camere

Secondo l'art. 88 della Costituzione il Presidente della Repubblica «*può, sentiti i loro Presidenti, sciogliere le Camere o anche una sola di esse*»: si tratta qui, si intende, di scioglimento *anticipato* rispetto alla normale scadenza.

L'esercizio del potere di scioglimento non può avvenire negli ultimi sei mesi del mandato presidenziale (c.d. *semestre bianco*): evidentemente ad evitare che il Presidente (che è in astratto rieleggibile) possa essere tentato di sciogliere le Camere sperando in un Parlamento a lui più favorevole.

La l. cost. 4 novembre 1991, n. 1, ha comunque introdotto una deroga al divieto per l'ipotesi che gli ultimi sei mesi «coincidano in tutto o in parte con gli ultimi sei mesi della legislatura». In questo caso, infatti, il timore di cui si è detto ha minore ragione di essere, e si è preferito assicurare il normale funzionamento dei meccanismi istituzionali.

La Costituzione non specifica *in quali circostanze* e *per quali ragioni* lo scioglimento delle Camere possa essere disposto. Ma questo non significa certo che il Presidente si trovi in una situazione di piena libertà; al contrario, il potere di scioglimento non può essere esercitato se non in presenza di speciali circostanze giustificative. La causa che fondamentalmente può portare – ed ha portato molte volte nella recente storia istituzionale italiana, a partire dal 1972 – allo scioglimento consiste nella verificata impossibilità da parte del Parlamento di esprimere una maggioranza di governo. Naturalmente, la «impossibilità» è sempre *relativa*, dovuta alla *indisponibilità* dei partiti politici, che operano nella prospettiva di un loro migliore o più chiaro esito elettorale. Un'altra circostanza che potrebbe giustificare lo scioglimento è la paralisi dell'attività legislativa derivante da un radicale e generalizzato *contrasto* tra le due Camere. Ma in sostanza questa ipotesi è simile alla precedente, dato che essa non può verificarsi se il Governo gode di una sicura maggioranza in entrambe le camere.

Si sono ipotizzati altri casi, nei quali l'esigenza dello scioglimento deriverebbe non dalla impossibilità di funzionamento del sistema, ma da *mutamenti politici* intervenuti rispetto alle ultime elezioni politiche. Tali mutamenti potrebbero essere rivelati, ad esempio, dalla abrogazione mediante *referendum* popolare di leggi di grande importanza da poco approvate dal Parlamento, o dall'esito di elezioni «amministrative» (cioè per i Consigli regionali, provinciali e comunali) o «europee» tale da far pensare che gli elettori abbiano drasticamente cambiato il proprio orientamento politico. Bisogna però considerare, al contrario, che ogni votazione deve essere valutata in relazione allo scopo suo proprio, e che una maggioranza regolarmente investita dal voto per le elezioni parlamentari è dal punto di vista costituzionale perfettamente legittimata a governare sino alla normale scadenza della legislatura.

Non c'è dubbio che il potere di scioglimento sia uno dei maggiori poteri esercitati dal Presidente. Si discute invece se ed in quale misura esso sia davvero un potere p r o p r i o del Presidente. Sembra superata la tesi che si tratti di un potere *del Governo*: anche perché non si capirebbe, in questo caso, perché il Capo dello Stato debba sentire i Presidenti delle Camere (se poi a decidere fosse il Governo), né (meno ancora) perché il potere di scioglimento non possa di regola essere esercitato negli ultimi sei mesi del mandato presidenziale. Molti pensano, comunque, che nella decisione dello scioglimento *debbano concordare sia il Governo che il Presidente della Repubblica*: e così finora è sempre stato.

Il rinvio delle leggi

Secondo l'art. 74 della Costituzione «*il Presidente della Repubblica, prima di promulgare la legge, può con messaggio motivato alle Camere richiedere una nuova deliberazione*»; ma d'altra parte «*se le Camere approvano nuovamente la legge, questa deve essere promulgata*». Dalle norme costituzionali si comprende quale sia il limite fondamentale di questo potere presidenziale, detto talora di **veto sospensivo**: esso può essere usato *per una sola volta* dato che, in presenza di una *seconda approvazione* da parte del Parlamento, il Presidente non può più opporre un nuovo **rinvio**, ma deve invece *promulgare* la legge (sulla **promulgazione** si veda il cap. 19, par. 5).

È però certo che il Presidente *non* può rinviare le leggi *per una ragione qualunque*, come non può rinviarle per disaccordo sull'indirizzo politico con esse perseguito: il Capo dello Stato, infatti, non può perseguire nessun proprio indirizzo politico, poiché verrebbe con ciò ad interferire nelle scelte degli organi a ciò competenti, Parlamento e Governo. Certamente il Presidente può rinviare una legge quando ritenga che essa contrasti con la Costituzione: ad esempio perché – come non raramente è capitato – non indica i mezzi con i quali far fronte a nuove spese, secondo quanto richiesto dall'art. 81, ultimo comma, Cost. Ma anche *nel merito* il Presidente può chiedere una nuova deliberazione – nella quale ad esempio si tengano presenti aspetti di *interesse generale* finora trascurati, o non emersi.

In ogni modo, i Presidenti hanno usato il potere di rinvio delle leggi con grande discrezione, sicché i casi registrati nella cronaca costituzionale ammontano in tutto a poche decine, di fronte a migliaia di leggi approvate.

Le nomine presidenziali

Al Presidente della Repubblica compete la nomina a *senatori a vita* di cinque cittadini, da nominarsi, secondo l'art. 59, co. 2, della Costituzione, tra coloro che hanno «*illustrato la Patria per altissimi meriti nel campo sociale, scientifico, artistico e letterario*».

La formulazione non del tutto felice della norma ha fatto sorgere il dubbio se *ogni Presidente* possa nominare senatori cinque cittadini, o se *cinque* sia il numero massimo di senatori nominati a vita dal Presidente, contemporaneamente presenti in Senato. Per varie ragioni si propendeva, in generale, per la seconda soluzione. Durante il suo settennato, tuttavia, il Presidente Pertini – accedendo alla prima interpretazione – ha nominato due nuovi senatori a vita, portandone il numero complessivo a *sette*, e il Senato, nonostante talune perplessità sollevate da politici e giuristi, ha accolto i nuovi senatori: anche se ciò è accaduto, verosimilmente, più per rispetto verso il Presidente e per il prestigio dei due nominati (Carlo Bo e Norberto Bobbio), che per consenso sull'interpretazione della Costituzione. Fatto sta che anche il successivo Presidente (Cossiga) ha seguito l'interpretazione estensiva dei propri poteri: interpretazione che non è stata tuttavia seguita dai successivi Presidenti Scalfaro, Ciampi e Napolitano.

Compete poi al Presidente della Repubblica la nomina di *cinque giudici* della Corte costituzionale (art. 135, co. 1, Cost.).

Inizialmente, si discusse se fosse fondata o meno la pretesa *del Governo* di scegliere le persone da nominare: dopo di che il potere del Presidente sarebbe stato puramente formale. È prevalsa invece l'idea opposta che si tratti di un vero potere *presidenziale*. Si è considerato infatti che alla Corte costituzionale deve essere assicurato il massimo di *imparzialità* e di *indipendenza* di fronte alla maggioranza governativa, la quale ha comunque già modo di incidere sulla composizione della Corte attraverso l'elezione parlamentare di altri cinque giudici (pur se la maggioranza dei tre quinti richiesta al minimo – dopo la terza votazione – la costringe comunque a cercare un'intesa con l'opposizione).

La presidenza del Consiglio superiore della magistratura

A norma dell'art. 104, co. 2, della Costituzione «*il Consiglio superiore della magistratura è presieduto dal Presidente della Repubblica*». In potenza, si tratta di una presidenza *effettiva* e non puramente nominale, rivolta ad assicurare, attraverso la presidenza della più alta carica dello Stato, il prestigio e l'autonomia dell'organo di governo dei giudici ordinari (cap. 29, par. 5). Essa implica varie attività, quali – oltre agli atti di convocazione del Consiglio stesso – l'*indizione* delle elezioni tra i magistrati e la *richiesta* delle elezioni dei componenti di derivazione parlamentare, per assicurare la costituzione dell'organo.

Tuttavia, il Presidente può delegare (come usualmente fa) le funzioni di sua spettanza al vice-presidente del Consiglio superiore, eletto dal Consiglio stesso.

Altre funzioni presidenziali

Infine, sono ancora da riferire al Presidente la *presidenza del Consiglio supremo di difesa* e il potere di *conferire le onorificenze*, di *concedere la grazia e commutare le pene*, di inviare *messaggi alle Camere* e di richiederne la *convocazione straordinaria* (potere peraltro mai finora esercitato).

La spettanza al Presidente del potere di grazia, anche eventualmente in dissenso con il Ministro della giustizia, è stata confermata dalla Corte costituzionale, con la sentenza n. 200 del 2006.

Il ruolo complessivo del Presidente

Siamo ora in grado di valutare meglio quale sia il *ruolo complessivo* del Presidente della Repubblica nel sistema costituzionale italiano. Egli non è al vertice e alla guida di nessuno dei massimi poteri statali, e di conseguenza nemmeno ne è responsabile. Ma *non si può certo dire che la sua funzione sia soltanto rappresentativa* o, peggio ancora, *cerimoniale*.

Gli spettano invece molti *poteri effettivi*, dei quali però dispone non al fine di indirizzare in un senso o in un altro le scelte politiche del Parlamento e del Governo, ma perché egli possa agire come un meccanismo di *garanzia* del funzionamento delle istituzioni cui compete la guida dello Stato e la tutela dei diritti dei cittadini.

Si comprende così anche come mai nella storia della Repubblica italiana la figura ed il ruolo del Presidente siano apparsi ora in seconda linea, ora in primo piano. A parte infatti le differenze personali di qualità, carattere e stile, il fatto è che quando la vita delle istituzioni titolari dei diversi poteri (Parlamento, Governo, magistrati) e i rapporti di queste con le formazioni politiche di base scorrono in una condizione di normalità, la figura del Presidente naturalmente «arretra», per apparire soltanto in singole e particolari occasioni.

Quando invece – come ancora di recente – la vita politica e istituzionale sia travagliata da profonde crisi, e si richieda di conseguenza un profondo rinnovamento, che investa (attraverso i sistemi elettorali) la stessa legittimazione dei fondamentali organi politici, la figura presidenziale di *garanzia* acquista naturalmente un peso determinante, e diventa anche pienamente «visibile» nella vita ordinaria delle istituzioni. In questi termini, il ruolo del Presidente può dirsi sempre il medesimo, ma la sua responsabilità e la portata della sua azione mutano a seconda del contesto politico ed istituzionale.

IV
LE FONTI DEL DIRITTO

capitolo 17

LE FONTI COSTITUZIONALI

1. la Costituzione come atto normativo

Abbiamo già visto quali siano, in generale, i possibili caratteri della Costituzione, ed il rapporto tra Stato e Costituzione (cap. 10, par. 4). Inoltre, abbiamo anche visto come abbia avuto origine la Costituzione repubblicana italiana, e quali siano le sue caratteristiche principali (cap. 11, par. 4). Dobbiamo ora esaminare più da vicino la Costituzione come atto normativo.

Valore normativo della Costituzione

Si deve affermare, in primo luogo, che la Costituzione è un vero atto normativo, e che le sue disposizioni hanno pienezza di effetto, e sono suscettibili – come qualunque altra norma giuridica – di produrre e modificare altre regole, vincoli, situazioni giuridiche soggettive, qualificazioni giuridiche. Del tutto inesatto sarebbe credere che, al contrario, la Costituzione sia un atto di natura puramente «programmatica», destinato ad essere reso operativo solo in un secondo tempo, attraverso ulteriori interventi del legislatore. Naturalmente, però, le disposizioni costituzionali – di nuovo come qualunque altra disposizione – valgono *per ciò che dicono*; e se talora vi sono disposizioni per le quali è la Costituzione stessa a prevedere una successiva attuazione in via legislativa, queste hanno certamente carattere programmatico: in ragione però del proprio specifico contenuto, e non di una loro presunta qualità propria.

In secondo luogo rileviamo che la Costituzione italiana ha carattere *rigido* nel senso, a suo tempo già illustrato, che essa non può essere modificata attraverso il procedimento legislativo ordinario, ma soltanto attraverso un apposito procedimento legislativo «costituzionale», previsto dall'art. 138 della stessa Costituzione, sul quale tra poco ci soffermeremo. Dunque, la Costituzione è *fonte* del diritto, ed è anzi la *massima* delle fonti dell'ordinamento italiano, quella le cui regole possono essere mutate solo in un determinato e speciale modo, particolarmente gravoso.

Inesistenza di uno stabile procedimento costituente

In terzo luogo è evidente che, come fonte, la *Costituzione* ha caratteri alquanto particolari, se paragonata alle altre fonti del diritto. In effetti, quando si dice, come subito faremo, che la *legge*, o il *regolamento*, sono atti fonte, non ci si riferisce a *determinate* leggi o *determinati* regolamenti, ma si individua un *tipo* di atto: ci saranno poi, in concreto, numerosissime *leggi* e numerosissimi *regolamenti*. È chiaro invece che la Costituzione è un atto storicamente individuato, e come tale non ripetibile né reiterabile: non ci sono né sono previsti, nell'ordinamento, diversi atti susseguentisi, tutti denominati «costituzioni».

Allo stesso modo, e corrispondentemente, il procedimento costituente utilizzato nel 1946-47 rimane anch'esso un fatto unico e non ripetibile, e non è perciò previsto come procedimento stabilmente utilizzabile nell'ordinamento. La Costituzione ed il relativo procedimento costituente sono dunque atti ed avvenimenti storicamente determinati, come *criterio ultimo di legittimazione* dell'ordinamento, e non una fonte stabilmente operante in esso.

Stabilmente operanti nell'ordinamento sono invece la legge *costituzionale* o la legge di *revisione costituzionale*. Ma esse sono istituzionalmente previste quali modalità di integrazione o di adeguamento della Costituzione, e non come modo per transitare da una Costituzione ad un'altra. Coerentemente, in questo senso, la procedura per esse stabilita, come subito vedremo, non è una procedura *costituente* (cioè una procedura che coinvolga appositi organi, espressamente investiti del compito di assumere le scelte fondanti di una istituzione statale), ma un procedimento *legislativo*, affidato ai comuni organi legislativi, sia pure fortemente aggravato.

2. la legge costituzionale e di revisione costituzionale

Dato il carattere rigido della Costituzione, la **legge ordinaria** non può contenere norme che la modifichino, o che comunque contrastino con essa: e se di fatto le contenesse, esse sarebbero *illegittime,* e perciò suscettibili di essere eliminate con sentenza della **Corte costituzionale** (cap. 31, parr. 3 e 4). Tuttavia, la stessa Costituzione prevede che le proprie disposizioni possano venire modificate. Ciò può avvenire, secondo quanto disposto dall'art. 138, con un atto che è pur sempre una *legge del Parlamento*, per la cui approvazione sono però stabilite regole procedurali del tutto speciali, e molto più gravose rispetto a quelle del procedimento legislativo ordinario. Si individua così, nell'ambito delle leggi, una specifica fonte chiamata **legge di revisione costituzionale**.

Più precisamente l'art. 138 Cost. parla delle «*leggi di revisione della Costituzione*» e delle «*altre leggi costituzionali*»: intendendo che le prime siano quelle rivolte a modificare il testo della Costituzione, le seconde quelle che senza modificare il testo della Costituzione abbiano però ugualmente rango costituzionale e non possano essere modificate dalla semplice legge ordinaria. Ed in effetti è talvolta la stessa Costituzione che richiede la forma della **legge costituzionale**: come per attribuire ad ulteriori organi o enti il potere di iniziativa legislativa (art. 71, co. 1) per fondere più Regioni o crearne di nuove (art. 132, co. 1), per disciplinare i principali aspetti del giudizio davanti alla Corte costituzionale (art. 137, co. 1).

Resta però fermo che le leggi *di revisione* e le altre leggi *costituzionali* seguono le stesse regole di formazione (hanno perciò la stessa *forma*) e si trovano nello stesso rapporto di superiorità gerarchica rispetto alla legge ordinaria (hanno perciò la stessa *forza*). In questi termini, esse non sono (come talora si era pensato) due diverse fonti, ma due diverse denominazioni per la stessa fonte. Si noti che secondo il disposto dell'art. 2 del d.P.R. 28 dicembre 1985, n. 1092, nella pubblicazione nella *Gazzetta Ufficiale* si usa per tutte la medesima denominazione di *legge costituzionale*.

Procedura della legge costituzionale

Rispetto al procedimento legislativo ordinario – che tra poco esamineremo – il procedimento di revisione costituzionale presenta le seguenti *diversità*, che lo rendono più *gravoso* e *difficoltoso*:

- la legge di revisione deve essere approvata *due volte* da ciascuna Camera
- tra le due approvazioni di ogni Camera devono trascorrere almeno *tre mesi*

- nella seconda approvazione da parte di ogni Camera si deve raggiungere la *maggioranza assoluta*
- sulla modifica può esser chiesto un *referendum* (a meno che nella seconda votazione non si raggiunga la maggioranza dei *due terzi*).

I primi due *aggravamenti* (doppia votazione con intervallo di tre mesi) mirano ad assicurare che la volontà di modificare la Costituzione abbia una certa *stabilità*, e non sia dovuta al formarsi di maggioranze occasionali o mutevoli. La necessità della *maggioranza assoluta* (nella seconda votazione) mira ad assicurare che la volontà di mutamento sia volontà di una *vera maggioranza* del Parlamento, e non il frutto dell'*assenza* di molti parlamentari.

Il *referendum* sospensivo

Con la possibilità di richiedere un *referendum* popolare sull'opportunità della modifica (detto «sospensivo», in quanto la sua richiesta *sospende* la promulgazione e l'entrata in vigore della legge) si è introdotto un meccanismo atto a verificare se la volontà del Parlamento corrisponde o meno a quella degli *elettori*. Esso costituisce una garanzia essenziale, soprattutto dopo che, con l'abbandono di un sistema elettorale rigidamente proporzionale e con la maggioranza più che assoluta assicurata dalla legge elettorale nella Camera dei deputati alla coalizione vincente, è meno improbabile che un mutamento della Costituzione sia approvato da una maggioranza parlamentare non corrispondente ad una vera maggioranza degli elettori.

Il **referendum sospensivo** può essere richiesto da *cinquecentomila elettori*, o da *cinque consigli regionali*, o da *un quinto dei membri di una Camera*. Per consentire la richiesta, la legge di revisione costituzionale appena approvata viene pubblicata nella *Gazzetta Ufficiale* (senza però entrare in vigore: in questa fase, essa non è nemmeno promulgata). Il *referendum* va richiesto entro *tre mesi* dalla pubblicazione.

Se nei tre mesi il *referendum* non viene richiesto, la legge viene *promulgata*, quindi *pubblicata* per entrare in vigore. Richiesto il *referendum*, invece, la legge ad esso sottoposta «*non è promulgata, se non è approvata dalla maggioranza dei voti validi*» (art. 138, co. 2, Cost.). Non è necessario che partecipi alla votazione un numero minimo di elettori (così è richiesto invece per il *referendum abrogativo*: cap. 20, par. 3).

Non si può chiedere il *referendum* se nella seconda votazione sia stata raggiunta in ciascuna Camera la maggioranza dei *due terzi* dei componenti: i costituenti hanno ritenuto che l'amplissima maggioranza così ottenuta renda inutile una verifica della volontà popolare. Di conseguenza, la legge viene in questo caso *promulgata* subito dopo la seconda approvazione parlamentare, quindi *pubblicata* per entrare in vigore.

Uno speciale procedimento di revisione costituzionale era stato introdotto nella XI legislatura dalla l. costituzionale 6 agosto 1993, n. 1, e nella XII legislatura dalla l. costituzionale n. 1 del 1997 per l'approvazione del progetto organico di revisione dell'organizzazione costituzionale da elaborarsi da una *Commissione parlamentare per le riforme istituzionali*, e in esso era previsto un *referendum* popolare di tipo *approvativo*. Ma come si è sopra avvertito (cap. 11, par. 7) i procedimenti così previsti non sono giunti alla loro conclusione, e non sono più operanti.

Speciale procedura di revisione

3. limiti alla modifica della Costituzione

Secondo l'art. 139 della Costituzione «*la forma repubblicana non può essere oggetto di revisione costituzionale*». In altre parole, la *scelta per la Repubblica* compiuta dal popolo con il *referendum* del 2 giugno 1946 – che costituiva un *vincolo* anche per l'assemblea costituente – non può essere mutata nemmeno attraverso lo speciale procedimento per la modifica della Carta fondamentale.

L'impossibilità di ripristinare per vie legali forme di governo di tipo *monarchico* non significa però che la *forma repubblicana* debba necessariamente conservare i suoi caratteri attuali. In particolare, non contrasterebbe con la prescrizione dell'art. 139 – e non ne sarebbe perciò impossibile l'introduzione mediante il procedimento di revisione costituzionale – un'*elezione popolare diretta* del Presidente della Repubblica, e nemmeno un eventuale più netto passaggio dalla *repubblica parlamentare* ad una *repubblica presidenziale*. Ciò sul piano del diritto. Tutt'altro, naturalmente, è il problema della *opportunità politica e istituzionale* di queste o di simili innovazioni.

Limiti impliciti

Il divieto di mutare la forma repubblicana è l'*unico* limite alla revisione espressamente previsto nella Costituzione. Molti studiosi però sono dell'opinione che vi siano altri *limiti impliciti* (cioè deducibili dal sistema costituzionale, anche se non esplicitamente stabiliti). Si tratterebbe, in particolare, di quei *principi cardinali ispiratori della Costituzione*, il cui mutamento, anche per via formalmente legittima, non potrebbe intendersi che come un *rovesciamento* dell'attuale Costituzione: tra essi, ad esempio, il principio della **unità nazionale** e quello della **sovranità popolare**, e più in generale il carattere *democratico* dello Stato, il principio di *eguaglianza* e simili. Queste opinioni sono state fatte proprie e tutte condivise dalla Corte costituzionale con la sentenza n. 1146 del 1988, aprendosi così la strada ad un sindacato di legittimità sulle stesse leggi costituzionali che violassero tali principi.

Tuttavia, è ben difficile credere che sovvertimenti di questa portata potrebbero mai riuscire ad affermarsi per le vie richieste per la legittima modifica della Costituzione (in particolare con la doppia votazione in Parlamento, con la maggioranza assoluta e la vittoria nel *referendum* popolare), se non in un clima di disordine e di violenza – quale quello che condusse nel 1922 all'instaurazione del fascismo – che sarebbe *già di per sé* al di fuori dell'attuale ordine costituzionale.

Questione del tutto diversa è chiedersi se con legge di revisione costituzionale si possa sostituire la vigente Costituzione con una Costituzione interamente nuova, che tuttavia si fondi sugli stessi principi cardine della precedente (forma repubblicana, carattere democratico dello Stato, principio di eguaglianza di diritto e di fatto, e gli altri che a questi si possano aggiungere). «Interamente nuova», perciò, essa sarebbe sul piano formale, mentre sul piano sostanziale delle scelte costituenti non ci sarebbero innovazioni radicali, o quanto meno non innovazioni che non potrebbero essere introdotte egualmente mediante la modifica di singole disposizioni della vigente Costituzione.

Anche su questa ipotesi, tuttavia, si possono fare riserve. Proprio il fatto che lo stesso risultato potrebbe raggiungersi modificando singole disposizioni della vigente Costituzione rivela che il senso della integrale sostituzione di una Costituzione formalmente nuova alla attuale non potrebbe essere che il voler porre alla base dell'ordinamento un fatto costituente *nuovo*: il che non sembra consono ai caratteri di un procedimento di revisione costituzionale.

Va da sé, tuttavia, che il giorno che il paese nel suo insieme consentisse ad un simile sviluppo, sicché un nuovo testo costituzionale venisse pacificamente ed efficacemente a sostituire il primo, da un punto di vista giuridico non si potrebbe che constatare il mutamento, e notare come, magari nelle forme esteriori di una revisione costituzionale, si sia nella realtà prodotto un nuovo processo costituente, sia pure fondato sui medesimi valori guida del precedente, o su valori simili.

L'ipotesi della assemblea costituente

Nei dibattiti sulle *riforme istituzionali* è stata talora ipotizzata la convocazione di una apposita *assemblea costituente*. Alla stregua di quanto detto, risulta chiaro che la Costituzione vigente non prevede e non consente la propria sostituzione attraverso un nuovo processo costituente. Tuttavia, la Costituzione non vieta che si modifichi il meccanismo previsto dall'art. 138 per la revisione costituzionale, ed in questo senso non impedisce che la revisione venga affidata da una legge costituzionale ad una assemblea appositamente eletta: assemblea che dovrebbe essere correttamente chiamata, piuttosto che assemblea «costituente», assemblea di *revisione costituzionale*.

capitolo 18

LE FONTI DELL'UNIONE EUROPEA E LE FONTI INTERNAZIONALI

1. premessa

Generalmente all'esposizione delle fonti di rango costituzionale segue immediatamente l'esposizione delle fonti che hanno il rango della legge ordinaria: la legge formale del Parlamento, il decreto legislativo, il decreto legge ed eventualmente il *referendum abrogativo* delle leggi. È ovvio che di tali fonti ci si occuperà anche qui, dato che esse costituiscono la parte anche praticamente più importante degli atti normativi.

Tuttavia, ci sono ragioni per far precedere all'esame delle fonti primarie interne – quelle appunto ora elencate – lo studio di altre fonti le quali, pur non essendo fonti proprie dell'ordinamento italiano, tuttavia producono disposizioni o norme **direttamente** operanti in esso, nel senso che tali disposizioni e norme sono di immediata e dovuta applicazione da parte di chiunque (soggetti comuni, pubbliche amministrazioni, organi giurisdizionali), a prescindere da uno specifico richiamo di una legge italiana, ed almeno in certe ipotesi persino in presenza di una legge italiana che disponesse diversamente. Parliamo qui di taluni atti normativi dell'*Unione europea* – in particolare dei suoi *regolamenti* – e delle regole di diritto internazionale generalmente riconosciute.

Se ci chiediamo come il fenomeno cui si è accennato (la diretta vigenza di norme di origine «esterna» nel nostro ordinamento) possa accadere, dobbiamo per forza cercare la risposta *all'interno del nostro ordinamento*. Infatti, se la risposta stesse *all'esterno* di esso, in disposizioni proprie degli ordinamenti esterni, ciò porterebbe a contraddire il carattere sovrano dell'ordinamento italiano: dato che esso verrebbe a «subire» una normazione ad esso estranea. Tenendo invece ferma la sovranità del nostro sistema statale, dobbiamo cercare in esso – al livello costituzionale – qualche disposizione che impone o almeno giustifica il fenomeno.

2. le fonti dell'Unione europea

Come le norme straniere, in genere anche le norme prodotte da organismi internazionali non trovano applicazione negli ordinamenti statali, e in particolare nell'ordinamento italiano, a meno che non vi vengano appositamente richiamate. Perfino le regole che lo Stato stipula con un **trattato internazionale** non diventano *efficaci* nell'ordinamento interno (cioè, nell'ordinamento statale) se non siano in esso introdotte mediante un *ordine di esecuzione* del trattato contenuto in una legge italiana (v. *oltre*, par. 5).

I regolamenti europei e la loro immediata applicazione

Tuttavia, la stessa regola non vale per i **regolamenti** emanati dai competenti organi dell'Unione europea nelle materie previste dai Trattati istitutivi. Tali regolamenti, al contrario, *acquistano direttamente vigore in Italia* (come del resto negli altri Stati della Comunità), *senza alcun bisogno di una specifica legge che li richiami*. Come dispone l'art. 288 del Trattato FUE il regolamento comunitario ha *portata generale, è obbligatorio in tutti i suoi elementi* e, soprattutto, è *direttamente applicabile* in ogni Stato membro.

Si tratta perciò di atti che, pur portando il nome di «regolamento» (nome che in Italia indica in generale, come vedremo, un atto normativo di rango subordinato alla legge), non sono subordinati alla legge italiana. Al contrario, essi devono essere applicati con prevalenza sulle leggi, e non sono suscettibili di essere né abrogati né modificati dalla legge italiana. In altre parole, nelle materie di intervento dell'Unione, esiste una *prevalente competenza* dell'ordinamento comune europeo rispetto alla legislazione statale: al punto che – al contrario di quanto accade nei rapporti tra fonti interne dell'ordinamento italiano – la legge ordinaria italiana che disponesse diversamente da quanto stabilito, nell'ambito della propria competenza, da un regolamento europeo, dovrebbe definirsi come *inapplicabile*, senza bisogno (in deroga ai normali criteri: v. *supra* cap. 3, par. 3) di alcuna dichiarazione di illegittimità.

Fondamento costituzionale

Fino al 2001, nessuna disposizione della Costituzione italiana faceva esplicito riferimento alle norme dell'Unione europea. D'altra parte, il trattato CEE era stato recepito in Italia con *legge ordinaria*, precisamente con la l. n. 1203 del 1957. Di qui a lungo si è posto il problema della giustificazione costituzionale del primato del diritto comunitario sul diritto nazionale.

Ora, tutttavia, l'art. 117, co. 1, della Costituzione, nel testo introdotto dalla l. cost. n. 3 del 2001, direttamente stabilisce che la potestà legislativa è esercitata (dallo Stato e dalle Regioni) nel rispetto, oltre che della Costituzione, «dei vincoli derivanti dall'ordinamento comunitario e dagli obblighi internazionali»: ed il richiamo a tali vincoli può essere inteso come rivolto non solo a *limitare* il potere legislativo ordinario del Parlamento e delle Regioni, ma anche a legittimare l'intero sistema di relazioni tra fonti europee e fonti interne, come consolidato nell'interpretazione del diritto dell'Unione.

In un primo momento invece – in assenza, come detto, di esplicite disposizioni costituzionali – ci si era chiesti se una così penetrante ingerenza di una *fonte extranazionale* all'interno dello Stato non dovesse considerarsi addirittura in contrasto con la Costituzione, che riserva ovviamente ad organi interni – ed in particolare al Parlamento quale espressione della sovranità nazionale – la *funzione legislativa*.

La Corte costituzionale, investita della questione, aveva però deciso, con alcune sentenze che indubbiamente «reinterpretavano» la Costituzione, forzandone in una certa misura la lettera (sentt. n. 183 del 1973, n. 232 del 1975), non solo che le limitazioni della sovranità nazionale contenute nei trattati comunitari non contrastano con la Costituzione, ma che al contrario esse costituiscono *attuazione* del principio stabilito dall'art. 11 di essa, secondo il quale l'Italia «*consente, in condizioni di parità con gli altri Stati, alle limitazioni di sovranità necessarie ad un ordinamento che assicuri la pace e la giustizia fra le Nazioni*» (disposizione che, nella sua stretta formulazione, si riferisce evidentemente in primo luogo ad istituzioni quali l'Organizzazione delle Nazioni Unite).

In seguito, facendo proprio l'orientamento della Corte di giustizia (allora) delle Comunità, la Corte costituzionale ha ulteriormente stabilito (con sentenza n. 170 del 1984) che le norme disposte da un regolamento comunitario vanno direttamente applicate *anche in presenza di successive disposizioni di legge italiana contrastanti con esso*, senza che debba essere provocata dal giudice una dichiarazione di illegittimità costituzionale di tale legge.

Si noti che alla applicazione del diritto dell'Unione anche a preferenza di leggi nazionali successive sono chiamati non solo i giudici, ma tutti i soggetti competenti a dare esecuzione alle leggi, e perciò la stessa pubblica amministrazione (secondo quanto la Corte costituzionale ha precisato con la sentenza n. 389 del 1989).

La diretta applicazione della normativa europea da parte dei giudici e delle autorità amministrative anche a preferenza di leggi interne successive garantisce l'*immediato* adeguamento dell'ordinamento italiano, senza i ritardi che si produrrebbero se si dovesse (secondo le regole ordinarie) porre dinanzi alla Corte costituzionale nel corso di un processo la questione di legittimità costituzionale della legge (cosa cui tra l'altro sono legittimati solo i giudici, e non le autorità amministrative).

Tuttavia, questa soluzione presenta lo svantaggio di non eliminare radicalmente dall'ordinamento le norme interne (ritenute) difformi dalle norme comunitarie, ed inoltre di non risolvere con certezza la questione, dato che un altro giudice o autorità potrebbe applicare le norme interne ritenendole conformi alle norme comunitarie. Rimedia in parte a tali svantaggi la possibilità – riconosciuta dalla Corte costituzionale con le sentenze n. 384 del 1994 e n. 94 del 1995 – che le leggi statali o regionali contrastanti con la normativa comunitaria siano dichiarate costituzionalmente illegittime quando esse siano impugnate davanti alla Corte stessa *in via principale* (nei casi e nei modi in cui ciò è consentito: cfr. cap. 31, par. 3). In questo caso infatti una pronuncia di illegittimità costituzionale non solo non ritarda in alcun modo l'applicazione del diritto comunitario, ma impedisce in radice l'ingresso o la permanenza nell'ordinamento di disposizioni contrastanti con esso.

Competenza per i regolamenti

I regolamenti dell'Unione sono deliberati secondo regole già esposte (v. supra, cap. 13, par. 5) dal **Consiglio** insieme con il **Parlamento europeo**, o dal solo **Consiglio** o anche (per lo più per delega del *Consiglio*) dalla **Commissione** esecutiva dell'Unione. Per consentirne una più agevole conoscenza, essi sono pubblicati – oltre che nella Gazzetta ufficiale dell'Unione europea – anche negli Stati membri (in Italia nella *Gazzetta Ufficiale* della Repubblica).

Le direttive

Altri *atti normativi* dell'Unione europea sono le **direttive**, che riguardano le stesse materie dei regolamenti, ed anche altre materie in cui non potrebbero essere emanati regolamenti. Esse sono anche approvate dagli stessi organi. A differenza dei regolamenti, le *direttive* non contengono, in linea di massima, una normativa direttamente applicabile all'interno degli Stati membri dell'Unione, ma *prescrizioni dirette agli Stati membri*, che questi dovranno poi «tradurre» in norme statali entro il termine indicato dalle direttive stesse. Le direttive sono perciò *vincolanti* per gli Stati, ma *non direttamente operative* al loro interno.

Si avverta che la distinzione tra i *regolamenti*, atti di diretta applicazione, e le *direttive*, atti che creano solo vincoli per gli Stati, non è in realtà così netta. Da una parte, infatti, non sono rare le disposizioni di regolamenti che richiedono disposizioni attuative da parte degli Stati. D'altra parte, la Corte di giustizia riconosce anche alle direttive effetto diretto, quando esse lo possano avere per il grado di specificità e dettaglio del loro contenuto e sia scaduto il termine per il recepimento; e la Corte costituzionale italiana ha fatto proprio tale orientamento con la sentenza n. 168 del 1991. Va però precisato che il regime di immediata applicabilità vale soltanto nei rapporti tra pubblici poteri e singoli (c.d. effetto *verticale*). Per l'applicabilità ai rapporti tra privati (c.d. effetto *orizzontale*) è necessaria la normativa di recepimento.

Per le *direttive*, ed anche per i *regolamenti* che richiedano disposizioni di attuazione, esiste un obbligo per gli Stati membri (e dunque anche lo Stato italiano) di emanare tempestivamente la normativa necessaria.

L'attuazione in Italia delle norme comunitarie

Nel tentativo di agevolare l'adempimento dell'obbligo e di eliminare i vistosi ritardi nei quali l'Italia è sovente incorsa, prima la legge n. 86 del 1989, poi la legge n. 11 del 2005 (*Norme generali sulla partecipazione dell'Italia al processo normativo dell'Unione europea e sulle procedure di esecuzione degli obblighi comunitari*) hanno previsto che ogni anno il Parlamento approvi una apposita legge, denominata **legge comunitaria**: la quale in parte provvede direttamente alla introduzione delle disposizioni necessarie, in parte affida lo stesso compito al Governo, che provvede con decreto legislativo o con regolamento a seconda dei casi (per l'attuazione di norme comunitarie da parte delle Regioni si veda *oltre*, cap. 22, par. 2).

3. le norme internazionali

Le norme generalmente riconosciute

L'art. 10, co. 1, della Costituzione dispone che «*l'ordinamento giuridico italiano si conforma alle norme del diritto internazionale generalmente riconosciute*».

Secondo l'interpretazione prevalente, le norme del diritto internazionale generalmente riconosciute sono in sostanza le norme di diritto internazionale di portata generale, cioè, come già accennato (cfr. cap. 9, par. 8), quelle derivanti dalle *consuetudini* internazionali, o quelle comunque riconosciute come *principi* di diritto internazionale: ad esclusione, perciò, delle norme stipulate mediante trattati tra singoli Stati. A tali norme dunque, secondo la Costituzione, l'ordinamento italiano *si adatta in modo automatico*, senza bisogno di alcun particolare atto interno di rinvio. Ed è evidente allora che disposizioni di legge che esplicitamente dettassero norme contrastanti con norme internazionali generalmente riconosciute risulterebbero, quanto meno, costituzionalmente illegittime.

Naturalmente, perché la disposizione dell'art. 10 Cost. abbia occasione di operare, occorre che si tratti di norme che devono essere applicate all'interno dei singoli Stati e da parte di essi: come potrebbe accadere, ad esempio, per norme consuetudinarie sul trattamento delle sedi o dei rappresentanti diplomatici, o sull'estensione del mare territoriale (v. *sopra*, cap. 9, par. 3).

L'esecuzione dei trattati internazionali

Il meccanismo di adattamento automatico dell'ordinamento interno all'ordinamento internazionale non opera, come ora detto, per le norme aventi la loro origine nei *trattati internazionali*. Perciò se un trattato stipulato dall'Italia implichi una modifica delle leggi italiane, questa modifica deve essere introdotta mediante un apposito atto legislativo. Molto spesso tale atto non formula esplicitamente le norme necessarie ma si limita a disporre che «piena ed intera esecuzione» sia data al trattato; si parla allora di adattamento mediante **ordine di esecuzione**, il più delle volte contenuto nella stessa legge che autorizza la **ratifica** del trattato.

Ricordiamo che secondo l'art. 80 Cost. è necessaria una legge per autorizzare la *ratifica* del trattato (cioè le definitiva adesione dell'Italia), quando esso abbia *natura politica*, o preveda *arbitrati o regolamenti giudiziari* (cioè che le controversie sulla sua applicazione siano giudicate da giudici internazionali), o importi *variazioni territoriali*, od *oneri alle finanze*, o *modificazioni alle leggi*. Ma l'autorizzazione alla ratifica riguarda la stipulazione del trattato, e non la traduzione dei suoi effetti in Italia (che è invece disposta, come detto, dall'*ordine di esecuzione*).

Vincolo del legislatore ordinario agli obblighi internazionli

Poiché l'art. 117, co. 1, della Costituzione vincola il legislatore ordinario al rispetto degli obblighi internazionali, le disposizioni di legge che contrastino con essi sono – in linea di principio – anche in contrasto con la Costituzione, e dunque *incostituzionali*: a meno che, tuttavia, la norma del trattato internazionale dal quale deriva l'obbligo non sia essa stessa contrastante con la Costituzione.

La verifica della legittimità costituzionale di una disposizione di legge per il contrasto con gli obblighi derivanti da trattati internazionali presuppone perciò la verifica della costituzionalità dello stesso obbligo, e dunque la verifica della legittimità costituzionale della legge che ha ratificato il trattato.

A tali verifiche provvede la Corte costituzionale, di fronte alla quale le corrispondenti questioni devono essere sollevate. Non si applica infatti ai trattati internazionali il principio di automatica supremazia che vale per il diritto della Comunità europea, il quale impone al giudice comune di far prevalere esso stesso il diritto comunitario a preferenza delle stesse leggi nazionali. Le regole ora esposte sono state enunciate dalla Corte costituzionale – con particolare riferimento agli obblighi derivanti dalla adesione dell'Italia alla *Convenzione europea dei diritti dell'uomo* – nelle sentenze n. 348 e n. 349 del 2007.

capitolo 19

LA LEGGE ORDINARIA DEL PARLAMENTO

1. la legge in generale

La legge formale

Precisiamo in primo luogo che per **legge** si intende ogni atto normativo posto in essere dal Parlamento (cioè dalle due Camere *collettivamente*), *seguendo uno speciale procedimento,* detto appunto **procedimento legislativo**. La legge del Parlamento viene spesso chiamata anche **legge formale**, per indicare che essa viene ad esistenza nella «forma» del procedimento legislativo (la parola *forma*, dunque, non indica in questo caso il carattere *scritto* della legge – che è ovvio – ma si riferisce all'*insieme delle modalità* attraverso le quali una legge nasce).

Legge costituzionale e legge ordinaria

Le leggi *formali,* poi, si distinguono in **leggi costituzionali** o di **revisione costituzionale** (delle quali si è detto al capitolo 17) e **leggi ordinarie**.

Legge ordinaria è la legge creata attraverso il procedimento legislativo *ordinario*. Essa *non è più la fonte più elevata del nostro sistema giuridico*, dato che è *subordinata* alla Costituzione: il nostro infatti, come si è già avvertito, è un ordinamento a costituzione rigida, nel quale la modifica della Carta fondamentale, o comunque l'emanazione delle norme di livello costituzionale, è compito riservato ad una apposita fonte, più solenne ed impegnativa rispetto alla legge ordinaria, che dà vita alle «leggi costituzionali». La legge ordinaria perciò è subordinata, possiamo dire, sia alla Costituzione vera e propria che alle altre leggi costituzionali.

Pur non essendo in assoluto superiore, *la legge ordinaria è però la fonte più importante*, poiché è attraverso essa che il Parlamento normalmente esercita il proprio potere normativo: e ad essa si riferisce fondamentalmente la Costituzione nell'affermare che «*la funzione legislativa è esercitata collettivamente dalle due Camere*».

La «funzione legislativa» comprende, a rigore, sia le leggi *ordinarie* che le leggi *costituzionali*. Queste ultime rappresentano però qualcosa di raro e di eccezionale, mentre la «legge» senza altra specificazione è pur sempre la legge *ordinaria*. In pratica, il Parlamento utilizza la forma più lenta e gravosa della *legge costituzionale* solo quando occorre modificare la Costituzione, o quando la Costituzione stessa lo prescrive. Dato che i rapporti giuridici trovano usualmente la loro disciplina nella *legge ordinaria*, questa viene detta la fonte **primaria** (mentre i *regolamenti* attuativi sono fonti **secondarie**).

Legge in senso generico

Si avverta comunque che di «legge» si parla anche in un senso del tutto generico, per indicare le *norme giuridiche*, da qualunque fonte esse siano prodotte. Qualche volta anche il legislatore segue questo uso: ad esempio, la stessa Costituzione, quando afferma che «*i giudici sono soggetti soltanto alla legge*» (art. 101), non vuol certo intendere soltanto le leggi *formali* (ordinarie o costituzionali), ma vuol dire invece che i giudici non sono soggetti ad altro che *alle norme giuridiche*. Si parla allora anche di «legge in senso sostanziale» (o «legge in senso materiale»): legge, cioè, quanto alla *sostanza* del contenuto, formato appunto da *norme giuridiche*, da *prescrizioni generali ed astratte*. I *regolamenti* del potere esecutivo, che sono atti *subordinati* alla legge ordinaria, sono però anch'essi «leggi» nel senso ora detto.

È normale che le leggi ordinarie del Parlamento contengano anch'esse – ovviamente – *norme giuridiche*: che esse cioè non solo siano *leggi* quanto alla *forma* (dato che sono create mediante il *procedimento legislativo*), ma anche quanto al *contenuto*. Perciò le leggi ordinarie sono, in generale, leggi *in senso formale* e anche, contemporaneamente, leggi *in senso sostanziale*.

Legge in senso meramente formale

In certi casi, tuttavia, il Parlamento deve utilizzare la forma legislativa *anche se non si tratta di creare regole generali e astratte* (cioè *norme* giuridiche, secondo i loro caratteri fondamentali), ma di prendere decisioni specifiche e concrete: ad esempio, di *autorizzare la ratifica* di un determinato trattato internazionale (la *legge* di autorizzazione è prevista dall'art. 80 della Costituzione), o di approvare il *conto consuntivo* dello Stato (art. 81, co. 1, Cost.). Per dire che si tratta in questi casi (e pochi altri simili) di atti che hanno la *forma tipica*, ma non il *contenuto tipico* delle leggi si parla talvolta di **leggi in senso meramente formale**.

Un ulteriore esempio di legge meramente formale si ha quando uno strumento pianificatorio di carattere territoriale o ambientale, formato attraverso un procedimento amministrativo, debba poi ancora essere approvato con legge (regionale) per divenire efficace. La Corte costituzionale ha ritenuto (sentenza n. 225 del 1999) che in questo caso la legge *non assorbe* il contenuto del provvedimento, che rimane impugnabile davanti al giudice amministrativo, con la conseguenza che in caso di annullamnto del provvedimento la legge di approvazione rimane, per così dire, priva di oggetto. Ove però la legge *assorba* il contenuto dell'atto, questo può essere contestato solo davanti alla Corte costituzionale, secondo le regole proprie di tale giudizio (Cons. Stato, IV, decisione n. 1559 del 2004).

Si noti però che quando una legge debba essere applicata in un giudizio, è del tutto indifferente che si tratti di una legge meramente formale o no. Così, ad esempio, se dovesse sorgere un problema di *legittimità costituzionale*, la questione è in tutti i casi di competenza della Corte costituzionale.

Legge provvedimento

Si parla infine di **leggi-provvedimento** per indicare le *ipotesi nelle quali con legge (formale) si prendono decisioni specifiche e concrete del tipo di quelle che di solito vengono adottate con atto amministrativo* (per l'illustrazione degli atti amministrativi si veda più avanti, al capitolo 27). Così avviene, ad esempio, quando il Parlamento vota una legge con la quale *direttamente* concede dei benefici o dei contributi in denaro a specifiche persone (supponiamo, alle vittime di un attentato) anziché limitarsi a fissare in generale i *possibili* destinatari di certi benefici, lasciando ai provvedimenti dell'amministrazione di individuare a quali tra i richiedenti essi debbano essere concessi. In questi casi la legge *assorbe* in se stessa il contenuto della funzione amministrativa (che consiste in primo luogo nel *decidere in concreto*, in vista dell'interesse pubblico).

Un esempio di *legge-provvedimento* può vedersi nella legge 25 giugno 1985, n. 342, la quale stabilisce che «al Corpo militare della Croce rossa italiana e al Corpo delle infermiere volontarie della Croce rossa italiana è concesso l'uso della bandiera nazionale». Maggiore impressione suscita senza dubbio, per la minuzia del problema affrontato, la l. 19 luglio 1988, n. 310, concernente *Intervento straordinario per la riparazione di una gru danneggiata nel porto di Ancona.*

Poiché in simili casi il Parlamento si sostituisce nella decisione al «potere esecutivo», alcuni hanno dubitato che le *leggi-provvedimento* siano da ammettere: anche perché esse, al contrario dei provvedimenti veri e propri, non possono essere impugnate davanti al giudice amministrativo quando siano lesive di interessi di singoli. È prevalsa però l'opinione affermativa, che *non* vede nella Costituzione una vera *riserva* di certi poteri e compiti amministrativi all'*esecutivo* (che non vede cioè, come anche si dice, alcuna **riserva di amministrazione**).

2. il riparto della potestà legislativa ordinaria tra Stato e Regioni

L'art. 117 della Costituzione, come modificato dalla l. cost. n. 3 del 2001, ripartisce i poteri legislativi ordinari tra lo Stato e le Regioni, attribuendo certe materie alla esclusiva legislazione dello Stato, altre alla legislazione dello Stato e delle Regioni, *concorrente* secondo regole predefinite, mentre le materie non specificamente nominate sono affidate alla sola legislazione regionale. In linea di principio, dunque, lo Stato, pur conservando un ruolo complessivamente preponderante, ha però potestà legislativa ordinaria *solo nelle materie nelle quali tale potestà è espressamente riconosciuta ad esso*, mentre le Regioni hanno potestà legislativa in tutte le rimanenti materie, in esclusiva o in concorrenza con la legislazione statale.

Materie solo statali

Le «materie» esclusivamente statali (art. 117, co. 2) coprono una grandissima parte dell'ordinamento complessivo. Non solo appartengono allo Stato le materie tipiche della sovranità (come la politica estera e la difesa militare), ma sono per intero riservate allo Stato le materie relative alla «*giurisdizione*» e alle «*norme processuali*» e all'«*ordinamento civile e penale*». In altre parole, spetta solo allo Stato la disciplina dei rapporti tra privati, dei reati e delle sanzioni penali, dei giudici e dei processi. Sicché, in definitiva, le materie suddivise tra lo Stato e le Regioni o affidate per intero alle Regioni sono prevalentemente quelle collegate all'azione della pubblica amministrazione.

In questo stesso ambito sono materie riservate allo Stato, tra l'altro: il diritto di asilo e la disciplina della condizione giuridica dei cittadini di Stati non appartenenti all'Unione europea e l'immigrazione; i rapporti tra la Repubblica e le confessioni religiose; la difesa e la sicurezza dello Stato; le armi, le munizioni e gli esplosivi; la moneta, la tutela del risparmio e i mercati finanziari; la tutela della concorrenza; il sistema valutario; il sistema tributario e contabile dello Stato; l'ordinamento e organizzazione amministrativa dello Stato e degli enti pubblici nazionali; l'ordine pubblico e la sicurezza; la cittadinanza, lo stato civile e le anagrafi; la determinazione dei livelli essenziali delle prestazioni concernenti i diritti civili e sociali che devono essere garantiti su tutto il territorio nazionale; le norme generali sull'istruzione; la previdenza sociale; la legislazione elettorale, gli organi di governo e le funzioni fondamentali di Comuni, Province e Città metropolitane; le dogane, la protezione dei confini nazionali e la profilassi internazionale; i pesi, le misure e la determinazione del tempo; il coordinamento informativo statistico e informatico dei dati dell'amministrazione statale, regionale e locale; la tutela dell'ambiente, dell'ecosistema e dei beni culturali.

Materie di legislazione concorrente

Per le materie di legislazione concorrente, anch'esse specificamente elencate dall'art. 117 (co. 3), «spetta alle Regioni la potestà legislativa, salvo che per la determinazione dei principi fondamentali, riservata alla legislazione dello Stato». In linea di principio, dunque, lo Stato dovrebbe limitare la propria legislazione ai *principi fondamentali* della materia, mentre le Regioni dovrebbero dettare la disciplina vera e propria, rispettando i principi fondamentali.

Sono materie di legislazione concorrente quelle relative a: rapporti internazionali e con l'Unione europea delle Regioni; commercio con l'estero; tutela e sicurezza del lavoro; istruzione, salva l'autonomia delle istituzioni scolastiche e con esclusione della istruzione e della formazione professionale; professioni; ricerca scientifica e tecnologica e sostegno all'innovazione per i settori produttivi; tutela della salute; alimentazione; ordinamento sportivo; protezione civile; governo del territorio; porti e aeroporti civili; grandi reti di trasporto e di navigazione; ordinamento della comunicazione; produzione, trasporto e distribuzione nazionale dell'energia; previdenza complementare e integrativa; armonizzazione dei bilanci pubblici e coordinamento della finanza pubblica e del sistema tributario; valorizzazione dei beni culturali e ambientali e promozione e organizzazione di attività culturali; casse di risparmio, casse rurali, aziende di credito a carattere regionale; enti di credito fondiario e agrario a carattere regionale. Come risulta dall'elenco, la potestà legislativa regionale si estende ad oggetti che sono anche, contemporaneamente, di interesse nazionale: ed i principi fondamentali dettati dalle leggi statali dovrebbero essere rivolti in primo luogo alla loro salvaguardia.

Inoltre, tra le materie di legislazione concorrente può essere inserita anche la disciplina del sistema di elezione e dei casi di ineleggibilità e di incompatibilità del Presidente e degli altri componenti della Giunta regionale nonché dei consiglieri regionali. Infatti secondo l'art. 122, co. 1, tale disciplina è stabilita con legge della Regione nei limiti dei principi fondamentali stabiliti con legge dello Stato.

Le altre materie

Secondo il quarto comma dell'art. 117 Cost. «*spetta alle Regioni la potestà legislativa in riferimento ad ogni materia non espressamente riservata alla legislazione dello Stato*». Si tratta, con ogni evidenza, della attribuzione di una competenza legislativa *residuale*: dovunque nulla sia stabilito, il potere legislativo spetta alle Regioni.

Dato che in queste «altre materie» non esiste un potere legislativo statale concorrente con quello regionale, si potrebbe credere che si tratti di una potestà legislativa *esclusiva*. Si avverta però che alcune tra le «materie» riservate allo Stato si riferiscono a *compiti* che possono essere soddisfatti mediante interventi legislativi all'interno di discipline appartenenti alle «materie» più diverse. Così, in particolare, spetta allo Stato il potere di legiferare per determinare «*i livelli essenziali delle prestazioni concernenti i diritti civili e sociali*» (art. 117, co. 2, lett. *m*): ed è evidente che si tratta di una clausola generale che legittima lo Stato a dettare norme in qualunque materia, quando queste norme abbiano come oggetto o contenuto la fissazione di un livello minimo di soddisfacimento di diritti civili o sociali. Inoltre, lo Stato mantiene il potere di determinare le «*funzioni fondamentali* di Comuni, Province e Città metropolitane», ed anche in questo modo lo Stato può «penetrare» in qualunque materia regionale. Infine, in qualunque materia lo Stato può sempre legiferare per assicurare il rispetto degli obblighi internazionali e l'attuazione del diritto dell'Unione europea.

Questioni di costituzionalità sulla competenza legislativa

L'idea di un riparto di competenze legislative per materia può apparire semplice. Nella realtà, tuttavia, non esistono materie separate, ma necessità di discipline che coinvolgono usualmente più materie, con intrecci spesso molto complessi. La soluzione delle frequenti questioni di legittimità costituzionale collegate al riparto della competenza legislativa è affidata alla Corte costituzionale, su ricorso rispettivo dello Stato o delle Regioni (v. *oltre*, cap. 31, par. 3). Ed in questo contesto, con la sentenza n. 303 del 2003 la Corte costituzionale ha stabilito che, a certe condizioni, il principio di *sussidiarietà* di cui all'art. 118, primo comma, Cost., consente al legislatore statale di riservare compiti allo Stato anche nelle materie regionali, disciplinandone l'attuazione secondo un principio di collaborazione tra lo Stato e le Regioni.

3. il procedimento legislativo. L'iniziativa legislativa

La legge viene ad esistenza attraverso il **procedimento legislativo**, che possiamo definire come la *serie ordinata di atti ed attività occorrenti per dare vita ad una legge*. Esso è disciplinato nei suoi termini fondamentali dalla Costituzione agli articoli 71 e 72, nel suo ulteriore dettaglio dai *regolamenti* di ciascuna Camera.

Dato che la *funzione legislativa* spetta fondamentalmente alle Camere, il procedimento legislativo si svolge prevalentemente all'interno di esse. Ma va subito precisato che in nessun caso il procedimento legislativo coinvolge *soltanto* le Camere, e che l'attività di altri organi è comunque necessaria affinché una legge approvata possa *entrare in vigore*.

Il procedimento legislativo (come in generale tutti i procedimenti) si svolge in diverse fasi: distinguiamo in particolare la fase nella quale il procedimento si *apre* (detta comunemente fase di *iniziativa*), la fase che conduce alla *approvazione* della legge da parte delle Camere (detta fase *costitutiva*, o anche semplicemente «fase di approvazione»), ed infine la fase che conduce all'*entrata in vigore* della legge approvata (detta anche fase dell'*efficacia*).

La fase dell'iniziativa

L'atto di **iniziativa**, che apre il procedimento legislativo, consiste nella *presentazione alle Camere di un progetto o disegno di legge*. Un progetto di legge, a sua volta, è *un testo che già contiene la precisa formulazione* (in «*articolato*») *delle disposizioni delle quali si propone l'approvazione*. Non è perciò sufficiente la semplice esposizione o enunciazione delle *ragioni* che secondo il proponente rendono necessaria la legge e degli *scopi* che con essa si vogliono raggiungere, anche se tutto ciò sarà comunque scritto in una *relazione*, che accompagna il progetto.

Secondo l'art. 71, co. 1, della Costituzione, l'«*iniziativa delle leggi appartiene al Governo, a ciascun membro delle Camere ed agli organi ed enti ai quali sia conferita da legge costituzionale*». Ma in effetti lo stesso secondo comma dell'art. 71 disciplina l'iniziativa legislativa *del popolo*, mentre l'art. 99, co. 3, afferma che il *Consiglio nazionale dell'economia e del lavoro* ha l'iniziativa legislativa, e l'art. 121, co. 2, stabilisce che ogni Consiglio regionale «*può fare proposte di legge alle Camere*». Abbiamo perciò nella Costituzione l'iniziativa legislativa *governativa, parlamentare, popolare,* del *CNEL*, delle *Regioni*.

L'iniziativa del Governo

La Costituzione menziona per prima l'*iniziativa legislativa del Governo*; ed in realtà essa è per diverse ragioni *la più importante* tra tutte. In primo luogo, *il Governo si appoggia su una maggioranza parlamentare*, che presumibilmente voterà le leggi da esso proposte: i *disegni di legge* del Governo hanno perciò una notevole probabilità di essere approvati. In secondo luogo, *solo il Governo dispone degli apparati dei ministeri*, e può perciò utilizzare nella progettazione delle leggi conoscenze amministrative e tecniche delle quali gli altri titolari dell'iniziativa in generale non dispongono. Infine, *vi sono disegni di legge che solo il Governo può presentare* in attuazione dei propri compiti istituzionali: ricordiamo i casi dell'iniziativa legislativa per l'approvazione dei *bilanci* e dei *rendiconti consuntivi* dello Stato (art. 81, co. 1, Cost.), per l'*autorizzazione alla ratifica* dei trattati internazionali (nei casi previsti dall'art. 80 Cost.), per la *conversione dei decreti-legge* (ai sensi dell'art. 77, co. 2, Cost.).

Il Governo può presentare i propri disegni di legge *indifferentemente alla Camera o al Senato*. La presentazione deve essere *autorizzata* dal Presidente della Repubblica (art. 87 Cost.); ma si tratta, come già sappiamo, di un atto nella sostanza *dovuto*: il Presidente potrebbe, se lo volesse, formulare dei rilievi, ma non opporsi più a lungo all'iniziativa del Governo (cap. 16, par. 2).

L'iniziativa parlamentare

Secondo la Costituzione «*ciascun membro delle Camere*», cioè ciascun parlamentare, può presentare progetti di legge. Nella realtà l'*iniziativa parlamentare* corrisponde a due distinte funzioni. Da una parte, ci sono le proposte che sono presentate dai *singoli* deputati o senatori: queste sono moltissime, ma hanno poche probabilità di venir approvate, e spesso sono presentate più che altro per mostrare agli elettori l'interessamento del parlamentare per un certo problema.

D'altra parte, progetti di legge sono presentati da *più parlamentari insieme*; si tratta cioè di proposte che hanno una *pluralità di firmatari*, di solito appartenenti allo stesso *gruppo parlamentare* (sicché spesso si dice, correntemente, che la proposta è stata presentata da questo o da quel *partito politico*). Sono queste, naturalmente, le proposte più significative, ed anche quelle che hanno le maggiori probabilità di essere davvero *discusse*, e qualche volta *approvate*.

L'iniziativa popolare

Il *popolo* esercita l'iniziativa legislativa «*mediante la proposta, da parte di almeno cinquantamila elettori, di un progetto redatto in articoli*» (art. 71, co. 2, Cost.). L'*iniziativa popolare* delle leggi (disciplinata nel dettaglio dalla legge 25 maggio 1970, n. 352) si collega (come la richiesta di *referendum*, che vedremo più avanti) al principio della **sovranità popolare** sancito dall'art. 1 della Costituzione.

In termini pratici, però, essa non ha l'importanza che si sarebbe a prima vista tentati di attribuirle. La ragione di ciò sta nel fatto che la proposta di legge «popolare» non ha più probabilità di divenire legge di qualunque altra, ma ne ha semmai *meno*. L'iniziativa popolare, infatti, è quasi per sua natura un'iniziativa di «minoranza»: perché altrimenti non ce ne sarebbe alcun bisogno, e la proposta passerebbe per i partiti (attraverso i rispettivi parlamentari) o per lo stesso Governo. Sicché l'iniziativa popolare si presta a venire utilizzata soprattutto come *strumento di sensibilizzazione e di stimolo* dell'opinione pubblica e del Parlamento. Tuttavia, il regolamento del Senato prevede che i disegni di legge di iniziativa popolare debbano essere esaminati entro un mese dall'assegnazione alla Commissione competente, e che sia consentita l'audizione di un rappresentante dei proponenti.

L'iniziativa popolare delle leggi non va confusa con il semplice diritto di **petizione** previsto dall'art. 50 della Costituzione, secondo il quale «*tutti i cittadini possono rivolgere petizioni alle Camere per chiedere provvedimenti legislativi o esporre comuni necessità*». La petizione infatti, anche se rivolta a chiedere una legge, *non ha l'effetto di aprire un procedimento legislativo*, ma solo *sollecita* chi ha il potere di farlo (in questo caso, i singoli parlamentari o il Governo).

Altre iniziative

Degli altri poteri di iniziativa legislativa, quello dei **Consigli regionali** viene esercitato essenzialmente per attirare l'attenzione del Parlamento su problemi istituzionali che interessano le Regioni.

Ad esempio, alcuni Consigli regionali hanno presentato proposte (in questo caso, di legge costituzionale) rivolte alla revisione del Titolo V della Costituzione, riguardante appunto le Regioni. Anche per le proposte di iniziativa regionale il regolamento del Senato prevede l'esame entro un mese e l'audizione di un rappresentante del Consiglio regionale proponente.

Il potere spettante al **Consiglio nazionale dell'economia e del lavoro** (che l'art. 99 della Costituzione definisce come «organo di consulenza delle Camere e del Governo», e che è composto «*di esperti e di rappresentanti delle categorie produttive*») è limitato alle materie della *legislazione economica e sociale*. Ma esso non è stato pressoché mai esercitato, e l'organo stesso non ha dimostrato una particolare vitalità.

4. l'approvazione

Una volta presentato un «progetto» o «disegno» di legge, l'**approvazione** consiste, in sostanza, nella *votazione del medesimo testo da parte di entrambe le Camere*. A questo risultato si arriva per tappe successive. Il procedimento di approvazione, inoltre, può svolgersi in differenti modi.

La procedura per commissione referente

Secondo la **procedura normale**, il progetto di legge (non importa da chi presentato) viene assegnato dal Presidente dell'assemblea ad una delle *commissioni permanenti*, scelta a seconda della materia. La commissione esamina il progetto (o *i progetti* se, come spesso accade, sullo stesso argomento ne sia stato presentato più d'uno, dal Governo e dai parlamentari dei diversi partiti) e formula eventualmente un *nuovo testo modificato*, da presentare in assemblea, accompagnato da una *relazione di maggioranza* (ci possono poi essere una o più relazioni di *minoranza*).

Poiché *nella procedura normale la commissione non ha il potere di de-*

cidere in via definitiva, ma solo di proporre e riferire, si dice usualmente che essa opera «in sede referente», e prende il nome di **commissione referente**.

La *commissione referente* è composta, ovviamente, da membri del ramo del Parlamento investito del disegno di legge. La Costituzione non specifica *in che modo* essa debba essere composta: ma siccome, di fatto, si tratta delle stesse commissioni che operano anche – come subito si dirà – «in sede deliberante», esse sono composte «*in modo da rispecchiare la proporzione dei gruppi parlamentari*», come prescrive per queste l'art. 72, co. 3, Cost.

In sede referente la commissione non ha, come detto, poteri decisionali, nel senso che non può *approvare* la legge. Ma se essa *boccia* il progetto, il procedimento legislativo di fatto si estingue. La commissione può dunque decidere *in negativo*.

Discussione e votazione in aula

Sulla base del testo approvato dalla commissione e delle relazioni che lo accompagnano si apre *in aula* (nel *pieno* dell'assemblea) la **discussione generale**: non ancora cioè per decidere su singoli e specifici punti, ma in via preliminare sull'insieme della proposta. Terminata la discussione generale, l'assemblea può decidere di arrestarsi (votando il *non passaggio agli articoli*); altrimenti, si passa alla discussione e votazione dei **singoli articoli**.

Per ogni *articolo* possono essere presentate proposte di modifica (gli **emendamenti**), e può essere anche chiesta la *soppressione* dell'intero articolo. A questo modo, può accadere che alcuni articoli siano approvati come sono, altri in un testo emendato, altri non siano approvati affatto. Inoltre, non è detto che tutte queste decisioni siano state prese sempre dalla stessa maggioranza.

Insomma, l'esito della votazione dei singoli articoli può essere il più vario; ed è perciò che si richiede ancora, dopo che sono stati votati tutti gli articoli, anche una **votazione finale** di ciò che è risultato (art. 72, co. 1, Cost.), che ha lo scopo di verificare che la legge, nel testo complessivo, sia ancora voluta da una *maggioranza*.

La maggioranza richiesta è, secondo la regola generale, la maggioranza semplice (v. *sopra*, cap. 12, par. 4). Tuttavia l'art. 11 della legge costituzionale n. 3 del 2001 prevede la necessità della maggioranza assoluta per le leggi che riguardino le materie in cui è normale il concorso tra fonti statali e fonti regionali (materie di potestà legislativa *concorrente*) o la finanza regionale, qualora il testo da approvare diverga da quello suggerito dalla Commissione parlamentare per le questioni regionali, integrata dai rappresentanti regionali.

Finora tuttavia le Camere non hanno ancora approvato le norme regolamentari necessarie per il funzionamento della commissione integrata. La regola sopra esposta non è perciò attualmente operante.

Se la *votazione finale* ha esito positivo, un ramo del Parlamento ha ormai approvato il disegno di legge. Il testo approvato passa perciò all'altra Camera. Se anche la seconda camera approva il disegno di legge, *nel medesimo testo* approvato dalla prima, il procedimento di approvazione termina. La *delibera legislativa*, ormai *perfetta* (cioè *compiuta* in tutti i suoi elementi costitutivi), viene inviata dal presidente della seconda camera al Presidente della Repubblica per essere *promulgata* come legge e quindi *pubblicata* nella Gazzetta Ufficiale.

Può darsi invece che la seconda Camera (cioè il *Senato*, se l'esame era cominciato dalla Camera dei deputati, la *Camera dei deputati* nel caso opposto) non approvi la legge, o vi introduca delle modifiche. In caso di mancata approvazione il procedimento si estingue. Se sono introdotte modifiche, il testo modificato dovrà tornare alla prima Camera, per una nuova approvazione. Ma esso potrebbe subire nuove modifiche, e dover tornare perciò alla seconda Camera: e così di seguito, in teoria all'infinito (l'andirivieni tra Camera e Senato che così si produce si chiama usualmente **navetta**). In realtà, la *navetta* si arresta di solito molto presto: sia perché il nuovo esame (come gli eventuali successivi) è limitato alle parti modificate, sia perché subentrano *accordi politici*, resi di regola più facili dalla sostanziale omogeneità tra le due Camere.

La commissione deliberante

I Costituenti si preoccuparono che la *procedura normale* di approvazione, come ora descritta, potesse risultare troppo *lenta e macchinosa,* e vollero introdurre strumenti di legislazione più agili. In particolare, si ammise (secondo la regola codificata all'art. 72, co. 3, Cost.) che in certi casi le commissioni permanenti possano provvedere alla stessa *approvazione* della legge – comprensiva della votazione sui singoli articoli e della votazione finale – e non (come in «sede referente») al solo lavoro *preliminare* all'approvazione. Il procedimento che ne risulta viene chiamato «per commissione *in sede deliberante*» o, come anche si dice, *in sede legislativa.*

Il procedimento per **commissione deliberante** offre, in termini di rapidità e agilità del lavoro legislativo, vantaggi non indifferenti. Non solo, infatti, esso consente di «risparmiare» l'intera fase della discussione e approvazione in assemblea, ma in sostanza *moltiplica* l'attività legislativa per tante volte quante sono le commissioni, dal momento che ognuna *legifera* per suo conto.

Naturalmente, per potersi *sostituire* all'assemblea, le commissioni devono il più possibile *assomigliare* ad essa nella composizione politica. Perciò la Costituzione dispone che siano composte, come detto, «*in modo da rispecchiare la proporzione dei gruppi parlamentari*» (art. 72, co. 3, Cost.).

Limiti

La possibilità di approvare le leggi mediante il procedimento per *commissione deliberante* è però sottoposta ad alcuni *limiti.* In primo luogo, vi sono limiti di *materia,* dato che, secondo la Costituzione, «*la procedura normale di esame e di approvazione diretta da parte della Camera è sempre adottata per i disegni di legge in materia costituzionale ed elettorale, e per quelli di delegazione legislativa, di autorizzazione a ratificare i trattati internazionali, di approvazione di bilanci e consuntivi* » (art. 72, co. 4, Cost.). Si è voluto così che alcune materie, ritenute di particolare importanza, siano sempre riservate alle assemblee parlamentari *nella loro composizione plenaria.*

Non sempre è agevole individuare con precisione i contenuti e i confini delle materie per le quali è comunque richiesta la procedura normale. Ciò vale, in particolare, per la «materia costituzionale», che potrebbe essere intesa o come l'insieme delle disposizioni di *rango* costituzionale (e perciò di quelle che richiedono per la modifica il procedimento di revisione costituzionale), oppure come l'insieme delle disposizioni, anche di legge ordinaria, le quali abbiano ad *oggetto* l'ordinamento costituzionale dello Stato (e perciò, ad esempio, il Governo, il Consiglio superiore della magistratura, i *referendum*, e simili).

Nella prassi parlamentare è comunque prevalsa la prima tesi. Ed essa è stata confermata dalla Corte costituzionale, chiamata a giudicare la legittimità costituzionale della l. 24 marzo 1958, n. 195, riguardante il Consiglio superiore della magistratura ed approvata appunto in commissione deliberante (sent. n. 168 del 1963). Il limite si riferisce perciò in pratica alle sole leggi formalmente costituzionali.

Inoltre, *è sempre possibile, fino al momento dell'approvazione definitiva, far tornare il disegno di legge dalla commissione deliberante all'assemblea.* Ciò avviene se lo richieda *il Governo*, o un *decimo* dei componenti della Camera, o un *quinto* della commissione (art. 72, co. 3).

A questo modo, sia il *Governo* che le *minoranze parlamentari* possono pretendere che gli orientamenti emersi in commissione siano verificati da parte dell'assemblea. Non è detto però che in assemblea il procedimento debba sempre riprendere da capo: può essere chiesto infatti, oltre che la completa discussione e votazione, anche soltanto che il disegno di legge sia sottoposto alla «*approvazione finale con sole dichiarazioni di voto*» (cioè, senza discussione collettiva).

La commissione redigente

A volte – nelle materie per le quali è ammesso il procedimento per commissione deliberante – alla Commissione è fin dall'inizio affidato il compito di approvare i singoli articoli della legge, riservando all'assemblea la sola *votazione finale.* Si parla allora di procedimento legislativo **per commissione redigente**.

Il procedimento legislativo per commissione deliberante (o eventualmente redigente) ha indubbiamente consentito una moltiplicazione dell'attività legislativa. Ma esso ha anche facilitato il fenomeno della legiferazione per «leggine» – cioè attraverso interventi di modesto rilievo e di interesse di singole categorie – che determinano nell'insieme una normazione poco coordinata ed incoerente, e rischiano di favorire – come nel passato è accaduto – una rilevante espansione della spesa.

I *regolamenti* delle Camere hanno cercato di rimediare almeno in parte al fenomeno, introducendo meccanismi di consultazione obbligatoria di alcune commissioni da parte delle altre, e disponendo che se la commissione consultata si oppone al progetto, questo debba essere discusso in assemblea.

Sul piano della spesa, comunque, il rimedio più efficace consiste nel sempre più rigido controllo esercitato attraverso gli strumenti della programmazione finanziaria (cap. 28, par. 5).

5. la promulgazione e l'entrata in vigore

Attraverso l'approvazione dello *stesso testo* da parte delle due Camere si esprime *compiutamente* la volontà legislativa. Tuttavia, la legge così approvata deve ancora essere *promulgata*; ed inoltre, affinché essa entri in *vigore*, deve essere *pubblicata*, ed ancora occorre che dalla pubblicazione trascorra un certo periodo di tempo, detto periodo di *vacatio legis*.

La promulgazione

La **promulgazione**, prevista dall'art. 73, co. 1, Cost., è un *atto attraverso il quale il Presidente della Repubblica documenta e proclama l'avvenuta formazione della volontà legislativa*. La promulgazione *non* esprime una volontà legislativa *propria* del Presidente, che è oggi *estraneo* al potere legislativo (al contrario di quanto accadeva quando, vigente lo Statuto albertino, il Re poneva la sua **sanzione** alle leggi).

Va però ricordato che il Presidente può imporre al Parlamento l'onere di una nuova approvazione della legge, mediante l'esercizio del potere di **rinvio**. Il rinvio presidenziale determina il venir meno dell'obbligo del Presidente stesso di procedere alla promulgazione, e priva la deliberazione legislativa già approvata della possibilità attuale di acquisire efficacia. Già sappiamo (cap. 16, par. 3) che se le Camere votano nuovamente la legge questa *deve* ormai essere promulgata (art. 74, co. 2, Cost.). È però innegabile che il potere di rinvio conferisce al Presidente della Repubblica un ruolo tutt'altro che formale nello stesso procedimento legislativo.

Ci si è chiesti se, anche dopo la seconda approvazione, il Presidente sia *tenuto* a promulgare una legge nell'ipotesi che questa sia gravemente incostituzionale: e si è talora risposto negativamente, considerando che la promulgazione darebbe luogo ad un *attentato* alla Costituzione, e perciò all'incriminazione del Presidente stesso, secondo le previsioni dell'art. 90, co. 1, Cost. Una simile risposta, così formulata, non risulta però accettabile, dato che essa, invece di dimostrare che il Presidente ha il potere di opporsi alla legge pur riapprovata, si limita a *presupporre* questa soluzione. Infatti, se non ha il potere di un nuovo rinvio, ma *deve* procedere alla promulgazione, il Presidente non potrà affatto essere incriminato per attentato alla Costituzione, qualunque sia il contenuto della legge (mentre potrebbe costituire attentato il rifiuto di promulgazione). Più prudente sembra per un simile caso ammettere la possibilità che il Presidente sollevi *conflitto* davanti alla Corte costituzionale.

L'ipotesi del rifiuto di promulgazione va comunque considerata un caso estremo, espressione di una situazione già di per sé al di fuori dell'ordinamento costituzionale.

La pubblicazione

Dopo la promulgazione hanno luogo gli *adempimenti* necessari affinché la legge possa entrare in **vigore**, acquistando la sua **efficacia**. Tale è in primo luogo la **pubblicazione**, consistente nella *inserzione* della legge nella *Raccolta ufficiale delle leggi e dei decreti* e nella *stampa* dell'intero testo nella *Gazzetta Ufficiale della Repubblica.*

Secondo la Costituzione, le leggi sono pubblicate «*subito dopo la promulgazione*» (art. 73, co. 3). La legge 11 dicembre 1984, n. 839, ha precisato che comunque la legge deve essere pubblicata «*non oltre trenta giorni*» dalla promulgazione stessa.

La disciplina vigente in materia è stata ora raccolta nel *Testo unico delle disposizioni sulla promulgazione delle leggi, sulla emanazione dei decreti del Presidente della Repubblica e sulle pubblicazioni ufficiali della Repubblica italiana*, approvato con decreto del Presidente della Repubblica 28 dicembre 1985, n. 1092. Ad esso si deve perciò ormai fare riferimento.

La *vacatio legis*

Inoltre, per l'entrata in vigore è necessario il decorso di un determinato **tempo**: l'art. 73, co. 3, della Costituzione stabilisce che le leggi «*entrano in vigore il quindicesimo giorno successivo alla loro pubblicazione*», salvo però che esse stesse «*stabiliscano un termine diverso*». Il termine potrebbe così (se la stessa legge lo dispone) *restringersi* – fino a coincidere con il giorno stesso della pubblicazione – oppure anche *allargarsi*, come talora accade quando la legge (o singole disposizioni) richiedano adempimenti complessi o economicamente molto impegnativi.

Si dice spesso che una volta trascorso il periodo di *vacatio legis* (cioè il tempo necessario per l'entrata in vigore) si ha una *presunzione di conoscenza* della legge (in altre parole, si *presume* che tutti la conoscano). Ma ciò è vero solo nel senso che la legge deve essere osservata *a prescindere da una reale conoscenza di essa*, e che *l'applicazione delle sanzioni* per la sua trasgressione *non può essere evitata* nemmeno dimostrando l'effettiva ignoranza delle norme in vigore: a meno che non si tratti di ignoranza inevitabile, nel ristretto significato già esposto *sopra* (cap. 2, par. 2).

capitolo 20

GLI ATTI LEGISLATIVI STATALI

1. Il decreto legislativo. – 2. Il decreto-legge. – 3. Il referendum.

1. il decreto legislativo

Governo e legislazione

In linea di principio la *funzione legislativa* spetta *alle Camere* e non al Governo. S'intende che il Governo non è certo *estraneo* al suo esercizio; al contrario il programma governativo si attua anche, e non secondariamente, *attraverso le leggi*. Perciò da una parte – come già visto – il Governo dispone del potere di *iniziare* il procedimento legislativo presentando *disegni di legge* alle Camere; d'altra parte esso è *sempre* il principale interlocutore dell'attività legislativa di queste, al punto che durante le *crisi* di governo anche l'attività legislativa si *blocca*. Ma ciò non toglie che l'approvazione delle leggi spetti sempre alle Camere.

La delegazione legislativa

Vi possono essere però occasioni per le quali *le Camere stesse preferiscano affidare al Governo il compito di porre in essere atti normativi capaci anche di abrogare o modificare la precedente legislazione*: atti, cioè, che abbiano la stessa **forza** della legge ordinaria. L'atto con il quale il Governo esegue il compito affidatogli *non sarà perciò una legge formale, ma della legge avrà la caratteristica forza*.

Così, ad esempio, quando si tratta di emanare un nuovo *codice*, sono lo stesso carattere «tecnico-giuridico» della materia e la sua *complessità* che sconsigliano di procedere per le vie parlamentari (che comporterebbero una estenuante e poco utile discussione *politica* dei singoli articoli, con il rischio di incoerenze, imprecisioni e difetti di stesura) e suggeriscono di demandare il compito alla deliberazione del Governo: il quale potrà poi nell'elaborazione avvalersi della collaborazione di esperti.

Ma lo stesso capita, per ragioni simili o diverse, in moltissimi altri casi. Una volta istituite le Regioni a statuto ordinario, ad esempio, l'intero processo di trasferimento ad esse dei compiti amministrativi già esercitati dallo Stato nelle materie ormai di competenza regionale è stato affidato ad atti normativi del Governo, dotati di forza di legge.

Per abilitare il Governo a deliberare atti aventi forza di legge è necessaria una **legge di delega** del Parlamento.

Con la legge il Parlamento «delega» a legiferare il Governo, che *senza la legge* non lo potrebbe fare. Con ciò tuttavia il Parlamento *non si spoglia affatto dei propri poteri*, e ben potrebbe in qualunque momento legiferare anche nella materia «delegata», pur lasciando in piedi la delega. Perciò si dice che non si tratta di una vera e propria *delega*, ma piuttosto di una specie di *abilitazione* data per l'uso di un potere che senza quell'abilitazione il *Governo* in concreto non ha.

Limiti

Se leggi di delega al Governo potessero farsi senza limiti, la funzione legislativa del Parlamento rischierebbe di risultare di fatto svuotata. Sarebbe anche troppo semplice per la maggioranza parlamentare delegare al Governo i più ampi poteri di legiferazione, evitando così di dover sostenere il confronto e la discussione con le opposizioni. Perciò la Costituzione stessa si è preoccupata di stabilire *limiti* al potere di delegazione, ed ha stabilito che l'esercizio della funzione legislativa non può esser delegato al Governo «*se non con determinazione di principi e criteri direttivi e soltanto per tempo limitato e per oggetti definiti*» (art. 76). Ricordiamo inoltre che *la legge di delega deve sempre essere approvata mediante la procedura normale* (e non attraverso il procedimento per commissione deliberante: art. 72, co. 4, Cost.).

Il tempo

La delega deve dunque, in primo luogo, esser concessa per **tempo limitato**. Il termine entro il quale il Governo può esercitare il potere delegato deve essere *certo* (perciò la legge di delega non può usare espressioni come «entro breve tempo», «entro il tempo strettamente necessario» o simili). Si aggiunga che il tempo concesso non deve essere irragionevolmente lungo («cento anni» sarebbero decisamente troppi). Non costituisce invece un limite il tempo che manca alla scadenza del Parlamento.

L'oggetto

La delega deve poi riguardare **oggetti definiti**. In altre parole, *deve essere indicato con chiarezza l'ambito della disciplina da emanare*. Non si potrebbe dire, ad esempio, «il governo è delegato ad emanare norme sulle materie che hanno bisogno di più urgente riforma». Anche l'indicazione di una materia (come «urbanistica») può non essere sufficiente, se rimane dubbio quali aspetti della materia si debbano disciplinare (ad esempio: i casi in cui è necessario il *permesso di costruzione* rilasciato dal comune, oppure invece il contenuto dei *piani regolatori*).

Riserve di legge formale

Vi sono inoltre particolari «materie» – come l'approvazione del bilancio dello Stato, o l'autorizzazione alla ratifica dei trattati internazionali – per le quali la delega non è ammessa. Ciò è pacifico, anche se la Costituzione non contiene espressi divieti, dato che le leggi di approvazione del bilancio o di autorizzazione alla ratifica dei trattati corrispondono ad un potere di *controllo politico* del Parlamento sul Governo: sicché sarebbe insensato ammetterne la delegazione al Governo stesso.

Per indicare che tali materie richiedono necessariamente la legge del Parlamento (essendo per le stesse ragioni escluso – come si dirà al paragrafo successivo – anche il ricorso al *decreto legge*) si parla di **riserva di legge formale**.

I principi e criteri direttivi

Infine, la legge di delega deve contenere i **principi e criteri direttivi**. Perciò, oltre a *quale materia* e *entro quanto tempo*, deve essere anche indicato il *come*, i *contenuti principali*, della disciplina da emanare. I *principi e criteri direttivi* non debbono essere *troppo generici*, perché altrimenti perdono la capacità di indirizzare e guidare efficacemente l'esercizio del potere delegato. Possono essere invece *dettagliati* quanto il Parlamento crede, senza nessun limite.

Altri limiti

Individuazione dell'*oggetto*, determinazione del *tempo* e dei *criteri direttivi* sono i limiti imposti dalla Costituzione al potere del Parlamento di delegare. Nulla vieta poi che il Parlamento con la legge di delega imponga al Governo determinati vincoli o adempimenti da rispettare nell'esercizio del potere delegato. Ad esempio, non raramente leggi di delega vincolano il Governo ad ascoltare (a seconda dei casi) il parere di *commissioni parlamentari*, o delle *organizzazioni sindacali*, o delle *Regioni* (di regola attraverso la *Conferenza Stato-Regioni*: v. *oltre*, cap. 26, par. 12), prima di deliberare il decreto legislativo delegato. Questi pareri hanno spesso un grande peso, ma *non* possono essere *vincolanti*. Se lo fossero, si delegherebbe in sostanza ai soggetti consultati un potere legislativo: il che non è ammesso.

La legge 23 agosto 1988, n. 400 ha stabilito, in via generale, una speciale disciplina procedurale, da seguirsi ogni volta che il termine per l'esercizio della delega sia superiore ai due anni. In tali casi, il Governo è sempre tenuto a richiedere il *parere delle Camere* (da esprimersi in realtà dalle commissioni competenti per materia) sugli schemi dei decreti delegati. Sulla base dei pareri ottenuti – i quali indicano le disposizioni degli schemi eventualmente non corrispondenti alle direttive della legge di delegazione – il Governo rielabora il testo e lo ritrasmette con le proprie osservazioni alle Camere, per il parere definitivo (cfr. art. 14, co. 4).

Il decreto legislativo

La delega è rivolta al *Governo*, ed è infatti il *Consiglio dei ministri* che delibera il testo normativo delegato. Una volta deliberato, tuttavia, l'atto viene poi emanato con decreto del Presidente della Repubblica e con la denominazione ufficiale di **decreto legislativo**, secondo il disposto dell'art. 14, co. 1, della l. n. 400 del 1988.

In precedenza, i decreti legislativi (talora detti nella prassi *decreti delegati* o anche, badando alla sostanza e non alla forma, *leggi delegate*) recavano semplicemente l'intitolazione di «decreto del Presidente della Repubblica», senza distinguersi, sotto questo profilo, dagli altri decreti del Presidente. Corrisponde invece alla prassi sempre seguita l'altra regola, posta dalla stessa disposizione della l. n. 400, secondo la quale l'atto deve riportare, nel preambolo, «*l'indicazione della legge di delegazione, della deliberazione del Consiglio dei ministri e degli altri adempimenti del procedimento prescritti dalla legge di delegazione*».

Una volta emanato, il decreto legislativo viene direttamente pubblicato nella Gazzetta Ufficiale, senza essere soggetto al controllo di legittimità della Corte dei conti previsto per altri atti del Governo. Lo ha stabilito, innovando sulla prassi precedente (ferma anche se talora criticata), l'art. 16 della legge n. 400 del 1988, ponendo una regola che vale anche per i decreti-legge.

Il legislatore ha così accolto la tesi che riteneva l'esercizio di un controllo di legalità da parte della Corte dei conti incompatibile con il rango legislativo degli atti in questione. La conformità alla Costituzione dei principi così posti è stata confermata dalla Corte costituzionale con la sentenza n. 406 del 1989. Ciò naturalmente non significa che tali atti non siano suscettibili di alcun sindacato di legittimità. Per i decreti legislativi, valgono le regole sulla illegittimità che si diranno subito sotto. Per i decreti-legge, il primo esame di legittimità sarà svolto dalle stesse Camere in sede di conversione.

La Corte dei conti conserva però un qualche ruolo, anche se ben più limitato di prima, in relazione alla possibilità, prevista dalla l. n. 400, che le Camere richiedano le sue valutazioni «*sulle conseguenze finanziarie che deriverebbero dalla conversione in legge di un decreto-legge o dalla emanazione di un decreto legislativo*» (art. 16, co. 2).

La legge n. 400 ha inoltre codificato altre regole, già prima accolte come corretta applicazione della Costituzione. Così è stabilito che è l'*emanazione presidenziale* del decreto legislativo che deve avvenire entro il termine stabilito dalla legge di delegazione (art. 14, co. 2), mentre è evidente che, scaduto il termine, viene meno ogni potere del Governo di deliberare le norme delegate (a meno che, s'intende, il termine non sia *prorogato* o *rinnovato* con un'altra legge).

La stessa disposizione stabilisce ancora che il testo adottato dal Governo sia trasmesso al Presidente della Repubblica per l'emanazione «*almeno venti giorni prima della scadenza*». Questo termine però non ha nessun carattere perentorio, e il suo preciso rispetto è questione di pura regolarità e correttezza costituzionale, priva di conseguenze sulla legittimità del decreto, purché questo sia emanato entro il termine di scadenza della delega.

Emanato il decreto legislativo, il potere delegato è in ogni caso *esaurito*, e il Governo non dispone più di nessun potere, anche se l'originario termine di scadenza fosse lontano. Tuttavia, se la delega legislativa si riferisce ad una pluralità di oggetti distinti suscettibili di separata disciplina, il Governo può esercitarla mediante più atti successivi (art. 14, co. 3). Va da sé che anche l'ultimo di tali atti deve rispettare la scadenza della delegazione.

È frequente che la legge di delega non solo abiliti il Governo a disciplinare una determinata materia, ma lo abiliti anche a *modificare* in un secondo momento le disposizioni emanate, che la prima esperienza riveli inopportune, mediante nuove *disposizioni correttive* da emanare entro un determinato termine (ad esempio, un anno) dall'entrata in vigore della disciplina di base. In questo caso vi sono in pratica due distinte deleghe, che hanno in comune la materia e i principi e criteri direttivi; la seconda delega ha però un ambito più limitato, nel senso che deve tradursi in «correzioni» e non in una nuova disciplina globale della materia. Né sarebbe possibile l'esercizio tardivo della delega principale, se questa non fosse stata esercitata, o per la parte per cui non è stata esercitata (Corte cost., sent. n. 201 del 2006).

Illegittimità del decreto legislativo

Il decreto legislativo deve essere conforme a quanto stabilito nella legge di delega. È vero che, come abbiamo detto, esso ha **forza di legge**, e può perciò modificare le leggi precedenti: ma ciò non vale in relazione alla legge di delega, perché è da essa che lo stesso potere delegato deriva. Perciò, la trasgressione di una qualunque norma posta nelle disposizioni di delega si traduce nella *illegittimità* della norma violatrice.

Può accadere che *la legge di delega* sia essa stessa in tutto o in parte *illegittima*, in quanto non conforme alle previsioni costituzionali: perché manchi la determinazione del tempo o dell'oggetto, o perché manchino o siano insufficienti (o siano addirittura in contrasto con la Costituzione) i principi e i criteri direttivi. In questo caso, se il decreto legislativo viene egualmente emanato, l'illegittimità della legge di delega si riflette sul decreto legislativo, che risulta illegittimo anch'esso (si parla allora di **illegittimità derivata**, per indicare che essa deriva dall'illegittimità della legge di delega).

Qualunque sia la ragione dell'illegittimità, *le norme illegittime di un decreto legislativo possono essere eliminate attraverso il giudizio della Corte costituzionale* (e *solo* attraverso di esso, trattandosi di un atto con forza di legge: art. 134 Cost.).

I testi unici

Una particolare ipotesi di *decreto legislativo* è costituita dai **testi unici**. Essi sono *raccolte sistematiche delle norme esistenti in una certa materia*, effettuate dal Governo con lo scopo *non* di *modificare* la disciplina vigente, ma di *coordinarla* in un *unico testo* normativo, apportando solo gli opportuni adattamenti. L'utilità del *testo unico* sta nel dare *certezza* e *sistematicità* alla disciplina, evitando anche lunghe e faticose ricerche delle norme vigenti, contenute in diverse leggi, tra loro lontane nel tempo.

Il più delle volte i *testi unici* vengono redatti e deliberati dal Governo *sulla base di una apposita delega legislativa*. In questo caso, *la disciplina contenuta nel testo unico si sostituisce completamente a tutte le leggi precedenti*. Non occorre nemmeno verificare se vi sia compatibilità tra nuova e vecchia disciplina, perché la vecchia – proprio per evitare incertezze, magari dovute ad errori o omissioni nella compilazione – rimane completamente abrogata. È questa, in pratica, la abrogazione «*perché la nuova legge regola l'intera materia già regolata dalla legge antecedente*» di cui parla l'art. 15 delle *Disposizioni sulla legge in generale* (cfr. anche cap. 3, par. 2).

Una volta realizzato un testo unico della legislazione vigente in un determinato settore bisogna evitare che successivi interventi normativi producano di nuovo una situazione di incertezza e confusione normativa. A questo scopo è previsto che «le disposizioni contenute in un testo unico non possono essere abrogate, derogate, sospese o comunque modificate se non in modo esplicito, mediante indicazione precisa delle fonti da abrogare, derogare, sospendere o modificare» (art. 7, co. 6, l. 8 marzo 1999, n. 50).

È dubbio però che questa disposizione, che non ha rango costituzionale, possa realmente vincolare il legislatore. Essa potrà comunque valere come criterio interpretativo, nel senso di considerare conservate le disposizioni del testo unico tutte le volte che il contrario non appaia evidente nella legislazione successiva.

Di norma il testo unico comprende soltanto disposizioni dello stesso rango, frutto per lo più di leggi e di atti aventi forza di legge. Tuttavia la l. n. 50 del 1999 (legge di semplificazione 1998) prevede una vasta attività di compilazione di testi unici «comprendenti, in un unico contesto e con le opportune evidenziazioni, le disposizioni legislative e regolamentari» (art. 7).

Diversi dai testi unici emanati con decreto legislativo sono i testi unici detti *compilativi*, disciplinati dall'art. 17 *bis* della legge n. 400 del 1988, con i quali il Governo provvede «a raccogliere le disposizioni aventi forza di legge regolanti materie e settori omogenei», allo scopo di individuare il testo vigente delle norme, eliminare quelle abrogate, anche implicitamente, da successive disposizioni ed operare un coordinamento formale del testo, in modo da garantire la coerenza logica e sistematica della normativa. Non essendo frutto di un potere legislativo delegato, questi secondi «testi unici» non hanno forza di legge. La legislazione vigente rimane perciò quella di prima, e la raccolta avrà soltanto una sua pratica utilità di agevole e rapida consultazione.

Le norme di attuazione degli statuti speciali

Decreti legislativi del tutto *atipici* sono, infine, gli atti con cui – in base alle leggi costituzionali contenenti gli statuti delle Regioni ad autonomia speciale (cfr. *oltre*, cap. 23, par. 1) – vengono emanate le *norme di attuazione* delle previsioni statutarie, dando concreta attuazione ai trasferimenti di funzioni da esse previsti. L'atipicità rispetto al normale decreto legislativo consiste da una parte nel fatto che il potere normativo così attribuito ha carattere *stabile* (e non richiede perciò apposita legge di delegazione), dall'altra nel fatto che i relativi decreti legislativi sono preceduti dal necessario parere di *commissioni paritetiche*, composte da esperti nominati in ugual numero dal Governo e dalla Regione interessata, le quali nella prassi elaborano esse le norme di attuazione.

2. il decreto-legge

La possibilità di *delegare* la funzione legislativa al Governo non vale però a risolvere un secondo problema, che è quello di far fronte a *situazioni di necessità e d'urgenza*, richiedenti la rapida emanazione di norme modificatrici della legislazione vigente: l'emanazione, cioè, di norme provviste di **forza di legge**. A ben vedere, anzi, la procedura per il **decreto legislativo** finisce per essere *meno celere* di quella della normale legislazione: dato che occorre pur sempre *una legge* (di delega), ed *inoltre* il decreto legislativo.

La decretazione d'urgenza

Fin dai primi decenni di vita dello Stato italiano, quando era in vigore lo Statuto albertino, il governo aveva fatto uso in questi casi di un altro strumento, chiamato **decreto-legge**, provocando *direttamente* (cioè senza delega preventiva) l'emanazione da parte del Capo dello Stato di decreti aventi *forza di legge* ed *efficacia immediata*. Il Parlamento interveniva soltanto *dopo*, approvando l'operato del Governo e «sanando» la situazione che si era creata: mediante il procedimento legislativo «convertiva» il decreto in *legge* (essa era perciò detta **legge di conversione**).

Siccome però i «decreti-legge» non erano previsti dallo Statuto (né altrove), erano sorte molte polemiche sulla loro ammissibilità e sul loro fondamento. Tali polemiche si trascinarono fino alla soluzione data, nello spirito del periodo fascista, dalla legge 31 gennaio 1926, n. 100: i decreti-legge non solo erano ammessi, ma potevano essere convertiti in legge nel lungo termine di due anni, e gli effetti intanto prodotti rimanevano comunque fermi, anche in mancanza di conversione.

Limiti e garanzie costituzionali

La Costituzione italiana ammette esplicitamente (all'art. 77) l'uso del decreto-legge, circondandolo però di *limitazioni e garanzie*.

In primo luogo, sono disciplinati molto severamente i *presupposti* per la legittima emanazione del decreto: deve trattarsi, infatti, di «*casi straordinari di necessità e d'urgenza*». In queste circostanze il Governo può adottare (sotto la sua *responsabilità*) «*provvedimenti provvisori con forza di legge*»; ma esso deve «*il giorno stesso presentarli per la conversione alle Camere*», le quali – anche se fossero sciolte – si riuniscono entro *cinque giorni*.

In secondo luogo, è rigidamente prefissato il *massimo periodo di durata* del decreto-legge, e sono severamente disciplinate le *conseguenze della mancata conversione*. La Costituzione stabilisce infatti che «*i decreti perdono efficacia fin dall'inizio, se non sono convertiti in legge entro sessanta giorni dalla loro pubblicazione*»: salvo il potere delle Camere, ove lo credano, di «*regolare con legge i rapporti giuridici sorti sulla base dei decreti non convertiti*» (art. 77, co. 3).

A questo modo, nello schema costituzionale, il decreto-legge dispiega effetti per soli sessanta giorni al massimo: dopo di che esso cede il passo ad una disciplina legislativa in virtù della legge di conversione, oppure – in caso di mancata conversione – cessa di esistere *retroattivamente*, e si ripristina la situazione giuridica antecedente come se il decreto non fosse mai venuto ad esistenza.

Materie escluse

Inoltre, anche se il potere del Governo di emanare decreti-legge è certamente un potere *generale*, potenzialmente esercitabile in relazione a qualunque materia o oggetto, è però da escludere che la Costituzione ne consenta l'esercizio in quelle materie che corrispondono a poteri di controllo politico del Parlamento sul Governo stesso, o comunque a poteri riservati in via esclusiva al Parlamento.

Interpretazione legislativa

Ma quali materie o oggetti, precisamente, sono da ritenersi sottratti al decreto-legge in base a questo criterio? La l. n. 400 del 1988 è intervenuta a dettare *disposizioni interpretative* della Costituzione, ed ha specificato – accogliendo opinioni già espresse, ma formulate non senza sfumature e cautele – che il Governo non può mediante decreto-legge conferire *deleghe* per l'emanazione di decreti legislativi, adottare il *bilancio* dello Stato, autorizzare la *ratifica* di trattati internazionali, disporre in materia *costituzionale* ed *elettorale*.

Ciò si ricava dal rinvio, operato dall'art. 15, lett. b), della l. n. 400, alle materie per le quali la Costituzione richiede sempre per i disegni di legge «*la procedura normale di esame e di approvazione diretta da parte della Camera*» (ad esclusione del procedimento per *commissione deliberante*: cfr. cap. 19, par. 4).

Non è agevole definire quale sia il valore dell'interpretazione della Costituzione contenuta nella l. n. 400. Certamente, essa non può definirsi interpretazione *autentica* (dato che questa avrebbe richiesto il procedimento della legge costituzionale). Inoltre, si può affermare che, se l'interpretazione legislativa non corrispondesse nella sostanza alle norme costituzionali (e dunque, in ipotesi, nei casi in cui non vi corrisponda), il decreto-legge che trasgredisse le regole puramente legislative non sarebbe però contrario alla Costituzione. Infatti, non risulterebbero violate norme costituzionali, e nemmeno norme di legge ordinaria di cui la Costituzione imponga il rispetto (come accade invece nell'ipotesi di decreto legislativo contrastante con la legge di delegazione). È innegabile tuttavia che l'interpretazione legislativa può svolgere un ruolo rilevante nella determinazione di quale sia, in concreto, il significato delle disposizioni costituzionali.

Quanto alle materie escluse, il divieto di disporre in materia *costituzionale* va qui inteso nel senso, già prevalso nella prassi, di interdire l'introduzione di norme che richiedono il procedimento di revisione costituzionale (cioè, in pratica, norme che modificano la Costituzione), mentre dalla Costituzione non sembra ricavabile un divieto assoluto di intervento nelle *materie* relative all'ordinamento costituzionale.

Quanto poi alla materia *elettorale*, il divieto si spiega in sostanza con l'impossibilità di vere situazioni di necessità ed urgenza, ed in questi limiti va inteso, senza escludere che in situazioni particolari aspetti specifici possano essere fronteggiati per decreto.

In effetti decreti-legge in materia elettorale si sono avuti, sia pure sempre concernenti aspetti relativamente marginali della disciplina e con un sostanziale consenso delle forze politiche preventivamente acquisito: ad esempio il d.l. n. 42 del 1994 (conv. in l. n. 68 del 1994) ha disposto il prolungamento del voto nella giornata del lunedì delle elezioni previste per la domenica 27 marzo 1994, per agevolare il voto degli ebrei (il giorno 27 coincideva con la Pasqua ebraica), mentre il d.l. n. 73 del 1994 (conv. in l. n. 162 del 1994) ha modificato in via stabile talune disposizioni in materia di sottoscrizione delle candidature individuali e delle liste.

Supponiamo che il Governo emani un decreto-legge in una materia *vietata*, nel senso ora detto. È chiaro che, prima della conversione, il decreto è illegittimo, per contrasto con la Costituzione. Se non viene convertito, esso decade a prescindere dalla questione della sua legittimità: sicché nessun problema si pone. Ma quale è la situazione giuridica se le Camere, nonostante l'illegittimità, *convertono* il decreto in legge? Da una parte, a quel punto il fondamento giuridico delle disposizioni sta non più nel decreto-legge (in ipotesi illegittimo), ma nella legge di conversione: la quale, in quanto *legge*, può pienamente disporre in qualunque materia. D'altra parte, però, la procedura di conversione ha carattere specifico, ed è dubbio che possa sanare il vizio del decreto-legge.

La prassi e l'attenuazione delle limitazioni

Nella prassi, le rigorose limitazioni previste in Costituzione in parte si sono venute attenuando, in parte sono state in considerevole misura «aggirate» con l'uso di vari espedienti.

Così, in particolare, si era venuto attenuando il rigore del **presupposto** del decreto-legge, cioè il verificarsi di «*casi straordinari di necessità e d'urgenza*». Al contrario di quanto simili parole indubbiamente implicano, non si trattava più di avvenimenti rari ed eccezionali (come le calamità naturali, o improvvise congiunture di crisi economica). Si ricorreva invece ormai al decreto-legge tutte le volte che sembrasse per qualunque ragione *opportuno* intervenire tempestivamente.

Di fronte all'evidente fenomeno dell'*abuso* nella emanazione dei decreti-legge in situazioni di nessuna o scarsa necessità ed urgenza le stesse Camere hanno cercato qualche rimedio, prevedendo con i loro regolamenti interni un espresso parere della Commissione affari costituzionali sull'esistenza dei presupposti (parere che, se negativo, conduce ad un apposito voto in aula). Inoltre, la l. n. 400 del 1988 ha disposto che i decreti-legge debbano contenere «misure di immediata applicazione» (art. 15, co. 3). Ciò tuttavia non ha di per sé condotto ad una riduzione del fenomeno.

Con la sent. n. 171 del 2007, però, la Corte costituzionale ha, per la prima volta, annullato una disposizione di un decreto-legge in quanto non sorretta dai presupposti di cui all'art. 77 Cost., affermando che la legge di conversione (nel frattempo intervenuta) non può avere efficacia sanante.

D'altra parte, anche il rigore della previsione della **decadenza** del decreto in caso di mancata conversione nei sessanta giorni è stato aggirato, attraverso la cosiddetta **rinnovazione** o reiterazione del decreto. Il Governo, cioè, sostituiva (a meno che non fosse stato *esplicitamente bocciato* dal Parlamento) il decreto ormai decaduto con un *nuovo* decreto, di contenuto simile se non identico al precedente. E una volta che anche il secondo *fosse decaduto* – come non raramente accadeva – lo sostituiva nuovamente con un *ulteriore* decreto: e si procedeva così di seguito, con la formazione di *catene* di successivi decreti non convertiti. Da ultimo, o il Governo desisteva oppure, come più spesso accadeva, il decreto più volte reiterato veniva finalmente *convertito*.

Divieto di reiterazione nella l. n. 400 del 1988

La l. n. 400 del 1988 ha cercato di contenere il fenomeno ora descritto, da una parte vietando al Governo di «*rinnovare le disposizioni di decreti-legge dei quali sia stata negata la conversione in legge con il voto di una delle due Camere*», dall'altra vietando all'eventuale decreto-legge reiterato di «*regolare i rapporti giuridici sorti sulla base dei decreti non convertiti*». Senonché neppure tali disposizioni avevano potuto arginare la prassi della reiterazione. Il primo divieto in particolare si limitava a codificare una regola costituzionale implicita e già rispettata; ed essendo limitato all'ipotesi di *negata* conversione attraverso un *voto*, consentiva in realtà ampiamente la rinnovazione dei decreti semplicemente *scaduti* per decorso del termine, secondo la prassi precedente.

e nella giurisprudenza costituzionale

Con la sentenza n. 360 del 1996 la Corte costituzionale ha tuttavia chiarito che *il divieto di reiterazione* non è limitato al solo caso del decreto-legge espressamente bocciato da un ramo del Parlamento, ma *è connaturato alla disciplina costituzionale dell'istituto ed ha carattere generale*. Certamente anche dopo la decadenza di un decreto-legge non viene meno il potere del Governo di provvedere con lo stesso strumento: ma ciò deve accadere sulla base di una nuova ed autonoma valutazione della «straordinaria necessità ed urgenza» e (di regola) con contenuti sostanzialmente diversi, e non con la pura e semplice ripetizione del precedente decreto e delle sue disposizioni.

La sentenza n. 360 del 1996, pur ammettendo (come sopra detto) la sanatoria dei vizi ora indicati ad opera della legge di conversione, è stata sin qui seguita dalla prassi del Governo, che non solo ha evitato ogni ulteriore reiterazione, ma ha anche drasticamente limitato il ricorso al decreto-legge, il cui uso è per ora rientrato in limiti fisiologici ed accettabili.

La legge n. 400 dispone ancora, più in generale, che il contenuto dei decreti-legge «*deve essere specifico, omogeneo e corrispondente al titolo*» (art. 15, co. 3). Il criterio si traduce in regole di *tecnica legislativa* che – pur in sé razionali – hanno un carattere fondamentalmente *orientativo*, la cui trasgressione non comporta però in alcun caso da sé sola l'illegittimità del decreto.

Forma e vigenza

Il **decreto-legge** è deliberato dal Governo; ma anch'esso (come il *decreto legislativo*) viene poi *emanato* con decreto del Presidente della Repubblica (art. 87 Cost.). Viene quindi pubblicato «*senza ulteriori adempimenti*» (art. 15, co. 4, l. n. 400) nella Gazzetta Ufficiale con la denominazione di *decreto-legge*. Esso entra in vigore, si suole dire, *immediatamente*, come è coerente con la sua natura di provvedimento d'urgenza. Più precisamente, però, il decreto-legge entra in vigore nel giorno da esso stesso stabilito, che è per lo più il *giorno successivo alla pubblicazione* (ma talora il *giorno stesso*).

Se il decreto viene esplicitamente bocciato dal voto negativo di una Camera, notizia del voto negativo viene pubblicata nella Gazzetta Ufficiale; e dal giorno della pubblicazione viene meno, fin dall'inizio, l'efficacia della disciplina in esso contenuta.

La legge di conversione

La **conversione** del decreto-legge avviene mediante una apposita *legge di conversione*, il cui disegno di legge il Governo deve presentare alle

Camere il giorno stesso dell'emanazione. La legge di conversione è discussa e votata (tranne che per la verifica dei presupposti di costituzionalità di cui si è detto) come qualunque altra legge; essa può contenere – come molto spesso avviene – **emendamenti** (cioè modifiche alla normativa del decreto).

Le modifiche apportate hanno effetto dal momento dell'entrata in vigore della legge di conversione, e non retroagiscono – salvo espressa previsione – al momento dell'emanazione del decreto (art. 15 l. n. 400 del 1988). Ciò (è da ritenere) sia che si tratti di modifiche *soppressive* (con le quali cioè viene eliminata qualche disposizione) sia che si tratti di modifiche *aggiuntive*.

La legge di conversione è formata in genere da un *unico* articolo, concepito secondo il seguente schema: «*È convertito in legge il decreto legge 26 gennaio 1985, n. 99, con le seguenti modificazioni...*» (le modificazioni sono concepite, ad esempio, come segue: «all'art. 1 le parole "entro tre mesi" sono soppresse»; oppure: «dopo l'art. 2 è inserito il seguente articolo 2 bis...»; e così di seguito). Per facilitare la lettura la legge 11 dicembre 1984, n. 839, ha disposto che la stessa Gazzetta Ufficiale pubblichi, possibilmente il giorno dopo la pubblicazione della legge di conversione, il *testo coordinato* della normativa che ne risulta. Si noti però che il testo coordinato non ha alcun valore normativo autonomo.

3. il referendum

Il referendum abrogativo

In un sistema di democrazia rappresentativa quale è quello italiano la funzione legislativa spetta al *Parlamento*. Il popolo, dunque, *non è chiamato a fare direttamente le leggi*. Nella Costituzione italiana *gli è però consentito*, in una certa misura, *di disfarle* attraverso il cosiddetto **referendum abrogativo**. In questo modo esiste la possibilità di sottoporre a *verifica* la corrispondenza delle scelte legislative del Parlamento con la volontà popolare mediante un tipico strumento di **democrazia diretta**. Dato che il *referendum* può *abrogare* le leggi non si può negare che abbia forza di legge: ma solo in senso *negativo*, dato che con esso *non* si possono *introdurre* norme, ma soltanto *eliminarle*.

Secondo l'art. 75, co. 1, della Costituzione «*è indetto* referendum *popolare per deliberare la abrogazione, totale o parziale, di una legge o di un atto avente valore di legge, quando lo richiedono cinquecentomila elettori o cinque Consigli regionali*».

Oggetto e limiti

Oggetto del *referendum*, dunque, possono essere *leggi* (ma si intenda, dal contesto, leggi *ordinarie*) o *atti aventi valore di legge*: cioè, in pratica, i *decreti legislativi* (dato che, per quanto riguarda i *decreti-legge*, il *referendum* dovrebbe comunque avere ad oggetto l'eventuale *legge di conversione*). Ne sono perciò *esclusi* tutti gli altri atti normativi statali, quali le *leggi costituzionali* e i *regolamenti*. A maggior ragione sono ovviamente esclusi i *regolamenti comunitari*, come fonti non appartenenti all'ordinamento italiano (nel quale pure hanno pieno vigore: cfr. cap. 18, par. 2).

Nemmeno di *qualunque* legge si può però in realtà chiedere l'abrogazione attraverso il *referendum*. Lo stesso art. 75 della Costituzione esclude «*le leggi tributarie e di bilancio, di amnistia e di indulto, di autorizzazione a ratificare trattati internazionali*»: i Costituenti hanno ritenuto di dover sottrarre argomenti così delicati a possibili campagne e spinte emotive.

Ma ulteriori limiti la Corte costituzionale ha ricavato da altre disposizioni costituzionali: ad esempio, non si potrebbe chiedere il *referendum* in relazione alle leggi che disciplinano le elezioni delle Camere, dato che la loro abrogazione porterebbe alla paralisi delle istituzioni previste dalla Costituzione; e lo stesso dovrebbe dirsi per l'eventuale richiesta di abrogazione della *legge ordinaria* che disciplina in dettaglio lo svolgimento del *referendum* stesso. In altre parole, se una legge o una disposizione di legge non fa che svolgere precetti costituzionali, l'abrogazione pura e semplice (non accompagnata dalla contestuale introduzione di disposizioni equivalenti, ciò che al *referendum* non è consentito di fare) non può essere ammessa. Ciò vale in particolare per la disciplina legislativa degli organi costituzionali, che «non possono essere esposti alla eventualità, anche soltanto teorica, di paralisi di funzionamento» (sent. n. 29 del 1987, ripresa dalla sent. n. 5 del 1995).

Ancora, la Corte costituzionale ha affermato che non può essere ammessa la richiesta di *referendum* che contenga una molteplicità di *questioni eterogenee*, tali che ad esse non si possa ragionevolmente rispondere con un unico *sì* o con un unico *no*: perché in questo caso il *referendum* si tramuterebbe in un *plebiscito* a favore o contro i promotori (cfr. in particolare le sentt. n. 16 del 1978 e n. 27 del 1981).

Inoltre, non può essere richiesta l'abrogazione delle *leggi di delegazione*, dato che fino all'emanazione del *decreto legislativo* esse non producono alcun effetto per i soggetti dell'ordinamento.

Il *referendum abrogativo* può essere richiesto, come detto, da *cinquecentomila elettori* o da *cinque Consigli regionali*; va sottolineato che esso (al contrario del *referendum* interno al procedimento di revisione costituzionale: cap. 17, par. 2) non può essere richiesto da gruppi di parlamentari. Esso *non è quindi uno strumento a disposizione delle minoranze rimaste sconfitte in Parlamento*: anche se, naturalmente, nulla vieta che esse promuovano la richiesta del *referendum* da parte di cinquecentomila elettori.

Il procedimento per il referendum

La richiesta e lo svolgimento del *referendum abrogativo* sono disciplinati, in attuazione della Costituzione, dalla legge 25 maggio 1970, n. 352. Sono intanto introdotti *limiti temporali*: non può essere presentata richiesta di *referendum* nell'anno anteriore alla scadenza di una Camera, né nei sei mesi successivi alle elezioni.

Se il *referendum* è richiesto dai cittadini, i *promotori* (almeno dieci) hanno *tre mesi* per la raccolta delle firme – autenticate – di cinquecentomila elettori o più. Se è richiesto dai Consigli regionali le relative *deliberazioni devono essere adottate a maggioranza assoluta* e nell'arco di *quattro mesi*. La regolarità della raccolta e delle firme, o delle deliberazioni dei Consigli, è verificata dalla **Corte di cassazione**, attraverso l'apposito *Ufficio centrale del referendum*.

Verificata la *regolarità formale* della richiesta, si deve ancora verificare se essa sia *ammissibile* nella sostanza, cioè se sia rivolta all'abrogazione di norme legislative che è possibile abrogare mediante *referendum*. Il giudizio sulla *ammissibilità* della richiesta è compiuto dalla **Corte costituzionale**, secondo la legge cost. 11 marzo 1953, n. 1.

Se il giudizio della Corte costituzionale è nel senso della ammissibilità, il Presidente della Repubblica *indice* il *referendum* (previa deliberazione del Consiglio dei ministri, al quale spetta la fissazione della data). Tuttavia, anche il *referendum* già indetto viene *rinviato* di un anno in caso di *anticipato scioglimento* delle Camere (diversamente, infatti, la campagna elettorale per il *referendum* e quella per le elezioni politiche si sovrapporrebbero).

Inoltre, il *referendum* non si effettua se «*la legge, o l'atto avente forza di legge, o le singole disposizioni di essi cui il referendum si riferisce, siano stati abrogati*» (art. 39 l. n. 352 del 1970): questo può accadere perché il Parlamento, come è ovvio, non perde la possibilità di legiferare in materia. In questo caso, l'*Ufficio centrale per il referendum* dichiara che «*le operazioni relative non hanno più corso*». Tuttavia, se le nuove disposizioni introdotte fossero equivalenti alle precedenti, la richiesta di *referendum* si considererebbe spostata su esse.

Svolgimento ed esito

Hanno diritto di partecipare al voto «*tutti i cittadini chiamati ad eleggere la Camera dei deputati*» (art. 75, co. 3, Cost.): in concreto, tutti i cittadini maggiorenni in possesso dei diritti politici. All'elettore viene chiesto se vuole – con i promotori del *referendum* – l'*abrogazione* della legge (o atto con forza di legge). Occorre però che partecipi alla votazione la *maggioranza* degli *aventi diritto*: altrimenti, l'esito è *a priori nullo,* a prescindere dal risultato (art. 75, co. 4). Ed in questo caso la legge rimane ovviamente in vigore.

Se il *referendum* è valido (se cioè vi ha preso parte la maggioranza degli elettori) la proposta di abrogazione è approvata se ottiene a proprio favore «*la maggioranza dei voti validamente espressi*» (art. 75, co. 4). La legge attuativa dispone che non si contino né i voti *nulli* (che non sono «validi»), né le schede *bianche* (cui non corrisponderebbero voti «espressi»).

La regola che subordina la validità del *referendum* alla partecipazione di più del 50 per cento degli aventi diritto al voto non produce alcun effetto pratico quando i voti contrari all'abrogazione siano comunque più numerosi dei voti favorevoli. Quando invece i voti favorevoli siano più dei contrari, ma meno del 50% più un voto, essa fa paradossalmente dipendere l'effetto abrogativo dal fatto che ci siano *abbastanza voti contrari*.

Si supponga che a favore dell'abrogazione voti il 45 per cento degli aventi diritto, che il 5 per cento di essi voti contro, e che tutti gli altri non partecipino alla votazione: l'effetto abrogativo non si produce, non essendosi raggiunto il *quorum*, anche se *per un solo voto*. Ma se un ulteriore oppositore fosse accorso al seggio all'ultimo momento avrebbe con il suo voto negativo fatto vincere i *sì*.

In sintesi, se coloro che sono contrari all'abrogazione non partecipano alla votazione i voti favorevoli possono vincere soltanto se superano da soli il 50 per cento degli aventi diritto al voto. Ed in questo caso, ovviamente, nessun voto contrario potrebbe impedire l'abrogazione.

La consapevolezza di ciò, ormai pienamente acquisita dopo oltre trenta anni di *referendum*, fa sì che i contrari all'abrogazione, pur partecipando attivamente alla campagna elettorale, trovino conveniente evitare poi di partecipare al voto: in questo modo infatti essi – pur in ipotesi di minoranza rispetto ai favorevoli – riescono a «sommarsi» con coloro che non votano per disinteresse o per impossibilità.

A questo modo, tuttavia, il *quorum* di partecipazione finisce per trasformarsi, contro il senso originario e l'obbiettivo della regola costituzionale, in *quorum* di approvazione del quesito referendario. Per ripristinare lo spirito originario della norma meglio sarebbe eliminare il requisito relativo alla partecipazione, subordinando invece l'abrogazione al voto di una maggioranza che rappresenti almeno, ad esempio, il 30 per cento del corpo elettorale.

Se la proposta di abrogazione è rimasta approvata dalla consultazione popolare, il Presidente della Repubblica lo *dichiara* con proprio *decreto*, pubblicato immediatamente nella *Gazzetta Ufficiale*: l'abrogazione decorre di regola dal giorno successivo alla pubblicazione. Tuttavia, il Presidente della Repubblica (ma in realtà il Consiglio dei ministri, di cui è richiesta la previa deliberazione) può ritardare di non più di sessanta giorni l'effetto abrogativo. Se invece l'esito è stato favorevole alla conservazione della legge, ne viene semplicemente data notizia (sempre mediante la *Gazzetta Ufficiale*). Inoltre, per cinque anni non può essere proposto un altro *referendum* per l'abrogazione delle stesse disposizioni.

Il referendum consultivo

Il referendum abrogativo è il solo previsto dalla Costituzione, che non ha accolto invece l'idea del referendum «consultivo» sulle leggi: un referendum cioè con il quale possa essere richiesta l'opinione o la volontà degli elettori, in vista di possibili riforme da introdurre. Ciò non significa che sia in assoluto impossibile lo svolgimento di un referendum consultivo; si ritiene tuttavia – pur in assenza di una espressa disciplina nella Costituzione – che esso debba essere previsto da una *legge costituzionale*, come è appunto accaduto per l'unico finora svoltosi: quello relativo all'opportunità (confermata dal voto) di un ulteriore rafforzamento delle istituzioni comunitarie europee, disposto con la l. cost. 3 aprile 1989, n. 2.

capitolo 21

I REGOLAMENTI DELL'ESECUTIVO

1. Legge e regolamento. – 2. I regolamenti del Governo. – 3. I regolamenti ministeriali.

1. legge e regolamento

Atti regolamentari

Nel sistema delle fonti dello Stato italiano i **regolamenti** sono, in generale, *atti normativi subordinati alla legge.*

Non si tratta in realtà di un'*unica* fonte, ma piuttosto di una *famiglia* di fonti, tra loro diverse per la *competenza* a compiere l'atto e per la *procedura* da seguire (cioè per gli aspetti *formali* dell'atto). Le fonti *regolamentari* hanno però in comune la caratteristica di avere **forza** normativa *inferiore a quella della legge*: perciò le norme contenute nei regolamenti non possono né abrogare né modificare norme di legge. Appartengono alla famiglia dei regolamenti atti *statali,* quali i regolamenti del Governo e i regolamenti dei ministri ed atti *non statali,* quali i regolamenti regionali, i regolamenti comunali e i cosiddetti statuti degli enti pubblici.

Si dice tradizionalmente che il regolamento è *legge in senso sostanziale* (o *materiale*), per indicare che esso contiene *norme giuridiche* (ed è perciò «legge» nel senso generico della parola). I regolamenti, in effetti, possono contenere *solo* norme giuridiche vere e proprie – cioè *prescrizioni generali ed astratte* – proprio perché sono previsti dalla legge come atti *normativi* (le leggi formali invece, come si è detto, possono contenere anche determinazioni *concrete*: è il caso delle *leggi-provvedimento*).

Quanto alla *forma*, invece, i regolamenti non si distinguono generalmente dagli altri atti «amministrativi» emanati dalle stesse autorità: perciò si dice, tradizionalmente, che essi sono *atti sostanzialmente legislativi e formalmente amministrativi.* E pur se esistono atti regolamentari che hanno una forma *propria*, distinta da quella generale degli atti amministrativi (come accade ad esempio per i *regolamenti regionali*, assai simili per il procedimento alle *leggi*), ad essi si applica pur sempre il *regime caratteristico* degli atti amministrativi.

Si avverta però che esistono atti che si chiamano *regolamenti*, ma non appartengono alla famiglia delle «fonti regolamentari», nel senso che *non hanno con la legge un rapporto di subordinazione*. È il caso, in particolare, dei **regolamenti di ciascuna Camera** i quali – nel loro ristretto ambito di disciplina (l'organizzazione della Camera e dei suoi lavori) – hanno una *competenza esclusiva*, subordinata solo alle norme della Costituzione.

Ugualmente, non sono subordinati alla legge (e non sono del resto fonti dell'ordinamento italiano) i *regolamenti comunitari* posti in essere dagli organi delle Comunità europee, dei quali si è già detto (cap. 18, par. 2).

La *subordinazione* del regolamento alla legge comporta, come detto, che *le norme regolamentari non possono essere contrastanti con norme di legge*. Se di fatto lo sono, esse vanno perciò qualificate come *illegittime*.

Principio di legalità

Ma il vincolo alla legge sta ancora più in radice, perché il *potere di fare regolamenti esiste solo se e quando la legge lo prevede*. La previsione legislativa del potere regolamentare può essere *specifica* (disponendo la competenza ad emanare *quel certo* regolamento in *quella certa* materia) oppure *generica* (disponendo che una certa autorità – quale il Governo – *abbia stabilmente certi poteri regolamentari*: ad esempio, il potere di emanare norme di attuazione delle leggi). Il vincolo del potere regolamentare alla legge è una delle espressioni del **principio di legalità**, che riguarda in generale l'azione del potere «esecutivo» (governo e pubblica amministrazione: vedasi anche *oltre*, cap. 27, par. 1).

Riserva di legge

Tutti i poteri regolamentari sono previsti da leggi: ma non tutte le materie possono essere affidate dalla legge alla disciplina dei regolamenti. *La Costituzione*, infatti, impone che certe materie siano disciplinate *dalla legge* (o da atti aventi forza di legge) *e non da fonti diverse*. Per indicare questo fenomeno si parla di **riserva di legge** (dato che la disciplina della materia è, in questi casi, *riservata* alla legge).

Ad esempio, l'art. 13 Cost., stabilito che «*la libertà personale è inviolabile*», dispone che non è ammessa nessuna restrizione se non per atto dell'autorità giudiziaria «*nei soli casi e modi previsti dalla legge*». Ancora, l'art. 23 afferma che «*nessuna prestazione personale o patrimoniale*» (come il servizio militare, o il pagamento delle imposte) può essere imposta «*se non sulla base della legge*».

In entrambi i casi, la materia è *riservata alla disciplina legislativa*, e non potrebbe essere affidata dalla legge alla competenza di fonti inferiori, di tipo regolamentare.

Assoluta

Più precisamente, le *riserve di legge* sono state suddistinte dagli studiosi in *due specie*. La prima specie è detta **riserva assoluta**, e si ha nei casi in cui l'interpretazione della norma costituzionale porta ad escludere – sulla base di argomenti sia letterali che sistematici – che un qualunque ruolo possa essere lasciato, nella materia stessa, ai *regolamenti*. Oggetto di riserva *assoluta* di legge sono, in particolare, tutti i *diritti di libertà* (oltre alla libertà personale, la libertà di domicilio, di corrispondenza, di circolazione, di riunione, di associazione, di fede, di pensiero).

Relativa

In altri casi (come nell'esempio delle «prestazioni personali e patrimoniali», o in materia di organizzazione amministrativa secondo l'art. 97 Cost.) si parla invece di **riserva relativa** di legge, e si ammette che la legge, una volta fissati i *lineamenti principali* della disciplina, possa affidare il compito di *integrarla* anche al *regolamento*.

È chiaro (ma merita di essere sottolineato) che dietro il carattere «tecnico-giuridico» della riserva di legge sta un fatto istituzionale di grande importanza. La riserva di legge comporta infatti (sin dove essa si estende) che la disciplina della materia stia in linea di principio nella disponibilità del solo Parlamento quale diretto rappresentante dell'intero popolo, e che il Governo vi possa eventualmente intervenire o con atti aventi essi stessi forza di legge (e dunque collegati ad una *legge* di delega o di conversione, come sopra esposto) oppure (ma solo se la riserva è *relativa*) se chiamato dal Parlamento mediante una legge. La riserva di legge è dunque una delle espressioni del principio democratico.

Non retroattività

Ancora, la subordinazione alla legge comporta che *il regolamento non può essere retroattivo*, cioè non può disporre la propria applicazione a situazioni passate. Questo perché l'art. 11 delle «preleggi» stabilisce in generale per tutti gli atti normativi il principio di *irretroattività* (precisando che «*la legge non dispone che per l'avvenire*»). E mentre le leggi (e gli atti aventi forza di legge) possono *derogare* a quel principio, stabilito da una fonte del loro stesso grado (salvi i limiti posti dalla Costituzione in materia *penale*), i regolamenti sono invece sempre *tenuti* a rispettarlo.

Limiti di materia dei regolamenti statali

Infine, anche il *potere regolamentare* dello Stato incontra limiti di materia, ben più stringenti di quelli posti alla legge ordinaria. Precisamente, l'art. 117, co. 6, della Costituzione stabilisce che «la potestà regolamentare spetta allo Stato nelle materie di legislazione esclusiva», aggiungendo «salva delega alle Regioni». La stessa disposizione precisa poi che «la potestà regolamentare spetta alle Regioni in ogni altra materia» (fermo restando un ulteriore potere regolamentare degli enti locali, di cui si dirà oltre). Questi limiti di materia posti oramai ai regolamenti statali vanno tenuti presenti anche in relazione ai diversi tipi di regolamenti previsti dalla legge n. 400 del 1988, di cui si parla subito sotto.

2. i regolamenti del Governo

Nell'ambito dello Stato, la legge attribuisce il potere regolamentare fondamentalmente al *Governo*, ma spesso anche a *singoli ministri*. Sono però qualche volta previsti anche atti regolamentari del Presidente del Consiglio dei ministri, o di comitati interministeriali, o di altre autorità (centrali o periferiche) che fanno capo al «potere esecutivo».

Fondamento e procedura

I regolamenti del Governo sono *implicitamente* previsti dalla Costituzione, la quale però si limita a stabilire che il Presidente della Repubblica, tra le altre sue attribuzioni, «*emana*» i regolamenti (art. 87, co. 5). La loro precisa disciplina è rimasta per parecchi decenni quella contenuta nella l. 31 gennaio 1926, n. 100, le cui disposizioni dovevano naturalmente essere coordinate in via interpretativa con le regole costituzionali in materia di fonti del diritto. La legge 23 agosto 1988, n. 400, ha in seguito dettato una nuova disciplina della materia, complessivamente ispirata al criterio di attribuire al Governo un potere regolamentare di carattere e portata generale, da esercitarsi sia nelle materie disciplinate dalla legge (con disposizioni di carattere attuativo), sia nelle materie non disciplinate dalla legge, con il solo limite che non si tratti di materie *riservate* alla legge, o di materie affidate alla competenza legislativa regionale.

Quanto al *procedimento di formazione* dei regolamenti tale legge, confermando le regole precedenti, stabilisce che essi sono *deliberati* dal Consiglio dei ministri, dopo aver sentito il *parere* del Consiglio di Stato. Dopo di che il regolamento viene, appunto, *emanato* con decreto del Presidente della Repubblica. Ormai determinato nel contenuto e formalmente perfetto, esso viene quindi sottoposto al controllo di legittimità della Corte dei conti, la quale provvede al visto e alla registrazione. Segue infine la pubblicazione (come per le leggi, mediante inserimento nella *Raccolta* e stampa nella *Gazzetta Ufficiale*).

La legge (art. 17) prevede quattro *categorie* di regolamenti governativi.

Il primo gruppo è formato dai regolamenti per «*l'esecuzione delle leggi e dei decreti legislativi*», nonché dai regolamenti per l'esecuzione «*dei regolamenti comunitari*». Essi contengono norme dirette a *consentire o facilitare l'attuazione delle leggi*, o ad *integrarne il contenuto*. Si noti che in linea di principio, gli atti legislativi e i regolamenti comunitari si applicano *direttamente*, senza bisogno di ulteriori norme di attuazione. Ma vi sono casi in cui è necessaria una normativa che specifichi spunti rimasti in sospeso.

Regolamenti di esecuzione

Così, se una legge si limita a prevedere un *concorso* per l'accesso a certi impieghi, sarà necessario o utile stabilire *in generale* (e non di volta in volta) su quali *prove* il concorso verterà, come sarà composta la *commissione* chiamata a valutare le prove, secondo quali *criteri di giudizio* esse dovranno essere valutate, e simili. Oppure, in altri casi, si tratterà di *precisare meglio* ciò che è già espresso nella legge, di stabilire le procedure, e simili. Il tipico regolamento di esecuzione contiene perciò una disciplina *parallela ed attuativa* rispetto a quella della legge, e ne riprende lo stesso schema espositivo.

La possibilità, prevista ora (dopo l'integrazione introdotta con la l. n. 25 del 1999) in via generale ed a prescindere da una specifica previsione legislativa, di attuare i regolamenti comunitari attraverso regolamenti del Governo conferma che i regolamenti comunitari sono considerati nel nostro ordinamento alla pari di una fonte primaria, che può direttamente ricevere attuazione – ove ve ne sia necessità – attraverso una fonte secondaria.

Il secondo gruppo è formato dai regolamenti per «*l'attuazione e l'integrazione delle leggi e dei decreti legislativi recanti norme di principio, esclusi quelli relativi a materie riservate alla competenza regionale*» (co. 1, lett. *a* e *b*).

Regolamenti attuativi di norme di principio

La formulazione della legge n. 400 sembra in qualche modo auspicare che il legislatore si limiti a dettare norme di principio, rinviando al Governo il compito di integrare la disciplina per l'applicazione. L'idea è in sostanza di «alleggerire» il contenuto delle leggi, rinviando la parte più dettagliata della disciplina al regolamento (va però da sé che ciò non può accadere nelle materie oggetto di *riserva assoluta* di legge). Quando però si tratti di materia di competenza regionale, toccherà alla Regione (e non al regolamento del Governo) di dettare la disciplina attuativa delle norme di principio.

Al terzo gruppo appartengono i regolamenti che il Governo può deliberare per disciplinare «*le materie in cui manchi la disciplina da parte di leggi o di atti aventi forza di legge, sempre che non si tratti di materie comunque riservate alla legge*» (lett. *c*). Essi possono dirsi regolamenti *indipendenti*, dato che – in assenza di disposizioni legislative – costituiscono la *principale* o l'*unica* disciplina della materia.

Regolamenti indipendenti

Con questa disposizione la legge n. 400 del 1988 amplia considerevolmente i poteri regolamentari del Governo (la legge n. 100 del 1926 si limitava a prevedere regolamenti riguardanti «*l'uso delle facoltà spettanti al potere esecutivo*»), che ora costituiscono praticamente una attribuzione normativa di carattere generale. Si consideri tuttavia che il potere di disciplinare materie non coperte da leggi continua ad essere in realtà fortemente compresso dalle numerose riserve di legge, sia assolute che relative poste dalla Costituzione (ma eventualmente, come limite al potere regolamentare, anche da leggi ordinarie) a garanzia della sovranità del Parlamento e delle libertà dei cittadini.

Regolamenti di organizzazione

I tre gruppi finora considerati esauriscono, da un punto di vista logico, la gamma delle possibilità: dato che ogni materia non può che esser compresa tra quelle disciplinate dalla legge (eventuale oggetto di regolamenti attuativi) o tra quelle non disciplinate dalla legge (eventuale oggetto di regolamenti indipendenti). Il legislatore ha però preferito, seguendo la tradizione precedente, dare apposita disciplina alla specifica questione del **regolamento di organizzazione**.

Occorreva qui tener conto – rispetto alla situazione del 1926 – del fatto che la Costituzione dispone, come regola generale, che «*i pubblici uffici sono organizzati secondo disposizioni di legge*» (art. 97, co. 1), e che essa prevede ancora, in particolare, che *la legge* (e non perciò il regolamento) «*determina il numero, le attribuzioni e l'organizzazione dei ministeri*» (art. 95, co. 3). Ne risulta una *riserva di legge*, che ha fortemente ridotto l'ambito di possibile intervento del regolamento in materia organizzativa. Infatti, benché si tratti di riserva *relativa* (e non assoluta), *devono pur sempre essere lasciati alla disciplina legislativa i lineamenti fondamentali dell'organizzazione*: come, in particolare, l'individuazione degli *organi* e delle loro *competenze*.

Perciò la legge n. 400 dispone sì all'art. 17, co. 1, lett. *d*), che con regolamento governativo può essere disciplinata «*l'organizzazione ed il funzionamento delle amministrazioni pubbliche*», ma deve poi precisare che ciò può accadere soltanto «*secondo le disposizioni dettate dalla legge*», cui spetta di regolare gli aspetti ora indicati. Particolari regolamenti sono previsti «per l'organizzazione e la disciplina degli uffici dei Ministeri» (co. 4 *bis*).

Una ulteriore categoria di regolamenti governativi, detta dei *regolamenti di riordino*, è ora prevista dal co. 4 *ter* dell'art. 17, introdotto dalla l. n. 69 del 2009. Con tali regolamenti «si provvede al periodico riordino delle disposizioni regolamentari vigenti, alla ricognizione di quelle che sono state oggetto di abrogazione implicita e all'espressa abrogazione di quelle che hanno esaurito la loro funzione o sono prive di effettivo contenuto normativo o sono comunque obsolete».

I regolamenti in materie delegificate

La legge n. 400 del 1988 disciplina inoltre il fenomeno – già da tempo conosciuto – della cosiddetta *delegificazione*. Anche quando una materia sia attualmente disciplinata dalla legge (e perciò lo spazio per il regolamento potrebbe essere, al più, puramente esecutivo), il legislatore può (ovviamente con una nuova legge, e nelle materie che non sono oggetto di riserva assoluta di legge) limitarsi a determinare «*le norme generali*» regolatrici della materia, abrogando la legislazione precedente e rinviando per il resto ad un successivo regolamento. L'aspetto singolare del fenomeno sta nella circostanza che – per evitare un periodo di vuoto normativo – la nuova legge disporrà che l'efficacia delle precedenti disposizioni legislative venga meno solo dopo che sia intervenuto anche il regolamento. Di qui l'impressione che sia il regolamento ad abrogare la legge: ciò che violerebbe il principio di *gerarchia* tra legge e regolamento. È però agevole osservare che l'abrogazione delle precedenti disposizioni non avviene in forza del regolamento (che ha il solo ruolo di determinare il *momento* dell'abrogazione), ma in forza della nuova legge. Sicché il fenomeno rientra nella normalità.

Non così normale è tuttavia la circostanza che spesso la legge non precisa affatto quali precedenti disposizioni legislative saranno abrogate con l'entrata in vigore del regolamento. Quali esse siano dipenderà in concreto dal contenuto del regolamento: sicché l'«impressione» che sia il regolamento ad abrogare la legge diventa più vicina alla realtà.

Tali regolamenti sono emanati con decreto del Presidente della Repubblica, previa deliberazione del Consiglio dei ministri, sentito il Consiglio di Stato e previo parere delle Commissioni parlamentari competenti in materia.

3. i regolamenti ministeriali

Al contrario del Governo nel suo insieme (che in virtù della l. n. 400 del 1988 dispone, nei limiti che abbiamo visto, di un potere regolamentare *generale*) i singoli ministri dispongono di poteri regolamentari solo quando «*leggi particolari*» li prevedono (art. 17, co. 3, della l. n. 400 del 1988; si veda per questo anche l'art. 3, co. 2, delle *preleggi*). Ciò capita tuttavia non raramente, soprattutto quando si tratta di emanare norme di contenuto tecnico: ad esempio, norme che disciplinano i *limiti di ammissibilità* di determinate sostanze nell'ambiente o negli alimenti, i *metodi di analisi* dei campioni, i *requisiti* e le *caratteristiche di materiali da costruzione*, o *dei veicoli a motore*, o *di materiali elettrici*, o *dei giocattoli*, o simili.

In casi di questo genere riesce utile affidare il compito di emanare il regolamento al Ministro competente per materia (che per la predisposizione dell'atto si avvale naturalmente degli uffici ed organi tecnici del Ministero), il quale provvederà anche ai necessari *aggiornamenti* della normativa. Non sempre le leggi che prevedono questi poteri ministeriali parlano esplicitamente di *regolamenti*: a volte si parla invece di *criteri, modalità, indici, standard, norme di sicurezza*, o altro.

Secondo la legge n. 400 del 1988 i regolamenti ministeriali (come quelli *interministeriali* o di *autorità sottordinate* al ministro) conservano la forma del semplice decreto ministeriale senza venire assunti in un atto del Presidente della Repubblica – ma devono comunque recare la formale denominazione di *regolamento*, e seguire una procedura propria, che prevede prima dell'emanazione il parere del Consiglio di Stato e la comunicazione al Presidente del Consiglio dei ministri, dopo l'emanazione il controllo della Corte dei conti. La comunicazione al Presidente del Consiglio non è collegata ad alcun potere esplicito, ma è evidente che egli ha, in relazione al suo ruolo complessivo, un informale potere di intervento, e all'occorrenza di blocco, quando possa essere coinvolta la politica generale del Governo.

La legge ha così ufficializzato la categoria dei regolamenti ministeriali, prima discussa. Tuttavia, essa lascia questioni irrisolte e problemi applicativi. Ad esempio, non è facile determinare se le regole così stabilite dovranno applicarsi ai soli atti che le leggi, prevedendone l'emanazione, denominano esplicitamente regolamenti, o anche a tutti gli atti sostanzialmente normativi attribuiti dalle leggi (vigenti e future) ai ministri, con le varie indicazioni e denominazioni sopra indicate.

Le circolari

Non sono veri atti normativi (e perciò non sono regolamenti) le **circolari** ministeriali. Esse sono invece *istruzioni che il Ministro dà agli uffici amministrativi (centrali e periferici) del Ministero* sul modo in cui una legge o un regolamento devono essere interpretati (c.d. circolari *interpretative*) o sul modo in cui poteri discrezionali debbano essere esercitati (c.d. circolari *normative*).

I nomi ora indicati possono trarre in inganno, dato che in un altro senso si potrebbero dire «normative» le circolari che hanno a che fare con le norme, cioè quelle interpretative. Ciò che si vuol dire con i nomi tradizionali è che le circolari interpretative si *limitano* ad interpretare la legge, senza volere contenere un autonomo comando, mentre quelle c.d. *normative* hanno lo scopo esplicito di *imporre* un comportamento che altrimenti non sarebbe dovuto.

In pratica, le circolari sono molto importanti, perché gli uffici inferiori sono tenuti a rispettare quelle «normative» e a tenere in seria considerazione quelle interpretative. Tuttavia, esse *non incidono sui diritti, sugli obblighi e in generale sulle posizioni soggettive delle persone*. Se la circolare contrasta con una legge o un regolamento, l'atto emanato in conformità ad essa sarà illegittimo.

capitolo 22

LE FONTI REGIONALI E LOCALI

1. gli statuti delle Regioni

Regioni ordinarie e Regioni speciali

Nel sistema previsto dalla Costituzione, le venti Regioni individuate dall'art. 131 (Piemonte, Valle d'Aosta, Lombardia, Trentino-Alto Adige, Veneto, Friuli-Venezia Giulia, Liguria, Emilia-Romagna, Toscana, Umbria, Marche, Lazio, Abruzzi, Molise, Campania, Puglia, Basilicata, Calabria, Sicilia, Sardegna) devono essere distinte in due diverse categorie.

Da una parte, infatti, tutte le Regioni sono – ai sensi dell'art. 114, co. 2 – «*enti autonomi con propri statuti poteri e funzioni secondo i principi fissati dalla Costituzione*»; dall'altra, tuttavia, secondo l'art. 116, «*il Friuli-Venezia Giulia, la Sardegna, la Sicilia, il Trentino-Alto Adige/Südtirol e la Valle d'Aosta/Vallée d'Aoste dispongono di forme e condizioni particolari di autonomia, secondo i rispettivi statuti speciali adottati con legge costituzionale*». Così le cinque Regioni ora nominate non trovano la loro disciplina fondamentale nel Titolo V della Costituzione – come le altre quindici – ma ciascuna nel proprio *statuto*, disposto da una *legge costituzionale*: e sono perciò dette Regioni *a statuto speciale*, in contrapposizione alle prime, dette Regioni *a statuto ordinario*.

Come ora visto, le Regioni speciali sono cinque. Occorre però considerare che – secondo lo statuto per il Trentino-Alto Adige/Südtirol (emanato in attuazione di accordi internazionali con l'Austria) – la quasi totalità delle funzioni legislative ed amministrative compete, per il rispettivo territorio, alla Provincia di Trento e alla Provincia di Bolzano, che sono dunque anch'esse *Province ad autonomia speciale*.

Le ragioni per le quali il Costituente ha attribuito alle Regioni indicate una autonomia particolare si comprendono facilmente, considerando che si tratta delle regioni insulari e di altre regioni di confine, contrassegnate da spiccate particolarità etniche o storiche. Altro problema è se la differenziazione dei loro poteri, nei termini in cui è stata realizzata, conservi una ragione anche oggi, o se la questione debba essere posta su nuove basi.

Si è detto che gli Statuti speciali sono *leggi costituzionali* dello Stato. Tuttavia, la legge costituzionale n. 2 del 2001 ha introdotto significative varianti rispetto alla normale procedura di approvazione delle leggi costituzionali. Da un lato, è espressamente previsto che l'iniziativa della proposta possa essere assunta anche dal Consiglio regionale, e che i progetti di iniziativa governativa o parlamentare siano sottoposti al Consiglio regionale per un parere. Dall'altro, è previsto che le disposizioni approvate dal Parlamento non siano in alcun caso sottoposte a *referendum*. Si noti che la riforma del titolo V della parte seconda della Costituzione (cioè delle norme costituzionali relative alle Regioni ordinarie) realizzata dalla legge costituzionale n. 3 del 2001 ha posto il tema dell'aggiornamento degli Statuti speciali. Finora, però, nessun nuovo statuto speciale è stato approvato.

Sia alle Regioni ordinarie che alle Regioni speciali sono affidati importanti poteri normativi. Si tratta, soprattutto, del potere di fare *leggi* in tutte le materie che non siano riservate alla legislazione dello Stato (sono tuttavia riservate allo Stato le aree ordinamentali fondamentali, come il diritto privato, il diritto penale e il diritto processuale: v. cap. 19, par. 2). Prima ancora, tuttavia, esse hanno il potere di disciplinare – all'interno del quadro dettato dalla Costituzione (per le Regioni ordinarie) o dai rispettivi Statuti (per le Regioni speciali) – la propria forma di governo e la propria organizzazione. Tale disciplina è stabilita mediante atti legislativi soggetti ad una particolare procedura di approvazione, che per le regioni ordinarie prendono il nome di **statuti**, mentre per le Regioni speciali (per le quali il nome di statuti già designa la disciplina fondamentale posta con legge costituzionale) possono essere denominati (in mancanza di una denominazione ufficiale) *leggi di attuazione statutaria*.

Contenuti degli statuti ordinari

Ogni Regione ordinaria ha un proprio **statuto** il quale «*in armonia con la Costituzione ne determina la forma di governo e i principi fondamentali di organizzazione e funzionamento*». Inoltre, esso «*regola l'esercizio del diritto di iniziativa e del* referendum *su leggi e provvedimenti amministrativi della Regione e la pubblicazione delle leggi e dei regolamenti regionali*» (art. 123, co. 1, Cost.). Ancora, «in ogni Regione, lo statuto disciplina il Consiglio delle autonomie locali, quale organo di consultazione fra la Regione e gli enti locali» (co. 4).

In *armonia con la Costituzione* significa che un vincolo generale di coerenza con i principi ispiratori esiste anche dove la Costituzione non contiene norme precise.

L'estensione della materia statuaria alla *forma di governo* è dovuta alla modifica apportata con la legge costituzionale n. 1 del 1999. In realtà già gli statuti formati all'inizio (1971) dalle Regioni ordinarie hanno disciplinato anche oggetti diversi ed ulteriori rispetto a quelli previsti in Costituzione, meglio specificando i rapporti tra gli organi e la distribuzione dei poteri tra essi, e più in generale definendo scopi, compiti ed obbiettivi che la Regione si propone. Sicché gli statuti sono venuti a somigliare a piccole «Costituzioni» (benché ciò non abbia giuridicamente allargato i poteri o le funzioni regionali, e sia rimasto anche per questa ragione molto spesso inefficace: anche se non privo di significato, peraltro solo politico, come la Corte costituzionale ha affermato nella sentenza n. 829 del 1988 e ribadito con la sent. n. 379 del 2004).

Procedura di approvazione

Lo statuto «*è approvato e modificato dal Consiglio regionale con legge approvata a maggioranza assoluta dei suoi componenti, con due deliberazioni successive adottate ad intervallo non minore di due mesi*». All'approvazione segue la pubblicazione nel Bollettino Ufficiale della Regione, ma lo statuto (o la modifica) non entra ancora in vigore, e si aprono invece i termini per due distinte vicende: da una parte il Governo, ove ritenga che quanto deliberato dalla Regione sia in tutto o in parte contrario alla Costituzione, può promuovere entro 30 giorni la questione di legittimità costituzionale (art. 123, co. 2); dall'altra gli elettori della Regione (almeno un cinquantesimo) o i componenti del Consiglio regionale (almeno un quinto) possono chiedere entro 3 mesi lo svolgimento di un *referendum*. Se il Governo non agisce e gli elettori (o i consiglieri) non richiedono il *referendum* lo statuto viene promulgato e pubblicato nuovamente in vista dell'entrata in vigore. Se invece è richiesto il *referendum* lo statuto – secondo l'art. 123 Cost. – «*non è promulgato se non è approvato dalla maggioranza dei voti validi*».

Caratteri della fonte statutaria

Come sopra detto, la stessa Costituzione definisce come *legge regionale* l'atto con cui il Consiglio approva lo statuto. Tuttavia, la procedura di approvazione risulta notevolmente *aggravata* rispetto al procedimento legislativo ordinario: sia per la necessità della doppia approvazione, sia per la particolare maggioranza richiesta, sia infine per la possibilità di richiedere il *referendum*. È chiaro dunque che le normali leggi regionali devono rispettare lo statuto, e che ove contrastassero con lo statuto violerebbero anche la Costituzione, che non consente che lo statuto sia modificato se non attraverso l'apposita procedura.

2. la legge regionale

Le Regioni hanno il potere di fare **leggi**. È questo un dato caratteristico della *forma di governo* in Italia: il potere legislativo non spetta *solo* al Parlamento, ma anche ad istituzioni autonome territoriali, quali appunto le Regioni, secondo il riparto stabilito dall'art. 117 Cost.

Carattere delle leggi regionali

Le **leggi regionali** sono *vere leggi*. Non soltanto sono così chiamate dalla stessa Costituzione, ma, al pari delle leggi statali, esse sono *approvate* da una assemblea elettiva e *promulgate* (dal Presidente della Giunta regionale). Esse possono entro certi limiti contenere norme *difformi* dalla legislazione statale (cioè contrastanti con essa), ed anche le norme *illegittime* in esse eventualmente contenute *possono essere eliminate solo dalla Corte costituzionale.*

È però importante sottolineare – ad evitare fraintendimenti – che *il potere legislativo regionale è un potere limitato.* Vedremo subito di quali *specifici* limiti si tratta: ma ad essere limitato è in primo luogo lo stesso *oggetto* della legislazione, che è fondamentalmente costituito dalla *disciplina dei poteri e dell'azione delle autorità regionali* per il perseguimento degli scopi di interesse pubblico loro affidati. In questo senso, *la legislazione regionale è essenzialmente una legislazione sull'attività della pubblica amministrazione regionale e locale.*

In altre parole, nonostante facciano *leggi*, le Regioni italiane *non sono Stati*. Ad esse manca non tanto la *sovranità* (dato che nessuno Stato membro di uno Stato federale è realmente sovrano), quanto la pienezza di sviluppo del potere statale, nel determinare i *rapporti civili*, i *reati* e *le fattispecie criminali*, gli *organi* e i *poteri giudiziari*: queste materie sono infatti riservate allo Stato dell'art. 117, co. 2.

Solo entro il rimanente ambito, dunque, la potestà legislativa regionale ha carattere *generale*, nel senso che essa può riguardare qualunque oggetto o materia la cui disciplina non sia espressamente riservata allo Stato dalla Costituzione, ed in particolare dall'art. 117, co. 2.

I limiti delle leggi regionali. La Costituzione

Quanto ai *limiti* ai quali le leggi regionali sono soggetti, è ovvio intanto che anch'esse, come le leggi ordinarie statali, debbono rispettare la Costituzione, come è ricordato dall'art. 117, co. 1.

Divieti specifici per le leggi regionali sono stabiliti dall'art. 120 Cost., secondo il quale esse non possono «istituire dazi di importazione o esportazione o transito tra le Regioni», né adottare «provvedimenti che ostacolino in qualsiasi modo la libera circolazione delle persone e delle cose tra le Regioni», né «limitare l'esercizio del diritto al lavoro in qualunque parte del territorio nazionale». La Costituzione riferisce tali divieti alle Regioni non perché essi non operino anche per la legge statale, ma perché i legislatori regionali sono maggiormente esposti alla tentazione di legiferare privilegiando la propria comunità regionale.

Gli obblighi internazionali e l'ordinamento comunitario

Come il vincolo alla Costituzione, anche il limite dei vincoli derivanti dagli obblighi internazionali e dall'ordinamento comunitario sono comuni sia alla legislazione ordinaria statale che alle leggi regionali. Ciò non significa, tuttavia, che Regioni e Stato si trovino esattamente nella stessa situazione.

In primo luogo, il vincolo degli obblighi internazionali opera per il legislatore ordinario (statale e regionale) ma non per il legislatore costituzionale (ovviamente statale). Inoltre, il vincolo derivante dagli obblighi internazionali opera, come è chiaro, sino a che tali obblighi esistono sul piano del diritto internazionale, nel cui ambito lo Stato rimane sempre libero di sottrarsi, nei modi ammessi, ai trattati (non invece, ovviamente, al diritto internazionale consuetudinario o fondato su princìpi, che opera comunque nel nostro ordinamento in virtù del richiamo dell'art. 10 Cost.). È ovvio invece che le Regioni non possono denunciare i trattati stipulati dallo Stato.

Secondo l'art. 117, co. 5, Cost. le Regioni, nelle materie di loro competenza, «provvedono all'*attuazione* e all'*esecuzione* degli accordi internazionali»: ma questo non va inteso nel senso che spetti alle Regioni l'emanazione dell'*ordine di esecuzione* del trattato, quale atto che determina il sorgere del relativo obbligo nel diritto interno, ma nel senso che, sorto l'obbligo e divenuto esecutivo il trattato, le Regioni hanno il dovere ed il diritto di dare ad esso attuazione.

L'attività internazionale delle Regioni

Le Regioni hanno tuttavia una limitata capacità regionale di contrarre impegni sul piano internazionale. Infatti, l'art. 117, co. 9, prevede che «nelle materie di sua competenza la Regione può concludere accordi con Stati e intese con enti territoriali interni ad altro Stato, nei casi e con le forme disciplinati da leggi dello Stato». Inoltre, per quanto riguarda gli «atti comunitari» lo stesso art. 117, co. 5, assicura alle Regioni il diritto di *partecipare* alle decisioni dirette alla loro formazione.

Tale diritto si riferisce alle decisioni *nazionali* relative alla formazione degli atti comunitari (mentre le procedure propriamente comunitarie sono definite dai trattati europei), nonché il diritto – che è anche un dovere – di dare ad essi attuazione ed esecuzione.

Potere sostitutivo statale

Quanto alla competenza attuativa dei trattati internazionali, bisogna ricordare che nell'ordinamento internazionale opera una responsabilità statale complessiva, che giustifica il potere sostitutivo dello Stato, nel caso le Regioni rimangano inerti, previsto sia dallo stesso quinto comma dell'art. 117 che dall'art. 120, co. 2 (vedi cap. 26, par. 12). E si può ritenere che, ove con immediatezza debbano essere introdotte norme legislative, il legislatore statale abbia il potere di provvedervi anche nelle materie che appartengono alla competenza residuale delle Regioni, con norme di tipo *cedevole*, cioè norme che potranno in seguito essere sostituite dalle leggi regionali.

Il limite del territorio

Le Regioni sono istituzioni territorialmente definite. In relazione a questo, si usa dire che il primo dei limiti specifici è il limite del *territorio*, un limite connaturato al loro stesso modo di essere. È chiaro, ad esempio, che la legislazione urbanistica di ciascuna Regione è destinata ad operare entro i confini regionali, come pure quella relativa ai lavori pubblici, ai trasporti, al turismo, alla sanità, all'assistenza, ed in pratica a tutti i settori.

Tuttavia, il fatto che le leggi regionali siano destinate a disporre per il territorio regionale non significa che le Regioni non possano e debbano tenere rapporti esterni, e dunque considerare fenomeni esterni. In primo luogo, non è di per sé precluso alle Regioni di prevedere attività di propri esponenti da svolgere al di fuori del territorio regionale, né di manifestare solidarietà a popolazioni di altre Regioni o altri Stati mediante aiuti o simili. In secondo luogo lo stesso articolo 117 Cost. prevede per esse facoltà che necessariamente implicano rapporti con entità esterne. Così l'ottavo comma stabilisce che «la legge regionale ratifica le intese della Regione con altre Regioni per il migliore esercizio delle proprie funzioni, anche con individuazione di organi comuni».

Inoltre, si è già detto sopra che nelle materie di competenza le Regioni possono «concludere accordi con Stati e intese con enti territoriali interni ad altro Stato, nei casi e con le forme disciplinati da leggi dello Stato» (art. 117, co. 9).

Il limite delle materie

Quale ulteriore limite comune alle leggi regionali opera il limite delle *materie*. Tuttavia, mentre prima della legge cost. 3/2001 le Regioni avevano autonoma potestà legislativa solo nell'ambito delle materie espressamente indicate dalla Costituzione, ora esse hanno potestà legislativa in tutte le materie che non siano costituzionalmente eccettuate da essa (ma si ricordi che sono comunque eccettuati l'*ordinamento civile* – cioè il diritto privato –, il *diritto penale* e il *diritto processuale*). Il limite dunque esiste ancora, ma è mutato il modo in cui esso opera.

Va ricordato, comunque, che non tutte le «materie» di cui all'art.

117, co. 2, Cost. indicano ambiti nei quali la legge regionale non può entrare. A volte, infatti, esse indicano invece momenti di supremazia della legge statale in relazione ad oggetti che di per sé rientrano nelle materie regionali: come ad esempio accade per la più volte ricordata competenza relativa alla fissazione dei livelli essenziali delle prestazioni concernenti i diritti civili e sociali, o alla tutela della concorrenza, o alla determinazione delle funzioni fondamentali degli enti locali o alla competenza relativa ai rapporti internazionali.

La potestà legislativa concorrente e il limite dei principi fondamentali

Nell'esercizio della potestà legislativa concorrente relativa alle materie elencate dall'art. 117, co. 3 (e riportate *sopra*, cap. 19, par. 2), le Regioni devono sottostare, oltre che ai limiti già considerati, anche ai *princìpi fondamentali*, la cui determinazione è riservata alla legislazione dello Stato. Le leggi di principio potranno in primo luogo individuare e delimitare più precisamente la materia concorrente. Si avverta però che ciò che viene escluso dalla potestà concorrente (e non rientri in una potestà esclusiva dello Stato, secondo l'art. 117, co. 2) appartiene alla potestà regionale residuale di cui all'art. 117, co. 4, e non ad una potestà statale.

Dato che nelle materie concorrenti la potestà legislativa *spetta alle Regioni* salvo che per la determinazione dei principi fondamentali, la legge statale dovrebbe *limitarsi* ai principi, lasciandone alle Regioni l'attuazione. In determinati casi, tuttavia, il legislatore statale può dettare anche la disciplina operativa, che potrà poi essere sostituita dalle leggi regionali.

Se in una materia concorrente non vi sia una legislazione di principio appositamente posta, il limite dei «principi fondamentali» vale egualmente, e i princìpi si debbono ricavare dalla legislazione statale comunque vigente (art. 9 l. n. 62 del 1953 e, dopo la legge cost. n. 3 del 2001, sent. della Corte costituzionale n. 282 del 2002). Tuttavia, in certe materie – come i tributi o le professioni – la legge regionale può intervenire solo negli ambiti espressamente previsti dai principi statali.

I limiti nelle materie residuali

Nelle materie *residuali* (cioè nelle materie che non sono attribuite né alla sola legislazione statale né alla legislazione regionale concorrente con quella di principio dello Stato) la legislazione regionale non è soggetta ad alcun limite specifico, diverso dai limiti comuni a tutte le potestà legislative ordinarie.

Tuttavia, va ricordato che anche in relazione a tali materie lo Stato può legiferare nell'esercizio delle potestà esclusive definite dall'art. 117, co. 2, e che le regole legislative statali poste nell'esercizio di tali compiti devono essere rispettate dalle Regioni.

Si può aggiungere inoltre che il riparto costituzionale presuppone, senza occuparsene, le potestà normative dell'Unione europea, che investono oramai moltissime materie, sia statali che concorrenti che regionali. E dove tali potestà esistano nessuna potestà legislativa nazionale può dirsi realmente esclusiva.

Il procedimento legislativo regionale

Il procedimento legislativo regionale è simile a quello statale. La maggiore differenza sta nel fatto che la funzione legislativa è esercitata dal solo Consiglio regionale, e non da un organo a struttura bicamercale come il Parlamento. Perciò per l'approvazione della legge regionale è sufficiente una sola deliberazione. È invece venuto meno, a seguito della riforma operata con la l. cost. n. 3 del 2001, l'altro principale elemento di differenziazione del procedimento legislativo regionale, un tempo costituito dal *controllo preventivo* sulle leggi regionali, basato sul potere del Governo di sottoporre la legge regionale non ancora in vigore al giudizio della Corte costituzionale.

Ora, invece, la legge regionale viene direttamente promulgata dal Presidente della Giunta regionale, al quale la legge approvata è trasmessa dal presidente del Consiglio regionale. Non risulta che il Presidente della Giunta abbia il potere di *rinviare* la legge al Consiglio regionale, potere che spetta invece al Presidente della Repubblica per le leggi statali. Ma si ricordi che nelle Regioni il Presidente è lo stesso Presidente della Giunta regionale, cioè il capo dell'esecutivo, e non un diverso organo di garanzia (come per lo Stato è il Presidente della Repubblica).

La legge regionale viene quindi pubblicata nel Bollettino Ufficiale della Regione, secondo modalità fissate dallo statuto regionale, per entrare in vigore dopo che è trascorso il tempo prescritto (che è, normalmente, di quindici giorni).

Assenza di altri atti con valore di legge regionale

La legge formale approvata dal Consiglio nei modi indicati è nelle Regioni la sola fonte di rango legislativo a disposizione degli organi istituzionali della Regione. Non sono infatti previsti dalla Costituzione atti con forza di legge dell'organo esecutivo, e non esistono perciò né decreti-legge né decreti legislativi regionali.

L'esclusivo monopolio del Consiglio nella funzione legislativa ne rafforza evidentemente la posizione tra gli organi regionali. Tuttavia, l'assenza di uno strumento paragonabile al decreto-legge rende meno pronta la Regione nelle situazioni di emergenza, mentre l'assenza del decreto legislativo ostacola il consolidamento della legislazione regionale in testi unici.

Si ricordi invece che anche le leggi regionali, come quelle statali, possono essere abrogate per *referendum*, secondo le disposizioni previste dallo statuto (v. art. 123 Cost.) e dalle leggi regionali.

Referendum abrogativo

3. la potestà legislativa delle Regioni a statuto speciale

L'estensione della riforma del Titolo V alle Regioni speciali

I poteri legislativi delle Regioni speciali (e delle Province autonome di Trento e di Bolzano) sono disciplinati in primo luogo dallo *statuto* di ciascuna Regione, che come detto costituisce l'equivalente delle disposizioni del Titolo V per le Regioni ordinarie. Tuttavia, ad evitare che dopo la riforma costituzionale le Regioni speciali (i cui statuti sono rimasti immutati per quanto riguarda le funzioni) si trovassero in una situazione di minore autonomia, l'art. 10 della l. costituzionale 3/2001 ha disposto che «sino all'adeguamento dei rispettivi statuti» le disposizioni della stessa legge costituzionale «si applicano anche alle Regioni a statuto speciale ed alle province autonome di Trento e di Bolzano *per le parti in cui prevedono forme di autonomia più ampie rispetto a quelle già attribuite*».

L'applicazione delle nuove regole del Titolo V della parte seconda della Costituzione riguarda, in primo luogo, l'eliminazione del controllo preventivo sulle leggi regionali, e del connesso carattere preventivo del sindacato di legittimità costituzionale promosso dal Governo (v. Corte cost., sent. 377/2002).

Inoltre, si estendono alle Regioni speciali i poteri legislativi spettanti alle Regioni ordinarie, dei quali esse non siano già dotate dai rispettivi statuti. In particolare, posto che gli statuti speciali seguivano (come il testo previgente della Costituzione) il criterio delle enumerazione delle materie regionali, si estende alle Regioni speciali il principio della competenza residuale, in virtù del quale spetta ad esse la potestà legislativa anche nelle materie non elencate dal rispettivo statuto speciale, a condizione che non si tratti di materie riservate allo Stato dall'art. 117, co. 2.

Principio della disciplina più favorevole

Quanto alle materie elencate dagli statuti speciali, ad esse si applica il principio della disciplina più favorevole tra quella dello Statuto speciale e quella del nuovo testo costituzionale. Se, ad esempio, una materia è indicata come *concorrente* nello statuto, ma è *residuale* per le Regioni ordinarie, varrà anche per la Regione speciale il regime della potestà residuale. Se invece essa è concorrente anche per le Regioni ordinarie, varrà comunque il nuovo regime previsto per le potestà concorrenti (escluso dunque, tra l'altro, il limite di merito dell'interesse nazionale).

La potestà legislativa primaria

In alcune materie gli statuti prevedono che le Regioni speciali abbiano potestà legislativa – detta di tipo *primario* – da esercitarsi nel rispetto (oltre che della Costituzione e degli obblighi internazionali) dei *principi generali dell'ordinamento giuridico* e delle *norme fondamentali delle riforme economiche e sociali*. Di qui la domanda se tali limitazioni esistano ancora.

La risposta si ispira sempre allo stesso principio: vale la maggiore autonomia tra quella prevista dallo statuto speciale e quella prevista dalla Costituzione. Così se la materia, che per lo statuto speciale appartiene alla potestà primaria, secondo il testo costituzionale è concorrente per le Regioni ordinarie, la Regione speciale interessata continuerà ad avere potestà primaria. Se invece essa fosse *residuale* per le Regioni ordinarie, la potestà più ampia si estenderebbe anche alla Regione speciale, e cesserebbero di valere sia il limite dei princìpi dell'ordinamento che quello delle riforme: ma al tempo stesso varrebbero le clausole di interferenza dello Stato (ad esempio il diritto del legislatore statale di stabilire i livelli minimi delle prestazioni, ai sensi dell'art. 117, co. 2, lett. *m*), sempre secondo il criterio della «maggiore autonomia» (v. anche le indicazioni sul punto della sentenza della Corte costituzionale 536/2002).

4. i regolamenti regionali

Il riparto dei poteri regolamentari

Secondo l'art. 117, co. 6, Cost., «la potestà regolamentare spetta allo Stato nelle materie di legislazione esclusiva, salva delega alle Regioni» (primo periodo), mentre «spetta alle Regioni in ogni altra materia» (secondo periodo). Tali disposizioni completano il riparto dei poteri normativi in modo coerente con il riparto dei poteri legislativi ordinari.

Nelle materie in cui lo Stato ha potestà legislativa esclusiva, esso ha in linea di principio anche la potestà regolamentare. La precisazione che segue («salva delega alle Regioni») consente al legislatore statale, ove lo voglia, di affidare alle Regioni un compito di integrazione normativa, quando la materia non debba essere disciplinata necessariamente con legge, a causa di *riserve di legge* previste da altre disposizioni costituzionali (è evidente, ad esempio, che non ci potrebbe essere delega di poteri regolamentari in materia penale). Dove lo Stato abbia una potestà limitata ai principi fondamentali, le ulteriori norme, sia legislative che regolamentari, rientrano nella competenza regionale.

Titolarità del potere

Diversamente che per i poteri legislativi, affidati al Consiglio regionale, la Costituzione non specifica quale organo regionale sia titolare dei poteri regolamentari. Essa si limita a sancire all'art. 121, con disposizione corrispondente a quella dell'art. 87 per i regolamenti statali, che il Presidente della Regione «*emana*» i regolamenti regionali.

La terminologia della Costituzione lascia supporre che di regola il potere regolamentare sia esercitato dalla Giunta regionale: ma ogni definitiva determinazione sul punto spetta allo statuto regionale, che potrebbe ad esempio ammettere regolamenti dello stesso Presidente, o di un singolo assessore, o del Consiglio regionale. In particolare questa soluzione potrebbe essere ragionevole quando la legge statale deleghi un potere regolamentare alle Regioni: trattandosi in questo caso del solo potere normativo regionale nella materia.

L'esclusione del potere regolamentare statale nelle materie assegnate alla legislazione regionale sembra vietare l'attribuzione ad organi statali non solo del potere di porre in essere atti formalmente definiti come «regolamenti», ma anche del potere di emanare atti a contenuto normativo. Tuttavia, la legislazione statale sembra per ora andare nell'opposta direzione, continuando a prevedere atti ministeriali volti a stabilire *criteri*, *modalità* e *procedure* per i più vari interventi, al punto che in qualche legge si precisa – quasi allusivamente – che si tratta di «decreti di natura non regolamentare» (così ad esempio nella legge finanziaria 2003, n. 289 del 2002).

5. gli statuti e i regolamenti degli enti locali

Gli enti locali non hanno poteri *legislativi*, ma hanno rilevanti poteri normativi riconosciuti dalla Costituzione.

Gli statuti

In particolare, secondo l'art. 114, co. 2, i Comuni, le Province e le Città metropolitane (quando saranno istituite), oltre che le stesse Regioni, sono «enti autonomi con propri statuti». Ed anche se la Costituzione non individua analiticamente – come invece accade per le Regioni (art. 123) – la materia affidata allo statuto, risulta evidente che la Costituzione esige che una parte significativa delle scelte fondamentali relative al modo di essere di ciascun ente sia rimessa al relativo statuto. Tuttavia, va anche ricordato che l'art. 117 della Costituzione affida alla legge statale la determinazione della disciplina elettorale e l'individuazione degli organi di governo.

È attualmente il d. lgs. n. 267 del 2000 (*Testo unico delle leggi sull'ordinamento degli enti locali*) ad individuare i fondamentali organi dei Comuni e delle Province ed a disciplinare i compiti rispettivi. Solo entro il quadro già tracciato dalla legge dunque spetta davvero agli statuti locali di stabilire (secondo quanto previsto dall'art. 6) «le norme fondamentali dell'organizzazione dell'ente», determinando in particolare «le attribuzioni degli organi» e le «forme di garanzia e di partecipazione delle minoranze», nonché «le forme della collaborazione fra comuni e province, della partecipazione popolare, del decentramento». Lo statuto è chiamato inoltre a disciplinare l'«accesso dei cittadini alle informazioni ed ai procedimenti amministrativi», in relazione ai quali tuttavia opera anche la disciplina generale della l. n. 241 del 1990 (cfr. cap. 27, par. 8).

Come atto fondamentale per la vita dell'ente, lo statuto comunale o provinciale deve essere approvato con una speciale maggioranza: la maggioranza dei *due terzi* dei consiglieri assegnati (non dunque semplicemente dei presenti). Se non si ottiene tale maggioranza, lo statuto si considera comunque approvato se ottiene per due volte il voto favorevole della *maggioranza assoluta* dei consiglieri.

I regolamenti

Quanto ai *regolamenti*, l'art. 117, co. 6, della Costituzione, dopo avere ripartito la potestà regolamentare tra lo Stato (nelle materie in cui ad esso spetta la legislazione esclusiva) e le Regioni (nelle rimanenti materie), stabilisce che i Comuni, le Province e le Città metropolitane «hanno potestà regolamentare in ordine alla disciplina dell'organizzazione e dello svolgimento delle funzioni loro attribuite».

La disposizione conferma al livello costituzionale l'attribuzione di potere regolamentare già prevista dall'art. 7 del *Testo Unico* approvato con d. lgs. n. 267 del 2000. Essa tuttavia non può essere intesa come rivolta ad escludere che l'organizzazione e le funzioni degli enti locali siano disciplinati anche dalla legge statale o regionale (secondo il riparto di competenza di cui allo stesso art. 117), sia pure nel rispetto dei principi di autonomia statutaria e di sussidiarietà posti dall'art. 114 e dall'art. 118 Cost.

I regolamenti comunali sono deliberati dal **Consiglio comunale**, organo *rappresentativo* dell'*intera* comunità comunale. Per entrare in vigore essi devono essere «pubblicati»: solo che la pubblicazione, in questo caso, non avviene mediante inserimento e stampa in raccolte ufficiali, come per gli atti normativi finora visti, ma mediante **affissione** per quindici giorni consecutivi in un apposito spazio (detto **albo pretorio**) presso la sede del Comune.

Tra i più importanti regolamenti comunali ricordiamo: sul piano organizzativo, i **regolamenti delle circoscrizioni di decentramento** (nei casi in cui sono ammesse dall'art. 17 d. lgs. n. 267), e il regolamento sull'ordinamento degli uffici e dei servizi (che tuttavia è emanato dalla Giunta comunale, nel rispetto dei criteri generali stabiliti dal Consiglio: art. 48 del d. lgs. n. 267). Ci sono poi i **regolamenti di polizia locale** (polizia urbana, polizia rurale), i **regolamenti di igiene**, i **regolamenti dei servizi comunali** (nettezza urbana, mercati, macelli, trasporti, asili, biblioteche e simili), i regolamenti contenenti prescrizioni sull'attività edificatoria (detti **regolamenti edilizi**, che devono però essere approvati anche dalla Regione).

Sui poteri di ordinanza del Sindaco come **Ufficiale del Governo** – cioè come organo *statale* – si veda *oltre*, cap. 26, par. 6.

capitolo 23

ALTRE FONTI

1. Premessa. Atti normativi di enti pubblici e di autorità indipendenti. – 2. Le consuetudini. – 3. I contratti collettivi del pubblico impiego. – 4. Il rinvio a norme straniere.

1. premessa. Atti normativi di enti pubblici e di autorità indipendenti

Le fonti che abbiamo finora considerato – parliamo qui di quelle *nazionali*, come le leggi e i regolamenti – si collegano al principio della sovranità popolare e della democrazia rappresentativa. Sono atti compiuti dal Parlamento, dal Governo e dal Presidente della Repubblica o, per le autonomie territoriali, da organi corrispondenti quali i consigli regionali, provinciali e comunali.

Esistono ed operano però nell'ordinamento anche fonti *diverse*, che si ricollegano a quei principi in modo più indiretto o che si giustificano in nome di principi in parte diversi, quale ad esempio il principio di buon andamento dell'amministrazione posto dall'art. 97 della Costituzione.

È chiaro però che tali fonti possono legittimamente operare, all'interno dell'ordinamento statale solo se lo consente una delle fonti espressione della sovranità popolare. Così come le stesse *leggi* regionali e i *regolamenti* locali sono ammessi solo perché *vi sono norme costituzionali e legislative che li prevedono*, allo stesso modo avviene per le altre fonti di cui ora parliamo: gli *statuti* e i *regolamenti* degli enti pubblici non territoriali, gli atti *normativi* delle c.d. autorità amministrative indipendenti e di altre speciali autorità, le *consuetudini*, le fonti internazionali attivate mediante rinvio. A tale categoria di fonti apparterrebbero, in linea di principio, anche quelle che producono le *norme* dell'Unione europea. Ricordiamo però che delle fonti europee (come delle fonti internazionali operanti direttamente in Italia) abbiamo già trattato al capitolo 18: non ne tratteremo perciò qui.

Statuti e regolamenti degli enti pubblici

In generale, si chiamano **statuti** gli atti in cui sono previste le principali regole sull'organizzazione e funzionamento di società o enti. Così, ad esempio, già nel diritto privato hanno un proprio *statuto* le associazioni, le fondazioni e le società (si noti però che tali statuti non hanno carattere *normativo*, ma conservano la natura di atto *negoziale*). Anche molti enti pubblici hanno alla propria base un atto chiamato *statuto*, che ha in questo caso natura di atto *normativo*.

Si noti però che gli statuti degli enti pubblici non individuano una particolare categoria di fonti dotata di proprie caratteristiche costanti. Ad esempio, come già sappiamo gli statuti delle Regioni ad autonomia speciale sono *leggi costituzionali* dello Stato.

Alcuni enti pubblici non hanno il potere di approvare il proprio statuto, ma hanno il potere di deciderne nella sostanza il contenuto attraverso una propria *proposta*, mentre poi l'*approvazione* spetta invece a una diversa autorità.

Così ad esempio accade per lo statuto delle *Camere di commercio*, della *Unione italiana delle Camere di commercio* (l. 29 dicembre 1993, n. 580) e per la stessa *Banca d'Italia* (d.lgs. 10 marzo 1998, n. 43). L'approvazione spetta rispettivamente al Ministro delle infrastrutture e dei trasporti, al Presidente del Consiglio dei ministri, al Presidente della Repubblica su proposta del Presidente del Consiglio dei ministri.

Altre volte l'ente non ha il potere di proporre lo statuto, ma questo attribuisce all'organo fondamentale dell'ente il potere di proporne *modifiche* (così ad esempio per la *Croce rossa*).

Naturalmente l'autonomia statutaria non è mai illimitata, ma si svolge nell'ambito delle leggi che la riconoscono: sicché gli *statuti* sono in sostanza, per lo più, atti di normazione «secondaria» – cioè di attuazione e specificazione delle leggi – avvicinabili ai *regolamenti di organizzazione*.

A volte le leggi istitutive o gli statuti degli enti pubblici riconoscono ad essi il potere di approvare propri ulteriori *regolamenti* di disciplina dell'*organizzazione* e talvolta dell'*attività*.

Atti normativi di autorità indipendenti

A volte poteri regolamentari o comunque sostanzialmente normativi sono affidati ad autorità che gestiscono i poteri pubblici in un determinato settore secondo principi di specializzazione e competenza professionale, con larga autonomia rispetto al potere politico espresso nel Governo. Si tratta del modello delle c.d. **autorità amministrative indipendenti**, quali l'*Autorità per le garanzie nelle telecomunicazioni*, l'*Autorità garante della concorrenza e del mercato*, la *Commissione nazionale per le* *società e la borsa*, l'*Autorità per la vigilanza sui lavori pubblici*, le *Autorità per i servizi di pubblica utilità* (v. *oltre*, cap. 24, par. 2). Analogamente, consistenti poteri normativi di settore ha la *Banca d'Italia*, nel suo ruolo di vigilanza sul sistema del credito.

I regolamenti della Banca d'Italia e della Consob sono pubblicati nella *Gazzetta ufficiale*. Altri atti normativi di autorità indipendenti hanno minori forme di pubblicità.

Di regola le normative emanate dalle autorità indipendenti hanno carattere tecnico o comunque fortemente specialistico, e sono destinati fondamentalmente agli *operatori* del settore di riferimento (operatori di borsa, banche, editori radiotelevisivi, ecc.).

2. le consuetudini

Mediante la **consuetudine** (o **uso**) norme giuridiche vengono ad esistenza *attraverso il comportamento* dei membri della comunità, e non attraverso *deliberazioni* di appositi organi, intenzionalmente rivolte a produrle (come accadeva invece nelle fonti finora studiate). Il comportamento che dà vita alla norma consuetudinaria non consiste dunque nel compimento di **atti giuridici**, ma si fonda invece sul venire in essere di **fatti giuridici** (anche se si tratta di «fatti» pur sempre compiuti da uomini). La consuetudine è perciò una fonte *fatto*, e non una fonte *atto* (sulla distinzione tra *atti* e *fatti* giuridici in generale si veda il *capitolo 6*).

Di conseguenza, non è importante sapere se coloro che tengono quel determinato comportamento *vogliono* che si crei la norma consuetudinaria, oppure no; *importante è solo sapere se i comportamenti tenuti hanno o no le caratteristiche richieste*, perché si crei una norma giuridica.

Elemento materiale ed elemento psicologico

Per dare vita ad una norma consuetudinaria, il comportamento dei membri della comunità deve avere *due caratteristiche*. In primo luogo, è necessario un **elemento materiale** (o più precisamente un elemento esteriormente rilevabile in via diretta), cioè che il comportamento venga tenuto *costantemente* ed *uniformemente* dai componenti del gruppo sociale considerato. In secondo luogo, però, è necessario anche un **elemento psicologico**, cioè che il comportamento venga tenuto *con la convinzione che esso sia obbligatorio*.

Senza l'elemento *psicologico*, un comportamento, pur costantemente seguito, è solo una *abitudine*. Così l'abitudine di passare il Natale in famiglia, o quella di andare la domenica alla partita di calcio, non danno certo vita a *norme giuridiche* (per quanto esse possano essere, in certi gruppi e in certi luoghi, molto diffuse). La norma consuetudinaria sorge invece nel momento in cui si forma una convinzione *diffusa e generalizzata* che il comportamento sia *giuridicamente dovuto*: che essa cioè non sia il frutto di una libera scelta, ma il rispetto di regole operanti nella collettività.

Queste sono le caratteristiche della **consuetudine** considerata in astratto. Il suo *ruolo* rispetto alle altre fonti di un ordinamento non è però sempre uguale.

La consuetudine internazionale

Nel **diritto internazionale** in particolare – cioè nel sistema giuridico che regola i rapporti reciproci tra gli Stati – la consuetudine è una fonte importantissima. Infatti, dato che mancano *autorità* in grado di stabilire per tutti quali comportamenti si debbano tenere, essa è l'unica fonte capace di produrre – «astraendole» dai comportamenti effettivamente tenuti – norme vincolanti per *tutti* gli Stati. Invece l'altra grande *fonte* del diritto internazionale, il **trattato**, ha efficacia solo per coloro che vi abbiano regolarmente aderito (come accade per i *contratti* nel diritto interno).

La consuetudine nel diritto italiano

Nel diritto italiano (come in genere negli ordinamenti statali contemporanei) la *consuetudine ha in generale una posizione di non grande importanza*, e vengono invece privilegiate (sia pure per il tramite dell'elaborazione giurisprudenziale e dottrinale) le fonti *scritte*, cioè le fonti mediante le quali appositi organi sono in grado di prescrivere, seguendo apposite procedure, le regole di comportamento da rispettare. In particolare, l'art. 8 delle *Disposizioni sulla legge in generale* stabilisce che «*nelle materie regolate dalle leggi e dai regolamenti gli usi hanno efficacia solo in quanto sono da essi richiamati*». Risulta perciò evidente che per il nostro diritto *non è ammessa* una consuetudine che sia *contraria* alla legge.

In *assenza* di disposizioni di legge (o regolamento) la consuetudine può invece liberamente formarsi: *non* perciò *contro* ma *al di fuori* della legge (*praeter legem*).

Consuetudini costituzionali

Consuetudini di questo tipo sono a volte importanti nel diritto pubblico, venendo a disciplinare – in quanto non siano prescritti o vietati da altre disposizioni – i comportamenti reciproci degli organi costituzionali (cosiddette **consuetudini costituzionali**).

Sappiamo, ad esempio, che quando si debba formare un nuovo Governo, il Presidente della Repubblica inizia le *consultazioni*, ricevendo ed ascoltando, tra gli altri, i suggerimenti dei presidenti dei gruppi parlamentari e dei segretari dei partiti politici. Benché nessuna norma scritta, né della Costituzione né di altre leggi, prevedano tali consultazioni, molti studiosi pensano che esse siano ormai *obbligatorie* (cioè che esse *debbano* esser fatte), in forza di una norma *consuetudinaria*.

È discusso quale sia il valore delle *consuetudini costituzionali* nella gerarchia delle fonti, ed alcuni autori ritengono che esse siano *sovraordinate* rispetto alle leggi ordinarie. Si è detto, ad esempio, che una legge che escludesse le consultazioni per la formazione del Governo violerebbe l'art. 94 Cost., che prescrive il rapporto di fiducia tra camere e Governo. Tuttavia, in questo caso il vincolo deriverebbe dalla Costituzione, e non dalla consuetudine. Dove la norma consuetudinaria non abbia in realtà diretto fondamento costituzionale è forse preferibile ritenere che essa debba cedere a successive disposizioni di legge.

Desuetudine

La norma consuetudinaria viene meno se *cessa di esser tenuto* il comportamento sul quale essa si fondava. Si parla allora di **desuetudine**.

Naturalmente, affinché si abbia *desuetudine* non basta che una *singola* persona in un *singolo* caso non si comporti secondo la norma consuetudinaria, *trasgredendola*. Occorre invece che, a seguito di *diffuse e accettate* trasgressioni si perdano il comportamento consuetudinario e insieme la convinzione della sua obbligatorietà, con la conseguenza che nessuna *sanzione* giuridica deriva più dalla «trasgressione» (che in realtà a questo punto non è più avvertita come tale).

Raccolte di usi

Le consuetudini nascono e vengono meno *nei fatti*, nei comportamenti della vita sociale: ma né della nascita né dell'estinzione esistono, come per gli *atti* normativi, forme di *pubblicità* legale. Esistono però delle **raccolte** di consuetudini, come in particolare quelle degli usi commerciali presso le *Camere di commercio*. Secondo l'art. 9 delle *Preleggi*, gli usi pubblicati nelle raccolte ufficiali degli enti e degli organi a ciò autorizzati «*si presumono esistenti fino a prova contraria*».

3. i contratti collettivi del pubblico impiego

Come detto a suo luogo (cap. 12, par. 7) il rapporto di pubblico impiego ha avuto per molto tempo disciplina esclusivamente legislativa e regolamentare. Nel sistema della *legge quadro* n. 93 del 1983 la disciplina degli istituti economici e degli istituti giuridici di carattere economico era largamente affidata alla contrattazione, ma con la riserva che i risultati di essa dovevano essere poi riversati in un atto unilaterale dello Stato, avente natura regolamentare. Ed in coerenza con tale sistema, la l. n. 400 del 1988 considerava l'*organizzazione del lavoro* ed i *rapporti di lavoro dei pubblici dipendenti* come materia rimessa ai regolamenti del Governo, da emanarsi «*in base agli accordi sindacali*» (art. 17, co. 1, lett. *e*).

Senonché il d.lgs. n. 29 del 1993 (ora sostituito dal d.lgs. n. 165 del 2001) ha stabilito non solo che, nel generale contesto della c.d. *privatizzazione*, i «*rapporti individuali di lavoro*» del personale pubblico sono disciplinati «*contrattualmente*» (art. 2, co. 3), ma che la disciplina di tutte le materie relative al rapporto di lavoro, escluse quelle riservate alla legge, è affidata alla contrattazione collettiva sia nazionale che decentrata.

I contratti sono stipulati dall'*Agenzia per la rappresentanza negoziale* per la parte pubblica e dalle organizzazioni sindacali maggiormente rappresentative dall'altra, al termine di una complessa procedura, che comprende il parere favorevole delle amministrazioni e la verifica di compatibilità finanziaria della Corte dei conti. Essi operano *direttamente*, senza bisogno di recepimento in alcun diverso atto giuridico, e la loro disciplina sembra valere direttamente *per tutti*, e non soltanto per gli iscritti ai sindacati stipulanti (come accade invece per gli accordi collettivi privati, che solo con l'intermediazione dell'art. 36 Cost. e di altre norme giuridiche vengono poi estesi all'intera categoria: v. cap. 32, par. 11). Addirittura eventuali norme di legge che intervengano in materia dopo la stipula di un determinato contratto prevalgono bensì su di esso, ma in seguito «*possono essere derogate da successivi contratti o accordi collettivi e, per la parte derogata, non sono ulteriormente applicabili, salvo che la legge disponga espressamente in senso contrario*» (art. 2, co. 2, d.lgs. n. 165 del 2001). Inoltre, con il d.lgs. n. 80 del 1998 è stato stabilito che i contratti e accordi collettivi nazionali siano pubblicati nella Gazzetta Ufficiale, ed è stato precisato che la violazione o falsa applicazione dei contratti e accordi collettivi nazionali può essere fatta valere come valido motivo di ricorso per cassazione contro le sentenze rese dai giudici inferiori (v. ora art. 47, co. 8, e art. 63, co. 5, d.lgs. n. 165 del 2001).

A questa stregua, dovremmo concludere che i contratti collettivi hanno natura *normativa* (costituiscono cioè *fonti* dell'ordinamento giuridico), e non puramente *negoziale*. Con ciò stesso però, si porrebbe il problema della compatibilità dell'intero sistema con l'art. 39 Cost., secondo il quale possono avere valore normativo solo accordi stipulati da sindacati *registrati* (v. cap. 32, par. 11).

La Corte costituzionale con la sentenza n. 309 del 1997 ha ritenuto (prima delle modifiche del 1998) che i contratti collettivi non hanno di per sé valore normativo né efficacia *generale*, e che essi vincolano in modo diretto soltanto la pubblica amministrazione (mentre l'impiegato rimane vincolato indirettamente, attraverso il richiamo che il contratto individuale opera al contratto collettivo).

In ogni modo i contratti collettivi del pubblico impiego, anche se non si devono considerare come *atti fonte*, ma come atti negoziali privatistici, per la complessità e delicatezza del loro rapporto con gli atti legislativi e regolamentari rimangono comunque rilevanti per la teoria delle fonti.

I contratti collettivi sono quindi espressione di un'autonomia riconosciuta dalla legge statale, e sembrano godere di una *riserva* di materia in relazione alle fonti subordinate alla legge, nel senso che queste non possono entrare nella materia propria della contrattazione (e subiscono dunque una limitazione di *competenza* rispetto ai contratti collettivi).

4. il rinvio a norme straniere

In generale, e fermo quanto detto per l'ordinamento dell'Unione europea, le norme di ordinamenti giuridici diversi da quello dello Stato italiano non hanno in Italia *alcun rilievo*, nel senso che non vi sono applicate come norme giuridiche. Se un comportamento è *permesso* (o invece *proibito*) dalla legge italiana, a nulla vale che esso sia invece *proibito* (o invece *permesso*) dalla legge di altri Stati. Però non sempre è così, e *vi sono dei casi nei quali il giudice italiano deve applicare norme di altri ordinamenti giuridici*, ai quali il nostro ordinamento opera un **rinvio**.

Il «diritto internazionale privato»

Supponiamo che in una controversia davanti ad un giudice italiano occorra decidere, in primo luogo, chi è il *proprietario* di certi terreni, situati in Francia: secondo quali norme dovrà il giudice (italiano) giudicare questa questione? Poiché si tratta di individuare colui al quale *in concreto* spettano i diritti (e le responsabilità) connessi alla proprietà, è evidente che bisognerà applicare la legge dello Stato che può garantire l'*effettivo esercizio* di quei diritti e responsabilità, cioè la legge *francese*. In questo senso, l'art. 51, co. 1, della l. 31 maggio 1995, n. 218, stabilisce come regola che «*il possesso, la proprietà e gli altri diritti reali sui beni mobili e immobili sono regolati dalla legge dello Stato in cui i beni si trovano*».

La legge ora citata (che si è sostituita agli artt. da 16 a 31 delle *Disposizioni sulla legge in generale*, in vigore fino al 1995) disciplina, oltre a questa, tutte le evenienze simili, stabilendo qual è la normativa applicabile (oltre che ai *diritti reali*, come nell'esempio) alle *persone giuridiche*, ai *rapporti di famiglia* ed alla *adozione*, alla *protezione degli incapaci*, alle *successioni*, ed alle *obbligazioni contrattuali* e *non contrattuali*. Si tratta del cosiddetto **diritto internazionale privato**, che indica al giudice *la legge di quale Stato* si debba applicare per risolvere le questioni che presentino aspetti «internazionali» o per i *soggetti* coinvolti o per gli *oggetti* delle controversie.

È evidente però che il diritto internazionale privato è *diritto italiano*, che disciplina rapporti «internazionali» tra persone, e non un vero diritto internazionale (che non è diritto di *uno Stato*, ma diritto *tra gli Stati*).

Naturalmente, se in seguito la legge straniera *muta*, e si pone in Italia un nuovo simile caso, il giudice dovrà applicare la *nuova* legge, e non la precedente. In altre parole, *il rinvio non è fatto a certe precise e determinate disposizioni, ma alla loro «fonte»*: perciò se muta la norma nell'ordinamento straniero, muta anche la norma da applicare in Italia.

Il rinvio, si dice in questi casi, è **mobile** (o anche «formale»), e non **fisso** o **recettizio** (come sarebbe se il legislatore italiano avesse voluto richiamare *quella certa* disposizione, a prescindere dalle sue successive vicende).

A volte norme straniere devono essere applicate dal giudice italiano anche senza rinvio. Se, ad esempio, la legge italiana stabilisce certe regole per i funzionari degli Stati stranieri, è evidente che ai diritti stranieri bisognerà fare ricorso per stabilire se una certa persona è o meno funzionario dello Stato di cui si tratta. In questo ed in simili casi le norme straniere si utilizzano per stabilire i *presupposti di fatto* dell'applicazione della legge italiana. Analogamente, se la legge italiana parla di «ministri di culto cattolici», essa fa implicitamente rinvio all'ordinamento canonico per stabilire chi sia, in concreto, *ministro di culto*. In altre parole, esse vengono sì in considerazione nel nostro ordinamento, ma come elementi costitutivi del *fatto*, e non come norme giuridiche.

Un fenomeno ancora diverso è il *mutuo riconoscimento* che gli Stati possono dare, in generale o in base a specifici accordi, ad atti o qualificazioni provenienti da altri Stati, come nel caso delle patenti di guida o di determinati titoli di studio o qualifiche professionali.

V
LA PUBBLICA AMMINISTRAZIONE

capitolo 24

L'ATTIVITÀ AMMINISTRATIVA E IL DIRITTO DELL'AMMINISTRAZIONE

1. La funzione amministrativa. – 2. La pubblica amministrazione. – 3. Atti e servizi amministrativi. – 4. Il diritto della pubblica amministrazione. – 5. Diritto amministrativo nazionale e diritto amministrativo dell'Unione europea.

1. la funzione amministrativa

Lo Stato, come espressione organizzata della comunità, *stabilisce le regole di comportamento*, esercitando la **funzione normativa**, e *le applica risolvendo le controversie*, nell'esercizio della **funzione giurisdizionale**. Ma *nessuno Stato potrebbe limitarsi a questo, senza mancare a compiti essenziali* e mettere in pericolo la sua stessa *esistenza*.

Compiti di conservazione e compiti di benessere

Occorre intanto assicurare che la vita si svolga in modo *pacifico ed ordinato*, ed occorre perciò organizzare una *forza, e stabilire da chi* e in *quali casi* essa debba essere usata, al fine di garantire il rispetto delle leggi, l'esecuzione delle decisioni dei giudici, e più in generale un certo livello di *ordine* pubblico e di *sicurezza* delle persone. Occorre poi garantire la stessa *sicurezza* dello Stato di fronte a possibili aggressioni dall'esterno, e perciò allestire un'ulteriore *forza* per assicurare la *difesa*. Ed occorre anche, naturalmente, procurare il *denaro* ed i *mezzi finanziari* necessari.

Ma accanto ai compiti che corrispondono a bisogni primordiali di sicurezza della vita associata, che vengono perciò spesso chiamati compiti di **conservazione**, lo Stato ne svolge molti altri ancora, a vantaggio e beneficio della collettività (si parla perciò di **compiti di benessere**).

Alcuni di essi sono svolti dallo Stato fin da tempi remoti: si pensi alla costruzione delle *strade* e in generale alle grandi *opere pubbliche*, o all'organizzazione dei *servizi di trasporto*. Nuovi compiti poi sono stati assunti in tempi più recenti, in correlazione con lo sviluppo dei principi di democrazia e di socialità. Oggi lo Stato – inteso in senso ampio come insieme delle organizzazioni pubbliche – provvede alla *pubblica istruzione*, alla *sicurezza sociale*, all'*assistenza sanitaria*, ai servizi della *posta* e della *comunicazione*, alla produzione e distribuzione dell'*energia elettrica* e a molte altre attività.

Ciò rimane in larga misura vero, nonostante l'attuale tendenza alla *privatizzazione* nelle sue diverse forme: dalla trasformazione in società per azioni di enti già pubblici (come nel caso dell'*Enel*) alla più o meno radicale apertura alla concorrenza di settori già in regime di monopolio (come nel caso della *telefonia* e della *televisione*). Anche quando il servizio è gestito in tutto o in parte da privati, le regole e i controlli sono pur sempre compito dello Stato.

Inoltre lo Stato e le altre organizzazioni pubbliche, anche dove non operano *direttamente* come produttori di beni e servizi, devono pur sempre essere presenti con la loro *autorità*, a garanzia e tutela del benessere della comunità: sia che occorra guidare lo sviluppo urbano attraverso la *pianificazione urbanistica* e i *permessi* di costruzione, o vigilare sulle attività potenzialmente pericolose – quali la produzione e il commercio di farmaci o la guida di autoveicoli – attraverso *autorizzazioni* e controlli, o intervenire nella vita economica attraverso *contributi* o *sovvenzioni*.

Dunque, in mille diversi modi vecchi e nuovi – dalla tenuta dei registri di anagrafe e di stato civile alla produzione delle informazioni mediante censimenti e statistiche ufficiali, dal conio e al governo della moneta, all'intervento nelle attività produttive, bancarie e commerciali – l'attività statale si inserisce nella vita civile ed economica della società, condizionandola in larga misura, positivamente o negativamente. Basta farne la prova per accorgersi di quanto sia difficile, oggi, individuare un settore di qualche rilievo della vita associata, nel quale l'*organizzazione pubblica* non sia, in piccola o in grande misura, un interlocutore necessario.

Amministrazione e altre funzioni statali

Tutte le attività così sommariamente elencate o esemplificate, diversissime tra loro, hanno però qualcosa che le accomuna: esse sono attività svolte per soddisfare *concretamente* un bisogno sociale, attività compiute nell'*interesse pubblico*. In questo senso, esse sono tutte **attività amministrative**. Accanto alla funzione *normativa* e alla funzione *giurisdizionale* poniamo perciò la **funzione amministrativa**, *che* *ha per scopo ed oggetto il soddisfacimento in concreto dei pubblici interessi della comunità.*

S'intende che anche attraverso la **funzione normativa** si mira al soddisfacimento degli interessi collettivi. La regola che vieta di fumare nei locali pubblici, ad esempio, tende evidentemente alla tutela della salute, come la regola che punisce il furto tende alla sicurezza nel godimento delle cose. E così è, al fondo, per ogni altra regola: se fosse diversamente, infatti, mancherebbe ogni interesse a stabilirla.

Tuttavia, un conto è stabilire in *astratto* le regole di comportamento, un conto è assicurare in *concreto* che gli interessi pubblici, protetti dalle regole, si *realizzino*. Così alle *regole* ora citate deve di necessità affiancarsi una attività *amministrativa* di «polizia», cioè una attività che miri ad impedire ed a reprimere le trasgressioni.

Si potrebbe d'altra parte affermare che anche la **funzione giurisdizionale** assicura *in situazioni concrete* il soddisfacimento di un interesse pubblico, e precisamente dell'interesse ad una «giusta» soluzione delle controversie. Sfumerebbe così la distinzione con la funzione *amministrativa*.

È senz'altro vero che i giudici sono istituiti per soddisfare il bisogno sociale di «giustizia». Tuttavia, nei singoli atti di giudizio (cioè nei **procedimenti giudiziari** e nelle **sentenze** che li concludono) il giudice non deve perseguire nessun interesse «esterno» quale è per l'amministrazione, ad esempio, l'interesse all'igiene dell'ambiente o all'istruzione dei cittadini. Il giudice deve invece soltanto stabilire quale sia il «diritto» per il caso sottoposto ad esso. La realizzazione della *giustizia* è, più che lo scopo, il *risultato* implicito nel compito che gli è affidato.

Proprio perché non ha interessi pubblici da tutelare, l'organo chiamato a *giudicare* non procede *di sua propria iniziativa* (o, come si dice, *d'ufficio*), ma viene sempre *investito* della controversia da altri (da **privati** o dal **pubblico ministero** a seconda del tipo di processo) in base al cosiddetto *principio della domanda*. L'autorità amministrativa, invece, deve agire *di sua iniziativa* per tutelare gli interessi affidati ad essa (anche se molti atti – come ad esempio il rilascio della patente di guida – devono essere *chiesti* dall'interessato).

2. la pubblica amministrazione

La funzione amministrativa (*sopra*, cap. 9, par. 7) è affidata alla **pubblica amministrazione**. D'altra parte, con l'espressione *pubblica amministrazione* ci si riferisce appunto a quell'*insieme di enti, organi ed apparati ai quali è affidato lo svolgimento della funzione amministrativa.*

Trattiamo qui della *amministrazione*, come insieme di *soggetti*. Si avverta però che l'espressione «amministrazione» viene correntemente e correttamente usata anche *in senso oggettivo*, per indicare la stessa *attività* amministrativa. Per indicare la pubblica amministrazione, nel senso soggettivo, si usa spesso l'abbreviazione «*p.a.*».

Gli organi ed apparati ai quali è affidato lo svolgimento della funzione amministrativa, sia «centrali» che «locali», sono in primo luogo *organi ed apparati statali.* Una parte della pubblica amministrazione è dunque *amministrazione statale.*

È ovvio però che non *tutti gli organi statali fanno parte della pubblica amministrazione*, ma solo quelli che svolgono istituzionalmente (cioè come proprio compito stabile e fondamentale) *attività amministrativa*. Non fanno parte della pubblica amministrazione, in particolare, il *Parlamento*, la *Corte costituzionale* e gli *organi giurisdizionali* in genere. Anche il *Presidente della Repubblica* non fa parte della pubblica amministrazione, benché «emani» con propri decreti non pochi *atti amministrativi* (che però sono decisi, come sappiamo, dal Governo o dai singoli Ministri).

In senso ampio, tutte le autorità amministrative operanti in Italia appartengono allo «Stato» italiano. Ma se consideriamo lo Stato in senso stretto (cap. 9, par. 2) come insieme di organi e uffici collegati tra loro e unificati nella *persona giuridica* statale (cioè nell'«ente» Stato), allora possiamo dire che *non tutta la pubblica amministrazione è amministrazione statale*.

Una quantità molto importante di funzioni amministrative è attualmente affidata agli **enti territoriali**, cioè a quelle organizzazioni, anch'esse dotate di *personalità giuridica*, che rappresentano ed esprimono la comunità stanziata in una determinata porzione del complessivo territorio statale. Enti *territoriali* sono, in Italia, le *Regioni*, le *Province* ed i *Comuni*, i quali, insieme alle Città metropolitane (una volta che siano costituite), *costituiscono* la «Repubblica» complessivamente intesa (art. 114 Cost.).

Infine, una parte delle funzioni amministrative è svolta da altre organizzazioni che, pur essendo collegate con lo Stato oppure con uno degli enti territoriali, sono però dotate anch'esse di propria separata personalità giuridica, e si dicono perciò **enti pubblici** (cfr. cap. 4, par. 6).

Le *autorità amministrative* (cioè gli organi cui è affidato il compito di esercitare le funzioni amministrative) fanno capo perciò o allo Stato, o ad altri enti territoriali, o ad enti pubblici collegati con lo Stato o con gli altri enti territoriali.

Tradizionalmente, ogni autorità amministrativa si considera in qualche modo collegata ad una responsabilità politica: del Governo di fronte al Parlamento per le autorità statali (e degli enti collegati), dei diversi esecutivi per le autorità degli enti territoriali.

Le autorità amministrative indipendenti

Accanto alle amministrazioni ed agli enti guidati da organi politici si è però andato affermando, in determinati settori, il modello delle **autorità amministrative indipendenti**, cioè di autorità appositamente studiate (sia quanto ai requisiti richiesti per la carica, che quanto alle procedure di nomina e in genere allo stato giuridico) per operare *al di fuori* di ogni collegamento e responsabilità politica verso gli organi del potere esecutivo (ed in particolare il Governo) o verso il corpo elettorale. Tali sono, in particolare: l'*Autorità garante della concorrenza e del mercato* (l. n. 287 del 1990); la *Commissione nazionale per le società e la borsa* (l. n. 95 del 1974); la *Commissione di garanzia* per lo sciopero nei servizi pubblici essenziali (l. n. 146 del 1990); l'*Autorità per l'informatica nella pubblica amministrazione* (d. lgs. n. 39 del 1993); l'*Autorità per la vigilanza sui lavori pubblici* (l. n. 109 del 1994); le *Autorità per i servizi di pubblica utilità* (l. n. 481 del 1995); il *Garante per la protezione dei dati personali* (d.lgs. n. 196 del 2003); l'*Autorità per le garanzie nelle telecomunicazioni* (l. n. 249 del 1997), che ha sostituito il *Garante per la radiodiffusione e l'editoria*, già previsto dalla l. n. 223 del 1990; il *Garante del contribuente* (l. n. 212 del 2000); l'*Autorità per la vigilanza sui contratti pubblici* (l. n. 109 del 1994 e ora d. lgs. n. 163 del 2006); la *Commissione per la valutazione, la trasparenza e l'integrità delle amministrazioni pubbliche* (d.lgs. n. 150 del 2009).

Può sembrare strano che in un sistema di democrazia rappresentativa vi siano organi amministrativi del tutto scollegati al sistema della responsabilità politica. Va però considerato, da una parte, che in realtà nella nomina dei soggetti chiamati alla funzione di autorità indipendenti esiste pur sempre un collegamento con organi *politici* (anche se può trattarsi di organi politici di garanzia e non di indirizzo, come accade per i Presidenti della Camera e del Senato, spesso chiamati a scegliere i componenti delle autorità indipendenti). D'altra parte le autorità indipendenti sono chiamate ad esercitare funzioni (di regolazione, di controllo, di accertamento di infrazioni ed irrogazione di sanzioni) tali che ciò che deve essere soprattutto assicurato è che esse vengano svolte secondo criteri il più possibile *oggettivi*, in modo del tutto svincolato da ogni «indirizzo» politico. Esse sono, in un certo senso, il necessario completamento ed il correttivo di un sistema amministrativo fondato invece in generale sulla investitura politica degli organi di vertice.

D'altronde nella pubblica amministrazione vi sono sempre stati organi chiamati ad operare in modo oggettivo ed indipendente: si pensi alle *commissioni di concorso* ed alle *commissioni di esame*. L'innovazione sta nel fatto che le autorità indipendenti sono ora stabilmente preposte a particolari settori di attività amministrativa.

Benché operino in modo oggettivo, e non raramente siano chiamate ad *applicare* il diritto, le autorità amministrative indipendenti non sono però organi giurisdizionali, e i loro atti sono soggetti a sindacato giurisdizionale di legittimità, come quelli di tutte le autorità amministrative.

3. atti e servizi amministrativi

A prima vista, l'attività amministrativa sembra dividersi in due grandi categorie: l'amministrazione per **atti** e l'amministrazione per **servizi**.

Da una parte, infatti, gli interessi pubblici affidati all'amministrazione richiedono di essere protetti e perseguiti mediante *manifestazioni di volontà*, rivolte a *decidere* quali comportamenti specifici e concreti possano o debbano essere tenuti, o comunque rivolte a produrre determinati *effetti giuridici*.

Di questa situazione si possono facilmente fare esempi. Se una fabbrica produce esalazioni nocive, l'interesse pubblico richiede che vi sia un'autorità amministrativa dotata del potere di *ordinare i rimedi opportuni*. Se si deve costruire un'autostrada, occorre che l'autorità amministrativa possa *espropriare* i terreni necessari al passaggio. Posto che la guida degli autoveicoli è un'attività pericolosa, bisogna che la pubblica amministrazione possa *autorizzare* a svolgerla soltanto coloro che risultino idonei. Se un fabbricato rischia di crollare, è necessario che la pubblica amministrazione possa provvedere alla sicurezza comune, *ordinandone la demolizione* o comunque *prescrivendo* le cautele necessarie.

In tutti questi casi, e in infiniti altri, l'amministrazione deve compiere *atti giuridici*, cioè assumere una decisione, avvalendosi dei poteri giuridici ad essa attribuiti.

Altre volte invece, i risultati ai quali l'amministrazione tende richiedono, più che *atti* giuridici, la predisposizione e la gestione di *servizi*, o il compimento di *opere*.

Anche di questa situazione è facile fare esempi. Per assicurare un elevato livello di alfabetizzazione e di cultura, occorre organizzare e svolgere *attività didattica*; per garantire un elevato livello di igiene dell'ambiente e di salute dell'uomo, occorre assicurare *servizi sanitari*; per gli emarginati, e comunque per le situazioni di bisogno, occorrono *servizi assistenziali*; per consentire gli spostamenti occorrono *servizi di trasporto*. Per tutto questo, e per altro, occorrono scuole, ospedali, strade, case ed opere di vario tipo, alle quali pure la pubblica amministrazione provvede.

In simili casi, ciò che è necessario perché gli interessi ed i bisogni della collettività risultino soddisfatti è la *concreta disponibilità dei servizi e dei beni*, e *non* la produzione di certi *effetti giuridici* (quale era prima, ad esempio, il *passaggio della proprietà* del bene dall'espropriato all'espropriante).

Si ha così l'impressione di una netta contrapposizione tra amministrazione per atti e amministrazione per servizi. E siccome i servizi si valutano per i *risultati* che per mezzo di essi si raggiungono, spesso si sottolinea l'esigenza che l'amministrazione si svolga sempre meno *per atti* e sempre più *per risultati*.

Il metodo della programmazione

Con ciò si vuol dire che la pubblica amministrazione non può più accontentarsi di porre in essere singoli ed isolati «atti amministrativi», ciascuno per sé «regolare», ma deve preoccuparsi di individuare sistematicamente gli obiettivi da raggiungere, di programmare il modo migliore per conseguire gli obiettivi proposti, verificare infine i risultati raggiunti, per poter poi reimpostare un nuovo ciclo di determinazione di *obiettivi* e *programmi*, e di *verifiche* del risultato.

La prospettiva degli *atti* e la prospettiva dei *servizi* dell'amministrazione sono certamente molto diverse. Tuttavia, in pratica, non è possibile organizzare ed erogare servizi, né costruire opere, senza che la pubblica amministrazione debba compiere a questo fine determinati *atti*, senza i quali l'organizzazione necessaria per erogare i servizi non può né esistere né funzionare.

Prendiamo ad esempio l'organizzazione dei servizi sanitari. A prima vista si ha l'impressione che, trattandosi essenzialmente di visitare e curare i malati, il compimento di *atti giuridici* non sia né necessario né utile. In realtà, per curare i malati occorre assumere dei medici, costruire degli ospedali, ricoverare i pazienti, e simili. Ora, tutte queste attività richiedono il compimento di atti giuridici: i *concorsi* per le assunzioni, le *espropriazioni* dei terreni e gli *appalti* dei lavori per la costruzione dell'ospedale, l'*ammissione* dei malati, e così dicendo. E la stessa cosa potrebbe dirsi, analogamente, per qualunque servizio pubblico o opera pubblica.

La differenza tra la prospettiva dei singoli atti e la prospettiva dei servizi riemerge però quando si consideri, ad esempio, il problema dei controlli. Dal punto di vista dei singoli atti si svolgono, nei ristretti limiti in cui ancora esistono, i tradizionali controlli di legittimità; dal punto di vista complessivo dei servizi appaiono più utili controlli sull'efficienza dell'azione complessiva (c.d. *controlli di gestione*).

Il controllo di gestione è stato introdotto come ordinario metodo di lavoro dall'art. 20 del d.lgs n. 29 del 1993, secondo il quale in ogni pubblica amministrazione sono istituiti servizi di controllo interno con il compito di verificare, tra l'altro, la realizzazione degli obbiettivi e la corretta ed economica gestione delle risorse (tali controlli sono ora disciplinati più ampiamente dal d.lgs. n. 286 del 1999 e dal d. lgs. n. 150 del 2009). Un ulteriore controllo «esterno» sulla regolarità ed il buon andamento della gestione delle amministrazioni è stato affidato alla Corte dei conti dalla l. n. 20 del 1994.

4. il diritto della pubblica amministrazione

Nello svolgimento della sua attività, ed in particolare nel compimento degli *atti giuridici* che essa richiede, la pubblica amministrazione deve seguire le regole del diritto. Sappiamo che l'attività amministrativa *non ha per scopo fondamentale* l'attuazione del diritto – come invece l'attività giurisdizionale – bensì il raggiungimento di determinati fini di interesse pubblico; ma ciò non toglie che l'amministrazione sia *vincolata* al rispetto delle norme giuridiche.

Diritto privato e amministrazione

Talvolta, le regole giuridiche che l'amministrazione segue sono *le stesse* che guidano nella loro attività gli altri soggetti, i «privati». Come i privati, l'amministrazione conclude contratti: *compera* (ad esempio arredi e macchine da ufficio), *vende* (ad esempio attrezzature delle quali non abbia più bisogno), prende o dà in *locazione*, e simili. In generale, le pubbliche amministrazioni – considerate come «persone giuridiche» – hanno la stessa *capacità* delle persone giuridiche private. In questi casi l'amministrazione, anche se agisce a scopo di pubblico interesse (come deve sempre fare), non agisce però in posizione di *autorità* ma opera sullo stesso piano degli altri soggetti, e come gli altri soggetti si vale del **diritto privato**.

Il diritto amministrativo

In genere, però, la pubblica amministrazione si presenta come **autorità amministrativa**. In quanto autorità amministrativa essa non si trova nella stessa situazione degli altri soggetti, e non opera secondo le stesse regole, ma la sua attività è sottoposta ad altre regole, diverse da quelle del diritto privato. L'insieme delle regole e dei principi giuridici destinati a disciplinare in maniera specifica gli atti e l'attività della pubblica amministrazione, quando essa opera come *autorità* amministrativa, forma il **diritto amministrativo**.

È chiaro che la pubblica amministrazione opera come *autorità* amministrativa – e non come un comune soggetto – quando essa *comanda* oppure *vieta* un certo comportamento, o comunque quando con un proprio atto essa produce un effetto giuridico sfavorevole al destinatario (come quando, ad esempio, essa *requisisce* o *espropria* dei beni altrui). Ma essa opera come *autorità* – ed i suoi atti sono perciò sottoposti al *diritto amministrativo* – anche quando essa *autorizza* o *concede* (ed anche, naturalmente, quando essa *nega* l'autorizzazione o la concessione), se il permettere o il concedere sono previsti dalla legge come atti mediante i quali l'amministrazione cura specifici interessi pubblici ad essa affidati. Ad esempio, è chiaro che l'amministrazione opera come *autorità* quando autorizza l'apertura di un esercizio commerciale con la cosiddetta *licenza*, o quando rifiuta un permesso di costruzione negando la *concessione edilizia*.

Questa situazione è espressa – sia pure in forma speculare – dall'art. 1, comma 1 *bis*, della l. n. 241 del 1990, secondo il quale «la pubblica amministrazione, *nell'adozione di atti di natura non autoritativa*, agisce secondo le norme di *diritto privato*»: confermando così che nell'adozione di atti autoritativi essa agisce, evidentemente, secondo le regole del diritto amministrativo.

Si noti che la disposizione ora citata continua precisando che agli atti non autoritativi si applica il diritto privato «salvo che la legge disponga diversamente». In effetti le regole del diritto amministrativo si applicano anche ad atti che secondo la loro natura potrebbero non essere affatto «autoritativi». Così spesso le norme prevedono che le amministrazioni non possono concludere un contratto (ad esempio, per la fornitura di beni o servizi che le sono necessari, o per la realizzazione di opere pubbliche) senza prima averlo *deliberato* con un apposito atto, poi avere scelto il contraente attraverso una *gara pubblica*, che termina con un atto di *aggiudicazione*. Dare rilievo giuridico a questi atti ed attribuire ad essi natura di provvedimento amministrativo consente a tutti i soggetti interessati di ottenerne l'annullamento in caso di illegittimità.

5. diritto amministrativo nazionale e diritto amministrativo dell'Unione europea

Anche nel campo dell'attività amministrativa l'appartenenza dell'Italia all'Unione europea comporta fenomeni particolari, che debbono essere almeno segnalati.

Amministrazione dell'Unione

In primo luogo, vi sono campi ed ambiti nei quali situazioni localizzate o soggetti operanti in Italia sono oggetto di attività e provvedimenti amministrativi direttamente assunti dagli organi dell'Unione, per lo più dalla Commissione. Così è, in particolare, per l'attività amministrativa collegata al settore della *concorrenza*, rivolta a rendere effettive le regole e i divieti in materia di cartelli e di monopoli (attività che si manifesta in provvedimenti di tipo sanzionatorio, ma anche in certi casi di tipo autorizzatorio). Ma così è, più ampiamente, in tutti i casi in cui la stessa Unione con propri atti concede ed eroga *aiuti*, sia direttamente ad imprese, che ad amministrazioni nazionali chiamate ad utilizzarli. E tali atti (chiamati *decisioni* nel diritto europeo: cfr. cap. 13, par. 5), così come sono adottati da autorità dell'Unione e non da autorità nazionali, egualmente sono sottratti ad ogni sindacato giurisdizionale di giudici nazionali, e sono soggetti al diretto e solo sindacato giurisdizionale del giudice europeo (Tribunale e Corte di giustizia), secondo quanto si è già accennato (cap. 13, par. 6).

Gli atti amministrativi europei sono soggetti a regole e principi giuridici, in parte codificati nelle norme scritte dell'Unione (gli stessi trattati e i regolamenti), ma in parte – in larghissima parte per quanto riguarda i principi più generali – individuati ed elaborati dalla Corte di giustizia nella sua giurisprudenza (quali il principio di *proporzionalità* e i principi di *certezza del diritto* e *tutela dell'affidamento*).

Nell'individuare e stabilire tali regole e principi la Corte di giustizia si ispira ad un metodo di «comparazione valutativa» del diritto amministrativo degli Stati membri, per cogliere quelle soluzioni che meglio si adattano alle caratteristiche dell'ordinamento dell'Unione. Sicché il diritto amministrativo comune corrisponde largamente, nella problematica e nei principi, a quello degli Stati membri, ma non si identifica con nessuno di essi.

Amministrazione nazionale di regole dell'Unione

In secondo luogo, in non pochi altri settori rilevanti tocca ormai all'Unione, e non più agli Stati, la fissazione delle regole, mentre tocca agli

Stati di applicarle (e di dettare eventualmente le ulteriori regole necessarie per l'applicazione), svolgendo la conseguente attività amministrativa. Un settore in cui il fenomeno è evidente è costituito dall'*agricoltura*, nel quale l'intera disciplina dei mercati agricoli è posta direttamente dalla Comunità (ora dall'Unione) con i propri regolamenti; ma non dissimile è la situazione in altri settori (si pensi ad esempio alle tariffe doganali).

Altre volte, in termini ancora diversi, l'amministrazione è chiamata ad applicare normali norme di leggi nazionali, che però a loro volta recepiscono normativa comune posta nella forma della *direttiva*. Si pensi, ad esempio, alla disciplina dell'intero settore degli *appalti pubblici* (di *opere*, di *forniture* e infine di *servizi*).

Processi nazionali e diritti derivanti dall'Unione

Sia nel caso ora detto che nel caso di applicazione diretta di regole europee da parte delle amministrazioni nazionali, gli atti amministrativi sono e rimangono in tutto e per tutto *nazionali*, e sono soggetti quindi al sindacato giurisdizionale del giudice italiano. Fatto sta, però, che sia le autorità amministrative, sia i giudici italiani si trovano a dovere interpretare ed applicare normazione amministrativa dell'Unione: infatti, anche nel caso si tratti di direttive, esse rimangono rilevanti se non altro per valutare la conformità ad esse delle norme nazionali.

Se poi nel corso di un giudizio si pone in dubbio la legittimità di un atto dell'Unione, o si rende necessaria la sua interpretazione, il giudice nazionale rimette la soluzione di tale questione pregiudiziale alla Corte di giustizia, in base all'art. 267 del Trattato FUE (cfr. cap. 13, par. 6). Una volta così risolto il dubbio interpretativo, o stabilita la legittimità o illegittimità dell'atto europeo, il giudizio riprende davanti al giudice nazionale (che è ovviamente vincolato sul punto alla decisione della Corte di giustizia).

La Corte di giustizia si è anche preoccupata di definire alcune minime regole comuni ai processi che si svolgono nei diversi Stati membri, processi che in generale seguono ovviamente le regole processuali dei singoli Stati. Ad esempio, una importante sentenza ha precisato che quando siano in gioco diritti derivanti dalla normativa comune i giudici nazionali possono a certe condizioni *sospendere* l'applicazione di atti esecutivi di un regolamento dell'Unione, anche se così facendo si sospende in pratica nel singolo caso l'applicazione del regolamento stesso (sentenza detta *Zuckerfabrik* del 21 febbraio del 1990); mentre in altre importanti sentenze ha ammesso che a tutela degli stessi diritti possa essere disposta non solo la sospensione del provvedimento lesivo ma anche *misure positive* di tutela dei diritti (sentenza detta *Atlanta*, del 9 novembre 1995), ed *ingiunzioni* all'amministrazione pur dove il diritto nazionale non le prevede (sentenza detta *Factortame*, del 19 giugno 1990).

capitolo 25

L'AMMINISTRAZIONE STATALE

1. Il Consiglio dei ministri e il Presidente del Consiglio. – 2. I ministeri in generale. – 3. I singoli ministeri. – 4. Il Consiglio di Stato e la Corte dei conti.

1. il Consiglio dei ministri e il Presidente del Consiglio

Il Governo è a capo del *potere esecutivo*, del quale è parte integrante la *pubblica amministrazione*. Perciò esso è anche l'organo che porta la *responsabilità*, di fronte al Parlamento, dell'andamento dell'amministrazione. Ciò almeno per quanto riguarda l'amministrazione *statale*, ed i poteri che da parte statale si possono esercitare sugli altri enti pubblici.

Il Governo e l'alta amministrazione

Le strutture fondamentali dell'amministrazione statale sono costituite, più che dal «Governo» nel suo insieme, come *Consiglio dei ministri*, dai singoli **ministeri**, dato che ogni Ministero ha a suo capo il **Ministro**, i cui atti non possono essere messi in discussione, giuridicamente, nemmeno dal Consiglio dei ministri. Tuttavia, il Consiglio ha una propria responsabilità nel tracciare gli *indirizzi* e le *direttive* per l'azione amministrativa dei ministri, ed esercita inoltre non pochi altri importanti poteri, detti spesso, per sottolinearne il carattere generale, di **alta amministrazione**.

I singoli poteri

Alcuni dei compiti del Consiglio dei ministri sono già stati ricordati quando lo abbiamo incontrato come organo costituzionale (cap. 15, par. 3). Nella parte dedicata alle *fonti* del diritto abbiamo poi esaminato il ruolo del Governo – ed in pratica del Consiglio dei ministri – nella formazione di importanti atti normativi, sia con forza di legge che di carattere regolamentare, nonché nell'impugnazione delle leggi regionali.

Aggiungiamo ora che la legge 23 agosto 1988, n. 400, assegna al Consiglio la deliberazione delle *nomine* di competenza statale per la presidenza di enti o aziende nazionali (fatta eccezione per le banche pubbliche), la richiesta di *registrazione con riserva* degli atti da parte della Corte dei conti (cfr. par. 4) e la deliberazione degli atti da emanare previo parere del Consiglio di Stato, quando il ministro competente non intenda conformarsi al parere ricevuto. Inoltre, spettano al Consiglio dei ministri i più significativi poteri statali relativi alle Regioni, l'esercizio dei relativi poteri sostitutivi e la deliberazione dello *scioglimento* del Consiglio regionale nei casi previsti dalla Costituzione.

Altri poteri del Consiglio dei ministri sono stabiliti in diversi atti normativi. Così in base al r.d. 14 novembre 1901, n. 466 competono al Consiglio le nomine di taluni alti funzionari statali (consiglieri di Stato, ambasciatori, prefetti, vari capi militari) e l'approvazione della nomina del Governatore della Banca d'Italia.

Ricordiamo che la maggior parte degli atti del Consiglio dei ministri assume poi la *veste formale* del decreto del presidente della Repubblica. Già però sappiamo che il Presidente della Repubblica non partecipa effettivamente all'esercizio della funzione amministrativa, e che gli atti di cui si tratta sono a lui imputati *solo formalmente.*

Gli atti amministrativi da adottare nella forma del decreto del Presidente della Repubblica sono precisamente individuati, in modo tassativo, dalla l. 12 gennaio 1991, n. 13.

Il Presidente del Consiglio

Abbiamo inoltre già visto (cap. 15, par. 2) quale ruolo e quali poteri la Costituzione (ed in sua attuazione la legge n. 400 del 1988) affidino in generale al Presidente del Consiglio. Anche sul piano dell'azione amministrativa osserviamo che la legislazione tende ad assegnare certe funzioni direttamente al *Presidente del Consiglio dei ministri.* Contestualmente, le strutture della Presidenza del Consiglio tendono ad irrobustirsi, venendo quasi ad assomigliare a quelle di un Ministero.

e la Presidenza

Sul piano organizzativo la struttura della Presidenza – già divenuta con la legislazione più recente articolata e complessa – è stata ridisciplinata e razionalizzata prima dalla legge n. 400 del 1988, poi dal d. lgs. n. 303 del 1999.

Gli uffici di *diretta collaborazione* con il Presidente sono organizzati nel *Segretariato generale*, retto da un Segretario generale, nominato con decreto dello stesso Presidente e gli *Uffici* e *Dipartimenti*, competenti per i diversi settori di attività della Presidenza. In particolare, appositi Dipartimenti si occupano delle questioni relative alle *informazioni per la sicurezza*, alla *partecipazione all'Unione europea*, agli *affari regionali* e agli *affari giuridici e legislativi.* Strutture temporanee possono essere costituite per scopi determinati.

I funzionari posti a capo del Segretariato generale, degli uffici e dei dipartimenti durano in carica quanto il Governo. Si tratta dunque di incarichi che presuppongono un legame *fiduciario* con il Presidente del Consiglio, e non di posizioni proprie di una carriera amministrativa.

Alla Presidenza del Consiglio, fanno poi organizzativamente capo i più importanti organi consultivi e di controllo: non solo l'**Avvocatura dello Stato** (cioè l'organo che fornisce *consulenza legale* e assicura la *difesa in giudizio* dello Stato, ed eventualmente anche delle Regioni), ma anche – sia pure con amplissima autonomia – il **Consiglio di Stato**, e la **Corte dei conti**. Sono inoltre collegati alla Presidenza alcuni *enti pubblici* di grande importanza, come il **Consiglio nazionale delle ricerche** e l'**Istituto centrale di statistica** (ISTAT). Quest'ultimo trova ora la propria disciplina, quale centro del *Sistema statistico nazionale*, nel decreto legislativo 6 settembre 1989, n. 322.

Al presidente del Consiglio rispondono anche l'*Agenzia informazioni e sicurezza esterna (AISE)* e l'*Agenzia informazioni e sicurezza interna (AISI).*

2. i ministeri in generale

La pubblica amministrazione statale si articola fondamentalmente per **ministeri**. I ministeri (chiamati anche *dicasteri*) sono organizzazioni complesse di uffici, personale e mezzi, unificate da una relativa omogeneità dei *settori di intervento* e dei *compiti* affidati a ciascuno di essi, dall'unità della gestione del personale dipendente, e – ciò che è più importante – dal far «capo» ad un *comune organo di vertice* che è il **ministro**. I compiti del *ministro* coincidono di norma per area di materia con la somma delle attribuzioni degli apparati ministeriali. Rovesciando la prospettiva, il Ministero è il *complesso degli apparati di cui il ministro si vale nell'esercizio delle sue funzioni.*

I ministeri non hanno – nel nostro ordinamento – propria personalità giuridica: non sono perciò enti pubblici, ma *parti dell'amministrazione statale in senso stretto.* I loro atti sono atti *dello Stato*, il personale è personale *statale*, i mezzi che essi impiegano sono anch'essi mezzi di proprietà *dello Stato.*

Si noti tuttavia che, ai fini processuali, ogni Ministero ha legittimazione propria e separata, e sta in giudizio nella persona del Ministro in carica.

Varietà dei ministeri

I ministeri sono oggi in Italia *tredici*, disciplinati in generale dal d. lgs. n. 300 del 1999 (modificato da ultimo dalla legge n. 172 del 2009).

Essi sono diversi per origine e importanza. Accanto ai ministeri che organizzano e svolgono le funzioni più antiche ed irrinunciabili per qualunque Stato – quali il mantenere l'ordine pubblico, il difendersi, l'amministrare la giustizia, il procurarsi e gestire delle risorse, il costruire le opere necessarie alla sicurezza – sono progressivamente nati ministeri più legati allo sviluppo dell'attività statale nel senso dell'*interventismo* in economia e della *protezione sociale*.

Il modello organizzativo

Tuttavia, nonostante le innegabili diversità, i ministeri seguono di massima un *modello organizzativo comune*.

Partendo dall'alto, troviamo in primo luogo l'ufficio del **ministro**, che è l'organo di vertice del ministero. Il ministro può essere coadiuvato da uno o più **sottosegretari**, che esercitano le funzioni loro delegate. È poi assistito da un **ufficio di gabinetto**, composto di funzionari di sua fiducia, che collaborano con lui nella preparazione e svolgimento del lavoro. Per la gestione del personale, le decisioni che non competono al Ministro spettano di solito ad un organo collegiale, chiamato **consiglio di amministrazione**, che ha anche funzioni consultive. Spesso all'interno dei ministeri operano anche altri organi collegiali che hanno il compito di *consigliare* il Ministro con i propri *pareri* tecnici o politici (organi tecnici di questo tipo sono, ad esempio, il *Consiglio superiore di sanità*, il *Consiglio superiore dei lavori pubblici*, il *Consiglio superiore della pubblica istruzione*, all'interno dei rispettivi ministeri).

Il Ministero si scinde poi al suo interno in **dipartimenti** (o in taluni ministeri in **Direzioni generali**), che sono anch'esse organizzazioni complesse, contraddistinte dai compiti loro assegnati, e dall'essere affidate alla responsabilità di un unico dirigente, che assume la qualifica di *Capo Dipartimento*. Anche a questo livello operano spesso *organi collegiali*, con funzioni di consiglio e di collaborazione (era tale ad esempio, fino all'istituzione di un separato Ministero dell'Università e della ricerca, il *Consiglio universitario nazionale*, presso la *Direzione generale dell'istruzione universitaria* del Ministero della pubblica istruzione).

Ministro e dirigenti

L'organo fondamentale del Ministero è, ovviamente, il *Ministro*. Tuttavia, esso non è affatto l'unico, dato che importanti funzioni all'interno del Ministero sono invece assegnate come competenza propria direttamente ai *dirigenti*, e specialmente ai dirigenti di uffici dirigenziali generali. Il decreto legislativo n. 165 del 2001 stabilisce che agli organi di direzione politica spetta il compito di definire gli obiettivi da raggiungere ed i programmi da attuare, formulare le direttive generali per l'attività amministrativa e di verificare la rispondenza dei risultati alle direttive, mentre ai dirigenti spetta la gestione finanziaria, tecnica e amministrativa, compresa l'assunzione degli atti che impegnano l'amministrazione verso l'esterno (art. 4).

Spetta così tra l'altro ai dirigenti di uffici dirigenziali generali dello Stato (art. 16) attuare i programmi definiti dal Ministro, adottare i provvedimenti amministrativi, provvedere alla spesa (nei limiti dello stanziamento del bilancio), organizzare gli uffici, provvedere alla gestione del personale, promuovere le liti e resistere in quelle promosse da altri, individuare i responsabili dei procedimenti, rispondere agli organi di controllo, decidere i ricorsi gerarchici contro i provvedimenti non definitivi dei dirigenti di uffici subordinati centrali o periferici.

Attualmente i provvedimenti adottati dai dirigenti di vertice nell'esercizio della loro ampia competenza sono tutti *definitivi*, e non sono suscettibili di ricorso gerarchico al Ministro (art. 16 d.lgs. n. 165 del 2001). Il Ministro non può *revocare*, *riformare*, *avocare* o comunque *emanare* atti di competenza dei dirigenti: al punto che persino in caso di inerzia del dirigente egli deve fissare un termine, e solo in caso di ulteriore grave inerzia può nominare un organo straordinario (c.d. commissario *ad acta*) per l'adozione dell'atto (art. 14).

Rimane però fermo (art. 14 d.lgs. n. 165 del 2001) il potere del Ministro di annullare per motivi di legittimità gli atti compiuti dai dirigenti: diversamente, infatti, verrebbe meno la responsabilità individuale del Ministro per gli atti del suo dicastero, voluta dall'art. 95, co. 2, della Costituzione.

Responsabilità dirigenziale

Alla funzione di dirigente si collega una tipica **responsabilità dirigenziale**, nel senso che il risultato negativo della gestione (o l'inosservanza delle direttive generali del ministro) può portare alla *rimozione* del dirigente dal suo incarico (c.d. responsabilità di *risultato*).

La responsabilità dirigenziale non è perciò una responsabilità di carattere *disciplinare*, non presuppone cioè nessun comportamento personale scorretto, ma riflette semplicemente il fatto che il dirigente non si è dimostrato in grado di raggiungere i risultati prefissati. Tuttavia, prima della rimozione deve essergli data la possibilità di far valere le sue ragioni.

La responsabilità dirigenziale si aggiunge, senza sostituirsi, alla generale responsabilità penale, civile, amministrativo-contabile e disciplinare, propria di tutti i pubblici impiegati.

Abbiamo detto che tra i Ministri, responsabili politici, e i dirigenti di vertice non intercorre più un legame di tipo gerarchico ma un rapporto di direzione, e che la competenza ad emanare i provvedimenti amministrativi spetta in generale ormai ai dirigenti e non al Ministro. Da questo punto di vista, dunque, la posizione dei dirigenti nei confronti dei ministri si è rafforzata.

Temporaneità degli incarichi dirigenziali

Invece, la legislazione recente ha nettamente rafforzato la posizione dei ministri sotto il diverso profilo della *durata* degli incarichi dirigenziali, che sono oramai per regola generale conferiti *a tempo determinato*, e dunque soggetti a *rinnovo*.

Gli incarichi di direzione degli uffici vengono conferiti a funzionari aventi la qualifica di dirigenti ma possono venire assegnati, sia pure entro ristretti limiti, anche a persone di provenienza diversa (dalle imprese, dall'università, dalla magistratura, ecc.).

Le Agenzie

Il d. lgs. n. 300 del 1999 introduce in via generale all'interno di molti ministeri la figura delle **Agenzie**. Si tratta di strutture chiamate a svolgere attività tecnico-operativa di interesse nazionale, al servizio delle amministrazioni pubbliche, anche regionali e locali. Esse hanno «piena autonomia nei limiti stabiliti dalla legge», ma sono dotate di personalità giuridica solo se la legge lo prevede, e sono sottoposte al controllo della Corte dei conti. Sono gestite da un *Direttore generale*, con un incarico dello stesso livello di quello del Capo Dipartimento.

Lo stesso decreto legislativo prevede, tra l'altro, l'*Agenzia Industrie Difesa* (Ministero della difesa), l'*Agenzia per le normative e i controlli tecnici* e l'*Agenzia per la proprietà industriale* (Ministero dello sviluppo economico), l'*Agenzia dei trasporti terrestri e delle infrastrutture* (Ministero delle infrastrutture e dei trasporti), diverse *Agenzie fiscali* (chiamate ad operare già entro il Ministero delle finanze), l'*Agenzia per la formazione e l'istruzione professionale* (Ministero del lavoro e Ministero dell'istruzione).

L'*Agenzia per la protezione dell'ambiente* è confluita, insieme ad altri enti, nell'*Istituto superiore per la protezione* e *la ricerca ambientale*, con propria personalità giuridica.

Hanno altresì personalità giuridica l'*Agenzia per le erogazioni in agricoltura* e (con una posizione molto particolare, date le sue competenze) l'*Agenzia spaziale italiana (ASI)*.

Le aziende autonome

Prima dei processi di privatizzazione all'interno dei ministeri operavano per lo svolgimento di servizi di carattere tecnico o commerciale non poche **aziende autonome**, ma la categoria è oggi ridotta a pochi esemplari, dato che alcune aziende sono state trasformate in ente pubblico economico, o in società per azioni, o in agenzie, mentre altre sono state addirittura soppresse. Inoltre, la legge prevede con disposizione generale che le aziende (come pure gli enti pubblici economici) possano essere trasformate in società per azioni (d.l. 5-12-1991, n. 386, conv. in l. 29-1-1992, n. 35).

Appartengono ancora al genere l'*Amministrazione autonoma dei monopoli di Stato* (non essendo sin qui riusciti i tentativi di trasformazione) e il *Corpo nazionale dei vigili del fuoco*. Natura analoga alle aziende hanno l'*Amministrazione autonoma degli archivi notarili* e l'*Istituto superiore di sanità*.

Le aziende hanno propri organi, che di solito sono il Presidente e il Consiglio di amministrazione. Hanno autonomia nella gestione dei fondi e dei beni ad esse assegnati, anche se i loro bilanci sono collegati a quello del Ministero. Non hanno in genere personalità giuridica (ma vi sono sempre state eccezioni), e i fondi e beni che esse usano rimangono di proprietà statale. Il collegamento con il Ministero è assicurato dal fatto che Presidente dell'azienda (e del Consiglio di amministrazione) è lo stesso Ministro.

Le articolazioni periferiche

I ministeri sono strutture *centrali*: hanno cioè competenza per tutto il territorio nazionale, ed hanno sede nella *Capitale*. Molti ministeri hanno però, accanto all'organizzazione centrale, un'*organizzazione periferica*, fatta di *uffici* ed *organi* che hanno una competenza limitata ad una certa *circoscrizione territoriale*. Spesso gli organi periferici hanno dimensione *provinciale* – come gli uffici territoriali del governo e le questure – e risiedono nella città capoluogo di Provincia. Non mancano però organi di livello *regionale*, o di altro livello ancora.

Quando il Ministero ha organi periferici, tra essi e gli organi centrali intercorre di norma un rapporto di *dipendenza*, che a seconda dei casi può essere di *gerarchia* o di direzione (cap. 12, par. 2). Sotto questo profilo, perciò, la struttura periferica appare come un «terminale» del *centro*, al quale trasmette impulsi e informazioni, e del quale esegue le disposizioni.

Tuttavia, poiché la struttura periferica tende inevitabilmente a «radicarsi» nel territorio nel quale opera, sotto un diverso profilo essa appare come amministrazione *locale*, anche se non è rappresentativa della collettività territoriale.

Indicheremo i principali organi periferici parlando dei singoli ministeri. Si avverta che alcuni ministeri che avevano un tempo una notevole organizzazione periferica, come il *Ministero dell'agricoltura e delle foreste* o il *Ministero della sanità*, l'hanno ormai in tutto o in gran parte perduta, negli anni settanta, a seguito del completamento della *riforma regionale*.

Istituzione dei ministeri

Ricordiamo infine che secondo la Costituzione «*il numero, le attribuzioni e l'organizzazione dei Ministeri*» devono essere disciplinati *dalla legge* (art. 95, c. 3).

3. i singoli ministeri

I ministeri possono essere raggruppati per *ambito* di attività. Ci sono, in primo luogo, i ministeri d'*ordine*. Essi sono quelli in cui lo Stato appare come detentore della *forza*: **Interno**, **Difesa**, **Giustizia**, **Affari esteri**.

Vengono poi i ministeri *finanziari* ed *economici*. Attraverso il ministero dell'**Economia e finanze** lo Stato provvede alle *entrate* e alle *spese*, mentre attraverso quelli dello **Sviluppo economico** e delle **Politiche agricole alimentari e forestali** interviene nei *settori produttivi*.

Seguono i ministeri preposti alla creazione, conservazione e gestione di *beni* e *attrezzature collettive* ed alla erogazione dei *servizi pubblici e sociali*: **Infrastrutture e trasporti, Ambiente e tutela del territorio e del**

mare, Lavoro e delle politiche sociali, Istruzione, università e ricerca, Beni e attività culturali, Salute.

È ovvio che anche i ministeri dell'ultima categoria hanno un grande rilievo economico, diretto (come per il *Lavoro*) o indiretto. All'inverso, il ministero dell'*Economia e finanze* gestisce i *beni demaniali*, che non hanno certo soltanto un valore economico.

Esamineremo ora singolarmente i ministeri, indicando per ciascuno di essi il campo di attività (talora anche attraverso l'indicazione delle maggiori articolazioni centrali e degli eventuali *organi e uffici periferici*).

I ministeri d'ordine

Ministero dell'interno. Un tempo era il Ministero con compiti *generali*, al quale spettava della vita «interna» del Paese tutto quanto non fosse attribuito ai pochi altri ministeri esistenti. Si occupava così della sanità (oggi divisa tra le Regioni e l'apposito Ministero), dell'assistenza sociale (oggi devoluta alle Regioni e agli enti locali) delle carceri (ora affidate al Ministero della giustizia), dei controlli sugli enti locali (ora in gran parte affidati alle Regioni) e di altro ancora. Attualmente, *la sua azione tende a restringersi al campo dell'ordine pubblico e della polizia di sicurezza.* Al Ministero fanno capo la *Polizia di Stato* e il *Corpo dei vigili del fuoco.*

Il Ministero dell'interno ha importanti organi periferici nei **prefetti** (preposti alla **Prefettura-Ufficio territoriale del governo**) e nei **questori**.

Ministero della difesa. Anticamente era il Ministero della *guerra*. Il suo nome attuale si collega alla norma costituzionale secondo la quale «*l'Italia ripudia la guerra come strumento di offesa ... e come mezzo di risoluzione delle controversie internazionali*» (art. 11).

È fondamentalmente diviso in due settori: uno tecnico-operativo, che ha per vertice il Capo di Stato maggiore, uno tecnico-amministrativo, che fa capo al Segretario generale della difesa. Entrambi hanno, ovviamente, numerose articolazioni operative e territoriali. Sotto il profilo amministrativo, ricordiamo i *distretti militari*, di ambito provinciale o sovraprovinciale.

Ministero della giustizia. I suoi compiti riguardano «*l'organizzazione e il funzionamento dei servizi relativi alla giustizia*» (art. 110 Cost.). *Non si occupa però dei magistrati,* la cui amministrazione è in generale affidata al *Consiglio superiore della magistratura* (cap. 29, par. 5). Il Ministro «Guardasigilli» cura la pubblicazione delle leggi e dei decreti, e in generale la pubblicazione degli atti nella Gazzetta Ufficiale.

Al Ministero fa capo l'*Amministrazione autonoma degli archivi notarili*, che ha in periferia gli *Archivi distrettuali.*

Ministero degli affari esteri. È uno dei ministeri più antichi (e viene per primo nell'ordine ufficiale delle precedenze). Le sue direzioni generali riguardano gli *Affari economici*, gli *Affari politici*, l'*Emigrazione e gli affari sociali*, le *Relazioni culturali.* Si occupa anche della cooperazione allo sviluppo. Esso è dunque strutturato «per materia»; oggi molti sostengono che dovrebbe essere strutturato per «aree geografiche», in modo da consentire l'esame dei problemi nella loro interezza, e non per singoli frammenti.

Dal punto di vista organizzativo è *atipico*: tra *ministro* e *direzioni generali* esiste un *Segretario generale*; inoltre, le direzioni generali non si ripartiscono in divisioni ma in *uffici*, che sono poi a loro volta variamente suddivisi, o invece raggruppati.

Le articolazioni *periferiche* del ministero hanno la particolarità di trovarsi *al di fuori* del territorio nazionale: sono le *rappresentanze diplomatiche*, gli *uffici consolari* e diversi *istituti* scolastici e culturali.

Va segnalato che delle relazioni con l'estero, ed in particolare con l'Unione europea, si occupano anche altri ministeri (si pensi ai ministeri per le Politiche agricole e dell'Economia), e la stessa Presidenza del Consiglio.

I ministeri finanziari ed economici

Ministero dell'economia e delle finanze. È tornato ad avere, come in passato, competenza sia per le *entrate* che per le *spese*.

Per quanto riguarda le entrate (strutture già del Ministero delle finanze), al centro operano l'*Agenzia delle entrate*, quella delle *Dogane*, quella del *Territorio* e quella del *Demanio*.

A livello locale operano le *Direzioni compartimentali delle dogane e delle imposte indirette* (il compartimento comprende una o più Regioni), le *Direzioni compartimentali Territorio*, e le *Direzioni regionali delle entrate*.

Dalle Direzioni regionali e compartimentali dipendono altri uffici periferici: i *Centri di servizio delle imposte dirette ed indirette*, gli *Uffici delle entrate* e quelli del *Territorio* (che esercitano le funzioni già affidate alle Intendenze di finanza, agli Uffici tecnici erariali ed alle Conservatorie dei registri immobiliari), oltre a diversi uffici doganali.

Nell'organizzazione del Ministero è inserita anche la *Guardia di Finanza*, nonché le *commissioni tributarie*, che svolgono però funzioni *giurisdizionali* (e non *amministrative*) in materia tributaria, e perciò hanno ordinamento autonomo e garanzie di indipendenza stabilite dal decreto legislativo 31 dicembre 1992, n. 545.

Per quanto riguarda le *uscite*, ha competenza generale per la spesa statale, compresi i *trasferimenti* agli enti pubblici (territoriali e non). Inoltre, il Ministero controlla la *spesa pubblica* sia nella fase della redazione del bilancio, sia mediante il controllo sugli impegni di spesa. A questo fine si vale, fondamentalmente, della *Ragioneria generale dello Stato*, che ha diramazioni in tutti i ministeri.

Fanno capo al Ministero il *Provveditorato generale dello Stato*, l'*Istituto poligrafico dello Stato e Zecca* (ora avviato alla trasformazione in società per azioni).

Uffici periferici sono, accanto alle *ragionerie* regionali e provinciali, le *direzioni provinciali*.

È sede del **Comitato interministeriale per la programmazione economica** (CIPE).

Ministero per le politiche agricole, alimentari e forestali. È disciplinato dal decreto legislativo 4 giugno 1997, n. 143. Va premesso che la disciplina fondamentale della materia è oramai di pertinenza dell'Unione europea, che vi provvede mediante i *regolamenti* e le *direttive*, mentre la disciplina attuativa e l'amministrazione spettano alle Regioni, cui fanno ormai capo i vecchi organi periferici del Ministero (*ispettorati forestali, ispettorati per l'alimentazione, commissioni per la liquidazione degli usi civici*, ecc.). Al livello statale rimangono dunque essenzialmente le funzioni di rappresentanza dello Stato nelle sedi internazionali e comunitarie, le funzioni di elaborazione politica e programmazione, e poche altre.

All'interno del Ministero è l'**Agenzia per le erogazioni in agricoltura**, mentre è stata soppressa, con il trasferimento alle Regioni l'*Azienda di Stato per le foreste demaniali* (è invece sopravvissuto il *Corpo forestale dello Stato*, che collabora con le Regioni).

Ministero dello sviluppo economico. Si articola in Dipartimenti. Si occupa di fonti di energia e industrie di base, di produzione industriale (compresa la politica degli incentivi e le ristrutturazioni industriali), di miniere e geologia, di commercio interno e di consumi industriali, di accordi commerciali con Stati esteri. Dopo la soppressione del Ministero delle partecipazioni statali esercita la vigilanza sugli enti o società gestori delle partecipazioni azionarie dello Stato. Operano al suo interno l'**Agenzia per le normative e i controlli tecnici** e l'**Agenzia per la proprietà industriale**.

Non ha più organi periferici, dopo il trasferimento alle **Camere di commercio, industria, agricoltura e artigianato** (enti pubblici locali disciplinati dalla l. n. 580 del

1993) delle funzioni degli *Uffici provinciali dell'industria, commercio e artigianato* e degli *Uffici metrici provinciali*, mentre i *Distretti minerari* sono stati trasferiti alle Regioni. Nel campo del commercio con l'estero collabora con altri enti pubblici, quale, nel settore degli scambi di valuta, l'**Ufficio italiano dei cambi** (UIC). Dal 2008 ha assorbito le competenze e le strutture già facenti capo al *Ministero delle comunicazioni*.

I Ministeri di servizi e infrastrutture

Ministero del lavoro e delle politiche sociali. Esercita i compiti spettanti allo Stato in materia di politiche sociali, con particolare riferimento alla prevenzione e riduzione delle condizioni di bisogno e disagio delle persone e delle famiglie, di politica del lavoro e sviluppo dell'occupazione, di tutela del lavoro e dell'adeguatezza del sistema previdenziale. Il Ministero esercita le funzioni di vigilanza sull'**Agenzia per il servizio civile** e sull'**Agenzia per la formazione e istruzione professionale**.

Ministero delle infrastrutture e dei trasporti. Risulta dalla fusione del *Ministero dei lavori pubblici* e del *Ministero dei trasporti e della navigazione*. Ad essi sono attribuite le funzioni e i compiti spettanti allo Stato in materia di identificazione delle linee fondamentali dell'assetto del territorio con riferimento alle reti infrastrutturali e al sistema delle città e delle aree metropolitane; reti infrastrutturali e opere di competenza statale; politiche urbane e dell'edilizia abitativa; opere marittime e infrastrutture idrauliche; trasporti e viabilità. Ha la vigilanza sull'**Ente nazionale per le strade** e sull'**Ente nazionale di assistenza al volo** (trasformati ora in società per azioni). Si articola in dipartimenti e si avvale degli *Uffici territoriali del governo*, delle *Capitanerie di porto* (le quali dipendono però principalmente dal Ministero della difesa) e dell'**Agenzia dei trasporti terrestri e delle infrastrutture** (che si articola territorialmente, ed ha assorbito i precedenti organi periferici del Ministero dei trasporti). Si ricordi che l'**Autorità per la vigilanza sui lavori pubblici** è invece una autorità amministrativa indipendente, con compiti soprattutto di monitoraggio e coordinamento informativo.

Ministero dell'istruzione, dell'università e della ricerca. Ha competenza generale in materia di istruzione. L'organizzazione centrale poggia fondamentalmente sul *Dipartimento per lo sviluppo dell'istruzione* e sul *Dipartimento per i servizi nel territorio*. I Dipartimenti a loro volta si articolano in Direzioni generali.

Il Ministero si articola localmente in *Uffici scolastici regionali* istituiti in ciascun capoluogo di regione e a loro volta articolati per funzioni. Ad essi sono assegnate tutte le funzioni locali non trasferite alle istituzioni scolastiche o non conferite alle regioni e agli enti locali.

L'erogazione del servizio scolastico avviene, ovviamente, attraverso le varie Scuole ed Istituti, cui è però riconosciuta autonomia gestionale (d. lgs. 16 aprile 1994, n. 297, *Testo unico istruzione*).

Per quanto riguarda il settore dell'università e della ricerca scientifica e tecnologica all'interno del ministero opera il *Consiglio universitario nazionale* (CUN) quale organo collegiale rappresentativo.

Ministero per i beni e le attività culturali. Il Ministero è stato formato nel 1974, scorporando e unificando strutture da altri ministeri, sia centrali sia periferiche, ed è ora disciplinato dalla l. 20 ottobre 1998, n. 368. Organi periferici, in particolare, sono le *soprintendenze regionali* (archivistiche, archeologiche, ai beni artistici e storici, ai beni culturali e architettonici) e gli *archivi di Stato*. Si occupa anche dei compiti statali in materia di *cultura*, *spettacolo* e *sport*.

Ministero dell'ambiente e della tutela del territorio e del mare. Ad esso sono attribuite le funzioni e i compiti spettanti allo Stato in materia di identificazione delle linee fondamentali dell'assetto del territorio con riferimento ai valori naturali e ambientali, di difesa del suolo e tutela delle acque, di protezione della natura, di gestione dei rifiuti, inquinamento e rischio ambientale, di promozione di politiche di sviluppo sostenibile e di risorse idriche. Il ministero si articola in dipartimenti e si avvale altresì degli uffici territoriali del governo. Al suo interno opera l'*Agenzia per la protezione dell'ambiente e per i servizi tecnici.*

Ministero della salute. È stato ricostituito come Ministero autonomo dalla legge n. 172 del 2009. Si occupa in generale della sanità, ma non gestisce i servizi sanitari, i quali sono affidati dalla legge 23 dicembre 1978, n. 833, al **Servizio sanitario nazionale**, fondamentalmente organizzato per **Aziende sanitarie locali**, (cui si affiancano le maggiori **Aziende ospedaliere**), operanti quali enti strumentali delle Regioni. Il Ministero – la cui organizzazione è stata da ultimo disciplinata dal decreto legislativo 30 giugno 1993, n. 266 – ha perciò soprattutto compiti di programmazione sanitaria, di coordinamento, di vigilanza e di impulso.

All'interno del Ministero opera l'*Istituto superiore di sanità* con funzioni di consulenza tecnica e scientifica, mentre per ciò che riguarda gli indirizzi amministrativi e la programmazione sanitaria importanti compiti consultivi sono esercitati dalla *Conferenza permanente per i rapporti fra lo Stato, le regioni e le province autonome* presso la Presidenza del Consiglio dei ministri.

Dopo l'istituzione del Servizio sanitario nazionale al Ministero sono rimasti, quali organi periferici, i soli *uffici di sanità marittima, aerea e di frontiera* e gli *uffici veterinari di porto, aeroporto e dogana interna.*

4. il Consiglio di Stato e la Corte dei conti

Organi con compiti di consiglio e di controllo sono già presenti, come si è accennato, *all'interno* dei ministeri: *consultivi* sono i vari *consigli superiori*, mentre funzioni di controllo vengono esercitate dalle *ragionerie* che operano nell'ambito di ciascun ministero come articolazioni della *Ragioneria generale* presso il Ministero dell'Economia.

Più importanti sono però gli organi, sia consultivi che di controllo, che agiscono non all'*interno* dei ministeri, ma dall'*esterno* rispetto ad essi, e che inoltre operano non per il raggiungimento dei fini particolari delle singole amministrazioni, ma nell'interesse generale dello Stato. Tali organi sono fondamentalmente il **Consiglio di Stato** e la **Corte dei conti**. Entrambi sono previsti dalla Costituzione.

Il Consiglio di Stato

Il **Consiglio di Stato** è definito come «*organo di consulenza giuridico-amministrativa e di tutela della giustizia nell'amministrazione*» (art. 100, co. 1).

Esso svolge dunque *due funzioni ben distinte*, delle quali solo una, quella *consultiva*, può farsi rientrare nell'attività *amministrativa*. L'altra è invece una funzione *giurisdizionale*, anche se relativa all'amministrazione (peraltro, non tutte le controversie in cui sia parte l'amministrazione rientrano nella giurisdizione del Consiglio di Stato: si veda *oltre*, cap. 30).

L'*organizzazione* del Consiglio di Stato corrisponde alla duplicità delle funzioni. Esso si articola in sezioni *consultive* e sezioni *giurisdizionali.*

Un tempo erano *consultive* le prime tre Sezioni: non perché fossero le più importanti, ma semplicemente che esse già svolgevano tali funzioni quando, nel 1889, fu istituita una apposita sezione per i *nuovi* compiti di decisione dei ricorsi, che fu perciò la *quarta.* A queste si aggiunsero nel tempo altre due sezioni giurisdizionali per far fronte all'accresciuto numero delle controversie. Ora le funzioni di ciascuna sezione sono decise dal Presidente del Consiglio di Stato, ed attualmente la prima e la seconda sezione svolgono funzioni consultive, mentre la terza, la quarta, la quinta e la sesta svolgono funzioni giurisdizionali.

Va però aggiunto che la legge n. 127 del 1997 ha istituito, al di fuori della tradizionale numerazione, una nuova ed ulteriore sezione consultiva «per l'esame degli schemi degli atti normativi» (art. 17, co. 28).

L'accesso al Consiglio di Stato, e lo stato giuridico dei *consiglieri*, sono disciplinati dalla legge 27 aprile 1982, n. 186. Essa dispone che i posti vacanti siano assegnati per la metà a *consiglieri* dei Tribunali amministrativi regionali, per un quarto mediante *pubblico concorso* (al quale possono però partecipare solo gli appartenenti a categorie predeterminate, quali i giudici, gli avvocati dello Stato, gli alti funzionari), per il rimanente quarto mediante nomina *discrezionale* da parte del Governo, da farsi tra i professori ordinari di materie giuridiche, avvocati con lungo esercizio professionale, alti dirigenti dello Stato. L'atto di nomina ha in ogni caso la veste formale del decreto del Presidente della Repubblica.

La stessa legge ha anche accentuato la posizione di *indipendenza* del Consiglio rispetto al Governo (richiesta dall'art. 100, co. 3, della Costituzione), attribuendo le deliberazioni relative alle assunzioni, assegnazioni di sedi e funzioni, trasferimenti, promozioni, sanzioni disciplinari e simili alla competenza di un **Consiglio di Presidenza** (v. *oltre*, cap. 30, par. 4).

L'attività consultiva

L'attività consultiva del Consiglio di Stato si traduce nella formulazione di pareri, da parte di una delle *sezioni* consultive. La ripartizione dei compiti tra le sezioni avviene *per materia*; per questioni di interesse di più sezioni si possono costituire apposite *commissioni.* In casi di particolare importanza, il parere può venir formulato dalla **adunanza generale**, che raccoglie tutti i magistrati del Consiglio.

Analogamente nell'esercizio delle funzioni giurisdizionali le sentenze sulle questioni più importanti o controverse possono essere rese, anziché da una singola *sezione*, dalla **adunanza plenaria**. Si noti però che l'*adunanza plenaria* è composta da soli magistrati (in tutto *dodici*) addetti alle sezioni giurisdizionali.

I pareri possono essere richiesti al Consiglio di Stato dal Governo o dai singoli ministri. Possono essere richiesti anche dalle Regioni. Il parere del Consiglio di Stato deve essere *obbligatoriamente* sentito sui regolamenti (sia del Governo che di singoli ministri), sulla decisione del *ri-*

corso straordinario al Presidente della Repubblica e sugli schemi generali di contratti o convenzioni predisposti dai ministri (art. 17, co. 25, l. 15 maggio 1997, n. 127).

Il parere sul ricorso straordinario è *vincolante*, ed il Ministro non se ne può discostare. Negli altri casi il Ministro può proporre al Consiglio dei ministri di provvedere in difformità dal pare (che è detto perciò *semivincolante*), ed inoltre decorso un certo termine senza che il parere sia stato reso il Governo può provvedere ugualmente.

La Corte dei conti

Secondo l'art. 100, co. 2, della Costituzione, la **Corte dei conti** «*esercita il controllo preventivo di legittimità sugli atti del Governo, e anche quello successivo sulla gestione del bilancio dello Stato*»; essa inoltre partecipa «*al controllo sulla gestione finanziaria degli enti a cui lo Stato contribuisce in via ordinaria*». Dei risultati del riscontro eseguito riferisce direttamente alle Camere.

L'art. 100 Cost. si riferisce alle funzioni di *controllo*. La Corte dei conti tuttavia, analogamente al Consiglio di Stato, ha a sua volta altre funzioni di carattere *giurisdizionale*, riconosciute dalla Costituzione all'art. 103, co. 2. Più precisamente, la Corte dei conti «*ha giurisdizione nelle materie di contabilità pubblica e nelle altre specificate dalla legge*»; in particolare, essa è il giudice dei giudizi sulla *responsabilità dei funzionari* per danni arrecati alla stessa amministrazione, nonché dei giudizi in materia di *pensioni* degli impiegati pubblici.

La Corte dei conti – disciplinata, oltre che dal t.u. emanato con r.d. 12 luglio 1934, n. 1241 (in seguito più volte modificato), dal d.l. 15 novembre 1993, n. 453 (conv. in l. 14 gennaio 1994, n. 19), dalla legge 14 gennaio 1994, n. 20 e dal d.l. 23 ottobre 1996, n. 543 (conv. in l. 20 dicembre 1996, n. 639) – si compone di sezioni giurisdizionali e di sezioni di controllo.

Le sezioni *giurisdizionali* sono *regionali* (istituite in tutte le Regioni) e *centrali* (tre sezioni – più una per la Regione siciliana con sede in Sicilia – con funzioni di appello).

Anche le sezioni di controllo sono suddivise in centrali e regionali. Delle sezioni centrali una si occupa del controllo di legittimità sugli atti del Governo e delle Amministrazioni dello Stato; una seconda del controllo sulla gestione delle Amministrazioni dello Stato; una terza del controllo sugli enti soggetti a vigilanza; una quarta – la sezione *delle Autonomie* – è la proiezione nazionale delle Sezioni regionali di controllo, i cui Presidenti concorrono a comporla; una quinta, infine, si occupa del controllo per gli affari comunitari e internazionali. Le sezioni regionali operano nelle singole regioni a statuto ordinario e speciale nonché nelle province autonome di Trento e di Bolzano.

Le *sezioni riunite* svolgono funzioni sia nell'ambito *giurisdizionale* (decidendo sulle questioni ed esse deferite dalle altre sezioni e dal procuratore) sia nell'ambito del *controllo* (ad esempio individuando atti statali di rilievo finanziario da sottoporre a controllo per periodi determinati).

L'attività di controllo

L'attività di controllo svolta dalla Corte dei conti è varia sia negli oggetti che nei modi. Dobbiamo distinguere:

A) *Il controllo preventivo di legittimità sugli atti del Governo.*

Si tratta di un controllo che ha per oggetto la **legittimità** dell'atto; esso è *preventivo* in quanto l'atto – pur già compiuto – rimane *privo di effetto* sino a quando la fase del controllo non sia stata superata. Se il controllo è positivo, sull'atto viene apposto un **visto**, con annotazione in appositi registri (cosiddetta **registrazione**).

Sono soggetti a questo tipo di controllo gli atti indicati dall'art. 3 l. n. 20 del 1994. Tra essi ricordiamo: i provvedimenti emanati a seguito di deliberazione del Consiglio dei ministri; gli atti normativi (non aventi forza di legge) e gli atti di indirizzo generale dell'amministrazione; gli atti di disposizione del demanio e del patrimonio immobiliare; i decreti di approvazione dei contratti attivi e dei contratti passivi che superino un determinato valore; i decreti di variazione di bilancio; altri atti che il Presidente del Consiglio o la stessa Corte dei conti deliberino di sottoporre a controllo per periodi determinati.

Gli atti sottoposti al controllo preventivo divengono efficaci se la Corte non ne dichiara la «non conformità a legge», cioè l'*illegittimità* nel termine di trenta giorni dal ricevimento (termine che può essere interrotto, per una sola volta, da una richiesta di chiarimenti).

Se la Corte dichiara l'illegittimità di un atto, il Ministro può ancora promuovere una deliberazione con la quale il *Consiglio dei ministri* chiede motivatamente la **registrazione con riserva**. A questo punto, la Corte dei conti *deve* registrare l'atto. Trasmette però notizia delle registrazioni con riserva al Parlamento, di fronte al quale il Governo assume – almeno in teoria – la responsabilità politica dell'atto. Vi sono però atti per i quali non può essere richiesta o eseguita la registrazione con riserva: tra essi, le nomine o promozioni di impiegati eccedenti l'organico.

B) *Il controllo successivo sul rendiconto annuale dello Stato.*

Si tratta di un controllo «a cose fatte», che verte appunto sul *modo* in cui sono state fatte. In esso, la Corte dei conti – pur partendo essenzialmente dalla legittimità degli atti, ed in particolare dalla conformità delle spese al *bilancio* – ha modo anche di esprimere la sua valutazione generale sull'operato dell'amministrazione, e può suggerire l'opportunità di modificare le leggi e i regolamenti che ne guidano l'azione. Tali valutazioni, formulate mediante un particolare giudizio a *sezioni riunite* detto di **parificazione**, vengono raccolte in una *relazione* che viene inviata al Parlamento.

Altri controlli successivi sono effettuati sull'operato dei singoli funzionari che hanno facoltà di ordinare spese (cosiddetti **ordinatori di spesa**). Essi sono obbligati ad inviare ogni anno il *conto* alla Corte. L'esame del conto può condurre o ad un «decreto di discarico», o all'apertura di un procedimento *giurisdizionale* per accertare l'eventuale **responsabilità contabile** del funzionario.

C) *Il controllo sulla gestione.*

Si tratta ancora di un controllo *successivo*, istituito, in attuazione della Costituzione, dalla legge 21 marzo 1958, n. 259. Ha per oggetto la legittimità degli *atti* e la regolarità della *gestione*. Per alcuni di tali enti la Corte acquisisce diretta conoscenza della gestione attraverso l'intervento di un magistrato alle sedute degli organi di amministrazione. Altri enti sono invece tenuti ad inviare gli atti fondamentali (*bilanci, conto profitti e perdite, relazioni degli amministratori*), salva la facoltà della Corte di richiedere ulteriori atti ed informazioni. I risultati del controllo sono comunicati al Parlamento, oltre che al Ministro dell'economia ed al Ministro competente per materia.

Il controllo sulla gestione finanziaria di cui alla l. n. 259 del 1958 *non* si applica agli *enti territoriali* (Regioni, Province e Comuni) ed alle *istituzioni pubbliche di assistenza e beneficenza*. Tuttavia, la l. n. 20 del 1994 ha introdotto un ulteriore controllo (successivo) sulla gestione delle *amministrazioni pubbliche* in generale (comprese perciò le Regioni e gli enti locali), rivolto ad accertare non solo la legittimità e la regolarità delle gestioni, ma anche il funzionamento dei controlli interni alle singole amministrazioni nonché (e soprattutto) la rispondenza dei risultati agli obiettivi stabiliti, valutando comparativamente costi, modi e tempi dello svolgimento dell'azione amministrativa. Dell'esito dei controlli eseguiti la Corte riferisce al Parlamento ed ai Consigli regionali.

La Corte costituzionale con la sentenza n. 29 del 1995 ha affermato la legittimità costituzionale del nuovo tipo di controllo, sottolineando il suo carattere *innovativo* rispetto ai controlli tradizionali e la sua funzione *collaborativa* rispetto alle amministrazioni.

capitolo 26

LE AUTONOMIE TERRITORIALI E GLI ALTRI ENTI PUBBLICI

1. le autonomie regionali e locali. Il decentramento

L'art. 5 della Costituzione solennemente proclama che la Repubblica, una ed individisibile, «riconosce e promuove le autonomie locali», «attua nei servizi che dipendono dallo Stato il più ampio decentramento amministrativo» ed infine «adegua i principi e i metodi della sua legislazione alle esigenze dell'autonomia e del decentramento».

Essa pone dunque l'*autonomia* e il *decentramento* quali criteri di base per l'organizzazione istituzionale della comunità italiana. Entrambi possono considerarsi espressione di quel principio di *sussidarietà* che nel 2001 è stato codificato nella formulazione del nuovo art. 118 della Costituzione, ed esprimono l'idea che le funzioni pubbliche debbano essere esercitate al livello più vicino ai destinatari, sempre che si tratti di un livello adeguato.

Detto questo, tuttavia, è evidente che autonomia e decentramento non hanno lo stesso valore e significato. Mentre il decentramento è concepito come un criterio interno all'organizzazione statale, l'autonomia rappresenta il criterio fondamentale dei rapporti tra le comunità territoriali. Corrispondentemente, il principio di autonomia trova ampio sviluppo in un apposito Titolo della Costituzione, e precisamente nel Titolo V della Parte seconda: la cui formulazione attuale – che ulteriormente valorizza le autonomie regionali e locali, rispetto al testo originario – è stata introdotta con la legge costituzionale n. 3 del 2001.

Articolazione della Repubblica

Secondo l'art. 114 della Costituzione «la Repubblica è costituita dai Comuni, dalle Province, dalle Città metropolitane, dalle Regioni e dallo Stato». Il co. 2 precisa che «i Comuni, le Province, le Città metropolitane e le regioni sono enti autonomi con propri statuti, poteri e funzioni». L'ordinamento complessivo è dunque formato da comunità territoriali sempre più ampie, ciascuna espressa da un apposito ente rappresentantivo, dotato di una specifica *autonomia*.

Va avvertito che le Città metropolitane, benché solennemente indicate nella Costituzione, per ora non esistono come realtà istituzionali. In linea di principio dovrebbe trattarsi di enti corrispondenti a fenomeni di grande concentrazione urbana, in grado di sintetizzare in se stessi – per il proprio ambito territoriale – i compiti altrimenti spettanti ai comuni e alla provincia. Proprio in quanto realtà complessa la Città metropolitana dovrebbe poi ammettere un ulteriore articolazione istituzionale su base territoriale al proprio interno.

Il carattere della *territorialità* significa da una parte che tutti coloro (e solo coloro) che risiedono in un determinato territorio «appartengono» a tali enti (cioè ne fanno parte), d'altra parte che chiunque si trovi in quel territorio (anche se in generale non «appartiene» all'ente) è soggetto ai poteri attribuiti all'ente. Così le leggi regionali, o i regolamenti comunali, si impongono a chiunque si trovi nella Regione o nel Comune, e non solo ai «cittadini» degli enti considerati.

Il carattere della rappresentatività significa che gli enti sono organizzati in modo da rappresentare la collettività territoriale che sono chiamati ad amministrare (si dice anche, in questo senso, che essi sono enti «esponenziali» della comunità). Il carattere rappresentativo è ottenuto rendendo elettivi gli organi fondamentali.

Autonomia normativa e autonomia amministrativa

Conosciamo già le principali caratteristiche delle autonomie regionali e locali sul piano dell'attività normativa. In particolare, si è esaminato il riparto di poteri legislativi tra lo Stato e le Regioni, e si sono illustrati i poteri regolamentari che spettano rispettivamente allo Stato, alle Regioni ed agli enti locali (cap. 22). Sappiamo, complessivamente, che la parte maggiore dell'attività normativa sia delle Regioni che degli enti locali ha ad oggetto l'organizzazione e la gestione dei pubblici servizi e la definizione e disciplina dei pubblici poteri a disposizione delle autorità amministrative regionali e locali.

In particolare, l'art. 118, co. 2, della Costituzione dispone che «i Comuni, le Province e le Città metropolitane sono titolari di funzioni amministrative proprie e di quelle conferite con legge statale o regionale, secondo le rispettive competenze». I legislatori dovranno comunque seguire il principio fondamentale stabilito dal co. 1, secondo cui «le funzioni amministrative sono attribuite ai Comuni salvo che, per assicurarne l'esercizio unitario, siano conferite a Province, Città metropolitane, Regioni e Stato, sulla base dei principi di sussidiarietà, differenziazione ed adeguatezza».

Preferenza per il livello comunale e principio di sussidiarietà

In altre parole, la Costituzione manifesta una *preferenza* per l'attribuzione delle funzioni amministrative ai Comuni, ma consente una diversa attribuzione quando le funzioni debbano essere svolte *unitariamente* ad un diverso livello di amministrazione. I criteri che i legislatori devono seguire nel determinare in concreto la titolarità delle funzioni amministrative si basano sui tre principi di *sussidiarietà*, di *differenziazione* e di *adeguatezza*».

Tali principi implicano che ogni livello più elevato sia concepito come destinato a svolgere i soli compiti che non possono adeguatamente essere svolti al livello di base, e che a questo scopo si debba tenere conto delle differenze di capacità e di risorse esistenti tra i diversi enti, anche dello stesso tipo (ad esempio, un piccolo Comune può non rappresentare un livello adeguato per la gestione di un servizio che i Comuni più grandi sono invece in grado di svolgere adeguatamente).

Nei termini esposti la Costituzione italiana bene corrisponde a quanto richiesto dalla *Carta europea dell'autonomia locale* (elaborata nell'ambito del Consiglio d'Europa e ratificata dall'Italia con l. 30 dicembre 1989, n. 439), che nel fissare i principi autonomistici comuni agli Stati europei aderenti, afferma in primo luogo che per autonomia locale «s'intende il diritto e la capacità effettiva, per le collettività locali, di regolamentare e amministrare nell'ambito della legge, sotto la loro responsabilità, e a favore delle popolazioni, una parte importante di affari pubblici» (art. 3). Essa inoltre stabilisce (art. 4) che «l'esercizio delle responsabilità pubbliche deve, in linea di massima, incombere di preferenza sulle autorità più vicine ai cittadini» e che «le competenze affidate alle collettività locali devono di regola essere complete ed integrali».

Il decentramento

Il decentramento amministrativo si attua, secondo la Costituzione, nei «servizi che dipendono dallo Stato». Esso consiste, essenzialmente, nell'attribuire i compiti amministrativi ad organi periferici (ed in questo senso «locali») anziché ad organi centrali. Si ha decentramento, ad esempio, quando i compiti di gestione vengono affidati in sede locale ai Soprintendenti (ad esempio, per i beni culturali e ambientali) anziché in sede centrale al Ministero. I più importanti organi periferici, e perciò i più importanti organi di decentramento, sono stati indicati nella descrizione dei singoli Ministeri (cap. 25, par. 3).

Con il decentramento le funzioni amministrative rimangono proprie dell'ente maggiore (nel nostro caso dello Stato), che le svolge attraverso i suoi organi. Tuttavia, anche il decentramento è importante per la vita locale. Con esso, infatti, si evita di dover ricorrere al «centro» per qualunque problema, e si trova un interlocutore più vicino, dotato di una conoscenza più diretta delle situazioni.

Una situazione in un certo senso mista tra autonomia e decentramento si ha quando le funzioni amministrative sono affidate ad un organo che rimane statale (come è tipico del decentramento), ma che «coincide» con un organo rappresentativo della comunità locale. Ciò accade, da noi, per il Sindaco, che è organo del Comune, ma svolge anche alcune funzioni come «Ufficiale del Governo», ed in ciò agisce come organo statale (oltre, par. 6).

2. le Regioni

L'idea regionale

Di **Regioni** si cominciò a parlare, in Italia, già nello scorso secolo. Poco dopo il 1860, un disegno di legge in questo senso fu elaborato – nell'ambito del governo Cavour – da Farini e Minghetti. Ma il progetto incontrò l'opposizione di coloro che temevano il pericolo di dividere nuovamente l'Italia appena unita, e fu perciò abbandonato: nonostante che le Regioni proposte allora fossero in sostanza delle «associazioni» (*consorzi*) tra Province, e che avessero solo poteri *amministrativi*.

L'idea regionale fu ripresa dopo il fascismo e la seconda guerra mondiale, al momento di elaborare una nuova Costituzione. Dopo varie discussioni, fu deciso di distinguere un gruppo di Regioni che per diversi motivi (presenza di gruppi etnici non italiani, posizione geografica, ragioni di opportunità politica) avrebbero dovuto godere di una autonomia *speciale* e *più ampia*, sancita per ognuna in un particolare *statuto*, adottato con legge costituzionale: furono la *Sicilia*, la *Sardegna*, il *Trentino-Alto Adige*, il *Friuli-Venezia Giulia*, la *Valle d'Aosta* (art. 116 Cost.).

Le altre Regioni ricevettero la fondamentale disciplina della loro organizzazione e dei loro poteri direttamente dalla Costituzione, al Titolo V. Esse – dette poi Regioni «ad autonomia ordinaria» furono: il *Piemonte*, la *Lombardia*, il *Veneto*, la *Liguria*, l'*Emilia Romagna*, la *Toscana*, l'*Umbria*, le *Marche*, il *Lazio*, gli *Abruzzi e Molise* (che successivamente divennero due distinte Regioni), la *Campania*, la *Puglia*, la *Basilicata*, la *Calabria*.

L'attuazione delle Regioni speciali

Le Regioni ad autonomia speciale furono costituite molto rapidamente. Per Sicilia, Sardegna, Trentino-Alto Adige e Valle d'Aosta gli statuti originari furono adottati già nel 1948 dalla stessa Assemblea costituente, poco prima del suo scioglimento. Nel caso della Sicilia si trattò addirittura della ratifica di uno statuto di due anni preesistente: il che fece sì che esso contenesse talune *anomalie* (come la presenza di una speciale *Alta Corte* chiamata a giudicare la legittimità delle stesse leggi statali), che dovettero essere soppresse in seguito.

L'ultima delle Regioni speciali, il Friuli-Venezia Giulia, fu costituita nel 1963, non appena la definizione della situazione internazionale di Trieste lo consentì.

e delle Regioni ordinarie

Per le Regioni a statuto ordinario, la vicenda fu ben differente. La Costituzione prevedeva – all'ottava disposizione transitoria – le elezioni dei Consigli regionali entro un anno, ma ciò non accadde affatto. Nel 1953 fu approvata una prima legge – in parte tuttora vigente (la l. n. 62, del 10 febbraio), che disciplinava, in attuazione della normativa costituzionale, il funzionamento degli organi regionali: ma per l'effettiva costituzione delle Regioni – a lungo fortemente osteggiata da gran parte delle forze politiche – dovettero trascorrere ancora molti anni. Nel 1968 fu approvata la *legge elettorale* regionale e nel 1970 la legge che stabiliva quali sarebbero state le *entrate* e le *risorse* delle Regioni, e delegava il Governo all'emanazione di decreti legislativi per il trasferimento alle nuove istituzioni delle funzioni amministrative di loro competenza, finora svolte da organi statali (legge n. 281, del 16 maggio).

Finalmente eletti nel 1970, i Consigli regionali adottarono gli *statuti* (previsti dalla Costituzione per completare la disciplina degli organi di governo), che furono approvati con leggi statali nel 1971. Nel 1972 furono emanati i decreti legislativi di trasferimento delle funzioni amministrative, e le Regioni a statuto ordinario entrarono nell'effettivo esercizio delle loro funzioni. Vi furono però subito forti polemiche sulla ristrettezza eccessiva con cui le funzioni già statali erano state trasferite: il che condusse ad un nuovo trasferimento, che si attuò con il decreto legislativo 24 luglio 1977, n. 616.

Si può dire che con tale decreto legislativo sia stata data puntuale attuazione alle disposizioni costituzionali, anche se è vero che il riparto delle funzioni all'interno delle singole materie rimaneva (e rimane) in una certa misura mobile, in quanto definito dalle leggi che mano a mano si susseguono nei vari settori. Nel 1998 il d. lgs. n. 112, emanato sulla base della legge di delega n. 59 del 1997, ha provveduto ad una ulteriore devoluzione di funzioni sia alle Regioni che agli enti locali, cercando di realizzare – anche oltre quanto strettamente previsto dal Titolo V della Costituzione, ed in più generale attuazione dei principi autonomistici fissati dall'art. 5 – un razionale riparto di compiti tra Stato, Regioni ed enti locali, secondo il principio di *sussidiarietà*.

Oltre che con il progressivo aumento delle funzioni, le Regioni sono state anche rafforzate nella struttura istituzionale con l'attribuzione di una maggiore autonomia statutaria, anche in relazione alla propria *forma di governo* e con l'introduzione (in assenza di una diversa scelta nello statuto) della elezione diretta del Presidente della Regione. A ciò ha provveduto per le Regioni a statuto ordinario la legge costituzionale n. 1 del 1999, mentre norme di analoga ispirazione, anche se diverse per le singole situazioni, sono state dettate per le Regioni a statuto speciale con la legge costituzionale n. 2 del 2001.

La legge costituzionale n. 3 del 2001 ha profondamente modificato il Titolo V della Parte seconda della Costituzione, tra l'altro assegnando alle Regioni una più larga quota di poteri legislativi in tutte le materie non riservate allo Stato e consentendo alle leggi regionali di entrare in vigore senza il controllo preventivo del Governo, secondo quanto già esposto (cap. 22, par. 2).

Ancora da compiere, invece, è il passo relativo alla partecipazione delle Regioni e delle altre articolazioni territoriali della Repubblica al procedimento legislativo statale ed alle maggiori decisioni di governo attraverso un proprio organo rappresentativo riconosciuto e disciplinato dalla Costituzione; ed ancora nessun ruolo è assegnato alle Regioni nella scelta dei giudici della Corte costituzionale, che pure è chiamata a giudicare della legittimità costituzionale delle leggi sia statali che regionali, e a decidere sui conflitti tra Stato e Regioni.

Possibile specialità di Regioni ordinarie

Sin qui si sono distinte le Regioni a statuto ordinario, disciplinate dal Titolo V della Parte seconda della Costituzione, dalle Regioni a statuto speciale, individuate dall'art. 116, co. 1, della Costituzione e disciplinate (in primo luogo) dal rispettivo statuto.

L'art. 116, co. 3, dispone che anche singole Regioni a statuto ordinario possono avere, entro certi limiti, caratteri di *specialità* rispetto alle altre. Precisamente, esso prevede che «ulteriori forme e condizioni particolari di autonomia» possano essere attribuite, *su iniziativa della Regione interessata*, con legge dello Stato approvata a maggioranza assoluta e preceduta da una *intesa* con la regione interessata. Tali speciali forme di autonomia sono consentite in tutte le «materie di cui al terzo comma dell'articolo 117» (cioè nelle materie in cui la potestà statale concorre con quella regionale), nonché in alcune delle *materie esclusivamente statali* di cui al co. 2 dell'art. 117 (precisamente, si tratta della «organizzazione della giustizia di pace», delle «norme generali sull'istruzione» e della «tutela dell'ambiente, dell'ecosistema e dei beni culturali»). Finora, tuttavia, la disposizione dell'art. 116, co. 3, non ha avuto alcuna attuazione.

3. gli organi regionali

Ogni Regione (non importa se a statuto ordinario o speciale) ha tre fondamentali organi: il **Consiglio**, la **Giunta** e il **Presidente della Giunta**, che è anche il Presidente della Regione.

Il **Consiglio regionale** è l'organo rappresentativo, la cui composizione rispecchia gli orientamenti politici della comunità regionale. Per le Regioni ordinarie, l'art. 121, co. 2, Cost., stabilisce che esso «*esercita le potestà legislative attribuite alla Regione e le altre funzioni conferitegli dalla Costituzione e dalle leggi*». Il Consiglio perciò non solo è titolare delle funzioni legislative, ma può partecipare alle funzioni amministrative. Il Consiglio

I Consigli regionali sono composti da *consiglieri.* L'elezione dei Consigli avviene a *suffragio universale diretto.* Elettori sono i cittadini maggiorenni, che godano dei diritti politici. Eleggibili sono i cittadini iscritti nelle liste elettorali di un qualsiasi Comune. Nessuno può appartenere contemporaneamente a un Consiglio regionale e ad una delle Camere del Parlamento, o ad un altro Consiglio regionale (art. 122, co. 2, Cost.).

Il numero dei consiglieri – secondo le previsioni della legge 17 febbraio 1968, n. 108 – è variabile da 30 a 80 a seconda della popolazione della Regione. In base alla l. n. 43 del 1995 in concreto può essere più alto di qualche unità, in relazione al concreto funzionamento delle regole elettorali.

Secondo l'art. 122, co. 1, il sistema di elezione e i casi di ineleggibilità e di incompatibilità dei consiglieri regionali (oltre che, come si dirà, del Presidente e degli altri componenti della Giunta regionale) sono disciplinati «con legge della Regione nei limiti dei principi fondamentali stabiliti con legge della Repubblica, che stabilisce anche la durata degli organi elettivi». In assenza di una legislazione regionale la disciplina del sistema elettorale regionale rimane quella che risulta dalla combinazione della legge n. 108 del 1968 con la legge n. 43 del 1995, che ha dato ad esso un'impronta marcatamente *maggioritaria*, pur mantenendone il carattere di competizione di *liste concorrenti.* Molte Regioni hanno ormai la propria legge elettorale, che in genere segue nelle linee di fondo la precedente legislazione statale.

Inoltre, secondo l'art. 5 della l. costituzionale n. 1 del 1999, del Consiglio regionale fanno parte sia il Presidente della Giunta regionale eletto a suffragio diretto, sia il candidato Presidente che abbia avuto il maggior numero di voti dopo il Presidente eletto.

Si noti che si tratta di una disposizione transitoria, dato che la materia è destinata ad essere disciplinata in parte dagli statuti regionali, in parte dalle leggi statali e regionali in materia di elezioni regionali.

I *consiglieri* godono di uno stato giuridico in parte (ma solo in parte) simile a quello dei *Parlamentari*. Come questi, anche i consiglieri regionali «*non possono essere chiamati a rispondere delle opinioni espresse e dei voti dati nell'esercizio delle loro funzioni*» (art. 122, co. 4), né durante il mandato né dopo la sua scadenza. Tuttavia essi possono essere processati ed arrestati per i reati comuni, non coperti da questa particolare *immunità*, senza che ci sia bisogno del consenso del Consiglio regionale.

Il Presidente del Consiglio regionale

Il Consiglio regionale provvede ad eleggere nel suo seno il proprio **Presidente**, ed anche un ufficio di presidenza (art. 122, co. 3). Il *Presidente del Consiglio regionale* non è uno degli organi di governo delle Regioni, ma piuttosto un *organo interno* del Consiglio stesso. La sua esistenza fa però sì che il Consiglio possa operare e deliberare con autonomia rispetto all'esecutivo (diversamente da quanto accade, ad esempio, nei *Comuni* fino a 15.000 abitanti, dove il Consiglio è convocato e presieduto dallo stesso *Sindaco*).

La vita del Consiglio

I Consigli regionali durano in carica *cinque* anni. Essi tuttavia cessano dalle loro funzioni il quarantaseiesimo giorno precedente le elezioni (la Giunta e il Presidente della Giunta, invece, rimangono in funzione fino alla nomina dei successori).

A parte la scadenza naturale, l'art. 126 della Costituzione prevede altri casi di scioglimento dei Consigli. Alcuni di questi casi riguardano le vicende del Consiglio in se stesso e nel rapporto con l'esecutivo regionale. Così da un lato il Consiglio viene sciolto in caso di «dimissioni contestuali della maggioranza dei componenti; dall'altro, quando il Presidente della Giunta sia a sua volta eletto a suffragio universale e diretto – come attualmente accade in *tutte* le Regioni, eccetto la Valle d'Aosta (v. subito *oltre*) – e il Consiglio esprima a maggioranza assoluta la *sfiducia* nei suoi confronti, questi sarà obbligato a dimettersi insieme alla Giunta, ma il Consiglio verrà esso stesso *sciolto* (art. 126, co. 3).

Il Consiglio viene altresì sciolto quando per qualunque altra ragione (rimozione, impedimento permanente, morte o dimissioni volontarie) il Presidente della Giunta eletto a suffragio diretto cessi dalla carica: il che mostra che la regola non ha solo lo scopo di evitare che il Consiglio voti la sfiducia senza serie ragioni, ma ha anche lo scopo di mantenere contestuale l'elezione del Consiglio e quella del Presidente.

Gli altri casi rappresentano invece forme di tutela della più ampia comunità nazionale. Precisamente, secondo l'art. 126, co. 1, è disposto lo scioglimento del Consiglio regionale che abbia compiuto «atti contrari alla Costituzione o gravi violazioni di legge», oppure quando lo richiedano «ragioni di sicurezza nazionale».

Si noti che non rientra nel primo caso (atti contrari alla Costituzione) né la semplice approvazione di una legge contrastante con la Costituzione (la quale può venire efficacemente fermata dal Governo attraverso la *impugnazione* dinanzi alla Corte Costituzionale: cap. 22, par. 2) né la semplice emanazione di atti amministrativi illegittimi. Si deve pensare piuttosto ad atti – di qualunque natura – che mostrino una *deliberata volontà* di non rispettare la Costituzione e le leggi.

Allo scioglimento del Consiglio si accompagna la *rimozione* del Presidente della Giunta, e con ciò le dimissioni dell'intera Giunta.

Ciò perché non può immaginarsi che il Consiglio compia i gravi atti che portano allo scioglimento senza l'accordo del Presidente della Giunta. Infatti il Presidente della Giunta, ove non fosse d'accordo, non avrebbe che da dimettersi, ottenendo con questo anche lo scioglimento del Consiglio.

Lo scioglimento è disposto con decreto del Presidente della Repubblica (su deliberazione del Consiglio dei Ministri), sentita una Commissione di deputati e senatori.

Il **Presidente della Giunta** rappresenta, rispetto al Consiglio, l'altro polo istituzionale della Regione. Dopo la riforma costituzionale del 1999, esso è eletto a suffragio universale diretto, salvo che lo statuto disponga diversamente (art. 122, co. 5, Cost.). Il Presidente

Lo statuto potrebbe, ad esempio, tornare al precedente sistema, facendo eleggere il Presidente dal Consiglio regionale. Finora tuttavia nessuna Regione (eccetto la Valle d'Aosta) si è discostata dal sistema previsto come normale dalla Costituzione.

L'elezione del Presidente è disciplinata (in assenza di specifica legislazione regionale) dalle disposizioni dell'art. 5 della l. cost. n. 1 del 1999, che integrano quelle della l. n. 43 del 1995. Candidati alla presidenza sono i *capolista di ciascuna lista regionale*, il cui nome è posto ben distinto, accanto al riquadro, nella scheda elettorale. È eletto Presidente il candidato che ha conseguito il maggior numero di voti validi.

Se eletto (come accade ora in quasi tutte le Regioni) a suffragio diretto, il Presidente ha in primo luogo il compito di nominare i componenti della Giunta, ed ha anche il potere di revocarli (art. 122, co. 5, Cost.). In ogni modo, egli «dirige la politica della Giunta e ne è responsabile» (art. 121, co. 4). Ovviamente, inoltre, «presiede» la Giunta: la convoca, fissando l'ordine del giorno della riunione, guida e dirige la discussione, pone le questioni in votazione, e più in generale compie tutte le attività che sono normalmente collegate alla presidenza di un organo collegiale.

Accanto a queste però il Presidente della Giunta ha un'altra importante funzione, che la Costituzione *espressamente* gli attribuisce: egli «*rappresenta la Regione*» (art. 121, co. 4). Ciò ha rilievo in particolare – oltre che sul piano «simbolico» e cerimoniale – in tutti i casi in cui la Regione deve manifestarsi all'esterno attraverso una sola persona, come nello stare in giudizio. In altre parole, il Presidente è il «legale rappresentante» della Regione.

Ciò non esclude che la sottoscrizione di atti e contratti che impegnano la Regione possa essere demandata ad altri organi, e in particolare ai dirigenti regionali.

Nella sua veste di espressione unitaria e sintetica della Regione il Presidente «*promulga le leggi ed emana i regolamenti regionali*» (art. 121, co. 4, Cost.).

Come si vede, il Presidente della Giunta regionale riunisce in sé alcune delle funzioni che per lo Stato spettano distintamente al *Presidente del Consiglio dei Ministri* e al *Presidente della Repubblica*. A somiglianza del primo egli dirige l'attività del *governo* regionale; a somiglianza del secondo egli *rappresenta* la Regione e *promulga* le leggi.

Poiché però il Presidente della Regione rimane pur sempre espressione della *maggioranza* che lo ha votato, *non* gli sono attribuite *altre* delle funzioni spettanti al *Presidente della Repubblica*. Così non ha il potere di *rinviare* le leggi, né il potere di *sciogliere* il Consiglio stesso.

Al Presidente della Giunta spettano particolari compiti nell'esercizio delle *funzioni amministrative* affidate alla Regione.

In primo luogo, egli è in un certo senso il *vertice* dell'amministrazione regionale, ai cui uffici e servizi *sovraintende* (tuttavia, in varie Regioni condivide questo potere con la *Giunta*). Inoltre, le singole leggi regionali o statali gli attribuiscono spesso ulteriori poteri amministrativi (ad esempio, la legge statale n. 833 del 1978 prevede che il Presidente della Giunta possa emanare *ordinanze* in materia sanitaria).

Infine, lo stesso art. 121 Cost. precisa che il Presidente «*dirige le funzioni amministrative delegate dallo Stato alla Regione*» (sulle quali si veda il paragrafo seguente, in fine).

La Giunta

La Giunta è l'*organo esecutivo* delle Regioni (art. 121, co. 3). I suoi componenti (usualmente chiamati **assessori**) sono nominati dal Presidente, se questo è eletto a suffragio diretto; altrimenti essi sono individuati nei modi previsti dallo statuto e dalla legge regionale. Il loro numero è stabilito dallo statuto.

La Giunta rappresenta nelle Regioni ciò che il Governo è per lo Stato. Ha, sotto la direzione del Presidente, funzione di indirizzo politico. Ha compiti di impulso dell'attività della Regione, e può presentare al Consiglio disegni di legge regionale. Non può assumere atti con forza di legge, dato che questi non sono ammessi nelle Regioni, ma è la titolare naturale dei *poteri regolamentari*. Inoltre, come organo *esecutivo*, essa esercita funzioni amministrative. Tocca allo statuto stabilire se i singoli assessori siano anche organi esterni regionali, titolari di proprie funzioni amministrative, o se essi abbiano soltanto le funzioni di responsabili politici del settore di cui si occupano.

Il Consiglio delle autonomie locali

La Costituzione prevede inoltre che in ogni Regione sia istituito un *Consiglio delle autonomie locali* quale «organo di consultazione fra la Regione e gli enti locali» (art. 123, co. 4).

Altri organi regionali

Sin qui abbiamo considerato gli *organi di governo* delle Regioni. Vi sono però anche altri organi, di varia natura.

Insieme alle funzioni sono stati trasferiti alle Regioni anche alcuni *organi* ed *uffici* periferici dello Stato, che tali funzioni svolgevano. Sicché le Regioni hanno in certi settori propri organi periferici, quali gli **ispettorati per l'agricoltura** o i **geni civili**. L'esistenza e le funzioni di tali organi sono ora disciplinate da leggi regionali.

I dirigenti regionali

Va inoltre ricordato che anche nelle Regioni operano ormai quali veri e propri organi di gestione, competenti all'emanazione anche di veri provvedimenti amministrativi, i *dirigenti* delle strutture amministrative. A proposito dei rapporti tra gli organi politici regionali (e in particolare la *Giunta* come titolare del potere esecutivo) e i dirigenti possono essere richiamate le considerazioni svolte a proposito del rapporto tra dirigenti e ministri (cfr. *sopra*, cap. 25, par. 2).

I difensori civici regionali

Alcune Regioni hanno introdotto il **difensore civico**. Come è noto, si tratta di un istituto di origine scandinava – l'*Ombudsman*. Esso consiste in un organo amministrativo indipendente, senza responsabilità di amministrazione attiva, cui è assegnato fondamentalmente il compito di ricevere le proteste ed i reclami degli amministrati, e di operare (in modo del tutto informale) per la più giusta soluzione dei casi sottopostigli. Oggi molti Stati europei – ad esempio la Francia e l'Inghilterra – hanno istituito organi del genere a livello nazionale.

In Italia, la legislazione statale non prevede, almeno per ora, una simile istituzione. L'art. 16 della legge n. 127 del 1997, tuttavia, dispone che fino a quando non sia istituito il difensore civico nazionale i difensori civici delle Regioni esercitino le proprie funzioni di richiesta, di proposta, di sollecitazione e di informazione *anche nei confronti degli organi statali locali*, esclusi soltanto quelli militari, di pubblica sicurezza e giudiziari.

4. le funzioni regionali

Le Regioni hanno funzioni *normative* e funzioni *amministrative*. Le funzioni normative – che d'altra parte riguardano pur sempre l'*azione* che la Regione svolge per il conseguimento dei fini di interesse pubblico ad essa affidati, ed in questo senso l'*amministrazione* – sono già state studiate nella parte dedicata ad esse come **fonti** del diritto (cap. 22, parr. 2 e 3).

Le funzioni amministrative

Secondo il precedente testo dell'art. 118, co. 1, della Costituzione alle Regioni spettavano le funzioni *amministrative* per le *stesse materie* attribuite alla potestà legislativa. La regola fondamentale era dunque nel senso del *parallelismo* tra attribuzioni legislative e attribuzioni amministrative. Ciò comportava però che le Regioni non potessero intervenire (in linea di principio) neppure *in via amministrativa* là dove non potevano intervenire *in via legislativa*.

Ulteriori norme, sempre nell'art. 118 Cost., erano rivolte da una parte a consentire alla legge statale di attribuire direttamente agli enti locali «funzioni di interesse esclusivamente locale» (co. 1), dall'altra ad imporre alle stesse Regioni di amministrare normalmente *attraverso* gli enti locali, per mezzo della delega ad essi delle proprie funzioni o avvalendosi dei loro uffici.

Il nuovo articolo 118 della Costituzione ha cambiato prospettiva. Esso non prevede né una astratta titolarità statale né una astratta titolarità regionale delle funzioni amministrative, ma prevede invece i criteri in base ai quali lo Stato e le Regioni, come titolari delle funzioni legislative, provvedono a disciplinare tali funzioni, ed in primo luogo ad individuare i relativi *titolari*. In questo senso, in particolare, il co. 2 afferma che «i Comuni, le Province e le Città metropolitane sono titolari di funzioni amministrative proprie e di quelle conferite con legge statale o regionale, secondo le rispettive competenze».

In secondo luogo, come è già stato ricordato, esso esprime (al co. 1) il principio di *preferenza per il livello comunale*, secondo il quale, in linea di principio «le funzioni amministrative sono attribuite ai Comuni». Tuttavia, tale principio è temperato dai principi di *sussidiarietà*, *differenziazione ed adeguatezza*, i quali possono giustificare l'assegnazione della funzione ad un diverso livello, ivi compreso il livello regionale e quello statale.

Quanto alla ripartizione tra lo Stato e le Regioni del compito di disciplinare le funzioni amministrative, essa è stabilita dall'art. 117, commi 2, 3 e 4. Così nelle materie di esclusiva competenza statale toccherà alla legge statale ogni decisione, nelle materie di competenza concorrente la legge statale potrà fissare i principi fondamentali, nelle altre materie ogni decisione spetterà alle Regioni: tenendo tuttavia conto che tra le materie di esclusiva competenza statale è elencato il compito di determinare le «funzioni fondamentali» dei Comuni, delle Province e delle Città metropolitane (co. 2, lett. *p*).

Quanto alle Regioni, dunque, nelle proprie materie di competenza esse potranno con le proprie leggi riservare a sé funzioni amministrative che richiedano l'esercizio unitario; mentre nelle materie riservate alla competenza del legislatore statale esse potranno ricevere da esso – eventualmente anche per mezzo dello strumento della delega, ancora menzionato dall'art. 121, co. 4, Cost. – le funzioni che appaiono meglio esercitabili al livello regionale.

5. le Province e i Comuni

L'autonomia comunale e provinciale

Il nuovo Titolo V della Costituzione accomuna sotto molti aspetti alle Regioni i Comuni e le Province (ai quali affianca comunità locali da tempo progettate ma mai sinora concretamente istituite quali le Città metropolitane). Così secondo l'art. 114, co. 1, essi ugualmente *costituiscono* insieme allo Stato «la Repubblica», ed ai sensi del co. 2 ugualmente sono «enti autonomi con propri statuti, poteri e funzioni». Corrispondentemente l'art. 119, co. 1, afferma che i Comuni, le Province, le Città metropolitane, come le Regioni, «hanno autonomia finanziaria di entrata e di spesa».

Sotto altri profili, tuttavia, la posizione costituzionale delle Regioni e quella degli enti locali rimangono molto differenti. Al contrario delle Regioni, gli enti locali non hanno potestà legislativa, né possono come le Regioni agire davanti alla Corte costituzionale per contestare la legittimità costituzionale delle leggi statali, o per rivendicare di fronte ad esso la titolarità di altri poteri.

Pur se l'autonomia degli enti locali è in linea di principio costituzionalmente garantita, la concreta fisionomia che essa assume dipende dalle leggi, molto di più di quanto accada per le Regioni; e si tratta, inoltre, non solo delle leggi statali, ma anche delle leggi regionali, secondo i principi di riparto già a suo tempo esposti: alla legislazione dello Stato spetta, in particolare, la materia elettorale nonché la disciplina degli «organi di governo» e delle «funzioni fondamentali» (art. 117, co. 2, lett. *p*).

Tuttavia, le Regioni a statuto speciale hanno, a differenza delle Regioni ordinarie, potestà legislativa *primaria* in materia di enti locali (l. cost. n. 2 del 1993). In tali regioni perciò l'ordinamento dei comuni presenta rilevanti particolarità rispetto a quanto esposto di seguito nel testo.

La disciplina degli enti locali è fondamentalmente contenuta nel *Testo unico delle leggi sull'ordinamento degli enti locali* approvato con d. lgs. 18 agosto 2000, n. 267.

Per mantenere chiara la legislazione sugli enti locali l'art. 1, comma 4, dispone che «le leggi della Repubblica non possono introdurre deroghe al presente *Testo unico* se non mediante espressa modificazione delle sue disposizioni».

L'autonomia locale

Secondo l'art. 3 del *Testo unico*, i Comuni e le Province hanno «autonomia statutaria, normativa, organizzativa ed amministrativa, nonché autonomia impositiva e finanziaria» che si svolgono «nell'ambito dei propri statuti e regolamenti e delle leggi di coordinamento della finanza pubblica».

Degli statuti comunali e provinciali come fonti del diritto si è detto *sopra*, cap. 22, par. 5. Sull'ordinamento finanziario e contabile si veda *oltre*, par. 11.

Modifica dei Comuni e delle Province

Comuni e Province sono soggetti autonomi stabiliti ciascuno entro propri confini. Ma naturalmente non solo tali confini possono essere modificati, ma è possibile che nuovi Comuni o Province nascano (ovviamente con sottrazione di territorio agli enti preesistenti), o che singoli Comuni o Province scompaiano, ad esempio per fondersi in nuovi Comuni o Province.

Per quanto riguarda i Comuni, la Costituzione (art. 133, comma 2) dispone che «la Regione, sentite le popolazioni interessate, può con le sue leggi istituire nel proprio territorio nuovi Comuni e modificare le loro circoscrizioni».

La legge vede con sfavore la creazione di nuovi piccoli Comuni. Perciò è previsto che non si possano istituire nuovi Comuni con meno di 10.000 abitanti, a meno che essi non siano il risultato della fusione di Comuni preesistenti. Con favore è invece prevista appunto la *fusione* di Comuni preesistenti (art. 15 testo unico): quando due o più Comuni vengano fusi, lo statuto del nuovo Comune può prevedere che nei territori interessati dalla fusione si costituiscano **Municipi**, con il compito di gestire i servizi di base e le altre funzioni delegate ad essi. Inoltre lo statuto può prevedere che uno o più organi dei *Municipi* siano eletti direttamente dal popolo (art. 16 t.u.).

Il mutamento delle circoscrizioni provinciali e la nascita di nuove Province sono invece disposti con legge statale, su iniziativa dei Comuni, sentita la Regione interessata (art. 133 co. 1, Cost.).

6. i Comuni. Gli organi politici

Il **Comune** è l'ente locale più antico e più radicato nella tradizione. Naturalmente, i Comuni attuali non assomigliano più ai loro predecessori medievali, che per indipendenza erano paragonabili, almeno nei fatti, a Stati sovrani. Essi sono invece enti profondamente inseriti nello Stato unitario, all'interno del quale esercitano un ruolo di fondamentale importanza.

Il Comune, infatti, è il luogo del primo contatto tra cittadino e istituzioni, è il punto di riferimento più elementare e sicuro nella *percezione* e spesso nel *soddisfacimento* dei bisogni della collettività. Al Comune sono oggi direttamente o indirettamente affidati molti essenziali servizi, quali i trasporti locali, gli asili nido, l'approvvigionamento dell'acqua, l'illuminazione delle strade, i macelli, i mercati, e molti altri compiti non meno essenziali, come la pianificazione urbanistica e la vigilanza sulle costruzioni, o la pianificazione commerciale.

Nella definizione legislativa, il Comune è «l'ente locale che rappresenta la propria comunità, ne cura gli interessi e ne promuove lo sviluppo» (art. 3, co. 2, t.u.).

Fondamentali organi politici del Comune sono da una parte il **Sindaco** e la sua **Giunta**, dall'altra il **Consiglio**, composto dal Sindaco e da un numero di *consiglieri* variabile a seconda della popolazione comunale tra un minimo di 12 (per i Comuni con meno di 3.000 abitanti) ad un massimo di 60 (per i Comuni con più di un milione di abitanti).

Il *Sindaco* e il *Consiglio* sono direttamente eletti per la durata di 5 anni (art. 51, co. 1, t.u.) dai cittadini (italiani o, come detto, di altri Stati membri dell'Unione europea) residenti, a suffragio universale diretto. I componenti della Giunta sono nominati dal Sindaco con proprio atto (art. 46, co. 2, t.u.).

L'elezione del Sindaco e del Consiglio

In tutti i Comuni il Sindaco e il Consiglio comunale sono eletti direttamente dal popolo. L'elezione tuttavia si svolge con modalità differenti (stabilite rispettivamente dall'art. 71 e dall'art. 72 del *Testo unico*), a seconda che si tratti di Comuni con popolazione fino a 15.000 abitanti, o con popolazione superiore.

nei Comuni fino a 15.000 abitanti

Nei Comuni con popolazione fino a 15.000 abitanti (cioè nella enorme maggioranza dei Comuni italiani) i candidati alla carica di Sindaco si presentano agli elettori collegati ad una lista di candidati alla carica di consiglieri. Gli elettori votano *per il Sindaco*, e solo indirettamente per i consiglieri, nel senso che a ciascuna lista di candidati alla carica di consigliere si intendono attribuiti i voti dati al candidato Sindaco collegato con essa. Tuttavia, l'elettore può esprimere, all'interno della lista, anche un voto di preferenza per un consigliere.

Risulta eletto Sindaco il candidato che ha ottenuto il *maggior nume-*

ro di voti (è dunque sufficiente la maggioranza *relativa*). Solo in caso di parità si procede a votazione di ballottaggio tra i candidati in pari posizione (in caso di ulteriore parità prevale il più anziano di età).

La ripartizione dei seggi in Consiglio avviene come pura conseguenza dell'esito dell'elezione del Sindaco: alla lista collegata al Sindaco eletto sono attribuiti due terzi dei seggi disponibili, mentre il restante terzo è a sua volta ripartito fra le altre liste, sulla base di un metodo proporzionale di ripartizione dei seggi chiamato metodo *d'Hondt*. Una volta determinato il numero dei seggi spettanti a ciascuna lista, il primo viene assegnato al candidato alla carica di Sindaco, gli altri (se erano più di uno) ai rimanenti candidati secondo il numero dei voti di preferenza ricevuti da ciascuno.

e nei Comuni oltre i 15.000 abitanti

Nei Comuni con popolazione superiore ai 15.000 abitanti, l'elezione del Sindaco e quella del Consiglio pur essendo *contestuali* (ed in concreto utilizzando un'unica scheda) sono però *separate*. I candidati Sindaci sono pur sempre collegati alle liste dei candidati consiglieri (in questo caso *ad una o più* liste), ma il voto per il Sindaco non viene computato come voto di lista. Al contrario, è il voto per la lista che viene calcolato anche come voto per il candidato Sindaco collegato, ma *solo se* l'elettore non ha per conto suo espresso un voto anche per un candidato Sindaco collegato ad una diversa lista.

In altre parole, nei Comuni maggiori l'elettore può distintamente votare per il Sindaco e per la lista, anche se questa è diversa da quella cui il Sindaco è collegato. In linea puramente teorica è perciò possibile che sia eletto un Sindaco, senza che la lista cui esso era collegato ottenga la maggioranza, o persino una qualche rappresentanza in Consiglio.

Per essere eletto al primo turno, il candidato Sindaco deve ottenere la maggioranza assoluta dei voti. Se nessuno dei candidati la ottiene, si procede ad un secondo turno elettorale (da svolgere la seconda domenica successiva), cui partecipano i due candidati che hanno ottenuto al primo turno il maggior numero di voti: i quali possono collegarsi ad ulteriori liste, aggiuntive rispetto ai precedenti collegamenti. Nel secondo turno risulta eletto *il candidato che ha ottenuto più voti* (solo in caso di parità sono determinanti i voti ottenuti al primo turno dalle liste collegate).

Da quanto detto risulta che, al contrario che per i Comuni fino a 15.000 abitanti, per i Comuni maggiori non c'è una necessaria corrispondenza tra i risultati dell'elezione del Sindaco e del Consiglio. La composizione del Consiglio è determinata fondamentalmente dal numero di voti ottenuto da ciascuna lista *al primo turno*: nel secondo, infatti, in ogni caso si vota solo per il Sindaco, e non per le liste. Tuttavia, poiché il risultato dell'elezione del Sindaco può influire, come subito diremo, sulla ripartizione dei seggi in Consiglio, la legge dispone che l'attribuzione dei seggi alle liste sia effettuata «successivamente alla proclamazione dell'elezione del Sindaco» (art. 73 t.u.).

Più precisamente, la legge considera le seguenti possibilità:

a) il Sindaco è eletto al primo turno, e la lista o le liste ad esso collegate hanno ottenuto almeno il 40 per cento dei voti senza che nessuna altra lista (o gruppo di liste collegate) abbia ottenuto più del 50 per cento dei voti: in tal caso a tale lista o gruppo di liste viene assegnato il 60 per cento dei seggi (*premio di maggioranza*), e i rimanenti sono ripartiti tra le altre liste in proporzione ai voti conseguiti (è ovvio che se la lista o le liste collegate al Sindaco eletto avessero oltre il 60 per cento dei voti la ripartizione sarebbe semplicemente proporzionale tra tutte le liste, e lo stesso accadrebbe se una lista non collegata al Sindaco avesse avuto oltre il 50 per cento dei voti);

b) il Sindaco è eletto al secondo turno, ma al primo turno una lista o un gruppo di liste collegate ad un *diverso* candidato hanno superato il 50 per cento dei voti: l'assegnazione dei seggi rimane proporzionale ai risultati del primo turno, e non si assegna alcun premio di maggioranza (il Sindaco, in effetti, *non ha* una maggioranza in Consiglio);

c) il Sindaco è eletto al secondo turno, senza che al primo turno una lista o un gruppo di liste collegate ad un diverso candidato abbia superato il 50 per cento dei voti: in tal caso alla lista o liste collegate al Sindaco è assegnato il 60 per cento dei seggi (sempre che un maggior numero non derivi già dai risultati del primo turno).

Come si vede, la legge è ispirata al criterio di fornire al Sindaco una sicura maggioranza, ogni volta che la votazione per il Consiglio non abbia prodotto una maggioranza diversa.

Nessuno può essere eletto Sindaco consecutivamente per oltre due mandati. È tuttavia consentito un terzo mandato se uno dei due precedenti è durato meno di due anni, sei mesi e un giorno (sempre che la breve durata non sia dovuta a dimissioni volontarie).

Per quanto riguarda i Consigli comunali, va segnalato che in ogni caso non sono ammessi al riparto dei seggi le liste o i gruppi di liste che non abbiano ottenuto al primo turno (il solo per il quale esista un vero e proprio voto di lista) almeno il 3 per cento dei voti validi.

La cessazione del Sindaco e del Consiglio

Il Sindaco e il Consiglio sono eletti contestualmente, ed insieme devono vivere: ogni causa di cessazione dell'uno si traduce automaticamente in causa di cessazione dell'altro.

Così è, in primo luogo, per la cessazione del Sindaco, che trascina con sé quella del Consiglio. Ciò può accadere quando la cessazione del Sindaco sia dovuta a impedimento permanente, rimozione, decadenza, o decesso: ed in tal caso Consiglio e Giunta rimangono *provvisoriamente* in carica (fino all'elezione del nuovo Consiglio e del nuovo Sindaco), e le funzioni del Sindaco vengono esercitate dal Vicesindaco. Se invece è il

Sindaco a presentare spontaneamente le dimissioni (che diventano efficaci ed irrevocabili dopo 20 giorni dalla loro presentazione al Consiglio), allora contestualmente allo scioglimento del Consiglio viene nominato un commissario. Lo stesso accade anche quando sia il Consiglio a votare (a maggioranza assoluta) una **mozione di sfiducia**: anche in tal caso il Consiglio è sciolto, e l'intera amministrazione viene intanto retta da un commissario.

In altre parole, la maggioranza che sin dall'inizio fosse o che a un certo punto diventasse ostile al Sindaco può liberarsene: ma così facendo segna la fine anche propria, e determina il ricorso a nuove elezioni.

Allo stesso modo, anche lo scioglimento del Consiglio (v. *oltre*) determina in ogni caso la decadenza del Sindaco (e della sua Giunta): e si procede di conseguenza a nuove elezioni per l'uno e per l'altro.

Prima di assumere le sue funzioni il Sindaco presta *giuramento* davanti al Consiglio. Suo caratteristico distintivo è la *fascia tricolore* con lo stemma della Repubblica, da portarsi (come specifica l'art. 50 t.u.) «a tracolla».

Le funzioni del Sindaco

Il Sindaco è l'organo responsabile dell'amministrazione del Comune. Esso *rappresenta* l'ente sia in termini politici, sia giuridicamente ogni volta che il Comune debba figurare all'esterno *unitariamente* in una sola persona, come per la rappresentanza in giudizio.

Un tempo il Sindaco provvedeva allo stesso modo alla stipulazione dei *contratti*. Tuttavia in attuazione del criterio generale secondo cui spetta agli organi politici la determinazione degli indirizzi, ai dirigenti la gestione dell'amministrazione, l'art. 107 t.u. dispone che la stipulazione dei contratti spetti ai dirigenti.

Ancora, il Sindaco nomina gli assessori componenti della Giunta, convoca e presiede la Giunta stessa (nei Comuni con popolazione fino a 15.000 abitanti anche il Consiglio) e sovrintende al funzionamento dei servizi e degli uffici, nonché all'esecuzione degli atti.

Sempre come capo dell'amministrazione comunale, il Sindaco ha importanti poteri di nomina. Oltre agli assessori, infatti, esso nomina i responsabili degli uffici e dei servizi, attribuendo gli incarichi dirigenziali, e nomina altresì i rappresentanti del Comune presso enti, aziende e istituzioni. Ulteriori compiti possono essere affidati al Sindaco dalle leggi e dallo statuto del singolo Comune.

Il Sindaco come Ufficiale del Governo

Alla carica di Sindaco si collega un'altra importante funzione. Egli è anche **Ufficiale del Governo**, ed in questa veste opera come *organo statale*, e non come organo comunale (art. 54 t.u.).

Come organo statale il Sindaco è ufficiale di *stato civile* (celebra i matrimoni, tiene i registri, rilascia i relativi certificati), è organo di *pubblica sicurezza* e di *polizia giudiziaria* (il che è importante nei Comuni ove non ci sia un ufficio locale di polizia), emana in varie materie *ordinanze contingibili ed urgenti* (cioè norme destinate ad operare in situazioni di straordinaria necessità), ha funzioni in materia di *elezioni*, di *censimenti*, di *leva militare,* di *statistica* ed altre ancora.

Quando opera come *Ufficiale del Governo*, il Sindaco è inserito nella *gerarchia* statale, sicché gli eventuali atti illegittimi possono essere *annullati*, anche su ricorso di un interessato, dall'organo superiore (che di solito è il Prefetto; si noti tuttavia che in materia di *stato civile* il Sindaco opera sotto la sorveglianza dell'autorità giudiziaria).

Le funzioni del Sindaco come organo statale *sono delegabili* per il rispettivo territorio *ai presidenti dei consigli di circoscrizione* o (dove questi non ci siano) ad un consigliere comunale per l'esercizio in determinati *quartieri* o *frazioni*.

La Giunta comunale

Nel sistema precedente la legge n. 81 del 1993 la *Giunta comunale* era eletta insieme al Sindaco dal Consiglio comunale, ed era l'organo operativamente centrale e propulsivo del Comune, facendo capo ad essa la responsabilità generale dell'amministrazione e la maggior parte dei connessi poteri. Nel sistema attuale, la Giunta mantiene importanti compiti, ed a suo favore rimane posta la cosiddetta «clausola residuale»: in altre parole, essa ha il potere di compiere tutti gli atti per i quali le leggi o lo Statuto non indichino la competenza di altri organi.

Tuttavia, la sua posizione centrale è venuta meno, essendo stata occupata dal Sindaco direttamente eletto. Infatti, è questi ormai che nomina gli assessori (tra cui un *Vicesindaco*), e che può anche revocarli, limitandosi nei due casi a darne «comunicazione» al Consiglio. È evidente dunque che gli assessori sono dei collaboratori del Sindaco, da lui stesso scelti. Il legame tra Sindaco e assessori è ulteriormente rafforzato dal fatto che, nei Comuni sopra i 15.000 abitanti, *gli assessori non possono essere consiglieri comunali* (se lo erano, decadono al momento dell'accettazione della nomina), e non hanno perciò nessuna autonoma rappresentatività politica.

La Giunta è composta dal Sindaco e da un numero di assessori stabilito dallo statuto, ma non superiore ad un terzo del numero dei consiglieri, con un massimo assoluto di 16 assessori.

Nessuno può essere nominato consecutivamente assessore per oltre due mandati.

Nei Comuni fino a 15.000 abitanti la regola è che gli assessori siano scelti tra i consiglieri comunali, ma lo Statuto può prevedere la nomina anche di cittadini non consiglieri.

Il Consiglio

Il **Consiglio** è l'organo che più compiutamente rappresenta la comunità locale, dato che in esso si rispecchia una necessaria dialettica politica, nel senso che in ogni caso vi è rappresentata almeno una lista di *maggioranza* ed una lista di *minoranza*.

Fino al 1993 il Consiglio era *l'unico* organo direttamente rappresentativo del Comune, ed esso aveva come primo compito l'elezione del Sindaco e della Giunta. La situazione è però mutata dopo l'introduzione in tutti i Comuni dell'elezione diretta del Sindaco. L'amministrazione dei Comuni si basa perciò attualmente su due organi di diretta legittimazione popolare.

Proprio in quanto esso rimane l'organo più compiutamente rappresentativo, la legge assegna alla sua competenza l'approvazione degli atti fondamentali di carattere politico, normativo, finanziario e programmatico. In particolare ad esso spetta: l'approvazione dello *Statuto* del Comune (e di quello di eventuali aziende per la gestione dei servizi comunali, predisposto dai relativi organi di amministrazione), dei *regolamenti* (ad eccezione del regolamento sull'ordinamento degli *uffici* e dei *servizi*, che l'art. 48 t.u. assegna alla competenza della Giunta), dei *programmi* di qualunque natura (da quelli delle opere pubbliche a quelli territoriali ed urbanistici), dei *bilanci* e dei *conti consuntivi*; la decisione sulla assunzione diretta e sulle modalità di gestione dei pubblici servizi (nell'ambito dei modi consentiti dalle leggi), sulle spese pluriennali e continuative, sull'acquisto e sull'alienazione di immobili; la determinazione degli *indirizzi* per la nomina o designazione dei rappresentanti del Comune presso altri enti, aziende e istituzioni (art. 42 t.u.).

È fuori di dubbio, tuttavia, che il Consiglio non solo non è più – come era prima del 1990 – l'organo dotato di competenza *generale* e *residuale* (cioè l'organo chiamato ad esercitare tutti i poteri che le leggi affidano genericamente ai Comuni), ma non è più neppure l'esclusivo detentore della rappresentatività politica della popolazione, e dunque l'esclusivo detentore dell'*indirizzo politico* comunale. Da un lato dunque il Consiglio esercita *solo* i poteri indicati, e i pochi altri che la legge gli affida, dall'altro esso deve trovare, sullo stesso piano dell'indirizzo politico comunale, un accordo con il Sindaco.

Si ricordi che i poteri del Consiglio *non* sono però – al contrario che nella legislazione precedente il 1990 – né *delegabili* alla Giunta, né da questa esercitabili in via d'urgenza e salvo ratifica (con l'eccezione in questo caso delle variazioni di bilancio). Il divieto si spiega con il restringimento dei compiti del Consiglio: quelli che gli sono rimasti devono essere esercitati direttamente ed esclusivamente dal Consiglio stesso.

Autonomia del Consiglio

Il Consiglio comunale disciplina la propria organizzazione ed il proprio funzionamento attraverso un apposito regolamento, secondo un principio di ampia *autonomia funzionale e organizzativa* (art. 38, co. 2 e 3). Già la legge tuttavia stabilisce che per la validità delle sedute deve essere prevista la presenza di almeno un terzo dei consiglieri. Inoltre, i Consigli dei

Comuni con oltre 15.000 abitanti sono presieduti da un apposito Presidente, eletto tra i consiglieri. Lo statuto deve inoltre prevedere che la presidenza di eventuali commissioni consiliari con funzioni di controllo o di garanzia debba essere affidata a consiglieri dell'opposizione.

Durata del Consiglio

Il Consiglio dura in carica, come detto, *cinque* anni, continuando ad esercitare le proprie funzioni fino all'elezione del nuovo Consiglio (anche se dopo che sono state indette le elezioni deve limitarsi agli «atti urgenti ed improrogabili»: art. 38, co. 5). Esso può articolarsi in «commissioni» costituite in modo da rispecchiare la consistenza delle diverse forze politiche. Le sedute del Consiglio e delle commissioni sono di regola pubbliche.

Il Consiglio comunale può essere sciolto anticipatamente (oltre che nelle ipotesi di cessazione del Sindaco, con le conseguenze già dette) in altri determinati casi, previsti dall'art. 141 del testo unico: quando compia atti contrari alla Costituzione, o gravi e persistenti violazioni di legge; per gravi motivi di ordine pubblico; quando non approvi il bilancio nei termini previsti; quando si dimettano (o decadano) oltre la metà dei consiglieri. Lo scioglimento anticipato è disposto con decreto del Presidente della Repubblica, su proposta del Ministro dell'interno. Con l'atto di scioglimento si provvede alla nomina di un commissario. Il rinnovo del Consiglio avviene al primo turno elettorale utile previsto dalla legge.

Le circoscrizioni

Le **circoscrizioni** (di decentramento) vengono definite dalla legge come «organismi di partecipazione, di consultazione e di gestione di servizi di base, nonché di esercizio delle funzioni delegate dal Comune» (art. 17). Esse sono previste come *necessarie* nei comuni con oltre 250.000 abitanti, come *possibili* nei comuni con oltre 100.000 (non sono invece previste nei Comuni minori, ove vi potranno semmai essere *frazioni*). Dove esistono le circoscrizioni, esse sono rette e disciplinate da organi rappresentativi previsti dallo statuto e da un apposito regolamento comunale.

I comuni con oltre 300.000 abitanti possono realizzare forme di decentramento più accentuate, in pratica frazionandosi in unità distinte (anche se il comune rimane il solo soggetto giuridico e deve mantenere le necessarie funzioni di coordinamento).

Indennità

Il Sindaco e i membri degli organi collegiali dei Comuni (e delle Province) sono funzionari *onorari*, e non percepiscono perciò un vero e proprio stipendio. Tuttavia, essi ricevono *indennità* diverse a seconda della carica ricoperta e dell'importanza del Comune. Tali indennità sono disciplinate, accanto ad altri aspetti del rapporto di servizio, dal Capo IV del Titolo III del testo unico (Parte prima).

7. segue. Il Comune. Gli organi di gestione e l'organizzazione

Organi politici e organi di gestione

Un tempo il Consiglio, il Sindaco e la Giunta erano gli unici *organi* dei Comuni, mentre tutte le altre unità organizzative che componevano l'amministrazione comunale erano puri e semplici *uffici*, che svolgevano un lavoro di carattere preparatorio o esecutivo delle decisioni degli organi.

Oggi possiamo dire invece che quelli indicati sono gli *organi politici*, chiamati a svolgere soprattutto i compiti di disciplina generale e di indirizzo. Ad essi si sono ormai affiancati altri organi, che possiamo chiamare *organi di gestione amministrativa*, impersonati dai dirigenti. Infatti ai funzionari dirigenti la legislazione tende ormai ad affidare non solo la gestione amministrativa quotidiana ma in larga misura lo stesso compito di emanare i concreti provvedimenti amministrativi.

Il segretario comunale

La legge prevede che al vertice dell'organizzazione degli uffici comunali stia un funzionario chiamato **Segretario** comunale. Il *Segretario* – che deve essere laureato in giurisprudenza, o in scienze politiche, o in economia e commercio – dipende funzionalmente dal Sindaco. Non è però un impiegato del Comune (pur non essendo più, come era fino al 1997, un impiegato *dello Stato*).

Quale impiegato esso dipende, invece, da una apposita *Agenzia*, avente personalità giuridica pubblica. Tuttavia il d.l. n. 78 del 2010, convertito nella legge n. 122 del 2010, ha soppresso molti enti pubblici, tra i quali l'Agenzia, e trasferito le sue funzioni al Ministero dell'Interno, che già le svolgeva prima del 1997. Il Segretario comunale è dunque tornato ad essere un funzionario statale.

Il segretario è nominato dal Sindaco, per una durata pari a quella del suo mandato, tra gli iscritti ad un apposito *albo* nazionale, articolato in sezioni regionali. Anche prima della scadenza il segretario può essere revocato con provvedimento motivato per violazione dei doveri d'ufficio. Il rapporto di lavoro dei segretari comunali (e provinciali) è privatizzato ed è disciplinato dalla contrattazione collettiva.

Al Segretario spettano importanti compiti. Vi sono, in primo luogo, compiti che riguardano l'attività del Consiglio e della Giunta: egli partecipa con funzioni consultive, referenti e di assistenza (e dunque senza diritto di voto) alle riunioni, delle quali redige il *verbale*; può rogare i contratti dei quali è parte il Comune, ed autenticare scritture private ed atti unilaterali nell'interesse di questo; svolge gli altri compiti attribuitigli dallo statuto o dai regolamenti o comunque affidatigli dal Sindaco. Specifici compiti riguardano poi l'attività «interna» della macchina comunale. Dove l'organizzazione comunale preveda – come di solito nei Comuni medi e grandi – l'articolazione in servizi, affidati a dirigenti o responsabili, il Segretario sovraintende allo svolgimento delle loro funzioni, coordinandone l'attività.

L'art. 108 del testo unico consente ai Comuni con oltre 15.000 abitanti di affiancare al segretario comunale un *direttore generale* con il compito di attuare gli indirizzi e gli obiettivi stabiliti dagli organi politici secondo criteri di efficacia e di efficienza (si tratta della figura conosciuta con il nome di *city manager*). Se è nominato il direttore generale, a lui rispondono i dirigenti, ad eccezione del segretario.

I dirigenti

In generale la legge considera i *dirigenti* come gli organi ordinari di «gestione amministrativa» dell'ente – nell'ambito dei poteri di indirizzo e di controllo degli organi elettivi – e consente loro anche «l'adozione degli atti e provvedimenti che impegnano l'amministrazione verso l'esterno», secondo la formulazione dell'art. 107, co. 2. In particolare, essa indica quali ambiti di competenza affidati ai dirigenti la presidenza delle *commissioni di gara e di concorso*, la responsabilità delle *procedure di appalto e di concorso*, la stipulazione dei *contratti*, gli atti di *gestione finanziaria*, gli atti di amministrazione e *gestione del personale*, il rilascio di *autorizzazioni* o *concessioni* (comprese quelle in materia edilizia), gli atti costituenti manifestazioni di *giudizio o conoscenza*.

L'autonomia organizzativa

È facilmente comprensibile che, pur se tutti i Comuni devono avere gli stessi organi politici ed almeno un segretario comunale, la concreta organizzazione amministrativa varia enormemente tra i grandi Comuni, che hanno organizzazioni molto complesse e articolate, e i Comuni piccoli o piccolissimi, che hanno solo poche unità di dipendenti. La legge non solo ammette pienamente l'*autonomia organizzativa* delle amministrazioni locali, ma ne prende atto stabilendo che ove non esista personale di livello dirigenziale le stesse funzioni sono svolte dai responsabili degli uffici o dei servizi (art. 109 del testo unico).

Il difensore civico

Ciascun Comune (come anche ciascuna Provincia) può decidere se istituire o meno l'ufficio del *difensore civico*, disciplinandone nello statuto l'elezione e le prerogative (art. 11 del testo unico).

Tuttavia, per ragioni di economia la legge n. 191 del 2009 (comma 186 dell'art. 2) ha previsto la soppressione della figura del difensore civico comunale e l'eventuale attribuzione delle sue funzioni mediante convenzione al difensore civico della provincia nel cui territorio rientra il relativo comune, che assume allore il nome di «difensore civico territoriale».

8. funzioni e servizi comunali

Il Comune è un ente a *fini generali*. Ciò significa che esso può operare per il soddisfacimento di *qualunque* interesse della collettività comunale, assumendo le iniziative ritenute più opportune.

In pratica però le limitazioni sono numerose. Intanto, una fondamentale limitazione deriva dalla necessità di pareggiare il bilancio. Le entrate comunali – che derivano in parte da *entrate proprie*, in parte da *trasferimenti* da parte dello Stato – sono infatti limitate, e il Comune non può istituire, se non nei limiti previsti dalla legge, nuovi tributi per aumentarle. I maggiori tributi comunali sono l'*addizionale comunale sul reddito delle persone fisiche*, l'*imposta comunale sugli immobili* (ICI), la *tassa sull'occupazione degli spazi pubblici* (TOSAP), l'*imposta sulla pubblicità e sulle affissioni*, la *tassa sullo smaltimento dei rifiuti*, nonché le eventuali *imposte di scopo*, istituite per una durata determinata in vista della realizzazione di importanti opere pubbliche. I tributi comunali e in generale le entrate comunali sono specificamente disciplinati dal d. lgs. n. 23 del 2011, Disposizioni in materia di federalismo fiscale municipale.

In secondo luogo, ci sono compiti che spettano istituzionalmente all'amministrazione statale o ad altri appositi enti (ad esempio, l'assistenza agli studenti universitari, o la promozione dello sviluppo agricolo, come anche la stessa assistenza sanitaria).

Infine, se per soddisfare gli interessi pubblici occorrono *poteri autoritativi*, questi devono sempre essere previsti dalle leggi (in virtù del *principio di legalità* della pubblica amministrazione: cap. 27, par. 1). Ad esempio, un Comune potrebbe anche *proporsi* di risolvere il problema della casa affittando le case sfitte, ma certo non potrebbe *costringere* i proprietari in questo senso, perché le leggi non prevedono questo *potere*.

A parte ciò, numerosissimi sono i compiti affidati ai Comuni dalle leggi che disciplinano i diversi settori (oltre che dalla legislazione generale sugli enti locali). Indichiamo qui alcuni dei più importanti, raggruppandoli per materia. Rammentiamo che dei poteri regolamentari spettanti ai Comuni abbiamo già detto nella parte dedicata agli atti normativi (cap. 22, par. 4).

Polizia locale urbana e rurale. Il Comune disciplina con appositi *regolamenti* le attività che si svolgono nei *centri urbani* (uso lecito e illecito del suolo pubblico, circolazione dei veicoli e delle persone, spettacoli e trattenimenti pubblici, regole in caso di neve, regole per i mestieri rumorosi, e simili) e nelle *campagne* (regole sui pascoli, la spigolatura, le stoppie e simili). Inoltre, spetta al Comune il rilascio di varie *licenze* e *autorizzazioni* di pubblica sicurezza (art. 19 del d.P.R. n. 616 del 1977).

Urbanistica ed edilizia. Al Comune spetta una responsabilità primaria nella definizione dell'uso del territorio, e in particolare nella guida dell'attività costruttiva. Esso adotta, tra l'altro, *regolamenti edilizi, piani regolatori, convenzioni di lottizzazione, piani di edilizia residenziale pubblica*. Sempre il Comune poi concede o rifiuta i singoli permessi di costruzione (*autorizzazioni*, verifica delle segnalazioni certificate di inizio attività, ecc.). Ancora, il Comune ha importanti compiti nell'*assegnazione degli alloggi* di edilizia economica e popolare.

Lavori pubblici. Il Comune provvede alla costruzione e manutenzione delle *strade comunali* e in generale alle *opere pubbliche* di interesse locale: impianti sportivi o culturali, sedi delle attività comunali, monumenti, impianti strumentali ai servizi resi dai comuni (acquedotti, reti fognarie, mercati, macelli e simili).

Assistenza sociale. Il Comune provvede ai sussidi in denaro, all'assistenza domiciliare agli anziani, alle vacanze estive per minori o per anziani, agli asili-nido, e simili. Alcuni servizi di assistenza più strettamente collegati ai problemi sanitari sono invece erogati dalle *Unità sanitarie locali*: si pensi ai servizi di *consultorio familiare* o ai problemi dei *tossicodipendenti*.

Sanità e igiene. I servizi di assistenza sanitaria sono svolti dalle *Aziende sanitarie locali* e dalle *Aziende ospedaliere*, strutture amministrative con propria personalità giuridica facenti capo alle Regioni ma collegate anche ai Comuni. Il Sindaco mantiene comunque il ruolo di *autorità sanitaria locale*, e in questa veste ha tuttora ampi poteri (sull'*abitabilità* delle abitazioni, la repressione delle *attività insalubri*, il ricovero coattivo degli *alienati*, e molti altri ancora), anche in esecuzione dei *regolamenti di igiene* del Comune. Il Comune provvede inoltre ai *cimiteri* e ai relativi servizi.

Commercio. Il Comune formula i *piani commerciali* e rilascia le *autorizzazioni* comunali per le attività di commercio al minuto (fisso o ambulante), nei casi in cui sono richieste. Gestisce inoltre i *mercati comunali*.

I servizi pubblici locali

È nell'esperienza di tutti che il Comune gestisce *servizi pubblici*, in numero maggiore o minore a seconda della popolazione e dei mezzi. Ricordiamo l'*illuminazione* delle vie, la distribuzione dell'*acqua potabile* e del *gas*, i servizi di *nettezza urbana*, i servizi di *trasporto* delle persone all'interno del Comune.

Tradizionalmente erano previsti tre possibili modi di gestione dei servizi pubblici locali. Per i più semplici era utilizzata la gestione c.d. *in economia*, cioè attraverso gli ordinari uffici comunali. Ove questi non fossero sufficienti il Comune poteva optare per la gestione tramite *azienda speciale*, cioè attraverso una separata organizzazione di tipo aziendalistico, facente pur sempre capo al comune ed operante esclusivamente quale strumento di questo. Infine, il comune poteva decidere di affidare la gestione del servizio a terzi, tramite lo strumento della *concessione amministrativa*. Più recentemente si sono aggiunte altre due possibili forme. Per i servizi di carattere sociale il comune può utilizzare una organizzazione specializzata, di carattere non imprenditoriale e priva di personalità giuridica, denominata *istituzione*. Per i servizi di carattere imprenditoriale invece ha acquistato sempre maggiore importanza la gestione attraverso lo strumento della *società per azioni a partecipazione pubblica*, in cui la stessa legge favorisce la trasformazione delle aziende speciali (v. art. 115 testo unico enti locali).

Dal punto di vista delle regole di tutela della concorrenza nel mercato europeo, tuttavia, la più importante distinzione è tra i servizi imprenditoriali che il comune gestisce direttamente (o attraverso organismi che – pur essendo soggetti giuridicamente distinti – appaiono come un mero strumento del comune: gestione c.d. *in house*, come ad esempio attraverso una società a totale partecipazione comunale) e i servizi che il comune affida a terzi, per i quali l'affidamento deve avvenire attraverso una gara pubblica.

Le società miste

A volte il Comune può avere interesse a gestire il servizio attraverso una *società mista*, alla quale partecipi un socio industriale, che ha le conoscenze e la capacità tecnica necessarie per gestire il servizio. In questo caso, però, le regole di concorrenza esigono che il socio industriale venga scelto mediante gara pubblica, per una durata corrispondente a quella dell'affidamento del servizio.

Ricordiamo infine che il Comune svolge anche le funzioni che gli siano affidate o comunque conferite dalle Regioni (*retro*, par. 4) sia nelle materie già indicate, che in altre materie.

9. le Province

Le **Province** sono anch'esse *enti autonomi territoriali* rappresentativi delle comunità locali. La Costituzione le disciplina insieme ai Comuni, dettando le regole che abbiamo prima ricordato (paragrafo 5). Inoltre, la stessa disciplina organizzativa contenuta nella legislazione ordinaria è per molti aspetti comune alle due istituzioni. Segnaleremo perciò qui solo ciò che caratterizza in modo particolare la Provincia.

Mentre il Comune ha costituito da tempo lontanissimo la cellula istituzionale elementare della vita associata, la Provincia nasce storicamente con la suddivisione dello Stato nelle circoscrizioni delle *prefetture* (e di altri organi statali), che erano, appunto, *provinciali*. All'inizio, troviamo soltanto una rappresentanza provinciale elettiva, presieduta essa stessa dal *Prefetto* (anche il *Sindaco*, d'altra parte, era allora di nomina regia). Poi, con la legislazione comunale e provinciale *crispina* del 1889, alla Provincia viene dato un *Presidente* anch'esso rappresentativo. Da questo momento, la disciplina *organizzativa* delle due istituzioni, Comuni e Province, è avvenuta sempre in parallelo.

Anche se la Provincia non è mai divenuta un ente di importanza paragonabile a quella del Comune (tanto che periodicamente – dapprima già in Assemblea costituente, poi negli anni settanta e di nuovo negli ultimi anni – ne viene proposta la *soppressione*, soprattutto in considerazione dell'esistenza delle Regioni), la legislazione statale ha piuttosto abbracciato l'idea di un *rafforzamento* dei compiti e del ruolo della Provincia, che dovrebbe funzionare, come viene detto, quale *ente intermedio* tra Regione e Comune, con compiti di *programmazione*, e di gestione di servizi che richiedano un bacino di utenza più ampio del solo Comune.

Anche la Provincia ha tre fondamentali organi di governo: il *Presidente* e la sua *Giunta* da una parte, il *Consiglio provinciale* dall'altra. Come per il Comune, due dei tre organi, cioè il Presidente e il Consiglio provinciale, sono eletti a suffragio diretto, mentre la Giunta è nominata dal Presidente.

Anche l'elezione diretta del Presidente, come quella del Sindaco, è stata introdotta dalla legge n. 81 del 1993, mentre in precedenza il Consiglio provinciale costituiva il solo organo eletto dal popolo, e provvedeva a sua volta ad eleggere nel proprio seno la Giunta e il Presidente della Giunta.

Il Presidente e la Giunta

L'elezione del Presidente della Provincia avviene secondo modalità simili a quelle sopra descritte per il Sindaco nei Comuni maggiori. Tuttavia, ciascun elettore può esprimere (mediante un segno sul contrassegno) un *unico* voto, che vale sia per il candidato alla carica di presidente, sia per il candidato al consiglio presentato per la circoscrizione (si avverta che l'elezione dei consiglieri avviene sulla base di collegi uninominali infraprovinciali) dalla lista o gruppo di liste collegate al candidato Presidente. In altre parole, non è qui consentito, come lo è invece per i Comuni maggiori, votare per un candidato Sindaco, e per una diversa lista non collegata ad esso.

Anche in relazione alle funzioni la posizione del Presidente è simile a quella del Sindaco. Egli rappresenta la Provincia ed è responsabile della sua amministrazione, sovrintende al funzionamento dei servizi e degli uffici ed all'esecuzione degli atti, provvede alle nomine dei dirigenti, dei responsabili degli uffici e dei rappresentanti della provincia in enti, aziende e istituzioni.

Tuttavia, il Presidente della Provincia, al contrario del Sindaco, *non è ufficiale del Governo*, e non ha perciò le importanti funzioni connesse a questo ruolo; inoltre, non ha quella molteplicità e varietà di compiti che al Sindaco sono attribuiti da svariate leggi. Anche perciò la figura del Presidente della Provincia risulta, rispetto a quella del Sindaco, meno spiccata, e più rivolta all'*interno* dell'istituzione provinciale. Il Presidente porta come distintivo una fascia azzurra con lo stemma della Repubblica, da portare a tracolla.

La **Giunta provinciale** è nominata dal Presidente, e con esso collabora nell'amministrazione della Provincia compiendo gli atti di amministrazione che non siano riservati dalla legge al Consiglio, o che non siano attribuiti dalle leggi o dallo Statuto ad altri organi. Valgono dunque in relazione ad essa le osservazioni già fatte a proposito della Giunta comunale.

La Giunta provinciale è composta dal Presidente e da un numero di assessori (stabilito dallo Statuto) non superiore ad un terzo dei consiglieri assegnati all'ente, e comunque non superiore a sedici (art. 47 del testo unico).

Il Consiglio provinciale

Il **Consiglio provinciale** è eletto dai cittadini a suffragio diretto. Ha come i consigli comunali autonomia funzionale e organizzativa, ed è presieduto da un apposto *Presidente* eletto tra i consiglieri. È composto da un numero di membri variabile da 24 a 45 a seconda della popolazione residente, ed esercita le competenze che la legge specificamente gli attribuisce (e quelle soltanto: competenze c.d. «tassative»), e che corrispondono per tipo a quelle sopra esaminate in relazione al Consiglio comunale.

Differente, rispetto a quello comunale (sia dei Comuni maggiori che degli altri), è però il *sistema elettorale*. Anche in questo caso vengono formate liste di candidati (chiamate *gruppi*): ma il territorio provinciale è suddiviso in tante circoscrizioni quanti sono i posti da assegnare, ed ogni elettore può votare – nella lista che preferisce – per il solo candidato che si presenta nella sua circoscrizione elettorale.

Tuttavia, i singoli *collegi uninominali* non formano in questo caso realtà separate, ma una volta avvenute le elezioni i voti ottenuti da tutti i candidati dello stesso gruppo *si sommano*, e i seggi disponibili si ripartiscono tra i gruppi in proporzione al numero dei voti da essi ricevuti, fermo restando che al gruppo o ai gruppi collegati al Presidente è comunque assegnato almeno il 60 per cento dei seggi. In ogni gruppo risultano eletti in primo luogo i candidati (non eletti) alla carica di Presidente, poi coloro che hanno ottenuto la *maggior percentuale* dei voti rispetto ai votanti della propria circoscrizione, fino all'esaurimento dei posti spettanti al gruppo. Non sono però ammessi all'assegnazione dei seggi i gruppi di candidati che non abbiano ottenuto al primo turno almeno il 3 per cento dei voti validi.

I consigli provinciali sono presieduti da un presidente eletto tra i consiglieri nella prima seduta del consiglio. Al presidente spettano tra gli altri, i poteri di convocazione e direzione dei lavori e delle attività del consiglio (art. 39 T.U.).

Le funzioni della Provincia

Il ruolo che la Provincia è chiamata a svolgere comprende due fondamentali gruppi di funzioni. Ci sono innanzi tutto le funzioni collegate alla *programmazione*, che si esprimono fondamentalmente nell'adozione di *programmi pluriennali*, sia generali che di settore, e nell'adozione del *piano territoriale di coordinamento* (art. 20 del testo unico).

La programmazione provinciale è destinata a svolgersi in un quadro sostanzialmente regionale. Da una parte, infatti, i piani provinciali devono essere conformi agli «indirizzi regionali della programmazione socio-economica e territoriale», dall'altra è la legge regionale che detta le procedure per la loro approvazione.

Inoltre, alla Provincia spettano (art. 19) «*le funzioni amministrative di interesse provinciale che riguardino vaste zone intercomunali o l'intero territorio*» in una serie di settori espressamente indicati, quali la difesa del suolo, l'energia, i beni culturali, la viabilità e i trasporti, la flora e la fauna, la caccia e la pesca, i rifiuti e gli scarichi, la sanità e l'igiene. Nelle materie di propria competenza, la Provincia può anche gestire ed erogare *servizi pubblici*, secondo le regole e i modi organizzativi già visti per i Comuni.

Si noti tuttavia che nelle materie ora dette, e nelle altre più analiticamente indicate dall'art. 19 del testo unico, non tutte le funzioni spettano alla Provincia ma, come detto, solo quelle di *interesse provinciale*. Ciò significa che in concreto sono le leggi statali e regionali che disciplinano i singoli settori a stabilire se in materia vi siano competenze provinciali, e quali siano. Ad esempio, le competenze in materia della sanità ed igiene sono oggi esercitate fondamentalmente dalle *Aziende sanitarie* (per l'erogazione dei servizi) e dai Sindaci (per le funzioni di sanità pubblica), senza spazi residui per le Province.

10. le forme di collaborazione e di associazione tra enti locali. Le Comunità montane e le Città metropolitane

I Comuni (o i Comuni e le Province) possono collaborare tra di loro in differenti modi.

Le convenzioni

Lo strumento più semplice consiste nella stipulazione di una *convenzione* destinata a regolare lo svolgimento in modo coordinato di funzioni o servizi determinati. Nella convenzione devono essere stabiliti i fini, la durata, le forme di consultazione, i rapporti finanziari, i reciproci obblighi e garanzie (art. 30 t.u.). Può anche essere previsto che sia costituito un ufficio comune, o invece che uno dei Comuni gestisca la funzione per conto di tutti.

La legge non si preoccupa di precisare la natura di queste «convenzioni». Esse sembrano comunque corrispondere perfettamente agli «accordi amministrativi» previsti dall'art. 15 della legge generale sul procedimento amministrativo (n. 241 del 1990: v. *oltre*, cap. 27, par. 6).

Una forma collaborativa basata anch'essa su accordi tra più amministrazioni, ma più elaborata e complessa delle semplici convenzioni, è prevista dalla legge con il nome di *accordi di programma*. Poiché però si tratta in sostanza di uno strumento di uso generale, a disposizione di tutte le amministrazioni, se ne parlerà più avanti (cap. 27, par. 6).

I consorzi

Può darsi però che per gestire in comune determinati servizi o funzioni sia preferibile, piuttosto che la semplice convenzione, la creazione di una istituzione «comune» ai diversi enti interessati. Si procede allora alla formazione di un apposito *consorzio* (art. 31 t.u.). Il *consorzio* è un ente pubblico di carattere associativo, governato da una *assemblea* rappresentativa dei partecipanti e da un *consiglio di amministrazione* eletto dall'assemblea.

Sempre per ragioni di economia la legge n. 191 del 2009 (comma 186 dell'art. 2) ha previsto la graduale soppressione dei consorzi, che dunque dovrebbero essere sostituiti dalle altre forme di collaborazione previste.

Le Unioni di Comuni

Le *Unioni di Comuni* sono enti locali costituiti da due o più comuni, di norma confinanti, allo scopo di esercitare congiuntamente una pluralità di funzioni di loro competenza. I relativi compiti e le risorse sono stabiliti dall'atto costitutivo e dallo statuto dell'Unione, approvati dai Comuni partecipanti con le regole di approvazione dello statuto comunale.

Ugualmente accade per gli organi e le regole organizzative in genere, fermo restando che il *presidente* dell'Unione deve essere scelto tra i Sindaci, e che vi debbono essere organi formati da componenti delle giunte e dei consigli dei comuni associati. Dove non vi sia disciplina specifica, alle unioni si applicano le regole proprie dei Comuni.

È chiaro che l'Unione è uno strumento per razionalizzare le dimensioni di esercizio delle funzioni comunali. Però tale strumento non è più a disposizione dei soli piccoli comuni (come prevedeva la l. n. 142 del 1990 prima delle modifiche portate con la l. n. 265 del 1999), ma è ormai di uso generale: può servire, ad esempio, ad unire un comune medio o grande con i comuni che gli fanno cintura, pur senza creare un unico comune maggiore. Inoltre, non è più previsto che l'Unione possa essere soltanto una fase di transizione verso una eventuale fusione; Comuni originari e Unione possono ormai coesistere senza limiti di tempo.

Istituti speciali. Le Comunità montane e le Città metropolitane

Mentre convenzioni, consorzi e unioni interessano, almeno potenzialmente, *tutti* gli enti locali (nel senso che qualunque Comune o Provincia può parteciparvi) – diverso carattere hanno altre istituzioni, associative o meno, previste in relazione a situazioni particolari: le *Comunità montane* (artt. 27-28 t.u.) e le *Città metropolitane* (artt. 22-26).

Le Comunità montane

Le comunità montane sono – secondo l'art. 27 del Testo unico – *unioni* costituite fra comuni montani per la valorizzazione delle zone montane. Esse esercitano funzioni proprie e funzioni ad esse conferite dai comuni, dalle province o dalla Regione. Sono costituite con atto del presidente della Giunta regionale e sono governate da un organo rappresentativo e un organo esecutivo, entrambi composti da sindaci, assessori o consiglieri dei comuni partecipanti, eletti dai consigli dei comuni con voto limitato per garantire la rappresentanza delle minoranze. Le Comunità hanno autonomia statutaria nell'ambito delle leggi statali e regionali. Le Comunità adottano un *piano pluriennale di sviluppo*, che contiene anche indicazioni di carattere urbanistico. Su tale base, esse adottano un piano pluriennale di *opere* e di *interventi*. Accanto a ciò, spetta alle Comunità montane la gestione degli interventi speciali per la montagna stabiliti in sede regionale, nazionale o di Comunità europea.

Della Comunità non possono far parte, anche se montani, Comuni con oltre 40.000 abitanti.

e isolane

L'art. 29 del Testo unico prevede che nelle isole o arcipelaghi di piccola dimensione possano essere costituite *comunità isolane*, alle quali si estendono le regole sulle comunità montane.

Le Città metropolitane

L'art. 114 della Costituzione menziona le Città metropolitane tra gli enti autonomi costitutivi della Repubblica, l'art. 117 le ricorda come titolari di poteri regolamentari e l'art. 118 come possibili titolari delle funzioni amministrative. Esse hanno dunque uno *status* costituzionale simile a quello dei Comuni e delle Province.

Secondo la legislazione ordinaria (artt. 22 e 23 Testo unico) le Città metropolitane possono essere costituite nelle *aree metropolitane*, definite come «le zone comprendenti i comuni di Torino, Milano, Venezia, Genova, Bologna, Firenze, Roma, Bari, Napoli e gli altri comuni i cui insediamenti abbiano con essi rapporti di stretta integrazione territoriale e in ordine alle attività economiche, ai servizi essenziali alla vita sociale, nonché alle relazioni culturali e alle caratteristiche territoriali». Lo scopo evidente dell'istituzione è l'adeguamento del livello di amministrazione ai mutamenti intervenuti negli insediamenti e nelle relazioni di vita e di lavoro, rispetto ai quali le antiche delimitazioni dei confini comunali sono ormai anacronistiche.

L'art. 23 del Testo unico dispone che siano il comune capoluogo e gli altri comuni interessati a potere decidere di «costituirsi in città metropolitane ad ordinamento differenziato»: pur se la città metropolitana è destinata ad assumere *anche* le funzioni della Provincia. L'ordinamento della Città è definito da un apposito statuto che ne disciplina l'organizzazione, le funzioni e l'articolazione interna.

La Città metropolitana si forma a seguito di una complessa procedura. Il territorio metropolitano è definito dalla Regione, su conforme proposta degli enti locali interessati. Una proposta di statuto viene approvata prima dai consigli comunali e poi da una assemblea degli enti locali convocata dal Sindaco del capoluogo e dal Presidente della Provincia. La proposta è sottoposta ad un *referendum*, ed è approvata se riceve il voto favorevole della maggioranza degli aventi diritto al voto, espressa in più della metà dei Comuni.

Una volta approvata, la proposta è presentata dalla Regione ad una delle Camere per la definitiva approvazione con legge statale. La Città metropolitana è, in sintesi, una istituzione di derivazione comunale che esercita anche le funzioni provinciali.

Tuttavia, nessuna Città metropolitana è stata fino ad oggi concretamente istituita.

11. l'autonomia finanziaria delle Regioni e degli enti locali

Risorse autonome e poteri legislativi

L'autonomia finanziaria è una condizione di libertà in relazione all'acquisizione delle risorse (cosiddetta «autonomia di entrata») e in relazione alle decisioni relative al loro impiego (cosiddetta «autonomia di spesa»). Secondo l'art. 119, primo comma, Cost. «i Comuni, le Province, le Città metropolitane e le Regioni hanno autonomia finanziaria di entrata e di spesa».

L'autonomia di entrata comporta il potere di imporre prelievi fiscali. Ed infatti il comma secondo dello stesso articolo, premesso che «i Comuni, le Province, le Città metropolitane e le Regioni hanno *risorse autonome*», afferma che essi «stabiliscono ed applicano tributi ed entrate propri, in armonia con la Costituzione e secondo i principi di coordinamento delle finanza pubblica e del sistema tributario», e che inoltre essi «dispongono di compartecipazioni al gettito di tributi erariali riferibile al loro territorio».

L'art. 119 accomuna nelle sue previsioni le Regioni e gli enti locali (i Comuni, le Province e le Città metropolitane). Ma se si guarda, oltre il solo articolo 119, all'insieme delle disposizioni costituzionali, ci si rende conto che l'autonomia finanziaria regionale è più forte di quella degli enti locali.

Infatti secondo l'art. 23 Cost. «nessuna prestazione personale o patrimoniale può essere imposta se non in base alla legge». Perciò gli enti locali possono sì stabilire tributi, ma soltanto sulla base di una legge (statale o regionale) che preveda tale possibilità. Si ricordi che la materia del «coordinamento della finanza pubblica e del sistema tributario» è oggetto di potere legislativo concorrente tra lo Stato e le Regioni (mentre il sistema tributario *dello Stato* è oggetto di potestà legislativa solo statale.

Le Regioni, invece, possono istituire tributi mediante le loro leggi, purché esse siano «in armonia con la Costituzione» e conformi ai «principi di coordinamento della finanza pubblica e del sistema tributario», i quali definiranno gli «spazi e i limiti» dell'autonomia tributaria (Corte cost., sent. n. 34 del 2004).

Accanto alle entrate tributarie proprie, Regioni ed enti locali dispongono, sempre ai sensi dell'art. 119, co. 2, di «compartecipazioni al gettito di tributi erariali riferibile al loro territorio». Il riferimento al *territorio* è importante perché conserva anche per le compartecipazioni (come già accade, evidentemente, per i tributi propri), uno stretto collegamento tra la fiscalità regionale e locale da un lato e l'andamento dei fenomeni economici dall'altro.

Il fondo perequativo e le altre risorse

In questo modo, tuttavia, le zone più ricche daranno alle rispettive Regioni ed enti locali maggiori risorse, mentre le zone meno prospere ricaveranno minori risorse. Per correggere questo effetto negativo l'art. 119, comma terzo, prevede che «la legge dello Stato» (il quale ha potere esclusivo in materia di «perequazione delle risorse finanziarie») istituisca «un fondo perequativo, senza vincoli di destinazione, per i territori con minore capacità fiscale per abitante».

Secondo il quarto comma dell'art. 119 «le risorse derivanti dalle fonti di cui ai commi precedenti consentono ai Comuni, alle Province, alle Città metropolitane e alle Regioni di finanziare integralmente le funzioni pubbliche loro attribuite». Le risorse fin qui considerate dovrebbero dunque finanziare integralmente le funzioni di ciascun ente: per gli enti i cui territori hanno maggiore capacità fiscale sulla base dei tributi propri e delle compartecipazioni, per quelli a minore capacità fiscale sulla base di questi e di risorse derivanti dal fondo perequativo.

Tuttavia, la Costituzione prevede ulteriori meccanismi finalizzati a «promuovere lo sviluppo economico, la coesione e la solidarietà sociale», a «rimuovere gli squilibri economici e sociali», a «favorire l'effettivo esercizio dei diritti della persona», o più in generale a «provvedere a scopi diversi dal normale esercizio delle loro funzioni»: a questi fini, secondo il comma quinto dello stesso art. 119, «lo Stato destina risorse aggiuntive ed effettua interventi speciali in favore di determinati Comuni, Province, Città metropolitane e Regioni».

Si tratta qui di finanziamenti ulteriori, destinati essenzialmente a colmare divari di sviluppo tra le diverse realtà: dunque di fondi a finalità specifica, i quali non soltanto – come il fondo perequativo – non sono destinati a tutti ma solo a *determinati* enti territoriali, ma affluiscono al bilancio di tali enti per essere spesi nell'ambito della finalità specifica (e dunque – al contrario del fondo perequativo – con vincolo di destinazione).

Il patrimonio e l'indebitamento

Il sesto comma dell'art. 119 chiude le disposizioni finanziarie con regole diverse. In primo luogo, la disposizione prevede che i Comuni, le Province, le Città metropolitane e le Regioni abbiano «proprio patrimonio», e che esso sia «attribuito secondo i principi generali determinati dalla legge dello Stato».

In secondo luogo, il sesto comma porta al livello di prescrizione costituzionale la «regola aurea» che proibisce di ricorrere all'indebitamento per finanziare la spesa corrente, e di porre così le spese attuali a carico delle generazioni successive: al contrario, Regioni ed enti locali «possono ricorrere all'indebitamento solo per finanziare spese di investimento». A questa regola la disposizione aggiunge che «è esclusa ogni garanzia dello Stato sui prestiti dagli stessi contratti», per sottolineare che la decisione di investimento comporta la sola responsabilità dell'ente che la assume.

La situazione attuale della finanza regionale

Va tuttavia avvertito che la piena realizzazione del sistema prefigurato dalla Costituzione richiede un processo di attuazione, ed in particolare che siano emanate le leggi statali e regionali di coordinamento della finanza pubblica e del sistema tributario complessivo, di istituzione degli eventuali nuovi tributi, nonché delle regole per il fondo perequativo.

Fino al 2010 il sistema della finanza regionale è rimasto in sostanza quello delineato dalla più recente legislazione ordinaria nel vigore del precedente testo dell'art. 119: nel cui quadro va ricordato soprattutto il d. lgs. n. 56 del 2000 (*Disposizioni sul federalismo fiscale*) che ha soppresso la maggiore parte dei trasferimenti statali basati su fondi settoriali, compensandone l'importo con il riconoscimento alle Regioni di maggiorazioni sulle compartecipazioni ad imposte statali già previste dalle leggi. Nelle grandi linee, la finanza regionale si fondava su residui trasferimenti dal bilancio statale e sulla partecipazione al gettito dell'Irap (*Imposta regionale sulle attività produttive*), sulla compartecipazione alle accise sulla benzina, sulla addizionale Irpef (*Imposta sul reddito delle persone fisiche*), sulla tassa automobilistica regionale e soprattutto sulla compartecipazione all'Iva (*Imposta sul valore aggiunto*).

Un importante passo verso l'attuazione del sistema previsto dall'art. 119 è stato ora compiuto con la legge di delega n. 42 del 2009 e con il decreto legislativo attuativo n. 68 del 2011. Il nuovo complesso normativo si inserisce sul tronco del decreto n. 56 del 2000 (che non viene abrogato), ma procede verso un sistema basato non più su trasferimenti dal bilancio statale ma su quote di compartecipazione ai tributi istituiti dallo Stato, stabilite in misura più ampia di prima. Inoltre, la finanza regionale può essere in una certa misura integrata da tributi propri liberamente istituiti da ogni singola Regione.

Accanto a ciò, alcune Regioni (quelle con capacità fiscale inferiore alla media) riceverebbero trasferimenti dal *fondo perequativo*. Tali trasferimenti dovrebbero garantire anche a tali Regioni la copertura integrale delle spese corrispondenti ai *livelli essenziali delle prestazioni* che la legge statale garantisce a tutti (si pensi alle materie della *sanità*, dell'*assistenza*, dell'*istruzione* e del *trasporto pubblico locale*), calcolate sulla base dei cosiddetti *costi standard*. Essi dovrebbero inoltre contribuire a diminuire il divario di risorse tra le Regioni più ricche e le altre.

Le Regioni a statuto speciale

Rispetto alla finanza delle Regioni ordinarie, la finanza delle Regioni ad autonomia differenziata speciale gode comunque di una situazione nettamente migliore, in quanto gli Statuti e le relative norme di attuazione devolvono a tali Regioni, per il corrispondente territorio, quote molto consistenti dei maggiori tributi statali. Da questo punto di vista, si può dire che la situazione delle Regioni speciali bene corrisponde al modello di autosufficienza che il nuovo art. 119 vorrebbe ora per le stesse Regioni ordinarie. Inoltre, gli Statuti speciali assicurano alle relative Regioni anche una capacità di istituire e disciplinare con proprie leggi tributi propri, certamente maggiore di quella di cui godevano le Regioni ordinarie prima delle riforma del Titolo V.

12. i rapporti tra lo Stato, le Regioni, le Province e i Comuni

La leale collaborazione fra Stato-Regioni

La Costituzione non ha previsto particolari organismi di raccordo tra Stato e Regioni, anche perché concepiva le rispettive funzioni più come separate che come integrate. Tuttavia, l'esperienza successiva ha posto in luce la difficoltà di separare nettamente le funzioni dei diversi livelli di governo, e l'esistenza di molteplici occasioni nelle quali le funzioni statali e quelle regionali reciprocamente interferiscono ed interagiscono. Ciò ha portato alla ricerca di *regole* da seguire nei rapporti reciproci e di *meccanismi organizzativi* di collaborazione. Quanto alle regole, la giurisprudenza della Corte costituzionale ha sancito in molte occasioni (ad esempio nella sentenza n. 351 del 1991) il principio secondo il quale nei rispettivi rapporti Stato e Regione debbono attenersi, in generale, ad un criterio di *leale collaborazione*, in grado di funzionare anche come criterio integrativo delle regole scritte. Tale principio è ora espressamente richiamato dall'art. 120, co. 2, Cost.

La Conferenza Stato-Regioni

Quanto ai meccanismi organizzativi, lo strumento adatto al confronto tra i rispettivi punti di vista è stato individuato nella *Conferenza permanente per i rapporti fra lo Stato, le regioni e le province autonome*, che la legge n. 400 del 1988 definisce come titolare di «compiti di informazione, consultazione e raccordo, in relazione agli indirizzi di politica generale suscettibili di incidere nelle materie di competenza regionale». Essa è presieduta dal Presidente del Consiglio dei ministri, ed è composta dai Presidenti delle Regioni e Province autonome.

Con sent. n. 116 del 1994 la Corte costituzionale ha precisato che la Conferenza è un organismo che non appartiene né all'apparato statale né a quello delle Regioni, trattandosi di un'istituzione che opera nell'ambito della comunità nazionale quale strumento di cooperazione. Successivamente con il decreto legislativo 28 agosto 1997, n. 281, sono stati ampliati i compiti e meglio definito il modo di funzionamento della Conferenza (inoltre sono stati definiti i casi in cui la Conferenza Stato-Regioni si riunisce in forma *unificata* con la parallela conferenza Stato-città ed autonomie locali).

Le intese Stato-Regioni

In sede di Conferenza si definiscono le *intese* fra Stato e Regioni, quando esse siano richieste dalla legislazione. Si noti tuttavia che se l'intesa non si realizza entro 30 giorni il Consiglio dei ministri può ugualmente provvedere.

Le intese si perfezionano con l'espressione dell'assenso del Governo e dei presidenti delle Regioni e delle Province autonome di Trento e di Bolzano (art. 3, co. 2, d. lgs. n. 281 del 1997).

Secondo la sentenza della Corte costituzionale n. 206 del 2001 l'intesa si considera raggiunta quando tutte le Regioni siano state messe in grado di partecipare effettivamente alla ricerca e alla definizione dell'accordo, e non siano stati manifestati da singole Regioni (anche al di fuori della Conferenza) dissensi sulla posizione comunque raggiunta. Quando invece la Conferenza esercita competenze decisorie come collegio deliberante essa decide con l'assenso del Governo e della *maggioranza assoluta* dei componenti regionali.

La Conferenza Stato-città ed autonomie locali

Accanto alla Conferenza Stato-Regioni il d. lgs. n. 281 del 1997 disciplina la *Conferenza Stato-città ed autonomie locali*, anch'essa presieduta dal Presidente del Consiglio dei Ministri. Di essa fanno poi parte per lo Stato altri Ministri, per le autonomie locali – oltre ai presidenti delle rispettive associazioni nazionali – quattordici sindaci designati dall'ANCI e sei presidenti di provincia designati dall'UPI (Unione Province italiane).

La Conferenza Stato-città ha compiti di coordinamento nei rapporti tra lo Stato e le autonomie locali, nonché di studio, informazione e confronto in relazione agli indirizzi di politica generale che possono incidere sulle funzioni proprie o delegate di province e comuni e comunità montane.

La Conferenza unificata

Vi sono tuttavia materie e compiti di interesse comune delle Regioni e degli enti locali. In questo caso le due conferenze *Stato-Regioni* e *Stato-città ed autonomie locali* operano insieme come *Conferenza unificata*, anch'essa ovviamente convocata e presieduta dal Presidente del Consiglio dei Ministri.

La Conferenza unificata esprime distintamente l'assenso del Governo e quello dei membri dei due gruppi delle autonomie che compongono, rispettivamente, la Conferenza Stato-regioni e la Conferenza Stato-città ed autonomie locali.

Nell'ambito della Conferenza unificata opera la *Conferenza permanente per il coordinamento della finanza pubblica*, istituita dal d. lgs. n. 68 del 2011 come organismo di coordinamento della finanza pubblica fra comuni, province, città metropolitane, regioni e Stato.

I poteri sostitutivi dello Stato

L'art. 120, co. 2, Cost. prevede alcune ipotesi nelle quali «il Governo può sostituirsi a organi delle Regioni, delle Città metropolitane, delle Province e dei Comuni». Precisamente, le ipotesi sono le seguenti: mancato rispetto di norme e trattati internazionali o della normativa comunitaria; pericolo grave per l'incolumità e la sicurezza pubblica; quando lo richiedono la tutela dell'unità giuridica o dell'unità economica e in particolare la tutela dei livelli essenziali delle prestazioni concernenti i diritti civili e sociali, prescindendo dai confini territoriali dei governi locali.

Le procedure per l'esercizio dei poteri sostitutivi «nel rispetto del principio di sussidiarietà e del principio di leale collaborazione» sono rinviate alla legge ordinaria dello Stato.

La disciplina attuativa è dettata dall'art. 8 della l. n. 131 del 2003. Essa prevede che il Presidente del Consiglio dei ministri assegni all'ente interessato un termine per adottare i provvedimenti dovuti o necessari, e che decorso inutilmente tale termine, il Consiglio dei ministri, sentito l'organo interessato, adotti i provvedimenti necessari, anche normativi, ovvero nomini un apposito commissario, sempre nel rispetto dei principi sopra richiamati. È inoltre stabilito che alla riunione del Consiglio dei ministri partecipi il Presidente della Giunta regionale della Regione interessata al provvedimento.

È altresì previsto che, nei casi di assoluta urgenza, il Consiglio dei ministri possa adottare i provvedimenti necessari, salvo comunicarli immediatamente alla Conferenza Stato-Regioni o alla Conferenza Stato-Città e autonomie locali, che ne possono chiedere il riesame.

Compiti statali di indirizzo

Secondo l'art. 8, co. 6, della l. n. 131 del 2003 il Governo può promuovere la stipula di intese in sede di Conferenza Stato-Regioni o di Conferenza unificata, dirette a favorire l'armonizzazione delle rispettive legislazioni o il raggiungimento di posizioni unitarie o il conseguimento di obiettivi comuni. Con ciò la norma riconosce, più che un vero potere, un *compito* proprio del Governo nazionale nel senso di promuovere i valori dell'unità, anche al di là di quanto strettamente richiesto dalle regole giuridiche.

I rapporti tra le Regioni e gli enti locali

Si è sin qui concentrata l'attenzione sui rapporti che intercorrono tra lo Stato e le Regioni da una parte, gli enti locali dall'altra. Dobbiamo ora esaminare i rapporti tra le Regioni e gli enti locali che vivono ed operano nel territorio regionale.

La Costituzione non contiene una specifica disciplina di tali rapporti. Essa tuttavia evidentemente li presuppone, come risulta evidente, in primo luogo, dalla disposizione dell'art. 123, co. 4, secondo la quale «in ogni Regione, lo statuto disciplina il Consiglio delle autonomie locali, quale organo di consultazione fra la Regione e gli enti locali».

Si tratta di un organo *necessario*. Esso è definito quale organo di *consultazione*: non sarebbe dunque possibile per le Regioni trasformarlo in una *seconda camera* il cui consenso fosse necessario per l'approvazione delle leggi regionali, o di quelle che riguardino gli enti locali. Tuttavia, nulla vieta che ai fini dell'esercizio di altre funzioni amministrative regionali la legge regionale preveda, ad esempio, la previa intesa con gli enti locali, e che il *Consiglio delle autonomie* venga indicato come la sede di formazione del consenso degli enti locali.

Quanto al tipo dei rapporti tra Regioni ed enti locali è evidente, in primo luogo, che non pochi aspetti della attività degli enti locali forma oggetto della legislazione regionale: sia che si tratti di leggi che assegnano ai Comuni ed alle Province la titolarità di *funzioni* amministrative, sia che si tratti di leggi che disciplinano le procedure ed i provvedimenti nei quali le funzioni si traducono.

Molto spesso, poi, Comuni e Province saranno chiamati ad operare all'interno della programmazione regionale. Talvolta si tratterà di piani «normativi», cioè di piani che definiscono orientamenti e vincoli per ulteriori piani o per decisioni concrete: si pensi ai piani territoriali o ai piani paesistici; altre volte si tratterà piuttosto di piani finanziari, ad esempio di programmi di finanziamento di opere pubbliche locali. Potrebbe infine trattarsi di piani misti, in cui al profilo finanziario si unisce l'individuazione dei servizi che le amministrazioni locali ed altre amministrazioni sono chiamate ad erogare.

Ancora, agli enti locali possono venire affidate funzioni di collaborazione e partecipazione a procedimenti che rimangono regionali. Si pensi, ad esempio, a procedure di concessione di determinati benefici, in relazione ai quali le domande possono venire presentate al Comune e da esso istruite, in vista di una decisione comparativa che debba venire assunta unitariamente per tutta la regione da parte degli organi regionali.

Può essere ricordato che fino al 2001 una parte importante dei rapporti tra Regioni ed enti locali era costituita dai *controlli preventivi di legittimità* svolti dai *Comitati regionali di controllo* previsti dalle leggi sulla base dell'art. 130 della Costituzione (corrispondenti controlli venivano svolti sugli atti delle Regioni dalle *Commissioni statali di controllo* sulla base dell'art. 125, co. 1, Cost.). La legge cost. n. 3 del 2001 ha abrogato tanto l'art. 130 che il primo comma dell'art. 125: e ciò è stato inteso – a ragione o a torto – come diretta soppressione dei controlli di legittimità, che sono pertanto venuti meno. Paiono invece rimaste in vigore (si veda, a conferma, la decisione del Consiglio di Stato, V, n. 105 del 2009) le norme che prevedono che, a richiesta di una minoranza di consiglieri, gli atti relativi a determinate materie siano soggette al controllo del *difensore civico* (art. 127, co. 1, *Testo unico enti locali*). Se ritenuto illegittimo l'atto non può acquistare efficacia ove non sia confermato dal Consiglio comunale a maggioranza assoluta dei componenti.

13. gli altri enti pubblici

Già sappiamo (cap. 4, par. 6) che gli **enti pubblici** sono *enti* – cioè organizzazioni alle quali è riconosciuta *personalità giuridica* – *chiamati a collaborare con lo S t a t o* (o anche con le *Regioni*, le *Province* o i *Comuni*) *per il raggiungimento dei fini di pubblico interesse della collettività.*

Gli enti pubblici come strumenti della collettività

Gli enti pubblici *non* sono perciò espressione della *autonomia privata* dei soggetti, ma *strumenti* creati dallo Stato (o dalle Regioni), strumenti i quali – una volta creati – vengono anch'essi a far parte dell'organizzazione pubblica. Naturalmente, proprio per il fatto che essi sono *strumenti* della collettività, essi possono anche venire *soppressi* – nelle dovute forme – quando si ritenga di sostituirli con diversi strumenti, o comunque di svolgere altrimenti, o anche di non svolgere più, i compiti attribuiti ad essi fino a quel momento.

Nuovi enti pubblici sono istituiti solo in base a *leggi* che li prevedono (art. 4 della legge n. 70 del 1975). Un tempo non era così, e ciò ha fatto sì che per certi enti ci si chiedesse se fossero *pubblici* oppure *privati*.

Esistono infatti enti *privati* che, sia per gli interessi che coinvolgono, sia per i controlli e le ingerenze statali nella loro attività, possono talvolta confondersi con gli enti pubblici (si pensi ad esempio agli istituti di assicurazioni); come d'altra parte esistono enti sicuramente *pubblici* (perché così definiti dalla legge) che operano in modo molto simile ad enti privati (si tratta dei c.d. enti pubblici *economici*). Il punto da stabilire è però sempre se gli enti di cui si parla sono *strumento della collettività*, e perciò parte dell'*organizzazione pubblica*, o strumento dell'*autonomia privata* riconosciuta ai *comuni soggetti*.

A volte vi sono organizzazioni che attualmente sono chiamate a svolgere *pubbliche funzioni* (e sono perciò enti *pubblici*, «strumenti» della collettività nell'azione amministrativa), ma che se anche non avessero questi compiti esisterebbero forse egualmente, come frutto della libertà di associazione dei privati: si pensi agli **Ordini professionali** (l'iscrizione ai quali non sarebbe però, come oggi è, obbligatoria per tutti coloro che esercitano determinate *professioni*), o agli **Automobil Club**, cioè a enti pubblici che sono anche, contemporaneamente, «associazioni» di privati.

Se un ente sia o non sia parte dell'organizzazione pubblica può dedursi da vari *indizi*: che sia stato creato per volontà del legislatore, che sia sottoposto a particolari controlli, che gli sia stato imposto un fine di pubblico interesse. Questi non sono però, da soli, indizi sicuri. Un ente è sicuramente pubblico se gli sono affidate pubbliche **potestà** (cioè speciali poteri giuridici *unilaterali* ed *imperativi*), o se è definito esplicitamente *pubblico* dal legislatore.

Enti autonomi e indipendenti

Gli enti pubblici sono molti, e di diverso tipo. In un certo senso, anche lo **Stato**, considerato come «persona giuridica» (come esso è nell'ordinamento italiano), è un «ente pubblico»; ed enti pubblici sono anche, naturalmente, le *Regioni*, le *Province* ed i *Comuni*. Essi però sono «enti pubblici» particolari, sia perché sono l'espressione del *popolo* (in generale o nelle sue articolazioni territoriali), sia perché la stessa Costituzione afferma (art. 114) che la *Repubblica* si riparte in Regioni, Province e Comuni, attribuendo e garantendo ad essi, come si è detto, una condizione particolare di autonomia. Una simile *autonomia* hanno poi quegli enti che – come le **comunità montane** o le **Unioni** di Comuni – sono in sostanza «associazioni» pubbliche di enti territoriali.

Vi sono poi altri enti pubblici che, pur non essendo rappresentativi del popolo nelle sue articolazioni territoriali, godono però anch'essi di una certa *autonomia*, o perché la Costituzione stessa la riconosce (come accade per le **università**: art. 33, ultimo comma), o perché la concede la legge, anche nell'esercizio di funzioni pubbliche (come accade per gli **ordini professionali**, che tengono gli *albi* professionali ed esercitano i poteri *disciplinari* sui propri iscritti, o per le **camere di commercio, industria, artigianato e agricoltura**, che rappresentano le categorie interessate ed esercitano funzioni pubbliche quali la tenuta del *registro delle imprese*). Questi enti si chiamano perciò qualche volta enti *indipendenti*.

Enti ausiliari e strumentali

Gli altri enti pubblici, in generale, sono enti *ausiliari* o anche enti *strumentali* dello Stato (o talvolta delle Regioni o degli enti locali), e perciò allo Stato (o agli altri enti responsabili) spettano certi *poteri*: di *nomina* degli amministratori, di *direttiva*, di *vigilanza* e *controllo*.

La gran parte degli enti ausiliari e strumentali dello Stato formano il cosiddetto *parastato*, ed hanno una disciplina unitaria nella legge 20 marzo 1975, n. 70. Tra essi ricordiamo: l'**INPS** (*Istituto nazionale della previdenza sociale*) e l'**ENIT** (*Agenzia nazionale del turismo*). Una posizione peculiare ha il **CONI** (*Comitato olimpico nazionale italiano*), cui fanno capo le *Federazioni sportive*, espressione di un ordinamento peculiare (quello sportivo) dotato di ampia autonomia.

Enti pubblici economici

Una segnalazione a parte richiede la vicenda dei cosiddetti **enti pubblici economici**.

Essi sono nati quando lo Stato si è trovato – anche per salvare attività economiche in crisi – a costruire degli organismi che da una parte erano pur sempre frutto di un intervento della collettività (ed erano perciò enti *pubblici*), dall'altra però svolgevano attività di produzione di beni e servizi (attività industriali, commerciali, creditizie, assicurative, di trasporto, e simili) secondo le regole proprie degli operatori privati. Ed in effetti la principale caratteristica di tali enti, dal punto di vista del diritto, sta nel fatto che la parte preponderante della loro *attività* e della loro stessa organizzazione è disciplinata dalle regole del diritto privato, e non da quelle del diritto amministrativo. I loro atti sono perciò, in generale, *negozi giuridici* (cap. 7, par. 1) e non *provvedimenti amministrativi* (cap. 27, parr. 1 ss.). In particolare poi, il rapporto di lavoro con i dipendenti si svolge secondo il *comune* regime privatistico, e non secondo lo speciale regime derivante dalla c.d. «privatizzazione» del pubblico impiego (v. *supra*, cap. 12, par. 7).

Tra gli *enti pubblici economici* si potevano ricordare, in primo luogo, gli **enti di gestione** delle *partecipazioni* che lo Stato possiede in numerosissime società per azioni (le *società per azioni* rimanevano però, in sé, enti *privati*, anche quando proprietari delle azioni fossero enti pubblici). In particolare, si tratta dell'IRI (*Istituto per la ricostruzione industriale*) e dell'ENI (*Ente nazionale idrocarburi*). Questi enti «amministravano» le partecipazioni azionarie statali, sotto la vigilanza del *Ministero delle partecipazioni statali*. Altri enti pubblici economici erano: l'**INA** (*Istituto nazionale delle assicurazioni*), l'**ENEL** (*Ente nazionale energia elettrica*), le *banche pubbliche* (quali il **Banco di Napoli**, la **Banca nazionale del lavoro** e le **Casse di risparmio** in generale).

In seguito però, nell'ambito di una generale tendenza alla «privatizzazione» i maggiori enti pubblici economici sono stati trasformati in società per azioni. Così è in particolare per l'IRI, per l'ENI, per l'INA, per l'ENEL, per l'ANAS (*ex* Azienda autonoma strade statali), per l'Istituto poligrafico e Zecca dello Stato, per l'Ente nazionale per l'assistenza al volo, per l'Ente tabacchi italiani e per molte delle banche pubbliche, secondo specifiche disposizioni.

I maggiori enti pubblici economici sono dunque divenuti società di diritto privato ad azionariato pubblico. Nella forma dell'ente pubblico economico rimangono ormai pochi enti, quali l'*Agenzia del demanio* (art. 61 d.lgs. n. 300 del 1999), l'*Istituto per il credito sportivo* (d.lgs. n. 385 del 1993), la *Società italiana autori ed editori* (cfr. Cass. s.u. 1.10.1993, n. 9804), i *Consorzi di sviluppo industriale* (l. n. 317 del 1991) e le *aziende speciali* dei Comuni che non siano state trasformate in società per azioni.

Si ricordi che la legge prevede in generale che gli enti pubblici economici possano essere trasformati in *società per azioni* (d.l. n. 386 del 1991, conv. in l. n. 35 del 1992).

Regole comuni agli enti pubblici

Si è visto che gli enti pubblici sono molti e di vario tipo, pur essendo in ogni caso organizzazioni poste a servizio della collettività. La loro molteplicità e varietà fa sì che esistano solo poche regole comuni a tutti.

Comunque, tutti gli enti pubblici (anche quelli che agiscono generalmente nell'ambito del diritto privato, come gli enti pubblici economici), dispongono di almeno un *minimo* di *potestà pubblica*: se non altro, del potere di *autorganizzazione* (cioè del potere di decidere con atto amministrativo quegli aspetti dell'organizzazione che non siano già definiti dalla legge) e del potere di *certificare* le notizie che fanno parte del patrimonio di conoscenze istituzionali dell'ente.

Inoltre gli amministratori degli enti pubblici devono sempre rispettare i principi di *imparzialità* e di *buona amministrazione* enunciati dall'art. 97 della Costituzione, anche quando agiscono attraverso atti di diritto privato.

Gli enti pubblici, poi, *non* sono soggetti a *fallimento* (cioè non possono essere dichiarati *falliti*, con le conseguenze che ne derivano) nemmeno quando la loro attività consista nello svolgimento di *imprese* (art. 2221 c.c.). Essi infine possono *estinguersi* solo nei modi previsti dalle leggi che li riguardano.

Ente pubblico e organismo di diritto pubblico

Accanto alla tradizionale nozione di ente pubblico ha acquistato importanza la nozione, derivata dal diritto comunitario europeo, di *organismo di diritto pubblico*. Si parla di organismo di diritto pubblico per indicare qualunque organismo, anche qualificato formalmente come soggetto di diritto privato, che operi come puro strumento di una pubblica amministrazione che lo guida e lo controlla, nell'ambito di una attività che non ha carattere industriale o commerciale. Gli organismi di diritto pubblico, quando concludono contratti di appalto di lavori, di forniture o di servizi, devono seguire le procedure c.d. di *evidenza pubblica*, cioè scegliere il proprio contraente attraverso gare pubbliche (procedura aperta o asta pubblica, procedura ristretta o licitazione privata), ed i relativi atti possono essere impugnati davanti al giudice amministrativo.

capitolo 27

GLI ATTI AMMINISTRATIVI

1. i poteri della pubblica amministrazione

Abbiamo già avuto occasione di parlare della situazione in cui si trova l'amministrazione quando deve prendere una decisione o esercitare un potere ad essa affidato dalla legge. In particolare, abbiamo confrontato (cap. 6, par. 5) la situazione dell'amministrazione con quella dei privati, e abbiamo osservato che, mentre i privati sono liberi di perseguire i fini che credono, nel modo che credono, purché rimangano nell'ambito di ciò che è *lecito*, la pubblica amministrazione deve in ogni momento perseguire i fini pubblici ad essa assegnati dalla legge. Inoltre, abbiamo anche visto (cap. 24, par. 4) che il diritto amministrativo è l'insieme delle regole rivolte a disciplinare in maniera adeguata gli atti e l'attività della pubblica amministrazione, quando essa opera come *autorità* amministrativa. Dobbiamo ora sviluppare ed approfondire le nozioni già apprese.

Gli speciali poteri della amministrazione

In primo luogo, è facile notare che *la pubblica amministrazione dispone di poteri dei quali i normali soggetti dell'ordinamento* (le persone giuridiche e fisiche in generale, e tra quelle noi stessi) *non dispongono affatto*. Così, solo le competenti autorità amministrative hanno il potere di *espropriare* i beni immobili necessari per le opere di pubblica utilità, e solo esse possono *ordinare* lo scioglimento di una manifestazione non autorizzato, *diffidare* a demolire un edificio abusivo o un muro pericolante.

I poteri ora ricordati hanno in comune la caratteristica di produrre effetti giuridici *sfavorevoli* al destinatario: l'espropriazione priva della proprietà l'espropriato (a favore di un diverso soggetto, il quale riceve invece dall'atto dell'amministrazione effetti favorevoli), mentre l'ordine di scioglimento e la diffida a demolire producono l'obbligo di tenere il comportamento corrispondente. Se si considera che tali effetti si producono esclusivamente in forza dell'atto dell'amministrazione, senza che su ciò influisca né l'eventuale (e magari probabile) disaccordo del destinatario, né il suo eventuale accordo, ci si rende immediatamente conto che la disponibilità di simili poteri differenzia notevolmente la situazione dell'amministrazione da quella dei soggetti comuni. Questi infatti si trovano tra di loro in una posizione di reciproca parità, e in generale non possono produrre effetti sfavorevoli per altri soggetti se non con il consenso di questi e nell'ambito di un rapporto contrattuale (e perciò attraverso atti *bilaterali*).

Ma gli speciali poteri, di cui solo l'amministrazione dispone, non sono soltanto poteri del tipo di quelli ora visti, mediante i quali la pubblica amministrazione *toglie* o *impone* qualcosa al destinatario del suo atto. Lo stesso vale, invece, per atti con i quali l'amministrazione *consente* a qualcuno di tenere un comportamento, che altrimenti non gli sarebbe consentito, e che agli altri rimane non consentito.

Si pensi alla *patente di guida*. Colui che la ottiene ha la facoltà, che prima non aveva, di guidare un veicolo. Ma lo stesso vale per tutti gli atti con cui la pubblica amministrazione *autorizza* a fare qualcosa: a costruire un edificio (*permesso edilizio*), ad aprire un negozio per la vendita al minuto (*licenza* di commercio), a portare con sé un'arma (*porto* d'armi), e simili. In tutti questi casi, il destinatario dell'atto può tenere un comportamento che prima non poteva tenere, e che coloro che non siano stati destinatari di un analogo atto non possono tenere.

Anche in casi come questi si tratta dell'esercizio di poteri dei quali solo l'amministrazione dispone. Infatti, non solo nessun soggetto privato potrebbe con propri atti individuali («unilaterali») realizzare gli stessi effetti, ma tali effetti non potrebbero essere realizzati nemmeno da più soggetti privati d'accordo tra di loro, con atti bilaterali: ciò perché essi non hanno riguardo a quegli oggetti (patente di guida, porto d'armi) *nessun potere di disposizione*.

Se ci domandiamo per quale ragione all'amministrazione sia dato di disporre degli speciali poteri che abbiamo visto, possiamo rispondere agevolmente che la ragione sta nella stessa ragione d'essere del soggetto «amministrazione», e in particolare nel fatto che la pubblica amministrazione è investita della tutela degli interessi pubblici e collettivi. Certo, questo non significa che all'amministrazione possa essere riconosciuto *qualunque* potere. Al contrario, ci si deve chiedere in quale misura ed in quali limiti *quei poteri esistano, e da dove essi derivino.*

Se ci poniamo in prospettiva storica, dobbiamo constatare come non sia facile dare risposta alle domande ora poste. In primo luogo infatti molte delle funzioni che oggi consideriamo «amministrative» – per la parte in cui esistevano, venivano nell'epoca medievale e moderna svolte dalle varie «magistrature» nelle forme, ordinarie o semplificate, proprie della giurisdizione. Quando con lo Stato *assoluto* gli apparati e le funzioni amministrative si separarono dalle funzioni giurisdizionali, poté apparire che l'amministrazione, come emanazione e riflesso del potere sovrano, avesse un potere in linea di principio non soggetto a limiti giuridici: il che probabilmente poteva dirsi solo per le autorità superiori, e comunque senza che nei fatti l'interferenza dell'amministrazione nella vita quotidiana fosse maggiore di oggi (è invece verosimile il contrario).

Principio di legalità

Con l'affermazione delle forme di governo rappresentative *norme* e *leggi* presero a disciplinare l'azione amministrativa, e le norme e leggi così poste diventarono *limiti* al potere del sovrano e dei suoi apparati, e *garanzie* per i cittadini amministrati.

Con l'ulteriore sviluppo le leggi riguardanti l'amministrazione sono state considerate non più come limiti ad un potere altrimenti illimitato, ma come il preciso fondamento di *specifici poteri che altrimenti non spetterebbero all'amministrazione*. In altre parole il principio secondo il quale l'autorità dispone di ogni potere, salvo ciò che le leggi garantiscono ai cittadini, è stato sostituito dal principio secondo il quale *l'autorità ha tutti e soltanto i poteri che ad essa sono assegnati dalle regole del diritto*, e dalle leggi in particolare.

La Costituzione italiana esprime un'idea analoga all'art. 23, affermando che «nessuna prestazione personale o patrimoniale può essere imposta *se non in base alla legge*», ed all'art. 42 stabilendo che «la proprietà privata può essere, *nei casi previsti dalla legge* e salvo indennizzo, espropriata per motivi di interesse generale» (co. 3). È dunque *la legge* il fondamento degli speciali poteri dell'amministrazione.

Come si vede, la Costituzione si preoccupa di fissare questo principio in relazione agli atti che *restringono* la sfera della libertà o dei beni degli amministrati. Tuttavia, lo stesso principio vale anche nei casi nei quali, al contrario, l'autorità amministrativa *consente* (come negli esempi fatti *sopra*) a qualcuno di tenere un comportamento, che altrimenti non sarebbe consentito, e che agli altri rimane non consentito. Se infatti è *la legge* che pone il principio del divieto di un certo comportamento, di necessità dovrà la stessa legge stabilire, almeno in termini generali, quale autorità amministrativa potrà permettere il comportamento altrimenti vietato, ed in quali circostanze, e sulla base di quali elementi e presupposti.

Il **principio di legalità** vale dunque per tutti gli speciali poteri attribuiti alla pubblica amministrazione, sia per quelli limitativi che per quelli permissivi. Nel diritto italiano esso si esprime dicendo che i poteri amministrativi esistono solo nei casi e nella misura previsti dalla legge (o, naturalmente, da norme di diritto europeo direttamente applicabili).

2. legalità e discrezionalità degli atti amministrativi

Per comprendere il particolare regime degli atti amministrativi, è ancora utile il paragone con gli atti di diritto privato: cioè con gli atti che i comuni soggetti dell'ordinamento (compresi dunque noi stessi) pongono in essere usualmente, e che in questo stesso volume abbiamo già incontrato e sinteticamente illustrato.

Gli atti di autonomia privata

Le regole che disciplinano gli atti dei privati sono ispirate ad un principio fondamentale: il principio dell'*autonomia privata*. In base a questo principio, ai soggetti privati è consentito di produrre con i loro atti gli effetti giuridici che vogliono, nella misura che vogliono, per le ragioni che vogliono (o anche per nessuna ragione in particolare), purché veramente lo vogliano. In questo ambito, è evidente che il valore preminente appare la *libertà* del volere.

Tuttavia, l'autonomia dei soggetti privati non è senza limiti. In primo luogo, essa deve svolgersi entro i confini del lecito: e tali confini limitano anche il potere dei privati di produrre liberamente gli effetti giuridici voluti. Per questa ragione, secondo l'art. 1418 del codice civile, il contratto è nullo quando sia contrario a norme imperative, e più in generale quando abbia «causa» o oggetto illecito. Dunque, la *liceità* di ciò che è voluto costituisce un limite, sia pure «esterno» di ciò che è consentito volere, e perciò al valore-base dell'autonomia privata.

In linea di principio, la tutela della *libertà* del volere comporta che l'ordinamento giuridico condizioni la produzione stabile e definitiva degli effetti al fatto che i negozi siano *autenticamente* e *liberamente* voluti. Se non lo sono, gli atti posti in essere dovrebbero essere *nulli*, o almeno *annullabili*. Tuttavia, l'affermazione che gli effetti giuridici si producono legalmente e stabilmente – con atti non suscettibili di annullamento – solo in quanto *veramente voluti* deve essere circondata di limitazioni e deroghe, che si collegano all'esigenza di tutelare altri valori, e fondamentalmente la *certezza* dei rapporti giuridici e l'*affidamento* che i soggetti coinvolti o i terzi ripongono nella loro esistenza e stabilità. Ed è perciò che non qualunque *vizio della volontà* determina l'invalidità, ad esempio, del contratto, ma solo i vizi che abbiano certe caratteristiche.

Così non qualunque *errore* rende invalido il contratto, ma solo quello *essenziale* e *riconoscibile*. Ugualmente la comune esaltazione delle doti del prodotto da parte del venditore non genera vizio del contratto, come non lo genera, in generale, il fatto che taluno si induca a concluderlo per timore del giudizio degli altri, se non lo facesse.

Gli atti amministrativi

Quando ad agire sono autorità amministrative, nell'esercizio dei poteri amministrativi, le cose stanno diversamente. Non, ovviamente, che l'amministrazione sia sottratta al limite del lecito: ma il fatto è che proprio l'esistenza del principio di legalità, ora illustrato, fa sì che il limite del lecito, nell'azione amministrativa, sia affiancato da un più stringente criterio di *legittimità*. In altre parole, per l'amministrazione la legge non opera solo quale *confine negativo ed esterno* dell'azione (limite della *liceità*), ma come sua *direzione e guida*: individuando il potere da esercitare, le ipotesi nelle quali il potere può o deve essere esercitato, l'organo competente, il procedimento da seguire, gli effetti dell'atto. Sicché, dal punto di vista giuridico, il primo metro di valutazione degli atti amministrativi è la *conformità* alle previsioni di legge.

Vincolo e discrezionalità nell'azione amministrativa

Certamente, è talora possibile che la legge guidi l'azione dell'amministrazione in modo tale che ad essa non rimanga che una attività di mera esecuzione. Se, ad esempio, la legge dispone che devono essere iscritti all'Università, su loro domanda, i cittadini italiani che abbiano compiuto gli studi medi superiori, è chiaro che il Rettore dell'Università cui venga rivolta una domanda di iscrizione non ha alcuna scelta da compiere, una volta accertato – attraverso i documenti presentati – che il richiedente ha i requisiti richiesti. In questa ipotesi possiamo dire che il provvedimento (di iscrizione) è del tutto *vincolato* (la situazione cambia, ovviamente, se sia posto un limite al numero degli iscritti: c.d. numero *chiuso* o *programmato*).

Analogamente, una volta che sia accertato il compimento di una trasgressione alle regole di circolazione stradale (attraverso il *verbale* del vigile o di altra autorità di polizia stradale), l'inflizione della corrispondente *sanzione* è una pura *conseguenza* prevista dalla legge, e non una particolare scelta dell'autorità amministrativa.

Comunque, per quanto sia accurata e precisa la descrizione che la legge fa dell'azione amministrativa e dei provvedimenti che la pubblica amministrazione può o deve assumere, è impensabile che il legislatore possa prevedere e predeterminare ogni possibile ipotesi e contenuto dell'azione: e se, nonostante tutto, il legislatore pretendesse di fare questo, l'azione amministrativa risulterebbe rigida in modo assurdo ed inaccettabile. È perciò inevitabile che in molti casi la legge consenta o imponga alle autorità amministrative di valutare esse la situazione, e di compiere le *scelte* necessarie.

Ma anche nel caso in cui l'amministrazione si trovi a potere e dovere *scegliere*, le regole e i principi giuridici che valgono per le scelte dell'amministrazione e per gli atti in cui queste si esprimono – i *provvedimenti* amministrativi – non sono le stesse che valgono per le scelte dei privati, e per gli atti in cui queste si esprimono – i *negozi* giuridici. Infatti, mentre le scelte dei privati, come espressione della loro autonomia, non sono soggette a nessuna guida, i poteri di scelta affidati all'amministrazione come autorità sono finalizzati al miglior conseguimento delle finalità di interesse pubblico istituzionalmente sue proprie, e per quanto siano ampli sono sempre soggetti, nel loro esercizio, a *principi giuridici*, quali i principi di ragionevolezza, di congruità, di correttezza.

La ragione della differenza tra scelte dei privati e scelte dell'autorità amministrativa sta ovviamente nel fatto che i privati gestiscono in genere interessi *propri*, mentre la pubblica amministrazione gestisce e cura gli interessi *della collettività* ad essa *affidati*. Di conseguenza, mentre per gli atti dei privati non rilevano affatto il *come* uno pervenga alle sue proprie scelte ed i *motivi* per i quali egli compie una certa scelta, per gli atti della pubblica amministrazione entrambe le circostanze sono giuridicamente rilevanti: tanto che le incongruenze e le irregolarità che si verificassero – anche senza violare specifiche e precise norme di legge – costituirebbero (come meglio vedremo) *vizi* dell'atto. Per esprimere queste importanti differenze nella disciplina dei poteri di scelta, nel diritto amministrativo e per gli atti della pubblica amministrazione non si parla di autonomia privata, ma di *discrezionalità amministrativa*.

In alcune ipotesi, anche i soggetti privati gestiscono interessi altrui, ad essi affidati. Ciò avviene, in particolare, ogni volta che un soggetto sia *rappresentante* di un altro soggetto (come ad esempio chi esercita la patria potestà), o anche quando un soggetto sia legato ad un altro da un vincolo di *mandato*. Tuttavia, in questi casi non mutano i criteri di valutazione degli atti compiuti, e l'eventuale infedeltà di chi agisce agli interessi in vista dei quali dovrebbe agire – che costituisce evidentemente un comportamento illecito – viene sanzionata soltanto mediante la sanzione tipica dell'illecito civile, cioè mediante il risarcimento del danno. Naturalmente, può bene essere che l'ordinamento giuridico cerchi di impedire comportamenti infedeli – sia nei rapporti interprivati che nei rapporti di diritto pubblico – anche con altri mezzi, quali le sanzioni penali, o le sanzioni disciplinari. Anche queste, tuttavia, si mantengono su un piano concettualmente distinto da quello della specifica validità del negozio o atto posto in essere.

Si noti tuttavia che in questi rapporti in cui anche nelle relazioni tra privati emerge la *funzione* del curare interessi *altrui* talvolta la giurisprudenza tende ad applicare più stringenti criteri di valutazione di legittimità degli atti simili a quelli propri del diritto amministrativo: così con sent. n. 4323 del 1994 la Corte di cassazione ha annullato per *eccesso di potere* (sulla nozione v. oltre, par. 9) la delibera di un'assemblea di *società per azioni*, assunta perseguendo interessi personali diversi dagli interessi societari.

Discrezionalità e interesse pubblico

La *discrezionalità amministrativa* è dunque una facoltà di scelta che la legge affida all'autorità amministrativa in vista del miglior conseguimento dell'interesse pubblico. Essa può riguardare, a seconda dei casi, la decisione sull'opportunità stessa di provvedere, la decisione sul provvedimento più opportuno, la decisione sul momento più opportuno per provvedere, la decisione sul contenuto specifico da dare al provvedimento. Le scelte discrezionali richiedono una previa valutazione dell'interesse pubblico e dei mezzi a disposizione per conseguirlo. Più precisamente, esse richiedono spesso una valutazione complessiva dei *vari* e *diversi* (e magari *confliggenti*) interessi pubblici coinvolti da una certa decisione amministrativa: una sintesi che deve tener conto anche degli interessi *privati*, i quali non devono risultare sacrificati senza che ve ne sia una necessità effettiva (principio di *proporzionalità*).

Si pensi ad un provvedimento comunale di «pedonalizzazione» del centro storico. Esso coinvolge, oltre che molti interessi privati, diversi interessi *pubblici*: l'interesse all'integrità e al godimento dei beni artistici, l'interesse alla salubrità dell'ambiente, l'interesse alla rapidità della circolazione, l'interesse alla comodità del commercio, e simili, da valutarsi con riferimento sia alla zona da pedonalizzare che alle zone circostanti. Poiché tali interessi sono diversi e talvolta confliggenti, l'autorità amministrativa è chiamata a realizzare una sintesi che rappresenti, in quel caso, il migliore «interesse pubblico» complessivo.

Oppure, ancora, riprendiamo l'esempio fatto prima di un muro pericolante, del quale l'amministrazione ordina la demolizione. Se anziché di un semplice muro si trattasse di un manufatto di un qualche interesse storico, allora l'autorità amministrativa dovrebbe tenere in considerazione anche questo aspetto: e può darsi che essa giungerebbe alla decisione di ordinare, anziché l'abbattimento, la *chiusura al traffico* della strada sottostante, per il periodo necessario al restauro. E certo nella decisione entrano in gioco anche gli interessi privati, da quello del proprietario dell'edificio a quelli dei titolari dei negozi lungo la via.

Ancora: finché in una classe scolastica ci sono due o tre assenti per influenza, tutto può rientrare nella normalità. Se però scoppia un'epidemia, la scuola stessa può essere un veicolo della sua diffusione. Il modo più sicuro per prevenire ciò – dal punto di vista dell'interesse alla salute pubblica – consiste nella temporanea chiusura della scuola. Ma esiste, ovviamente, anche l'interesse pubblico *opposto*, ad una regolare prosecuzione, per quanto possibile, dell'attività didattica: e di ciò si dovrà tener conto nel provvedere.

Talvolta si dice che la discrezionalità consiste in scelte effettuate in base a regole «non giuridiche», in contrapposizione alla situazione di *vincolo*, la quale comporta, ovviamente, l'osservanza di regole *giuridiche*. In realtà, però, quando davvero si tratti di scelte da compiersi in base a corpi di regole propri di una «tecnica» o di una «scienza» (qualunque esse siano) si ha piuttosto il fenomeno della *discrezionalità tecnica*, come ora subito vedremo.

Valutazione comparativa

L'elemento proprio della discrezionalità amministrativa consiste piuttosto nella valutazione di interessi, e nella conseguente attività di loro ordinamento e gerarchizzazione, al fine delle decisioni da assumere in vista dell'obbiettivo che all'amministrazione è affidato.

Il principio di imparzialità

Nelle scelte discrezionali dell'amministrazione acquista particolare importanza il principio della *imparzialità amministrativa*, sancito dall'art. 97, co. 1, della Costituzione. Esso comporta che nel perseguire gli interessi pubblici l'amministrazione non possa alterare l'equilibrio degli interessi privati se non nella misura strettamente necessaria, esclusa ogni preferenza di carattere soggettivo.

Il merito e la motivazione

Le scelte discrezionali compiute dall'amministrazione costituiscono quello che si chiama il **merito** del provvedimento amministrativo. Esse possono essere giuste o sbagliate, *opportune* o *inopportune*. Ma su ciò nessuno – nemmeno il giudice amministrativo (salve limitatissime eccezioni) – può *sovrapporre* il proprio giudizio a quello dato dall'amministrazione. Tuttavia, dato che l'amministrazione agisce non per raggiungere interessi personali, ma *nell'interesse pubblico*, essa deve indicare nell'atto stesso *le ragioni di pubblico interesse che stanno alla base delle scelte compiute*. In altre parole, gli atti discrezionali debbono contenere una esplicita **motivazione** sulle ragioni delle scelte compiute. La sua *mancanza*, o i vizi che essa presenta (ad esempio, perché è internamente contraddittoria) si traducono in *vizi* del provvedimento, che risulterebbe perciò *illegittimo*, come tra poco vedremo meglio (par. 9).

Si ha *discrezionalità amministrativa* vera e propria quando si debbono compiere *scelte* che implicano la valutazione di *interessi* pubblici e anche privati.

Accertamenti tecnici

Molto spesso però la pubblica amministrazione si trova a dover compiere delle scelte che si basano non su valutazioni di *interessi* bensì su valutazioni di ordine conoscitivo: valutazioni che per il fatto di essere compiute sulla base di discipline specifiche vengono spesso dette (più o meno felicemente) «tecniche». Ora, quando si tratta di valutazioni *semplici* e *certe* nel risultato (come la misura dell'altezza o della cubatura di un edificio) le scelte sono praticamente *vincolate*, e non c'è nessun profilo di discrezionalità, di nessun genere. Si parla allora di semplici *accertamenti tecnici*.

Altre volte, però, le valutazioni necessarie sono *complesse* ed *incerte* nel risultato, che dipende non da analisi assolutamente obiettive, ma in parte almeno anche dai convincimenti propri di chi opera o dai metodi usati per la verifica.

La discrezionalità tecnica

Così accade, ad esempio, quando la legge richieda che l'amministrazione, al fine di decidere il provvedimento da assumere, valuti quale sia il candidato *migliore* per un impiego (attraverso apposite prove d'esame), quale sia la più *idonea* soluzione tecnica per un'opera pubblica, la *gravità* di una malattia, l'esistenza di una situazione di *pericolo*, il *valore artistico* di un manufatto, o le possibili *conseguenze* di una certa decisione (valutazioni *prognostiche*), e simili.

Si prenda ad esempio un provvedimento come il rilascio della *patente* di guida. La legge prevede che la patente *debba* essere data ai richiedenti che possiedano certi requisiti: perciò l'amministrazione non ha da valutare nessun interesse pubblico, ma deve solo *accertare* il possesso di quei requisiti. Però alcuni dei requisiti non si possono accertare in maniera assolutamente meccanica e certa, ma solo attraverso valutazioni «tecniche» complesse, e talvolta opinabili. Già può esser difficile valutare se il richiedente sia o meno *fisicamente idoneo*; ma in ogni caso la valutazione della *capacità pratica* di guidare non può essere fatta che secondo criteri almeno in parte soggettivi, e tutt'altro che certi.

Ugualmente, quando si deve decidere se un edificio sia o meno di interesse artistico o storico, per porlo sotto vincolo, la valutazione «tecnica» presenta spesso elementi di incertezza o di dubbio.

In tutti questi casi, la decisione dell'amministrazione, pur dovendo basarsi fondamentalmente su motivazioni di tipo *conoscitivo*, rimane però il frutto di una vera *scelta* tra diverse valutazioni e soluzioni in astratto possibili. Per indicare questa situazione si parla tradizionalmente nella dottrina e giurisprudenza italiana di **discrezionalità tecnica** (la quale, al contrario dei puri e semplici accertamenti tecnici, comporta *margini di scelta* tra alternative ed opzioni ugualmente *sostenibili*).

Concetti indeterminati

La discrezionalità «tecnica» è in teoria cosa diversa dalla vera *discrezionalità amministrativa* – dato che non riguarda la ponderazione degli interessi, ma la qualificazione della situazione di fatto in relazione ad un concetto «indeterminato» previsto dalla legge (l'abilità, il valore artistico, e simili). In pratica i diritti amministrativi nazionali degli Stati europei sono diversamente orientati sul problema della sindacabilità della discrezionalità tecnica da parte del giudice. In Germania, ad esempio (ove il problema è conosciuto come quello dell'applicazione dei «concetti giuridici indeterminati») si ammette in linea di principio una piena sindacabilità, e si considerano eccezioni le aree di insindacabilità (ad esempio le prove d'esame nei pubblici concorsi). In Inghilterra, si parla di «questioni miste di diritto e di fatto», e si propende piuttosto per la non sostituibilità da parte del giudice delle valutazioni dell'amministrazione.

Il diritto italiano ha seguito a lungo la via della sostanziale assimilazione – ai fini del sindacato del giudice – tra la discrezionalità amministrativa e la discrezionalità tecnica. Più recentemente, tuttavia, la giurisprudenza amministrativa ha stabilito che il giudice, pur non potendosi sostituire all'amministrazione, può e deve esercitare il suo sindacato sulla *attendibilità tecnica* del criterio seguito e sulla correttezza della sua applicazione (Cons. Stato, IV, sent. n. 601 del 1999). La valutazione della attendibilità tecnica del criterio seguito è ora resa più agevole per il giudice dalla possibilità che dal 2000 la legge gli riconosce di avvalersi della consulenza tecnica (v. ora gli artt. 19, 63 e 67 del d. lgs. n. 104 del 2010).

Spesso discrezionalità amministrativa e discrezionalità tecnica sono strettamente legate, ed è difficile dire esattamente dove finisce l'una e comincia l'altra.

Se si guarda bene, negli esempi di discrezionalità amministrativa che abbiamo appena fatto sono presenti anche valutazioni tecniche: sull'importanza storica dell'edificio pericolante in un caso, sulla natura e sulla futura evoluzione di una malattia nell'altro. Valutazione «tecnica» dei fatti e scelte in relazione agli interessi pubblici e privati coinvolti sono strettamente intrecciate.

Provvedimenti che vincolano altri provvedimenti

Abbiamo parlato, sin qui, di provvedimenti vincolati, in quanto predeterminati in tutti i loro aspetti dalla legge, e provvedimenti discrezionali, cui la legge rimette scelte ulteriori rispetto a quelle già codificate. A volte però i possibili contenuti dei provvedimenti non sono determinati dalla legge, ma da altri provvedimenti: sicché i primi risultano *vincolati* rispetto ai secondi, i quali assorbono, ed eventualmente esauriscono, la discrezionalità che nel complesso la legge affida all'amministrazione. Questo fenomeno si realizza, in particolare, quando la legge prevede che l'amministrazione debba compiere le proprie scelte all'interno di una precedente *pianificazione* o *programmazione*.

Ciò accade, ad esempio, in materia urbanistica, per le decisioni sui permessi di edificazione. La legge, infatti, affida all'autorità amministrativa (ed in particolare al Comune), ampia discrezionalità nel decidere, in relazione a dove debba svilupparsi l'abitato, a quali zone debbano restare verdi, o essere acquisite per opere pubbliche, a dove debbano collocarsi gli insediamenti commerciali e produttivi, e simili.

Tuttavia, questa discrezionalità non si esercita al momento di decidere sulla singola domanda di permesso edilizio, ma deve essere svolta attraverso particolari atti amministrativi denominati *piani urbanistici*, quali il *piano regolatore generale* o il *piano particolareggiato* redatto sulla base di questo. I piani regolatori stabiliscono perciò la destinazione delle singole zone: di modo che al momento di decidere sulla domanda presentata dall'interessato rimane, in pratica, solo una limitata discrezionalità «tecnica» in relazione ai profili estetici, all'inserimento del progetto nel contesto, alla verifica del rispetto delle regole della buona edificazione.

Un analogo discorso vale per le decisioni amministrative sull'apertura di esercizi di vendita al minuto (cosiddetta *licenza di commercio*). Anche in questo caso, la legislazione vigente prevede che i Comuni formulino e deliberino previamente – con rilevante discrezionalità – appositi *piani degli insediamenti commerciali*, rispetto ai quali le decisioni singole risultano poi in larga misura vincolate.

3. atti e provvedimenti

Si sono finora considerati, in generale, gli atti della pubblica amministrazione, come atti soggetti – sin tanto che essa operi come autorità amministrativa – ad uno speciale regime giuridico, che forma la ragion d'essere del diritto amministrativo. Per tale speciale regime giuridico quegli atti si dicono **atti amministrativi**. Nell'universo degli atti amministrativi dobbiamo però ora introdurre alcune distinzioni.

Fondamentale, in primo luogo, è distinguere gli atti dell'autorità amministrativa che producono effetti giuridici *all'esterno della pubblica amministrazione*, verso gli amministrati, modificando le situazioni giuridiche soggettive (i *diritti*, gli *obblighi* e simili) di coloro che in qualunque modo siano «destinatari» dell'atto, dagli altri atti, i quali non hanno capacità di produrre effetti giuridici all'esterno. I primi – quelli giuridicamente ed esternamente innovativi – prendono il nome di **provvedimenti**, i secondi si chiamano semplicemente **atti** (o **meri atti**) **amministrativi**.

Due esempi chiariranno meglio la distinzione. Se qualcuno desidera ottenere la *patente di guida*, deve in primo luogo fare una apposita *domanda*. La domanda è un atto del privato (anche se rivolto alla pubblica amministrazione), e non un atto amministrativo. Sulla base della domanda, però, l'amministrazione deve attivarsi: deve svolgere un *accertamento tecnico* sull'idoneità fisica del richiedente, e degli *esami* volti ad accertare la conoscenza della tecnica della guida, e delle altre nozioni necessarie. A seconda dell'esito degli accertamenti, l'autorità amministrativa (in concreto oggi l'Ufficio provinciale della motorizzazione civile) rilascia o rifiuta la patente. Il *provvedimento* vero e proprio, quello che *incide* nella situazione giuridica dei destinatari, è soltanto la decisione finale. Gli altri atti (gli *accertamenti*) sono invece soltanto *atti amministrativi*, strumentali rispetto al provvedimento.

Un privato chiede un *permesso edilizio* per poter ristrutturare un edificio di interesse storico. L'autorità comunale competente al rilascio potrà, prima di decidere, sentire il *parere* di un apposito organo collegiale, la *Commissione edilizia*. Sulla base di tale atto concederà o rifiuterà l'atto richiesto. Anche in questo caso il *parere*, pur essendo un atto importante, non produce direttamente però effetti per gli interessati, che sono invece prodotti solo dalla decisione finale. Perciò questo è il *provvedimento*, l'altro è un *mero atto* amministrativo.

Spesso gli *atti amministrativi*, che non sono provvedimenti, sono però (come negli esempi ora fatti) *collegati* al provvedimento, nel senso che servono a prepararlo, o ne condizionano il contenuto. Atti e provvedimenti fanno allora parte, come subito meglio vedremo (par. 7), di un unico **procedimento amministrativo**. Ci sono però anche meri atti amministrativi che non sono finalizzati ad un determinato provvedimento: così, ad esempio, i *certificati* e le *registrazioni* fatte dalla pubblica amministrazione.

Gli atti amministrativi paritetici

Tra gli atti che non costituiscono provvedimento (benché un tempo fossero ritenuti tali) particolare importanza hanno i cosiddetti **atti amministrativi paritetici**, i quali corrispondono, più che ad un *potere*, ad un *dovere* che la pubblica amministrazione ha di determinare unilateralmente alcuni aspetti patrimoniali di un rapporto.

Si pensi ad esempio, nell'ambito dei rapporti di impiego ancora disciplinati dal diritto pubblico, all'atto con cui l'amministrazione provvede a determinare lo stipendio di un impiegato nuovo assunto, o in seguito ad una promozione. In un simile caso non c'è proprio nulla da decidere, perché la misura dello stipendio è già stabilita in astratto dalla legge o dal contratto collettivo o individuale, e forma il contenuto di un vero diritto soggettivo dell'impiegato: cionondimeno, è l'amministrazione che deve determinare in concreto, con proprio atto, l'importo da corrispondere.

È chiaro però che la determinazione dell'amministrazione non muta minimamente la situazione giuridica e che, se essa fosse errata, l'interessato potrebbe chiedere al giudice di stabilire esso la misura. Si tratta di atti tali da potersi porre il dubbio che realmente si tratti di atti *amministrativi*.

La nozione di atto (amministrativo) paritetico è importante soprattutto ai fini processuali: infatti, per gli atti paritetici non esiste (come per i veri provvedimenti) il breve termine di 60 giorni per l'impugnazione davanti al giudice amministativo. Al contrario, i diritti corrispondenti si possono far valere sino a quando essi esistano, cioè entro il termine di prescrizione.

4. caratteri del provvedimento

Provvedimenti amministrativi sono dunque gli atti con i quali le autorità amministrative prendono le *decisioni* necessarie per il conseguimento dei fini pubblici, esercitando le *potestà* loro attribuite, incidendo nelle *situazioni giuridiche soggettive* degli amministrati. Nel corso della trattazione abbiamo già incontrato molti provvedimenti amministrativi, quali le *graduatorie* dei concorsi pubblici, i *permessi edilizi*, le *espropriazioni*, e altri ancora.

Unilateralità

I provvedimenti amministrativi sono sempre atti *unilaterali*, cioè atti che hanno per autore la sola pubblica amministrazione.

L'*unilateralità* è una caratteristica dei provvedimenti. Gli *accordi amministrativi* (sui quali vedi oltre, par. 6) sono invece atti *bilaterali* (o eventualmente *plurilaterali*). Nel diritto privato i contratti sono evidentemente *bilaterali* o *plurilaterali*. Tuttavia, vi sono anche negozi *unilaterali*, quali la procura e il testamento.

Nei *provvedimenti* il consenso dei destinatari a volte è del tutto irrilevante (come nelle *espropriazioni* o nelle *requisizioni*). Altre volte è invece necessario, nel senso che senza di esso il provvedimento non viene emanato (come è per le autorizzazioni e le concessioni, che si rilasciano solo a coloro che abbiano presentato apposita *domanda*), oppure nel senso che il provvedimento non produce pienamente i suoi effetti fino a quando il destinatario non abbia manifestato il suo consenso (come avviene nel caso delle *nomine* a pubblici impieghi o in genere a pubblici uffici).

In ogni modo, però, l'atto vero e proprio è sempre una manifestazione unilaterale di volontà, una *determinazione*, da parte dell'autorità amministrativa, ed è a tale determinazione che gli effetti si collegano.

Autoritatività

Oltre che *unilaterali* (nel senso indicato) i provvedimenti amministrativi sono *autoritativi*. Con ciò si vuol dire che nel *provvedere* l'amministrazione agisce sempre *come autorità*, cioè come custode e tutrice dei pubblici interessi. Anche quando permette o concede qualcosa, il provvedimento è sempre un atto di esercizio di *potestà* amministrativa, e non un atto di *autonomia privata* (v. cap. 24, par. 4, e cap. 6, par. 5).

Non tutti i provvedimenti sono invece *imperativi*, se con ciò si intende che essi «imperino» o «comandino» sempre qualcosa, sacrificando le situazioni giuridiche degli amministrati. I provvedimenti «imperativi» in questo senso sono in sostanza quelli che producono effetti *sfavorevoli* ai destinatari (come gli *ordini*, o le *sanzioni* amministrative), e non gli altri.

Nominatività e tipicità

Altri caratteri del provvedimento si collegano al **principio di legalità** della pubblica amministrazione, che già conosciamo (*sopra*, par. 1). Esso ha come conseguenza che i provvedimenti amministrativi che l'amministrazione può compiere debbono, in generale, essere individuati singolarmente dalla legge (è la cosiddetta **nominatività** dei provvedimenti), e che la legge deve anche specificare di che *tipo* di provvedimento si tratti: quali effetti giuridici produca, a quali scopi esso debba servire, in quali circostanze possa essere emanato, quale autorità possa emanarlo (cosiddetta **tipicità** del provvedimento).

L'esecutorietà

Si parla di **esecutorietà** del provvedimento per indicare la facoltà, che spesso l'amministrazione ha, di portare *direttamente* ad *esecuzione* *coattiva* i provvedimenti che non vengano spontaneamente eseguiti da coloro ai quali si rivolgono.

Consideriamo il seguente esempio. Un vecchio muro pericolante e ormai fatiscente minaccia l'incolumità pubblica. Il Sindaco, utilizzando una potestà che la legge gli attribuisce, *ingiunge* al proprietario di demolire il muro. Il proprietario, pur *obbligato* dal provvedimento, non esegue. Il Sindaco ordina allora – avvalendosi dei mezzi del Comune, o di una impresa appositamente incaricata – la *demolizione d'ufficio* (detta anche *demolizione in danno*, perché essa avviene a spese del proprietario inadempiente), e raggiunge così quel risultato di pubblico interesse (la demolizione del muro pericolante) al quale il provvedimento tendeva.

Un qualunque privato, invece, anche se avesse un *diritto* (ad esempio derivante da contratto) a che un suo vicino demolisse un muro che lo infastidisce, non potrebbe ottenere soddisfazione *direttamente*, ma dovrebbe rivolgersi al giudice per ottenere prima il *riconoscimento* del suo diritto e la *condanna* dell'obbligato, poi l'esecuzione coattiva della condanna.

La ragione per la quale la legge consente alla pubblica amministrazione in certi casi di dare diretta esecuzione coattiva ai propri provvedimenti sta, come è evidente, nella necessità di tutelare adeguatamente il pubblico interesse (si pensi ad esempio, oltre che al caso appena visto, all'*ordine di scioglimento* di riunioni non consentite o pericolose, dato dalla polizia).

L'esecuzione coattiva delle pretese dell'amministrazione trova disciplina positiva nell'art. 21 *ter* della legge n. 241 del 1990 (come modificata nel 2005), secondo il quale «le pubbliche amministrazioni possono imporre coattivamente l'adempimento degli obblighi nei loro confronti», ma solo «nei casi e con le modalità stabiliti dalla legge». A questo scopo il provvedimento costitutivo di obblighi deve indicare «il termine e le modalità dell'esecuzione da parte del soggetto obbligato», dopo di che (qualora l'interessato non ottemperi) le pubbliche amministrazioni possono provvedere all'esecuzione coattiva «previa diffida».

Esecutorietà ed efficacia

L'*esecutorietà* non va confusa con l'**efficacia** del provvedimento, che è, come meglio vedremo, l'effettiva produzione degli effetti *giuridici* del provvedimento stesso. È proprio la mancata spontanea esecuzione del provvedimento *efficace* (cioè del provvedimento che produce i propri effetti giuridici) a richiedere l'*ulteriore attività* di esecuzione coattiva da parte dell'amministrazione.

Nel caso considerato l'effetto giuridico del provvedimento (l'ingiunzione a demolire il muro) è il sorgere di un *obbligo* a carico del proprietario. Ed è proprio la *trasgressione* dell'obbligo a far sì che lo *scopo pratico* cui il provvedimento tendeva (il ripristino della pubblica sicurezza attraverso la demolizione del muro) debba essere raggiunto attraverso la demolizione d'ufficio, in cui si manifesta l'«esecutorietà» dell'ingiunzione.

Esecutori sono, ovviamente, solo gli atti *restrittivi* dai quali derivano *obblighi*, e solo nei casi previsti (anche implicitamente) dalle norme.

Esecutività del provvedimento

Così come non vanno confusi esecutorietà ed efficacia, allo stesso modo va distinta una terza nozione, diffusa soprattutto nella pratica: la nozione di **esecutività**. Si parla di *esecutività* per indicare che il provvedimento, già efficace, può essere portato ad esecuzione. Tuttavia, vi sono provvedimenti che non sono suscettibili di alcuna esecuzione, perché si esauriscono negli effetti giuridici: come, ad esempio, il riconoscimento di una associazione come persona giuridica, il decreto presidenziale che muta un cognome o che concede la cittadinanza italiana. Ci sono poi provvedimenti che vengono «eseguiti» dal soggetto che li ha richiesti nel suo interesse (come ad esempio l'autorizzazione alla guida di autoveicoli), tenendo il comportamento permesso dal provvedimento: ed anche in questi casi la nozione di esecutività non serve a nulla, dato che non aggiunge niente che non sia già compreso nell'efficacia del provvedimento.

Se poi il provvedimento *debba* essere eseguito dal privato, e questi non lo esegua, si ha il problema della *esecutorietà*, sopra descritto. Nemmeno in questo caso c'è perciò luogo ad una ulteriore nozione di esecutività.

Esistono però casi in cui il provvedimento è eseguito dalla pubblica amministrazione, attraverso una ulteriore attività amministrativa, che può (ed in sostanza *deve*) essere compiuta. La nozione di esecutività può allora servire per esprimere l'idea che il provvedimento, benché abbia già prodotto i suoi propri effetti giuridici, necessita ancora di una attività amministrativa di esecuzione, e che questa attività è ormai *doverosa*.

Ad esempio, la deliberazione comunale di chiusura al traffico del centro storico rende doverosa per gli organi comunali l'attività amministrativa necessaria per l'attuazione del provvedimento. Allo stesso modo, la deliberazione di un bando di concorso deve essere eseguita mediante lo svolgimento delle operazioni concorsuali.

5. tipi di provvedimento

Ogni provvedimento è previsto dalla legge per la salvaguardia di determinati interessi pubblici: l'*espropriazione* è finalizzata alla realizzazione di opere pubbliche o di pubblica utilità, il *permesso edilizio* ad un ordinato sviluppo delle costruzioni, la *patente* di guida alla sicurezza della circolazione, e così di seguito.

Se però guardiamo al provvedimento *dal punto di vista del privato* che ne sia *destinatario*, possiamo operare una grande distinzione tra i

provvedimenti favorevoli e i **provvedimenti sfavorevoli**: cioè tra quelli che *ampliano* la sua sfera giuridica (ciò che gli è *consentito* dal diritto), e quelli che al contrario la *restringono*.

Parlando di provvedimenti *favorevoli* e *sfavorevoli* ci riferiamo al principale destinatario dell'atto, e non anche a tutti coloro che possono risentire dei suoi effetti. Ad esempio, il rilascio di una *licenza di commercio* è un provvedimento *favorevole*, anche se certo il negoziante che vende già gli stessi generi nella strada accanto non ne sarà soddisfatto (vedremo infatti che potrebbe anche *impugnare* il provvedimento). Con maggiore precisione si possono invece suddividere gli *interessi* relativi al provvedimento in interessi *oppositivi* (cioè interessi ad opporsi al provvedimento) e interessi *pretensivi*, cioè rivolti ad ottenere il provvedimento.

Autorizzazioni

Tra i provvedimenti favorevoli ricordiamo, in primo luogo, le **autorizzazioni**. Esse sono provvedimenti attraverso i quali viene consentita una attività privata che in linea di principio è ammessa, ma di cui la legge vieta in concreto l'esercizio senza un apposito permesso (appunto l'*autorizzazione*) dell'amministrazione, la quale è chiamata a verificare l'esistenza dei requisiti e dei presupposti previsti dalla legge per lo svolgimento dell'attività. Gli atti di tipo autorizzativo sono chiamati nelle leggi in vari modi: oltre che *autorizzazioni*, anche *licenze, patenti, nulla-osta, omologazioni, abilitazioni* e simili.

Le autorizzazioni comportano di regola una certa misura di *discrezionalità tecnica*, ma qualche volta l'amministrazione dispone anche di una vera *discrezionalità amministrativa*.

Tra gli atti autorizzativi che comportano solo una discrezionalità *tecnica* ricordiamo la *patente* di guida, le *abilitazioni* all'esercizio di professioni, la *carta di circolazione* degli autoveicoli, la «licenza» di *abitabilità e agibilità* delle costruzioni, le *omologazioni di sicurezza* (ad esempio, di attrezzature elettriche) e le *omologazioni* degli strumenti di misura usati nel commercio, la *registrazione* di specialità medicinali. Lo stesso deve dirsi – almeno quando a monte esistano atti di programmazione (v. *sopra*) – per i *permessi edilizi* e per *le licenze di commercio*.

Tra le autorizzazioni che comportano discrezionalità amministrativa – e che dunque possono venire accordate o rifiutate per ragioni di *interesse pubblico*, oltre che in relazione ai requisiti richiesti – ricordiamo le *autorizzazioni di polizia*, quali le *licenze* per il porto d'armi, l'apertura di pubblici esercizi, o di locali cinematografici, teatrali e di pubblico trattenimento, l'apertura di un istituto privato di vigilanza.

In ogni modo, l'autorizzazione si limita a rendere lecito per l'interessato un comportamento che altrimenti gli sarebbe interdetto (come, con riferimento agli esempi fatti, costruire o abitare la casa, produrre e vendere medicinali, portare armi), *senza* però *che venga ad esistenza un rapporto giuridico di durata tra l'autorizzato e l'amministrazione*. Si potrà ben dire, nel linguaggio corrente, che l'autorizzato ha «diritto» a tenere il comportamento cui l'autorizzazione si riferisce, purché sia chiaro che non si tratta di un diritto particolare verso l'amministrazione.

In effetti, colui che tiene il comportamento autorizzato non fa che esercitare la propria *libertà*, che si esprime nei confronti di chiunque, e non in particolare nei confronti della pubblica amministrazione. È vero invece che la pubblica amministrazione esercita in generale sui comportamenti autorizzati un potere di *vigilanza*, e che eventuali abusi possono quasi sempre condurre, in via sanzionatoria, alla *decadenza* o al *ritiro* dell'autorizzazione.

Sulla sostituzione di parte dei provvedimenti autorizzatori con il semplice onere di previa comunicazione all'amministrazione dell'inizio dell'attività, e sulle forme di *silenzio-assenso* v. oltre, par. 8.

Concessioni

Le **concessioni** sono atti con i quali l'amministrazione attribuisce a privati *speciali diritti di usare beni pubblici, o di gestire servizi pubblici, o anche di eseguire opere pubbliche.* Si tratta di diritti che, proprio perché riguardano situazioni di carattere *pubblico*, sono del tutto al di fuori della normale circolazione giuridica tra privati, e possono nascere solo attraverso un *provvedimento* dell'amministrazione.

Le concessioni di *beni* riguardano i beni *demaniali* o i beni del *patrimonio indisponibile* (cap. 28, par. 2): si pensi alla concessione di un tratto di spiaggia per uno stabilimento balneare, alla concessione di derivazione d'acqua per irrigazione, alla concessione del suolo stradale per i tavolini di un caffè. Carattere particolare ha la concessione di *frequenze* per le trasmissioni radiofoniche e televisive.

Più complesso è il tema delle *concessioni di servizio pubblico*, cioè delle concessioni con le quali una pubblica amministrazione affida ad un soggetto terzo la gestione di un servizio pubblico, ad esempio un servizio di trasporto di linea del quale l'amministrazione mantiene la generale titolarità ed il controllo stabilendo (nell'esempio ora fatto) le linee, le fermate, gli orari, ecc. Infatti, da un lato alcuni servizi sono stati *liberalizzati*, e le concessioni sostituite da *licenze di esercizio* (come nel caso del trasporto aereo), dall'altro anche dove rimane lo strumento della concessione le regole europee di tutela della concorrenza esigono che il concessionario venga individuato mediante gara.

Una problematica analoga vale per le concessioni di lavori pubblici, ammesse quando l'esecutore debba anche poi gestire l'opera (si pensi alle autostrade). Anche in questo caso il concessionario deve essere scelto mediante gara pubblica disciplinata ora dal d. lgs. n. 163 del 2006.

Si dice, usualmente, che dalla concessione sorgono per il concessionario veri e propri *diritti* (all'uso del bene pubblico, alla gestione del servizio, alla costruzione dell'opera pubblica): e questo è vero. Tuttavia, l'aspetto più interessante (anche in relazione a quanto detto sulle autorizzazioni) sta nel rilevare che *la controparte di questi diritti è la stessa pubblica amministrazione.* In altri termini, dalla concessione sorge un rapporto giuridico di durata tra amministrazione concedente e concessionario, fatto di reciproci diritti ed obblighi.

Spesso, anzi, diritti ed obblighi delle parti sono talmente complessi che risulta più agevole e giuridicamente più congruo – anziché stabilirli come «condizioni» della concessione unilateralmente rilasciata – fissarli in un apposito atto bilaterale sottoscritto da entrambe le parti. Sicché in concreto il rapporto concessorio risulta disciplinato dall'atto amministrativo con il quale la pubblica amministrazione *dispone* del bene, servizio o opera oggetto della concessione (la «concessione» vera e propria), ed insieme da una *convenzione* accessoria, per la cui stipulazione ed attuazione valgono in larga misura le regole civilistiche sui contratti: onde si parla di *concessione-contratto.*

Capita talora, nella pratica (o anche per previsione di legge), che le due fasi dell'atto unilaterale di concessione e di convenzione bilaterale si «fondano» in una sola, sicché il rapporto concessorio appare disciplinato soltanto dallo strumento convenzionale. Sul piano concettuale, comunque, l'unicità materiale dello strumento di disciplina non muta i caratteri del rapporto, che rimane un rapporto complesso, fondato sia su regole di diritto amministrativo (relative al regime dell'atto di disposizione dell'amministrazione) sia su regole di diritto civile (relative all'esecuzione dei rispettivi diritti ed obblighi). Proprio per tale complessità è prevista la *giurisdizione esclusiva* del giudice amministrativo in materia di concessioni (cap. 30, par. 5).

Nel rapporto concessorio è la pubblica amministrazione che può talora porre termine ad esso – *revocando* la concessione data – se l'interesse pubblico lo richiede (ad esempio, se l'acqua del fiume, concessa per l'irrigazione, diventa indispensabile per uno scopo più importante: come la fornitura di acqua potabile o, in certe circostanze, la produzione di energia elettrica). Con la revoca della concessione viene meno l'intero rapporto, anche se questo fosse stato instaurato, in ipotesi, mediante concessione-contratto.

Altri provvedimenti favorevoli

Altri provvedimenti favorevoli sono:

○ le **ammissioni**. Si tratta di provvedimenti con i quali un privato viene ammesso a far parte di una pubblica istituzione (una scuola, una biblioteca pubblica, un ordine professionale, e simili)

○ gli **esoneri** e le **dispense**. Si tratta di provvedimenti con i quali qualcuno viene liberato da un obbligo che altrimenti avrebbe (ad esempio, dal pagamento di determinate tasse o – quando era obbligatorio per i cittadini maschi – dalla prestazione del servizio militare). Ovviamente, la possibilità e le condizioni dell'esonero devono essere stabilite dalla legge

○ gli **incentivi**, quali i *contributi* e le *sovvenzioni*. Si tratta di provvedimenti con i quali vengono erogate somme di danaro per fini di interesse pubblico (contributi agli agricoltori per l'acquisto di macchine agricole, agli armatori per il restauro e il rinnovo delle navi, alle industrie che operano in settori da sviluppare, ad enti di cultura, e simili).

I provvedimenti favorevoli vengono in generale ottenuti su apposita *domanda* o *istanza* degli interessati. I provvedimenti *sfavorevoli*, invece, sono posti in essere dall'amministrazione di propria iniziativa (d'ufficio).

Tra i provvedimenti *sfavorevoli* ricordiamo gli *ordini*, le *espropriazioni*, le *occupazioni*, le *requisizioni*, le *sanzioni amministrative*.

Ordini

L'**ordine** fa nascere nel destinatario un *obbligo*, che prima non esisteva. Naturalmente, in forza del *principio di legalità* (cfr. *sopra* par. 1), l'amministrazione può rivolgere *ordini* agli amministrati solo nei casi previsti dalla legge.

Ricordiamo, tra gli *ordini*, la chiamata alle armi, l'ordine di demolizione di un fabbricato pericolante o abusivo, o l'ordine di abbattere animali colpiti da malattie infettive. L'obbligo può anche consistere nel *non fare* (o nel *cessare* di fare) qualcosa: così nell'*ordine di sospensione* dei lavori di costruzioni abusive, o pericolosi per la pubblica incolumità.

Gli ordini sono spesso atti *esecutori*. Se non vi è adeguazione spontanea, l'amministrazione provvede da sé (ad esempio, con la *demolizione d'ufficio*) a realizzare un risultato equivalente (*sopra*, par. 4).

Espropriazioni, occupazioni, requisizioni

L'**espropriazione** è un provvedimento con il quale l'autorità amministrativa (*espropriante*) – in vista della costruzione di un'opera di *pubblica utilità* – *trasferisce* il diritto di proprietà di un immobile dal precedente proprietario (*espropriato*) a chi realizza l'opera (*beneficiario*). L'espropriante di solito è una pubblica amministrazione (l'amministrazione statale, o il Comune, o altri enti pubblici), ma potrebbe essere anche un privato (spesso si tratta di un *concessionario*: ad es., la Società autostrade).

Si considera tradizionalmente l'espropriazione un provvedimento *sfavorevole*, perché lo si guarda dal punto di vista dell'*espropriato*. Ma naturalmente esso risulterebbe *favorevole* se visto dalla parte di colui che beneficia del trasferimento della proprietà. Si noti che dall'espropriazione deriva un *diritto* anche per l'espropriato (il diritto all'**indennità**), ed un corrispondente *obbligo* di pagamento per il beneficiario della espropriazione.

Da un punto di vista pratico, uno degli aspetti più rilevanti è anzi costituito dal problema della misura della *indennità* di espropriazione in relazione ai terreni. Si è già visto che la Costituzione si è limitata a prevedere (art. 42, co. 3) che un indennizzo vi sia, senza dettare criteri per la sua determinazione, cui deve provvedere il legislatore ordinario.

In origine, la legge (n. 2359 del 1865) stabiliva che l'indennità consistesse nel «giusto prezzo» che l'immobile avrebbe avuto «in una libera contrattazione di compravendita» (art. 39): si trattava perciò del *valore venale*. Ma sin dal 1885, con la legge per Napoli (n. 2892), si cominciò ad introdurre, per certe opere, un indennizzo di valore minore. Con la legge 22 ottobre 1971, n. 865, per la maggior parte delle espropriazioni la misura dell'indennizzo venne portata (con alcuni correttivi) al *valore agricolo* del terreno.

Senonché la Corte costituzionale, con sentenza n. 5 del 1980, dichiarò l'illegittimità costituzionale dell'applicazione di tale criterio ai terreni destinati all'edificazione, ritenendo che esso non assicurasse all'espropriato quel «serio ristoro» (anche se inferiore al valore venale) che la Costituzione vuole gli sia garantito.

Per effetto di tale sentenza si tornava all'applicazione della regola del *valore venale*, che la legge del 1865 aveva codificato come regola generale. Ma con il d.l. n. 333 del 1992 (conv. in l. n. 359 del 1992) il legislatore aveva di nuovo introdotto per le *aree fabbricabili* un indennizzo fortemente ridotto rispetto al valore venale: indennizzo che nel 1993 era stato ritenuto dalla Corte costituzionale sufficiente e non contrastante con il principio di uguaglianza (sent. n. 283).

Tuttavia, nel 2006 la *Corte europea per i diritti dell'uomo* (v. *sopra*, cap. 13, par. 7) ha ritenuto (sentenza detta *Scordino* 29 marzo 2006) che le norme italiane fossero in contrasto con le regole della Convenzione (e dei Protocolli addizionali), in quanto l'indennizzo da esse previsto non aveva un rapporto ragionevole con il valore del bene. A seguito di ciò la Corte costituzionale ha dichiarato l'illegittimità costituzionale delle disposizioni di legge che disciplinavano l'indennizzo, per violazione dei vincoli derivanti dagli obblighi internazionali ai sensi dell'art. 117, co. 1, Cost. (sentenza n. 348 del 2007). Ed il legislatore italiano è nuovamente intervenuto stabilendo che l'indennizzo sia di regola determinato «nella misura pari al valore venale del bene», ma che esso sia ridotto del venticinque per cento quando l'espropriazione sia finalizzata ad attuare interventi di riforma economico-sociale: in ogni caso con aumento del dieci per cento ove si raggiunga un accordo sula cessione (art. 37, co. 1 e 3, d. lgs. n. 327 del 2001, mod. da art. 2, co. 89, l. 244 del 2007).

L'espropriazione riguarda beni *immobili* (terreni, edifici e simili). In casi del tutto eccezionali (essenzialmente per esigenze militari) è ammessa anche la cosiddetta **requisizione in proprietà** di certi mobili, come ad esempio i veicoli.

Come l'espropriazione, anche le **occupazioni** riguardano beni *immobili*, i quali vengono per un certo periodo sottratti alla disponibilità del proprietario e *occupati* per un diverso uso. Tra le occupazioni ricordiamo l'*occupazione d'urgenza*, che ove occorra *precede l'espropriazione*, e serve per consentire l'inizio dei lavori di costruzione di un'opera di pubblica utilità (che rivesta carattere di particolare urgenza) prima del compimento della procedura di espropriazione. L'occupazione non può durare più di cinque anni.

Una diversa ipotesi di *occupazione d'urgenza* è prevista in caso di calamità (quali rotture di argini e simili) che richiedano il compimento di lavori urgenti.

Ricordiamo poi l'*occupazione temporanea* di aree *diverse* da quelle sulle quali si costruisce l'opera pubblica, prevista per l'estrazione di materiali, per deposito o magazzino, o per passaggio e simili.

Con la **requisizione in uso** il proprietario viene temporaneamente privato – sempre nei casi previsti dalla legge – della disponibilità di beni mobili o immobili (un'ipotesi, ad esempio, è la requisizione di edifici per il ricovero di persone rimaste senza tetto in occasione di disastri).

Sanzioni amministrative

Atti evidentemente sfavorevoli sono le **sanzioni** amministrative. Le sanzioni possono essere di vari tipi.

Esse possono consistere nel venir meno di provvedimenti favorevoli:

si parla allora di **decadenza** o di **revoca** del provvedimento. Ne sono esempi il ritiro di una autorizzazione commerciale (con la conseguente chiusura dell'esercizio) o del porto d'armi, per infrazioni compiute nell'esercitare l'attività autorizzata.

Vi sono poi le **sanzioni disciplinari**, che colpiscono il comportamento scorretto di coloro che appartengono o sono comunque collegati ad una pubblica istituzione: sono perciò passibili di sanzioni disciplinari gli impiegati pubblici, ma anche gli studenti di una scuola o i frequentatori di una biblioteca pubblica. In generale, la sanzione disciplinare più grave consiste sempre nell'allontanare l'autore della trasgressione dall'istituzione (*licenziamento* per gli impiegati, *espulsione* per gli studenti, e simili). Solo nell'ordinamento militare vi sono sanzioni disciplinari che incidono sulla libertà personale.

Si noti comunque che per la generalità del personale pubblico, privatizzato a seguito del d. lgs. n. 29 del 1993 (ora d. lgs. n. 165 del 2001), le sanzioni disciplinari sono da ritenere «privatizzate» anch'esse (ed infatti le relative controversie sono devolute anch'esse al giudice ordinario: art. 63 d. lgs. n. 165 del 2001). Rimangono provvedimenti le sanzioni disciplinari relative al personale non privatizzato, come ad esempio i *militari*.

C'è poi il vastissimo campo delle **sanzioni pecuniarie**, che conseguono alle *contravvenzioni*. Ne sono esempi le sanzioni per violazioni delle regole di circolazione stradale, per omesso pagamento di imposte e per molti altri comportamenti illeciti.

In qualche caso è prevista anche la sanzione della **confisca** di un bene collegato al comportamento illecito. La confisca più nota è quella conseguente alla mancata demolizione di una costruzione abusiva, che comporta il passaggio del diritto di proprietà dell'immobile costruito e del terreno al patrimonio del Comune.

Provvedimenti di secondo grado

I provvedimenti che abbiamo finora considerato sono molto diversi tra loro, ma tutti disciplinano direttamente un oggetto o un rapporto della vita reale: la possibilità o l'obbligo di tenere un certo comportamento (come nelle autorizzazioni e negli ordini), la proprietà di un bene, e simili. Solo subito sopra, parlando di *decadenza* di un provvedimento favorevole, o della sua *revoca*, ci siamo avvicinati a provvedimenti che non riguardano direttamente beni o rapporti della vita, ma riguardano invece direttamente *altri provvedimenti*: il venir meno dell'*autorizzazione* all'esercizio del commercio o al porto delle armi. Esistono però anche diversi provvedimenti, che si possono accomunare a quelli appena citati per il fatto di avere ad oggetto precedenti provvedimenti: considerati nel loro insieme, essi vengono detti **provvedimenti di secondo grado**. Tali sono, ad esempio, l'**annullamento d'ufficio**, mediante il quale la stessa autorità amministrativa provvede all'eliminazione di un provvedimento che essa riconosce *viziato*, la **revoca** di un atto che essa riconosce come *inopportuno*, ed ancora i provvedimenti mediante i quali l'autorità amministrativa procede, quando ciò sia possibile, alla **convalida** di un provvedimento viziato (sull'annullamento d'ufficio, revoca e convalida si veda anche *oltre*, par. 9).

I provvedimenti di secondo grado non sono, presi a sé, né favorevoli né sfavorevoli: in concreto, il loro carattere dipende da ciò che essi fanno in relazione al precedente provvedimento, e dalle caratteristiche di questo. Risulterà evidentemente favorevole, ad esempio, l'annullamento di un provvedimento sfavorevole, mentre sarebbe il contrario se il provvedimento annullato fosse stato favorevole.

Provvedimenti a contenuto complesso o generale

Si noti, comunque, che non tutti i provvedimenti si prestano a venire classificati come *favorevoli* o *sfavorevoli* rispetto ad un destinatario determinato.

Si pensi agli *atti di pianificazione* o *di programmazione*. Un *piano regolatore urbanistico*, ad esempio, che definisce i caratteri delle diverse *zone* del territorio comunale, ed individua la localizzazione delle opere e servizi di interesse pubblico, ha un carattere complesso, non riducibile a singoli contenuti o effetti (anche se, indubbiamente, i contenuti del piano saranno favorevoli per taluni, sfavorevoli per altri). Analogamente, non si presta ad una classificazione nei termini indicati il bando di un pubblico concorso.

6. provvedimento e accordi amministrativi

La legge n. 241 del 1990 ha dato ufficiale cittadinanza (e specifica disciplina) nel diritto amministrativo italiano agli *accordi amministrativi* intercorrenti tra *soggetti* diversi, strumento giuridico in precedenza sperimentato soprattutto nell'ambito dell'ordinamento tedesco. Più precisamente, sono previsti tre distinti tipi di accordi: due relativi ai rapporti tra pubblica amministrazione e soggetti privati (previsti dall'art. 11 della legge), uno relativo ai rapporti tra diverse amministrazioni (previsto dall'art. 15).

Gli accordi tra amministrazione e privati

Gli accordi tra amministrazione e amministrati (cosiddetti accordi «verticali») o hanno lo scopo di «*determinare il contenuto discrezionale del provvedimento finale* (primo tipo)», oppure *direttamente lo sostitui-*

scono, stabilendo tra le parti anche quanto, in assenza dell'accordo, sarebbe stato stabilito dal provvedimento (secondo tipo). Nel testo originario della legge n. 241 del 1990, mentre gli accordi del primo tipo (accordi sul contenuto del provvedimento) erano *sempre* consentiti, gli accordi *sostitutivi* erano consentiti solo «nei casi previsti dalla legge». Questa limitazione è stata tuttavia soppressa dalla l. n. 15 del 2005, e dunque anche tali accordi corrispondono ora ad una figura ad applicazione *generale*. Tuttavia, la l. n. 15 ha introdotto «a garanzia dell'imparzialità e del buon andamento dell'azione amministrativa» una nuova regola, secondo la quale «in tutti i casi in cui una pubblica amministrazione conclude accordi nelle ipotesi previste al comma 1, la stipulazione dell'accordo è preceduta da una determinazione dell'organo che sarebbe competente per l'adozione del provvedimento»: questa determinazione opera di fronte ai terzi eventualmente interessati come un provvedimento, nel senso che si tratta di un atto aperto alla loro impugnazione per ragioni di legittimità.

Per gli accordi tra amministrazione e privato vale inoltre una regola speciale, ispirata a principi diversi da quelli propri del contratto di diritto privato, secondo la quale «*per sopravvenuti motivi di pubblico interesse*» l'amministrazione può recedere *unilateralmente* (cioè per propria esclusiva volontà) dall'accordo (art. 11, co. 4). A tutela degli interessi della parte privata è però anche stabilito che dal recesso sorge l'obbligo di prevedere un «*indennizzo, in relazione agli eventuali pregiudizi verificatisi*».

e tra amministrazioni

Gli accordi tra amministrazioni previsti dall'art. 15 (c.d. accordi «orizzontali») hanno un carattere profondamente diverso. Infatti, essi sono semplicemente rivolti a «disciplinare lo svolgimento in collaborazione di attività di interesse comune», e non hanno (come invece gli accordi con i privati) necessario riferimento ad un provvedimento da emanare o da sostituire.

In concreto, tuttavia, la differenza potrebbe essere minore di quel che appare. È certo che anche gli accordi tra amministrazioni, per essere qualificati come accordi amministrativi – e non semplicemente come contratti di diritto privato – devono riferirsi a rapporti propri del diritto pubblico (si pensi, ad esempio, ad accordi tra diversi Comuni per l'esercizio congiunto del servizio di *vigilanza urbana*).

Regole comuni

Nonostante le differenze esistenti tra accordi regolativi del provvedimento, accordi sostitutivi del provvedimento e accordi tra amministrazioni, la legge (art. 11) enuncia alcune regole applicabili a tutti i tipi di accordi intersoggettivi. In primo luogo, essi richiedono la forma *scritta*, a pena di nullità. In secondo luogo, ad essi si applicano – in quanto non sia diversamente previsto dalla legge per le singole figure – i principi stabiliti dal codice civile in materia di obbligazioni e contratti (ma solo in quanto essi siano «compatibili» con i caratteri di tali accordi). In terzo luogo, la decisione delle controversie riguardanti la «*formazione, conclusione ed esecuzione*» degli accordi è riservata al giudice amministrativo, nell'ambito della giurisdizione c.d. *esclusiva* (cfr. cap. 30, par. 5).

Risulta evidente, dalla disciplina dettata, che gli accordi amministrativi di cui si parla sono atti posti in essere da *due o più parti*, portatrici di interessi almeno in parte contrapposti: sono cioè atti *bilaterali* (o plurilaterali), come i contratti, e non atti unilaterali, come i provvedimenti.

Gli accordi di programma

Gli *accordi di programma* – disciplinati dall'art. 34 *Testo unico enti locali* – sono in sostanza *convenzioni* tra diversi enti o amministrazioni pubblici, aventi ad oggetto il coordinamento delle rispettive azioni, i tempi, le modalità di finanziamento relativi alla realizzazione «di opere, di interventi o di programmi di intervento» che richiedono l'azione integrata dei soggetti partecipanti all'accordo.

L'accordo è di norma promosso, a seconda della competenza prevalente, dal Sindaco, dal Presidente della Provincia o da quello della Regione. Esso consiste nel «consenso unanime» delle amministrazioni interessate. Uno degli aspetti caratteristici della figura sta nel fatto che, una volta venuto in essere, l'accordo è approvato con atto formale dell'autorità che lo ha promosso: esso dunque, pur essendo all'origine un atto bilaterale, forma poi il contenuto di un provvedimento unilaterale.

L'accordo di programma può comportare la variazione degli strumenti urbanistici comunali: ma in tal caso l'adesione del Sindaco deve essere ratificata dal Consiglio comunale. Se si tratta di opera pubblica, l'accordo vale dichiarazione di pubblica utilità e di indifferibilità ed urgenza.

Normative specifiche prevedono accordi di programma cui possono partecipare anche soggetti privati: si veda ad esempio il d.m. 28 giugno 1995, n. 454, in relazione alle iniziative di ricerca.

7. il procedimento amministrativo. Nozione e fasi

Abbiamo finora concentrato l'attenzione sui *provvedimenti*, cioè sugli atti attraverso i quali si assumono e si manifestano le determinazioni delle autorità amministrative. Ma i provvedimenti non si formano all'improvviso, e vengono invece preparati da altri atti o attività, che l'amministrazione compie in vista dell'adozione di quei provvedimenti, o almeno della valutazione della necessità ed opportunità di provvedere.

Tipici atti che vengono compiuti in vista dell'assunzione di un provvedimento sono, ad esempio, i *pareri*: mediante i quali certi organi, per lo più appositamente costituiti, forniscono «consigli» alle autorità che debbono provvedere, sul contenuto o sull'opportunità di un determinato provvedimento.

Attività amministrativa generica

Si noti tuttavia che non ogni attività amministrativa è necessariamente finalizzata ad un determinato provvedimento; vi sono anche attività generiche, che vengono compiute nel quotidiano esercizio dei doveri posti all'amministrazione. Si pensi, ad esempio, all'opera di «pattugliamento» dell'abitato compiuta dai vigili comunali. Tale attività non è in se stessa finalizzata ad un provvedimento particolare, anche se certamente, all'occorrenza, essa si traduce in «rapporti» e «verbalizzazioni» che vengono a costituire elementi preparatori di provvedimenti (ad esempio, dell'*ordine* di rimuovere una situazione di pericolo derivante da un edificio pericolante). Sicché, se si guarda all'amministrazione solo attraverso i provvedimenti che essa assume, tutta la sua attività non può che apparire finalizzata ad essi.

Inoltre una volta che il provvedimento sia stato assunto dall'autorità competente può accadere che, in relazione alle regole che lo riguardano, altri atti o attività debbano essere compiuti affinché il provvedimento sia in grado di produrre i propri effetti giuridici. Ad esempio, può essere necessario che il provvedimento sia *pubblicato*, o che su di esso si svolgano dei *controlli*.

In altre parole il provvedimento, benché sia un atto specifico, che viene ad esistenza in uno specifico momento, e non vada perciò confuso in una generica attività amministrativa, tuttavia non vive isolato, ma costituisce il momento *culminante* o *centrale*, verso il quale sono orientati altri atti e attività. E d'altra parte, proprio il comune orientamento verso il provvedimento dà a tali altri atti e attività significato unitario.

Procedimento amministrativo

Per esprimere in modo significativo il fenomeno del quale si è ora detto è stata elaborata la nozione di **procedimento amministrativo**. Secondo quanto detto, il *procedimento amministrativo* è costituito da una serie di atti e di attività che si susseguono in ordine prestabilito o comunque razionale, in vista della eventuale assunzione di un provvedimento, o (una volta che esso sia venuto ad esistenza) in vista della produzione dei suoi effetti giuridici.

Naturalmente, anche ciascuno di noi quando deve prendere una decisione importante – ad esempio se deve comperare una casa, o una automobile – può *preparare* la sua decisione in vari modi: facendo delle *verifiche*, chiedendo dei *consigli* e così via. Però da una parte noi non siamo *tenuti* ad agire così (anche se è prudente farlo), d'altra parte tutto ciò che abbiamo fatto in vista del contratto *non conta* poi *nulla* per il diritto: anche se abbiamo chiesto il consiglio di un incompetente, o non abbiamo per nulla badato al consiglio ricevuto, questo rimane del tutto senza conseguenze sul contratto che abbiamo concluso.

L'amministrazione invece, che non amministra interessi propri, ma interessi *pubblici*, non può prendere le proprie decisioni in maniera cervellotica, ma deve formarle, nel rispetto della legge, secondo un *giusto procedimento*. Di conseguenza, se essa viola le regole del procedimento, l'illegittimità che essa compie si traduce – come vedremo – in *illegittimità del provvedimento*.

Incontriamo ora il procedimento *amministrativo*. Ricordiamo di aver già incontrato a suo tempo il procedimento *legislativo* (cap. 19, par. 3); e già sappiamo, anche, che la *funzione giurisdizionale* si svolge attraverso una speciale procedura chiamata *processo* (cap. 9, par. 7). Possiamo perciò constatare che la formazione per *fasi* successive e connesse è propria di tutte le *funzioni pubbliche*.

Concatenazione di procedimenti e provvedimenti

Occorre considerare che, secondo la definizione data, per ogni procedimento amministrativo non può aversi che uno ed un solo provvedimento. Molto spesso però attività amministrative che si presentano all'esterno «unitarie», in quanto rivolte ad un unico risultato sostanziale, richiedono la produzione di più provvedimenti (e di conseguenza di più procedimenti) concatenati tra di loro. Per indicare questo fenomeno si può usare l'espressione, in uso nel diritto amministrativo francese, di *operazioni amministrative complesse*.

Ad esempio, per assumere del personale, una amministrazione deve in primo luogo *deliberare il bando* di un pubblico concorso, quindi *nominare la commissione* di concorso, quindi ancora (svolte le operazioni concorsuali) *approvare la graduatoria*, sulla cui base verranno assunti i vincitori. Ognuno dei provvedimenti menzionati si forma sulla base di un suo proprio procedimento: pur essendo evidente che esiste una concatenazione tra loro, e che ciascuno di essi non ha senso se non in vista del successivo, il quale d'altronde non potrebbe venire a legittima esistenza senza il precedente.

Qualunque procedimento amministrativo può essere idealmente distinto in quattro fasi: la fase di *iniziativa*, la fase *istruttoria* (o *preparatoria*), la fase *costitutiva* del provvedimento, la fase dell'*efficacia*.

L'iniziativa

L'**iniziativa** è la fase nella quale il procedimento prende avvio. L'inizio del procedimento può essere provocato da una apposita *domanda* (o *istanza*) di colui che è interessato al provvedimento: questa è la regola quando si tratti di provvedimenti *favorevoli*. Altrimenti, il procedimento inizia su iniziativa della stessa amministrazione: si parla in questo caso di apertura *d'ufficio* del procedimento.

A volte capita che un procedimento debba aprirsi su iniziativa di una autorità amministrativa, che è però *diversa da quella che deve provvedere*: in questi casi per indicare l'atto di iniziativa si parla di *proposta* o di *richiesta*.

L'istruttoria

L'**istruttoria** è la fase nella quale, aperto il procedimento, vengono acquisiti gli elementi di *fatto* e di *diritto* necessari per decidere se si deve realmente provvedere, e quale contenuto dare al provvedimento. In pratica si tratterà di esaminare i *documenti* presentati o comunque in possesso dell'amministrazione, di richiederne altri, di assumere *informazioni*, di compiere *sopralluoghi, verifiche* o *ispezioni*, di vagliare eventuali memorie presentate da privati interessati.

Quando si debbano dimostrare *stati* o *fatti*, si ricorre spesso a *certificazioni* e ad *atti notori*.

Con le prime una pubblica autorità attesta l'esistenza di una situazione che risulta dalla sua conoscenza (ovvero dai propri atti o registri); con i secondi generalmente tre testimoni dichiarano davanti ad una pubblica autorità o ad un pubblico ufficiale (il Sindaco, ma talvolta il notaio, ovvero il pretore del luogo) di conoscere l'esistenza dei fatti o stati che interessano.

Per semplificare gli adempimenti richiesti a chi partecipa ad un procedimento amministrativo è previsto che dichiarazioni rese dall'interessato (c.d. *autocertificazioni*) possano sostituire sia le normali certificazioni concernenti stati, qualità personali e fatti quali la data e il luogo di nascita, la residenza, la cittadinanza, il godimento dei diritti civili e politici, lo stato di celibe, coniugato, vedovo o stato libero, lo stato di famiglia, sia gli atti di notorietà concernenti stati, qualità personali o fatti che siano a diretta conoscenza dell'interessato (artt. 46 e 47 del d.P.R. 28 dicembre 2000, n. 445, *Testo unico delle disposizioni legislative e regolamentari in materia di documentazione amministrativa*).

Ovviamente l'amministrazione che riceve l'autocertificazione ha il potere e il dovere di accertarne d'ufficio la corrispondenza al vero, mediante l'accesso agli archivi delle amministrazioni che detengono i relativi dati. Inoltre, ad evitare abusi è previsto che le false dichiarazioni costituiscano *reato* (art. 76).

Un particolare rilievo nella fase istruttoria hanno i **pareri** che l'autorità amministrativa spesso può chiedere (e a volte *deve* chiedere) ad appositi organi *consultivi*. Essi presuppongono già formata una «bozza» di provvedimento, e possono essere «favorevoli» (o *conformi*) o «contrari». Ma naturalmente l'organo consultivo può anche suggerire modifiche al provvedimento progettato. Di regola l'organo che ha richiesto il parere è libero anche di *non seguirlo* ed ha il solo dovere di indicare le ragioni per le quali non lo segue (cosiddetto *obbligo di motivazione*). Ma vi sono anche casi in cui il provvedimento non può essere emanato se non su «parere conforme»: il parere risulta così *vincolante*.

Atti codeterminativi del provvedimento

Già nel caso del parere vincolante ci si trova di fronte ad un atto i cui effetti vanno oltre quelli puramente istruttori, per giungere a predeterminare il possibile contenuto del provvedimento. Ancora più nettamente ciò accade quando la legge subordini l'emanazione di un provvedimento a volontà o determinazioni di altre autorità di amministrazione attiva.

È questo il caso, in primo luogo, del **concerto**. Esso si ha quando la legge affida la competenza a provvedere ad una autorità (di solito ad un *Ministro*) prevedendo però che egli debba provvedere *con il consenso di una seconda autorità* (che è di solito un altro *Ministro*). L'autorità che provvede si dice allora *concertante*, quella che dà il consenso si dice autorità *concertata*. Similmente accade quando la legge preveda che una autorità debba provvedere previa **intesa** con un'altra.

Altre volte ancora il rilascio di un provvedimento da parte di una autorità è subordinato ad un altro provvedimento di un'altra autorità: ad esempio, il rilascio da parte del Comune della concessione edilizia per la ristrutturazione di un antico palazzo presuppone l'autorizzazione dell'amministrazione dei beni culturali.

Concerto, *intesa* e previa autorizzazione sono modi di *coordinamento* dell'azione di autorità cui è affidata la tutela di interessi pubblici diversi ma connessi. Con il *concerto* e con l'*intesa* si chiede ad una autorità di *concordare* su un provvedimento di competenza di altra autorità, con il *nulla osta* si chiede soltanto di dire che *non sussistono ostacoli* al provvedimento progettato. In tutti i casi il provvedimento non può essere emanato senza l'accordo di una diversa autorità: tuttavia, la «paternità» del provvedimento è sempre e solo dell'autorità competente all'emanazione, e non di quella che ha dato il consenso.

Va qui rammentata la possibilità di sostituire atti quali i nulla osta e i concerti con «determinazioni concordate», assunte nell'ambito della *conferenza di servizi* (cfr. *oltre*, par. 8).

Fase costitutiva

Nella fase **costitutiva** viene emanato il provvedimento vero e proprio. In genere, l'autorità competente ad emanare il provvedimento è libera di valutare i risultati dell'istruttoria: anche se è ovvio che il provvedimento deve trovare in tali risultati – e nelle valutazioni che di essi viene data – il suo *fondamento* logico e giuridico. Abbiamo visto che vi sono però dei casi in cui l'autorità non può provvedere se non *in conformità* con gli atti conclusivi della fase istruttoria.

Competente ad emanare il provvedimento è a volte un organo *monocratico* (o *individuale*), altre volte un organo *collegiale* (cfr. cap. 12, parr. 3 e 4). A volte il provvedimento richiede la partecipazione di due diverse autorità, le cui determinazioni si *fondono* in un unico atto (ad esempio, quando il provvedimento sia un *decreto del Presidente della Repubblica*, in esso confluiscono la volontà del Ministro, che «propone» – ma in realtà *decide* – e *controfirma* l'atto, e la volontà del Presidente stesso). Si parla in questi casi di **atti complessi**.

Gli *atti complessi* vanno distinti dagli atti che presuppongono *concerti, intese* o *nulla osta* di altre autorità. *Concerto* e *nulla osta*, infatti, *precedono* il provvedimento, che rimane di un'*unica* autorità, mentre nell'atto complesso le due autorità *agiscono insieme* per l'emanazione del provvedimento.

Fase dell'efficacia

Una volta che sia venuto in essere il provvedimento, si direbbe che il procedimento è *chiuso*. Molto spesso però la legge prevede che il provvedimento non produca gli effetti giuridici che gli sono propri *per il solo fatto di esistere*, e subordina la produzione degli effetti ad altri *fatti, adempimenti* o *formalità*.

In questo caso il provvedimento è provvisoriamente *inefficace*, ed è necessaria un'altra fase del procedimento, che serve appunto a consentire al provvedimento di produrre in concreto gli effetti giuridici che gli sono propri. Perciò questa fase si chiama fase di integrazione dell'**efficacia**.

Controlli

Così, talora la legge prevede che determinati provvedimenti amministrativi non divengano *efficaci* fino a quando non sia compiuto su essi un **controllo** per verificarne la conformità alle norme giuridiche.

Abbiamo già visto come non pochi atti del Governo e dei ministri siano soggetti al controllo di *legittimità* della *Corte dei conti* (cap. 25, par. 4), il quale condiziona l'*efficacia* dell'atto (salve le eccezioni previste dalla legge).

Si noti che fino a quando il controllo non sia stato eseguito l'efficacia è sospesa, ma che una volta superato il controllo l'efficacia decorre retroattivamente dal momento della perfezione del provvedimento (sempre che l'efficacia non sia subordinata anche a diverse formalità, come subito si dirà).

Atti di comunicazione

Vi sono però anche altre formalità o adempimenti ai quali la legge può subordinare l'*efficacia* di un provvedimento. Così può essere necessaria la *comunicazione* o la *notificazione* dell'atto all'interessato (si pensi ad un *ordine*, come la diffida a demolire un edificio abusivo: essa non ha effetto sino a quando non venga notificata all'interessato), o più genericamente la *pubblicazione* dell'atto (a stampa in gazzette o bollettini, o in altri casi mediante affissione ad albi o deposito in appositi uffici).

L'art. 21 *bis* della l. n. 241 del 1990 dispone che «il provvedimento limitativo della sfera giuridica dei privati acquista efficacia nei confronti di ciascun destinatario con la comunicazione», anche se in certi casi è ammessa una efficacia anticipata.

Oppure può essere necessaria l'*accettazione* da parte del privato, come avviene per le *nomine* a pubblici uffici. Oppure ancora possono essere necessari adempimenti fiscali (come nel caso del *permesso di costruire*).

8. la disciplina del procedimento

La situazione fino al 1990

Nel corso di questo secolo, alcuni paesi – quali l'Austria fin dal 1925, gli Stati Uniti d'America nel 1946, la Spagna nel 1958, la Repubblica federale tedesca nel 1976 – hanno cominciato a dotarsi di apposite leggi *generali* sul procedimento amministrativo, rivolte a stabilire in generale ed una volta per tutte quali regole e procedure debba seguire l'amministrazione nell'elaborare ed assumere i propri provvedimenti, quali poteri e facoltà spettino ai soggetti che sono destinatari dei provvedimenti, o che comunque siano interessati ad essi.

In Italia, come anche altrove dove non esistessero apposite leggi, le regole e i principi generali sul procedimento amministrativo sono stati in primo luogo elaborati dagli studiosi e soprattutto dai giudici amministrativi: così, ad esempio, si è ritenuto come principio generale che in relazione ai provvedimenti *restrittivi* dovesse esser data all'interessato sin dall'inizio la possibilità di prospettare le proprie ragioni all'autorità amministrativa (è il c.d. *diritto di essere ascoltati*). Ed in tale elaborazione ci si fondava soprattutto sulle numerose leggi che disciplinano specifici procedimenti per singoli provvedimenti: il procedimento dell'*espropriazione*, il procedimento dei *concorsi* pubblici, e simili.

Può essere interessante ricordare, anche a sottolineare l'importanza della materia, che il Comitato dei Ministri del Consiglio d'Europa ha approvato nel 1977 una risoluzione (n. 31 del 28 settembre) in cui sono stabiliti i fondamentali diritti procedimentali che gli Stati devono riconoscere ai cittadini nei loro ordinamenti. Si tratta del *diritto al contraddittorio* di fronte all'autorità, del *diritto alla conoscenza dei fatti* su cui l'amministrazione si basa, del *diritto di farsi assistere* da un avvocato; per contro, l'amministrazione deve essere tenuta a *motivare* i propri provvedimenti e ad inserire nell'atto un'*informazione sui rimedi giuridici* che possono essere esperiti contro di esso.

La legge n. 241 del 1990

La legge 7 agosto 1990, n. 241, ha introdotto *Nuove norme in materia di procedimento amministrativo e di diritto di accesso ai documenti amministrativi*. Come mostra lo stesso titolo, la legge non voleva essere una completa disciplina di ogni aspetto del procedimento, ma una disciplina di alcuni aspetti, che al legislatore erano apparsi più significativi degli altri. Tuttavia, nel 2005 le leggi n. 15 e n. 80 hanno introdotto, accanto a significative modifiche della disciplina esistente, un intero nuovo capo (il *IV-bis*) intitolato *Efficacia ed invalidità del provvedimento amministrativo. Revoca e recesso*. In questo modo la legge n. 241 del 1990 è venuta ad assomigliare maggiormente ad una codificazione della «parte generale» del diritto amministrativo. In questo paragrafo si esporranno le regole relative al procedimento vero e proprio, mentre delle altre si dà conto trattando dei rispettivi argomenti.

Dovere di motivazione del provvedimento

In primo luogo, la legge contiene alcune disposizioni che riguardano il *provvedimento* come atto finale del procedimento, o la relazione tra provvedimento e procedimento. Si dispone così (art. 3) che ogni provvedimento amministrativo deve essere *motivato*, ad eccezione degli atti normativi e di quelli a contenuto generale. La motivazione «*deve indicare i presupposti di fatto e le ragioni giuridiche che hanno determinato la decisione dell'amministrazione, in relazione alle risultanze dell'istruttoria*».

L'esclusione del dovere di motivazione per gli atti normativi e quelli a contenuto generale è conforme alla tradizione. Si noti tuttavia che – esemplarmente – il diritto europeo, in relazione agli atti comunitari, estende tale obbligo a tutti gli atti giuridici, compresi quelli normativi (art. 296 TFUE).

La descrizione della motivazione fornita dalla l. n. 241 deve essere integrata in via interpretativa, specificando che, per gli atti discrezionali, il contenuto caratteristico della motivazione consiste nell'esposizione delle valutazioni di opportunità amministrativa (o se del caso delle valutazioni tecniche) che hanno condotto alla determinazione assunta.

La motivazione può anche risultare da un atto dell'amministrazione diverso dal provvedimento e da questo richiamato: ma in questo caso anche il diverso atto deve essere reso disponibile.

Dovere di provvedere

Quanto alla relazione tra provvedimento e procedimento, la legge n. 241 dispone che quando il procedimento inizi a seguito di una *istanza*, in relazione alla quale l'amministrazione sia *tenuta* a procedere, o comunque quando l'amministrazione sia *tenuta* ad iniziare d'ufficio un procedimento, questo debba concludersi «mediante l'adozione di un provvedimento espresso» (art. 2, co. 1).

Un'altra importante norma di carattere generale specifica che in ogni atto notificato al destinatario deve essere indicata l'autorità cui è possibile ricorrere ed il termine dato per il ricorso (art. 3, co. 4).

La norma non precisa quale sanzione sia da collegare alla mancata osservanza della prescrizione. In questa situazione, l'adunanza plenaria del Consiglio di Stato ha precisato che la mancanza delle indicazioni sul termine di impugnazione e l'autorità cui si può ricorrere non solo non impedisce il decorso del termine, ma *da sola* neppure comporta la concessione del beneficio dell'errore scusabile, beneficio che sanerebbe la tardività del ricorso. L'errore sarà scusabile solo se concorrano anche altre ragioni di incertezza (decisione n. 2 del 2001).

Il responsabile del procedimento

Quanto alle regole del procedimento vero e proprio, la legge impone in primo luogo che ogni procedimento abbia un proprio funzionario *responsabile*, con il compito di seguire il procedimento stesso dall'inizio alla conclusione, compiendo gli atti istruttori, curando le comunicazioni e notificazioni necessarie. Esaurita l'istruttoria, il responsabile del procedimento trasmette gli atti all'organo competente per l'adozione del provvedimento ovvero, se specifiche disposizioni lo consentono, lo adotta egli stesso.

La partecipazione

In secondo luogo, vengono attribuiti ai soggetti interessati ampie facoltà di partecipazione al procedimento: intanto l'avvio stesso del procedimento deve essere comunicato ai destinatari del provvedimento ed agli altri soggetti – individuati o facilmente individuabili – cui possa derivare un pregiudizio (art. 7); inoltre, l'art. 9 dà a qualunque altro soggetto pubblico o privato, nonché ad eventuali associazioni o comitati costituiti per la tutela di interessi «diffusi» (ad esempio, relativi alla salvaguardia ambientale) la facoltà di intervenire nel procedimento, qualora dal provvedimento possa derivare un danno.

Si noti che gli obblighi di comunicazione dell'inizio del procedimento vengono meno quando vi siano particolari ragioni d'urgenza, e che comunque resta ferma la facoltà della pubblica amministrazione di adottare, anche prima delle comunicazioni, i provvedimenti cautelari che si rendano necessari (si pensi, ad esempio, alle misure per la sicurezza di fronte al pericolo immediato di un crollo).

La partecipazione al procedimento comporta la facoltà di prendere visione dei relativi atti (tranne quelli dei quali sia stabilita la riservatezza, secondo la stessa legge) e la facoltà di presentare *memorie scritte* e *documenti*, che l'amministrazione ha l'obbligo di valutare (sempre che siano pertinenti: art. 10). Nei procedimenti ad istanza di parte, rivolti all'emanazione di provvedimenti favorevoli al richiedente, la partecipazione comprende il diritto di conoscere, prima della adozione di un provvedimento negativo, i «motivi che ostano all'accoglimento della domanda», e di esprimere su tali motivi le proprie osservazioni, ovviamente in senso contrario. Dopo di che se l'amministrazione non accoglie tali osservazioni ha l'onere di indicarne le ragioni nella motivazione del provvedimento (art. 10 *bis*, l. n. 241 del 1990).

Le regole sulla partecipazione non si applicano ai procedimenti relativi agli atti normativi, ad atti amministrativi generali, di pianificazione e di programmazione, né ai procedimenti tributari (per gli uni e per gli altri rimangono invece ferme le discipline specifiche: art. 13 l. 241).

La semplificazione: la conferenza di servizi

Molte disposizioni della legge n. 241 del 1990 (ampiamente modificata sul punto da leggi successive) sono rivolte allo snellimento ed alla *semplificazione* del procedimento amministrativo. Tra queste particolare rilievo spetta alla **conferenza di servizi**, consistente in una riunione cui l'amministrazione procedente invita i responsabili di tutte le amministrazioni coinvolte nel procedimento, in vista di una valutazione congiunta degli interessi pubblici.

Quella ora descritta è la conferenza di servizi generica, detta comunemente *istruttoria* per sottolineare che essa serve ad acquisire una migliore conoscenza dei fatti e degli interessi. Più importante è però il caso previsto dall'art. 14, co. 2, secondo il quale l'amministrazione che per provvedere debba previamente (per vincolo di legge) acquisire intese, concerti, nulla osta o assensi comunque denominati di altre amministrazioni, *deve* indire la conferenza di servizi quando, pur avendolo formalmente richiesto, non abbia ottenuto il consenso necessario nel termine di trenta giorni.

Caratteristico è che gli assensi da acquisire non provengono da «parti» contrapposte alla amministrazione che provvede, ma da altre amministrazioni, chiamate alla tutela di pubblici interessi (diversi da quello affidato a chi emana il provvedimento) con atti che devono essere acquisiti all'interno del procedimento. Per tale ragione le determinazioni concordate nell'ambito della conferenza di servizi – che pur sempre danno vita, in senso generico, ad «accordi» tra amministrazioni – non sono atti *bilaterali* o *plurilaterali*, e non costituiscono *convenzioni* tra amministrazioni ai sensi dell'art. 15 della stessa legge.

Lo strumento della conferenza di servizi assicura un rapido esame contestuale dei vari aspetti di un problema amministrativo, che si sostituisce al più lungo e complesso andirivieni di carte tra gli uffici di diverse amministrazioni; ma ovviamente esso non può garantire che si pervenga davvero a determinazioni concordate, dato che le amministrazioni invitate possono non partecipare alla conferenza, o parteciparvi esprimendo un *disaccordo* sul provvedimento. La legge prevede però meccanismi che consentono di decidere sia in caso di semplice *inerzia* (art. 14 *ter*) che in caso di *dissenso* di parte delle amministrazioni invitate (art. 14 *ter*, co. 6 *bis* e art. 14 *quater*).

Precisamente, l'art. 14 *ter*, co. 7, considera acquisito l'assenso dell'amministrazione il cui rappresentante «non abbia espresso definitivamente la volontà dell'amministrazione rappresentata».

Quanto al possibile *dissenso*, la legge non solo richiede che esso sia «congruamente motivato» e che suggerisca le specifiche modifiche necessarie per farlo cessare (art. 14 *quater*, co. 1), ma dispone anche che, nonostante il dissenso, l'amministrazione che procede prenda comunque la sua decisione motivata tenendo conto della posizioni prevalenti (art. 14 *ter*, co. 6 *bis*).

È chiaro che a questo modo la conferenza di servizi cessa di essere una sede ove sono esercitate le diverse competenze esistenti in capo alle varie autorità per divenire una speciale procedura che consente di superare il dissenso di parte di tali autorità.

Regole più rigide valgono se l'amministrazione dissenziente sia preposta alla tutela ambientale, paesaggistica, storico-artistica o alla tutela della salute e della pubblica incolumità: in tale caso la questione è rimessa al Consiglio dei Ministri, previa intesa con le Regioni e gli enti locali interessati (ma ove manchi l'intesa decide il solo Consiglio dei Ministri, con la partecipazione del Presidente della Regione interessata: art. 14 *quater*, co. 3).

Pareri e valutazioni tecniche

In molti casi, come già sappiamo, le leggi che disciplinano i singoli procedimenti prevedono che il provvedimento possa essere assunto solo dopo che è stato ascoltato il *parere* di un organo consultivo, o dopo che sono state acquisite le *valutazioni tecniche* di appositi organi o enti, muniti appunto di competenza tecnica. In entrambi i casi la legge n. 241 del 1990 prevede meccanismi per consentire l'assunzione del provvedimento, anche in caso di ritardi o omissioni da parte degli organi consultati.

Nel caso dei pareri, l'art. 16 semplicemente consente all'amministrazione che ha chiesto il parere di provvedere anche in mancanza di esso, qualora il parere non sia stato emesso entro venti giorni dalla richiesta (la regola non si applica, evidentemente, ai pareri che la legge definisce come *vincolanti*, dai quali l'autorità che deve emanare il provvedimento non si può discostare).

Quando invece siano richieste valutazioni di ordine tecnico, e queste non vengano date entro novanta giorni, l'amministrazione deve richiederle ad altri organi dell'amministrazione pubblica idonei o a istituti universitari (così in sostanza l'art. 17, co. 1).

Può darsi che l'organo che deve formulare il parere o la valutazione tecnica comunichi al richiedente di non poterlo fare senza acquisire ulteriori elementi istruttori. In questo caso il termine indicato rimane sospeso, e il parere o la valutazione tecnica deve essere reso entro quindici giorni dal momento in cui gli elementi istruttori sono stati ricevuti.

Si noti comunque che entrambi i meccanismi di semplificazione ora indicati non si applicano quando i pareri o le valutazioni tecniche debbano essere richiesti ad amministrazioni preposte alla tutela ambientale, paesaggistico-territoriale e della salute dei cittadini.

La segnalazione certificata di inizio attività

«Ogni atto di autorizzazione, licenza, concessione non costitutiva, permesso o nulla osta comunque denominato», il cui rilascio dipenda esclusivamente dall'accertamento di requisiti predeterminati (e per il quale non sia previsto alcun limite o contingente complessivo o specifici strumenti di programmazione settoriale), è sostituito da una segnalazione dell'interessato corredata dalle dichiarazioni sostitutive di certificazioni e dell'atto di notorietà e dalle attestazioni e asseverazioni di tecnici abilitati che attestano la sussistenza dei requisiti e dei presupposti normativamente richiesti per lo svolgimento dell'attività: e la corrispondente attività può essere iniziata dal giorno stesso della presentazione della segalazione (art. 19, co. 1 e co. 2). In altre parole, in questi casi l'amministrazione *non ha più da assumere alcun provvedimento*, ed il cittadino non ha né il bisogno né la possibilità di richiederlo: ciò che deve fare è semplicemente dare comunicazione di ciò che si accinge a fare.

Non certo che l'attività in questione si possa svolgere al di fuori dei presupposti e requisiti di legge: ma tale esistenza non è più verificata in via preventiva dall'amministrazione, ma attestata dalla segnalazione di inizio del privato. All'amministrazione spetta invece il compito di *verificare* la regolarità dell'attività, ed eventualmente di *vietarne la prosecuzione* con provvedimento motivato (art. 19, co. 3) entro il termine di sessanta giorni: decorsi i quali l'attività può essere vietata solo per evitare danni al patrimonio artistico e culturale, all'ambiente, alla salute, alla sicurezza pubblica e alla difesa nazionale (art. 19, co. 4).

Il meccanismo introdotto opera così una drastica semplificazione nel rapporto tra cittadini ed autorità. Esso però si applica soltanto se non vi sia da esercitare alcuna discrezionalità, e se inoltre non vi siano limiti al numero di coloro che possono esercitare l'attività, né vincoli ambientali, paesaggistici o culturali. Inoltre, esso *non si applica* nei casi in cui sussistano vincoli ambientali, paesaggistici o culturali nonché in presenza di atti rilasciati dalle amministrazioni preposte alla difesa nazionale, alla pubblica sicurezza, all'immigrazione, all'asilo, alla cittadinanza, all'amministrazione della giustizia, all'amministrazione delle finanze, nonché degli atti previsti dalla normativa per le costruzioni in zone sismiche e di quelli imposti dalla normativa comunitaria. Ogni controversia relativa all'applicazione del meccanismo della segnalazione è devoluta alla giurisdizione esclusiva del giudice amministrativo (art. 133 del d. lgs. n. 104 del 2010).

Il silenzio-assenso

L'art. 20 della legge n. 241 dispone inoltre che al di fuori dei casi in cui si applica il meccanismo di sostituzione del provvedimento con la segnalazione ora vista, nei procedimenti ad istanza di parte per il rilascio di provvedimenti amministrativi, se l'amministrazione non provvede entro il termine ad essa assegnato (o non convoca una conferenza di servizi entro trenta gioni dalla domanda), tale «silenzio» «equivale a provvedimento di accoglimento della domanda, senza necessità di ulteriori istanze o diffide». A differenza che nell'ipotesi precedente, in questi casi l'interessato deve continuare a chiedere il provvedimento, e l'amministrazione dovrebbe provvedere entro il termine: tuttavia, a garanzia del richiedente, il provvedimento si considera concesso se l'amministrazione rimane inerte. Si tratta del meccanismo del c.d. *silenzio-assenso*, che ora diventa la regola generale per tutti i casi che non siano esclusi da esso.

La legge direttamente esclude dalla applicazione di tale regola: gli atti e procedimenti riguardanti il patrimonio culturale e paesaggistico, l'ambiente, la difesa nazionale, la pubblica sicurezza, l'immigrazione, l'asilo e la cittadinanza, la salute e la pubblica incolumità; i casi in cui la normativa comunitaria impone l'adozione di provvedimenti amministrativi formali; i casi in cui la legge qualifica il silenzio dell'amministrazione come rigetto dell'istanza; gli atti e procedimenti individuati con uno o più decreti del Presidente del Consiglio dei ministri, su proposta del Ministro per la funzione pubblica, di concerto con i Ministri competenti (la competenza solo statale si spiega ricordando che, ai sensi dell'art. 29, molte norme sul procedimento – comprese le regole qui descritte sul silenzio-assenso – si applicano direttamente solo alle amministrazioni dello Stato e degli enti nazionali).

Una volta che il silenzio-assenso si sia formato, ove risulti che il corrispondente atto espresso sarebbe stato illegittimo per difetto dei necessari presupposti o requisiti, l'amministrazione potrà anche in seguito, ove l'interesse pubblico lo richieda, provvedere all'annullamento o alla revoca (art. 20, co. 3).

È importante ricordare che in ogni modo le sanzioni previste in caso di svolgimento dell'attività senza l'atto di assenso dell'amministrazione si applicano anche nei confronti di coloro che comunque le svolgano senza avere i requisiti richiesti o in modo contrastante con la legge (art. 21). Anche per le controversie in materia di silenzio-assenso è stabilita la giurisdizione del giudice amministrativo.

L'accesso ai documenti amministrativi

Infine, la legge n. 241 del 1990 dedica largo spazio alla disciplina dell'*accesso ai documenti amministrativi*, cioè alla possibilità di conoscere i *documenti* in possesso dalla pubblica amministrazione, e di ottenerne copia. Il «diritto di accesso» (secondo la dizione di legge) è riconosciuto a tutti coloro che partecipano al procedimento (per i relativi atti: art. 10) ma anche, più in generale, agli *interessati*, definiti come «tutti i soggetti privati, compresi quelli portatori di interessi pubblici o diffusi, che abbiano un interesse diretto, concreto e attuale, corrispondente ad una situazione giuridicamente tutelata e collegata al documento al quale è chiesto l'accesso» (art. 22, co. 1, lett. *b*).

In altre parole, la semplice curiosità, o il puro senso civico, non bastano a far riconoscere il diritto di accesso, che spetta invece, ad esempio, a chi debba proporre un ricorso amministrativo o giurisdizionale.

La legge è poi molto larga nel definire l'*oggetto* dell'accesso, cioè nel determinare la nozione di «documento amministrativo», come «*ogni rappresentazione grafica, fotocinematografica, elettromagnetica o di qualunque altra specie del contenuto di atti, anche interni, o non relativi ad uno specifico procedimento, detenuti da una pubblica amministrazione e concernenti attività di pubblico interesse*» (art. 22, co. 1, lett. *d*).

Il diritto di accesso è peraltro escluso per i documenti coperti da segreto di Stato o da altro segreto o divieto di divulgazione, nei procedimenti tributari e nei procedimenti diretti all'emanazione di atti normativi. Con regolamento può essere escluso in altri casi, soprattutto in relazione alla necessità di salvaguardare alcuni specifici interessi pubblici (difesa nazionale, politica monetaria e valutaria, sicurezza, ordine pubblico) (cfr. art. 24).

Può essere altresì escluso in altre ipotesi, ad esempio per i documenti che riguardino la vita privata o la riservatezza di persone (fisiche e giuridiche), gruppi, imprese e associazioni (art. 24, co. 6).

Deve comunque essere garantito l'accesso ai documenti la cui conoscenza sia necessaria per la difesa degli interessi giuridici (art. 24, co. 7).

L'accesso si esercita mediante domanda motivata. Ove l'amministrazione lo rifiuti, il richiedente può nei successivi trenta giorni ricorrere al tribunale amministrativo. La mancata risposta alla richiesta di accesso nel termine di trenta giorni è considerata come rifiuto (art. 25, co. 4). Qualunque sia la ragione del rifiuto, l'interessato può ricorrere contro il diniego o in via amministrativa al difensore civico per gli atti statali alla Commissione per l'accesso, oppure al Tribunale amministrativo, il quale ha il potere di *ordinare* l'accesso se ritiene che il ricorrente vi abbia diritto.

9. i vizi del provvedimento

Per **vizi** del provvedimento intendiamo quegli *stati di irregolarità che impediscono la perfezione o la validità del provvedimento.*

Nullità o inesistenza

Quando si tratti di irregolarità così gravi da impedire la *perfezione*, si parla di **inesistenza** o **nullità**. In pratica, si tratta di vizi che comportano l'inesistenza o la nullità di uno o più degli *elementi costitutivi* del provvedimento, considerato come atto giuridico: il *soggetto* (o la *riferibilità* dell'atto al soggetto), il *potere*, la *forma*, l'*oggetto*.

Abbiamo già visto, al paragrafo precedente, alcune delle cause che impediscono la *perfezione* del provvedimento, e ne comportano perciò l'inesistenza o la nullità: la mancata provenienza dell'atto da una pubblica amministrazione; l'inesistenza dello stesso potere che si è preteso di esercitare; la mancanza di forme essenziali. Aggiungiamo ora che sarebbe nullo un provvedimento il cui oggetto fosse *impossibile*, o del tutto *indeterminabile*.

Le cause di nullità sono ora espressamente menzionate dall'art. 21 *septies* della l. n. 241 del 1990, secondo il quale «è nullo il provvedimento amministrativo che manca degli elementi essenziali, che è viziato da difetto assoluto di attribuzione, che è stato adottato in violazione o elusione del giudicato, nonché negli altri casi espressamente previsti dalla legge» (co. 1).

La nullità del provvedimento è rara, ma quando si verifica determina la rilevante conseguenza pratica che sul rapporto tra amministrazione e privati conserva giurisdizione il giudice ordinario, a meno che la materia non sia assegnata alla *giurisdizione esclusiva* del giudice amministrativo (v. *oltre*, cap. 30, par. 2).

Annullabilità

Ogni altra difformità del provvedimento rispetto ai requisiti posti da norme giuridiche è causa di **annullabilità** dell'atto.

Deve però trattarsi di difformità che abbiano un significato sostanziale in relazione alla tutela di interessi pubblici o privati. Si parla invece di mera **irregolarità** per indicare ogni difformità di minore importanza, dalla quale non derivi l'invalidità dell'atto, ma altre conseguenze (o anche *nessuna* conseguenza tranne – eventualmente – sanzioni disciplinari per chi l'ha compiuta).

Ad esempio, è prescritto che le concessioni e le autorizzazioni debbano recare il *codice fiscale* del beneficiario. Ma dalla mancanza dell'indicazione *non* deriva l'*illegittimità* del provvedimento, ma la sua provvisoria *inefficacia* (art. 12 d.P.R. n. 605 del 1973).

Analogamente, comporterebbe la sola *irregolarità* la mancanza di esplicita *datazione* del provvedimento, quando da altri elementi si potesse risalire ad una sufficiente precisazione di essa.

Fin dal 1889 la legge (n. 5992) classifica i *vizi* che portano all'*annullabilità* degli atti amministrativi in tre categorie: l'*incompetenza*, la *violazione di legge* e l'*eccesso di potere*, e tale classificazione è stata confermata dall'art. 21 *octies*, co. 1, della l. n. 241 del 1990.

Un tempo l'esatto inquadramento del vizio dell'atto in una delle tre categorie legislative poteva essere della massima importanza. Non sempre, infatti, era consentito ottenere l'annullamento per qualunque vizio: a volte la legge specificava che l'atto poteva essere impugnato, ad esempio, *solo per incompetenza e violazione di legge*, e non per eccesso di potere.

Oggi vale la regola costituzionale secondo la quale «*contro gli atti della pubblica amministrazione è sempre ammessa la tutela giurisdizionale*», tutela che «*non può essere esclusa o limitata a particolari mezzi di impugnazione o per determinate categorie di atti*» (art. 113, commi 1 e 2). Sicché il provvedimento è sempre impugnabile, qualunque sia il vizio che si lamenta.

Si ha il vizio di **incompetenza** quando un provvedimento amministrativo è posto in essere da un'amministrazione provvista di *potestà* nella materia, ma attraverso *un organo diverso da quello che avrebbe dovuto provvedere*. Incompetenza

Tipici esempi di provvedimenti viziati per *incompetenza* sono un permesso edilizio rilasciato dal *Consiglio comunale* (mentre la relativa competenza è assegnata dalla legge al dirigente del servizio competente) o un'espropriazione pronunciata dal *Prefetto* per un'opera pubblica di interesse *regionale* anziché *statale* (avrebbe dovuto provvedere il *Presidente della Giunta regionale*).

In tutti questi casi il provvedimento è stato posto in essere da un organo *sbagliato*, appartenente però ad una amministrazione che non è priva di *potestà* in relazione agli atti di cui si tratta. Si ha perciò la cosiddetta **incompetenza relativa**, che è causa di un *vizio* che ha per conseguenza l'*annullabilità* del provvedimento.

Se invece un atto viene posto in essere da un organo non solo *diverso* da quello che avrebbe dovuto provvedere, ma appartenente ad un ente (o ad un settore dell'amministrazione statale) *del tutto privo di potestà in materia*, si ha un vizio *ben più grave* di quello ora visto. Si parla allora di **incompetenza assoluta**, per indicare che l'*atto così emanato è radicalmente nullo, e non produce nessun effetto giuridico*.

Sarebbero perciò atti radicalmente nulli, ad esempio: una *patente di guida* rilasciata dal Presidente della Giunta regionale (l'atto spetta all'*amministrazione statale*); un *permesso edilizio* rilasciato dal Ministro dell'Economia (l'atto compete soltanto al *Comune*); una *concessione* di un tratto di *spiaggia* rilasciata dal Ministro della sanità (il provvedimento spetta ad un *settore del tutto diverso* dell'amministrazione statale, e precisamente al *Ministero dell'economia e delle finanze*).

Quando si parla genericamente di *incompetenza*, si intende sempre l'incompetenza *relativa*, non l'incompetenza assoluta.

La **violazione di legge** comprende *tutti gli altri casi nei quali risulta violata una norma giuridica, a contenuto specifico e determinato*. Violazione di legge

Si ha perciò *violazione di legge*, ad esempio, quando venga nominato pubblico impiegato un soggetto che non abbia l'età richiesta, o sia privo del titolo di studio necessario, o quando ad una deliberazione collegiale partecipano membri che dovevano astenersi dalla votazione, perché portatori di un interesse proprio confliggente.

In particolare, si ha violazione di legge quando non vengano rispettate specifiche regole procedimentali: ad esempio, quando non venga compiuto un atto istruttorio, o quando non venga sentito un parere previsto da norme giuridiche. Il provvedimento, in sé e per sé, non è contrario alla legge: ma è egualmente *illegittimo*, perché sono state omesse le procedure prescritte (sempre che non si tratti di violazioni che non comportano l'annullabilità, come tra breve si dirà).

Può accadere che l'atto del procedimento sia stato compiuto, ma sia esso stesso *viziato* da qualche illegittimità (si pensi ad un *parere* rilasciato da un organo collegiale irregolarmente composto, o senza che l'argomento fosse stato posto all'ordine del giorno). In casi di questo genere l'*illegittimità* dell'atto del procedimento si ripercuote sul provvedimento, che risulta anch'esso illegittimo (si parla perciò di **invalidità derivata**).

Eccesso di potere

Incompetenza e *violazione di legge* appaiono, a prima vista, includere ogni possibile divergenza del provvedimento rispetto alle regole giuridiche che lo riguardano. Accanto a queste tuttavia il legislatore pose fin dall'inizio un terzo vizio, che chiamò **eccesso di potere**. La giurisprudenza (in particolare la giurisprudenza del *Consiglio di Stato*) vi fece progressivamente rientrare tutti quei casi in cui – pur *in assenza di una formale trasgressione di specifiche norme giuridiche* – si capiva che la formazione della volontà dell'amministrazione era avvenuta in modo *scorretto*, in relazione ai *principi giuridici* che regolano la funzione amministrativa e l'esercizio della discrezionalità.

L'esempio classico (che si riferiva ad un tempo in cui il rapporto di pubblico impiego non era stato privatizzato) era il seguente. Un Comune desidera liberarsi di un proprio impiegato pigro e trascurato. La strada giusta esisteva, ed era il licenziamento per *scarso rendimento*: ma era una via spiacevole e faticosa. Esisteva una via più rapida; si sopprimeva il posto in organico, dichiarandolo esuberante rispetto al bisogno, e di conseguenza si licenziava l'impiegato. Una volta raggiunto lo scopo, però, il Comune tornava ad istituire il posto in organico, ed assumeva un nuovo impiegato.

Nessuno dei provvedimenti in questione, preso isolatamente, violava norme giuridiche: ma il loro susseguirsi mostrava che il Comune aveva usato un potere (il potere di sopprimere i posti in organico) non per lo scopo ad esso proprio (il giusto dimensionamento dell'organico) ma per uno scopo del tutto diverso (il licenziamento dell'impiegato). Si disse che l'uso del potere risultava così *sviato*, e si creò la figura dell'eccesso di potere per **sviamento di potere**. Va sottolineato che lo scopo «sviato» può ben corrispondere anch'esso ad un interesse pubblico.

Si colpirono poi i **vizi della motivazione**, cioè di quella parte del provvedimento in cui si spiegano le *ragioni di interesse pubblico* che hanno guidato la scelta. Vi rientrarono la motivazione *contradditoria* (come sarebbe se si negasse un'autorizzazione commerciale perché nella zona... mancano i negozi), oppure *incerta*, o *insufficiente* o *perplessa* e così via.

Rientrarono poi nell'eccesso di potere altri vizi del provvedimento quali la **disparità di trattamento** (quando vengono presi provvedimenti diversi in situazioni uguali), l'ingiustificata **violazione della prassi amministrativa** (cioè di ciò che *di solito* fa l'amministrazione), il **travisamento dei fatti** (cioè l'aver considerato esistenti fatti palesemente inesistenti, o che tali risultano dalla stessa istruttoria), la cosiddetta **ingiustizia manifesta** (cioè un provvedimento a prima vista aberrante, esagerato o cervellotico).

In un primo momento, si tese a considerare sia i vizi della motivazione che le altre figure ora richiamate come «sintomi» di uno *sviamento* della pubblica amministrazione dai fini assegnati al provvedimento. Ma considerando bene la situazione, si è constatato che la volontà amministrativa può bene formarsi in modo incongruo o scorretto o irragionevole, senza che questo implichi il perseguimento di fini diversi da quelli dovuti. A questo modo l'eccesso di potere è diventato il vizio tipico della parte discrezionale del provvedimento, cioè delle *scelte* della pubblica amministrazione.

Va tuttavia sottolineato che una scelta inopportuna o sbagliata non è – per sé – un *vizio* del provvedimento che porti alla sua *illegittimità*. D'altra parte, le questioni di opportunità sono per loro natura opinabili, e nessuno può, di regola, sovrapporre il suo giudizio a quello dell'amministrazione.

Attraverso l'eccesso di potere perciò si arriva a sindacare non *il contenuto* della scelta amministrativa, ma il *modo* nel quale essa si è formata: ed è perciò che il sindacato resta sul piano della legittimità, e non si trasforma in una valutazione di merito.

Violazioni che non comportano annullabilità

In certi casi, è possibile che nel processo davanti al giudice amministrativo risulti palese che il contenuto e la stessa adozione di un provvedimento impugnato erano totalmente *vincolati* dalle norme che lo riguardano (*sopra*, par. 2): in questo caso eventuali vizi di forma e di procedura non potrebbero avere influito sul contenuto del provvedimento, nel senso che esso avrebbe dovuto in ogni caso essere il medesimo.

Quando questo accada il provvedimento, nonostante la eventuale violazione «non è annullabile» (art. 21 *octies*, co. 2, l. n. 241 del 1990). Nello stesso spirito la norma dispone ancora, per la specifica ipotesi che sia stata omessa una comunicazione dell'avvio del procedimento (*sopra*, par. 8), che il provvedimento non è annullabile «qualora l'amministrazione dimostri in giudizio che il contenuto del provvedimento non avrebbe potuto essere diverso da quello in concreto adottato».

Vizi sanabili

Può darsi che la pubblica amministrazione – la stessa autorità che ha emanato il provvedimento, o, quando c'è, un'autorità superiore per posizione gerarchica – si avveda che il proprio provvedimento è *illegittimo*, nel senso che è colpito da uno dei vizi che abbiamo ora descritto. Esso è dunque, come ormai sappiamo, *annullabile*. Talvolta, però, il vizio dell'atto è tale da poter essere eliminato – ad opera della stessa pubblica amministrazione – senza eliminare l'atto. Il provvedimento può venire, in un certo senso, «sanato»: si parla perciò di **sanatoria** e di **convalida** degli atti amministrativi.

La sanatoria

Così, possono qualche volta essere sanati vizi di legittimità consistenti nella violazione di regole procedimentali (e quindi del tipo della *violazione di legge*). Ad esempio, se un certo provvedimento può venire rilasciato solo sulla base di un certo accertamento tecnico, e questo manchi, il provvedimento emanato è illegittimo. Ma se l'accertamento sia in seguito compiuto, con esito favorevole, il provvedimento rimane *sanato*. Allo stesso modo, se manchi un *nulla osta* che avrebbe dovuto essere rilasciato da una diversa autorità (si supponga, ad esempio, un permesso di ristrutturare un antico palazzo, in assenza della previa autorizzazione della competente Sovrintendenza), il provvedimento eventualmente emanato è illegittimo: ma il sopraggiungere dell'autorizzazione lo sana. Questa forma viene spesso chiamata **sanatoria** del provvedimento.

La convalida

Per *convalida* si intende l'eliminazione di un vizio di legittimità attraverso un atto della autorità dotata della competenza a provvedere, appositamente rivolto a tale scopo. L'art. 21 *nonies*, co. 2, della l. n. 241 del 1990 stabilisce che «è fatta salva la possibilità di convalida del provvedimento annullabile, sussistendone le ragioni di interesse pubblico ed entro un termine ragionevole». La più comune forma di convalida è la *ratifica* di un atto emanato da una autorità incompetente (ad esempio, un permesso edilizio rilasciato dalla Giunta comunale anziché dal dirigente competente) da parte dell'autorità competente. La l. n. 249 del 1968 consente la «convalida degli atti viziati da incompetenza» anche durante il giudizio amministrativo che il soggetto leso abbia già instaurato. Essa opera dunque retroattivamente.

Si avverta che si parla di *ratifica* anche in un'altra circostanza, e precisamente nell'ipotesi che un organo sia chiamato a «ratificare» (cioè a far propri) atti che un altro organo ha emanato con poteri che gli spettano *in caso d'urgenza*. Così molto spesso è previsto che l'urgenza consenta alla *Giunta regionale* di emanare provvedimenti che in generale spettano alla competenza del Consiglio regionale, salva la necessità di una successiva «ratifica» da parte di questo. Come si vede, il caso è simile a quello di cui parlavamo, ma con una differenza importante: l'atto della Giunta è un atto perfettamente *legittimo* (dato che la Giunta esercita un potere che la legge le riconosce), e la ratifica serve per renderlo *stabilmente operativo* (mentre prima era, si può dire, *provvisorio*) e non per renderlo legittimo.

Vizi insanabili

Rimangono invece del tutto insanabili, ovviamente, i vizi che consistono in un contrasto del *contenuto* del provvedimento con le regole legislative o regolamentari, o con i principi di imparzialità e di parità di trattamento, e simili.

Annullamento d'ufficio

Quando l'amministrazione si avveda che un proprio provvedimento è illegittimo, in modo tale da non poter essere sanato, viene fatto di pensare (dato che il provvedimento – come atto *unilaterale* – era opera della sola pubblica amministrazione) che la stessa amministrazione possa anche provvedere da sé ad annullarlo. E così infatti, a certe condizioni, è: l'amministrazione *annulla* i propri provvedimenti, e l'annullamento così pronunciato prende il nome di **annullamento d'ufficio**.

L'art. 21 *nonies* della l. n. 241 del 1990 stabilisce che il provvedimento amministrativo invalido «può essere annullato d'ufficio, sussistendone le ragioni di interesse pubblico, entro un termine ragionevole e tenendo conto degli interessi dei destinatari e dei controinteressati, dall'organo che lo ha emanato, ovvero da altro organo previsto dalla legge» (co. 1).

Come si vede, l'amministrazione può annullare di propria spontanea iniziativa (cioè «d'ufficio») i propri provvedimenti, solo se ciò corrisponde ad uno *specifico* ed *attuale* interesse pubblico. In altre parole, sarebbe a sua volta *illegittimo* l'annullamento di precedente atto illegittimo, se un interesse pubblico all'annullamento mancasse.

Si prenda ad esempio il caso di un pubblico impiegato, che anni addietro sia stato illegittimamente preferito nel concorso di assunzione ad un altro concorrente, il cui punteggio, per errore, non è stato pienamente valutato. Certo, l'altro concorrente, ingiustamente arrivato secondo, avrebbe potuto *impugnare* il provvedimento che lo ledeva, o con un ricorso amministrativo (cfr. par. 11), o con un ricorso al giudice amministrativo (v. cap. 30, par. 5): ma non lo ha fatto, mostrando con ciò di avere accettato la decisione dell'amministrazione. Che senso avrebbe, ormai, annullare l'assunzione (illegittima) del vincitore di allora, che già da anni presta il proprio servizio, magari avendo rinunciato ad altre occasioni di lavoro?

Diciamo perciò che la legittimità dell'azione amministrativa è certamente un bene tutelato nel nostro ordinamento giuridico, ma non un bene tutelato a qualunque costo: perché si possa procedere all'annullamento, all'illegittimità deve sommarsi un interesse concreto ed attuale, tenendo anche conto dell'affidamento che le persone interessate hanno riposto nel provvedimento. Ed anche in relazione a questo dovrà valutarsi il carattere *ragionevole* del termine.

Annullamento governativo

Accanto all'annullamento d'ufficio, per così dire, «generico», vanno ricordate altre forme di annullamento da parte dell'autorità amministrativa, soggette però a regole particolari. Ci riferiamo, in primo luogo, all'annullamento da parte del Governo, ora previsto dall'art. 2 (co. 3, lett. *p*) della legge n. 400 del 1988. Esso ha ad oggetto gli atti amministrativi (s'intende, illegittimi) di qualunque autorità amministrativa (eccezione fatta, come già ricordato al par. 3 del cap. 15, per le autorità regionali), e non è soggetto a limitazioni temporali: ma è evidente che un potere di questo livello non può che essere esercitato come misura eccezionale, rivolta alla tutela di interessi pubblici fondamentali.

Diverso invece è il carattere del potere ministeriale di annullamento dei provvedimenti disposti, nell'ambito della propria competenza, dai dirigenti dei Ministeri, potere espressamente confermato dall'art. 14, co. 3, d. lgs. n. 165 del 2001.

Si ritiene *doveroso* l'annullamento d'ufficio quando si tratti di rimuovere atti dichiarati illegittimi dal giudice ordinario (nei casi in cui esso ha giurisdizione) o di rimuovere atti che hanno come presupposto un atto annullato dal giudice amministrativo.

Vizi di merito

Vizi di **merito** si dicono i «difetti» che colpiscono l'atto nella sua *opportunità*. In generale, però, *gli atti inopportuni non sono annullabili*. Va da sé che se la stessa amministrazione ritiene errata una scelta precedentemente compiuta, essa può rimediare per mezzo di un nuovo provvedimento che *revoca* il primo e decide diversamente. Rimangono però fermi gli effetti già prodotti per il passato dal provvedimento revocato.

Solo in casi eccezionali, previsti espressamente dalla legge, è possibile chiedere al giudice amministrativo di valutare anche il *merito* dei provvedimenti assunti o da assumere. Il più importante di questi casi si ha quando l'amministrazione non si adegui – come invece dovrebbe – ad una precedente decisione di un giudice. In questo caso è dato ricorso al tribunale amministrativo *anche nel merito* (cfr. anche cap. 30, par. 5).

10. perfezione, efficacia, validità

Siamo ora in grado di comprendere appieno le relazioni fra tre diverse qualificazioni del provvedimento: la **perfezione**, l'**efficacia**, la **validità**.

Perfezione

Diciamo che un provvedimento è *perfetto* quando sono venuti in essere i suoi *elementi costitutivi*, e si può dire di conseguenza che il provvedimento *esiste*.

A questo fine, occorre che ci sia la *determinazione* di una *pubblica amministrazione* che disponga di *poteri* nella materia oggetto del provvedimento; ma occorre anche che la determinazione corrisponda ad un *provvedimento previsto dall'ordinamento*. Al di fuori dei requisiti di perfezione non esiste un vero provvedimento, suscettibile di produrre effetti giuridici.

Atto inesistente

Non è evidentemente (ancora) un provvedimento un atto non firmato da nessuno (salve le speciali regole per gli atti prodotti in via informatica), come non lo è un atto firmato da una persona che non abbia nessun legame con l'amministrazione.

Non abbiamo però un vero provvedimento nemmeno se si tratta di un atto proveniente da una amministrazione, che sia però del tutto priva di compiti e poteri nella materia di cui si tratta (ad esempio: il rilascio di una *concessione edilizia* da parte di un *intendente di finanza*). Si tratta dei casi (che sono in pratica molto rari) di **incompetenza assoluta**, che rende il (preteso) provvedimento *inesistente* o *nullo* (per la distinzione dall'*incompetenza relativa* si veda al paragrafo precedente).

Neppure è vero provvedimento il provvedimento che non corrisponda ad uno dei *tipi* previsti dalla legge (ad esempio, l'*espropriazione per pubblica utilità* dei quadri di una raccolta privata, dato che nessun potere del genere è previsto).

Inoltre, non si può parlare di provvedimento là dove manchi una *forma* essenziale (ad esempio, non è pensabile una *espropriazione orale*, né si può parlare di una deliberazione di un organo collegiale che non risulti dal *verbale*).

Efficacia

Solo un provvedimento che sia *perfetto* può essere dotato di **efficacia**. Abbiamo visto però che non sempre un provvedimento, pur ormai venuto ad esistenza, è *immediatamente* efficace.

Un provvedimento perfetto ed efficace produce *immancabilmente* i suoi **effetti giuridici**.

Ciò non significa che produca anche immancabilmente gli *effetti pratici* ai quali tende. Un *ordine di demolizione*, una volta divenuto efficace (con la *notifica* all'interessato) produce immancabilmente nel destinatario l'*obbligo* di demolire (effetto *giuridico*). Ma l'effetto *pratico* – che è l'abbattimento del muro – non si raggiunge se l'obbligato non dà *materiale esecuzione* al provvedimento. Sappiamo che in certi casi l'amministrazione può dare *esecuzione coattiva* al provvedimento (*sopra*, par. 4).

Validità

Per **validità** si intende la *conformità del provvedimento ai requisiti fissati dal diritto*, o, in altre parole, l'*assenza di vizi* che lo rendano *invalido*.

Anche la validità presuppone la perfezione del provvedimento: un provvedimento che non sia perfetto non ha esistenza giuridica, e perciò non può essere *valido*, così come non può essere *efficace*.

Invalidità ed efficacia

Del tutto slegati tra loro sono invece – al contrario di ciò che sembra a prima vista – il problema della *validità* e quello dell'*efficacia*. Un provvedimento *valido* può bene essere tuttora *inefficace* (ad esempio perché sottoposto a controllo). Reciprocamente, *il provvedimento invalido acquista egualmente efficacia, allo stesso modo che se fosse valido* (a meno che non si tratti di un provvedimento *nullo* o *inesistente*, secondo quanto illustrato al paragrafo precedente).

Ciò può sembrare strano, ma in fondo non lo è. La conseguenza naturale dell'**invalidità** è l'*annullabilità*: il provvedimento invalido può essere *annullato* sia dalla stessa amministrazione sia, come vedremo, dal *giudice amministrativo*. Tuttavia, fino a quando l'**annullamento** non sia intervenuto, il provvedimento produce «provvisoriamente» i suoi effetti. È una volta intervenuto l'annullamento che essi verranno meno *fin dall'inizio*. Perciò si dice che l'annullamento ha effetto *costitutivo* (cfr. anche cap. 7, par. 4).

Da quanto esposto risulta che sono normalmente operanti anche i provvedimenti illegittimi che nessuno abbia impugnato nei termini e che non siano stati (e eventualmente non possano più essere) annullati d'ufficio, per la mancanza di un attuale interesse pubblico all'annullamento.

11. i ricorsi amministrativi

Un soggetto che si ritenga leso da un provvedimento dell'amministrazione può sempre chiedere tutela davanti ad un giudice, che è di massima il *giudice amministrativo*. Tuttavia, egli ha anche la possibilità di chiedere tutela *alla stessa pubblica amministrazione*, mediante la proposizione di un **ricorso amministrativo**.

Il *ricorso amministrativo* è dunque un *atto mediante il quale un privato impugna un provvedimento amministrativo dinanzi ad una autorità amministrativa.*

Il ricorso *amministrativo* non va confuso con il **ricorso giurisdizionale**, che si rivolge al *giudice amministrativo*. Il giudice *amministrativo* è così chiamato in virtù della sua speciale competenza sugli atti della pubblica amministrazione, ma esso è un *giudice*, e non fa parte della pubblica amministrazione.

Si dice spesso che attraverso i ricorsi amministrativi si possono far valere sia *interessi legittimi* che *diritti soggettivi*. Il fatto è che, essendo i ricorsi rivolti *all'amministrazione* affinché questa riconsideri un proprio atto che riguarda l'interessato, non c'è ragione di applicare le regole che riguardano il riparto delle controversie tra il giudice ordinario e il giudice amministrativo. Tuttavia, dato che per lo più il ricorrente si trova in posizione di interesse legittimo, esistono regole sul rapporto tra ricorsi amministrativi e ricorsi giurisdizionali al giudice amministrativo.

I ricorsi amministrativi sono disciplinati dal d.P.R. 24 novembre 1971, n. 1199. I ricorsi previsti sono: il ricorso *gerarchico*, il ricorso in *opposizione* e il ricorso *straordinario al Capo dello Stato*. I primi due sono rivolti, in sostanza, alla stessa amministrazione che ha agito, e si dicono ricorsi *ordinari*.

Un tempo non si poteva proporre ricorso *giurisdizionale* contro la pubblica amministrazione fino a quando non si fossero esauriti i ricorsi amministrativi *ordinari*. Oggi però, dopo la legge n. 1034 del 1971, questa regola è venuta meno: sicché scegliere il ricorso amministrativo anziché direttamente il ricorso giurisdizionale al Tribunale amministrativo è una pura *facoltà* dell'interessato.

Quando un provvedimento sia suscettibile di un ricorso *ordinario*, la comunicazione di esso all'amministrato deve essere accompagnata dall'indicazione dell'organo cui si può ricorrere e del termine dato per il ricorso. Peraltro la mancanza di tali indicazioni non rende l'atto *invalido*, ma può rendere «scusabile» l'errore in cui eventualmente incorra il ricorrente (v. anche *sopra*, par. 8).

Il **ricorso gerarchico** si presenta all'organo *immediatamente* superiore a quello che ha posto in essere il provvedimento. Ricorso gerarchico

Tuttavia, il ricorso contro gli atti non definitivi dei dirigenti statali, anche locali, va rivolto al dirigente di vertice del Ministero.

La legge ammette il ricorso gerarchico *in generale*, e perciò esso *si può fare sempre* – a meno che non sia esplicitamente stabilito il contrario – *a patto che si tratti di un organo che ha un superiore gerarchico*. È però evidente che il venire meno di molti rapporti di gerarchia (cfr. cap. 12, par. 2, e cap. 25, par. 2) ne ha di fatto ridotto notevolmente il campo di applicazione.

Con il ricorso gerarchico si può chiedere non solo l'*annullamento* del provvedimento per ragioni di *legittimità*, ma anche la *revoca* o la modifica di esso (detta *riforma*), per ragioni di *merito*. Anzi, proprio la possibilità di invocare ragioni di merito lo fa a volte preferire al ricorso giurisdizionale, nell'ambito del quale ciò non è di regola possibile.

Il ricorso va presentato *a pena di decadenza* nel termine di *trenta giorni* da quello nel quale l'interessato ha avuto la *notificazione* del provvedimento, o, se l'atto non richiede notificazione, dal giorno in cui ne ha avuto *piena conoscenza*.

Trascorsi *novanta giorni* dalla presentazione del ricorso senza che l'autorità superiore si sia pronunciata, il ricorso si intende *respinto* ad ogni effetto: con il risultato che il ricorrente torna a potere proporre ricorso in sede *giurisdizionale* o in alternativa può tentare ora il *ricorso straordinario* al Capo dello Stato, avverso l'atto già impugnato con il ricorso gerarchico.

e gerarchico improprio

In casi espressamente previsti dalla legge (specialmente quando il provvedimento proviene da organi privi di superiore) è data la possibilità di ricorso ad una diversa autorità. Si parla allora di *ricorsi gerarchici impropri*. Ad essi si applicano, ove non sia diversamente stabilito, le regole sui ricorsi gerarchici.

Ricorso in opposizione

Il **ricorso in opposizione** si presenta *alla stessa autorità che ha emanato l'atto* che si impugna come lesivo. Il legislatore ha però guardato con scetticismo a questo tipo di ricorso, e non lo ammette in generale, ma solo nei casi previsti da specifiche disposizioni. Anche per il ricorso in opposizione valgono, ove non sia diversamente stabilito, le regole poste per il ricorso gerachico.

Naturalmente, nulla vieta di inviare, anche nei casi in cui nessun ricorso sia previsto, *reclami* e *rimostranze* all'autorità amministrativa che ha emanato un provvedimento lesivo. Non si tratta però di veri *ricorsi*: con la conseguenza che l'autorità non ha un preciso dovere di prendere in considerazione il reclamo ma può semplicemente attivare, se lo ritiene opportuno, i propri poteri di *annullamento d'ufficio*. Inoltre la presentazione di un reclamo non impedisce che intanto decorrano i brevi termini (sessanta giorni) per la proposizione del ricorso giurisdizionale, che rischia perciò di venir presentato – magari dopo lunga attesa – *inutilmente*, perché *fuori termine*.

Ricorso straordinario al Capo dello Stato

Dopo l'esito negativo del ricorso in opposizione o del ricorso gerarchico, oppure anche *direttamente* contro il provvedimento lesivo – ma *solo se nessun ricorso amministrativo ordinario era possibile* – il ricorrente può presentare un ulteriore ricorso amministrativo, detto **ricorso straordinario al Capo dello Stato**. Egli deve però riflettere bene, perché la scelta del *ricorso straordinario* è *alternativa* alla scelta del *ricorso giurisdizionale*.

In altre parole, mentre è possibile intraprendere *prima* il ricorso gerarchico, *poi* il ricorso giurisdizionale, tra ricorso *straordinario* al Capo dello Stato e ricorso *giurisdizionale* bisogna *scegliere*: ma scelta una via, l'altra rimane preclusa.

Il ricorso *straordinario* è ammesso per sole ragioni di *legittimità*, e va presentato nel termine di *centoventi* giorni dalla notificazione o dalla piena conoscenza dell'atto impugnato.

La pratica è istruita dal *ministero* competente per materia, ma la decisione del ricorso spetta, in sostanza, al *Consiglio di Stato*, attraverso le sezioni *consultive*. Formalmente, quello del Consiglio di Stato è, appunto, un *parere*: tuttavia, dopo la legge n. 69 del 2009, esso ha carattere vincolante, e il Ministro non se ne può discostare per alcuna ragione. La decisione presa viene poi emanata con *decreto del Presidente della Repubblica*.

Viene da chiedersi *perché mai* qualcuno possa *preferire* la via del ricorso straordinario, alla via del ricorso al giudice amministrativo, la quale certo garantisce assai meglio il *diritto alla difesa* di fronte al provvedimento. Eppure le risposte non mancano.

La prima sta nei differenti *termini*: 60 giorni per il ricorso giurisdizionale, 120 per il ricorso straordinario. È evidente che questo è ancora possibile quando quello ormai non lo è più. La seconda sta nel fatto che il ricorso straordinario non richiede una difesa professionale: per farlo e presentarlo, non è necessario l'*avvocato*, al contrario che per il ricorso giurisdizionale. Infine, attraverso il ricorso straordinario tutto si decide in un'*unica soluzione*, mentre il giudizio amministrativo prevede *due* gradi di giurisdizione. La decisione in unico grado può essere un difetto, ma consente di «chiudere» una volta per tutte la controversia.

Il ricorrente può scegliere la via del ricorso straordinario, rinunciando alla via giurisdizionale. Ci possono però essere altri soggetti, che hanno interesse alla *conservazione* del provvedimento in questione (e sono perciò *controinteressati* rispetto al ricorrente). A tali soggetti il ricorso straordinario deve essere *notificato*, ed essi possono richiedere (entro sessanta giorni) che il giudizio si svolga *in sede giurisdizionale*. Se l'atto impugnato sia di una amministrazione non statale, anch'essa ha il potere di *preferire* la sede giurisdizionale. In entrambi i casi, il ricorso straordinario non può più essere deciso, ma il ricorrente può (entro sessanta giorni) ripresentare il ricorso, questa volta in sede giurisdizionale.

Può darsi che la decisione del ricorso straordinario lasci insoddisfatto il ricorrente: ma data la regola della *alternatività* con il ricorso giurisdizionale, egli non è legittimato a ricorrere ulteriormente, né in sede amministrativa (dato che il ricorso straordinario è l'ultimo rimedio possibile), né in sede giurisdizionale (sede ormai preclusa dalla scelta fatta). Se invece la decisione soddisfa il ricorrente, le altre parti (amministrazione e controinteressati) avrebbero interesse a poterla impugnare davanti al giudice amministrativo: ma la regola dell'alternatività (e perciò la preclusione) vale anche per loro, dato che non si sono opposti alla decisione del ricorso straordinario.

Tuttavia, qualora la decisione del ricorso straordinario fosse affetta da *vizi propri* (vizi di forma o di procedura, come ad esempio nel caso che il ricorso fosse stato deciso senza sentire il parere del Consiglio di Stato), essa potrebbe essere impugnata per questa ragione davanti al Tribunale amministrativo regionale: con il risultato che – annullata l'illegittima decisione già assunta – il ricorso straordinario dovrebbe essere nuovamente deciso. È chiaro perciò che questa impugnazione non riporta la questione di fondo in sede giurisdizionale, ma si limita a garantire una legittima decisione del ricorso straordinario.

Suo carattere semigiurisdizionale

Si è finora trattato del ricorso straordinario come ricorso amministrativo. Si avverta però che sotto non pochi aspetti il ricorso straordinario va avvicinandosi al ricorso giurisdizionale. Già prima delle modifiche del 2009 la Corte di giustizia delle Comunità europee ha attribuito carattere sostanzialmente giurisdizionale al *parere* reso dal Consiglio di Stato, ai fini della legittimazione di questo a proporre alla Corte di giustizia nel corso della procedura *questioni pregiudiziali* ai sensi dell'art. 234 Trattato CE (sent. 16 ottobre 1997).

Nel 2009 la legge n. 69 ha introdotto nella disciplina due importanti innovazioni: da un lato, come detto, il parere del Consiglio di Stato è divenuto del tutto *vincolante*, dall'altro è ora consentito allo stesso Consiglio di Stato di sollevare questioni incidentali di legittimità costituzionale (possibilità che la Corte costituzionale aveva in passato negato con la sent. n. 254 del 2004, proprio in ragione della sede «non giurisdizionale»).

A questo modo sono aumentate notevolmente le garanzie per i ricorrenti, ma sono aumentati anche i dubbi sul significato complessivo dell'istituto. Poiché solo organi giurisdizionali sono legittimati a sollevare qeustioni di legittimità costituzionale (l. cost. n. 1 del 1948), dovremmo dire che si tratta ormai di un ricorso giurisdizionale, il che ci porrebbe di fronte alla stranezza di una duplice giurisdizione amministrativa concorrente in via alternativa sulla stessa materia.

12. la responsabilità civile per atti illegittimi

Generale responsabilità civile per fatti illeciti

Già sappiamo che le pubbliche amministrazioni, come tutti i soggetti giuridici, sono responsabili dei fatti illeciti che esse compiono, attraverso i propri organi e funzionari. A tale responsabilità si applicano, in genere, le regole poste dal codice civile, a partire dalla regola base dell'art. 2043, secondo il quale «qualunque fatto doloso o colposo, che cagiona ad altri un danno ingiusto, obbliga colui che ha commesso il fatto a risarcire il danno».

Semmai il problema potrà consistere nello stabilire quando esattamente il comportamento dell'amministrazione generi responsabilità: ad esempio, non si potrà in genere chiedere il risarcimento per i danni riportati dall'automobile per il transito su una strada dal fondo sconnesso, perché essi si sarebbero potuti facilmente evitare con una guida prudente; ma se vi è una profonda buca non adeguatamente segnalata, l'amministrazione che cura la manutenzione della strada è responsabile dei danni prodotti ai malcapitati conducenti che senza colpa non riescano ad evitarla.

Atti amministrativi e interessi legittimi

Molto più delicato è il problema dei danni che trovino la loro causa in *provvedimenti amministrativi illegittimi.* Infatti di regola di fronte all'esercizio del potere di provvedere, dato all'amministrazione, gli interessati non si trovano in posizione di *diritto soggettivo*, ma in quella posizione che abbiamo chiamato di *interesse legittimo.* Da qui il problema se il danno consistente nella lesione di un interesse legittimo sia in linea di principio risarcibile, problema al quale la giurisprudenza della Corte di cassazione ha per molto tempo dato risposta negativa: il «danno ingiusto», si diceva, è solo il danno arrecato ad un diritto soggettivo.

Perciò, ad esempio, era pacifico che chi aveva chiesto all'amministrazione un permesso di costruzione, e lo aveva visto illegittimamente negato, non poteva ottenere il risarcimento del danno subito.

Una risposta diversa si dava solo quando, annullato il provvedimento illegittimo, tornava a rivivere una posizione di diritto soggettivo: perché in questo caso, dopo l'annullamento, si diceva che la lesione era subita direttamente dal diritto soggettivo.

Così, ad esempio, se era stata illegittimamente annullata una concessione edilizia già rilasciata, era risarcibile il danno consistente nel non avere potuto intanto costruire, dato che, annullato l'annullamento della concessione, tornava a vivere il *diritto* di costruire creato dalla concessione originariamente rilasciata.

I casi di risarcimento erano dunque limitati; in compenso, in tali casi si riteneva che il risarcimento del danno spettasse senz'altro, senza necessità di verificare la *colpa* nel comportamento dell'amministrazione.

Tuttavia, con la sentenza n. 500 del 22 luglio 1999 le *Sezioni unite* della Corte di cassazione hanno stabilito che in via di principio non vi sono ostacoli al risarcimento dei danni subiti in relazione a qualunque posizione giuridica soggettiva tutelata sufficientemente dall'ordinamento, e dunque anche in relazione alla lesione di interessi legittimi. Al tempo stesso, la sentenza ha affermato che l'illegittimità dell'atto non comporta necessariamente la *colpa* dell'amministrazione, e che anche l'esistenza di questo necessario presupposto del risarcimento va riscontrata caso per caso.

Accogliendo il principio, il legislatore è intervenuto stabilendo che in tutti i casi in cui ha giurisdizione spetta al *giudice amministrativo* di risolvere anche le questioni relative «*all'eventuale risarcimento del danno*» (art. 7, co. 3, l. n. 1034 del 1971, come modificato dalla l. n. 205 del 2000).

Corrispondentemente, la legge ha abrogato tutte le disposizioni che prevedessero la devoluzione al giudice ordinario delle controversie sul risarcimento del danno conseguente all'annullamento degli atti amministrativi.

A lungo si è discusso se l'azione per il risarcimento del danno richiedesse la previa impugnazione ed il previo annullamento del provvedimento illegittimo. Il *Codice del processo amministrativo* (d. lgs. n. 104 del 2011) ha ora stabilito all'art. 30 che l'azione per il risarcimento può essere proposta anche in via autonoma, ma che deve essere proposta entro il breve termine di centoventi giorni, e che il giudice deve comunque escludere i danni che l'interessato avrebbe potuto evitare attraverso l'esercizio dell'azione di annullamento. Inoltre, l'esercizio dell'azione di annullamento consente di spostare il decorso dei centoventi giorni alla fine del relativo giudizio. Ne risulta, in definitiva, una *pregiudizialità di fatto* dell'azione di annullamento rispetto a quella per il risarcimento del danno.

capitolo 28

I BENI PUBBLICI, LA FINANZA, IL BILANCIO

1. l'amministrazione e i beni

L'attività amministrativa richiede che la pubblica amministrazione disponga di **beni** da impiegare per il conseguimento dei pubblici interessi.

Il danaro

In primo luogo, l'amministrazione come tutti ha bisogno di quel particolare bene che è il *danaro*. Allo Stato e agli altri enti pubblici il danaro è necessario sia per provvedere alla propria organizzazione – procurando il *personale* e i *mezzi* per farla funzionare – sia per realizzare altri beni necessari ai fini pubblici (come strade, ospedali, scuole e simili), sia ancora per erogarlo direttamente nel perseguimento dei suoi fini (ad esempio, concedendo sussidi ai non abbienti, o sovvenzioni e contributi per attività di interesse sociale o per favorire lo sviluppo economico). Una parte non trascurabile dell'attività e dell'organizzazione statale è perciò rivolta all'acquisizione del danaro. A ciò si provvede essenzialmente mediante l'imposizione e la riscossione dei **tributi** (*imposte* e *tasse*).

Beni pubblici strumentali

Accanto al danaro, per lo svolgimento della sua attività la pubblica amministrazione ha bisogno di specifici beni sia *immobili* (come gli edifici) sia *mobili*, quali arredi, elaboratori elettronici, automobili e attrezzature varie. Tali beni non hanno, considerati in se stessi, nessuna particolare attitudine a soddisfare fini pubblici, piuttosto che altri fini: servono a fini pubblici proprio perché sono usati dalla pubblica amministrazione, e solo per questo. Non sempre i beni in questione sono di *proprietà* dell'ente che li utilizza (gli edifici possono essere in affitto, le attrezzature in *leasing*, e simili). Quando però l'amministrazione ne è *proprietaria*, tali beni fanno parte del suo *patrimonio*: ma essi, fino a che siano adibiti ad un pubblico servizio, risultano «indisponibili», e non possono essere sottratti alla loro destinazione se non nei modi previsti dalla legge.

Beni di pubblica necessità o utilità

Altre volte invece il bene stesso è considerato *già di per sé* e *fin dall'inizio* idoneo a soddisfare le esigenze di sicurezza e di benessere della collettività. Si pensi alle *spiagge*, ai *porti*, ai *fiumi*: beni che nel diritto italiano sono necessariamente *pubblici*. Altre volte ancora esistono beni (come le *strade*, gli *aeroporti* o gli *acquedotti*, o le *cose di interesse storico o artistico*) che *quando appartengono allo Stato o ad un altro ente pubblico* (essi infatti possono ugualmente essere in proprietà di privati) servono anch'essi *direttamente* ad un fine pubblico, del tutto evidente. In entrambi i casi alla pubblica amministrazione tocca allora di «gestire» il bene, curandone la manutenzione e più in generale disponendo in modo che esso serva il meglio possibile ai fini cui è destinato.

Il codice civile ripartisce i beni dell'amministrazione in tre distinte categorie, distinguendo i **beni demaniali**, i **beni patrimoniali indisponibili** e i **beni del patrimonio disponibile**.

Si faccia però attenzione che la distinzione non coincide in tutto con la distinzione tra *beni di diretta utilità, beni strumentali* e *danaro*. In particolare, «patrimoniali indisponibili» sono sia beni puramente strumentali, come gli arredi degli uffici, sia beni ad utilità pubblica diretta, come le cose di interesse artistico.

2. beni demaniali, beni patrimoniali indisponibili e beni patrimoniali disponibili

I beni demaniali

Secondo l'art. 822, co. 1, del codice civile «*appartengono allo Stato e fanno parte del demanio pubblico il lido del mare, la spiaggia, le rade e i porti*» (demanio *marittimo*), «*i fiumi, i torrenti, i laghi e le altre acque definite pubbliche dalle leggi in materia*» (demanio *idrico*), «*le opere destinate alla difesa nazionale*» (demanio *militare*). I beni così elencati formano il **demanio necessario**: si tratta cioè di beni che sono *necessariamente* demaniali, e possono perciò appartenere solo allo Stato.

Sono inoltre beni demaniali (ma solo *se* appartengono allo Stato, alle Regioni, alle Province o ai Comuni) i beni indicati al comma secondo dello stesso art. 822, cioè le *strade*, le *autostrade* e le *strade ferrate* (demanio *stradale e ferroviario*), gli *aerodromi*, gli *acquedotti*, gli *immobili riconosciuti di interesse storico, archeologico e artistico,* le *raccolte dei musei, delle pinacoteche, degli archivi, delle biblioteche*. Sono inoltre beni demaniali i *cimiteri* e i *mercati* comunali (art. 824, co. 2, c.c.).

I beni così elencati formano il **demanio eventuale**: si vuol dire con ciò che essi possono anche essere oggetto di proprietà privata (o di enti pubblici diversi da quelli indicati), e che in questo caso, ovviamente, non sono beni demaniali. Lo sono invece nell'*eventualità* che appartengano agli enti sopraddetti.

Data la loro destinazione alla pubblica utilità, tutti i beni demaniali sono, secondo l'art. 823 c.c., «*inalienabili*»: ciò significa non solo che *non* possono essere venduti, ma anche che non possono essere acquistati per usucapione, e che su di essi non si possono costituire *diritti* nei modi previsti dal codice civile.

Ciò però non significa che non possono esistere *diritti* all'uso di un bene demaniale. Per alcuni beni, al contrario, *ciascuno*, ha un diritto d'uso: si pensi alle strade o alle spiagge. Quando le leggi lo prevedano, possono anche venire costituiti diritti d'uso *particolari* (fino talvolta ad escludere, almeno temporaneamente, l'uso da parte del pubblico), attraverso appositi provvedimenti amministrativi chiamati **concessioni**. Così parte di una piazza può essere concessa ad un *bar* per i tavolini, l'acqua di un fiume può essere in parte *derivata* per usi industriali o per irrigazione. Le *concessioni* possono però di regola essere revocate per il sopraggiungere di ragioni di interesse pubblico.

I beni patrimoniali indisponibili

Mentre i beni demaniali possono appartenere solo allo Stato, alle Regioni, alle Province o ai Comuni, *tutti gli enti pubblici possono avere beni patrimoniali indisponibili*. Più precisamente, fanno parte del **patrimonio indisponibile** – a qualunque ente pubblico appartengano – i beni che «*sono destinati ad un pubblico servizio*» (art. 830, co. 2, c.c.). Per lo Stato, le Regioni, le Province e i Comuni è però specificato che fanno parte del patrimonio indisponibile anche «*gli edifici destinati a sede di pubblici uffici*» (art. 826, u.c., c.c.; per le Regioni, art. 11 l. n. 281 del 1970). Naturalmente, è però necessario che si tratti di beni di proprietà *degli enti pubblici* in questione (rimane invece un bene *privato*, ad esempio, un appartamento preso in affitto e adibito dallo Stato a sede di propri uffici).

Del patrimonio indisponibile dello Stato fanno parte poi le *miniere* (delle quali non è ammessa proprietà privata), i beni costituenti la *dotazione* del Presidente della Repubblica, alcuni beni collegati alla *difesa* (caserme, armamenti, aerei militari e navi da guerra), nonché – se gli appartengono – le *cose di interesse storico, archeologico, paletnologico, paleontologico e artistico* (sono però sempre dello Stato quelle ritrovate nel sottosuolo).

Del patrimonio indisponibile delle Regioni fanno invece in particolare parte le *foreste*, le *acque minerali e termali*, le *cave* e le *torbiere* (quando siano sottratte al proprietario del fondo).

I beni del patrimonio indisponibile non sono – diversamente dai beni demaniali – *del tutto* sottratti alle comuni regole del codice civile, anche se ad essi si applicano, in primo luogo (art. 828, co. 1) «*le regole particolari che li concernono*», che in qualche caso li rendono molto simili ai beni *demaniali* (come capita per le *miniere*). In ogni caso, i beni patrimoniali indisponibili «*non possono essere sottratti alla loro destinazione, se non nei modi stabiliti dalle leggi che li riguardano*» (ad esempio, gli arredi e le attrezzature degli uffici possono essere alienati solo dopo essere stati dichiarati *fuori servizio*).

I beni patrimoniali disponibili

Beni *patrimoniali disponibili* sono tutti gli altri beni di *proprietà* dell'amministrazione: il *danaro*, i *crediti*, le *azioni*, gli *immobili* e in generale *ogni bene che non sia destinato a pubblico servizio* (ad esempio, un terreno dato in affitto, dal quale l'amministrazione ricava un *reddito*).

I beni patrimoniali disponibili sono soggetti alle regole comuni del codice civile, e *gli atti con cui l'amministrazione dispone di essi sono sempre negozi di diritto privato, e non provvedimenti amministrativi*. Essi sono beni *della pubblica amministrazione*, ma *non sono beni pubblici:* la stessa amministrazione ne dispone a puro titolo di proprietà, come chiunque altro (salvo che per le speciali procedure di contrattazione, di cui subito si dirà).

Può capitare che anche beni demaniali (o patrimoniali indisponibili) diventino ad un certo punto beni patrimoniali disponibili. Si pensi ad un tratto di *strada* statale, che venga sostituito da un nuovo tracciato: il nuovo tratto *diventa* bene demaniale, il vecchio viene *sclassificato* e diventa un comune bene disponibile. Lo stesso dicasi della *spiaggia*, nell'ipotesi che il mare si ritiri. In entrambi i casi, il bene cessa di essere demaniale quando perde quella *qualità essenziale* per la quale lo era: cioè quando smette di essere *strada* statale, o *spiaggia*.

Il «federalismo demaniale»

L'art. 119, co. 6, della Costituzione prevede che i Comuni, le Province, le Città metropolitane e le Regioni abbiano *un proprio patrimonio*. In attuazione di tale disposizione, il d. lgs. n. 85 del 2010 ha avviato un ampio processo di devoluzione dei beni statali delle diverse categorie. Vengono trasferiti (salve le eccezioni previste, e seguendo la logica del principio di sussidiarietà) i beni del demanio marittimo ed idrico (alle Regioni), i laghi minori e talune miniere (alle Province), gli aeroporti di interesse regionale e locale, nonché altri beni statali tra quelli non inclusi in appositi elenchi di beni espressamente esclusi.

Alcuni dei beni trasferiti mantengono la condizione di beni demaniali (come quelli del demanio marittimo, idrico ed aeroportuale), altri passeranno nel patrimonio disponibile. I beni culturali possono essere trasferiti nel quadro di programmi di valorizzazione, mantenendo i vincoli che li caratterizzano.

3. l'acquisizione dei beni. I contratti

Abbiamo visto, nei paragrafi precedenti, che la pubblica amministrazione ha bisogno di beni. Ci domandiamo ora come essa giunga ad *acquisirli*.

Beni originariamente pubblici e beni acquisiti

Di alcuni sappiamo che non c'è alcun bisogno di acquisirli, perché essi sono necessariamente e fin dall'inizio pubblici: così è ad esempio tra i beni demaniali per i *porti*, tra i beni patrimoniali indisponibili per le *miniere*. Altri invece devono essere acquisiti. I beni che devono essere acquisiti possono essere sia *immobili* (come il terreno necessario per la costruzione della strada), sia *mobili* (come gli arredi e le attrezzature).

L'espropriazione

In certi casi, l'amministrazione dispone di *speciali poteri*, che le consentono di procurarsi i beni che le servono *anche senza il consenso di colui che ne è proprietario*. Ciò accade, in particolare per i beni *immobili* che siano necessari per l'esecuzione di opere di *pubblica utilità*: essi sono suscettibili di **espropriazione** da parte dell'amministrazione. Non possono invece venire espropriati i beni *mobili*; tuttalpiù l'amministrazione ne può acquisire temporaneamente l'*uso* mediante **requisizione**, in caso di grave ed urgente necessità, come nelle ipotesi di calamità naturali (cfr. anche cap. 27, par. 5).

L'*espropriazione* è consentita dalla Costituzione (art. 42, co. 3) ed è disciplinata dal d. lgs. n. 327 del 2001, *Testo unico delle disposizioni legislative e regolamentari in materia di espropriazione per pubblica utilità*. Affinché un immobile possa essere *espropriato* è necessario che prima sia dichiarata di *pubblica utilità* l'opera che mediante esso deve essere realizzata. Sono però oggi frequentissimi i casi in cui la legge prevede che la dichiarazione di pubblica utilità sia «implicita» nel fatto che l'opera è prevista dai piani regolatori, o che il progetto è stato approvato dall'ente pubblico. Naturalmente, il punto veramente delicato dell'espropriazione sta nel problema di ciò che il proprietario espropriato deve *ricevere*, in «cambio» del bene che gli viene tolto. Di esso si è detto *sopra*, cap. 27, par. 5.

I contratti

In generale, però, l'amministrazione non ha altro mezzo per acquisire i beni che le servono che la stipulazione di comuni **contratti**: ciò sia che si tratti della *fornitura* di singole *cose*, sia che si tratti di *servizi*, sia che si tratti della costruzione di *opere*. Così è evidente che l'amministrazione, dovendo procurare elaboratori elettronici per i propri uffici, o divise per i militari, non può agire altrimenti che *comperando* ciò che le serve da privati produttori.

I contratti che vengono così conclusi sono normali contratti di diritto *privato*. Spesso però l'amministrazione deve fare prima un apposito atto – che è allora un *atto amministrativo* – in cui manifesta la *decisione* di concludere il contratto. Inoltre, l'amministrazione non è libera di scegliere come crede (come fanno i soggetti privati) *con chi* concludere il contratto, ma deve scegliere il proprio contraente mediante apposite procedure, chiamate **gare pubbliche**. A queste regole fanno eccezione solo i contratti di modico valore, relativi a piccoli acquisti o manutenzioni, denominati *contratti di economato*.

Le gare pubbliche

Le *gare pubbliche* vere e proprie si svolgono o mediante *asta pubblica*, o mediante *licitazione privata*, o mediante *appalto concorso*.

L'**asta pubblica** è una gara alla quale *chiunque* può prender parte, purché presenti un'*offerta* corrispondente ai requisiti fissati dal *bando* di gara. Il bando di gara, a sua volta, è un atto contenente l'oggetto e le regole fondamentali della gara (tra le quali le modalità di presentazione delle *offerte*), cui viene data la massima pubblicità. Chi ha presentato l'offerta più vantaggiosa per l'amministrazione vince la gara, ed in suo favore viene fatta l'*aggiudicazione*. Con l'aggiudicazione il contratto è concluso, anche se poi esso verrà formalmente rogato e stipulato dalle parti. L'*asta pubblica* era un tempo (secondo le norme di contabilità di cui al r.d. n. 2440 del 1923) la *regola generale* dei contratti dell'amministrazione, ma in realtà vi si ricorreva piuttosto raramente. Attualmente essa è prescritta solo per i contratti dai quali derivi un'entrata.

La **licitazione privata** è una gara simile all'asta pubblica, alla quale però possono partecipare (e presentare offerte) solo ditte *previamente invitate* dall'amministrazione stessa. Si ottiene così il risultato di escludere dalla gara ditte non sufficientemente serie ed attrezzate. Tuttavia, per le gare di una certa importanza l'amministrazione deve rendere pubblico il bando di gara (come per l'asta pubblica) affinché le ditte possano *chiedere* di essere invitate a partecipare: dopo di che saranno invitate quelle ritenute idonee a fornire il bene o il servizio di cui si tratta. La *licitazione privata* può essere utilizzata tutte le volte che non sia prescritta l'asta pubblica.

L'**appalto concorso** è una gara mediante la quale l'amministrazione chiama gli stessi concorrenti a definire il *progetto* di ciò che si deve realizzare (che di solito è un'*opera pubblica*). Tra i vari progetti, viene prescelto quello che sia giudicato migliore, sia sotto il profilo economico che sotto il profilo progettuale. Anche per l'*appalto-concorso* vale la regola della *pubblicità* del bando di gara.

La trattativa privata

Solo in determinati casi la pubblica amministrazione può evitare la *gara pubblica* e scegliere liberamente il contraente. Così, se si tratta di comperare un bene determinato (ad esempio, un certo quadro) o un prodotto che solo una ditta fabbrica, è evidente che non si può trattare che con l'unico soggetto in grado di fornirlo. Similmente accade quando la gara pubblica sia stata fatta, ma nessuno vi abbia partecipato, o in caso di estrema urgenza. In questi casi si parla di **trattativa privata**, per indicare che l'amministrazione tratta come farebbe qualunque altro soggetto.

In teoria, il ricorso alla *trattativa privata* dovrebbe essere *eccezionale*; in realtà esso è stato frequentissimo soprattutto nel passato. Si noti però che spesso l'amministrazione, anche quando dichiara di procedere a *trattativa privata*, finisce per espletare egualmente una *gara* (sia pure «ufficiosa»), invitando più ditte a presentare offerte e procedendo ad una valutazione comparativa. La *gara ufficiosa* diviene così una sorta di gara *pubblica*, sia pure con ridotte garanzie.

La circostanza ha conseguenze pratiche in relazione alla possibile tutela giurisdizionale della ditta esclusa, o la cui offerta non sia accettata. In effetti, se la *trattativa privata* fosse davvero una forma di contrattazione puramente privata, la ditta esclusa non potrebbe certo *impugnare* davanti ad un giudice la scelta compiuta dall'amministrazione: così come nessuno pensa che possa essere contestata la decisione di un'azienda privata di servirsi di un fornitore anziché di un altro. Tuttavia, la giurisprudenza del Consiglio di Stato afferma che quando l'amministrazione pubblica – anche nell'ambito della cosiddetta *trattativa privata* – si *autolimita* e dà vita ad una gara vera anche se informale, il partecipante escluso è legittimato ad impugnarne l'esito davanti al giudice amministrativo.

L'incidenza della normativa europea

La parte più importante della disciplina dei contratti dell'amministrazione nei tre settori fondamentali (lavori pubblici, forniture e servizi) è contenuta ormai, in tutta l'Unione europea, in atti nazionali di recepimento di quanto disposto da direttive comunitarie. Ciò significa che la disciplina, pur formalmente nazionale, è in sostanza in larga misura comune a tutti i paesi membri dell'Unione.

La disciplina europea è prevista per i contratti che superino un certo importo: ma inevitabilmente essa tende a divenire il modello per tutti i contratti. Essa è ispirata in generale ad un criterio di apertura e di trasparenza del mercato, ed è perciò non solo necessariamente restrittiva nel consentire il ricorso alla trattativa privata (procedura *negoziata* nel linguaggio comunitario), ma anche fortemente garantista nel limitarè la discrezionalità dell'amministrazione nello «scegliere» le ditte da invitare alle licitazioni private (c.d. procedure *ristrette*).

Tradizionalmente i criteri di aggiudicazione della licitazione privata sono stati diversi (media delle offerte, massimo ribasso, scheda segreta e simili) ma tutti, come quelli dell'asta pubblica, funzionanti in modo *automatico*: tale cioè che il vincitore risultava automaticamente individuato con criteri puramente matematici all'apertura delle offerte. La normativa comunitaria consente tuttavia che le gare pubbliche vengano aggiudicate con il criterio della c.d. *offerta economicamente più vantaggiosa* (in relazione ad elementi come, oltre al prezzo, la qualità, il valore tecnico, il servizio postvendita). In questo modo si introducono nell'aggiudicazione fattori valutativi.

La direttiva sui ricorsi in materia di lavori pubblici

In materia di opere pubbliche l'Unione europea si è preoccupata non soltanto della uniformità delle procedure di aggiudicazione, ma anche di una almeno relativa uniformità del sistema di tutela delle imprese contro le illegittimità compiute dalle amministrazioni aggiudicatrici. Così la normativa dell'Unione prevede tra l'altro che gli Stati debbano assicurare alle imprese danneggiate da tali illegittimità il risarcimento dei danni subiti.

In Italia valeva nel 1989 il principio opposto della *irrisarcibilità* (trattandosi della lesione di interessi legittimi), e in attuazione della direttiva fu introdotta una speciale disposizione derogatoria. Tuttavia, come detto (cap. 27, par. 12), la successiva evoluzione giurisprudenziale e normativa (motivata anche dalla necessità di rendere l'ordinamento italiano coerente con gli standard *europei*) ha portato alla affermazione della generale risarcibilità di qualunque situazione soggettiva protetta.

La normativa italiana di recepimento e attuazione della normativa dell'Unione è contenuta nel d. lgs. n. 163 del 2006, *Codice dei contratti pubblici relativi a lavori, servizi e forniture in attuazione delle direttive 2004/17/CE e 2004/18/CE.*

4. la finanza pubblica

Per tutte le attività che svolge, l'organizzazione pubblica ha bisogno di **danaro**. Ne ha bisogno per *acquisire* beni e servizi, ne ha bisogno per *retribuire* il personale (non solo per gli stipendi degli impiegati in generale, ma anche per le indennità dei parlamentari e degli altri funzionari onorari, e per il personale a contratto a tempo determinato), ne ha bisogno talvolta semplicemente per *redistribuirlo* tra attività meritevoli di sostegno. Si parla di **finanza pubblica** per indicare l'insieme degli strumenti attraverso i quali lo Stato ottiene i mezzi finanziari necessari per far fronte alle *spese pubbliche.*

I tributi

In parte, il danaro che occorre all'amministrazione può provenire dalla stessa gestione dei suoi beni, o da fonti diverse, come lasciti e donazioni: ma si tratta di ben poca cosa di fronte alle necessità. Fondamentalmente, il danaro non può provenire che dai **tributi**.

I *tributi* sono *somme di danaro che le persone (fisiche e giuridiche) sono tenute a corrispondere*: la Costituzione stabilisce, infatti, che «*tutti sono tenuti a concorrere alle spese pubbliche in ragione della loro capacità contributiva*» (art. 53, co. 1). Gli **obblighi tributari** (cioè gli obblighi di pagare un *tributo*) possono essere però stabiliti soltanto in base alla *legge* (art. 23 Cost.).

I presupposti ai quali l'obbligo tributario si collega sono diversi: la percezione di un *reddito*, gli *acquisti* di beni o servizi, il compimento di certi *atti*, la proprietà di determinati *beni*, e simili. Di solito si tratta di situazioni che rivelano in chi vi si trova la disponibilità di una quota – anche proporzionalmente *piccola* – di «ricchezza»: che rivelano, secondo l'espressione costituzionale appena ricordata, una certa «*capacità contributiva*».

La legge n. 212 del 2000 ha stabilito lo *statuto dei diritti del contribuente*, fissando i principi di chiarezza e trasparenza delle disposizioni tributarie, di non retroattività, di conoscenza, chiarezza e motivazione degli atti, di tutela dell'affidamento e della buona fede. Ha inoltre dato al contribuente il *diritto di interpello*, cioè di porre quesiti cui l'amministrazione finanziaria deve rispondere impegnativamente, e ha stabilito i diritti e le garanzie che devono circondare le verifiche fiscali.

Imposte e tasse

Nel linguaggio quotidiano tutti i tributi si chiamano «tasse»: e si parla, ad esempio, di coloro che le *pagano* e di coloro che le *evadono*, o si sforzano di farlo. Più precisamente, però, la **tassa** è solo una delle specie di tributo, e precisamente quel *tributo che si paga di fronte ad una «prestazione» o comunque ad una specifica attività dell'amministrazione*: ad esempio la tassa sulla *occupazione di spazi ed aree pubbliche*, che viene pagata al Comune (si pensi alle trattorie o bar con tavoli all'aperto, o alle edicole dei giornali), e le tasse *scolastiche*, che si pagano all'atto dell'*iscrizione* a scuola. Non si tratta di un vero *prezzo* (dato che la somma non è destinata a «retribuire» in termini corrispettivi la prestazione che si riceve), ma di un pagamento che è connesso a qualcosa che l'amministrazione compie.

Altre tasse sono le tasse *giudiziarie*, le tasse *postali*, le tasse di *concessione* governativa, regionale o locale, la tassa per lo *smaltimento dei rifiuti* solidi urbani, le tasse sui *contratti di borsa*.

La maggior parte dei tributi però non sono affatto collegati ad una attività amministrativa, ma sono invece dovuti *per il solo fatto che un soggetto si trova in una certa situazione rivelatrice di capacità contributiva, prevista dalla legge.* I tributi di questo tipo – che sono i più importanti, dato che da essi deriva la più grande parte delle entrate statali – si dicono **imposte**.

Imposte dirette e indirette

Le *imposte* si dividono in **dirette** ed **indirette**. *Indirette* sono le imposte che non colpiscono la ricchezza in sé e per sé, ma alcuni atti che solo *indirettamente* la rivelano. Indirette sono l'*imposta sul valore aggiunto* (IVA), l'*imposta ipotecaria*, l'*imposta catastale* e l'*imposta di registro*.

Altre imposte indirette sono l'imposta di *bollo*, le imposte *ipotecarie* e *catastali*, le imposte *doganali*, le imposte di *fabbricazione* e di *consumo*, l'imposta sugli *spettacoli*. Tra quelle *locali* si può ricordare l'imposta comunale sugli *immobili* (ICI).

Dirette sono invece le imposte che colpiscono *direttamente* la ricchezza delle persone. Le imposte dirette sono anche *progressive* (secondo un principio fissato per il sistema tributario nel suo insieme dall'art. 53, co. 2, Cost.): esse cioè divengono tanto maggiori in percentuale, quanto maggiore è la ricchezza. Le fondamentali imposte dirette sono l'*imposta sul reddito delle persone fisiche* (IRPEF), l'*imposta sul reddito delle società* (IRES), l'*imposta regionale sulle attività produttive* (IRAP).

Un altro tipo di *tributo*, oggi di rara applicazione, è il **contributo speciale**, che si ha quando un soggetto è chiamato a pagare una somma di denaro in occasione di una attività dell'amministrazione compiuta nell'interesse generale, dalla quale però il soggetto obbligato ricava un vantaggio particolare (come ad esempio dall'allargamento della strada pubblica davanti a casa).

Il «federalismo fiscale»

Si è detto sin qui della distinzione tra imposte e tasse, tra imposte dirette e imposte indirette. Accanto a queste distinzioni del diritto tributario è tuttavia importante ricordare le differenze sul piano istituzionale tra sistemi in cui l'imposizione fiscale (la fissazione del tributo, l'accertamento e la riscossione) è *accentrata* e sistemi in cui l'imposizione fiscale è *decentrata*. Naturalmente i sistemi statali si basano su una imposizione almeno in parte accentrata (mentre ad esempio l'Unione europea, pur esercitando poteri di armonizzazione dei sistemi fiscali degli Stati membri, e «partecipando» in una qualche misura al gettito fiscale di questi, – come per l'IVA – non impone e riscuote in proprio alcun tributo). In Italia dopo decenni di fortissimo accentramento la legislazione più recente è andata accentuando i tributi almeno in parte locali (si pensi all'ICI e all'IRAP), anche se la relativa disciplina rimane fondamentalmente statale, ed anche se la maggior parte del gettito deriva pur sempre dalle tradizionali imposte statali (IRPEF, IRES). L'espressione *federalismo fiscale* è comunque entrata nell'uso per indicare la tendenza verso un sistema ad imposizione fortemente decentrata, in cui cioè i poteri locali abbiano ampia capacità di autofinanziarsi attraverso tributi propri, o in cui abbiano almeno garantito il trasferimento di predeterminate quote dei tributi di livello superiore.

La ripartizione dei poteri in materia fiscale tra lo Stato, le Regioni e gli enti locali stabilita dall'art. 119 Cost. è esposta *sopra*, cap. 26, par. 11.

Le controversie tributarie

Data l'ampiezza, la dimensione e l'oggetto degli obblighi tributari, sono anche frequenti le *controversie*: se un tributo sia dovuto o meno, o da chi, o in quale misura esso sia dovuto. Le controversie in materia tributaria sono sottoposte a *giudici speciali*, chiamati **commissioni tributarie**, distinte in Commissioni *provinciali* e *regionali*. Le Commissioni *regionali* giudicano in grado di appello contro le decisioni delle Commissioni *provinciali*, mentre contro la decisione di appello è dato ricorso alla Corte di cassazione, per soli motivi di diritto.

Per molti anni le Commissioni tributarie hanno operato, come giudici, ma senza sufficienti garanzie di indipendenza e professionalità: garanzie che sono state poi introdotte dal decreto legislativo 31 dicembre 1992, n. 545.

Il debito pubblico

I proventi dei *tributi* servono a sostenere le *spese* pubbliche. Può darsi però che essi non siano sufficienti. In questo caso, lo Stato dovrebbe ridurre le spese, o aumentare i tributi. Talvolta però preferisce ricorrere ad una diversa soluzione: farsi *prestare* il danaro dai privati, emettendo e vendendo **Buoni** o **Certificati di credito** del Tesoro. Per invogliare all'acquisto, lo Stato si impegna non solo a restituire la somma ad una certa scadenza, ma anche a corrispondere un *interesse* annuale di un certo ammontare, competitivo rispetto ad altri impieghi del danaro.

A questo modo, il rimborso del debito comporta una spesa aggiuntiva (il costo degli interessi). Se la situazione di squilibrio del bilancio (cioè l'insufficienza delle entrate a finanziare le spese) permane, anche il finanziamento di questa nuova spesa dovrà essere ottenuto mediante nuovi prestiti, di ammontare sempre superiore.

Ma è evidente che ciò non può proseguire all'infinito: anche perché quando lo Stato è già molto indebitato, la gente non presta volentieri altri danari, o lo fa a condizioni sempre meno vantaggiose per lo Stato. Sicché ad un certo punto la situazione deve comunque venire risolta attraverso l'imposizione di tributi *straordinari* o comunque maggiori, o attraverso drastiche riduzioni di spesa.

Nella storia italiana il debito pubblico ha assunto proporzioni vertiginose in particolare nel decennio 1980-1990, e serie misure per il suo contenimento sono state assunte solo negli anni '90, anche per rientrare nei criteri posti dall'Unione europea quali condizioni di partecipazione alla *moneta unica*. Il debito pubblico rimane tuttavia in termini assoluti molto elevato, e la sua ampiezza è divenuta un problema strutturale dell'economia italiana.

5. il bilancio dello Stato

Il bilancio e i suoi caratteri

Le entrate e le spese statali, nonché la distribuzione delle spese tra i diversi settori dell'amministrazione statale e non statale, sono stabilite, *annualmente*, attraverso il **bilancio** dello Stato. Il bilancio è, come tale, un documento contabile. Ma esso è un atto fondamentale, poiché abilita gli organi statali a riscuotere le entrate e a disporre le spese. Perciò, in conformità alla tradizione ed ai fondamentali principi dei sistemi parlamentari, l'approvazione del bilancio è riservata al Parlamento, che vi provvede con legge: la *legge di bilancio* (art. 81 Cost.). Il relativo disegno di legge deve essere presentato dal Governo entro il 30 settembre di ogni anno.

È noto che nella contabilità si distinguono i bilanci a seconda che essi siano di **competenza** o di **cassa**. Nel bilancio di *competenza* vengono rilevate le somme che lo Stato avrà il *diritto* di percepire e quelle di cui prevede di assumere l'*obbligo* di spendere. Invece, nel bilancio detto di *cassa* sono rilevate le somme che si prevede di *effettivamente* riscuotere o spendere nel corso dell'anno.

Le due forme presentano ciascuna vantaggi e svantaggi. Si ritiene per lo più che il bilancio di competenza realizzi un migliore controllo del Parlamento sul Governo e sull'amministrazione, che il bilancio di cassa consenta una più semplice ed immediata conoscenza dei fatti rilevanti per la gestione.

Il bilancio dello Stato è, fondamentalmente, un bilancio di *competenza*. Ma la riforma realizzata con la l. 5 agosto 1978, n. 468, ha introdotto in esso – accanto agli elementi tipici del bilancio di competenza – alcuni elementi propri del bilancio di cassa. Sicché il bilancio statale rappresentava un sistema *misto*.

La legge n. 468 del 1978 ha governato la finanza pubblica italiana per trenta anni, ma è stata ora sostituita dalla legge n. 196 del 2009, che ha provveduto a disciplinare anche gli strumenti di coordinamento tra la finanza italiana e la finanza complessiva del sistema europeo, comprensivo degli strumenti di coordinamento della finanza degli Stati membri. Nella sua versione attuale (legge n. 39 del 2011) essa prevede – come già la legge del 1978 – un bilancio misto di cassa e di competenza, tuttavia con una rafforzata funzione della gestione di cassa.

Bilancio e decisioni di spesa

Il bilancio non è l'atto con il quale si decidono nella sostanza le entrate e le spese. La Costituzione contiene anzi a questo riguardo un esplicito *divieto*: secondo il comma 3 dell'art. 81 «*con la legge di approvazione del bilancio non si possono stabilire nuovi tributi e nuove spese*». Il bilancio è perciò, da questo punto di vista, un documento a contenuto vincolato. In particolare, le entrate (tributarie ed extratributarie) saranno quelle derivanti dalle leggi in vigore, le spese saranno pure esse quelle da disporre a termini della legislazione vigente.

Dato che il bilancio è vincolato alla legislazione vigente sia nel reperimento delle entrate che nella previsione delle stesse, esso sarà in equilibrio (vi sarà cioè una parità contabile tra entrata e spesa) soltanto se le disposizioni legislative in materia di entrata e quelle in materia di spesa si corrispondono nella dimensione quantitativa. Sta qui la ragione di una fondamentale regola posta dalla Costituzione: la regola secondo la quale «*ogni legge che importi nuove o maggiori spese deve indicare i mezzi per farvi fronte*» (art. 81, co. 4). In altre parole, ogni legge di spesa deve assicurarne la cosiddetta **copertura finanziaria**: che potrà consistere nell'uso di somme già previste nel bilancio (se ve ne sono disponibili), o nella previsione di nuove entrate (attraverso nuovi o maggiori tributi, prestiti, economie di spesa realizzate nel precedente esercizio, e simili).

La legge finanziaria

L'esperienza ha però mostrato che il legame del bilancio alla legislazione vigente produceva una situazione di eccessiva rigidità, risultando impossibile una manovra economica che non si riducesse alla pura somma delle frammentarie e parziali decisioni contenute nelle singole leggi.

In realtà, l'approvazione della legge di bilancio rappresenta ormai solo il momento terminale di un ciclo di programmazione finanziaria basato su diversi strumenti, destinati ad intervenire ogni anno in precisi momenti (art. 7 l. n. 196 del 2009). Il *Documento di economia e finanza* (DEF) deve essere presentato alle Camere entro il 10 aprile. Esso contiene il *Programma di stabilità* (che esprime i vincoli derivanti dalle regole dell'Unione europea, e ne manifesta l'osservanza), un documento di *Analisi e tendenze della finanza pubblica* nonché il *Programma nazionale di riforma*. In allegato al DEF sono elencati i disegni di legge collegati alla manovra di finanza pubblica; ed il Documento è seguito entro il 20 settembre da una *Nota di aggiornamento*. Lo strumento attuativo del Documento è costituito dalla *legge di stabilità*, il cui disegno di legge deve essere presentato alle Camere entro il 15 ottobre, contemporaneamente al disegno di legge del *bilancio*.

La legge di stabilità, che costituisce il fondamento della *manovra triennale di finanza pubblica*, contiene tra l'altro le misure qualitative e quantitative necessarie a realizzare nel triennio gli obiettivi programmatici (art. 10), anche incidendo sulle aliquote fiscali, sui canoni, sulle tariffe, ecc., nonché le norme eventualmente necessarie a garantire l'attuazione del *Patto di stabilità interno*, e con ciò il rispetto dei vincoli posti dall'Unione europea, nell'azione delle diverse pubbliche amministrazioni.

Gli strumenti della programmazione finanziaria sono completati dal *bilancio pluriennale* (aggiornato annualmente) redatto per missioni e programmi, in termini di competenza e di cassa, tenendo conto degli effetti degli interventi programmati nel Documento di economia e finanza e degli effetti della legge di stabilità (art. 22 l. n. 196 del 2009). Al contrario del bilancio annuale, il bilancio pluriennale non comporta autorizzazione a riscuotere le entrate e ad eseguire le spese ivi previste.

L'esercizio provvisorio

Abbiamo detto che non è in sede di bilancio che si *decidono* le entrate e le spese. Ciò però non toglie che sin tanto che il bilancio non sia approvato il Governo rischia di essere paralizzato, non essendo autorizzato a riscuotere ed a spendere. Per evitare ciò l'art. 81 della Costituzione ammette – attraverso il cosiddetto **esercizio provvisorio** – la possibilità che il Governo amministri in base al bilancio non ancora approvato.

L'esercizio provvisorio deve però essere concesso al Governo dal Parlamento con apposita *legge*, e la sua durata non può essere complessivamente superiore a *quattro mesi* (co. 2).

Durante l'esercizio provvisorio il Governo può spendere, per ogni mese, un dodicesimo di quanto previsto in bilancio per l'intero anno; il limite può essere superato solo se si tratti di una spesa obbligatoria e non frazionabile.

Il rendiconto

Analogamente a quella del bilancio di previsione, è riservata al Parlamento l'approvazione del **rendiconto**: l'atto cioè con il quale il Governo dà atto delle entrate riscosse e delle spese eseguite (art. 81 co. 1, Cost.). Prima dell'approvazione delle Camere il rendiconto forma oggetto del giudizio della Corte dei conti (c.d. *parificazione*).

VI
LA MAGISTRATURA E LA CORTE COSTITUZIONALE

capitolo 29

LA MAGISTRATURA ORDINARIA

1. magistratura ordinaria e magistrature speciali. Il giusto processo.

La **magistratura** è il corpo dei *giudici*, chiamati a decidere le controversie nell'esercizio della **funzione giurisdizionale**. Fondamentalmente, questo corpo è costituito dai magistrati *ordinari*. La Costituzione dice che essi sono «*istituiti e regolati dalle norme sull'ordinamento giudiziario*» (art. 102, co. 1). L'ordinamento giudiziario a tutt'oggi vigente è contenuto nel regio decreto 30 gennaio 1941, n. 12 (che ha però in seguito subito numerose modificazioni, la più ampia con la l. n. 111 del 2007).

L'art. 102 della Costituzione sottolinea fortemente il ruolo della magistratura *ordinaria*. Esso infatti dispone che «*non possono essere istituiti giudici straordinari o giudici speciali*» (possono esistere semmai «*sezioni specializzate per determinate materie*», e sempre «*presso gli organi giudiziari ordinari*»: co. 2). Ma da una lettura complessiva si vede immediatamente che *accanto alla magistratura ordinaria* la Costituzione stessa ammette e prevede *altri corpi ed organi titolari di funzioni giurisdizionali*: corpi ed organi che si dicono magistrature *speciali*, e che non sono disciplinati dalle stesse regole previste per la magistratura ordinaria.

L'art. 103 della stessa Costituzione, infatti, conferma l'esistenza di alcune *magistrature speciali*, esplicitamente ricordando il **Consiglio di Stato** e gli *altri giudici amministrativi* (co. 1), la **Corte dei conti** (co. 2), i **Tribunali militari** (co. 3).

L'art. 125 specifica poi che in ogni Regione saranno istituiti «*organi di giustizia amministrativa di primo grado*». L'art. 108, co. 2, assegna infine in generale alla *legge* il compito di assicurare «*l'indipendenza dei giudici delle giurisdizioni speciali*».

Nel complesso, dunque, il precetto dell'art. 102 Cost. va inteso nel senso che non possono essere istituiti *altri* giudici speciali, diversi da quelli che la Costituzione stessa consente.

Il giusto processo

L'art. 111 (come modificato dalla l. costituzionale n. 2 del 1999) enuncia alcune regole che valgono in generale per l'esercizio della funzione giurisdizionale e dunque per tutti i processi, qualunque sia il giudice (ordinario o speciale), davanti al quale si svolgono. Queste regole definiscono il concetto di quello che la stessa Costituzione chiama ora **giusto processo**. Tali regole costituiscono integrazione e specificazione di quanto già disposto dall'art. 24 Cost, secondo il quale da un lato «*tutti hanno diritto di agire in giudizio per tutela dei propri diritti e interessi*» (co. 1), dall'altro «*la difesa è un diritto inviolabile in ogni stato e grado del procedimento*» (co. 2: si avverta che il «procedimento» indica qui il *processo*).

Il primo elemento che secondo l'art. 111 caratterizza il *giusto processo* è strettamente collegato all'affermazione del diritto di agire e del diritto di difendersi: si tratta infatti del principio del *contraddittorio*, secondo il quale le regole processuali devono consentire a ciascuna parte di intervenire nel processo. A tale principio il secondo comma dell'art. 111 aggiunge il principio fondamentale della *parità* delle parti (che si può dire costituisca uno sviluppo del precedente) e il principio del *giudice terzo ed imparziale*. In forza del principio di parità il regime processuale non deve privilegiare la posizione di una parte rispetto alle altre, mentre in forza del principio di imparzialità il giudice deve essere anche concretamente estraneo alla controversia.

Violerebbe la parità una legge processuale che ad esempio avvantaggiasse il pubblico ministero nel processo penale o l'amministrazione nel processo amministrativo. Violerebbe il principio di terzietà e imparzialità una legge che consentisse al magistrato di giudicare una controversia alla quale si collegano suoi interessi, o anche semplicemente una controversia che lo stesso magistrato aveva già contribuito in passato a giudicare.

Ulteriore elemento essenziale dell'idea del giusto processo è la sua *ragionevole durata*, richiesta ora dall'art. 111, co. 2 (seconda frase).

Il problema della eccessiva durata dei processi è nella realtà il maggiore problema della giustizia italiana, e quello per la quale l'Italia viene molto spesso condannata dalla *Corte europea dei diritti dell'uomo*. Al fine di prevenire tali condanne il legislatore italiano ha previsto un rimedio di diritto interno, riconoscendo a coloro che siano lesi nel diritto ad un processo di durata ragionevole la possibilità di ottenere una *equa riparazione* (l. 24 marzo 2001, n. 89).

Infine, è prescritto che tutti i provvedimenti giurisdizionali (siano essi sentenze o ordinanze) debbano essere *motivati* (art. 111, co. 6).

2. la magistratura ordinaria

Alla magistratura *ordinaria* spettano *tutte* le funzioni giurisdizionali, escluse solo quelle che siano esplicitamente attribuite ad uno dei giudici *speciali*.

Si parla di **giurisdizione** per indicare la *parte di funzione giurisdizionale attribuita ad una magistratura*. Possiamo perciò dire che la *giurisdizione* del giudice ordinario ha carattere *generale*, mentre le altre magistrature hanno *giurisdizione* solo nei settori ad esse attribuiti. Vedremo però (cap. 30) che le controversie relative a *provvedimenti amministrativi* sono in sostanza attribuite ai *giudici amministrativi*: Tribunali amministrativi regionali e Consiglio di Stato.

I magistrati

La magistratura ordinaria è costituita da un corpo di magistrati, che si distinguono tra loro «*soltanto per diversità di funzioni*» (art. 107, co. 3, Cost.). La legge distingue le funzioni dei magistrati in primo luogo in funzioni *giudicanti* (che consistono appunto nel *giudicare* in posizione di terzietà tra le parti del processo) e funzioni *requirenti* (che consistono essenzialmente nello svolgimento delle funzioni del *pubblico ministero*). Poiché si tratta di attività diverse, che devono essere svolte sulla base di atteggiamenti ed attitudini diversi, il passaggio dalle funzioni giudicanti a quelle requirenti (e viceversa) è soggetto a limitazioni – anche in relazione al territorio in cui il magistrato esercita le funzioni – ed a specifiche condizioni curricolari.

Sia le funzioni giudicanti che quelle requirenti sono distinte in funzioni di *primo grado*, di secondo grado e di legittimità. Per le funzioni giudicanti si tratta essenzialmente dei giudici di pace e dei magistrati di tribunale (primo grado), dei consiglieri di corte d'appello (secondo grado) e dei consiglieri di cassazione (legittimità). Per le funzioni requirenti si tratta dei sostituti procuratori della Repubblica presso il tribunale (primo grado), nonché dei sostituti procuratori generali presso la corte d'appello (secondo grado) e presso la Corte di cassazione (legittimità).

Pur trattandosi in ogni caso di *magistrati*, la Corte costituzionale con la sentenza n. 420 del 1995 ha statuito che la posizione del pubblico ministero non può essere del tutto assimilata a quella dei magistrati giudicanti sotto il profilo della tutela dell'indipendenza, che trova la sua protezione non negli artt. 101, 104 e 108 della Costituzione (dedicati in generale all'indipendenza della magistratura) ma esclusivamente nell'art. 112, in quanto questo stabilisce l'obbligatorietà dell'azione penale.

I giudici sono *funzionari* che hanno un *rapporto di servizio* con lo Stato. In genere, si tratta di funzionari *professionali*, legati allo Stato da un rapporto di *pubblico impiego*, non soggetto alle regole sulla privatizzazione (cfr. cap. 12, par. 7). Alla magistratura ordinaria si accede mediante un *concorso pubblico*, cui possono partecipare i cittadini laureati in giurisprudenza ed in possesso degli altri requisiti curricolari stabiliti dalla legge. I giudici «amministrano» la giustizia «*in nome del popolo*» (art. 101 Cost.), ma *non* sono *eletti* dal popolo, né sono suoi *rappresentanti.*

Il legame tra la *giustizia* e la *sovranità popolare* (sancita dall'art. 1 della Costituzione) è invece *indiretto*, e si traduce nella soggezione dei giudici alla *legge* (art. 101, co. 2, Cost.), che esprime la volontà del popolo attraverso la volontà dei suoi *rappresentanti* nel Parlamento. Inoltre, come vedremo (par. 5), il Parlamento elegge alcuni dei componenti del *Consiglio superiore della magistratura.*

Secondo l'art. 106, co. 2, Cost., è possibile prevedere per legge «*la nomina, anche elettiva, di magistrati o n o r a r i per tutte le funzioni attribuite a giudici singoli*». Nell'attuale *ordinamento giudiziario*, i soli giudici *onorari* previsti in modo stabile sono i *giudici di pace*; essi però vengono *nominati* (non sono cioè funzionari *elettivi*).

Il giudice di pace è stato introdotto con caratteristiche particolari dalla l. 21 dicembre 1991, n. 374, ed ha sostituito la precedente sbiadita figura del giudice *conciliatore*. Esso non è un giudice di carriera, ma è un magistrato *onorario* nominato per quattro anni; deve essere però laureato in giurisprudenza, ed avere almeno 50 anni di età. Ha competenza in materia civile per un'ampia serie di cause relativamente «minori», ed una limitata competenza in materia penale. Davanti al giudice di pace, le parti si possono difendere personalmente se il valore della causa non supera 516,46 Euro, o se il giudice stesso le autorizza.

Ricordiamo che *giudice di pace* è organo *monocratico* (il cui titolare è perciò un *singolo* giudice), mentre il *tribunale* opera, a seconda dei casi, in composizione monocratica o collegiale. Tutti gli altri giudici sono invece organi *collegiali.*

Secondo l'art. 102, ultimo comma, della Costituzione, la legge regola «*i casi e le forme della partecipazione diretta del popolo all'amministrazione della giustizia*». L'unico caso previsto dall'attuale ordinamento giudiziario è costituito dalla partecipazione alle **Corti di assise** ed alle **Corti di assise di appello** (che sono i *giudici penali* chiamati a giudicare dei reati più gravi). In esse sono presenti sei **giudici popolari** e due giudici *professionali*, che formano tutti insieme un *unico* collegio giudicante: non c'è quindi la separazione tra *giudici* professionali e *giuria* popolare, propria degli ordinamenti anglosassoni. I giudici popolari sono scelti per sorteggio tra i cittadini iscritti in apposite liste, formate attraverso un complesso procedimento.

L'attività della magistratura ordinaria si può distinguere, essenzialmente, in **giurisdizione civile** ed in **giurisdizione penale**.

3. la giurisdizione civile

La giurisdizione *civile* si occupa, in generale, delle controversie che riguardano i **diritti soggettivi**, sia che si tratti di rapporti di *diritto privato*, sia che si tratti di rapporti di *diritto pubblico*.

La legge 24 novembre 1981, n. 689, ha inoltre attribuito al giudice civile piena giurisdizione in materia di sanzioni amministrative «punitive», cioè di sanzioni amministrative rivolte a scoraggiare determinati comportamenti mediante la fissazione per il trasgressore dell'obbligo di pagare una somma di danaro.

Le controversie *civili* devono essere instaurate davanti al **giudice di pace**, o davanti al **tribunale**, secondo i criteri di competenza stabiliti dal *codice di procedura civile* (i criteri sono collegati al «valore» economico, o alla «materia» della controversia).

L'iniziativa di parte

Il *processo* (la «**causa**») si inizia normalmente mediante un atto (detto **citazione**) mediante il quale un soggetto – detto **attore**, ad indicare che si tratta di colui che «agisce» in giudizio – *chiama* davanti al giudice un altro soggetto (**convenuto**), affinché il giudice accerti la fondatezza di una *pretesa* del primo (l'*attore*) nei confronti del secondo (il *convenuto*).

Solo eccezionalmente, nei casi espressamente previsti dalla legge (riguardanti specialmente gli *incapaci d'agire*, o la *procedura fallimentare*) l'azione civile è esercitata dal *pubblico ministero*, anziché dalla *parte interessata*.

Non solo, in generale, il processo civile non può iniziare senza iniziativa di parte, ma anche nel suo svolgimento esso si ispira di regola al cosiddetto **principio dispositivo**. In virtù di tale principio, ad esempio, sono le parti che propongono le *prove*, sulle quali il giudice deve basarsi nel decidere, mentre il giudice stesso non ne può disporre d'ufficio (salve le eccezioni previste dal codice), anche se gli sembrino utili o necessarie (art. 115 c.p.c.). Inoltre, il giudice deve pronunciarsi solo su ciò che gli è stato chiesto: non può pronunciare oltre i limiti della *domanda*, né la può respingere in base ad *eccezioni* che non gli siano state proposte (art. 112 c.p.c.).

Supponiamo che *A* chieda in giudizio che sia accertata contro *B* la sua qualità di proprietario di un terreno. Il giudice si avvede che, in relazione ai fatti, *A* ha diritto anche ad un risarcimento per i danni subiti, che tuttavia non è stato richiesto. La condanna al risarcimento non può essere pronunciata.

Oppure, supponiamo ancora che *A* chieda in giudizio che sia accertata contro *B* la sua qualità di proprietario. Il giudice si avvede che il contratto in base al quale *A* rivendica il terreno è viziato (ma non nullo: art. 1421 c.c.), ma *B* non se ne avvede o comunque non formula la relativa eccezione. Il giudice dovrà accogliere la domanda di *A*.

Risulta così chiaro che nel processo civile il giudice non è chiamato a fare giustizia in assoluto, ma solo in relazione a ciò che le parti gli *chiedono* e davanti a lui *dimostrano*.

Queste regole però non valgono nei particolari casi (limitati e specificamente previsti dalla legge) in cui il processo civile si svolge non per la tutela di interessi privati, ma per la tutela di interessi generali.

Primo grado e appello

La sentenza di condanna di primo grado è «*provvisoriamente esecutiva tra le parti*» (così l'art. 282 c.p.c.). La parte che è rimasta *soccombente* nel giudizio (cioè colui che ha perso la causa, in tutto o in parte) può in generale chiedere – entro determinati *termini* temporali – un **giudizio di appello**. Il giudizio di appello è un *nuovo* giudizio, nel corso del quale la questione già risolta dal primo giudice viene riesaminata, per quanto richiesto dall'*appellante*, sia nella valutazione dei *fatti accaduti* (il **fatto**, detto anche talora il **merito** della controversia) sia nella valutazione delle *norme giuridiche* da applicare (il **diritto**). Il giudice d'appello può, su istanza di parte, sospendere l'esecuzione della sentenza impugnata (art. 283 c.p.c.).

Il *tribunale* giudica come giudice d'appello in relazione alle sentenze del *giudice di pace* (salvo quelle pronunciate secondo equità, che sono *inappellabili*); quando la prima sentenza è invece di competenza del *tribunale*, si può ricorrere alla **corte d'appello** (cfr. art. 341 c.p.c.).

È questa la regola del **doppio grado di giurisdizione**. Non si tratta di una regola *assoluta* (non è consacrata nella Costituzione), ma vale *in generale*, salve esplicite eccezioni.

Giudizio di cassazione

Le sentenze d'appello possono essere poi ancora impugnate (sempre entro determinati *termini*), dalla parte *soccombente* (sia essa o meno quella che aveva perduto la causa in *primo grado*), davanti alla Corte di cassazione. Il **ricorso per cassazione** è però consentito soltanto per *motivi di diritto*, cioè ove si voglia sostenere che il giudice d'appello, o entrambi i giudici precedenti, hanno *errato nell'applicare la legge*.

La possibilità di ricorrere alla *Corte di cassazione* contro le sentenze d'*appello* rappresenta un terzo *grado* di giurisdizione. Ma la Corte di cassazione deve limitarsi a verificare se i giudici di *merito* (cioè i giudici di *primo grado* e d'*appello*) hanno bene individuato ed interpretato le *norme giuridiche*, mentre *non può compiere alcun controllo sul modo in cui sono stati valutati i fatti*.

Se le norme giuridiche sono state male applicate, la Corte di cassazione *annulla* («cassa») la sentenza impugnata: e può accadere che il giudizio debba riprendere davanti ai giudici di merito (così, ad esempio, se essi avevano negato la propria giurisdizione, ritenendo che la conoscenza della controversia spettasse al giudice *amministrativo*, e la Corte di cassazione affermi invece la giurisdizione del giudice *ordinario*). Per ragioni di speditezza, è previsto che la Corte di cassazione giudichi *anche nel merito* (e dunque chiuda la controversia con la propria sentenza) se non sono necessari ulteriori accertamenti di fatto (art. 384 c.p.c.).

Il giudicato

Quando una sentenza non può essere impugnata – o perché sono trascorsi i termini entro i quali ciò era possibile, o perché è stato raggiunto l'ultimo grado di giurisdizione – essa costituisce il **giudicato** relativo alla specifica controversia (art. 324 c.p.c.). Il *giudicato* rimane da quel momento *immutabile*. Sono del tutto eccezionali i casi in cui il giudizio può essere riaperto, e la sentenza *revocata*: per *dolo* delle parti o del giudice, per *falsità* delle prove, e per altre evenienze, previste dall'art. 395 del *codice di procedura civile*.

4. la giurisdizione penale

La **giurisdizione penale** è rivolta ad accertare, attraverso il processo *penale*, la responsabilità di colui che sia accusato di aver commesso un *reato* (l'**imputato**). Essa è esercitata in *primo grado*, a seconda dei reati, dal **tribunale** (in composizione monocratica o collegiale a seconda dei casi) o dalla **corte di assise**.

Il *giudice di pace* ha una limitata competenza in materia penale, prevista dal d. lgs. n. 274 del 2000. Si noti che per tutti i reati sottoposti alla competenza del giudice di pace sono previste solo pene pecuniarie o sanzioni alternative alla detenzione, anche dove ora sono previste pene detentive.

L'*azione penale* è sempre iniziata dal *pubblico ministero*, ed il suo esercizio è definito come un *obbligo* dalla stessa Costituzione (art. 112).

Solo in alcuni casi, previsti dalla legge, l'azione penale non può essere esercitata se non lo chiede la persona offesa dal reato, con un atto che si chiama **querela**. Così l'*ingiuria* non è punibile se non su *querela* dell'ingiuriato (art. 597 del *codice penale*). Si tratta di casi nei quali la *pubblicità* derivante dal processo rischia di essere per l'interessato più dannosa del reato stesso: perciò si lascia a lui di decidere l'instaurazione del processo.

In generale, invece, si considera che il reato offenda non solo un eventuale *diretto interessato*, ma l'*intera collettività*. Il *furto*, ad esempio, è perseguito d'*ufficio*, senza bisogno di querela. Addirittura, non avrebbe importanza – dal punto di vista giuridico

– il desiderio del derubato che non si persegua il reo (anche se è ovvio che, di fatto, l'azione penale non può essere esercitata se nessuno fa arrivare al pubblico ministero la notizia del furto, o se come spesso accade non si riesce ad individuare il responsabile).

Principio inquisitorio e principio accusatorio

In Italia il processo penale è stato, nel passato, almeno parzialmente ispirato al cosiddetto *principio inquisitorio*, in virtù del quale spetta al giudice di stabilire la verità, cercando anche d'ufficio le *prove* necessarie. Più precisamente, il sistema italiano veniva considerato come un sistema *misto*: gli elementi *inquisitori* prevalevano nettamente nell'*istruttoria*, durante la quale le prove venivano raccolte e così «precostituite» *dal giudice istruttore* (che non si trovava perciò ad essere realmente «terzo» nella questione), *prima* del dibattimento in aula, e perciò in assenza di un vero contraddittorio. Il contraddittorio trovava invece largo spazio (pur sotto la guida del giudice, e senza il cosiddetto *esame incrociato*) nel *dibattimento*. Nell'insieme, però lo stesso dibattimento fungeva da luogo di pura verifica e valutazione di prove già acquisite. E questo era un grave difetto del sistema.

In altri paesi invece – tra i quali gli Stati Uniti – si segue l'opposto sistema (detto *accusatorio*) per il quale il compito di far emergere la verità e di convincere il giudice spetta al confronto diretto tra pubblico ministero e difesa (mediante l'*esame incrociato*), mentre il giudice si limita a far rispettare le regole del confronto. Si capisce che anche con questo sistema il dibattimento viene pur sempre preceduto da una *inchiesta*, ma i risultati di questa non hanno (di regola) valore diretto per il giudice (che non vi partecipa), ma servono soltanto al pubblico ministero per sostenere l'accusa nel dibattimento.

Il vigente codice di procedura penale italiano, emanato (dopo una gestazione pluridecennale, se si considera che la prima Commissione per la riforma organica del codice di procedura penale risale al 1945) con decreto legislativo 22 settembre 1988, n. 447, è ispirato di massima (anche se non senza temperamenti) ai principi ora detti del sistema accusatorio.

Procedimento ordinario

Il pubblico ministero svolge **indagini preliminari**, che normalmente non costituiscono prova. Avendo ormai posizione di *parte*, esso non ha più il potere di limitare la libertà personale (salvo un limitato potere di *fermo* provvisorio in caso di urgenza): potere che spetta invece al *giudice* incaricato di seguire tali indagini preliminari, il quale è per parte sua liberato da ogni compito di indagine.

Coerentemente, la persona sulla quale si indaga *non è affatto un imputato* (benché gli spettino analoghe garanzie). Imputato diviene invece il soggetto per il quale, al termine delle indagini preliminari, il pubblico ministero richieda il *rinvio a giudizio* (art. 60 c.p.p.). È in questo momento che inizia il **processo** vero e proprio. Nel **dibattimento** l'*accusa*, in contraddittorio con la *difesa*, cerca di formare le prove della colpevolezza, al fine di ottenere la **condanna** dell'imputato. S'intende però che, ove lo stesso pubblico ministero si convinca nel corso del dibattimento dell'innocenza dell'imputato, egli può e deve richiedere l'**assoluzione**.

Tra le formule che concludono il giudizio, *non* è ora più ammessa la già tradizionale assoluzione per *insufficienza di prove* (cfr. art. 530 c.p.p.). Il sistema si fonda sulla *presunzione di non colpevolezza* (art. 27, co. 2, Cost.): presunzione che rimane confermata in tutti i casi in cui non si formi nel dibattimento una *prova sufficiente* di colpevolezza: e la relativa sentenza di assoluzione non viene iscritta (contrariamente a quanto disponeva il precedente codice) nel casellario giudiziario.

Le formule consentite per l'*assoluzione* sono quelle indicate dall'art. 530, co. 1, c.p.p.: perché *il fatto non sussiste*, o perché esso, pur sussistendo, *non costituisce reato*, o perché *l'imputato non lo ha commesso*, o perché il reato è stato commesso da un imputato *non imputabile* o *non punibile* per altre ragioni.

Si potrebbe a prima vista pensare che, ottenuta l'assoluzione, la relativa formula (e le ragioni che la motivano) sia indifferente per l'imputato. Le cose stanno diversamente, e l'imputato può bene aver interesse a dimostrare di non aver commesso un certo fatto, anche se esso, in ipotesi, non costituisca reato. In effetti dall'aver commesso un certo fatto potrebbero derivare egualmente conseguenze negative (si pensi ad esempio, per i pubblici impiegati, alle sanzioni disciplinari). Perciò l'imputato può proporre appello anche contro una sentenza di assoluzione, a meno che essa non sia pronunciata, *perché il fatto non sussiste* o *per non aver commesso il fatto* (art. 593).

Procedimenti speciali

Accanto al *procedimento ordinario* sommariamente descritto, il codice di procedura penale disciplina alcuni *procedimenti speciali*. Il giudizio *abbreviato*, l'*applicazione della pena a richiesta delle parti* e il *procedimento per decreto* corrispondono allo scopo di non dover ricorrere allo strumento raffinato ma dispendioso del *dibattimento* in quei casi in cui ciò non sia giustificato dalla situazione concreta. Poiché però ciò si traduce in una diminuzione delle garanzie di difesa, è richiesto il consenso o la mancata opposizione dell'imputato.

Gli altri procedimenti speciali sono invece finalizzati ad *anticipare* il dibattimento, evitando le fasi preliminari. Il *giudizio direttissimo* presuppone il verificarsi di specialissime circostanze quali la *flagranza* di reato (come nel caso di chi venga colto mentre commette o ha appena commesso il reato), o la confessione già *resa* dall'imputato, mentre il *giudizio immediato* presuppone che la prova appaia *evidente*.

I gradi di giudizio

Contro le sentenze penali di *primo grado* è ammesso **appello**, che può essere presentato sia dall'*imputato* (in caso di esito in tutto o in parte negativo del processo), che dal *pubblico ministero*, le cui richieste non siano state accolte (o non accolte per intero) dal giudice. L'*appello* contro le sentenze del *tribunale* si presenta alla *corte d'appello,* contro le sentenze della *corte di assise* alla *corte di assise di appello.*

L'appello fa sì che nel nuovo giudizio vengano riesaminati tutti i punti per i quali esso è stato proposto. Ma se è stato proposto *solo dall'imputato*, il giudizio *non* può concludersi con la condanna ad una pena *più grave* di quella inflitta in primo grado.

Anche nel processo penale è ammesso, come *terzo* grado di giurisdizione, il **ricorso per cassazione**, per errata applicazione delle norme giuridiche.

Principi costituzionali

Ricordiamo che secondo l'art. 27, co. 2, della Costituzione «*l'imputato non è considerato colpevole sino alla condanna definitiva*», cioè fino alla condanna contenuta in una sentenza che sia passata in *giudicato.*

L'art. 27 Cost. precisa ancora che «*la responsabilità penale è personale*» (essa deve cioè riferirsi ad un comportamento *proprio* dell'accusato), e che «*le pene non possono consistere in trattamenti contrari al senso di umanità e devono tendere alla rieducazione del condannato*».

La Costituzione pone a questo modo, in relazione alla pena, ideali molto elevati, ma certamente difficili da realizzare. L'esperienza del *sistema carcerario* italiano, e le condizioni concrete nelle quali esso opera (mancata separazione tra carcerazione *dopo la condanna* e carcerazione *preventiva* in corso di giudizio, sovraffollamento delle carceri, esistenza di organizzazioni e attività criminose fin dentro le carceri) mostrano una realtà non certo adeguata agli ideali e alle prescrizioni costituzionali.

Inoltre, l'art. 25 Cost. stabilisce che «*nessuno può essere distolto dal giudice naturale precostituito per legge*» (non sono perciò ammessi organi giudicanti *straordinari*, costituiti solo per un determinato processo) e che «*nessuno può essere punito se non in forza di una legge che sia entrata in vigore prima del fatto commesso*» (principio della *irretroattività* della legge penale).

Il giusto processo penale

L'art. 111 della Costituzione stabilisce regole particolari per il *giusto processo* in materia penale.

Si prevede così tra l'altro (co. 3) «*che la persona accusata di un reato sia, nel più breve tempo possibile, informata riservatamente della natura e dei motivi dell'accusa*»; che essa «*disponga del tempo e delle condizioni necessari per preparare la sua difesa*»; che essa «*abbia la facoltà, davanti al giudice, di interrogare o di far interrogare le persone che rendono dichiarazioni a suo carico*» nonché «*di ottenere la convocazione e l'interrogatorio di persone a sua difesa*». Ulteriori regole garantiscono in particolare il contraddittorio nella formazione delle prove.

Infine, la Costituzione precisa che «*non è ammessa la pena di morte*» (art. 27, u.c.).

Nello stesso ordine di idee non è neppure possibile per le autorità italiane consentire l'*estradizione* – cioè la consegna di una persona ad altro Stato in vista della prosecuzione penale – se nello Stato richiedente è prevista la pena di morte per il reato di cui la persona è accusata (così secondo la Corte costituzionale, sent. n. 54 del 1979).

5. il Consiglio superiore della magistratura

L'indipendenza dei magistrati

La Costituzione ha considerato l'**indipendenza** della magistratura un bene prezioso. Essa afferma, in via di principio, che la magistratura (si intende qui la magistratura ordinaria) «*costituisce un ordine autonomo e indipendente da ogni altro potere*» (art. 104, co. 1, Cost.), e predispone alcuni strumenti giuridici che mirano a *garantirla* nel massimo grado possibile.

L'esigenza di assicurare l'indipendenza della magistratura può anche tradursi in *limitazioni* dei diritti di coloro che ne fanno parte, rispetto a quelli degli altri cittadini: i magistrati infatti costituiscono – insieme ai «*militari di carriera in servizio attivo, i funzionari e gli agenti di polizia, i rappresentanti diplomatici e consolari all'estero*» – le uniche categorie per le quali la legge può «*stabilire limitazioni al diritto d'iscriversi ai partiti politici*» (art. 98, ultimo comma, Cost.).

Tali limitazioni non sono finora state poste per i magistrati; ma lo spirito della norma costituzionale è comunque da intendersi nel senso che la loro azione (come quella degli appartenenti alle altre categorie accennate) deve *essere* ed *apparire* esente da ogni possibile influenza di considerazioni politiche di parte.

In generale, però, l'indipendenza della magistratura ordinaria è stata garantita assicurando ai suoi componenti uno stato giuridico «privilegiato» rispetto a quello degli altri funzionari. In particolare, l'art. 107, co. 1, Cost., sancisce che i magistrati sono **inamovibili** dalle funzioni che svolgono, e dal luogo ove le svolgono. Poiché però la regola così espressa sarebbe evidentemente *troppo rigida*, il comma secondo dello stesso articolo precisa che essi possono «*essere dispensati o sospesi dal servizio*», oppure «*destinati ad altre sedi o funzioni*» in due modi: o *con il loro consenso* (ed in questo caso non si pone, evidentemente, alcun problema di tutela della loro indipendenza), oppure per decisione del **Consiglio superiore della magistratura**.

Le funzioni del Consiglio superiore

Più ampiamente, al *Consiglio superiore della magistratura* spettano «*le assunzioni, le assegnazioni ed i trasferimenti, le promozioni ed i provvedimenti disciplinari nei riguardi dei magistrati*» (art. 105 Cost.). Ne risulta in pratica che tutte le funzioni di «amministrazione» di quel particolare settore del *pubblico impiego statale* che è costituito dai *magistrati* (*giudici* e *pubblici ministeri*) sono attribuite al *Consiglio superiore*, e non – come accade invece per gli altri pubblici impiegati statali – ai *ministeri* di appartenenza.

Il Ministro della giustizia ha bensì il compito di curare «*l'organizzazione e il funzionamento dei servizi relativi alla giustizia*» (art. 110 Cost.), ed anche il potere di «*promuovere l'azione disciplinare*» contro i magistrati: ma non ha nei loro confronti *nessun altro potere*.

L'indipendenza dei giudici è così in primo luogo assicurata *di fronte al Governo*, cui è stata tolta ogni possibilità di esercitare «pressioni» assicurando promozioni o minacciando provvedimenti sfavorevoli (ad esempio *trasferimenti* in sedi non gradite), come poteva accadere – e talora accadeva – nel precedente regime.

Il problema dei rapporti tra magistratura e potere esecutivo non si può però dire completamente risolto dalle disposizioni ricordate. In particolare, problemi rilevanti possono sorgere in relazione all'esercizio del potere di disporre «*ispezioni in tutti gli uffici giudiziari allo scopo di accertare se i servizi procedono secondo le leggi, i regolamenti e le istruzioni vigenti*» che la l. 12 agosto 1962, n. 1311, assegna al Ministro della giustizia per lo svolgimento delle sue funzioni. Benché infatti sembri chiaro che le ispezioni riguardano fondamentalmente gli aspetti organizzativi dell'erogazione del servizio della giustizia, e che esse in nessun caso possono tradursi in un modo improprio di sindacare gli atti giurisdizionali, nella pratica il confine non è apparso così chiaro, ed in singole occasioni ha dato luogo ad una vistosa conflittualità tra magistrati e Ministro.

Composizione dell'organo

Si dice spesso che il Consiglio superiore della magistratura è l'organo di *autogoverno* della magistratura: ed in un certo senso è così, perché esso è composto *per due terzi* – cioè, in base alla legislazione attuativa, per *sedici* dei suoi componenti elettivi – da magistrati ordinari, eletti da tutti i magistrati ordinari. Inoltre, ne fanno parte *di diritto* (cioè senza bisogno di nessuna elezione o nomina) altri due altissimi magistrati: il *primo presidente* ed il *procuratore generale* della *Corte di cassazione* (art. 104, co. 3, Cost.).

Tuttavia, i costituenti hanno anche temuto il rischio di creare un corpo di magistrati totalmente *separato* dal resto delle istituzioni, senza nessun collegamento con il *principio democratico* che complessivamente le ispira, e che è espresso dall'art. 1 della Costituzione.

Perciò, la composizione dell'organo di «governo» dei giudici è stata *integrata* in *due* direzioni. In primo luogo, *la presidenza è stata assegnata al Presidente della Repubblica* (art. 104, co. 2). In secondo luogo, il rimanente *terzo* dei componenti elettivi (cioè altri *otto* membri) viene eletto dal *Parlamento* (in *seduta comune*) tra «*professori ordinari di università in materie giuridiche ed avvocati dopo quindici anni di esercizio*» (art. 104, co. 4). I membri così nominati vengono usualmente detti membri «laici», per indicare che essi non appartengono alla *magistratura*.

Il *vice presidente* del Consiglio superiore deve essere scelto tra i membri eletti dal Parlamento.

A questo modo si è cercato di contemperare l'esigenza di *indipendenza* della magistratura con l'esigenza di un *collegamento* con le istituzioni democratiche. I componenti non sono tutti *magistrati*, ma sono tutti *giuristi* (cioè «tecnici» del diritto). L'elezione di otto di essi da parte del Parlamento assicura il collegamento con gli orientamenti politici espressi dall'elettorato.

In qualche modo, orientamenti «politici» sono espressi anche dai membri eletti dai giudici, dato che le diverse *liste* di candidati, presentate al voto dai vari «raggruppamenti» dei giudici («unità per la costituzione», «magistratura indipendente», «magistratura democratica»), si distinguono non solo per le persone proposte, ma anche per il modo di concepire i rapporti sociali, e talvolta lo stesso ruolo del giudice nell'applicazione del diritto. Il fenomeno, in sé inevitabile, può essere accettato, ma solo a patto che non ne risulti scalfita la caratteristica *neutralità* del giudice, posta a garanzia della stessa *eguaglianza* dei cittadini di fronte alla legge.

Le norme relative al sistema elettorale e al funzionamento del Consiglio sono stabilite dalla l. 24 marzo 1958, n. 195, modificata da ultimo dalla l. 28 marzo 2002, n. 44.

Natura degli atti

Va sottolineato che il *Consiglio superiore della magistratura*, in generale, *non è un giudice*. I provvedimenti che esso prende (*nomine, assegnazioni, trasferimenti*, e gli altri indicati sopra), sono **provvedimenti amministrativi** (essi vengono emanati con *decreto del Presidente della Repubblica* o del Ministro della giustizia), soggetti a tutte le regole *sostanziali* e *processuali* del diritto amministrativo (ad esempio, sono impugnabili davanti ai giudici amministrativi).

La tutela giurisdizionale avverso gli atti del Consiglio superiore è *completa*, nel senso che (come la Corte costituzionale ha precisato con le sentenze n. 419 e n. 435 del 1995) comprende sia la fase di *cognizione* (e delle conseguenti statuizioni, quali tipicamente l'annullamento dell'atto impugnato), sia la fase di *esecuzione* anche coattiva (e delle conseguenti statuizioni, quali la nomina di un commissario *ad acta* in caso di mancato spontaneo adeguamento).

Se invece un giudice commette un *reato*, o un *illecito civile*, egli *è giudicato dalla magistratura secondo le regole comuni*, e non dal Consiglio superiore.

Soltanto le decisioni della **Sezione disciplinare** del *Consiglio superiore*, che infliggono ai giudici *sanzioni disciplinari* per comportamenti scorretti o irregolari, hanno carattere *giurisdizionale*, e possono essere impugnate, per espressa disposizione di legge, solo mediante ricorso alla *Corte di cassazione*.

capitolo 30

LA GIUSTIZIA AMMINISTRATIVA E LE GIURISDIZIONI SPECIALI

1. il problema della giustizia amministrativa

La *giustizia amministrativa* ha evidentemente riguardo all'esercizio della «giustizia» in relazione all'*amministrazione*. Ci chiediamo ora perché l'esercizio della giustizia in relazione all'amministrazione ponga problemi particolari.

Le controversie che coinvolgono l'amministrazione

Per sé, il fatto che possano insorgere controversie tra privati e pubbliche amministrazioni (così come possono insorgere controversie tra privati) non ha nulla di straordinario. Si pensi, ad esempio, ad un litigio tra un privato ed un Comune sulla proprietà di un certo terreno, che l'uno e l'altro affermano come propria. In questo caso, in sostanza, si tratta di una comune controversia sulla proprietà di un bene: ed il fatto che uno dei contendenti sia il Comune non ne altera per nulla la natura. In una controversia del genere, il Comune non compare come provvisto di particolare *autorità*, ma come un soggetto tra gli altri, un soggetto *come* gli altri, nell'atto di rivendicare un proprio diritto.

Le cose, però non stanno sempre così. Consideriamo altri esempi: un cittadino viene *espropriato* di un suo terreno per far passare la ferrovia; ad un altro viene *ordinato* di demolire un'opera abusivamente costruita; ad un terzo viene negato il *permesso* di costruire un edificio o di aprire un negozio. In tutti questi casi, l'amministrazione non agisce come un soggetto eguale agli altri, ma come *autorità amministrativa*, cioè come soggetto che per il bene della collettività ha ed esercita particolari poteri, secondo quanto illustrato al cap. 27.

Tuttavia, anche in simili casi possiamo facilmente immaginare una *controversia* tra privato ed amministrazione sulla legittimità dell'*espropriazione*, dell'*ordine* di presentarsi alle armi, del *diniego* del permesso di costruzione. Il problema della giustizia amministrativa sta tutto qui: se controversie del genere debbano avere un giudice, e di quale giudice debba trattarsi.

Le possibili soluzioni

In astratto, le risposte possibili sono fondamentalmente tre: nessun giudice, il giudice comune, un giudice speciale. Nel primo caso (nessun giudice) si afferma che l'amministrazione, come potere pubblico, non deve essere sottoposta a nessun potere giurisdizionale, e che tutt'al più provvederà essa stessa a risolvere, nel proprio interno, le «controversie» suscitate dalla propria azione. Nel secondo (giudice comune) all'opposto si afferma la giurisdizione comune come potere cui sono sottoposti allo stesso modo tutti i soggetti, compresa la pubblica amministrazione. Nel terzo (giudice speciale) si afferma il carattere particolare e specifico di alcune controversie tra privato ed amministrazione, senza però negare che esse possano esistere, e che ad esse si debba dare un giudice.

Naturalmente, ricordare la prima soluzione (nessun giudice) ha oggi, nei paesi di democrazia occidentale, un significato esclusivamente storico, dato che la possibilità di sottoporre a giudizio gli atti dell'amministrazione forma parte integrante ed essenziale dell'idea di *Stato di diritto*. Il vero problema è la scelta tra giurisdizione ordinaria e giurisdizione speciale.

In concreto, la situazione è molto più complicata, perché può darsi, ad esempio, che *alcune* delle possibili controversie tra privato ed amministrazione siano sottratte a qualunque giudice, altre siano affidate al giudice comune, altre a giudici speciali. Questa era in larga misura la realtà degli Stati italiani del secolo diciannovesimo, prima dell'unità: una situazione giudicata per lo più largamente insoddisfacente, sia perché moltissime erano le controversie senza giudice, sia perché i giudici speciali erano in pratica parti della stessa amministrazione, senza alcuna indipendenza ed imparzialità.

La situazione italiana

La Costituzione italiana afferma ora all'art. 113 il fondamentale principio secondo il quale «*contro gli atti della pubblica amministrazione è sempre ammessa la tutela giurisdizionale*» (comma 1), tutela che «*non può essere esclusa o limitata a particolari mezzi di impugnazione o per determinate categorie di atti*» (comma 2). Rimane con ciò affermato il principio di generale *giustiziabilità* (cioè della generale sottoponibilità ad un giudice) degli atti dell'amministrazione. Ciò però non significa che questo giudice debba essere il giudice comune.

Nella storia italiana, come nella storia di altri paesi europei (quali la Francia e la Germania), è prevalsa l'idea che *una parte* delle controversie tra privati ed amministrazione, nella quale l'attività amministrativa maggiormente reca il contrassegno dell'*autorità*, debba esser sottoposta al giudizio di *giudici speciali*, meglio adatti (per esperienza, per formazione, o semplicemente per specializzazione) a valutare quel peculiare tipo di controversie: giudici che prendono il nome di *giudici amministrativi*. Così lo stesso art. 113 della Costituzione, che abbiamo appena citato, specifica che la tutela giurisdizionale contro gli atti dell'amministrazione può essere ammessa «*dinanzi agli organi di giurisdizione ordinaria o amministrativa*»; ed all'art. 100 definisce il Consiglio di Stato quale «*organo... di tutela della giustizia nell'amministrazione*», prevedendo poi all'art. 125 «*organi di giustizia amministrativa di primo grado*».

In Italia perciò (come in molti altri Stati dell'Europa continentale) vige attualmente un sistema di giustizia amministrativa che possiamo chiamare *ripartita*, nel senso che alcune delle controversie tra amministrazioni e privati rimangono affidate alla magistratura ordinaria, mentre altre vengono invece assegnate ai giudici amministrativi.

Si noti che anche nel Regno Unito, ove – nonostante i numerosissimi *administrative tribunals* con competenza specializzata per singole materie – non esiste un vero e proprio giudice amministrativo nel senso continentale, le esigenze reali di tutela hanno condotto all'istituzione di una speciale *azione* (denominata *application for judicial review*) davanti alla *High Court* per la tutela degli interessi lesi da atti autoritativi dell'amministrazione. Esiste quindi in Inghilterra una sorta di giustizia amministrativa senza giudice amministrativo (o se si preferisce la *High Court* opera quale giudice amministrativo).

2. la ripartizione delle controversie

Il criterio di ripartizione

Quando le controversie amministrative sono ripartite tra il giudice ordinario e il giudice amministrativo, fondamentale importanza assume la *regola* secondo la quale si opera la ripartizione. Ad esempio, nella Repubblica federale tedesca la regola è che sono assegnate ai giudici amministrativi le controversie che abbiano ad oggetto rapporti di *diritto pubblico* (di carattere non costituzionale), mentre in Francia risultano ad essi assegnate – ancora più ampiamente – le controversie che comunque riguardino la *gestione pubblica* dell'amministrazione (ivi compresa, al contrario che in Germania, la *responsabilità per danni* che da essa derivi).

In Italia, le circostanze dello sviluppo storico del sistema della giustizia amministrativa hanno portato ad un criterio di ripartizione delle controversie fondato – almeno in linea di principio – sulla *situazione soggettiva* di cui si chieda la tutela in giudizio. E l'art. 103, comma 1, ha accolto nella Costituzione tale criterio, specificando che «il Consiglio di Stato e gli altri organi di giustizia amministrativa hanno giurisdizione per la tutela nei confronti della pubblica amministrazione degli interessi legittimi e, in particolari materie indicate dalla legge, anche dei diritti soggettivi».

Diritti soggettivi e interessi legittimi

La regola generale è in apparenza abbastanza semplice: le controversie tra soggetto privato e pubblica amministrazione sono giudicate dal giudice ordinario quando esse hanno ad oggetto un *diritto soggettivo*, dal giudice amministrativo quando hanno ad oggetto un *interesse legittimo*.

La regola ora ricordata è, come già accennato, il risultato del sovrapporsi di normative ispirate a principi profondamente diversi.

In un primo momento, subito dopo l'unità, nel nostro Paese prevalse la tesi che, ove il cittadino avesse dei *diritti* da far valere contro l'amministrazione, questi diritti dovessero essere tutelati dal *giudice ordinario*, mentre se non vi erano diritti da far valere, non c'era una controversia che potesse esser portata davanti ad un giudice. Questi principi trovarono espressione nella legge 20 marzo 1865, n. 2248 (*allegato E*), ai sensi della quale venivano (e vengono, trattandosi di una legge ancora in vigore) devolute al giudice ordinario «*le cause nelle quali si faccia questione di un diritto civile o politico, comunque possa esservi interessata la pubblica amministrazione, e ancorché siano emanati provvedimenti del potere esecutivo o dell'autorità amministrativa*» (art. 2).

Tuttavia, l'esperienza degli anni successivi mostrò che vi erano molte situazioni, nelle quali non si poteva riconoscere l'esistenza di veri diritti *civili* o *politici* (cioè di situazioni non strettamente dipendenti dalla legislazione amministrativa: dalla quale, secondo i criteri di allora, non sorgevano veri diritti), ma per le quali appariva ingiusto che non vi fosse nessuna tutela giurisdizionale. Si pensi, ad esempio, alla materia dei controlli sugli enti locali, agli atti riguardanti gli impiegati statali, alla materia delle concessioni amministrative. Per risolvere il problema la legge 31 marzo 1889, n. 5992, affidava ad un apposito organo (costituito allora soltanto dalla *quarta sezione* del Consiglio di Stato) il compito di «*decidere sui ricorsi per incompetenza, per eccesso di potere o per violazione di legge, contro atti o provvedimenti di un'autorità amministrativa o di un corpo amministrativo deliberante, che abbiano per oggetto un interesse d'individui o di enti morali giuridici*»: s'intende, sempre che non si trattasse di un diritto, e che non vi fosse già perciò la tutela del giudice ordinario.

Diritto soggettivo, da una parte, semplice interesse (più tardi chiamato *interesse legittimo*), dall'altra, sono così divenuti gli oggetti della giurisdizione rispettivamente del giudice *ordinario* e del giudice *amministrativo*.

Dopo di allora, l'organizzazione della magistratura amministrativa si è notevolmente sviluppata. Le sezioni *giurisdizionali* del Consiglio di Stato sono divenute *tre* (accanto alla quarta, la *quinta* e la *sesta*, per cedere poi il passo ad una organizzazione flessibile del riparto dei compiti tra le sezioni: cfr. sopra, cap. 25, par. 4); inoltre, la legge 6 dicembre 1971, n. 1034, ha finalmente istituito i Tribunali amministrativi regionali come *organi di giustizia amministrativa di primo grado*, in attuazione dell'art. 125, co. 2,

Cost. (prima, svolgevano in parte questo compito le *Giunte provinciali amministrative*, che furono però dichiarate illegittime dalla Corte costituzionale nella loro composizione – che comprendeva il *Prefetto* ed altri funzionari di prefettura – per contrasto con il principio di indipendenza ed imparzialità del giudice).

Non è però mutato il fondamentale criterio per il *riparto della giurisdizione* tra le due magistrature: *diritti soggettivi* al giudice ordinario, *interessi legittimi* al giudice amministrativo.

Criterio applicativo

Va precisato, tuttavia, che, secondo i criteri oggi dominanti, *di fronte all'esercizio di pubblici poteri effettivamente attribuiti alla pubblica amministrazione, la posizione degli amministrati è sempre, di norma, di interesse legittimo, e non di diritto soggettivo.*

Infatti, quando il singolo ha dei diritti *assolutamente intangibili* di fronte all'amministrazione – ad esempio il diritto alla *vita*, o al *nome* – l'amministrazione *non ha potestà* da esercitare in relazione a quei diritti. Quando invece l'amministrazione ha il *potere* di far venir meno i diritti dei soggetti con propri provvedimenti, l'atto di esercizio del potere, cioè il *provvedimento*, sopprime il diritto. All'interessato è data però la possibilità di far accertare dal giudice l'eventuale *illegittimità* del provvedimento e di ottenerne di conseguenza l'annullamento, facendo valere la sua posizione di *interesse legittimo* di fronte all'azione amministrativa (sulle posizioni giuridiche di *diritto* e di *interesse legittimo* si veda anche il cap. 5, parr. 2 e 4).

Così, ad esempio, di fronte ad un atto di *espropriazione* di un immobile, compiuto da una amministrazione che ha il potere di emanarlo (e quindi non viziato da *incompetenza assoluta*: cap. 27, par. 9), il diritto di proprietà *viene meno*. L'espropriato *non* potrà perciò ricorrere al giudice *ordinario*, ma potrà – facendo valere il suo *interesse legittimo* – impugnare l'atto di espropriazione davanti al giudice amministrativo, affermando che il potere di espropriare, pur *esistente*, è stato nel caso concreto *male esercitato*.

Analogamente, il cittadino che partecipa ad un pubblico concorso non si può dire abbia un *diritto soggettivo* alla vittoria, dato che il suo interesse è subordinato al *potere* dell'amministrazione di valutare le prove del concorso secondo il proprio giudizio. Egli può però – se il concorso si svolge in modo illegittimo – impugnare la relativa graduatoria davanti al giudice ammnistrativo.

Carenza e illegittimo esercizio del potere

In pratica, perciò, la regola secondo la quale si fanno valere i *diritti soggettivi* davanti al *giudice ordinario*, gli *interessi legittimi* davanti al *giudice amministrativo* si traduce nella seguente: si ha giurisdizione del giudice ordinario quando l'amministrazione abbia agito *in carenza assoluta di un potere* attribuitole (o anche abbia agito con atti assolutamente non idonei ad esercitare un potere pur esistente), giurisdizione del giudice amministrativo quando l'amministrazione abbia agito illegittimamente, *male esercitando un potere* attribuitole.

In altre parole, oggi definiamo una posizione come diritto soggettivo o come interesse legittimo *a seconda del rapporto in cui essa si trovi con un potere amministrativo*. Si noti che all'inizio, nei decenni immediatamente seguenti il 1865 e per molto tempo ancora, le posizioni soggettive venivano valutate *per ciò che esse apparivano in generale* nell'ordinamento giuridico, *prima* dell'esercizio del potere amministrativo ed *a prescindere* da esso. Per cui ad esempio il giudice ordinario (e solo esso) dava diretta tutela – sia pure limitatamente al risarcimento del danno – al proprietario espropriato, in quanto esso agiva sulla base di un *diritto civile*: mentre oggi – come si è detto – si ritiene che il proprietario (*non più* in realtà proprietario, dopo l'esercizio del potere di esproprio) debba in primo luogo impugnare il provvedimento dinanzi al giudice amministrativo, a tutela del proprio *interesse legittimo*.

La distinzione tra i diritti soggettivi e gli interessi legittimi ha trovato riconoscimento anche nella Costituzione (artt. 24, 103 e 113), ove essa ha sopratutto il significato di garantire la tutela giurisdizionale *nella sua massima ampiezza*, qualunque sia la situazione soggettiva che viene in considerazione.

Le disposizioni costituzionali

Precisamente, la Costituzione considera *normale* che il giudice amministrativo sia il giudice degli interessi legittimi, ma ammette che esso giudichi anche dei diritti soggettivi «in particolari materie indicate della legge» (art. 103, comma 1); inoltre essa affida *alla legge* il compito di determinare «quali organi di giurisdizione possono annullare gli atti della pubblica amministrazione nei casi e con gli effetti previsti dalla legge stessa» (art. 113, co. 3).

Eccezioni alla regola generale sul riparto

In altre parole, la regola sopra illustrata della distinzione tra diritti soggettivi e interessi legittimi rappresenta il *criterio generale* per la ripartizione delle giurisdizioni nei confronti dell'amministrazione, ma il legislatore rimane libero di stabilire eccezioni per determinate materie. Così vi sono casi – come quello delle sanzioni amministrative pecuniarie (ad esempio le contravvenzioni in materia di circolazione stradale) – nei quali ogni potere (compreso l'annullamento o la modifica della sanzione) è attribuito al giudice ordinario.

La giurisdizione esclusiva

Ma vi sono pure casi in cui anche le controversie in materia di diritti soggettivi sono assegnate al giudice amministrativo ai sensi dell'art. 103 Cost.: e si parla allora di *giurisdizione esclusiva* del giudice amministrativo: ad esempio in materia di concessioni amministrative.

Accanto al riparto di giurisdizioni sulla base del criterio generale (la distinzione tra *diritti* e *interessi legittimi*) opera dunque, in molti casi, un riparto per *specifiche attribuzioni* di materia, cioè un riparto operato secondo una logica che rimane giuridicamente *eccezionale*, ma che riguarda in realtà una notevole parte delle controversie tra amministrazione e amministrati (v. *oltre*, par. 5).

In ogni modo, l'eventuale errore sulla giurisdizione del giudice ordinario e del giudice amministrativo può non essere irrimediabile. Infatti l'art. 11 del d. lgs. n. 104 del 2010 (*Codice del processo amministrativo*) stabilisce che quando il giudice amministrativo nega la propria giurisdizione in favore di altro giudice (o viceversa) gli effetti processuali e sostanziali della domanda proposta rimangono salvi se il processo è riproposto innanzi al giudice indicato entro il termine di tre mesi. Rimangono però ferme le decadenze che si siano già verificate: come nel caso in cui l'attore abbia richiesto l'annullamento di un provvedimento amministrativo non solo al giudice sbagliato, ma oltre il termine previsto di sessanta giorni).

3. la giurisdizione del giudice ordinario in materia amministrativa

Limiti posti al giudice ordinario

È importante sottolineare che quando si fa questione di *diritti soggettivi* (e la giurisdizione sulla controversia appartiene perciò al giudice civile *ordinario*) i poteri del giudice sono soggetti ad alcune *limitazioni*, che si possono sintetizzare in una regola generale: *nessun atto del giudice ordinario* – nemmeno la *sentenza* che conclude il giudizio – *può concretamente interferire con l'esercizio della funzione pubblica*, affidata all'amministrazione (art. 4, co. 1, l. n. 2248 del 1865, All. E).

È questa una regola che si fa risalire al principio della *separazione dei poteri* (cap. 9, par. 7): la tutela dei diritti dei cittadini, che spetta al *potere giudiziario*, non deve compromettere la tutela degli interessi pubblici, affidati al *potere esecutivo*.

Come già avvertito, la regola può subire *eccezioni*, nei casi previsti dalla legge. Ad esempio, in materia di sanzioni amministrative pecuniarie, la l. n. 689 del 1981 consente al giudice ordinario di eliminare e sostituire integralmente le sanzioni decise dall'amministrazione ed il d. lgs. n. 196 del 2003 (*Codice in materia di protezione dei dati personali*) affida giurisdizione piena al giudice ordinario anche in relazione ai provvedimenti del *Garante dei dati personali*.

Tutela risarcitoria

Di conseguenza, quando l'amministrazione abbia operato nella sua veste di pubblica *autorità*, essa potrà essere condannata – in presenza dei presupposti necessari – al **risarcimento dei danni** (cioè al pagamento di una *somma di danaro*) ma non, in generale, a comportamenti specifici: perché altrimenti il giudice ordinario verrebbe ad interferire nell'esercizio della funzione amministrativa.

Supponiamo che un Comune abbia costruito una scuola comunale su un terreno privato, erroneamente ritenendolo di proprietà comunale. Il vero proprietario potrà ottenere il *risarcimento dei danni*, ma non potrà ottenere la materiale restituzione del terreno.

La regola secondo la quale il giudice ordinario non può condannare l'amministrazione ad un comportamento specifico non vale quando sia chiaro che l'amministrazione agisce nell'ambito del diritto privato. Inoltre, nella stessa ipotesi fatta sopra, il privato avrebbe avuto pieno diritto alla restituzione del terreno se la scuola – pur progettata – non fosse ancora stata costruita al momento del giudizio. Ciò che conta, infatti, è solo la destinazione pubblica *in atto*.

La tutela dei diritti soggettivi non è impedita dalla sola circostanza che vengano in considerazione atti dell'autorità amministrativa. La legge del 1865 dice, infatti, che – pur non potendo *revocare* o *modificare* gli atti dell'amministrazione – il giudice ha però il potere di valutare i loro effetti «*in relazione all'oggetto dedotto in giudizio*» (art. 4), e che in ogni caso i regolamenti e gli atti amministrativi verranno applicati «*in quanto siano conformi alle leggi*» (art. 5).

La disapplicazione

Su queste norme si fonda il potere del giudice ordinario di *disapplicare* – come usualmente si dice – gli atti amministrativi illegittimi. La **disapplicazione** significa che l'atto viene considerato (in relazione al caso da decidere) *come se esso non ci fosse*, ai fini della decisione sulla lesione del diritto soggettivo. Il giudice però non può *annullare* l'atto, di modo che esso continua a produrre i suoi effetti specifici.

Suoi limiti

Tuttavia, la *disapplicazione* di atti amministrativi presuppone che il giudice ordinario abbia giurisdizione sulla controversia. Perciò *non si può ricorrere al giudice ordinario chiedendo la disapplicazione di un atto che si sarebbe dovuto impugnare davanti al giudice amministrativo*, e che non è stato invece impugnato.

Nel processo civile perciò la disapplicazione opera soprattutto nell'ambito delle controversie tra privati, quando la misura dei rispettivi diritti possa essere determinata o influenzata da atti amministrativi (come ad esempio nel caso della classificazione comunale delle zone ai fini dell'equo canone).

Alla regola secondo cui non si può chiedere la disapplicazione di un atto che si sarebbe potuto impugnare sembrano fare eccezione le controversie tra amministrazione e pubblici impiegati, nelle quali la legge espressamente consente al giudice del lavoro di disapplicare gli atti amministrativi presupposti (cfr. sopra, cap. 12, par. 7).

4. il giudice amministrativo

Tribunali amministrativi e Consiglio di Stato

Va precisato, in primo luogo, che l'espressione sintetica «il giudice amministrativo» (come del resto l'espressione parallela «il giudice ordinario») non allude ad un singolo e particolare organo giudicante, ma ad *un complesso di organi giurisdizionali*: più precisamente, essa si riferisce al sistema formato dai **tribunali amministrativi regionali** quali giudici di *primo grado*, e dal **Consiglio di Stato**, quale giudice di *appello*.

Come detto sopra, il complesso di organi giurisdizionali formanti la giurisdizione amministrativa è individuato direttamente dalla Costituzione (art. 100, co. 1, e 125, co. 2), che però si limita ad indicarne il nome e genericamente la funzione, senza precisarne la disciplina. Questa è contenuta fondamentalmente nella legge 27 aprile 1982, n. 186 (*Ordinamento della giurisdizione amministrativa e del personale di segreteria ed ausiliario del Consiglio di Stato e dei Tribunali amministrativi regionali*).

L'organizzazione del *Consiglio di Stato* è stata già a suo tempo illustrata, sicché non resta che rinviare a quanto già detto (cap. 25, par. 4). Aggiungiamo qui che ciascuna delle tre sezioni giurisdizionali è composta da due presidenti, di cui uno titolare, e da almeno dodici consiglieri: ma in concreto ogni sezione giurisdizionale opera in una formazione di *cinque* membri (un Presidente e quattro consiglieri). In Sicilia le funzioni del Consiglio di Stato sono esercitate dal *Consiglio di giustizia amministrativa per la Regione siciliana*.

I *Tribunali amministrativi regionali* hanno circoscrizione regionale e sede nel capoluogo; tuttavia, *sezioni staccate* possono essere istituite in altre città (una è prevista per legge a Bolzano, con particolare composizione e particolari competenze a tutela dell'autonomia speciale). Il Tribunale giudica con l'intervento del presidente e di due componenti.

Giudice del Tribunale amministrativo si diventa mediante pubblico concorso: tuttavia, secondo l'art. 14 della l. 6 dicembre 1971, n. 1034, al concorso possono partecipare solo persone appartenenti a certe categorie (magistrati ordinari, avvocati dello Stato, funzionari pubblici laureati in giurisprudenza, ricercatori universitari di materie giuridiche, avvocati), e solo una volta raggiunte determinate qualifiche o anzianità.

All'origine, nel secolo diciannovesimo, il fatto che il giudice dell'amministrazione fosse un giudice «amministrativo» stava quasi ad indicare che si trattava di un *giudice domestico*, composto in modo tale da assicurare una particolare comprensione dei problemi dell'amministrazione: dato che, si diceva (riprendendo un'idea francese), giudicare l'amministrazione è un poco amministrare. E ciò si manifestava da una parte nei *criteri di nomina* e nella *composizione* dei giudici (che erano in sostanza funzionari di nomina governativa), dall'altra nella assenza, per i giudici amministrativi, delle garanzie di imparzialità e di indipendenza poste per i giudici ordinari (sia pure anch'esse assai limitate, fino alla Costituzione). In primo grado, addirittura, le *Giunte provinciali amministrative* erano formate dal Prefetto e, in prevalenza, da funzionari di prefettura.

Questa situazione non ha impedito al Consiglio di Stato di esercitare di fatto le sue funzioni in modo indipendente, consolidando nel corso del tempo la propria autonomia ed il proprio prestigio. Rimane però che essa dava la possibilità che la giustizia «amministrativa» fosse non solo una giustizia specializzata e competente, particolarmente sensibile, per la formazione dei suoi giudici, ai problemi dell'attività amministrativa, ma anche una giustizia parziale e limitata, già in partenza favorevole all'amministrazione.

Le garanzie di indipendenza

La Costituzione ha mantenuto la separazione tra giudice ordinario e giudice amministrativo, e con ciò stesso ha escluso l'applicazione al secondo di quelle speciali garanzie di indipendenza che circondano la magistratura, e che si sono esaminate al capitolo precedente. Tuttavia, essa ha concepito l'*indipendenza* del giudice come uno dei caratteri essenziali della funzione giurisdizionale, ed ha perciò imposto al legislatore di *assicurarla* anche in relazione alle *giurisdizioni speciali*, quale è il giudice amministrativo.

In attuazione del disegno costituzionale, la l. n. 186 del 1982 ha in particolare disposto che le funzioni corrispondenti a quelle esercitate per i magistrati ordinari dal Consiglio superiore della magistratura (cioè, tra l'altro, le funzioni relative alle assunzioni, ai trasferimenti, alla disciplina) siano esercitate, per i magistrati amministrativi, dal *Consiglio di presidenza*.

Il Consiglio di presidenza è presieduto dal Presidente del Consiglio di Stato. Fino al 2000 esso era composto di soli giudici amministrativi. La legge n. 205 del 2000 ha accolto anche per l'organo di governo della magistratura amministrativa il criterio – fissato dalla Costituzione per il Consiglio superiore della magistratura – della partecipazione (accanto ai giudici) anche di membri laici. Fanno così attualmente parte dell'organo, oltre al Presidente, quattro magistrati in servizio presso il Consiglio di Stato e sei magistrati in servizio presso i tribunali amministrativi (gli uni e gli altri eletti dai magistrati in servizio rispettivamente presso le due categorie), nonché quattro cittadini, eletti a maggioranza assoluta due dalla Camera dei deputati e due dal Senato della Repubblica tra i professori ordinari di materie giuridiche e gli avvocati con venti anni di esercizio professionale. Il *Vicepresidente* è eletto dal Consiglio di presidenza tra i membri laici.

5. il giudizio amministrativo

La tutela dell'interesse legittimo

Di fronte ai *provvedimenti* amministrativi, espressione di una potestà spettante alla pubblica amministrazione, gli amministrati si trovano, di regola, in una situazione di **interesse legittimo**. Già sappiamo che gli interessi legittimi si riferiscono a beni della vita, il cui godimento non è però assicurato *direttamente* ed integralmente, ma solo nei limiti in cui lo assicura il *rispetto della legge* da parte dell'amministrazione (cap. 5, par. 4). Se il provvedimento è *illegittimo*, chi ne è colpito potrà ottenerne l'*annullamento* da parte del *giudice amministrativo*.

Non sempre è facile individuare con precisione *chi* sia titolare di un interesse legittimo di fronte ad un determinato provvedimento. Se il provvedimento ha un destinatario determinato, questi si trova certamente in posizione di interesse legittimo. Ma nella stessa posizione possono trovarsi *altri* soggetti, dei quali il provvedimento non si occupa affatto.

Così se uno chiede di poter aprire una rivendita di giornali, e il relativo permesso gli viene rifiutato, è chiaro che costui ha un interesse legittimo all'impugnazione del provvedimento negativo. Ma se il permesso gli viene accordato, non è da escludere che un interesse legittimo all'impugnazione possa essere riconosciuto ad *altri* soggetti, ad esempio al titolare di una rivendita di giornali già esistente nella stessa via.

Affinché si possa parlare di *interesse legittimo* l'interesse leso deve essere – si dice usualmente – **personale**, **diretto** ed **attuale**. *Personale* significa che deve trattarsi di un interesse *proprio* di colui che si pretende leso. *Diretta* ed *attuale* deve poi essere *la lesione*, nel senso che essa deve derivare *direttamente* dal provvedimento impugnato, ed essere già *in atto* al momento dell'impugnazione.

Così non sarebbe *attuale* l'interesse all'impugnazione di un atto non ancora efficace (ad esempio perché soggetto a controllo o ad approvazione da parte di un'altra autorità), mentre non sarebbe *diretta* la lesione subita da chi contesta la mancata promozione di un funzionario al cui posto vacante (in caso di promozione) aspira.

Gli interessi diffusi

Risulta evidente che non sono di per sé interessi legittimi i c.d. interessi *diffusi* (meglio forse detti interessi *superindividuali* o *collettivi*) quali gli interessi alla tutela dell'ambiente e del paesaggio. Tali interessi coincidono anzi con *interessi pubblici*, affidati dal legislatore alla cura di apposite amministrazioni: il che non toglie che ci si possa chiedere se gli atti amministrativi (sia delle autorità di tutela che di altre autorità) che siano in ipotesi lesivi di tali interessi possano essere impugnati, se non da qualunque singolo cittadino, da associazioni o enti che abbiano come finalità la tutela di tali interessi.

Il problema non si pone quando sia la legge a direttamente riconoscere la legittimazione al ricorso (come accade per le associazioni ambientalistiche riconosciute ai sensi della l. n. 349 del 1986). In assenza di riconoscimento, l'interesse al ricorso viene talora riconosciuto se chi impugna appaia portatore di un interesse sufficientemente *localizzato*, oppure se abbia preso parte al procedimento amministrativo da cui è nato il provvedimento impugnato.

Il processo è ora disciplinato dal d. lgs. 2 luglio 2010, n. 104, che ha approvato il *Codice del processo amministrativo*. Esso, seguendo le regole costituzionali e i principi e criteri direttivi della legge di delega, ha disciplinato il processo seguendo la tradizione, ma non senza significative innovazioni. Ad esempio, accanto all'azione di annullamento (che conserva il suo ovvio ruolo centrale) e all'azione avverso l'inerzia dell'amministrazione di fronte alla richiesta di un provvedimento, è stata espressamente disciplinata l'azione di condanna. Inoltre, la competenza territoriale dei diversi Tribunali amministrativi è divenuta *inderogabile*, ed il difetto di competenza può essere rilevato d'ufficio dal giudice (risulta così eliminato il fenomeno del cosiddetto *forum shopping*, cioè della scelta strumentale di Tribunali che siano o si suppongano più favorevoli per il proprio caso).

Ricordiamo che – al contrario di quanto vale per i ricorsi *amministrativi* (cap. 27, par. 11) – per i ricorsi al *giudice amministrativo* è necessario valersi della *difesa legale*, per mezzo di un avvocato.

L'azione di annullamento

L'*azione* per ottenere l'annullamento va proposta da parte del titolare dell'interesse legittimo mediante **ricorso** al *tribunale amministrativo regionale*, con il quale viene *impugnato* il provvedimento lesivo.

Chi propone l'*azione* assume nel linguaggio del diritto amministrativo la denominazione di **ricorrente**, mentre l'amministrazione che ha emanato il provvedimento impugnato si dice **resistente**. Il *giudizio amministrativo*, dunque, oppone sempre la parte *ricorrente* alla parte *resistente*. Se vi sono altri soggetti che sarebbero danneggiati dall'annullamento chiesto dal ricorrente (ad esempio, i titolari di una concessione edilizia impugnata), anche costoro prendono parte al giudizio, in qualità di *controinteressati*.

È essenziale ricordare che *il ricorso va proposto mediante notifica all'amministrazione* (e ad eventuali *controinteressati*) entro il termine di *sessanta giorni* (art. 29 del d. lgs. n. 104 del 2010, *Codice del processo amministrativo*). Non meno importante è sottolineare che il *termine* comincia a decorrere dal momento in cui l'interessato ha a sua volta avuto la *notifica* del provvedimento, o – per gli atti non soggetti a notificazione – ne ha avuto comunque *piena conoscenza* (art. 41 *Codice processo*).

Alcuni atti amministrativi sono soggetti a *pubblicazione* in forme legali (in *Bollettini* o *Albi* ufficiali). In questo caso, i termini decorrono dal giorno della pubblicazione: ma solo per i soggetti che non siano *direttamente contemplati* nell'atto. Per quelli direttamente contemplati vale invece la regola generale sopra detta.

Può essere opportuno ricordare che, in ogni caso, i termini restano *sospesi* (e perciò *non decorrono*) dal 1° agosto al 15 settembre (l. 7 ottobre 1969, n. 742).

Il ricorso può essere proposto contro *qualunque* provvedimento amministrativo. Eventuali norme che lo escludessero per singoli provvedimenti sarebbero esse stesse *illegittime*, per contrasto con l'art. 113 Cost.

Il termine di sessanta giorni si riferisce all'azione di annullamento. Per altre azioni (di condanna, azione avverso il silenzio) valgono termini diversi.

Il giudizio e la sentenza

Il giudizio di legittimità, che segue all'azione di annullamento, si fonda essenzialmente sull'applicazione delle norme e dei principi di diritto e, per quanto riguarda la conoscenza dei fatti, sui *documenti* che le parti interessate provvedono a depositare o il giudice stesso a richiedere. È ammessa anche la *consulenza tecnica* e, dopo il d. lgs. n. 104 del 2010, la prova per testimoni in forma scritta. Se il giudice si persuade della *infondatezza* delle contestazioni sulla legittimità del provvedimento, con la sua sentenza *respinge* il ricorso; se invece si convince delle buone ragioni del ricorrente, pronuncia **sentenza di annullamento**. Come in generale, anche in questo caso l'annullamento travolge il provvedimento *retroattivamente*, facendo venire meno, nei limiti del disponibile, anche gli effetti giuridici già prodotti.

Azione avverso il silenzio

L'art. 31 del *Codice del processo amministrativo* disciplina l'*azione avverso il silenzio*, cioè l'azione rivolta ad ottenere che l'amministrazione provveda in relazione ad una domanda di provvedimento posta da un interessato. Esso dispone che, decorsi i termini per la conclusione del procedimento amministrativo, chi vi ha interesse può chiedere l'accertamento dell'obbligo dell'amministrazione di provvedere. Questa azione può essere proposta entro *un anno* dalla scadenza del termine di conclusione del procedimento (ma la domanda può essere comunque riproposta, se possibile). In questo giudizio il giudice può anche «pronunciare sulla fondatezza della pretesa» (cioè dire se il provvedimento richiesto spetta o meno al richiedente): ma solo quando non si debba esercitare alcuna discrezionalità, e non siano necessari adempimenti istruttori che debbano essere compiuti dall'amministrazione (ad esempio, prove d'esame).

La giurisdizione esclusiva

Come già detto (par. 2), vi sono materie in cui la legge affida ai giudici amministrativi il compito di giudicare non solo sulla lesione degli *interessi legittimi*, ma anche dei *diritti soggettivi*. Si tratta di casi che dal punto di vista strettamente giuridico rimangono *eccezionali*; non nel senso che si tratti di pochi o rari casi (al contrario, la legislazione segue questo criterio in misura crescente), ma nel senso che essi fanno eccezione a quella che è la *regola generale* di ripartizione della giurisdizione rispetto al giudice ordinario, cioè la regola che vale in assenza di espressa eccezione. La ragione dell'eccezione sta nella opportunità di concentrare davanti ad un solo giudice ed in un unico processo questioni che altrimenti dovrebbero trovare soluzione attraverso processi diversi: ad esempio la pronuncia di annullamento dell'atto e la pronuncia sulle conseguenze economiche dell'annullamento.

Si dice in questi casi che al giudice amministrativo è attribuita, per le materie di cui si tratta, una **giurisdizione esclusiva**.

La principale materia nella quale il giudice amministrativo aveva giurisdizione esclusiva è stata a lungo rappresentata dal *pubblico impiego*: ma con l'attuazione della cosiddetta *privatizzazione* avviata dal d. lgs. n. 29 del 1993 essa è ridotta ai soli impiegati che conservano un rapporto di impiego di diritto pubblico (v. cap. 12, par. 7).

All'atto di trasferire operativamente alla giurisdizione ordinaria del lavoro la gran parte delle controversie in materia di pubblico impiego, il d. lgs. n. 80 del 1998 aveva devoluto alla giurisdizione esclusiva del giudice amministrativo tutte le controversie in materia di *pubblici servizi*, comprese quelle aventi ad oggetto le procedure di affidamento di appalti pubblici di lavori, servizi e forniture (art. 33), e le controversie aventi per oggetto gli atti, i provvedimenti e i comportamenti delle amministrazioni pubbliche in materia *urbanistica ed edilizia* (art. 34).

Tuttavia, con la sentenza n. 204 del 2004 la Corte costituzionale ha ritenuto che le «particolari materie» nelle quali il legislatore può affidare al giudice amministrativo la giurisdizione sui diritti soggettivi, ai sensi dell'art. 103, primo comma, della Costituzione, siano solo quelle, connesse alla giurisdizione sugli interessi legittimi, nelle quali l'amministrazione agisce come *autorità*, ed ha di conseguenza giudicato illegittima l'attribuzione della giurisdizione sia nella materia dei *servizi pubblici* in generale (anziché dei provvedimenti connessi a tali servizi) sia in relazione ai *comportamenti* in materia di urbanistica ed edilizia.

Altri casi di giurisdizione esclusiva sono costituiti dalle controversie in materia di *concessioni di beni pubblici* (salvo quanto riguarda le controversie su *indennità, canoni* e *corrispettivi*, che rimangono al giudice ordinario: art. 5 l. 1034/1971), di *accordi amministrativi* (art. 11 l. n. 241 del 1990), di provvedimenti relativi alla disciplina della *concorrenza* (accordi di cartello, abuso di posizione dominante e concentrazione tra imprese: art. 33 l. n. 287 del 1990). Le materie affidate alla giurisdizione esclusiva sono ora elencate all'art. 133 del *Codice del processo amministrativo*.

Nelle materie di giurisdizione esclusiva previste il giudice amministrativo può non solo annullare gli eventuali atti illegittimi ma anche accertare diritti soggettivi e condannare al pagamento di somme dovute.

Nell'ambito della giurisdizione esclusiva la distinzione tra diritti soggettivi ed interessi legittimi non serve ad individuare il giudice, dato che lo stesso giudice ha giurisdizione in entrambi i casi; tuttavia, essa rimane necessaria ad altri fini: ad esempio, se si tratta di impugnare un provvedimento, è sempre necessario farlo nel termine di sessanta giorni, mentre se si tratta di far valere un diritto, ciò è possibile fino a quando il diritto stesso sia eventualmente prescritto.

Azione di condanna

Secondo l'art. 30 del *Codice del processo amministrativo* l'azione rivolta ad ottenere la condanna può essere proposta «contestualmente ad altra azione» (come l'azione di annullamento, o avverso il silenzio). Può anche essere proposta da sola nei casi di giurisdizione esclusiva, o quando si chieda il risarcimento del danno derivante dalla illegittimità del provvedimento, alle condizioni già illustrate (cap. 27, par. 12). Può essere proposta anche per il risarcimento del danno che il ricorrente abbia subito in conseguenza del ritardo nella conclusione del procedimento.

Esecutività della sentenza di primo grado

Qualunque sia l'azione esercitata dal ricorrente, la sentenza di primo grado è esecutiva.

La tutela cautelare

Anche nel processo amministrativo si pone il problema della cosiddetta **tutela cautelare**, cioè della protezione necessaria affinché le buone ragioni di chi agisce in giudizio non siano rese vane dal *tempo* necessario al loro riconoscimento da parte del giudice. Il semplice esercizio dell'azione, infatti, non muta la situazione giuridica; in particolare, se il ricorrente ha impugnato un provvedimento, ciò non impedisce all'amministrazione di portarlo intanto ad esecuzione. È così possibile che si creino situazioni *irreversibili*, che non possono essere riparate dalla successiva pronuncia favorevole del giudice.

Ad esempio, se il Comune ha ordinato al proprietario di demolire un manufatto perché costruito senza permesso, il ricorso del proprietario non toglie al Comune la possibilità di provvedere d'ufficio alla demolizione. Se anche alla fine del processo il ricorso è accolto (perché il permesso c'era , o non era nel caso necessario), ciò non toglie che nel frattempo il manufatto è stato demolito; e la sentenza favorevole non lo fa certo risorgere.

Per risolvere il problema si consente al giudice di intervenire rapidamente con misure *provvisorie*, destinate a restare in vigore per la durata del processo e a venire meno con la pronuncia della sentenza. Per il processo amministrativo, in particolare, l'art. 55 del d. lgs. n. 104 del 2010 prevede che, quando ci sia il pericolo di un *danno grave e irreparabile*, il giudice possa disporre le misure cautelari «*che appaiono, secondo le circostanze, più idonee ad assicurare interinalmente gli effetti della decisione sul ricorso*» (co. 1). Come si vede, la legge non definisce il *tipo* delle misure cautelari da assumere: potrà trattarsi della classica *sospensione del provvedimento* (ad esempio dell'ordine di demolizione) per paralizzarne provvisoriamente gli effetti, ma anche del pagamento di somme di danaro, di cauzioni o di altre misure.

La tutela cautelare rappresenta in un certo senso un paradosso, perché viene disposta a favore di un ricorrente, prima che sia accertato che egli *ha ragione* (infatti, se già nel momento iniziale fosse evidente che ha ragione, non vi sarebbe motivo di non stabilirlo subito con la sentenza:

art. 55, co. 10). Per evitare che la possibilità di ottenere tutela cautelare sia usata strumentalmente da chi ha torto, la legge richiede che la decisione del giudice indichi «*i profili che, ad un sommario esame, inducono ad una ragionevole previsione sull'esito del ricorso*» (co. 9), cioè, in altre parole, dica per quale ragione il ricorso *sembra*, almeno a prima vista, da accogliere. Si tratta del requisito che viene usualmente chiamato *fumus boni juris*, apparenza del buon diritto.

Il *fumus boni juris* si riferisce alla fondatezza *del ricorso* e non, ovviamente, ad una specifica fondatezza della domanda cautelare, il cui unico presupposto di merito è il pericolo di un danno grave e irreparabile.

Quando il giudizio riguarda un provvedimento amministrativo, la tutela cautelare è semplice quando il ricorrente abbia soltanto lo scopo di *bloccarne l'effetto*: basterà infatti in questo caso una pronuncia del giudice che sospenda l'esecuzione dell'atto. Meno semplice è quando invece il ricorrente contesta il diniego di un provvedimento favorevole. In questo caso il giudice non può direttamente sostituirsi all'amministrazione nell'adozione del provvedimento, ma può imporre ad essa di tornare provvisoriamente a provvedere, sulla base di un principio giuridico o di una valutazione dei fatti diversa da quella prima seguita.

Si noti che, anche quando ricorrono i presupposti, la concessione della misura cautelare è sempre una scelta del giudice, che nel decidere potrà tenere conto anche degli interessi, pubblici e privati, che richiedano al contrario il rigetto della domanda.

Competente a concedere la tutela cautelare è il Tribunale amministrativo nella sua composizione collegiale; ma in caso di estrema urgenza una tutela cautelare anticipata può essere disposta dal Presidente del tribunale, con effetto fino all'udienza collegiale (art. 56), ove occorra anche prima della presentazione del ricorso (misure anteriori alla causa: art. 61). In caso di mancata ottemperanza dell'amministrazione alla misura cautelare disposta dal giudice, all'esecuzione provvede il giudice con gli stessi strumenti previsti per l'esecuzione delle sentenze (v. *oltre*).

L'appello

Qualunque sia stato l'esito della causa in primo grado, la parte che sia rimasta *soccombente* può proporre contro la sentenza **appello** al **Consiglio di Stato**. Perciò, mentre il *ricorrente* iniziale è sempre l'*amministrato*, l'*appellante* può essere invece anche l'*amministrazione* (o qualcuno dei controinteressati), se il giudice di primo grado ha accolto il ricorso. Se nessun appello viene presentato, la sentenza passa in *giudicato*, e la decisione per il caso in questione rimane definitiva.

L'appello deve anch'esso (come il ricorso iniziale) essere proposto *entro determinati termini* (precisamente, entro sessanta giorni dalla data della *notifica* della sentenza di primo grado o – se la sentenza non è stata notificata – entro sei mesi dalla data del *deposito* di essa). Esso apre un nuovo giudizio, nel quale le questioni già decise dal primo giudice possono essere interamente riesaminate, nei limiti di ciò che è stato chiesto con l'appello. Anche in sede di appello possono essere chieste misure cautelari, tra cui la *sospensione dell'esecutività* della sentenza di primo grado, secondo regole simili a quelle che abbiamo visto per la sospensione dell'efficacia del provvedimento.

Nel giudizio di appello non si possono invece proporre domande nuove, né aggiungere nuovi motivi di ricorso rispetto a quelli già oggetto del giudizio di primo grado: salvo sempre che non sia stata l'amministrazione ad introdurre nel frattempo elementi nuovi, che le parti non potevano altrimenti conoscere.

Il giudizio d'appello termina con una nuova sentenza, che *conferma* la precedente, oppure la *riforma* e si sostituisce ad essa.

Di regola, il Consiglio di Stato *conclude* esso stesso il giudizio con la nuova sentenza. Tuttavia, quando il giudizio di primo grado risulti gravemente irregolare, o sia in sostanza mancato, il Consiglio di Stato annulla la sentenza e rinvia la controversia al tribunale amministrativo: così se è mancato il contraddittorio, se è stato leso il diritto di difesa di una delle parti, se la sentenza è nulla oppure ha negato la giurisdizione del giudice amministrativo e negli altri casi indicati dall'art. 105 del *Codice.*

Rimedi contro le sentenze del Consiglio di Stato

Contro le sentenze del Consiglio di Stato è ammesso ricorso alla *Corte di cassazione*, ma solo per motivi inerenti alla *giurisdizione* (art. 111, u.c., Cost.). In altri termini, la stessa Corte di cassazione non potrà valutare se la sentenza è, in sé, *giusta* o *sbagliata*, ma solo se il caso doveva o no essere giudicato dal giudice amministrativo, o invece dal giudice ordinario. La sentenza del Consiglio di Stato è inoltre suscettibile di **revocazione**, negli eccezionali casi previsti dall'art. 395 del codice di procedura civile (ritrovamento di documenti decisivi che senza sua colpa la parte non aveva potuto produrre in giudizio, dolo del giudice, riconosciuta falsità delle prove, e altri simili). Il ricorso per *revocazione* si propone allo stesso giudice che ha emanato la sentenza.

È inoltre ammesso l'opposizione di terzo quando un soggetto veda i suoi diritti o interessi legittimi pregiudicati da una sentenza resa in un processo al quale non è stato messo in grado di partecipare (art. 108 *Codice*).

Esecuzione ed effetti della sentenza

L'esecuzione della sentenza del giudice amministrativo spetta alla stessa amministrazione. Se la sentenza ha annullato il provvedimento, l'amministrazione deve assumere gli eventuali ulteriori provvedimenti che siano richiesti dopo l'annullamento di quello impugnato (ad esempio, annullato un diniego di concessione edilizia l'amministrazione dovrà tornare a provvedere sulla domanda, senza incorrere nel vizio che ha causato l'annullamento). Se erano stati compiuti atti di esecuzione del provvedimento annullato, l'amministrazione dovrà riportare la situazione di fatto (nei limiti del possibile) nella condizione in cui era prima del provvedimento.

Anche se l'annullamento dell'atto produce un effetto sempre uguale (il venire meno dell'atto annullato fin dall'inizio), in concreto ciò che l'amministrazione deve fare e l'amministrato ha diritto di ottenere in esecuzione della sentenza dipende dal *tipo* di atto annullato, e dal *motivo* che ha condotto all'annullamento.

Se con l'atto annullato l'amministrazione aveva *tolto* al privato una situazione giuridica *favorevole* (come accade ad esempio nelle *espropriazioni*), o gli aveva *imposto* una situazione giuridica *sfavorevole* (come accade con gli *ordini*), l'annullamento dell'atto determina il ripristino della situazione favorevole (ad esempio, la proprietà dell'immobile), o il venir meno della situazione sfavorevole (ad esempio, dell'*obbligo* prodotto dall'*ordine*). Può darsi che l'illegittimità fosse tale che l'amministrazione non può fare più nulla: in questo caso, l'interessato ottiene una soddisfazione *piena* del suo interesse.

Può darsi però che l'amministrazione sia in grado di *rinnovare* il proprio atto, questa volta in modo legittimo. Se, si supponga, l'annullamento del precedente provvedimento era avvenuto solo per un vizio di *incompetenza* (cap. 27, par. 9), l'autorità *competente* potrà porre in essere nuovamente il provvedimento: e questa volta l'interessato non potrà ottenere nulla, nemmeno dal giudice amministrativo, dato che il provvedimento sarebbe ora, per ipotesi, legittimo.

Se invece l'atto illegittimo consisteva nel *rifiuto* di un provvedimento chiesto dall'interessato (si pensi ancora alla *patente di guida*, o ad una autorizzazione commerciale), allora l'annullamento eventualmente ottenuto fa semplicemente sì che l'amministrazione debba *tornare a provvedere* (e questa volta in modo *legittimo*). Ma il provvedimento desiderato deve pur sempre essere emanato *dall'amministrazione*. Esso non può essere ottenuto in via sostitutiva dal giudice se non in un secondo giudizio, distinto da quello che ha portato all'*annullamento*: giudizio che l'interessato può intraprendere quando risulti che l'amministrazione non ha ottemperato alla decisione del giudice (giudizio di **ottemperanza**: v. subito *oltre*).

Il giudizio di ottemperanza

La pubblica amministrazione, che deve sempre comportarsi secondo diritto, ha l'*obbligo di dare corretta esecuzione* alle sentenze dei giudici, sia ordinari che amministrativi, che siano *esecutive*.

Può accadere però che l'amministrazione si rifiuti di farlo, o che, più semplicemente, non faccia nulla. In questo caso, chi ha ottenuto una sentenza favorevole, rimasta ineseguita, può rivolgersi nuovamente al giudice per ottenere l'adempimento da parte dell'amministrazione. L'azione con la quale si chiede al giudice tale adempimento si dice azione di **ottemperanza**.

Il giudice dell'*ottemperanza* (cioè della corretta esecuzione delle sentenze) *è sempre il giudice amministrativo*. È importante sottolineare che in questo giudizio il giudice giudica, ove occorra, *anche nel merito* (cioè sulla decisione che sia più *opportuno* assumere), ed ha anche il potere di porre in essere *in luogo dell'amministrazione* i provvedimenti che essa avrebbe dovuto prendere, e non ha preso.

In pratica, quando il giudice deve sostituirsi all'amministrazione nel modo ora detto, non lo fa *direttamente*, ma attraverso la nomina di una persona cui viene affidato l'incarico di decidere in luogo dell'organo amministrativo (si parla perciò di **commissario ad acta**). A volte la stessa scelta del *commissario* viene affidata dal giudice ad una diversa pubblica amministrazione. Il commissario *ad acta* opera in questo caso come ausiliario del giudice, e non come organo amministrativo. La legittimità dei suoi atti va perciò contestata, quando si voglia farlo, all'interno del giudizio di ottemperanza.

La competenza al giudizio

Giudice dell'ottemperanza è talvolta il Tribunale amministrativo (con possibilità di appello al Consiglio di Stato), talaltra il Consiglio di Stato in unico grado.

È competente il Consiglio di Stato per l'esecuzione delle proprie sentenze che non si siano limitate a confermare la sentenza del tribunale amministrativo con motivazione che abbia lo stesso contenuto dispositivo e conformativo dei provvedimenti di primo grado. Negli altri casi è competente il tribunale amministrativo che ha emesso la sentenza o – per le sentenze di altri giudici – il tribunale amministrativo nella cui circoscrizione ha sede il giudice che ha emesso la sentenza di cui è chiesta l'ottemperanza (ora artt. 112 e 113 *Codice processo*).

Il fatto che per il giudizio di ottemperanza siano disponibili a volte due gradi di giurisdizione, a volte uno soltanto ha fatto dubitare della legittimità costituzionale della disposizione. Ma la Corte costituzionale con ordinanza del 31 marzo 1988, n. 395, ha ritenuto che la Costituzione non garantisca in assoluto il doppio grado del giudizio amministrativo, e che al Consiglio di Stato possano essere assegnate competenze in unico grado quando vi siano adeguate ragioni.

6. le altre giurisdizioni speciali

La Corte dei conti

La **Corte dei conti** – che abbiamo già studiato come *organo di controllo* (cap. 25, par. 4) – svolge anche importanti funzioni come *giudice*. L'art. 103 della Costituzione dispone, in generale, che essa abbia giurisdizione «*nelle materie di contabilità pubblica e nelle altre materie specificate dalla legge*» (co. 2). Si tratta perciò di un giudice, in un certo senso, specializzato per materia, in relazione a tutto ciò che abbia a che fare con la gestione del patrimonio pubblico.

Le funzioni *giurisdizionali* della Corte sono in concreto disciplinate dal r.d. 12 luglio 1934, n. 1214 e dalla l. n. 20 del 1994. Esso prevede, in particolare, che la Corte dei conti giudichi sulla *responsabilità per danni* arrecati all'erario da *pubblici funzionari*, sui *conti* presentati dagli *agenti contabili* dello Stato (cioè da coloro che hanno «*ma-*

neggio di danaro o di valori dello Stato») e sulle controversie relative alle *pensioni* dei *pubblici dipendenti*. Si noti che nel giudizio dinanzi alla Corte dei conti è ammesso l'ascolto di testimoni, e che la Corte stessa può ammettere i *mezzi istruttori che ritenga necessari*, agendo in ciò con libertà ben maggiore rispetto a quella data ai Tribunali amministrativi ed al Consiglio di Stato.

Contro le sentenze delle *sezioni regionali* della Corte dei conti è possibile l'*appello* alle *sezioni centrali* della stessa Corte (cfr. *supra*, cap. 25, par. 4). Contro la decisione d'appello è possibile il ricorso alla Corte di cassazione, ma soltanto per ragioni inerenti alla *giurisdizione* (art. 111, u.c., Cost.).

Le Commissioni tributarie

Altri *giudici speciali* che hanno giurisdizione in materia amministrativa sono le **Commissioni tributarie.** Essi si occupano delle controversie riguardanti i *tributi*, e sono ordinate su *due gradi* di giurisdizione speciale (Commissione *provinciale* in primo grado, Commissione *regionale* in grado di appello). Contro le decisioni di appello può essere proposto ricorso alla Corte di cassazione, per motivi di diritto, realizzando così un terzo grado di giurisdizione (non però speciale).

Il processo tributario è stato a lungo un processo di livello inferiore, con giudici poco professionali, scarsità di poteri istruttori, impossibilità di condanna alle spese della parte soccombente, possibilità generalizzata di autodifesa. I decreti legislativi n. 545 e 546 del 31 dicembre 1992, hanno dato ad esso disciplina più precisa e più garantista, pur tenendo conto della peculiarità della materia.

Tra le altre disposizioni, merita di essere segnalata quella che prevede che il giudice riconosca la non applicabilità delle sanzioni quando la violazione sia «giustificata da obiettive condizioni di incertezza sulla portata e sull'ambito di applicazione delle disposizioni» (art. 8 decr. n. 546).

I Tribunali delle acque

Le controversie in materia di *acque pubbliche* sono devolute ai **Tribunali regionali** e al **Tribunale superiore delle acque pubbliche**. I primi sono *sezioni specializzate* della magistratura ordinaria. Il *Tribunale superiore* opera a volte come giudice d'appello, a volte come giudice di unico grado.

L'esistenza di giudici specializzati in questa materia appare a molti inutile. Tuttavia le proposte di soppressione non hanno finora avuto esito.

I Tribunali militari

In materia *penale*, giudici *speciali* sono i **Tribunali militari**. In tempo di pace, essi hanno giurisdizione «*solo per i reati militari commessi da appartenenti alle forze armate*» (art. 103, co. 3, Cost.).

La giurisdizione del *Tribunale militare* è dunque ancorata ad un *duplice* presupposto: un elemento *obiettivo* – che si tratti di un *reato militare*, cioè previsto dal **codice penale militare di pace** (approvato, come il corrispondente codice *di guerra*, con r.d. 20 febbraio 1941, n. 303) – e un elemento soggettivo – che il reato sia stato commesso da un *appartenente alle forze armate*.

In tempo di guerra, la giurisdizione dei *Tribunali militari* è naturalmente molto più ampia. La Costituzione si limita a richiedere che essa sia stabilita dalla legge.

Sempre viva è l'esigenza di una riforma dei *codici penali militari* per renderli più conformi alle esigenze di un ordinamento democratico. L'ordinamento dei *Tribunali militari* è stato riformato dalla l. 7 maggio 1981, n. 180, che ha introdotto, tra l'altro, un *giudizio d'appello* prima non previsto.

Ricordiamo che, dopo la modifica dell'art. 27, co. 4, Cost., operata dalla l. cost. n. 1 del 2007, neppure le leggi militari di guerra possono prevedere la *pena di morte*.

capitolo 31

LA CORTE COSTITUZIONALE

1. il problema del controllo di legittimità delle leggi

La Costituzione italiana ha, come abbiamo più volte sottolineato, carattere *rigido*. Essa si pone come la «legge fondamentale» dello Stato, e le sue norme non possono essere modificate attraverso l'ordinaria legislazione del Parlamento, ma soltanto attraverso una speciale procedura, che dà vita ad uno speciale atto normativo chiamato **legge di revisione costituzionale** o semplicemente **legge costituzionale** (cap. 17, par. 2). Le leggi ordinarie invece non devono contrastare con la Costituzione, ma devono al contrario dare ad essa attuazione.

Ma che cosa succede se, in realtà, una legge dà vita a norme che *contrastano* con la Costituzione? È chiaro che se non succedesse *nulla,* e le norme contrastanti con la Costituzione si dovessero applicare come le altre *da parte di tutti*, non avrebbe senso parlare di «superiorità» e di «rigidità» della Costituzione. La Costituzione rigida richiede perciò di necessità che si introduca nel sistema istituzionale un meccanismo di *verifica della conformità delle leggi alla Costituzione* (o come anche si dice, di verifica della «legittimità costituzionale» delle leggi). Ora, siccome non si può ammettere che qualunque pubblica autorità possa a suo piacere decidere se applicare o no le leggi, a seconda che le ritenga o meno conformi alla Costituzione, è chiaro che una simile verifica non può toccare che ad un *giudice*.

Ma a *quale giudice* si deve riconoscere il potere di *sindacare* (cioè di *giudicare*) la legittimità costituzionale delle leggi? I costituenti hanno creduto che lasciare a ciascun giudice un compito così delicato ed importante sarebbe stato insieme rischioso ed ingiusto, perché da una parte avrebbe lasciato l'applicazione delle leggi in balia delle valutazioni dell'organo giudicante, dall'altra avrebbe portato anche a *disparità* di sentenze, e perciò di trattamento tra i cittadini, a seconda del giudice chiamato a risolvere la controversia.

Inoltre, i Costituenti pensavano – non a torto – che la valutazione della conformità delle leggi alla Costituzione fosse sì, in primo luogo, un problema *giuridico*, ma che esso avesse anche un suo lato «politico» non trascurabile. Perciò decisero, in definitiva, di creare *un apposito giudice, formato in modo da poter bilanciare gli aspetti giuridici con gli aspetti politici*, e provvisto, in sostanza, del potere di *porre nel nulla* la legge incostituzionale: in modo che dopo la pronuncia di incostituzionalità la legge non potesse essere più applicata non solo dagli altri giudici, ma da nessuna pubblica autorità (e naturalmente nemmeno dai cittadini).

Ne derivò la nostra **Corte costituzionale**, formata bensì da soli *giuristi*, ma non da soli giudici di carriera, e i cui componenti sono scelti in modo da coinvolgere nella sua formazione le massime istituzioni rappresentative. Inoltre, una volta istituita una *Corte costituzionale*, si decise di affidare ad essa anche *altri compiti*, diversi dalla verifica della legittimità costituzionale delle leggi e degli atti aventi forza di legge.

In particolare, l'art. 134 della Costituzione le attribuisce altri due importanti compiti: giudicare sui *conflitti di attribuzione* tra i poteri dello Stato e su quelli tra lo Stato e le Regioni, e tra le Regioni, nonché giudicare sulle *accuse* promosse contro il Presidente della Repubblica.

Abbiamo parlato di leggi *illegittime* perché contrastanti con la *Costituzione*; ma è chiaro che allo stesso modo sarebbero illegittime anche se il contrasto fosse non con la Costituzione, ma con altre *leggi costituzionali*. Inoltre, qualche volta l'illegittimità può consistere nella violazione di *altre norme*, che la Costituzione impone di rispettare. Così i decreti legislativi delegati sono costituzionalmente illegittimi se violano la legge di delega, che è la fonte del potere delegato: non c'è dubbio, infatti, che la Costituzione (art. 76) imponga al decreto delegato il rispetto della legge di delega.

Può essere interessante qui ricordare che, come detto (cap. 18, par. 2), ogni autorità sia giurisdizionale che amministrativa ha il potere-dovere di verificare la compatibilità delle leggi nazionali con la normativa comunitaria, e in caso di contrasto di dare applicazione a questa. Paradossalmente, perciò, la normativa comunitaria gode di un regime di applicazione immediata e diretta privilegiato rispetto alla stessa Costituzione, la cui superiorità nei confronti delle leggi si realizza soltanto attraverso la verifica della Corte costituzionale.

2. la Corte e i suoi giudici

Una volta fissato in *quindici* il numero dei giudici costituzionali – secondo quanto dispone l'art. 135, co. 1, Cost. – i problemi relativi alla composizione della Corte costituzionale sono fondamentalmente due: da un lato *chi possa esser chiamato a farne parte*, dall'altro *chi abbia il potere di scegliere i singoli giudici.*

La scelta dei giudici

Quanto al primo problema (chi possa divenire giudice) l'art. 135, co. 2, stabilisce che i giudici della Corte possono essere scelti soltanto fra i *magistrati delle giurisdizioni superiori* (cioè fra coloro che già sono *giudici* di altri elevati organi giurisdizionali), o fra i *professori ordinari di università in materie giuridiche*, o fra gli *avvocati*, dopo venti anni di esercizio professionale. Si tratta in ogni caso, come si vede, di *giuristi*, cioè di persone che si occupano professionalmente dello studio o dell'applicazione del diritto.

Quanto al secondo problema (chi abbia il potere di scegliere i giudici) lo stesso art. 135 dispone (co. 1) che un terzo sia nominato dal *Presidente della Repubblica*, un ulteriore terzo dal *Parlamento in seduta comune*, l'ultimo terzo dalle *supreme magistrature ordinaria ed amministrativa.*

Dell'elezione da parte del Parlamento, e delle maggioranze richieste, abbiamo già parlato (cap. 14, par. 5). Egualmente, si è già detto come la nomina di un terzo dei giudici spetti *realmente* al Presidente, e non al Governo (cap. 16, par. 3). In entrambi i casi le soluzioni raggiunte (l'ampiezza della maggioranza richiesta per l'elezione parlamentare, la scelta *presidenziale* e non «governativa») hanno accentuato l'indipendenza dei giudici da particolari maggioranze politiche: anche se va precisato che il Parlamento – e talora anche il Presidente della Repubblica – orientano le proprie scelte secondo criteri che tengono ampio conto dell'elemento politico.

I giudici nominati dalle «supreme magistrature» sono scelti nel seguente modo: *tre* da parte della Corte di cassazione, *uno* da parte del Consiglio di Stato, *uno* da parte della Corte dei conti.

La carica di giudice costituzionale

I giudici della Corte costituzionale, comunque nominati, durano in carica *nove anni*, che cominciano a decorrere dal giorno in cui il nuovo giudice ha prestato il *giuramento* di fedeltà alla Repubblica. Si può esser giudici costituzionali *una volta sola*, senza possibilità di una nuova nomina o elezione. Anche questa regola è stabilita affinché i giudici esercitino la loro funzione secondo *scienza e coscienza*, senza essere influenzati dalla prospettiva di una nuova elezione o nomina.

I giudici della Corte godono di *immunità* parallele a quelle di cui godono i membri del Parlamento: come questi, essi non possono essere sottoposti a perquisizione personale né essere oggetto di provvedimenti restrittivi della libertà personale senza apposita *autorizzazione* rilasciata dalla Corte stessa (l. cost. 9 febbraio 1948, n. 1, art. 3); essi inoltre «*non sono sindacabili né possono essere perseguiti per le opinioni espresse e i voti dati nell'esercizio delle loro funzioni*» (l. cost. 11 marzo 1953, n. 1, art. 5).

Ad ulteriore garanzia della piena *indipendenza* dei giudici costituzionali nell'esercizio delle funzioni, e della esclusiva loro *concentrazione* sui compiti istituzionali della Corte, è previsto che essi non possano essere contemporaneamente membri del Parlamento, o di un Consiglio regionale, né esercitare la professione di avvocato (art. 135, co. 6, Cost.), e che nemmeno possano assumere o conservare altri uffici o impieghi pubblici o privati, né esercitare attività professionali, commerciali o industriali, o funzioni di amministratore o sindaco in società che abbiano fine di lucro, né infine svolgere attività inerente ad una associazione o partito politico (l. 11 marzo 1953, n. 87, artt. 7 e 8).

A garanzia dell'indipendenza dell'*organo* nel suo insieme (più che del singolo giudice) è stabilito inoltre che sia la stessa Corte a valutare i «*requisiti soggettivi*» di ammissione dei propri componenti (l. cost. n. 2 del 1967, art. 2), ed a disporre la *sospensione* o la *rimozione* dall'ufficio nei casi di sopravvenuta incapacità fisica o civile, o per gravi mancanze nell'esercizio delle funzioni (l. cost. n. 1 del 1948, art. 3).

Organizzazione e funzionamento

La Corte costituzionale elegge tra i suoi componenti il proprio *Presidente* (art. 135, co. 5, Cost.). Il Presidente dura in carica per *tre anni*: ma se scadono i nove anni per i quali è giudice, egli cessa nello stesso momento anche dalla sua funzione di Presidente. Alle stesse condizioni, il Presidente può essere *rieletto*.

Secondo le norme della legge 11 marzo 1953, n. 87, la Corte funziona con l'intervento di almeno *undici* membri (non è dunque necessario che il collegio sia formato da tutti i quindici giudici). Le udienze sono *pubbliche* (salvo che il Presidente disponga altrimenti, nei casi previsti dalla legge). Le decisioni sono deliberate – di regola dopo l'udienza di discussione – in **camera di consiglio** (riunione alla quale prendono parte *i soli giudici*), e sono prese a maggioranza dei votanti. In caso di parità prevale il voto del Presidente.

Per quanto non è disposto dalla legge, la Corte gode di *autonomia normativa* in relazione all'«*esercizio delle sue funzioni*». Tale autonomia non è però del tutto pari a quella delle *Camere*, dato che non è prevista da norme costituzionali ma dalla legge ordinaria n. 87 del 1953 (art. 14). La Corte inoltre gode di *autonomia contabile*, nei limiti di uno stanziamento previsto dalla legge, con il quale essa fa fronte alle spese necessarie per il suo funzionamento.

3. il giudizio di legittimità costituzionale

L'oggetto

La Corte costituzionale ha il fondamentale compito, previsto dall'art. 134, co. 1, della Costituzione, di *giudicare* sulle «*controversie relati-*

ve alla legittimità costituzionale delle leggi e degli atti aventi forza di legge, dello Stato e delle Regioni». Rimangono così precisamente individuati i possibili *oggetti* del giudizio di legittimità costituzionale: *leggi* (statali o regionali) e *atti aventi forza di legge* (necessariamente statali). È invece escluso che possano esser portate davanti alla Corte costituzionale questioni relative alla legittimità costituzionale di altri atti normativi, come i *regolamenti*: ciò del resto non sarebbe nemmeno utile, dato che su di essi sono abilitati a giudicare gli altri giudici.

Atti aventi *forza di legge* sono, come si sa, il *decreto legislativo* e il *decreto-legge*; lo stesso carattere – e quindi la sottoposizione alla giustizia costituzionale – è riconosciuto ai decreti del Presidente della Repubblica con cui vengono stabilite le norme di attuazione degli statuti delle regioni a statuto speciale (cfr. cap. 20, par. 1).

Si dovrebbe ritenere che atti con forza di legge siano anche i *regolamenti parlamentari* (dato che la relativa materia è sottratta alla legge: cfr. cap. 14, par. 3): ma la Corte costituzionale ha affermato che essi non possono essere sindacati da nessun giudice, in ossequio alla sovranità del Parlamento. Essa ha pure deciso (sent. n. 183 del 1973) che non sono soggetti a sindacato della Corte, in quanto non provenienti dall'ordinamento statale (nonostante che trovino in esso applicazione, anche diretta: cfr. cap. 18, par. 2), gli atti normativi delle comunità europee.

È importante notare che la Corte non ha il compito di svolgere un *controllo generalizzato* sulla legittimità di *tutte* le leggi, ma solo di risolvere *questioni* o *controversie* che insorgono sulla legittimità di determinate leggi (più precisamente, di specifiche *norme* di determinate leggi). Proprio per questo, d'altra parte, la Corte costituzionale è un vero *giudice*, e non un organo di controllo.

Regole precise disciplinano la possibilità di portare davanti alla Corte le *questioni* sulla legittimità costituzionale delle leggi (e degli atti aventi forza di legge). Tali questioni, infatti, non possono essere instaurate *direttamente* davanti alla Corte costituzionale da *qualunque* soggetto dell'ordinamento, come accade, al contrario, per le controversie *civili* o *amministrative*. Né esiste un apposito organo con tale compito, come è invece il *pubblico ministero* nel processo *penale*.

Il giudizio in via incidentale

In generale, una questione sulla legittimità costituzionale di norme legislative può essere posta (o, come spesso si dice «sollevata») esclusivamente *nel corso di un giudizio* già instaurato davanti ad un giudice. Poiché la questione sorge, a questo modo, «incidentalmente» nell'ambito di un giudizio che ha diverso (e più ampio) oggetto, si parla di accesso alla Corte costituzionale *in via incidentale*. Il giudice (o il giudizio) dal quale deriva la controversia di legittimità costituzionale viene usualmente chiamato **giudice a quo** (*a quo* significa appunto «dal quale»: *dal quale*, si intende, la questione sorge).

Il giudice *a quo* può essere qualunque giudice ordinario o amministrativo, in qualunque grado del giudizio, ma anche allo stesso modo un giudice di altra giurisdizione speciale, come anche i collegi arbitrali (sent. Corte costituzionale n. 376 del 2001). Tuttavia, non è sufficiente che si tratti di un organo che è giudice *in astratto* (nel senso che si tratta di un organo cui competono funzioni giurisdizionali), ma occorre che si tratti di un organo che svolge *in concreto* (cioè, in relazione al procedimento *in corso* davanti ad esso) funzioni giurisdizionali (sia pure ampiamente intese).

Ad esempio, il *tribunale* è sicuramente ed ovviamente, in astratto, un *giudice* in senso pieno; ma quando – secondo la legge sulle espropriazioni – autorizza il deposito presso la *Cassa depositi e prestiti* di un'indennità di espropriazione non accettata, svolge in concreto funzioni che non sono giurisdizionali: con la conseguenza di non potere, nel corso di quella procedura, sollevare questioni di legittimità costituzionale (sent. n. 72 del 1975).

Al contrario, il Consiglio superiore della magistratura non è, in generale, un organo giurisdizionale; ma la *Sezione disciplinare* del Consiglio stesso opera in concreto come giudice – cioè svolgendo funzioni giurisdizionali (come la Corte costituzionale ha ritenuto con sentenza n. 12 del 1971) – e può perciò sollevare questioni di legittimità costituzionale.

La Corte dei conti può ovviamente sollevare questioni di legittimità costituzionale quando esercita funzioni giurisdizionali, ma non quando esercita il controllo successivo sulla gestione degli enti pubblici (sent. n. 335 del 1995).

È evidente, in generale, che quando un organo svolge funzioni giurisdizionali esso è, in quel momento «giudice». Perciò si dice che il criterio *obbiettivo* (collegato ai caratteri della funzione svolta) prevale sull'astratto criterio *soggettivo*, collegato ai caratteri dell'organo in sé considerato.

Ciò non significa, ovviamente, che a *qualunque organo* possano essere affidate funzioni giurisdizionali. Sul divieto di istituzione di nuove giurisdizioni speciali si veda cap. 29, par. 1.

Rimane da aggiungere che talvolta la Corte costituzionale ha ammesso che possa sollevare questioni di legittimità costituzionale anche un organo che non svolge funzioni giurisdizionali in senso tecnico processuale, quando tuttavia la funzione svolta presenti i caratteri sostanziali di un *giudizio* (imparzialità dell'organo giudicante, valutazioni di stretto diritto, contraddittorio, ecc.).

È il caso, ad esempio, della stessa Corte dei conti quando esercita il controllo preventivo di legittimità sugli atti amministrativi, secondo quanto la Corte costituzionale ha deciso con le sentenze n. 226 del 1976 e n. 384 del 1991 (la quale peraltro sembra limitare la possibilità di sollevare questioni solo al rispetto dell'art. 81 Cost., cioè all'obbligo per le leggi di assicurare la copertura finanziaria della spesa). Con la sentenza n. 254 del 2004 la Corte aveva invece negato che potesse sollevare questione incidentale di legittimità costituzionale il Consiglio di Stato quando rende il parere sulla decisione di un ricorso straordinario, soprattutto in ragione della possibilità per il Governo di discostarsi da tale parere. Ma il parere è ora divenuto vincolante, e la legge ha espressamente ammesso la possibilità di sollevare le questioni di legittimità costituzionale.

La Corte costituzionale come giudice *a quo*

Può la Corte costituzionale porre come giudice *a quo* una questione di legittimità costituzionale *davanti a se stessa*? Può sembrare una questione paradossale ed astratta: ma in realtà può accadere – ed è infatti accaduto – che la Corte, nell'esercizio delle sue funzioni, si trovi a dover applicare disposizioni di legge della cui conformità alla Costituzione si può dubitare, disposizioni *che non sono* come tali oggetto di sindacato nel giudizio in corso.

Ciò può bene accadere, ad esempio, quando essa operi – come si dirà al paragrafo seguente – quale giudice di un *conflitto di attribuzioni*, o quale *giudice penale* (nella speciale composizione che vedremo) per i reati propri del Presidente della Repubblica. In questi casi, infatti, è ovvio che la Corte nel decidere si trova ad applicare non solo disposizioni costituzionali, ma anche disposizioni di legge ordinaria. E sarebbe assurdo che essa fosse priva del potere di eccepire l'illegittimità delle leggi, potere proprio di qualunque giudice: dunque, essa può sollevare questione di costituzionalità davanti a se stessa, come qualunque altro giudice.

Non si può nemmeno escludere che la Corte si trovi a sollevare una questione di legittimità costituzionale anche durante un giudizio di legittimità costituzionale di leggi. S'intende che dovrà trattarsi di disposizioni *diverse* da quelle già sottoposte alla Corte, la cui legittimità forma appunto l'oggetto del giudizio, e tuttavia di disposizioni che *devono* essere applicate *in quel giudizio* (ad esempio, come termine di paragone in un giudizio che verta sul principio di uguaglianza).

Di fatto, si può ben capire che quando la Corte costituzionale solleva davanti a se stessa una questione di legittimità costituzionale, essa ha in generale (anche se non sempre la sua composizione come giudice *a quo* coincide con la composizione quale giudice *ad quem*: si pensi ai giudizi sui reati presidenziali) ottime possibilità di vederla accolta!

Verifiche preliminari

Può essere una delle **parti** (cioè uno dei *contendenti*) del processo *a quo* a proporre la questione, sostenendo che una norma che dovrebbe essere applicata in suo sfavore contrasta con la Costituzione; oppure, lo stesso **giudice** chiamato a risolvere la controversia può essere in dubbio sulla legittimità costituzionale delle norme legislative da applicare. In entrambi i casi, il giudice ha il potere di porre la questione alla Corte costituzionale, una volta che abbia svolto con esito positivo due preliminari *verifiche*.

In primo luogo, deve trattarsi di una norma legislativa la cui applicazione è *realmente necessaria* per la soluzione del caso posto, che risulterebbe altrimenti impossibile. In altre parole, nel corso di un giudizio non si può sollevare questione di legittimità costituzionale di *qualunque* norma, ma solo delle norme *rilevanti* per la conclusione del giudizio. Si dice perciò che il giudice deve accertare la **rilevanza** della questione di legittimità costituzionale in relazione alla controversia che egli deve risolvere.

In secondo luogo, la legge costituzionale n. 1 del 1948 richiede anche che la questione sollevata da una delle parti non sia *manifestamente infondata*. Il giudice (il giudice *a quo*) non deve decidere egli stesso se la norma di legge contrasti o meno con la Costituzione, ma deve valutare se il dubbio in proposito sia o meno *manifestamente infondato*. L'eventuale **manifesta infondatezza** della questione gli impedisce di porla davanti al giudice costituzionale.

Tanto la valutazione della *rilevanza* quanto la valutazione della *non manifesta infondatezza* sono compiti specifici del giudice *a quo*. Ma ciò non toglie che la stessa Corte costituzionale, una volta investita, abbia spesso colto l'occasione per manifestare il suo punto di vista sul significato dei due requisiti: ritenendo, ad esempio, *manifestamente infondata* una questione già decisa dalla Corte (in senso negativo) nel passato, e riproposta in termini simili.

Il giudice di partenza, qualora ritenga di sottoporre la questione di legittimità costituzionale alla Corte, rimette ad essa gli atti del giudizio e *sospende* il processo in attesa della decisione del giudice costituzionale.

Il giudizio in via principale

Vi sono però *alcuni soggetti* i quali possono portare *direttamente* una questione di legittimità costituzionale davanti alla Corte, instaurando dinanzi ad essa una vera *controversia* tra *parti* contrapposte. Si tratta dello *Stato*, in relazione alla legittimità di leggi regionali, e delle *Regioni* (cioè: *ciascuna* Regione), in relazione a leggi statali o di altre Regioni. In questi casi si parla di giudizio *in via principale* (o anche *in via di azione*) per sottolineare che sono direttamente le parti interessate che *agiscono*, «impugnando» le norme che ritengono illegittime.

Più precisamente, secondo l'art. 127 Cost. il Governo può promuovere la questione di legittimità costituzionale «quando ritenga che una legge regionale ecceda la competenza della Regione» (co. 1), mentre la Regione può impugnare una legge o un atto con forza di legge dello Stato, una legge di una diversa Regione, quando ritenga che l'atto «leda la sua sfera di competenza» (co. 2). Da queste differenti espressioni è stato dedotto che lo Stato può impugnare una legge regionale *per qualunque violazione della Costituzione*, mentre le Regioni possono impugnare le leggi statali solo affermando che esse *violano le competenze che la Costituzione riserva alle Regioni.*

Tanto le Regioni che lo Stato devono proporre l'impugnazione entro il termine di sessanta giorni dalla pubblicazione nella Gazzetta Ufficiale o nei Bollettini regionali, ed il ricorso non sospende l'entrata in vigore dell'atto cui si riferisce.

In questa situazione, la legge n. 131 del 2003 ha previsto che la Corte, qualora ritenga che l'esecuzione dell'atto impugnato (o di parti di esso) possa comportare il rischio di un «irreparabile pregiudizio all'interesse pubblico o all'ordinamento giuridico della Repubblica, ovvero il rischio di un pregiudizio grave ed irreparabile per i diritti dei cittadini», possa d'ufficio sospendere gli effetti dell'atto impugnato. In tal caso l'udienza di discussione è fissata entro i successivi trenta giorni e il dispositivo della sentenza è depositato entro quindici giorni dall'udienza di discussione (così l'art. 9, co. 4, modificando l'art. 35 della l. n. 87 del 1953).

Come detto, la legge prevede che la Corte disponga la sospensione *d'ufficio*. Ma tale disposizione è di dubbia legittimità costituzionale, in quanto trasforma il ruolo della Corte da giudice di un conflitto di interessi prospettato dalle parti in autonomo portatore dell'interesse alla sospensione. Tuttavia, nella pratica sono state le parti a chiedere la sospensione in sede di ricorso, e per questa via la Corte ha ritrovato il suo ruolo proprio di giudice. Si noti che dal 2003 ad oggi la sospensione di una legge è stata rarissimamente chiesta, e mai accordata.

In linea di principio, nessun altro soggetto può impugnare *in via principale* leggi e atti con forza di legge.

Tuttavia, con le sentenze n. 161 del 1995 e n. 457 del 1999 la Corte costituzionale ha ammesso il «conflitto di attribuzioni» (v. *oltre*, § 5) sollevato (nel primo caso dal comitato promotore di un *referendum*, nel secondo dalla Corte dei conti in sede di controllo sulla gestione) contro atti legislativi. In un certo senso si tratta realmente di *conflitti* (dato che possono essere proposti solo a tutela delle prerogative dell'organo che li solleva): ma il fatto che abbiano ad oggetto atti legislativi non può non comportare il decorso degli effetti a partire dal giorno successivo alla pubblicazione della sentenza nella Gazzetta ufficiale.

Il giudizio davanti alla Corte costituzionale

Nei giudizi in via *incidentale*, una volta che il giudizio è stato instaurato davanti alla Corte costituzionale in uno dei modi ora visti, esso procede sino alla sua fine senza bisogno di ulteriori impulsi: anzi, perfino l'estinzione del giudizio di partenza non avrebbe conseguenze sul procedimento. In ogni modo, le parti del giudizio *a quo* possono costituirsi per sostenere il proprio punto di vista, ed allo stesso modo può intervenire il Presidente del Consiglio dei Ministri (o il Presidente della Giunta regionale, se sia in questione la legittimità costituzionale di una legge regionale).

I giudizi in via *principale* invece hanno il carattere di un processo di *parti*: sicché il relativo ricorso può, ad esempio, essere oggetto di *rinuncia*, con conseguente estinzione del giudizio.

Anche davanti alla Corte costituzionale vale di massima il *principio della domanda*, secondo il quale il giudice non può giudicare oltre quello che gli è richiesto. Nei giudizi in via di azione, ciò significa che la Corte deve limitarsi ad esaminare il fondamento delle censure proposte con il *ricorso* statale o regionale; nei giudizi in via di eccezione, allo stesso modo – e benché non ci sia qui un vero *ricorso* – la Corte deve decidere la questione in relazione ai profili sollevati dal giudice *a quo* nell'ordinanza di rimessione.

Il principio della domanda vale per la decisione sulla questione proposta. Tuttavia, una volta che la questione sia stata risolta nel senso della *fondatezza* – e perciò dell'illegittimità costituzionale della legge – la Corte costituzionale ha il potere, ad essa affidato dall'art. 27 della legge n. 87 del 1953, di individuare «*altre disposizioni la cui illegittimità discende come conseguenza della decisione*».

Si è così dotata la Corte di uno strumento idoneo ad impedire che le proprie sentenze rimanessero sulla carta, o generassero squilibri nel sistema giuridico. Si pensi, ad esempio, alle leggi regionali che ripetano un principio legislativo statale dichiarato illegittimo; o si pensi ancora alla possibilità che norme identiche a quella dichiarata illegittima, ma concernente soggetti diversi, rimangano in vigore solo perché contenute in leggi diverse. In entrambi i casi, il rimedio è la dichiarazione di illegittimità *consequenziale* prevista dall'art. 27: della quale peraltro la Corte costituzionale fa un uso prudente e assai limitato.

4. il giudizio di legittimità costituzionale: segue

Ordinanze e sentenze

Secondo l'art. 18 della stessa legge n. 87 del 1953 la Corte «*giudica in via definitiva con sentenza*», mentre «*tutti gli altri provvedimenti di sua competenza sono adottati con ordinanza*».

Nella prassi, la Corte utilizza la forma più spedita dell'ordinanza anche per pronunce che, in realtà, *chiudono il giudizio*. Così accade molto spesso, ad esempio, quando essa decide per la manifesta infondatezza della questione proposta.

Tipi di sentenze

Quando il giudizio si chiude – come di regola – con sentenza, questa può presentarsi come **sentenza di accoglimento**, con la quale la Corte accerta e dichiara che effettivamente la norma contestata si pone in contrasto con la Costituzione, o come **sentenza di rigetto**, con la quale al contrario la Corte decide per la legittimità costituzionale della legge, *rigettando* le censure mosse contro di essa.

L'alternativa tra *accoglimento* e *rigetto* non è però così rigida come sembra a prima vista. Intanto, può accadere che una decisione che ha lo stesso significato sostanziale si presti ad essere espressa in forma di accoglimento oppure, in alternativa, in forma di rigetto. È questo il caso delle cosiddette **sentenze interpretative**, cioè delle sentenze che vengono rese in relazione alla scelta di *una determinata interpretazione* della disposizione contestata, tra diverse interpretazioni astrattamente possibili.

L'art. 2 del t.u. delle leggi di pubblica sicurezza del 1931 attribuisce al prefetto il potere di adottare, in caso di emergenza, i provvedimenti indispensabili per la tutela dell'ordine e della sicurezza pubblica. Contestata la legittimità costituzionale di questo potere, la Corte decise (sent. n. 8 del 1956) per la legittimità della disposizione, interpretandola nel senso che essa non consentisse interventi in materie coperte da riserva di legge, e che perciò i poteri del prefetto non potessero ledere i diritti fondamentali dei cittadini. Si trattò dunque di una *sentenza interpretativa di rigetto*.

Alcuni anni dopo, la stessa questione fu riproposta, in considerazione della circostanza che la prassi non si era adeguata all'interpretazione data dalla Corte. E questa volta il giudice costituzionale si espresse per la dichiarazione di *illegittimità* della norma, in quanto la si intendesse in senso difforme da quello preferito dalla Corte stessa (sent. n. 26 del 1961). Si trattò dunque ancora di una sentenza «interpretativa», ma questa volta di *accoglimento*.

In entrambi i casi il «testo» della disposizione rimane intoccato, discutendosi invece sulle norme da ricavarne. Si noti però che una sentenza interpretativa di rigetto e la corrispondente sentenza interpretativa di accoglimento, benché dicano in sostanza la stessa cosa, non hanno affatto, sul piano giuridico, gli stessi effetti: perché solo da una sentenza di accoglimento deriva l'eliminazione della norma dichiarata incostituzionale (sicché lo stesso testo si può ormai intendere solo nel senso conforme alla Costituzione).

Altra questione è se, nell'intendere una decisione come di accoglimento o di rigetto, ci si debba attenere alla veste formale (l'uso dell'espressione «rigetta» in luogo dell'espressione «dichiara l'illegittimità costituzionale»), anziché al senso sostanziale della stessa. Di fatto, tuttavia, si è seguito il criterio formale, sicché le sentenze interpretative di rigetto spesso non hanno prodotto l'effetto desiderato.

In altri casi il problema posto dalla questione di legittimità costituzionale può essere differente. Si supponga una disposizione che attribuisce un certo trattamento ad una categoria di persone, senza fare il minimo cenno ad un'altra categoria, che si trova in una situazione molto simile. Se la differenza di trattamento non è giustificata risulta ovviamente violato il *principio di eguaglianza*, espresso dall'art. 3 Cost., secondo il quale a situazioni uguali deve corrispondere un trattamento legislativo uguale.

Talvolta per far venire meno la differenza è sufficiente l'eliminazione di una parola *limitativa* dal testo della disposizione.

Se ad esempio la disposizione assicura certi diritti ai figli *legittimi*, ne restano intanto esclusi i figli «naturali»: ma se questa esclusione è illegittima, basterà che sia dichiarata l'illegittimità della espressa *limitazione* della disposizione ai figli legittimi. Tolta dal testo della disposizione la limitazione, la parità di trattamento risulta automaticamente ristabilita.

Molto spesso, però, non vi è una parola limitativa che si possa togliere, e l'uguaglianza richiede che si *aggiungano* altri soggetti o casi non previsti dalla originaria disposizione, che dunque risulta contrastante con la Costituzione in quanto *non comprende* nel suo ambito di applicazione soggetti o casi che dovrebbero esservi compresi. Il rimedio non può allora consistere nell'*eliminazione* della disposizione (che *in sé* non contrasta affatto con la Costituzione), ma solo nella sua *estensione* anche ai soggetti o casi esclusi: con il risultato che da allora in poi li si considera *compresi* nella previsione della norma. Poiché si finisce a questo modo per *aggiungere* qualcosa a ciò che è *scritto* nella disposizione, si parla in simili casi di **sentenze additive**.

Così se la disposizione assicura un beneficio (ad esempio, la pensione di reversibilità) al *coniuge*, e la Corte ritenga illegittima l'esclusione di altri parenti conviventi a carico del defunto, non vi è altra soluzione che dichiarare l'illegittimità della norma in quanto non comprende tali parenti.

L'esperienza ha messo in luce ancora altri tipi di sentenze di accoglimento, con cui si *riduce* l'ambito di applicazione della disposizione legislativa (**sentenze sottrattive**) o con cui si giunge perfino a *sostituire* taluno dei suoi termini normativi (**sentenze sostitutive**), quando la riduzione o la stessa sostituzione siano diretta conseguenza delle regole costituzionali.

Un esempio di sentenza *sostitutiva* è costituito dalla decisione n. 215 del 1987, con la quale la Corte ha dichiarato l'illegittimità costituzionale di una disposizione in materia di invalidi civili nella parte in cui essa diceva che sarebbe stata «*facilitata*» loro, anziché «*assicurata*» loro, la frequenza alle scuole medie superiori.

È sufficiente comunque qui aver dato un'idea della *complessità* dei problemi del giudizio sulla legittimità costituzionale delle leggi, senza che si debba affrontarli in dettaglio. Il principio più generale da tenere presente è che qualunque tipo di sentenza può essere ammessa, purché la soluzione che essa introduce sia *necessaria* in virtù delle disposizioni costituzionali, applicate alla situazione legislativa esistente, senza che la scelta tra diverse soluzioni costituzionalmente legittime debba essere lasciata alla discrezionalità del legislatore.

Effetti dell'accoglimento

Domandiamoci ora che cosa succede quando la Corte si pronuncia per l'*illegittimità costituzionale* della norma legislativa impugnata. Secondo l'art. 136, co. 1, della Costituzione, «*quando la Corte dichiara l'il-*

legittimità costituzionale di una norma di legge o di atto avente forza di legge», tale norma «*cessa di avere efficacia dal giorno successivo alla pubblicazione della decisione*». La *pubblicazione*, aggiungiamo, avviene mediante le stesse forme stabilite per la pubblicazione dell'atto dichiarato illegittimo (art. 30 l. n. 87 del 1953), mediante stampa nella *Gazzetta Ufficiale*.

Dal *giorno successivo* alla pubblicazione la norma *cessa di avere efficacia*. Ma a quali casi, in concreto, essa non si applicherà più? Certamente, è ovvio, essa non si applicherà ai casi che dovessero sorgere in futuro. Non meno certamente essa non si applicherà nemmeno al caso dal quale la questione era sorta, se si trattava di un giudizio *in via incidentale*: infatti, il giudice *a quo* aveva inviato la questione alla Corte costituzionale proprio per sapere se applicare o meno la norma.

Più in generale, possiamo dire che la norma dichiarata *illegittima* dalla Corte non si applica più a *nessun caso* che sia ancora «aperto»: per il quale cioè la disciplina non sia già irrevocabilmente fissata. In questi limiti – ma *solo* in questi limiti – gli effetti delle sentenze di accoglimento *retroagiscono* per tutti i rapporti che non siano, come usualmente si dice, *esauriti*.

Se, ad esempio, una lite è già stata decisa nel passato, applicando la norma ora dichiarata costituzionalmente illegittima, e la sentenza relativa a quella lite non è stata *impugnata* (o se essa *non poteva essere impugnata*, perché pronunciata dal giudice di ultimo grado), quel rapporto *già deciso* continua ad essere regolato dalla norma ora dichiarata incostituzionale.

Egualmente, se un soggetto colpito da un *provvedimento* dell'amministrazione non presenta nei termini prescritti un *ricorso* contro di esso, egli non può fare più nulla nemmeno se la norma che l'amministrazione ha applicato nei suoi confronti viene in seguito dichiarata *illegittima* da una sentenza della Corte costituzionale (magari sorta da un giudizio riguardante un provvedimento simile che però l'interessato aveva *impugnato*). Ciò perché chi non ha promosso nessun *ricorso* contro il provvedimento non ha più il potere di chiedere al giudice il riesame della legittimità di questo, nella nuova situazione normativa.

La sentenza di rigetto

La sentenza con la quale la Corte costituzionale giudica *infondata* la questione di legittimità costituzionale sottopostale – cioè la **sentenza di rigetto** – non produce effetti giuridici particolari, se non quello (se si trattava di questione *posta in via incidentale*) di consentire la ripresa del giudizio dal quale la questione era sorta, che era rimasto nel frattempo *sospeso*. Naturalmente, in tale giudizio non si possono sollevare ulteriori dubbi sulla legittimità costituzionale della disposizione legislativa giudicata *legittima* dalla Corte costituzionale (almeno in relazione ai profili che hanno formato oggetto del giudizio di costituzionalità).

Nulla vieta che venga riproposta una questione di legittimità costituzionale in relazione ad una disposizione già ritenuta legittima da una precedente sentenza della Corte costituzionale. Quando ciò avviene, per lo più la Corte rigetta nuovamente la questione per *manifesta infondatezza*. È accaduto però che nuove argomentazioni, o mutamenti nel frattempo intervenuti nella situazione di fatto o di diritto, abbiano indotto la Corte a mutare orientamento (ad esempio, il *monopolio* televisivo a favore della RAI – quando esisteva – è stato ritenuto in una prima fase *del tutto legittimo*, in seguito *parzialmente illegittimo*: cfr. cap. 32, par. 5).

La legge incostituzionale e la sua osservanza

Ci si può chiedere, in sintesi, se la legge «incostituzionale» – ma non (ancora) dichiarata tale dalla Corte costituzionale – *debba* essere osservata, o se si sia liberi di non osservarla. Alla questione si può però rispondere solo in modo complesso.

Intanto, prima di una sentenza della Corte, non si può dire con assoluta certezza che una legge sia incostituzionale: possiamo solo dire che alcune persone *pensano*, magari con buone ragioni, che la legge contrasti con la Costituzione. Ma se le ragioni siano veramente buone o no, può essere deciso, con valore «ufficiale» e per tutti, solo dalla Corte. Prima, dunque, l'incostituzionalità esiste solo come *opinione*.

da parte del giudice

In secondo luogo, di fronte alla legge (supposta) incostituzionale, non tutti si trovano nella stessa situazione. Abbiamo appena visto che il giudice che anche solo «sospetta» l'illegittimità costituzionale della legge *non la può* applicare, ma che non ha nemmeno il potere di non applicarla in assoluto: egli deve invece *sospendere* il proprio giudizio, e sottoporre la questione di legittimità costituzionale al giudizio della Corte costituzionale.

da parte dei cittadini

E i cittadini, i soggetti comuni dell'ordinamento – persone fisiche o giuridiche che siano – saranno tenuti all'osservanza della legge supposta (da loro stessi) incostituzionale? Certo, se essi la applicano, il loro comportamento sarà ineccepibile. Anzi, se tutti applicassero la legge «incostituzionale», la sua illegittimità non troverebbe mai l'occasione per venire accertata (dato che, come si è visto, l'intervento della Corte costituzionale presuppone un processo, e che non si fa nessun processo se tutti danno spontanea attuazione alla legge). Paradossalmente, l'incostituzionalità della legge resterebbe in questo caso sempre allo stato di «opinione» puramente teorica.

Probabilmente però ci sarà qualcuno che non applica la legge incostituzionale, o proprio perché la ritiene illegittima, o anche per diverse (e meno nobili) ragioni. Di fronte alla mancata applicazione, ci potrà essere un processo che sorge o perché qualche altro interessato pretende l'applicazione della norma, o perché una sanzione è stata inflitta a chi non la ha applicata: e nel corso di quel processo potrà essere sollevata la questione di legittimità costituzionale. Da ultimo, se la Corte costituzionale condividerà la tesi dell'illegittimità, pronunciando una sentenza di *accoglimento*, bene avrà fatto chi non ha applicato la norma: le pretese avversarie saranno rigettate, e nessuna sanzione gli sarà inflitta. Nel caso opposto, però, di sentenza di *rigetto*, chi non ha applicato la norma ne subirà le conseguenze, dato che la sua opinione sull'incostituzionalità della legge è stata smentita dal solo giudice competente.

Se ne ricava la seguente conclusione: chi vuole esser sicuro, non ha che da applicare la legge, anche se la ritenga incostituzionale. Chi invece, pensando che la legge è incostituzionale, voglia seguire la Costituzione, assume un rischio: il rischio di dover difendere le proprie ragioni davanti ad un giudice, sperando di arrivare alla Corte costituzionale, e naturalmente anche il rischio che la Corte stessa non riconosca come buone tali ragioni.

da parte dell'amministrazione

Da ultimo, ci si chieda se la *pubblica amministrazione* debba applicare la legge, anche se la ritenga incostituzionale, oppure no. Tradizionalmente, si ritiene che l'amministrazione non abbia nessun potere di sindacare la legittimità degli atti normativi cui è soggetta. Essa è perciò tenuta ad applicare la legge supposta incostituzionale, così come è tenuta ad applicare i regolamenti (e gli atti amministrativi generali), anche se li ritenesse illegittimi. Il comportamento del funzionario che non applica la legge sarebbe perciò sempre censurabile – ad esempio sul piano delle sanzioni disciplinari – anche se in seguito la legge venisse posta nel nulla da una sentenza della Corte costituzionale.

Sul vincolo dell'amministrazione alla legge incostituzionale gli studiosi non sono unanimi, dato che alcuni ritengono che la posizione dell'amministrazione sia eguale a quella dei privati. È però da escludere che all'amministrazione *statale* possa essere riconosciuto un proprio interesse alla dichiarazione della illegittimità costituzionale della legge: essa perciò è tenuta in ogni caso a rispettare la legge.

Diversamente potrebbe eventualmente affermarsi per gli enti pubblici diversi dallo Stato, se la legge incostituzionale ne ledesse interessi soggettivi: e solo in questi limiti. È ovvio però che il problema non può essere qui approfondito ulteriormente.

Ricordiamo ancora che anche le amministrazioni devono dare applicazione alla normativa dell'Unione europea a preferenza di normativa nazionale contrastante, anche di rango legislativo.

5. i conflitti di attribuzione

Conflitti tra poteri e conflitti Stato-Regioni

Oltre che a giudicare sulla legittimità costituzionale delle leggi, la Corte costituzionale è chiamata allo svolgimento di altre funzioni. In primo luogo, essa giudica «*sui conflitti di attribuzione tra i poteri dello Stato, e su quelli tra lo Stato e le Regioni, e tra le Regioni*» (art. 134 Cost.).

Il **conflitto di attribuzione** è, in senso letterale, una controversia con la quale si rivendica come proprio un compito («attribuzione») che anche altri rivendicano come proprio. Ma la Corte costituzionale ha ammesso che con il *conflitto* si possa non solo *rivendicare* un proprio potere, ma anche lamentare il *cattivo esercizio* di un potere altrui, se questo si traduce in una lesione della posizione che la Costituzione garantisce al ricorrente. Ad esempio, se il Governo rifiuta un certo documento alla magistratura, opponendo il segreto di Stato, usa certamente di un suo potere; e tuttavia la Corte costituzionale potrebbe essere invocata, affermando che nel caso specifico non ricorrevano i presupposti del segreto.

Poteri dello Stato

Potere dello Stato, nel senso della norma costituzionale, è *ogni organo statale posto al vertice*, nell'ambito della propria funzione.

Potere dello Stato è così il **Governo** (nell'ambito della funzione amministrativa), ma anche il **Parlamento** (ciascuna **Camera**), il **Presidente della Repubblica**, il **Consiglio superiore della magistratura**. Nell'ambito del potere giudiziario *ogni giudice* può considerarsi, sotto questo profilo, un «vertice», dato che esercita le proprie funzioni in piena indipendenza, subordinato solo alla legge.

Con la sentenza n. 69 del 1978 la Corte costituzionale ha riconosciuto la capacità di sollevare il *conflitto*, e perciò la qualifica di «potere dello Stato», al Comitato promotore di un *referendum* abrogativo (nel caso, il conflitto era sollevato contro l'Ufficio centrale presso la Corte di cassazione, in relazione alla verifica della legittimità della richiesta di *referendum*).

I *pubblici ministeri* sono poteri dello Stato limitatamente alla prerogativa costituzionale dell'esercizio dell'azione penale (sent. n. 462 del 1993).

In concreto, comunque, veri e propri *conflitti* tra poteri dello Stato si sono avuti raramente: la ragione è che i massimi organi statali sono per lo più collegati da rapporti politici, nell'ambito dei quali si risolvono anche i reciproci contrasti. È difficile – ad esempio – immaginare un conflitto *giuridico* tra Camere e Governo, dal momento che il Governo deve per forza e comunque avere la fiducia delle Camere.

Come spesso accade, tuttavia, la realtà ha mostrato situazioni non facilmente immaginabili, quale il conflitto sollevato nel 1995 dal Ministro di Grazia e giustizia contro il Senato, il Presidente del Consiglio e il Presidente della Repubblica per aver il primo approvato una mozione di sfiducia individuale nei confronti dello stesso Ministro, i secondi proposto e conferito a seguito della mozione di sfiducia l'incarico di Ministro della giustizia ad *interim* (cioè in via provvisoria) allo stesso Presidente del Consiglio.

E il conflitto è stato ritenuto ammissibile (anche se infondato nel merito: v. *sopra*, cap. 15, par. 6) con sentenza n. 7 del 1996.

Per tale ragione i conflitti tra poteri dello Stato hanno prevalentemente avuto come protagonisti organi *giurisdizionali*, cioè organi per definizione estranei al circuito politico, venuti a contrasto con altri poteri statali.

Si può ricordare, tra gli altri, il conflitto che ha opposto i Tribunali di Torino e di Milano alla Commissione parlamentare di inchiesta contro la mafia, per l'acquisizione di taluni documenti in possesso della Commissione (risolto dalla Corte con sentenza n. 231 del 1975). Assolutamente usuali ed ordinari sono poi divenuti i conflitti con i quali i giudici impugnano le deliberazioni con le quali le Camere del Parlamento fanno rientrare nell'ambito della *insindacabilità* stabilita dall'art. 68 Cost. le più svariate affermazioni ingiuriose, pronunciate da membri del Parlamento nelle più diverse occasioni (discorsi pubblici, interviste radiotelevisive, ecc.).

L'instaurazione del conflitto

Il conflitto tra poteri dello Stato non è soggetto ad alcun termine. Il ricorso va presentato direttamente alla Corte costituzionale, la quale svolge una preliminare valutazione della *ammissibilità* del conflitto (sia per l'oggetto che in relazione ai soggetti, quello che promuove il conflitto e quello contro cui esso è promosso), senza contraddittorio e suscettibile di riesame in seguito. In caso di esito positivo, il ricorso (con l'ordinanza di ammissibilità) deve essere, a cura del ricorrente, notificato alle parti e depositato nel termine di venti giorni dall'ultima notifica.

Dei conflitti tra poteri aventi ad oggetto *leggi* si è detto sopra, §3.

Conflitti tra Stato e Regioni

Frequenti poi sono i *conflitti* tra Stato e Regioni. Essi *non* riguardano, naturalmente, l'uso delle *potestà legislative*: perché in questo caso i «conflitti» si risolvono nei *giudizi di legittimità costituzionale delle leggi*, dei quali abbiamo prima parlato.

Le Regioni contro lo Stato

Capita spesso che le Regioni (*singole* Regioni) contestino allo Stato il potere di emanare certi provvedimenti amministrativi, sostenendo che si tratta invece di poteri *regionali*, o viceversa. Capita anche che le Regioni si ritengano *lese* nella sfera di autonomia loro garantita dalla Costituzione da un atto di illegittimo esercizio di un potere, che pure esse riconoscono appartenere in sé allo Stato.

Sottolineiamo che si deve trattare di una lesione di ciò che *la Costituzione* (sia pure integrata ed attuata dalle leggi ordinarie) garantisce alle Regioni. Diversamente, eventuali provvedimenti amministrativi illegittimi dello Stato riguardanti le Regioni dovranno essere impugnati, secondo le regole generali, davanti ai **giudici amministrativi** (cap. 30, par. 5).

Le Regioni possono sollevare il *conflitto di attribuzioni* davanti alla

Corte costituzionale anche in relazione ad *atti giurisdizionali*, che ritengano lesivi della loro autonomia costituzionale.

Così, con la sentenza n. 285 del 1990 la Corte costituzionale – ribadendo il principio secondo il quale la legittimità costituzionale delle leggi statali e regionali può essere fatta valere solo attraverso l'apposito giudizio di cui s'è detto al paragrafo precedente – ha annullato una sentenza della Corte di cassazione, che aveva direttamente *disapplicato* una legge regionale (la quale, secondo la Cassazione, illegittimamente interferiva con il diritto penale).

Tuttavia la Regione può contestare con il conflitto solo un atto che eserciti la giurisdizione su un oggetto che la Costituzione sottrae ad essa (come, nel caso citato, la legge regionale), non invece un atto giurisdizionale che (secondo la Regione) sia semplicemente erroneo in fatto o in diritto. In questo caso, la Regione dovrà, come tutti gli altri soggetti, utilizzare i normali rimedi interni al sistema giurisdizionale (come l'appello e il ricorso per cassazione).

Nei conflitti promossi dalle Regioni lo «Stato» va inteso non come la sola *persona giuridica* statale, ma come «conglomerato di enti, legati tra loro da precisi vincoli funzionali e di indirizzo, destinati ad esprimere, nel confronto dialettico con il sistema regionale, le esigenze unitarie imposte dai valori supremi tutelati dall'art. 5 Cost.» (Corte cost., sentenza n. 31 del 2006). A questa stregua, ad esempio, è ammissibile il conflitto avverso atti dell'Agenzia del demanio, nonostante che questa sia una autonoma persona giuridica (cfr. cap. 26, par. 13).

Lo Stato contro le Regioni

Naturalmente, altrettanto bene può lo Stato sollevare conflitto contro una o più Regioni. Si tenga presente comunque che il conflitto può sorgere anche in relazione a *comportamenti* che non si traducano nell'emanazione di atti, o che si traducano nell'emanazione di atti diversi dagli atti amministrativi veri e propri.

Non infrequenti sono ad esempio i conflitti con i quali lo Stato contesta accordi o intese che una Regione abbia siglato con regioni di altri Stati (o con altri Stati) senza la necessaria previa intesa con il Governo.

Termini

Secondo l'art. 39, co. 2, l. n. 87 del 1953, i conflitti tra Stato e Regioni o tra Regioni devono essere promossi mediante ricorso, nel termine di sessanta giorni dalla notificazione e pubblicazione, ovvero dall'avvenuta conoscenza dell'atto impugnato. In questo caso dunque (al contrario che per il conflitto tra poteri dello Stato) è prevalsa un'esigenza di *certezza* delle situazioni giuridiche, che non possono più essere poste in questione una volta decorso il termine.

6. le altre funzioni della Corte

La Corte come giudice penale

Alla Corte costituzionale spetta di giudicare sulle «*accuse promosse contro il Presidente della Repubblica, a norma della Costituzione*» (art.

134 Cost., in relazione ai reati presidenziali di *alto tradimento* e *attentato alla Costituzione*: cfr. cap. 16, par. 1).

In questo caso essa opera come **giudice penale**, chiamato a valutare la fondatezza della messa in *stato di accusa* deliberata dal Parlamento in seduta comune (art. 90 Cost.).

Quando opera come *giudice penale* la Corte assume una composizione particolare: ai *quindici* giudici che normalmente la compongono, si aggiungono altri *sedici membri*, tratti a sorte da un elenco di *quarantacinque* cittadini aventi i requisiti per l'eleggibilità a senatore, che il Parlamento compila ogni nove anni «*mediante elezione con le stesse modalità previste per la nomina dei giudici ordinari*» (art. 135, ultimo comma, Cost., le cui previsioni sono state attuate con la l. 26 gennaio 1962, n. 20).

Come si è già detto (cap. 14, par. 5), fino alla modifica operata dalla legge costituzionale 16 gennaio 1989 n. 1, la Corte costituzionale giudicava anche dei reati compiuti dai Ministri nell'esercizio delle loro funzioni (c.d. reati *ministeriali*): reati riportati poi alla giurisdizione del giudice ordinario, previa autorizzazione a procedere della Camera o del Senato.

Il giudizio sull'ammissibilità dei referendum abrogativi

La Costituzione non prevede per la Corte costituzionale altri compiti, accanto a quelli sin qui illustrati. Tuttavia, la legge costituzionale 11 marzo 1953, n. 1, ha attribuito alla stessa Corte (giustamente interpretando lo spirito della Costituzione) anche il giudizio sulla **ammissibilità** delle richieste di *referendum* abrogativo di leggi statali. Tale giudizio, le cui regole di svolgimento sono stabilite dalla l. 25 maggio 1970, n. 352, ha luogo dopo che la Corte di cassazione abbia verificato la *regolarità formale* della richiesta (cap. 20, par. 3).

VII
LA PERSONA, LE LIBERTÀ, LA SOLIDARIETÀ SOCIALE

capitolo 32

LE LIBERTÀ INDIVIDUALI E COLLETTIVE

1. la Costituzione e le libertà

La Costituzione non si preoccupa soltanto di determinare l'organizzazione dei pubblici poteri, secondo quanto sin qui si è detto, ma si preoccupa *ancor prima* della fissazione dei *diritti* della persona (più che semplicemente dei *cittadini*, ai quali pure sono riservati particolari diritti e libertà), sia attraverso un riconoscimento in via generale dei *diritti inviolabili*, sia attraverso la specifica codificazione di molti di essi.

Il carattere costituzionale della disciplina ha una grandissima importanza dato che, come sappiamo, la legge fondamentale della Repubblica si pone come atto superiore rispetto a qualunque altro atto normativo dell'ordinamento giuridico italiano (carattere *rigido* della Costituzione): sicché la validità delle stesse leggi ordinarie può essere sindacata, nei modi che abbiamo visto, dalla Corte costituzionale. E tale sindacato ha costituito, nell'esperienza italiana, una protezione insostituibile in particolare proprio per i diritti di libertà. È ovvio perciò che la trattazione dei *diritti fondamentali* (come spesso si chiamano, con termine sintetico) deve avere come principale punto di riferimento la disciplina costituzionale, alla cui stregua vanno valutate le stesse leggi che vi danno attuazione.

La Convenzione europea dei diritti dell'uomo

Va anche ricordato che con l. 4 agosto 1955, n. 848 è stata data esecuzione in Italia alla *Convenzione europea per la salvaguardia dei diritti dell'uomo e delle libertà fondamentali*, firmata a Roma il 4 novembre 1950 (v. anche *sopra* cap. 1, par. 8 e cap. 13, par. 7).

2. il principio personalistico

L'art. 1 della Costituzione definisce lo Stato italiano affermandone come essenziale il carattere *democratico*, ed individuando nel *popolo* la sede e la base della *sovranità*. I costituenti però non si accontentarono di questa enunciazione, e vollero valorizzare, di fronte allo Stato, la *persona come tale* o, più precisamente, la persona come entità *diversa* ed *originaria* di fronte allo Stato. Ed a ciò non bastava, evidentemente, il riferimento al *popolo*, che è pur sempre uno degli elementi che compongono l'idea stessa *dello Stato*.

L'esigenza di sottolineare la radicale *alterità* e la stessa *priorità* della persona rispetto allo Stato era sollecitata, nel 1947, dalle tragiche esperienze del fascismo ed ancor più del nazismo, che avevano mostrato all'evidenza dove possono condurre le ideologie che subordinano la persona ad entità astratte, quali la razza, o lo Stato stesso, concepito come *fine* in sé anziché come strumento per la migliore organizzazione della vita sociale.

Il principio personalistico e il principio solidaristico

Si è voluto perciò con l'art. 2 solennemente sancire che «*la Repubblica riconosce e garantisce i diritti inviolabili dell'uomo, sia come singolo, sia nelle formazioni sociali ove si svolge la sua personalità*».

Al centro della norma è sempre *l'uomo*, ovvero la *persona*. Esso è però considerato sotto due distinti profili: da una parte come *singolo,* dall'altra parte come partecipante a *formazioni sociali,* che costituiscono il necessario ambiente di svolgimento della sua *personalità*. Ci baseremo anche noi su questa distinzione, parlando prima delle libertà *individuali*, poi delle libertà collegate alle *formazioni sociali*.

Con l'espressione «*la Repubblica riconosce e garantisce*» si è voluta accentuare la *priorità* della persona rispetto allo Stato, e la *strumentalità* dello Stato allo sviluppo della persona. In concreto, tuttavia, i *diritti inviolabili* di cui parla lo stesso art. 2 si devono intendere non come un qualcosa di *astratto* ed *assoluto* (che sarebbe anche, perciò stesso, incerto ed indefinibile), ma secondo le specificazioni e le precisazioni che ne dà la Costituzione negli articoli successivi ed in collegamento con le *Carte* internazionali dei diritti cui l'Italia ha aderito (v. *supra*, par. 1).

Nel momento stesso in cui si affermava l'*inviolabilità* dei diritti umani da parte dello Stato, si è però anche voluto ricordare che nessun valore della persona può svilupparsi senza l'apporto della *comunità*, nella quale ogni altra persona deve poter trovare le stesse favorevoli condizioni di sviluppo.

Perciò la Costituzione dice che la Repubblica «*richiede l'adempimento dei doveri inderogabili di solidarietà politica, economica e sociale*» che l'appartenenza alla comunità comporta (art. 2). Quali siano più precisamente i *doveri inderogabili* va poi cercato – come per i *diritti inviolabili* – nelle rimanenti norme costituzionali, e negli svolgimenti che le leggi danno ad esse.

3. il principio di eguaglianza

Subito dopo, la Costituzione enuncia il **principio di eguaglianza**. Esso forma il criterio più generale prescritto nella disciplina giuridica delle relazioni sociali, e si pone come *obbiettivo* da raggiungere anche attraverso l'azione statale.

L'eguaglianza giuridica

L'eguaglianza è, in primo luogo, **eguaglianza giuridica** (o *formale*): è eguaglianza di ciascuno *di fronte al diritto*, ed è, contemporaneamente, eguaglianza *del diritto* di fronte a ciascuno. In questo senso l'art. 3, co. 1, Cost., afferma da un lato che «*tutti i cittadini hanno pari dignità sociale*», dall'altro che essi sono «*eguali davanti alla legge, senza distinzione di sesso, di razza, di lingua, di religione, di condizioni personali e sociali*».

L'affermazione del principio di eguaglianza è, come ben noto, una delle grandi conquiste delle rivoluzioni borghesi, ed in particolare della rivoluzione francese. Il riferimento particolare al sesso, alla razza, alla lingua e alla religione si spiega considerando che proprio su tali elementi si sono basate, nella storia, le più vistose discriminazioni tra le persone.

Nell'esperienza della Repubblica italiana, la discriminazione in relazione al sesso è quella che più a lungo si è mantenuta. È con la legge 9 febbraio 1963, n. 66 (anticipata per certi settori da alcune sentenze della Corte costituzionale) che sono del tutto cadute le antiche preclusioni contro l'ammissione della donna ai pubblici uffici ed alle professioni. Più recentemente, la l. 9 dicembre 1977, n. 903, e la l. 10 aprile 1991, n. 125, hanno dettato norme per garantire un'effettiva parità di trattamento tra uomini e donne nei rapporti di lavoro.

Il principio di eguaglianza non va inteso, ovviamente, come assoluto divieto di qualunque *differenziazione* della disciplina giuridica in relazione alle diverse persone. È chiaro, ad esempio, che i privati cittadini e i pubblici dipendenti non possono *e non debbono* avere esattamente gli stessi diritti e gli stessi doveri di fronte allo Stato: un trattamento *eguale* di situazioni chiaramente *diverse* costituirebbe esso stesso una *violazione* dell'eguaglianza.

Il principio va invece inteso come divieto di ogni *ingiustificata* discriminazione. In che limiti una differenziazione sia giustificata, è questione che può essere in certi casi molto difficile da valutare. Certamente sarebbe ingiustificata ogni differenziazione che non fosse fondata non solo su elementi *obiettivi*, ma su ragioni e valori che *la Costituzione* tutela e protegge.

È evidente, ad esempio, che talora, sia pure in misura molto ridotta, sono non solo ammissibili ma persino *dovute* differenziazioni basate sul sesso, per tutelare altri valori costituzionali: si pensi agli *agenti di custodia* rispettivamente nelle carceri maschili e femminili, alla speciale tutela delle lavoratrici madri, e simili. Inoltre, benché il dovere di difesa della patria gravi su tutti i cittadini (art. 53 Cost.), la legge chiamava al servizio militare obbligatorio soltanto i cittadini maschi (ora il servizio di leva è stato sostituito dal servizio su base volontaria e professionale, aperto ad entrambi i generi).

Secondo i criteri esposti, il principio di eguaglianza costituisce oggi uno dei parametri più importanti per la valutazione della legittimità costituzionale delle leggi. Spetta così in definitiva alla Corte costituzionale il compito di giudicare, nei singoli casi, se le «differenziazioni» (o al contrario le «assimilazioni») che le leggi operano siano giustificate.

La parità di fatto

Quando il principio di eguaglianza venne vittoriosamente affermato per la prima volta, con la rivoluzione francese, l'abolizione delle diseguaglianze *giuridiche* parve sufficiente. Solo esse infatti impedivano al Terzo stato (cioè alla *borghesia*) ormai emergente di far valere in ogni campo la sua effettiva *parità*, quando non la sua effettiva *supremazia*.

Una volta che era stata sostanzialmente conquistata l'eguaglianza giuridica di tutti i cittadini, non poteva non emergere, al di sotto di essa, una innegabile realtà. Ciò che ostacolava l'effettiva eguaglianza tra i cittadini non era solo (e non era *più*) la differenza dei trattamenti giuridici, ma erano – e *continuavano* ad essere – le profonde disparità economiche e sociali.

Perciò la Costituzione italiana ha concepito l'eguaglianza non solo come un criterio per la disciplina delle relazioni giuridiche, ma anche come un *compito* assegnato alla Repubblica: il compito (nella formulazione che ne ha dato il secondo comma dell'art. 3) di *«rimuovere gli ostacoli di ordine economico e sociale che, limitando di fatto la libertà e l'eguaglianza dei cittadini, impediscono il pieno sviluppo della persona umana e l'effettiva partecipazione di tutti i lavoratori all'organizzazione politica, economica e sociale del Paese*».

In sostanza l'art. 3, co. 2, sta a fondamento delle *politiche pubbliche*, normalmente tradotte poi in leggi che mirano a promuovere o favorire categorie svantaggiate: si pensi ad istituti quali le borse di studio e le altre forme di assistenza scolastica, alle prestazioni di assistenza sociale, agli esoneri dalle contribuzioni sanitarie, alle agevolazioni per l'accesso alla proprietà della casa, alle assunzioni obbligatorie per gli invalidi civili, ecc. Possono fondarsi sul comma secondo dell'art. 3 anche le politiche a favore della donna, in quanto tendano a colmare uno svantaggio sociale riscontrabile di fatto.

Come si nota, nella Costituzione l'*uguaglianza-compito* si colora in modo particolare in relazione ai *lavoratori*: ed al *diritto* al lavoro (ed al relativo *dovere* solidaristico) è interamente dedicato il successivo art. 4.

Un settore in cui il rapporto tra la formale uguaglianza di tutti e l'esigenza di una effettiva parità di situazioni è divenuto problematico è quello della parità tra i generi nella partecipazione alla vita pubblica, dove la situazione reale è di grave squilibrio a svantaggio del genere femminile. L'esigenza di un intervento correttivo ha trovato espressione in nuove disposizioni costituzionali. Così l'art. 51, co. 1, nel testo modificato dalla legge cost. n. 1 del 2003, dopo avere sancito il classico principio di uguaglianza tra i cittadini nell'accesso ai pubblici uffici ed alle cariche elettive, prosegue aggiungendo che «a tal fine la Repubblica promuove con appositi provvedimenti le pari opportunità tra donne e uomini»; mentre ancor prima la legge cost. n. 3 del 2001 aveva introdotto nel nuovo art. 117 della Costituzione la disposizione del co. 7, che chiama le leggi regionali a rimuovere «ogni ostacolo che impedisce la piena parità degli uomini e delle donne nella vita sociale, culturale ed economica», nonché a promuovere «la parità di accesso tra donne e uomini alle cariche elettive».

L'evoluzione della sensibilità e della normativa costituzionale ha trovato un immediato riflesso nella giurisprudenza costituzionale. Così mentre la sentenza n. 422 del 1995 aveva dichiarato illegittima una disposizione relativa alle elezioni comunali secondo la quale nelle liste «nessuno dei due sessi può essere rappresentato in misura superiore ai due terzi», la sentenza n. 49 del 2003 ha affermato la legittimità costituzionale di una legge della Regione Valle d'Aosta secondo la quale nella liste per le elezioni regionali devono essere presenti candidati di entrambi i sessi; ed anzi in questa occasione la Corte ha lasciato intendere che si tratta di una misura davvero minima, e che l'attuazione del principio di uguaglianza sostanziale permette e forse richiede di più.

Al livello della legislazione ordinaria, l'insieme delle disposizioni rivolta a rendere effettivo il principio di parità tra uomo e donna è stato raccolto nel d. lgs. n. 198 del 2006, *Codice delle pari opportunità tra uomo e donna*. Tale normativa è stata poi modificata dal d. lgs. n. 5 del 2010, in attuazione della direttiva della (allora) Comunità europea n. 54 del 2006, relativa al principio delle pari opportunità e della parità di trattamento fra uomini e donne in materia di occupazione e impiego.

4. la libertà personale

La **libertà personale** di cui parla l'art. 13 della Costituzione, è da intendersi fondamentalmente come *libertà di disporre della propria persona*, e perciò come *assenza di coercizione fisica* su essa. A tutela della *libertà personale* è stabilita anche la **libertà di circolazione e soggiorno** (nonché la libertà di **espatrio**), di cui all'art. 16 Cost. La libertà della persona, infatti, è violata sia dalla *positiva coercizione* esercitata su di essa, sia dagli *impedimenti* frapposti ai suoi liberi spostamenti.

Il primo comma dell'art. 13 enuncia solennemente che «*la libertà personale è inviolabile*». Ma è evidente che vi debbono pur essere delle autorità che, in certi casi, hanno il potere di esercitare la *coercizione* sulle persone: se non altro, per impedire la commissione dei **reati**, o per *punire* chi li abbia già commessi. Una società in cui non vi fosse bisogno né di *prevenzione* né di *pena* sarebbe una società ideale, ma sicuramente non è la società nella quale viviamo.

Le garanzie della libertà personale

Realisticamente, il problema da risolvere è piuttosto quest'altro: *chi* debba avere il *potere* di prevedere *in astratto* i *casi* e i *modi* della privazione della libertà, ed a *chi* debba essere affidato il compito di decidere *in concreto* l'esercizio della coercizione su di un determinato individuo, nei casi e modi previsti. Il problema, perciò, è quello delle *garanzie* da assicurare alla *libertà personale.*

La prima delle garanzie poste dalla Costituzione è una **riserva assoluta di legge** (cfr. cap. 21, par. 1): nessuna forma di *detenzione*, di *ispezione o perquisizione personale*, e più in generale di *restrizione della libertà personale* è ammessa, se non «*nei soli casi e modi previsti dalla legge*» (art. 13, co. 2).

La seconda garanzia – anch'essa stabilita dall'art. 13, co. 2 – sta in una **riserva di giurisdizione** nell'attuazione della legge, cioè nel fatto che *solo la magistratura può disporre la restrizione* di tale libertà, e solo con *atto motivato.* La garanzia consiste nella particolare *neutralità* della funzione giurisdizionale, nella circostanza che *il giudice non ha da perseguire interessi* (nemmeno interessi *pubblici*), e che l'intera organizzazione della magistratura è finalizzata a ciò (cfr. cap. 29, par. 5).

Si noti che l'art. 111, co. 7, Cost. dispone che «*contro le sentenze e contro i provvedimenti sulla libertà personale, pronunciati dagli organi giurisdizionali ordinari o speciali, è sempre ammesso ricorso in Cassazione per violazione di legge*». Inoltre, la l. 12 agosto 1982, n. 532, ha previsto che si possa richiedere ad apposita *sezione* del *Tribunale* (il cosiddetto **Tribunale della libertà**) il riesame dei provvedimenti restrittivi pronunciati dal giudice, con l'ulteriore clausola che essi *decadono*, se non vengono confermati entro termini rigidi e brevi.

Tuttavia, la Costituzione ammette che «*in casi eccezionali di necessità ed urgenza, tassativamente indicati dalla legge*», sia *l'autorità di pubblica sicurezza* ad adottare *provvedimenti restrittivi* (art. 13, co. 3). Tali provvedimenti sono però «*provvisori*»: essi «*devono essere comunicati entro quarantotto ore all'autorità giudiziaria e, se questa non li convalida nelle successive quarantotto ore, si intendono revocati e restano privi di ogni effetto*».

I provvedimenti restrittivi

Tra i provvedimenti restrittivi della libertà personale che l'autorità giudiziaria può disporre ricordiamo – a parte la *carcerazione* in esecuzione di una sentenza di *condanna* – il **mandato** e l'**ordine di cattura**. Spetta invece alla *polizia giudiziaria* l'*arresto* di coloro che siano sorpresi a commettere un reato (si parla in questi casi di *flagranza* di reato) e il *fermo* di coloro che siano sospettati di averlo commesso. I provvedimenti di polizia debbono però essere *convalidati* dal giudice.

I provvedimenti ora indicati instaurano una situazione di **carcerazione preventiva** (detta così perché essa non presuppone una sentenza di condanna). La carcerazione preventiva è in potenziale contrasto con un altro principio costituzionale, secondo il quale «*l'imputato non è considerato colpevole sino alla condanna definitiva*» (art. 25, co. 2). Ma la Costituzione stessa la ammette, per la sua evidente necessità in certi casi, precisando però che la legge deve stabilirne i «*limiti massimi*» (art. 13, u.c.).

Altri provvedimenti di competenza dell'autorità giudiziaria, *limitativi* della libertà personale, sono la *sorveglianza speciale*, il *divieto di soggiorno* o (al contrario) l'*obbligo di soggiorno* nel Comune di residenza (è invece venuto meno l'istituto dell'obbligo di soggiorno in Comuni diversi da quello di residenza).

Tra gli atti di competenza di autorità amministrative, particolari problemi solleva il *rimpatrio* al luogo di residenza, tramite **foglio di via** disposto dal *Questore*, delle persone pericolose di cui alla l. 27 dicembre 1956, n. 1423. Il provvedimento in questione – che ovviamente incide sulla *libertà di circolazione e soggiorno* – è stato però giustificato dalla Corte costituzionale (sent. n. 210 del 1995), sulla base della disposizione costituzionale che ammette «*limitazioni*» stabilite dalla legge «*in via generale per motivi di sanità o di sicurezza*» (art. 16, co. 1).

Mandato di arresto europeo

Conviene ricordare che con decisione-quadro del Consiglio del 13 giugno 2002, n. 584, è stato istituito il *mandato di arresto europeo*, in forza del quale in ciascun paese membro dell'Unione europea possono venire eseguiti, alle condizioni stabilite dalla decisione-quadro e dalle normative nazioni di recepimento, mandati di arresto emessi dagli organi giurisdizionali di ciascun altro Stato membro. In Italia la normativa di recepimento è stata emanata con la legge n. 69 del 2005, recante «Disposizioni per conformare il diritto interno alla decisione quadro 2002/584/GAI del Consiglio, del 13 giugno 2002, relativa al mandato di arresto europeo e alle procedure di consegna tra stati membri».

5. le libertà della sfera privata e la libertà di pensiero

Libertà della sfera privata

Accanto alla libertà personale, la Costituzione tutela altre fondamentali libertà e diritti della persona. In primo luogo, ognuno ha diritto ad una *sfera di riservatezza*, che non deve essere intaccata non solo nei rapporti *tra privati*, ma nemmeno dai *pubblici poteri*.

In questa prospettiva si possono intendere la libertà di **domicilio** (sulla nozione di *domicilio* cfr. cap. 4, par. 1) e la libertà di **corrispondenza**, e più in generale di **comunicazione**.

L'art. 14 Cost. afferma in via di principio l'*inviolabilità* del domicilio. Ma anche in questo caso, come per la libertà personale, il vero problema consiste nei modi e limiti delle inevitabili *restrizioni* che tale «inviolabilità» deve in concreto subire.

In generale, l'art. 14, co. 2, estende alle «*ispezioni o perquisizioni o sequestri*» le garanzie previste per la libertà personale. Il co. 3 ammette però che *leggi speciali* disciplinino (eventualmente al di fuori di quelle garanzie) «*gli accertamenti e le ispezioni per motivi di sanità e di incolumità o a fini economici e fiscali*».

La *corrispondenza* e la *comunicazione* vengono in rilievo soprattutto sotto il profilo della *riservatezza*: ed infatti la Costituzione si preoccupa fondamentalmente di garantirne la *segretezza* (art. 15, co. 1). Ogni limitazione «*può avvenire soltanto per atto motivato dell'autorità giudiziaria con le garanzie stabilite dalla legge*» (co. 2).

Tali «limitazioni» (sequestro di corrispondenza, intercettazioni telefoniche, e simili) sono in effetti disciplinate dal **codice di procedura penale**. Si avverta però che secondo le disposizioni del codice postale (d.P.R. 29 marzo 1973, n. 156) è vietato inviare corrispondenza con certi contenuti (costituenti pericolo per la *sicurezza dello Stato*, o costituenti *reato*, o contrari al *buon costume*), e che la stessa amministrazione postale ha in questi casi – quando si tratti di corrispondenza soggetta a verifica, o quando lo stesso involucro riveli il contenuto – il potere di provocare una pronuncia del tribunale sulla *inoltrabilità* della corrispondenza (ferma restando l'eventuale azione penale in caso di reati).

È discusso se ed in quali limiti, al di fuori delle norme ricordate, esista un diritto costituzionale alla **riservatezza**, esteso ad ogni aspetto della vita privata e familiare. Il legislatore ha comunque dato ampio riconoscimento e disciplina al diritto alla riservatezza sia come limite al *diritto di accesso* ai documenti amministrativi (cap. 27, par. 8), sia in relazione al c.d. *trattamento dei dati personali* (anche senza elaborazione elettronica) con la legge 31 dicembre 1996, n. 675.

Si tratta in sostanza della disciplina degli *archivi di dati personali* (cioè archivi di ogni tipo di informazione relativa a persone fisiche o giuridiche, enti e associazioni). Per la protezione dei diritti (di conoscenza, di rettifica, e altri) riconosciuti dalla legge è istituito un originale sistema di tutela, incentrata – oltre che sul giudice ordinario – sull'apposita *Autorità garante*. Dagli obblighi derivanti dalla legge sono esonerati soltanto gli archivi di dati tenuti dalle persone fisiche per fini esclusivamente personali (ad esempio, i dati personali custoditi nella propria agenda).

Le libertà intellettuali

Particolare rilievo ha nella Costituzione un gruppo di *libertà* che riguardano la **manifestazione del pensiero**. L'art. 21 afferma, in generale, che «*tutti hanno diritto di manifestare liberamente il proprio pensiero con la parola, lo scritto e ogni altro mezzo di diffusione*».

Un problema di ordine generale relativo alla libertà di pensiero è posto dall'esistenza nel *codice penale* di una categoria di reati comunemente detti **reati d'opinione**: la *propaganda ed apologia sovversiva* (art. 272) l'*apologia* (cioè l'elogio) di certi reati (art. 303), il *vilipendio* delle istituzioni (artt. 290-292), e simili. In generale, si tende nell'interpretazione a distinguere la pura manifestazione di *opinione* (che non sarebbe *mai* reato, ove non espressa in termini diffamatori o ingiuriosi) dall'attività intellettuale che abbia per *scopo* il compimento di azioni criminose (che può bene essere essa stessa *reato*).

L'art. 21, nei suoi rimanenti commi, si occupa dettagliatamente della tradizionale **libertà di stampa**, stabilendo che essa non può essere soggetta ad *autorizzazioni* o *censure*, e prevedendo garanzie, simili a quelle previste per la libertà personale, per il *sequestro* della stampa.

La *libertà di stampa* non comporta comunque che la stampa stessa possa avere *qualunque contenuto*. Fermo il limite generale del *buon costume* (che vale anche per gli *spettacoli* ed ogni altra *manifestazione*: art. 21, u.c.), è chiaro che le pubblicazioni non devono avere contenuto tale da costituire *reato*. Si pongono spesso così problemi delicati, perché non è sempre facile trovare il punto oltre il quale il *diritto alla cronaca* o all'*informazione* diventa invece *diffamazione, calunnia*, o simili.

Altri limiti alla libertà di stampa sono posti a tutela del *pluralismo* nel campo dell'informazione mediante *quotidiani*. In particolare la l. n. 67 del 1987 considera la posizione di chi concentri oltre il 20% dei giornali come *dominante*, e tale da dover essere ridotta entro il limite entro un termine prefissato (su ingiunzione del Garante).

Specifici problemi, nemmeno accennati nella Costituzione, si sono posti in materia di **radio** e di **televisione**. La legge ne prevedeva il **monopolio** statale. La Corte costituzionale, investita a più riprese della questione, ne ha affermato la legittimità, come **servizio pubblico** a garanzia dell'*obiettività* dell'informazione e delle *libertà d'accesso* (si vedano le sentenze n. 225 del 1974 e 148 del 1981), ma lo ha anche (con la sentenza più recente) *limitato*, aprendo ampi spazi all'iniziativa privata.

Dopo la liberalizzazione il sistema italiano si è di fatto strutturato nel ben noto *duopolio* (cioè con due operatori dominanti, uno pubblico ed uno privato), con la RAI concessionaria per legge del servizio pubblico. Progressivamente – anche a seguito di ulteriori sentenze della Corte costituzionale – sono state introdotte regole sull'assegnazione delle frequenze, sul numero massimo delle concessioni per lo stesso soggetto e sulla circolazione delle azioni delle società concessionarie, senza però che la situazione mutasse sostanzialmente: con problemi di rispetto anche del diritto europeo. Con l'avvento delle trasmissioni in digitale si è aperta una nuova fase, attualmente in corso. Il settore è ora disciplinato principalmente dal d. lgs. n. 177 del 2005, *Testo unico dei servizi di media audiovisivi e radiofonici* (e successive modificazioni), che prevede per la gestione di reti televisive un regime di autorizzazione, nonché l'assegnazione dei diritti di uso delle frequenze sulla base di criteri obiettivi, proporzionati, trasparenti e non discriminatori.

Alla libertà di pensiero si può accostare la **libertà dell'arte e della scienza**, e del loro **insegnamento** (art. 33 Cost.).

La libertà *dell'arte e della scienza* ha rilievo nel *codice penale* come causa di esclusione dell'*oscenità* (art. 529): il che pone spesso delicati problemi, soprattutto in relazione agli *spettacoli cinematografici e teatrali*.

La libertà di *insegnamento* può essere limitata dalla fissazione di un *programma* di materie da insegnare: ma nell'ambito del programma deve potersi esprimere il libero convincimento dell'insegnante. Va da sé però che la libertà di insegnamento non può manifestarsi in modo che sia lesivo della personalità degli allievi, della quale l'insegnante deve al contrario promuovere la piena formazione (cfr. d. lgs. 16 aprile 1994, n. 297, art. 1).

6. la libertà religiosa

La **libertà religiosa**, sancita dall'art. 19 Cost., comprende il «*diritto di professare liberamente la propria fede religiosa in qualsiasi forma, individuale o associata, di farne propaganda e di esercitarne in privato o in pubblico il culto*» (con il consueto limite, specificamente ribadito, che «*non si tratti di riti contrari al buon costume*»).

La chiesa cattolica

Accanto alla *libertà religiosa* come diritto *del singolo* la Costituzione disciplina i rapporti tra lo Stato e le confessioni religiose. In questo quadro, un trattamento particolare è fatto alla **Chiesa cattolica**, come espressione istituzionale della *religione cattolica*.

Secondo l'art. 7, co. 1, «*lo Stato e la Chiesa cattolica sono, ciascuno nel proprio ordine, indipendenti e sovrani*». I loro rapporti sono regolati – secondo il co. 2 dello stesso articolo – dai *Patti lateranensi* (cioè dal **concordato** del 1929): ma le modificazioni «*accettate dalle due parti*» non richiedono il procedimento di revisione costituzionale. Ad una revisione del *concordato* – che tiene conto dei principi costituzionali, ed in particolare del venire meno della concezione della religione cattolica come religione dello Stato – si è giunti nel 1984 con un nuovo accordo, che è stato tradotto nella legge 25 marzo 1985, n. 121. In attuazione dei nuovi accordi sono state anche mutate le norme riguardanti gli *enti* e i *beni* ecclesiastici, e il sostentamento del *clero cattolico* (l. 20 maggio 1985, n. 222).

Con i nuovi accordi è inoltre venuta definitivamente meno ogni traccia del principio sancito un tempo dallo Statuto albertino e ribadito poi dal Trattato lateranense del 1929, secondo il quale la religione cattolica era la religione *dello Stato*, e per di più la *sola*.

L'insegnamento religioso

Un particolare aspetto della libertà religiosa è costituito dall'insegnamento della religione (cattolica) nelle scuole statali. La nuova normativa ha accolto il principio secondo il quale tale insegnamento è puramente *opzionale*: con la conseguenza che chi non si avvale di esso – secondo quanto chiarito dalla Corte costituzionale – non ha l'obbligo di seguire altre materie scolastiche «alternative» e nemmeno l'obbligo di rimanere a scuola durante il corrispondente orario (sentt. n. 203 del 1989 e n. 13 del 1991).

Un segno evidente della posizione privilegiata fatta alla religione cattolica in Italia si è avuto con la nota questione della esposizione del *crocifisso* nelle aule scolastiche, curiosamente prevista da una norma non particolarmente elevata come dei regolamenti di epoca fascista sugli arredi delle scuole elementari e medie (regi decreti n. 965/1924 e n. 1297/1928). L'opposizione di alcuni genitori ha condotto attraverso una lunga vicenda giudiziaria, ad una pronuncia della Corte costituzionale (di inammissibilità, stante il carattere solo regolamentare della disciplina) e a due pronunce della Corte europea dei diritti dell'uomo: la quale ha dapprima deciso che tale esposizione viola la libertà religiosa degli alunni non cattolici (caso *Lautsi v. Italia*, sentenza del 3 novembre 2009), poi – su ricorso dell'Italia alla *Grande Camera* – che al contrario il simbolo del crocifisso ha carattere solo passivo e non implica alcuna forma di indottrinamento, sicché la materia rientra nel margine di discrezionalità di ciascuno Stato (sentenza del 18 marzo 2011).

Le altre confessioni religiose

Quanto alle **confessioni religiose** in generale, l'art. 8 Cost. afferma che esse «*sono egualmente libere davanti alla legge*», e che quelle *diverse* dalla Chiesa cattolica hanno «*diritto di organizzarsi secondo i propri statuti*», purché non in contrasto con l'ordinamento giuridico italiano.

Infine, la Costituzione dispone che i rapporti delle confessioni religiose non cattoliche con lo Stato sono «*regolati per legge sulla base di intese con le relative rappresentanze*».

La previsione costituzionale ha trovato una prima attuazione con la l. 11 agosto 1984, n. 449, relativa ai rapporti con le chiese rappresentate dalla *Tavola valdese*. Nel 1988 sono stati quindi disciplinati i rapporti con l'*Unione italiana delle Chiese avventiste del 7° giorno* (l. n. 516) e con le *Assemblee di Dio* (l. n. 517). Nel 1989 sono stati inoltre disciplinati i rapporti con l'*Unione delle comunità ebraiche italiane* (l. n. 101).

Nel 1995 sono state approvate le intese con l'*Unione cristiana evangelica battista d'Italia* (l. n. 116) e con la *Chiesa evgangelica luterana in Italia* (l. n. 520). Altre intese sono state firmate (tra cui quelle con i Testimoni di Geova, con gli Induisti e con i Buddisti), ma non ancora approvate con legge.

Tutela delle istituzioni religiose

Ricordiamo infine che l'art. 20 Cost. completa la tutela della libertà religiosa in relazione alle sue espressioni organizzative, sancendo in generale che «*il carattere ecclesiastico e il fine di religione o di culto di una associazione od istituzione non possono essere causa di speciali limitazioni legislative, né di speciali gravami fiscali per la sua costituzione, capacità giuridica e ogni forma di attività*». In sostanza, l'art. 20 estende alle organizzazioni quel *divieto di discriminazione* per ragioni di religione che l'art. 3, co. 1, già garantisce alle persone fisiche.

7. le libertà economiche

Possiamo dire che se la libertà personale costituisce la premessa prima di ogni possibile libertà, mentre la libertà di pensiero e la libertà religiosa riguardano la sfera delle idee, le **libertà economiche** riguardano i rapporti tra le persone in relazione alle risorse del mondo esterno: in rapporto alle cose che ciascuno di noi *usa* ed ai modi di produzione e circolazione dei beni e dei servizi.

Il modello costituzionale

Il modello generale accolto nella Costituzione è quello di una società che acquisisce e mantiene i risultati delle rivoluzioni borghesi, pure cercando di adeguarli al programma sociale e personalista sopra descritto. Si tratta perciò essenzialmente di un progetto di società di stampo *liberale* con forti correttivi.

Coerentemente con tale impostazione la Costituzione tratta prima della tutela del lavoro (artt. 35-37), dell'assistenza agli inabili e degli istituti di previdenza (art. 38), delle libertà sindacali e dello sciopero (artt. 39 e 40), quindi dell'iniziativa economica privata, della proprietà e di varie forme di attività economica. Nell'ambito del criterio qui adottato conviene rinviare la trattazione dei diritti sindacali e del lavoro al capitolo seguente, per esaminare qui gli istituti della libertà economica come libertà individuale.

L'iniziativa economica

Con la fissazione del principio secondo il quale «*l'iniziativa economica privata è libera*» (art. 41, co. 1) si è voluto sancire che non si intendeva dar vita ad un sistema nel quale ogni **iniziativa economica** fosse concentrata nelle mani dello Stato.

Tuttavia, una volta stabilito questo punto fermo, la preoccupazione dei Costituenti non è stata (diversamente che in relazione alle libertà più propriamente «personali») di circoscrivere al minimo possibile le pur necessarie limitazioni, ma è stata invece di stabilire, in via generale, che l'iniziativa economica «*non può svolgersi in contrasto con l'utilità sociale o in modo da recare danno alla sicurezza, alla libertà, alla di-*

g n i t à umana», e di assegnare al legislatore il compito di determinare «*i programmi e i controlli opportuni perché l'attività economica privata e pubblica possa essere indirizzata e coordinata a fini sociali*» (art. 41, co. 2 e 3).

In una prospettiva alquanto diversa da quella dell'art. 41 Cost., anche se non in contrasto con esso, la legge 10 ottobre 1990, n. 287, ha disciplinato i c.d. *cartelli* e i *monopoli*, vietando le pratiche restrittive della *concorrenza* e l'abuso di *posizione dominante* nell'ambito del mercato nazionale. La vigilanza e i poteri sanzionatori sono stati conferiti ad una apposita autorità amministrativa, con spiccate caratteristiche di indipendenza, denominata *Autorità garante della concorrenza e del mercato.*

La disciplina italiana corrisponde nella sostanza a quella posta per i corrispondenti fenomeni degli articoli già da 81 a 86 del Trattato CE ed ora da 101 a 106 del Trattato FCE (nell'ambito del quale i poteri di vigilanza e sanzione spettano alla Commissione).

Inoltre, l'art. 43 Cost. prevede che determinate *imprese*, che si riferiscano a *servizi pubblici essenziali* o a *fonti di energia* o a *situazioni di monopolio*, ed abbiano *carattere di preminente interesse generale* possano con *legge* essere *riservate* allo Stato (o ad enti pubblici, o a comunità di lavoratori o di utenti). Se si tratta di imprese già esitenti, esse possono essere *espropriate* e *trasferite*, salvo *indennizzo.*

Una realizzazione di questa disposizione si è avuta nel passato con la creazione dell'ENEL e la cosiddetta *nazionalizzazione* delle industrie elettriche, disposta dalla l. 6 dicembre 1962, n. 1643.

Oggi però nel contesto dell'Unione europea si tende a ritenere che la migliore garanzia per la comunità non stia nella costituzione di imprese statali, ma piuttosto in una gestione privata soggetta alle regole del mercato (ivi compresa una disciplina che contrasti la formazione di monopoli), ove occorra integrata da regole poste da una pubblica autorità di *vigilanza* (ma non più di *gestione*). Lo stesso ENEL è stato trasformato in società per azioni e quotato in borsa.

Ancora l'art. 46 Cost. dispone che «*ai fini dell'elevazione economica e sociale del lavoro e in armonia con le esigenze della produzione*» la Repubblica «*riconosce il diritto dei lavoratori a collaborare, nei modi e nei limiti stabiliti dalle leggi, alla gestione delle aziende*». Tuttavia, le stesse organizzazioni sindacali dei lavoratori non hanno finora creduto nella utilità della c.d. *cogestione* (e della commistione di responsabilità che essa comporta): sicché la partecipazione dei lavoratori è avvenuta piuttosto dall'*esterno.*

La proprietà

Un ulteriore importante centro di attenzione nella «costituzione economica» è costituito dalle regole sulla **proprietà**. Secondo l'impostazione generale (modello liberale con penetrante intervento pubblico) è in primo luogo sancito (art. 42, co. 1) che «*la proprietà è pubblica o privata*», e che «*i beni economici appartengono allo Stato, ad enti o a privati*» (cfr. cap. 5, par. 7).

La proprietà *privata*, in particolare, «*è riconosciuta e garantita dalla legge*», che ne determina tuttavia non solo (secondo la più antica tradizione codicistica) i modi di *acquisto* ma altresì i modi di *godimento* e i *limiti*, allo scopo di «*assicurarne la funzione sociale e di renderla accessibile a tutti*» (art. 42, co. 2). In questo contesto la proprietà privata «*può essere, nei casi e nei modi preveduti dalla legge*, e *salvo indennizzo, espropriata per motivi di interesse generale*» (co. 3).

Un esempio di disciplina dei modi di godimento e di imposizione di limiti può vedersi nella sempre più stretta regolamentazione della tradizionale facoltà del proprietario di *edificare*. Dei problemi connessi all'indennità di espropriazione si è già detto (cap. 27, par. 5): si noti comunque che il principio dell'indennizzo non vale soltanto per le espropriazioni vere e proprie, ma per qualunque atto che imponga al proprietario uno specifico sacrificio individuale (non invece per quei limiti che derivino dalla natura stessa del bene, come ad esempio per i vincoli di tipo naturalistico-ambientale).

Risparmio e credito

Secondo l'art. 47 Cost. «*la Repubblica incoraggia e tutela il risparmio in tutte le sue forme*» (co. 1), ed in particolare «*favorisce l'accesso del risparmio popolare alla proprietà dell'abitazione, alla proprietà diretta coltivatrice e al diretto e indiretto investimento azionario nei grandi complessi produttivi del Paese*».

A parte questo specifico compito di politica economica, lo stesso art. 47 dispone che la Repubblica «*disciplina, coordina e controlla l'esercizio del credito*»: ed in effetti nel momento in cui la Costituzione fu approvata, il settore del credito era già assoggettato ad una disciplina fortemente dirigistica e vincolistica, risalente alla seconda metà degli anni '30, rimasta in vigore anche nei decenni successivi. Tuttavia, anche nel settore del credito la normativa nazionale ha dovuto progressivamente adeguarsi alle direttive comunitarie, in virtù delle quali da una parte tutti gli enti creditizi comunitari sono abilitati ad operare anche nel territorio italiano, dall'altra gli stessi poteri sugli operatori nazionali devono essere esercitati in relazione a criteri strettamente tecnico-economici, esclusa ogni valutazione discrezionale. Tali principi sono codificati dal *Testo unico delle leggi in materia bancaria e creditizia*, emanato con d.lgs. n. 385 del 1993.

Costituzione economica e Unione europea

Come appare dal complesso delle disposizioni costituzionali ricordate, i costituenti in materia economica tentarono di inserire i tradizionali principi dell'economia liberale nel quadro di un solidarismo fortemente dirigistico e vincolistico: quasi ad individuare una sorta di terza via tra le alternative del capitalismo e del socialismo, come allora si ponevano.

Tuttavia, da una parte l'esperienza ha mostrato – come non poteva non essere – la difficoltà di un simile progetto (sicché l'impetuoso sviluppo italiano del dopoguerra ha seguito piuttosto la prima via, sia pure temperata dall'intervento redistributivo dello Stato). Dall'altra parte la partecipazione dell'Italia alla Comunità economica europea (ed ora all'Unione europea) ha comportato la sovrapposizione alla «costituzione economica» italiana dei principi e criteri dei trattati comunitari, al cui centro sta l'obiettivo di un mercato aperto e concorrenziale, fondato sui principi di libera circolazione delle persone, delle merci e dei capitali: principi che pongono severi limiti ad autonome politiche economiche dei singoli Stati.

Così ad esempio gli *aiuti statali* alle imprese sono consentiti solo entro ristretti limiti, in quanto collegati a determinate finalità, e sono soggetti al controllo preventivo della Commissione europea (ora artt. 107 e 108 TFUE). Altri regimi di aiuto sono invece disposti direttamente a livello comunitario, nell'ambito di una politica economica e regionale ormai comune.

In definitiva, non avrebbe certo una percezione precisa di quella che è attualmente la «vera» costituzione economica italiana chi guardasse soltanto alle disposizioni costituzionali, apprezzabili nell'intento ma talora innegabilmente datate, e non ai principi strutturali del grande mercato europeo.

Ciò non significa affatto che le esigenze costituzionali debbano cedere il campo ad un liberismo senza limiti. In primo luogo, infatti, il grande mercato europeo non esiste che all'interno delle regole che ne garantiscono la trasparenza e la concorrenzialità. In secondo luogo, rimane ferma l'esigenza di interventi correttivi e riequilibratori, anche se la loro definizione appartiene ormai in larga misura al livello dell'Unione europea.

8. le libertà individuali ad esercizio collettivo

Già alcune delle libertà individuali considerate nel precedente capitolo implicavano necessariamente, nel loro svolgimento, una *pluralità* di persone: si pensi, in particolare, alle libertà connesse alla *manifestazione del pensiero*, le quali non hanno significato se non si suppongono uno o più *destinatari* della comunicazione. Essi potranno essere solo *potenziali* (come i lettori di un giornale) anziché già determinati in partenza (come il destinatario di una lettera), ma devono pur esserci.

Esistono però delle *libertà*, anch'esse protette e garantite dalla Costituzione, che sono più specificamente destinate a svolgersi nell'ambito della vita associata e collettiva. Qui le esaminiamo rivolgendo particolare attenzione a quelle che danno vita a vere e proprie *istituzioni* che, pur *non* essendo istituzioni *pubbliche*, vivono ed operano a contatto con queste, influenzandone in modo spesso determinante l'azione: ci riferiamo alle **organizzazioni sindacali** e soprattutto ai **partiti politici**.

9. la libertà di riunione e di associazione

La riunione

Il gradino più elementare delle libertà ad esercizio collettivo è la libertà di **riunione**. Per *riunione* si intende il confluire *intenzionale* e *concordato* di più persone in uno stesso luogo. La riunione può anche non avere alcuno scopo particolare, ma ci deve essere nei partecipanti la consapevolezza e la volontà di *riunirsi* con gli altri.

Se non c'è la volontà di riunirsi, si è detto, non si ha *riunione* ma un puro e semplice *assembramento* casuale. L'*assembramento*, pur non essendo in sé proibito, comporta sempre un qualcosa di disordinato e di potenzialmente pericoloso per la stessa incolumità di chi vi è coinvolto.

Spesso però non si ha né *riunione* né *assembramento*. Più persone che ascoltano un concerto in una sala pubblica non sono né l'uno né l'altro, come non lo sono centomila persone che assistono ad un incontro di calcio. È vero che ogni spettacolo pubblico può essere occasione di riunioni, e talora anche di assembramenti. La folla che si accalca al botteghino dei biglietti forma facilmente un *assembramento*; d'altra parte, gruppi di amici, o di tifosi di una certa squadra, possono decidere di *riunirsi* per assistere *insieme* alla partita.

La disciplina del diritto

La regola costituzionale è che «*i cittadini hanno diritto di riunirsi pacificamente e senz'armi*» (art. 17, co. 1). In concreto, però, vanno distinte le riunioni *in luogo pubblico* (strade, piazze), dalle riunioni in luogo *aperto al pubblico*, ma non direttamente pubblico (teatri, pubblici esercizi, sale aperte al pubblico in genere: si tratta di sedi *private* alle quali è però, sempre o in certe occasioni, ammesso il *pubblico*).

Per le riunioni in luoghi *aperti al pubblico* (ma non pubblici) *non è richiesto che si dia preavviso all'autorità di pubblica sicurezza.*

La norma costituzionale rappresenta una *innovazione* rispetto alla precedente disciplina dell'art. 18 del *testo unico* delle leggi di *pubblica sicurezza* (r.d. 18 giugno 1931, n. 773), il quale prevedeva l'obbligo del *preavviso* al Questore tre giorni prima della riunione.

Per le riunioni in luogo *pubblico* invece l'art. 17, co. 2, Cost., continua a richiedere il «*preavviso alle autorità*» (cioè, in concreto, al *Questore*), precisando però che queste possono vietare la riunione solo «*per comprovati motivi di sicurezza o di incolumità pubblica*».

Ma *quando*, precisamente, è necessario dare preavviso al Questore di una riunione in luogo *pubblico*? È ovvio che se cinquanta persone si riuniscono in una piazza, perché lì è fissato il luogo di ritrovo per la partenza di una *gita*, non c'è bisogno di nessun *preavviso*. Ma se le stesse persone volessero invece dar vita ad una *manifestazione* (con *cartelli*, o anche semplicemente *sedendosi* per terra, o in altro modo) il preavviso al Questore sarebbe necessario.

Analogamente, sono soggetti a *preavviso* i **cortei**, anche se essi possono, in concreto «occupare» lo spazio pubblico meno di una grossa gita scolastica in visita ad una città (per la quale non c'è ovviamente alcun obbligo di preavvisare il Questore). Ciò che conta, in sostanza, è che la *riunione* sia essa stessa lo *scopo* di coloro che sono riuniti, e che perciò si realizzi un uso del luogo pubblico in qualche modo *diverso* da quello normale.

Non è richiesto preavviso per le riunioni *elettorali* (art. 18 *T.U. pubblica sicurezza*).

Le riunioni non autorizzate possono – almeno in certe circostanze – essere *sciolte* dalla polizia, seguendo la procedura prevista dal testo unico delle leggi sulla pubblica sicurezza: un *invito* di un *ufficiale* di pubblica sicurezza, il successivo *ordine di scioglimento*, ripetuto per tre volte, ogni volta accompagnato da uno squillo di tromba, cui segue l'attività di scioglimento *coattivo* in caso di mancato scioglimento spontaneo. Il rispetto di queste modalità è essenziale perché chi *non obbedisce* all'ordine possa essere *punito*.

L'associazione

La libertà di **associazione** rappresenta, rispetto alla semplice libertà di riunione, un fenomeno più complesso. Mentre la riunione è una *preordinata compresenza di più persone in uno stesso luogo*, l'associazione è un *legame stabile che unisce ed organizza più persone in vista di uno scopo comune* (cfr. anche cap. 4, par. 5).

La regola costituzionale è che «*i cittadini hanno diritto di associarsi liberamente, senza autorizzazione, per fini che non sono vietati ai singoli dalla legge penale*» (art. 18, co. 1). Sono però proibite «*le associazioni segrete e quelle che perseguono, anche indirettamente, scopi politici mediante organizzazioni di carattere militare*» (co. 2).

L'associazione per fini vietati ai singoli dalla legge penale non è invece l'esercizio di una libertà, ma al contrario il compimento di uno specifico *reato*: l'**associazione per delinquere**, prevista dall'art. 416 del *codice penale*. Le *associazioni di tipo mafioso anche straniere* (comprensive della camorra, della 'ndrangheta e di ogni altra) sono punite dall'art. 416 *bis*.

Il divieto di costituire associazioni di carattere *militare* è stato precisato con il decreto legislativo 14 febbraio 1948, n. 43. Le associazioni *mafiose* e *camorristiche* trovano una ulteriore specifica disciplina repressiva nella l. 31 maggio 1965, n. 575, in seguito integrata (anche con misure di controllo economico del fenomeno mafioso) da numerose altre leggi.

Il divieto di associazioni segrete ha trovato la propria disciplina nella l. 25 gennaio 1982, n. 17, approvata in occasione della vicenda della loggia massonica *P2*.

Si noti che l'iscrizione a logge massoniche *non segrete* rientra invece nella generale libertà di associazione. Ciononostante la sezione disciplinare del Consiglio superiore della magistratura ha stabilito (e la Corte di cassazione ha confermato con sent. n. 11256 del 1995) che i *magistrati* non possono far parte neppure di logge non segrete, perché ciò contrasterebbe (dati i vincoli di solidarietà interna propri dell'associazione massonica) con i doveri di imparzialità e di indipendenza del giudice.

10. i partiti politici

Natura giuridica

Nonostante la loro straordinaria importanza nella vita quotidiana delle istituzioni, l'unica norma costituzionale che riguardi direttamente i **partiti politici** è l'art. 49, secondo il quale «*tutti i cittadini hanno diritto di associarsi liberamente in partiti per concorrere con metodo democratico a determinare la politica nazionale*». Ma anche questa norma, a ben vedere, considera i partiti più dal punto di vista dell'esercizio di un diritto individuale (il diritto di *associarsi in partiti*) che nella loro specifica realtà organizzativa: essi sono cioè considerati dalla Costituzione italiana come una forma particolare di *associazione*.

In effetti, i *partiti politici* vivono, nell'ordinamento giuridico statale, come *associazioni* di diritto privato, sia pure con finalità politiche. Essi sono *privi di personalità giuridica*. Non che non possano in astratto ottenere – ai sensi del codice civile – il *riconoscimento* come persone giuridiche: ma il fatto è che nessun partito lo ha mai chiesto.

Si avverta comunque che la qualificazione giuridica da dare ai partiti è discussa tra gli studiosi, e che a molti pare riduttivo concepirli come associazioni di diritto comune. Nella realtà, in effetti, i partiti operano ben più sul piano del *pubblico* che del *privato*: basti ricordare che la dissociazione di uno dei *partiti* componenti la *maggioranza* sulla quale si fonda il Governo comporta, per prassi, le *dimissioni* del Governo stesso, e che i *segretari* dei partiti vengono consultati dal Presidente della Repubblica nel corso del procedimento di formazione del nuovo Governo. Oppure si pensi al ruolo che i partiti hanno nell'organizzazione delle *candidature* agli organi elettivi, a cominciare dal *Parlamento* (si ricordi però che il *parlamentare* in ogni caso rappresenta – a termini dell'art. 67 Cost. – *la Nazione*, senza *vincoli di mandato*: per cui l'eventuale abbandono del partito per il quale si è candidato non incide sulla sua posizione di parlamentare).

Si tratta di esempi tra i molti che si potrebbero scegliere, e che mostrano collegamenti molto stretti, sia al livello nazionale che ai livelli locali, tra l'azione dei *partiti* e l'azione delle *pubbliche istituzioni* vere e proprie. Ciò però non toglie che, sul piano giuridico, il partito rimanga un fenomeno che non è – e non deve essere – direttamente *pubblico*.

Limiti all'iscrizione

Limitazioni al diritto di *iscriversi* ai partiti possono essere poste dalla legge, a termini dell'art. 98, co. 2, Cost., soltanto per alcune categorie di pubblici funzionari, la cui immagine ed il cui imparziale servizio non dovrebbero essere accostati a schieramenti di parte: i *magistrati*, i *militari di carriera in servizio attivo*, i *funzionari ed agenti di polizia*, i *rappresentanti diplomatici e consolari all'estero*.

Da un punto di vista del tutto diverso va ricordato che la dodicesima delle *Disposizioni transitorie e finali* della Costituzione vieta «*la riorganizzazione, sotto qualsiasi forma, del disciolto partito fascista*». Si è voluto così sottolineare la rottura con il precedente regime non solo sul piano delle istituzioni statali, ma anche sul piano dell'organizzazione politica sottostante. Si noti che l'impegno di non consentire la rinascita delle organizzazioni fasciste, aventi per scopo di «*privare il popolo dei suoi diritti democratici*», aveva anche una dimensione internazionale: era stato infatti posto all'Italia dal Trattato di Pace di Parigi del 10 febbraio 1947, all'art. 17.

Il metodo democratico

I cittadini si associano in partiti, secondo il testo costituzionale, per «*concorrere con metodo democratico a determinare la politica nazionale*». Si è discusso se questa norma possa consentire che la legge stabilisca dei *requisiti* di *democrazia interna* dei partiti, o se il «*metodo democratico*» vada invece riferito soltanto ai rapporti reciproci *tra* i partiti, o comunque ai rapporti del partito con l'*esterno*.

Si può dire probabilmente che la Costituzione impone che la politica nazionale venga determinata con *metodo democratico*, e che consente perciò una disciplina che sia rivolta a garantire questo risultato. Il preciso contenuto di essa è rimesso alla discrezionalità del legislatore. Ma se ve ne fosse necessità, non potrebbe certo dirsi preclusa alla legge la disciplina di aspetti *interni* alla vita del partito.

La questione del finanziamento pubblico dei partiti

La Costituzione non prevede che i partiti politici siano finanziati dallo Stato, ma neppure lo esclude. Nei fatti, due diverse forme di **finanziamento pubblico** furono introdotte con la l. 2 maggio 1974, n. 195: da una parte assegnando un contributo direttamente ai *partiti* in relazione alle spese elettorali (art. 1), dall'altro assegnando un contributo ai *gruppi parlamentari* in proporzione alla loro consistenza (art. 3). Si era allora ritenuto che fosse possibile in questo modo porre un freno al fenomeno dei *finanziamenti occulti*, o comunque togliere ad esso quella sorta di *giustificazione* – non importa qui se essa fosse accettabile o meno – che discendeva dalla necessità per i partiti stessi di procurarsi in qualche modo i mezzi per la loro azione.

Successivamente, anche in relazione agli esiti del *referendum abrogativo* del giugno del 1978 (il quale, benché respinto, mise in rilievo che il 43,7% dei votanti *disapprovava* la legge in vigore), la disciplina del finanziamento fu modificata ed integrata, con le leggi 8 agosto 1980, n. 422, 18 novembre 1981, n. 659 e 27 gennaio 1982, n. 22. Con tali modifiche, si cercò di rendere più equo il sistema, e soprattuto di rendere più rigidi gli obblighi derivanti ai partiti dal finanziamento.

Tuttavia gli imponenti fenomeni di corruzione e di finanziamento illegale dei partiti scoperti nei primi anni '90 hanno mostrato che il finanziamento pubblico dell'attività istituzionale non impedisce per sé la degenerazione dei partiti in senso affaristico, e forse al contrario riduce l'impegno e la responsabilità dei cittadini, che in primo luogo e direttamente dovrebbero sostenere le spese della propria formazione politica. Ed a seguito degli stessi scandali il *referendum* del 18 aprile 1993 ha portato all'abrogazione del finanziamento alle attività *istituzionali* dei partiti, lasciando in vita soltanto il contributo alle spese elettorali.

La legge disciplina anche gli eventuali altri finanziamenti che ai partiti provengano dall'esterno (escludendo però che gli enti pubblici, o le società a consistente partecipazione pubblica possano erogare finanziamenti), ed obbliga i partiti finanziati a presentare e rendere pubblico il proprio *bilancio*. La legge 2 gennaio 1997, n. 2, consente ai cittadini di destinare lo 0,4 per cento dell'IRPEF da essi pagata alla ripartizione tra i partiti politici che abbiano almeno un parlamentare.

I rimborsi per le consultazioni elettorali sono stati nuovamente disciplinati dalla legge n. 157 del 1999. Sia la dimensione del finanziamento, sia il fatto che le relative somme vengono erogate per ratei annuali, a prescindere dall'effettivo svolgimento nell'anno di consultazioni elettorali, portano a ritenere che in questo modo sia stata reintrodotta una forma di finanziamento pubblico dei partiti.

Crisi del sistema dei partiti

Nell'insieme, non si può negare che sia il funzionamento spesso insoddisfacente della *mediazione politica* che essi comportano (soprattutto in un sistema di accentuato pluripartitismo), sia i fenomeni di corruzione e di illecito finanziamento cui si è già accennato, sia la connessa prassi della «lottizzazione» (come viene chiamato il caratteristico sistema di spartizione politica delle cariche come strumento di potere), hanno posto in discussione la fisionomia, i compiti ed il ruolo dei partiti.

Ad esempio, se i finanziamenti illeciti ed illegali sono stati spesso giustificati con la necessità di coprire le ingenti spese, è spontaneo pensare che i partiti debbano invece organizzarsi in modo da poter vivere mediante le risorse su cui possono lecitamente contare.

In effetti, molte delle riforme già realizzate negli anni novanta vanno nel senso di restringere o almeno trasformare il ruolo dei partiti: come è evidente non solo nel passaggio al sistema elettorale maggioritario del Parlamento, o nella nuova disciplina della elezione del Sindaco (e in parte dei candidati Presidenti delle Giunte regionali), ma anche in innovazioni in specifici settori di amministrazione (quale, ad esempio, la nuova amministrazione delle unità sanitarie, affidata non più a collegi politici ma ad un direttore generale con caratterizzazione professionale e tecnica).

I partiti italiani

Il quadro dei partiti italiani ha subito nel tempo radicali trasformazioni.

Nei primi quattro decenni dopo la Costituzione il maggior partito ed il vero centro del sistema è stato il partito di ispirazione cattolica, la *Democrazia cristiana* (successore del *Partito popolare* dei primi decenni del novecento), che è stato anche il solo partito costantemente parte della maggioranza di governo dal 1946 in poi. Il secondo partito era il *Partito comunista*, formatosi nel 1921 per scissione del Partito socialista, nettamente caratterizzato in senso marxista e almeno fino agli anni sessanta in qualche modo collegato all'Unione sovietica come espressione della «rivoluzione socialista»: ed esso perciò ha svolto in generale il ruolo del partito di opposizione e non ha mai fatto parte del governo, se si eccettua il primo governo dell'immediato dopoguerra, ancora nel clima della liberazione. Seguiva come terzo il *Partito socialista* che, dopo un periodo di «fronte popolare» con il partito comunista, già dagli anni sessanta era divenuto partito «occidentale» e di governo (formando con la Democrazia cristiana il nocciolo del «centro-sinistra»), presentandosi come formazione di sinistra moderata e modernizzatrice.

I primi decenni

Accanto ai partiti maggiori stavano poi altri partiti minori, alcuni di antica origine risorgimentale, come il *Partito repubblicano* e il *Partito liberale*, dal dopoguerra tradizionali alleati della Democrazia cristiana, insieme al *Partito socialdemocratico*, frutto di una scissione del Partito socialista allora marxista. Altri partiti minori erano invece all'opposizione: all'estrema destra da sempre (dopo la caduta del fascismo) il *Movimento sociale*, all'estrema sinistra formazioni più giovani, formatesi dopo il 1968, quali *Democrazia proletaria*, mentre collocazione meno stabile e più incerta aveva il *Partito radicale*. Il quadro si completava poi con pochi altri partiti collegati a situazioni locali (e talora in esse determinanti), quali l'*Union Valdôtaine*, la *Südtiroler Volkspartei* e il *Partito sardo d'azione*.

Il quadro originario, arricchito negli anni dalla formazione dei partiti ambientalisti (i *Verdi*), si è in larga misura trasformato: dalla fine degli anni '80 da una parte la crisi degli Stati socialisti (cap. 10, par. 2), dall'altra le trasformazioni specifiche della situazione italiana hanno determinato una serie di processi innovativi.

Processi innovativi fino al 2001

Il Partito comunista si è trasformato in una formazione di sinistra progressista non più ideologicamente caratterizzata, denominata *Partito democratico della sinistra* (PDS) e successivamente soltanto *Democratici di sinistra* (DS): dando luogo tuttavia ad una scissione «di sinistra», che ha prodotto un minore ma non inconsistente partito denominato *Rifondazione comunista*.

Il Partito socialista, colpito da crisi profonda soprattutto per il diffuso coinvolgimento dei dirigenti nei fenomeni di corruzione e finanziamento illegale, è venuto meno, pur se piccole formazioni socialiste si sono poi ricostituite con diverso nome e collocazione. Nel Nord la sfiducia e disistima verso i partiti tradizionali, insieme all'emergere di più sentite *identità* locali, ha portato alla formazione delle «leghe» regionali: la *Lega lombarda* e la *Liga veneta*, in seguito unificate nella *Lega Nord*, con una forte carica critica nei confronti dello Stato unitario.

La stessa Democrazia cristiana, dopo un periodo di travaglio, ed anche a seguito di non brillanti esiti elettorali, si è trasformata in un nuovo partito, riprendendo il nome storico di *Partito popolare*, con contestuale scissione di un gruppo che ha dato vita al *Centro cristiano democratico* (CCD) di orientamento conservatore «centrista». Ma nel 1995 anche il Partito popolare si è ulteriormente scisso in due formazioni, delle quali (anche a seguito di controversie e decisioni giudiziarie) l'una (di ispirazione progressista) ha mantenuto il nome, mentre l'altra (di ispirazione centrista) ha assunto il nome di *Cristiani democratici uniti* (CDU), conservando il simbolo tradizionale dello scudo crociato.

La trasformazione più spettacolare del periodo è tuttavia costituita dalla rapidissima apparizione e crescita, sul finire del 1993, di una nuova formazione politica denominata *Forza Italia* e nata – in un modo di cui non risultano precedenti – dall'iniziativa di un imprenditore, largamente utilizzando le risorse e lo stesso personale aziendale. La nuova formazione ha comunque immediatamente riscosso larga adesione, ed è risultata alle elezioni del 1994 il partito più votato nella quota proporzionale.

Infine, a seguito del buon successo elettorale ottenuto nelle stesse elezioni del 1994, il Movimento sociale ha rinunciato al nome tradizionale ed al legame storico con il fascismo accogliendo nello statuto della formazione, ormai denominata soltanto *Alleanza nazionale*, i principi di libertà e democrazia. Come successo per altri partiti, anche in questo caso la svolta ha generato un piccolo partito dissidente e collegato ai valori precedenti, che ha assunto il nome di *Fiamma tricolore*.

In seguito il panorama politico italiano si è ulteriormente complicato e frastagliato, con la nascita di nuove formazioni di *centro* (per lo più orientate verso l'area del centro sinistra, come i *Democratici* e *Rinnovamento italiano*), con la scissione dei *Comunisti italiani* da *Rifondazione comunista*, con la riaggregazione delle formazioni centriste del centro-sinistra in un gruppo maggiore chiamato *Margherita*.

Nonostante la perdurante molteplicità dei partiti italiani, è innegabile che il sistema elettorale prevalentemente maggioritario provoca un tendenziale *bipolarismo*, nel senso che i partiti tendono ad unirsi in alleanze elettorali e programmatiche fondate sulla contrapposizione tra una coalizione di *centro-sinistra* ed una coalizione di *centro-destra*, mentre le forze che non si collegano ad una delle due coalizioni rischiano di ottenere risultati marginali. Si è andato così profilando un bipolarismo che ha visto prevalere nelle elezioni del 1996 il centro-sinistra, in quelle del 2001 il centro-destra.

Sviluppi successivi

Nelle elezioni del 2006 i due poli contrapposti hanno ottenuto quasi lo stesso numero di voti, che i meccanismi elettorali hanno tradotto in una maggioranza del centro-sinistra, consistente alla Camera (grazie al premio previsto dalla nuova legge), quasi nulla al Senato. Nel 2008, dopo due anni di contrastato governo del centro-sinistra, il passaggio all'opposizione di una piccola formazione centrista (l'UDEUR) determinava il venir meno della tenue maggioranza al Senato, e con ciò la fine della legislatura.

Indette nuove elezioni, il *Partito democratico* (nel frattempo formato con la fusione dei *Democratici di sinistra* e della *Margherita*), nel tentativo di presentare una piattaforma programmatica più omogenea, rompeva l'alleanza con la sinistra radicale e si presentava quasi solo all'elettorato, mentre dal polo opposto di centro-destra si scindeva il partito centrista dell'UDC e le formazioni di estrema destra.

Nella nuova situazione la coalizione di centro-destra, formata essenzialmente dal *Partito della libertà* (succeduto nel nome a *Forza Italia*), da *Alleanza nazionale* e dalla *Lega Nord*, otteneva un largo successo, ulteriormente amplificato dai meccanismi elettorali. Rimanevano invece fuori dal Parlamento, per la prima volta nella storia italiana, le ali estreme dello schieramento politico: esito dovuto al combinato effetto della polarizzazione del voto verso i maggiori competitori per il governo e delle soglie di sbarramento previste dalla legge elettorale.

L'attuale schieramento dei partiti

Al momento attuale (2011) la situazione dei partiti italiani è la seguente. Lo schieramento di destra, che sostiene un corrispondente Governo, è imperniato sul *Popolo della libertà*, nato dalla fusione di *Forza Italia* (poi *Partito della libertà*) e *Alleanza nazionale*, parte dei cui componenti ha poi dato vita ad una diversa formazione politica denominata *Futuro e libertà*, con una collocazione centrista. Alleato di governo del *Popolo della libertà* è la *Lega Nord*, che rimane radicata soprattutto nel Nord Italia e che nonostante la partecipazione al Governo nazionale oscilla tra una dichiarata posizione «federalista» ed una tendenza separatista che di tanto in tanto riappare. Pure alleato è il partito denominato *La Destra*, frutto di una precedente scissione da *Alleanza nazionale*. Al centro si colloca un «polo» nel quale sembrano riconoscersi diverse formazioni tra le quali l'*Unione di centro*, *Futuro e libertà* e *Alleanza per l'Italia*. Sulla sinistra, ma con confini sfumati verso il centro, si collocano il *Partito democratico* (che aspira a sostituire il *Popolo della libertà* come maggior partito italiano) e l'*Italia dei valori*, un movimento nato alla fine degli anni '90 del secolo trascorso sulla scia delle inchieste giudiziarie di pochi anni prima, con un programma di moralizzazione e di affermazione della legalità nella vita pubblica. Decisamente sulla sinistra, in posizione dialettica ma anche di potenziale alleanza rispetto ai partiti di centro-sinistra si colloca una ulteriore formazione denominata *Sinistra e libertà*. Si tratta tuttavia di una sintesi molto sommaria, che lascia fuori numerose formazioni più o meno significative.

11. le libertà sindacali

Libertà di organizzazione

La prima delle libertà sindacali è, ovviamente, la libertà di costituire **sindacati**. Essa è garantita dall'art. 39, co. 1, della Costituzione, secondo il quale «*l'organizzazione sindacale è libera*».

La Costituzione non definisce però *che cosa* si intende per sindacato. Si può dire che è organizzazione sindacale ogni organizzazione di tipo associativo composta di *lavoratori* (o di *datori di lavoro*), avente per scopo la tutela degli interessi della *categoria*.

In generale, da un punto di vista storico, la libertà delle organizzazioni sindacali supera un antico divieto, posto subito dopo la rivoluzione francese, in un'epoca nella quale le associazioni di categoria venivano considerate come una potenziale turbativa del «libero mercato» del lavoro.

In Italia, però, l'affermazione della *libertà* dell'organizzazione sindacale è prima di tutto il reciso abbandono del tentativo, operato dal fascismo, di dominare i conflitti nei rapporti di lavoro attraverso i meccanismi del *sistema corporativo*. Questi comportavano l'*inquadramento obbligatorio* dei lavoratori (e dei datori di lavoro) in organizzazioni «sindacali» chiamate **corporazioni**, le quali erano contemporaneamente *enti pubblici*, e dovevano perseguire, insieme a quello degli associati, l'«interesse superiore della Nazione». In questo contesto erano poi vietati, come lesivi di quell'interesse, gli strumenti tipici del conflitto di lavoro, ed in particolare lo *sciopero* (anche in ciò, come subito vedremo, la Costituzione opera una radicale svolta).

Disciplina costituzionale e situazione reale

La Costituzione non si limita a porre il principio della *libertà* dell'organizzazione sindacale ma contiene anche, allo stesso art. 39, un particolare *modello* di una disciplina del fenomeno sindacale. Ciò differenzia nettamente la disciplina costituzionale dei *sindacati* da quella dei *partiti politici*. Mentre i partiti rimangono nel puro terreno dell'associazionismo privato, per i sindacati si prevede una disciplina speciale, che ha una forte coloritura *pubblicistica*: al punto che essi sarebbero in grado di creare, con i loro accordi, vere e proprie *norme giuridiche*, riconosciute come tali nell'ordinamento giuridico statale.

Tuttavia, va sottolineato che il modello che la Costituzione delinea non è stato affatto realizzato dal legislatore. Gli stessi sindacati – a partire dai maggiori (che sono, come è noto, la *Confederazione generale italiana del lavoro*, la *Confederazione italiana sindacati lavoratori* e l'*Unione italiana lavoratori*) – sono stati sempre, per varie ragioni, recisi avversari del modello costituzionale: hanno preferito mantenere una posizione *del tutto libera* di fronte allo Stato, e rimanere, sul piano giuridico, delle pure e semplici associazioni di diritto privato.

Sulla mancata attuazione del modello costituzionale ha probabilmente pesato il ricordo del sistema corporativo, ed il timore di qualcosa che somigliasse alle «*norme corporative*» (create mediante accordi tra le *corporazioni*) che il passato regime prevedeva tra le *fonti* del diritto.

In ogni modo, l'art. 39 dispone che ai sindacati possa essere imposto per legge l'obbligo della «*registrazione presso uffici locali o centrali*» e che la registrazione possa essere ottenuta solo se «*gli statuti dei sindacati sanciscano un ordinamento interno a base democratica*» (co. 2 e 3). I sindacati così *registrati* avrebbero acquistato la *personalità giuridica* (co. 4).

Inoltre essi avrebbero potuto «*stipulare contratti collettivi di lavoro con efficacia obbligatoria per tutti gli appartenenti alle categorie alle quali il contratto si riferisce*», partecipando alle trattative «*rappresentati unitariamente in proporzione dei loro iscritti*».

I contratti collettivi

Nonostante la mancata attuazione della disciplina prevista dall'art. 39 Cost., la stipulazione dei **contratti collettivi** di lavoro rimane una delle principali ragioni d'essere delle organizzazioni sindacali. Dal punto di vista giuridico, tali contratti non sono direttamente vincolanti, se non nei confronti degli *iscritti* ai sindacati stipulanti (che si possono dire *rappresentati* dall'organizzazione sindacale, e perciò essi stessi parti stipulanti). Nei fatti, però, gli accordi conclusi fra la rappresentanza dei datori di lavoro, da una parte, e i sindacati più rappresentativi (uniti dal 1972 nella *Federazione* tra Cgil, Cisl e Uil, in seguito però praticamente disattivata) dall'altra, finiscono per costituire la disciplina contrattuale che i datori di lavoro stipulano con tutti i dipendenti.

Ricordiamo che la libertà di organizzazione sindacale trova pieno riconoscimento anche nell'ambito del *pubblico impiego*, e che anche in esso sono state introdotte le tecniche della contrattazione collettiva. Essa si svolge tuttavia in termini e ad effetti diversi che nel settore privato. Attualmente è disciplinata dal decreto legislativo n. 165 del 2001 (cfr. anche cap. 12, par. 7 e cap. 23, par. 3).

Il diritto di sciopero

Accanto alla *libertà di organizzazione*, il diritto di **sciopero** costituisce la più importante delle libertà sindacali riconosciute dalla Costituzione. Lo *sciopero* consiste in una sospensione collettiva delle prestazioni di lavoro, temporanea e finalizzata alla tutela di un interesse collettivo dei lavoratori; in questi termini, esso è considerato come un *diritto* (art. 40).

Ciò che corrisponde ad un vero e proprio *diritto soggettivo* è lo *sciopero economico*, rivolto ad ottenere miglioramenti nella condizione di vita dei lavoratori (anche ad opera delle pubbliche autorità, e non solo ad opera dei datori di lavoro). Non è invece un vero diritto – secondo la giurisprudenza della Corte costituzionale (sent. n. 290 del 1974) – lo *sciopero politico*, rivolto a favorire in generale (e non in relazione a specifici provvedimenti) il prevalere di un indirizzo politico su un altro: come sarebbe, ad esempio, uno sciopero per ottenere la *caduta* di un Governo.

Ciò significa che lo sciopero *politico* non costituirebbe una giustificazione della mancata prestazione al datore di lavoro. Rimane invece fermo che anche lo sciopero politico *non è punibile*, e che la norma punitiva prevista dall'art. 503 del codice penale si applica ormai soltanto ad eventuali scioperi diretti – secondo le parole della sentenza da ultimo ricordata – «*a sovvertire l'ordinamento costituzionale*».

I limiti del diritto

Secondo l'art. 40 della Costituzione «*il diritto di sciopero si esercita nell'ambito delle leggi che lo regolano*». La disposizione è importante perché rende esplicito che anche il diritto di sciopero, come le altre libertà costituzionali, è inevitabilmente destinato ad incontrare dei *limiti* nell'esistenza di altri beni e valori riconosciuti dalla Costituzione stessa.

Tuttavia, nel concreto delle vicende politiche italiane una disciplina legislativa *generale* del diritto di sciopero non è intervenuta: è sin qui invece prevalsa l'opinione di coloro che ritengono una simile disciplina – oltre che difficile da realizzare in modo giusto ed efficace – *pericolosa* per l'esercizio delle libertà sociali, e che ritengono di conseguenza preferibile affidarsi, di massima, ai meccanismi di adeguamento dei comportamenti, impliciti nel sistema istituzionale.

Deve esser chiaro, comunque, che l'assenza di una disciplina legislativa dei limiti del diritto di sciopero non significa assenza di qualunque limite a tale diritto.

Nei servizi essenziali

In particolare, la legge 12 giugno 1990, n. 146, contiene *Norme sull'esercizio del diritto di sciopero nei servizi pubblici essenziali*, dettate per salvaguardare, anche di fronte al diritto di sciopero, i diritti fondamentali e costituzionali della persona. La legge individua i servizi pubblici essenziali come quelli relativi alla *sanità*, alla *protezione civile*, alla *giustizia*, ai *trasporti pubblici*, all'*assistenza* e *previdenza*, alla riscossione degli *stipendi*, all'*istruzione pubblica*, alle *poste* e *telecomunicazioni*, ivi compresa l'*informazione*.

Nell'ambito dei servizi pubblici essenziali il diritto di sciopero si esercita entro limiti sia sostanziali che procedurali. Limite sostanziale fondamentale è che deve comunque essere garantita l'*erogazione delle prestazioni indispensabili* per assicurare il godimento del diritto alla vita, alla salute, alla libertà ed alla sicurezza, alla libertà di circolazione, all'assistenza e previdenza sociale, all'istruzione ed alla libertà di comunicazione. Limite procedurale fondamentale è l'*obbligo di preavviso* con anticipo non inferiore a dieci giorni (tranne che in caso di sciopero per la difesa dell'ordine costituzionale o per gravi eventi lesivi dell'incolumità e sicurezza dei lavoratori).

Si noti che anche prima dell'approvazione della legge n. 146 del 1990 alcune sentenze della Corte costituzionale avevano individuato i fondamentali principi costituzionali (ed i corrispondenti limiti al diritto di sciopero) da osservarsi nella materia (cfr. sentt. n. 31 del 1969 e n. 125 del 1980).

Per l'attuazione della legge è istituita una speciale autorità (del tipo delle autorità amministrative indipendenti: cfr. cap. 24, par. 2) chiamata

Commissione di garanzia, composta da nove persone nominate dal Presidente della Repubblica, su designazione dei Presidenti delle Camere.

Tra i suoi compiti si può ricordare il giudizio sulla adeguatezza delle prestazioni assicurate in caso di sciopero a salvaguardare i diritti costituzionali dei cittadini, e la valutazione del comportamento degli scioperanti, con segnalazione delle violazioni della legge.

La precettazione

In ogni modo, quando a causa delle modalità dello sciopero esista il pericolo di pregiudizio grave ai diritti fondamentali della persona, il Presidente del Consiglio o un Ministro delegato (ovvero il Prefetto, in ambito locale) può – dopo aver esperito un tentativo di soluzione in via di conciliazione – *ordinare* lo svolgimento delle prestazioni indispensabili (o anche, eventualmente, il differimento dell'azione sindacale, in modo da evitare la concomitanza con altre).

Il potere di ordinanza (c.d. *precettazione*) esisteva anche prima della legge n. 146 del 1990, in base all'art. 20 del r.d. 3 marzo 1934, n. 383. Ora però non è più necessario che l'ordinanza venga individualmente notificata a tutti i lavoratori interessati, ma è sufficiente che essa venga portata a conoscenza da una parte, mediante *comunicazione*, dei soggetti che promuovono l'azione, dell'ente erogatore del servizio e delle persone indicate nella stessa ordinanza, dall'altra in generale dei lavoratori mediante *affissione* nei luoghi di lavoro e *diffusione* attraverso la stampa e l'informazione radiofonica e televisiva.

Norme legislative limitative del diritto di sciopero esistono inoltre in relazione a singole categorie. In particolare, lo sciopero non è ammesso per il personale della *Polizia di Stato* (l. n. 121 del 1981).

Lo statuto dei lavoratori

Con la legge 20 maggio 1970, n. 300, sono state dettate sia *norme sulla tutela della libertà e dignità dei lavoratori*, nel suo profilo *individuale*, che *norme sulla tutela della libertà sindacale nei luoghi di lavoro*, nel suo profilo di libertà *collettiva*.

L'estensione ed applicazione ai lavoratori nei luoghi di lavoro – e nei rapporti con i datori di lavoro – delle garanzie di libertà che la Costituzione riconosce ai *cittadini* (libertà di *opinione*, tutela della *salute* e dell'*integrità fisica, diritto allo studio*) ha comportato corrispondenti notevoli riduzioni nelle facoltà dei datori di lavoro (limiti nell'utilizzazione di *guardie giurate* e del *personale di vigilanza*, di *impianti audiovisivi*, divieto di *accertamenti sanitari* se non attraverso gli enti previdenziali, disciplina restrittiva delle *visite personali di controllo*, necessità di un *giusto procedimento* per le sanzioni disciplinari, divieto di indagini sulle opinioni).

Tra le norme dello **statuto dei lavoratori** che espressamente proteggono l'azione sindacale, di particolare rilievo anche pratico è quanto stabilito dall'art. 28, sulla repressione di eventuali comportamenti antisindacali (cioè diretti «*ad impedire o limitare* *l'esercizio della libertà e della attività sindacale nonché del diritto di sciopero*») dei datori di lavoro. A questo fine, è dato direttamente (ed *esclusivamente*) alle associazioni sindacali ricorso al Tribunale (operante quale giudice singolo), che decide in termini rapidissimi con *decreto* motivato e direttamente esecutivo (contro il quale è data prima *opposizione* allo stesso Tribunale, poi appello alla Corte di appello). Il datore di lavoro che non rispetta il decreto o la sentenza del Tribunale è punito con sanzioni penali. Ciò vale anche per eventuali comportamenti antisindacali della pubblica amministrazione.

Va sottolineato che la l. n. 300 del 1970 si applica ormai anche alle pubbliche amministrazioni, a prescindere dal numero dei dipendenti (art. 51, comma 2, d.lgs. n. 165 del 2001).

Per i lavoratori la legge 11 agosto 1973, n. 533, ha introdotto nel *codice di procedura civile* apposite norme per le **controversie in materia di lavoro**, ispirate a criteri di rapidità e di semplicità di forme. La disciplina è stata in seguito in parte modificata dalla legge n. 183 del 2010.

12. le libertà e gli stranieri

Diritti dell'uomo e diritti del cittadino

Molti diritti e libertà fondamentali sono descritti dalla Costituzione in modo tale da rendere chiaro che essi sono riconosciuti all'uomo in quanto persona umana, a prescindere dall'appartenenza alla comunità nazionale: si pensi non solo ai «*diritti inviolabili dell'uomo*» di cui all'art. 2, ma alla libertà *personale* (art. 13), all'inviolabilità del *domicilio* (art. 14), alla segretezza della *corrispondenza* (art. 15), alla libertà *religiosa* (art. 19), alla libertà di *manifestazione del pensiero* (art. 21), al potere di *azione* davanti ai giudici (art. 24). In tutti questi e in altri casi è chiaro che l'ordinamento italiano assicura la corrispondente tutela a tutti coloro che abbiano in concreto la possibilità di utilizzarla.

In molti altri casi invece la Costituzione assicura determinate situazioni ai *cittadini*: così sono i cittadini ad avere *pari dignità sociale* e ad essere *eguali di fronte alla legge* (art. 3), a godere del *diritto al lavoro* (art. 4), a potere *circolare e soggiornare liberamente in qualsiasi parte del territorio nazionale* (art. 16), ad avere diritto di *riunirsi* (art. 17) e di *associarsi liberamente* (art. 18) ed in particolare di *associarsi in partiti politici* (art. 49), a potere rivolgere *petizioni* alle Camere (art. 50), a potere *accedere agli uffici pubblici* (art. 51, co. 1), ad essere *elettori* (art. 48).

Accanto ai *diritti* stanno i particolari *doveri* dei cittadini, quali la *difesa della Patria* (art. 52) e la *fedeltà* alla Repubblica (art. 54; *tutti*, in compenso, sono tenuti a concorrere alle spese pubbliche in ragione della loro capacità contributiva, secondo l'art. 53).

Tuttavia, se è normale e quasi ovvio che taluni diritti siano riservati ai cittadini (quali i diritti politici e l'accesso ai pubblici uffici), in altri casi l'interpretazione letterale del testo costituzionale non sarebbe ugualmente convincente: non si capirebbe ad esempio per quale ragione non dovrebbe in generale valere per gli stranieri il principio di uguaglianza, pur ferma la possibilità di una differenziazione rispetto ai cittadini in singoli casi, quando ciò sia ragionevole in relazione alle circostanze. La lettera della Costituzione non è dunque da sola decisiva.

La condizione giuridica dello straniero

Agli stranieri, d'altronde, sono espressamente dedicate talune disposizioni dell'art. 10 Cost. In generale «*la condizione giuridica dello straniero è regolata dalla legge in conformità delle norme e dei trattati internazionali*» (comma 2). Inoltre «*lo straniero, al quale sia impedito nel suo paese l'effettivo esercizio delle libertà democratiche*», ha «*diritto d'asilo nel territorio della Repubblica*», sia pure «*secondo le condizioni stabilite dalla legge*» (co. 3), mentre corrispondentemente «*non è ammessa l'estradizione dello straniero per reati politici*» (co. 4).

Quel che può dirsi certo – ed è confermato dalle disposizioni ora ricordate – è che lo straniero non ha in generale né sul piano internazionale né sul piano interno *diritto* ad *entrare* ed a *soggiornare* in Italia, che comunque non vi esercita i *diritti politici* e che non può normalmente accedere agli *uffici pubblici*. Altre garanzie costituzionali vengono talora ritenute limitate come tali ai cittadini, ma suscettibili di essere estese più o meno largamente agli stranieri con legge ordinaria (così ad esempio per il diritto al lavoro, o per il diritto di riunione).

I cittadini dell'Unione europea

Va sottolineato che la distinzione tra *cittadini* e *stranieri* è divenuta insufficiente a descrivere la realtà derivante dai Trattati comunitari, nell'ambito dei quali ha ormai acquisito rilevanza la nozione della *cittadinanza* dell'Unione europea (cfr. cap. 13, par. 3). In effetti ogni cittadino dell'Unione ha diritto di «*circolare e soggiornare liberamente nel territorio degli Stati membri*» (ora art. 21 TFUE). Inoltre ogni cittadino dell'Unione *residente* in uno Stato membro di cui non è cittadino «*ha diritto di voto e di eleggibilità alle elezioni comunali nello Stato membro in cui risiede, alle stesse condizioni dei cittadini di detto Stato*» (art. 22, co. 1), ed ha diritto inoltre di votare ed essere votato, sempre nello Stato di residenza, nelle elezioni per il Parlamento europeo (co. 2).

L'immigrazione da paesi terzi

La sempre maggiore presenza in Italia, come in altri Stati europei, di persone provenienti da paesi in difficili condizioni di sviluppo ha determinato l'acuirsi dei problemi connessi all'inserimento sociale e lavorativo di gruppi molto diversi per cultura e bisogni da quelli nazionali e comunitari.

Pur nella consapevolezza che l'immigrazione appare oggi non solo inevitabile ma anche in una certa misura necessaria ed utile per lo stesso sistema economico, il crescere del fenomeno ha comportato una maggiore attenzione da una parte alle *regole di ingresso* e soprattutto alla effettiva *vigilanza* sugli ingressi, dall'altra alla posizione da assumere in relazione a coloro che, comunque entrati, si trovino in Italia senza permesso, ed alla *effettività* (anche in relazione alla tutela giurisdizionale) delle misure di espulsione assunte nei casi previsti. La materia è disciplinata dal d.lgs. 25 luglio 1998, n. 286 (*Testo unico delle disposizioni concernenti la disciplina dell'immigrazione e norme sulla condizione dello straniero*), in seguito profondamente modificato dalla l. 30 luglio 2002, n. 189, e poi ancora più volte modificato ed integrato.

capitolo 33

GLI ISTITUTI DI SOLIDARIETÀ SOCIALE

1. servizi sociali e legislazione sociale

La Costituzione italiana non solo ha voluto *garantire*, sul piano strettamente giuridico, i fondamentali diritti dell'uomo come individuo o come partecipe a formazioni sociali, ma ha anche assegnato allo Stato numerosi compiti, che si possono riassumere in un compito fondamentale: il compito di assicurare alla vita associata un sistema di **sicurezza sociale**, che veda *protetti* i cittadini da ogni evenienza, nella misura massima possibile.

Vi sono forme di protezione stabilite per *tutti* o per i *cittadini* (in generale, o limitatamente a chi sia privo di mezzi); altre forme di protezione sono invece specificamente previste per i *lavoratori*, e si riferiscono alle evenienze che possono accompagnare o seguire il rapporto di lavoro. Le prime costituiscono i **servizi di assistenza**, le seconde gli istituti di **previdenza** sociale (sicché si usa chiamare la legislazione che le prevede *legislazione sociale*).

Le garanzie minime di esistenza

Ciò che la Costituzione ha inteso garantire a tutti – e in particolare agli *indigenti* – è essenzialmente una esistenza in condizioni di non abbandono, accompagnata da un determinato livello minimo di *istruzione*, dall'*assistenza sanitaria* e da altre forme assistenziali.

È questo in sostanza il *contenuto minimo* di ciò che è previsto dall'art. 38, co. 1 («*ogni cittadino inabile al lavoro e sprovvisto dei mezzi necessari per vivere ha diritto al mantenimento ed all'assistenza sociale*»), dall'art. 32, co. 1 («*la Repubblica tutela la salute come fondamentale di-*

ritto dell'individuo e interesse della collettività, e garantisce cure gratuite agli indigenti»), dall'art. 34, co. 2 («*l'istruzione inferiore, impartita per almeno otto anni, è obbligatoria e gratuita*»), dall'art. 24, co. 3 («*sono assicurati ai non abbienti, con appositi istituti, i mezzi per agire e difendersi davanti ad ogni giurisdizione*»).

Tutela dell'ambiente

In ciò che deve essere garantito a tutti (comprese le generazioni future) va ormai compresa – conformemente ad una sensibilità maturata negli anni più recenti – anche la tutela dell'*ambiente*, considerato sia nei profili di salubrità, sia nel profilo del rispetto della natura: profilo per il quale il riferimento costituzionale è costituito dall'art. 9, co. 2, Cost., secondo il quale la Repubblica «*tutela il paesaggio*», oltre che il patrimonio storico e artistico della nazione. In particolare, con la legge n. 14 del 2006 l'Italia ha ratificato la *Convenzione europea sul Paesaggio*.

I diritti dei lavoratori

I lavoratori – secondo l'art. 38, co. 2, Cost. – hanno diritto che «*siano preveduti ed assicurati mezzi adeguati alle loro esigenze di vita in caso di infortunio, malattia, invalidità e vecchiaia, disoccupazione involontaria*».

Ricordiamo che con la legge 9 febbraio 1999, n. 30, l'Italia ha ratificato la *Carta sociale europea*, elaborata nell'ambito del Consiglio d'Europa.

2. i servizi sanitari e assistenziali

I servizi di **assistenza sanitaria** sono, tra tutti i servizi di tipo assistenziale, quelli che hanno un'organizzazione più complessa e più completa, istituita e disciplinata dalla originaria legge di riforma sanitaria (23 dicembre 1978, n. 833) e dal d.lgs. 30 dicembre 1992, n. 502 (modificato in misura rilevante dal d.lgs. n. 229 del 1999). Accanto alla legislazione statale vi sono poi le leggi regionali, dato che la materia *tutela della salute* è affidata alla potestà legislativa concorrente delle Regioni (cap. 19, par. 2).

Le unità sanitarie locali

L'organizzazione dei servizi sanitari (che nel loro insieme formano il **servizio sanitario** nazionale) si basa in primo luogo su una rete completa di **unità sanitarie locali** di dimensione normalmente provinciale o comunque sovracomunale, definite quali *aziende*, dotate di *personalità giuridica pubblica* e di *autonomia imprenditoriale*, sotto la generale responsabilità della Regione.

Un apposito «atto aziendale di diritto privato» ne individua le strutture operative e le relative modalità di gestione.

Nella riforma del 1978 le *unità sanitarie* erano concepite come strutture operative dei Comuni, ed avevano in definitiva la fisionomia degli enti politici, amministrati da assemblee di derivazione comunale e da comitati di gestione nominati dalle assemblee. Il carattere politico delle amministrazioni sanitarie in teoria doveva consentire un più stretto collegamento con le esigenze delle comunità interessate, ma in pratica si traduceva molto spesso in una gestione poco professionale quando non disinvolta e sprecona. L'insoddisfazione per il funzionamento delle unità sanitarie di estrazione politica comunale, insieme alla crisi sempre più accentuata delle risorse, ha indotto il legislatore ad affidare la gestione delle unità sanitarie (nell'ambito di indirizzi e vincoli di bilancio fissati in sede statale e regionale) a *Direttori generali* nominati dalle Regioni stesse tra gli iscritti ad elenchi di persone in possesso dei necessari requisiti. Ai Sindaci (o alla *conferenza* dei Sindaci) è però rimasto il compito di rappresentare – al di fuori di ogni potere di gestione – le esigenze delle comunità locali.

e le aziende ospedaliere

Dalle unità sanitarie dipendono le strutture tecniche ed operative che materialmente svolgono i servizi e le prestazioni sanitarie, ad iniziare dagli **ospedali**. Tuttavia gli ospedali di rilievo nazionale e quelli di alta specializzazione sono costituiti in **aziende** ospedaliere, con propria personalità giuridica ed amministrazione autonoma organizzativamente analoga a quella delle unità sanitarie. Le strutture portanti del *servizio sanitario nazionale* sono perciò da un lato la rete delle unità sanitarie (con i loro presidi anche ospedalieri), dall'altro le aziende ospedaliere.

Nell'ambito del servizio sanitario operano però anche persone ed istituzioni che non fanno parte né delle unità sanitarie né delle aziende ospedaliere. Si pensi sia ai liberi professionisti a rapporto convenzionale (i c.d. medici *di famiglia*, articolazione di base dell'intera assistenza sanitaria, e gli *specialisti*), sia alle case di cura private e ai laboratori di diagnostica e analisi collegati al servizio sanitario attraverso la procedura di *accreditamento* (sulla base di requisiti tecnico-sanitari), cui l'utente può più o meno direttamente e liberamente rivolgersi in alternativa alle strutture proprie del servizio sanitario.

Ogni cittadino è obbligatoriamente iscritto al servizio sanitario nazionale, nell'unità sanitaria di residenza. In caso di necessità, egli può comunque usufruire delle prestazioni necessarie in qualunque parte del territorio nazionale.

Nell'originario intendimento della legge di riforma sanitaria, le singole prestazioni sanitarie di qualunque tipo avrebbero dovuto essere *gratuite* per tutti, mentre il costo complessivo del servizio sanitario nazionale avrebbe dovuto esser coperto da un apposito *fondo sanitario nazionale* ottenuto dai contributi dei lavoratori dipendenti o autonomi, e in genere degli iscritti al servizio sanitario (solo per i non abbienti l'iscrizione è *gratuita*).

L'esperienza ha mostrato però che i mezzi così ottenuti sono *insufficienti* a far fronte alla spesa sanitaria: il che ha comportato complessi problemi, che sono ancora ben lontani dall'essere risolti. Uno dei modi attraverso i quali si è tentato di aumentare le entrate (e diminuire le spese) è consistito nell'introduzione di *parziali pagamenti*, in occasione di determinate prestazioni, come le visite specialistiche, le analisi di laboratorio, l'acquisto dei medicinali, e simili.

Le *unità sanitarie locali* non si occupano solo dell'*assistenza* sanitaria, ma più ampiamente della tutela della salute. Tra i loro compiti sono comprese perciò le funzioni di *vigilanza sanitaria*, di *polizia veterinaria*, e in generale le funzioni che attengono all'igiene e salubrità degli ambienti di vita e di lavoro. Tuttavia, i *provvedimenti* amministrativi che si rendessero necessari sono emanati, in linea di massima, dal **Sindaco** come *autorità sanitaria locale* (artt. 13 e 32, l. n. 833 del 1978). Poteri di ordinanza in materia sanitaria competono, in caso di necessità, anche al *Presidente della Giunta regionale* ed al *Ministro della sanità*.

L'assistenza sociale

I servizi di **assistenza sociale** trovano la loro disciplina più recente e compiuta nella legge 8 novembre 2000, n. 328, *Legge quadro per la realizzazione del sistema integrato di interventi e servizi sociali*. Essa assegna le competenze operative ai Comuni, i compiti di disciplina e programmazione (compresa l'individuazione degli ambiti territoriali di gestione dei servizi) alle Regioni titolari della materia allora ai sensi dell'art. 117, co. 1, Cost. (ora si deve fare invece riferimento all'art. 117, co. 4). Per ogni ambito territoriale devono essere garantiti almeno il *servizio sociale professionale e segretariato sociale* per informazione e consulenza al singolo e ai nuclei familiari, il servizio di *pronto intervento sociale* per le situazioni di emergenza personali e familiari, il servizio di *assistenza domiciliare*, l'esistenza di *strutture residenziali e semiresidenziali* per soggetti con fragilità sociali nonché l'esistenza di *centri di accoglienza* residenziali o diurni (art. 22). Per il finanziamento del *sistema integrato* è previsto un *Fondo nazionale per le politiche sociali*, che si aggiunge agli stanziamenti locali. Secondo l'ispirazione della legge ampio spazio nella gestione dei servizi sarà riservato alle organizzazioni di volontariato e alle altre organizzazioni senza fini di lucro.

Esiste comunque un legame tra *unità sanitarie* e servizi sociali più stretto di quanto a prima vista possa apparire. Da una parte infatti vi sono servizi sociali strettamente connessi a quelli sanitari (quali l'assistenza ai tossicodipendenti, i servizi di consultorio in relazione alle interruzioni di gravidanza e simili); dall'altra per regola generale è consentito ai Comuni di delegare (a proprie spese) all'unità sanitaria la gestione di altri servizi sociali (art. 3 d.lgs. n. 502/1992): ed in questo caso nell'organizzazione dell'unità sanitaria è prevista (accanto al direttore *amministrativo* ed a quello *sanitario*) la presenza di un coordinatore *sociale*.

3. la previdenza sociale. I trattamenti di quiescenza

Oltre che direttamente nei confronti dei membri della società, la *protezione sociale* si manifesta in modo particolare nei confronti dei *lavoratori*: cioè verso coloro che svolgono attività lavorativa sia come lavoratori *dipendenti*, che operano al servizio di altre persone fisiche o giuridiche (i *datori di lavoro*), che come lavoratori *autonomi*, che operano senza vincolo di subordinazione.

Va da sé che la particolare protezione data ai *lavoratori* si riflette nella protezione di gruppi molto più vasti, attraverso i vincoli di solidarietà dei *nuclei familiari*. Tali vincoli infatti sono rilevanti anche sul piano giuridico, e comportano obblighi di mantenimento e di assistenza verso il coniuge e verso i figli. Il loro studio fa parte del diritto privato.

L'assicurazione dei rischi

A fondamento della **previdenza sociale** stanno considerazioni molto semplici: non esiste nessuno – per quanto abile e fortunato – che non sia soggetto, nel corso della sua vita, ad *invecchiare*, divenendo perciò non più abile al lavoro, e non esiste nessuno che possa dirsi sottratto al *rischio* rappresentato dalle *malattie* e agli *infortuni*.

L'uomo previdente potrebbe certo *accantonare* una parte del proprio guadagno – se esso è sufficiente – per utilizzarlo in ogni caso di necessità. Ma sul piano di un *singolo* individuo è impossibile ogni razionale previsione e difesa: ciò che è risparmiato potrebbe rivelarsi del tutto inutile, mancando l'occasione di utilizzarlo, oppure al contrario drammaticamente insufficiente, di fronte ad evenienze sfortunate, o anche solo di fronte all'evenienza di una vita felicemente ed eccezionalmente lunga. Ciò che non è possibile sul piano singolo è però possibile sul piano *collettivo*, dato che, nell'ambito di constatazioni e di previsioni *medie* di ciò che capita, ogni rischio diviene *valutabile* in termini statistici.

Sta in questa possibilità il fondamento stesso del concetto di **assicurazione**: nessuno sa se gli capiterà o no un evento spiacevole o sfortunato, ma è sempre possibile stipulare una *assicurazione*, mediante la quale un certo rischio è protetto, in cambio del versamento di somme di danaro (il *premio* assicurativo). Se – per fortuna – l'evento temuto non si verifica, queste somme sono spese «per niente» dal punto di vista del singolo, ma serviranno a soccorrere chi sia stato meno fortunato; se invece si verifica, il singolo è protetto non solo per mezzo delle somme da lui pagate, ma anche di quelle pagate dagli altri, per i quali il rischio non si è verificato.

Le assicurazioni sociali

Nell'ambito delle **assicurazioni sociali** dei lavoratori, rivolte a combattere i *rischi* della vecchiaia, della malattia e degli infortuni, il punto di partenza è lo stesso. Però, a differenza che per molti altri rischi della vita, il lavoratore e il datore di lavoro non sono lasciati liberi di decidere se provvedere o meno alla *assicurazione* del rischio: è stabilita invece l'*obbligatorietà* di versamenti periodici (**contributi**) ad *appositi enti pubblici*, che svolgono le funzioni di enti *previdenziali* ed *assicurativi*. Il maggiore di questi enti – ma non certo l'unico – è l'**Istituto nazionale per la previdenza sociale** (INPS).

Per una maggiore garanzia del lavoratore, non solo è stabilita l'*obbligatorietà* della contribuzione, ma anche – entro certi limiti – l'*automaticità* delle prestazioni previdenziali, che vengono erogate *anche nel caso che il datore di lavoro non abbia provveduto al versamento dei contributi*, in violazione della legge.

Si provvede a questo modo, in primo luogo, ai trattamenti di **quiescenza**, finalizzati a fornire al lavoratore (ed entro certi limiti al nucleo familiare che egli lasciasse) i mezzi di sussistenza per il periodo successivo alla cessazione della sua attività lavorativa.

Più precisamente occorre distinguere, nel nostro ordinamento, l'*indennità di fine rapporto* dal *trattamento di quiescenza* vero e proprio.

L'indennità di fine rapporto (detta comunemente *liquidazione*) è semplicemente una forma di *retribuzione differita* nel tempo. Si considera che il termine di un rapporto di lavoro comporti quasi naturalmente una situazione di disagio. Perciò una parte della retribuzione è obbligatoriamente rinviata al momento conclusivo del singolo rapporto di lavoro: momento che talora *precede* anche di molto quello nel quale si instaura anche il trattamento di quiescenza (ad esempio perché uno *cambia* lavoro).

I trattamenti di quiescenza

Il *trattamento di quiescenza* vero e proprio consiste nella assegnazione di un assegno periodico, denominato **pensione di vecchiaia**. Esso è attribuito (secondo la disciplina disposta dalla l. 8 agosto 1995, n. 335, di *riforma del sistema pensionistico*) alla cessazione del rapporto di lavoro, a condizione che l'assicurato abbia compiuto i 57 anni, che abbia almeno cinque anni di contribuzione effettiva (ma si prescinde dall'età in presenza di almeno quaranta anni di anzianità contributiva).

La disciplina ora accennata è destinata a valere per le pensioni calcolate, ai sensi della legge n. 335/1995, con il c.d. *sistema contributivo*, cioè in relazione ai contributi versati e non alla retribuzione percepita nell'ultimo periodo lavorativo (c.d. *sistema retributivo*). Per gli altri è provvisoriamente mantenuta la distinzione precedentemente stabilita tra la pensione di *vecchiaia* (subordinata al raggiungimento dell'*età pensionabile*) e la pensione di *anzianità* (subordinata alla sola contribuzione prima *ultratrentacinquennale*, ora *ultraquarantennale* per i soggetti che non abbiano almeno 57 anni).

Il pensionato può continuare a svolgere una attività lavorativa, sia dipendente che autonoma: i preesistenti limiti alla *cumulabilità* della pensione con i redditi da lavoro sono stati eliminati o drasticamente ridotti dal d.l. n. 112 del 2008 (conv. in l. n. 133 del 2008).

L'assegno sociale

In linea di principio, per ottenere un trattamento di quiescenza è necessario il previo svolgimento – per la durata necessaria – di un'attività lavorativa. Tuttavia, si è anche considerato equo (e conforme ai principi costituzionali, in particolare all'art. 38, co. 1), che un trattamento *analogo* a quello previsto per i lavoratori sia garantito, almeno ad un livello economico minimo, anche per coloro che raggiungano l'età di *sessantacinque* anni (pur in assenza di una precedente attività lavorativa sufficiente ai fini pensionistici), e che si trovino in *condizioni di bisogno.*

Sono state così istituite le cosiddette *pensioni sociali*, che la legge n. 335 del 1995 ridenomina, ad evitare equivoci, **assegni sociali**. Essi sono *sociali* appunto nel senso che vi provvede la *società* (e perciò lo Stato), nell'adempimento dei compiti di *solidarietà sociale*, senza collegamenti con un profilo di *retribuzione* del lavoro compiuto.

4. segue. la tutela degli stati di malattia e degli infortuni

La tutela preventiva

È del tutto evidente che il problema delle *malattie* e degli *infortuni* nei luoghi di lavoro (alludiamo qui alle malattie o infortuni *professionali*, cioè a quelli che sono indotti o facilitati da una particolare attività lavorativa) è in primo luogo di *prevenirli*, e così *evitarli.* Tali infortuni e malattie, infatti, non sono qualcosa di *casuale*, ma qualcosa di stabilmente connesso alla specificità di certi ambienti di lavoro, o di certi processi produttivi: rumore, agenti chimici, radiazioni, macchine in movimento e molti altri fattori creano condizioni di rischio.

Non essendo se non in minima parte casuali, essi costituiscono entità *misurabili* nella loro frequenza ed incidenza, e perciò *evitabili*, o almeno *riducibili* ad un più basso livello con il mutamento dei processi di lavorazione, o con l'adozione di certe cautele.

Tutto ciò forma oggetto di una apposita legislazione e regolamentazione di carattere *tecnico*, che fissa le regole da rispettare per garantire livelli predeterminati di sicurezza. Apposite autorità pubbliche (gli *ispettori del lavoro*, ora operanti in parte nell'ambito delle *unità sanitarie locali*), hanno il compito di vigilare sul rispetto di queste regole.

Nella realtà l'applicazione delle regole antinfortunistiche si rivela assai difficoltosa, anche perché spesso esse si traducono – almeno nell'immediato – in aggravio di costi o rallentamenti del processo di produzione: sicché l'esigenza, in via di principio assoluta e prioritaria, di tutela della persona, si scontra di fatto con la conformazione e le condizioni di esistenza del sistema economico. Si tratta delle stesse ragioni che hanno spesso impedito un rigoroso controllo dell'inquinamento ambientale.

Conservazione del lavoro e della retribuzione

È evidente però che anche nel migliore dei sistemi economici malattie ed infortuni esisterebbero egualmente, in una certa misura. Ciò sia con riferimento a quelli che abbiamo chiamato *professionali*, sia rispetto a quelli ai quali il lavoratore è esposto come tutti gli altri.

Il compito di curare le malattie, in sé considerate, spetta per tutti, a prescindere dal rapporto di lavoro, al *Servizio sanitario nazionale* (sopra, par. 2). Il problema specifico del lavoratore (in particolare dei lavoratori *dipendenti*) è che lo stato di malattia impedisce di fornire la *prestazione* di lavoro. Le *garanzie* che egli ha dal sistema di *sicurezza sociale* si traducono da una parte nella *conservazione del posto*, dall'altra nel *mantenimento della retribuzione* (o di *indennità* sostitutive). Entrambe le garanzie sono però soggette a limitazioni temporali.

Considerazioni analoghe valgono poi in relazione agli *infortuni*: anch'essi si traducono, nell'immediato, in una impossibilità temporanea di fornire la prestazione lavorativa, e perciò le garanzie sono fondamentalmente le stesse.

L'invalidità

Infortuni e malattie possono portare a forme di **invalidità**, cioè alla scomparsa o alla diminuzione permanenti della capacità lavorativa. Anche in vista di questa eventualità sono predisposti degli strumenti di tutela e garanzia.

Se si tratta di invalidità che colpisce un lavoratore dipendente, ma non è collegata al rapporto di lavoro (e dunque se non deriva da malattie o infortuni *professionali*), l'invalido ha diritto ad una speciale *pensione* (o se del caso ad un assegno temporaneo) da parte dell'INPS.

Se l'invalidità è collegata al rapporto di lavoro (e dunque se deriva da malattie o infortuni *professionali*), il lavoratore ha diritto altresì ad una *rendita*, che viene corrisposta dall'*Istituto nazionale per l'assicurazione contro gli infortuni sul lavoro* (INAIL).

Avvertiamo che comunque il rischio dell'invalidità è tutelato anche per coloro che non siano lavoratori, attraverso la pensione per i cosiddetti *invalidi civili*.

5. altre garanzie del lavoro

La *protezione* assicurata al lavoro si estende, nelle previsioni costituzionali, anche ad aspetti diversi ed ulteriori.

A parte le enunciazioni di principio, poste già dall'art. 1 (il lavoro come *fondamento* della Repubblica) e riprese dall'art. 35, co. 1 («*la Repubblica tutela il lavoro in tutte le sue forme ed applicazioni*»), sono previsti interventi in due direzioni: da una parte nella *disciplina normativa* del lavoro, dall'altra nell'assegnazione alle pubbliche istituzioni di specifici *compiti*.

Garanzie normative

Le garanzie *normative* riguardano la *durata massima* dell'orario di lavoro e il diritto (irrinunciabile) al *riposo settimanale* e alle *ferie annuali* (art. 36, co. 2 e 3), la *parità* tra uomo e donna (e contemporaneamente la tutela della *maternità*), la fissazione di un *limite minimo di età* per il lavoro salariato nonché la tutela del *lavoro minorile*, quando esso sia consentito (art. 37).

Si noti che tra le garanzie previste dalla Costituzione non c'è nulla che riguardi la *stabilità* del rapporto di lavoro, che pure è per il lavoratore un bene della massima importanza: per certi aspetti persino più importante del diritto alla «*retribuzione proporzionata alla quantità e qualità del suo lavoro e in ogni caso sufficiente*» previsto dall'art. 36, co. 1.

Nella realtà, esisteva in passato una drastica differenziazione tra i dipendenti *pubblici* – ai quali la *stabilità* del rapporto era in sostanza garantita dalla legge ordinaria – e i dipendenti privati, il cui rapporto di lavoro dipendeva dalla disponibilità del datore di lavoro, e dalle sue valutazioni anche puramente *soggettive*.

Il licenziamento del lavoratore per ragioni puramente soggettive del datore di lavoro è stato tuttavia vietato – nell'ambito della maggior parte dei rapporti di lavoro – dalla legge 15 luglio 1966, n. 604 (ed in seguito anche dall'art. 18 dello *statuto dei lavoratori*): senza una «*giusta causa*», o un «*giustificato motivo*» che abbia riguardo «*all'adempimento del lavoratore o a ragioni inerenti all'attività produttiva*» ogni licenziamento individuale è illegittimo.

Rimane però per il lavoratore dipendente privato la potenziale *instabilità* del rapporto in relazione a fattori *oggettivi*, e soprattutto, nell'esperienza recente, a situazioni di *crisi economica*. Un parziale rimedio a questa situazione è costituito dalla *Cassa integrazione guadagni* istituita sin dal primo dopoguerra, e nuovamente disciplinata in relazione a tale compito con l. 5 dicembre 1968, n. 1115 (si veda anche il d.l. n. 148 del 1993).

Ancor prima delle norme sui *licenziamenti*, erano state poste norme che limitano la libertà di valutazione (o, in termini negativi, l'arbitrio) del datore di lavoro nella scelta dei lavoratori da assumere. A questo fine è stata data disciplina al *collocamento*, sin dalla legge 29 aprile 1949, n. 264. Segnaliamo comunque che attualmente – dopo un lungo periodo di disciplina *restrittiva* – si registra una tendenza verso una maggiore libertà di scelta del lavoratore da parte dell'imprenditore.

La formazione professionale

Già lo sviluppo delle garanzie normative delle quali si è appena parlato costituisce un *compito* della Repubblica. Ma la Costituzione assegna ad essa altri compiti di protezione del lavoro, da attuare attraverso appositi organi e servizi *amministrativi*. Ricordiamo qui la particolare attenzione riservata alla *formazione* e *elevazione professionale* dei lavoratori (art. 35, co. 2); in particolare, «*gli inabili ed i minorati hanno diritto all'educazione e all'avviamento professionale*» (art. 38, co. 3). Sotto il profilo organizzativo, la *istruzione e la formazione professionale* sono tra le materie che l'art. 117 attribuisce all'autonomia regionale (v. co. 2 e co. 4).

Costituzione della Repubblica Italiana

IL CAPO PROVVISORIO DELLO STATO

Vista la deliberazione dell'Assemblea Costituente, che nella seduta del 22 dicembre 1947 ha approvato la Costituzione della Repubblica Italiana;

Vista la XVIII disposizione finale della Costituzione;

PROMULGA

la Costituzione della Repubblica Italiana nel seguente testo:

PRINCIPI FONDAMENTALI

1 L'Italia è una Repubblica democratica, fondata sul lavoro.

La sovranità appartiene al popolo che la esercita nelle forme e nei limiti della Costituzione.

2 La Repubblica riconosce e garantisce i diritti inviolabili dell'uomo, sia come singolo sia nelle formazioni sociali ove si svolge la sua personalità, e richiede l'adempimento dei doveri inderogabili di solidarietà politica, economica e sociale.

3 Tutti i cittadini hanno pari dignità sociale e sono eguali davanti alla legge, senza distinzione di sesso, di razza, di lingua, di religione, di opinioni politiche, di condizioni personali e sociali.

È compito della Repubblica rimuovere gli ostacoli di ordine economico e sociale, che, limitando di fatto la libertà e l'uguaglianza dei cittadini, impediscono il pieno sviluppo della persona umana e l'effettiva partecipazione di tutti i lavoratori all'organizzazione politica, economica e sociale del Paese.

4 La Repubblica riconosce a tutti i cittadini il diritto al lavoro e promuove le condizioni che rendano effettivo questo diritto.

Ogni cittadino ha il dovere di svolgere, secondo le proprie possibilità e la propria scelta, un'attività o una funzione che concorra al progresso materiale o spirituale della società.

5 La Repubblica, una e indivisibile, riconosce e promuove le autonomie locali; attua nei servizi che dipendono dallo Stato il più ampio decentramento amministrativo; adegua i principii ed i metodi della sua legislazione alle esigenze dell'autonomia e del decentramento.

6 La Repubblica tutela con apposite norme le minoranze linguistiche.

7 Lo Stato e la Chiesa cattolica sono, ciascuno nel proprio ordine, indipendenti e sovrani.

I loro rapporti sono regolati dai Patti Lateranensi. Le modificazioni dei Patti, accettate dalle due parti, non richiedono procedimento di revisione costituzionale (1).

8 Tutte le confessioni religiose sono egualmente libere davanti alla legge.

Le confessioni religiose diverse dalla cattolica hanno diritto di organizzarsi secondo i propri statuti, in quanto non contrastino con l'ordinamento giuridico italiano.

I loro rapporti con lo Stato sono regolati per legge sulla base di intese con le relative rappresentanze.

9 La Repubblica promuove lo sviluppo della cultura e la ricerca scientifica e tecnica.

Tutela il paesaggio e il patrimonio storico e artistico della Nazione.

10 L'ordinamento giuridico italiano si conforma alle norme del diritto internazionale generalmente riconosciute.

La condizione giuridica dello straniero è regolata dalla legge in conformità delle norme e dei trattati internazionali.

Lo straniero, al quale sia impedito nel suo paese l'effettivo esercizio delle libertà democratiche garantite dalla Costituzione italiana, ha diritto d'asilo nel territorio della Repubblica, secondo le condizioni stabilite dalla legge.

---

(1) I Patti Lateranensi del 1929 sono stati modificati dall'accordo concordatario del 18 febbraio 1984, reso esecutivo con l. 25 marzo 1985, n. 121, e divenuto operante con lo scambio delle ratifiche del 13 giugno 1985.

Non è ammessa l'estradizione dello straniero per reati politici (1).

11 L'Italia ripudia la guerra come strumento di offesa alla libertà degli altri popoli e come mezzo di risoluzione delle controversie internazionali; consente, in condizioni di parità con gli altri Stati, alle limitazioni di sovranità necessarie ad un ordinamento che assicuri la pace e la giustizia fra le Nazioni; promuove e favorisce le organizzazioni rivolte a tale scopo.

12 La bandiera della Repubblica è il tricolore italiano: verde, bianco e rosso, a tre bande verticali di eguali dimensioni.

PARTE I

DIRITTI E DOVERI DEI CITTADINI

TITOLO I

RAPPORTI CIVILI

13 La libertà personale è inviolabile.

Non è ammessa forma alcuna di detenzione, di ispezione o perquisizione personale, né qualsiasi altra restrizione della libertà personale, se non per atto motivato dell'autorità giudiziaria e nei soli casi e modi previsti dalla legge.

In casi eccezionali di necessità ed urgenza, indicati tassativamente dalla legge, l'autorità di pubblica sicurezza può adottare provvedimenti provvisori, che devono essere comunicati entro quarantotto ore all'autorità giudiziaria e, se questa non li convalida nelle successive quarantotto ore, si intendono revocati e restano privi di ogni effetto.

È punita ogni violenza fisica e morale sulle persone comunque sottoposte a restrizioni di libertà.

La legge stabilisce i limiti massimi della carcerazione preventiva.

14 Il domicilio è inviolabile.

Non vi si possono eseguire ispezioni o perquisizioni o sequestri, se non nei casi e modi stabiliti dalla legge secondo le garanzie prescritte per la tutela della libertà personale.

Gli accertamenti e le ispezioni per motivi di sanità e di incolumità pubblica o a fini economici e fiscali sono regolati da leggi speciali.

15 La libertà e la segretezza della corrispondenza e di ogni altra forma di comunicazione sono inviolabili.

La loro limitazione può avvenire soltanto per atto motivato dell'autorità giudiziaria con le garanzie stabilite dalla legge.

16 Ogni cittadino può circolare e soggiornare liberamente in qualsiasi parte del territorio nazionale, salvo le limitazioni che la legge stabilisce in via generale per motivi di sanità o di sicurezza. Nessuna restrizione può essere determinata da ragioni politiche.

Ogni cittadino è libero di uscire dal territorio della Repubblica e di rientrarvi, salvo gli obblighi di legge.

17 I cittadini hanno diritto di riunirsi pacificamente e senz'armi.

Per le riunioni, anche in luogo aperto al pubblico, non è richiesto preavviso.

Delle riunioni in luogo pubblico deve essere dato preavviso alle autorità, che possono vietarle soltanto per comprovati motivi di sicurezza o di incolumità pubblica.

18 I cittadini hanno diritto di associarsi liberamente, senza autorizzazione, per fini che non sono vietati ai singoli dalla legge penale.

Sono proibite le associazioni segrete e quelle che perseguono, anche indirettamente, scopi politici mediante organizzazioni di carattere militare.

19 Tutti hanno diritto di professare liberamente la propria fede religiosa in qualsiasi forma, individuale o associata, di farne propaganda e di esercitarne in privato o in pubblico il culto, purché non si tratti di riti contrari al buon costume.

20 Il carattere ecclesiastico e il fine di religione o di culto d'una associazione od istituzione non possono essere causa di speciali limitazioni legislative, né di speciali gravami fiscali per la sua costituzione, capacità giuridica e ogni forma di attività.

21 Tutti hanno diritto di manifestare liberamente il proprio pensiero con la parola, lo scritto e ogni altro mezzo di diffusione.

La stampa non può essere soggetta ad autorizzazioni o censure.

Si può procedere a sequestro soltanto per atto motivato dell'autorità giudiziaria nel caso di delitti, per i quali la legge sulla stampa espressamente lo autorizzi, o nel caso di violazione delle norme che la legge stessa prescriva per l'indicazione dei responsabili.

In tali casi, quando vi sia assoluta urgenza e non sia possibile il tempestivo intervento dell'autorità giudiziaria, il sequestro della stampa periodica può essere eseguito da ufficiali di polizia giudiziaria, che devono immediatamente, e non mai oltre ventiquattro ore, fare denunzia all'autorità giudiziaria. Se questa non lo convalida nelle ventiquattro ore successive, il sequestro s'intende revocato e privo d'ogni effetto.

La legge può stabilire, con norme di carattere generale, che siano resi noti i mezzi di finanziamento della stampa periodica.

---

(1) La l. cost. 21 giugno 1967, n. 1, stabilisce che questo comma non si applica ai delitti di genocidio (sui quali v. la l. 9 ottobre 1967, n. 962).

Sono vietate le pubblicazioni a stampa, gli spettacoli e tutte le altre manifestazioni contrarie al buon costume. La legge stabilisce provvedimenti adeguati a prevenire e a reprimere le violazioni.

22 Nessuno può essere privato, per motivi politici, della capacità giuridica, della cittadinanza, del nome.

23 Nessuna prestazione personale o patrimoniale può essere imposta se non in base alla legge.

24 Tutti possono agire in giudizio per la tutela dei propri diritti e interessi legittimi.

La difesa è diritto inviolabile in ogni stato e grado del procedimento.

Sono assicurati ai non abbienti, con appositi istituti, i mezzi per agire e difendersi davanti ad ogni giurisdizione.

La legge determina le condizioni e i modi per la riparazione degli errori giudiziari.

25 Nessuno può essere distolto dal giudice naturale precostituito per legge.

Nessuno può essere punito se non in forza di una legge che sia entrata in vigore prima del fatto commesso.

Nessuno può essere sottoposto a misure di sicurezza se non nei casi previsti dalla legge.

26 L'estradizione del cittadino può essere consentita soltanto ove sia espressamente prevista dalle convenzioni internazionali.

Non può in alcun caso essere ammessa per reati politici (1).

27 La responsabilità penale è personale.

L'imputato non è considerato colpevole sino alla condanna definitiva.

Le pene non possono consistere in trattamenti contrari al senso di umanità e devono tendere alla rieducazione del condannato.

Non è ammessa la pena di morte (2).

28 I funzionari e i dipendenti dello Stato e degli enti pubblici sono direttamente responsabili, secondo le leggi penali, civili e amministrative, degli atti compiuti in violazione dei diritti. In tali casi la responsabilità civile si estende allo Stato e agli enti pubblici.

(1) La l. cost. 21 giugno 1967, n. 1, stabilisce che questo comma non si applica ai delitti di genocidio (sui quali v. la l. 9 ottobre 1967, n. 962).

(2) La l. cost. 2 ottobre 2007, n. 1, ha eliminato la possibilità che la pena di morte fosse prevista «dalle leggi militari di guerra».

TITOLO II
RAPPORTI ETICO-SOCIALI

29 La Repubblica riconosce i diritti della famiglia come società naturale fondata sul matrimonio.

Il matrimonio è ordinato sull'eguaglianza morale e giuridica dei coniugi, con i limiti stabiliti dalla legge a garanzia dell'unità familiare.

30 È dovere e diritto dei genitori mantenere, istruire ed educare i figli, anche se nati fuori dal matrimonio.

Nei casi di incapacità dei genitori, la legge provvede a che siano assolti i loro compiti.

La legge assicura ai figli nati fuori del matrimonio ogni tutela giuridica e sociale, compatibile con i diritti dei membri della famiglia legittima.

La legge detta le norme e i limiti per la ricerca della paternità.

31 La Repubblica agevola con misure economiche e altre provvidenze la formazione della famiglia e l'adempimento dei compiti relativi, con particolare riguardo alle famiglie numerose.

Protegge la maternità, l'infanzia e la gioventù, favorendo gli istituti necessari a tale scopo.

32 La Repubblica tutela la salute come fondamentale diritto dell'individuo e interesse della collettività, e garantisce cure gratuite agli indigenti.

Nessuno può essere obbligato a un determinato trattamento sanitario se non per disposizione di legge. La legge non può in nessun caso violare i limiti imposti dal rispetto della persona umana.

33 L'arte e la scienza sono libere e libero ne è l'insegnamento.

La Repubblica detta le norme generali sull'istruzione ed istituisce scuole statali per tutti gli ordini e gradi.

Enti e privati hanno il diritto di istituire scuole ed istituti di educazione, senza oneri per lo Stato.

La legge, nel fissare i diritti e gli obblighi delle scuole non statali che chiedono la parità, deve assicurare ad esse piena libertà e ai loro alunni un trattamento scolastico equipollente a quello degli alunni di scuole statali.

È prescritto un esame di Stato per l'ammissione ai vari ordini e gradi di scuole o per la conclusione di essi e per l'abilitazione all'esercizio professionale.

Le istituzioni di alta cultura, università ed accademie, hanno il diritto di darsi ordinamenti autonomi nei limiti stabiliti dalle leggi dello Stato.

34 La scuola è aperta a tutti.

L'istruzione inferiore, impartita per almeno otto anni, è obbligatoria e gratuita.

I capaci e meritevoli, anche se privi di mezzi, hanno diritto di raggiungere i gradi più alti degli studi.

La Repubblica rende effettivo questo diritto con borse di studio, assegni alle famiglie ed altre provvidenze, che devono essere attribuite per concorso.

TITOLO III

RAPPORTI ECONOMICI

35 La Repubblica tutela il lavoro in tutte le sue forme ed applicazioni.

Cura la formazione e l'elevazione professionale dei lavoratori.

Promuove e favorisce gli accordi e le organizzazioni internazionali intesi ad affermare e regolare i diritti del lavoro.

Riconosce la libertà di emigrazione, salvo gli obblighi stabiliti dalla legge nell'interesse generale, e tutela il lavoro italiano all'estero.

36 Il lavoratore ha diritto ad una retribuzione proporzionata alla quantità e qualità del suo lavoro e in ogni caso sufficiente ad assicurare a sé e alla famiglia un'esistenza libera e dignitosa.

La durata massima della giornata lavorativa è stabilita dalla legge.

Il lavoratore ha diritto al riposo settimanale e a ferie annuali retribuite, e non può rinunziarvi.

37 La donna lavoratrice ha gli stessi diritti e, a parità di lavoro, le stesse retribuzioni che spettano al lavoratore. Le condizioni di lavoro devono consentire l'adempimento della sua essenziale funzione familiare e assicurare alla madre e al bambino una speciale e adeguata protezione.

La legge stabilisce il limite minimo di età per il lavoro salariato.

La Repubblica tutela il lavoro dei minori con speciali norme e garantisce ad essi, a parità di lavoro, il diritto alla parità di retribuzione.

38 Ogni cittadino inabile al lavoro e sprovvisto dei mezzi necessari per vivere ha diritto al mantenimento e all'assistenza sociale.

I lavoratori hanno diritto che siano preveduti ed assicurati mezzi adeguati alle loro esigenze di vita in caso di infortunio, malattia, invalidità e vecchiaia, disoccupazione involontaria.

Gli inabili ed i minorati hanno diritto all'educazione e all'avviamento professionale.

Ai compiti previsti in questo articolo provvedono organi ed istituti predisposti o integrati dallo Stato.

L'assistenza privata è libera.

39 L'organizzazione sindacale è libera.

Ai sindacati non può essere imposto altro obbligo se non la loro registrazione presso uffici locali o centrali, secondo le norme di legge.

È condizione per la registrazione che gli statuti dei sindacati sanciscano un ordinamento interno a base democratica.

I sindacati registrati hanno personalità giuridica. Possono, rappresentati unitariamente in proporzione dei loro iscritti, stipulare contratti collettivi di lavoro con efficacia obbligatoria per tutti gli appartenenti alle categorie alle quali il contratto si riferisce.

40 Il diritto di sciopero si esercita nell'ambito delle leggi che lo regolano.

41 L'iniziativa economica privata è libera.

Non può svolgersi in contrasto con l'utilità sociale o in modo da recare danno alla sicurezza, alla libertà, alla dignità umana.

La legge determina i programmi e i controlli opportuni perché l'attività economica pubblica e privata possa essere indirizzata e coordinata a fini sociali.

42 La proprietà è pubblica o privata. I beni economici appartengono allo Stato, ad enti o a privati.

La proprietà privata è riconosciuta e garantita dalla legge, che ne determina i modi di acquisto, di godimento e i limiti allo scopo di assicurarne la funzione sociale e di renderla accessibile a tutti.

La proprietà privata può essere, nei casi previsti dalla legge, e salvo indennizzo, espropriata per motivi d'interesse generale.

La legge stabilisce le norme ed i limiti della successione legittima e testamentaria e i diritti dello Stato sulle eredità.

43 A fini di utilità generale la legge può riservare originariamente o trasferire, mediante espropriazione e salvo indennizzo, allo Stato, ad enti pubblici o a comunità di lavoratori o di utenti, determinate imprese o categorie di imprese, che si riferiscano a servizi pubblici essenziali o a fonti di energia o a situazioni di monopolio ed abbiano carattere di preminente interesse generale.

44 Al fine di conseguire il razionale sfruttamento del suolo e di stabilire equi rapporti sociali, la legge impone obblighi e vincoli alla proprietà terriera privata, fissa limiti alla sua estensione secondo le regioni e le zone agrarie, promuove ed impone la bonifica delle terre, la trasformazione del latifondo e la ricostituzione delle unità produttive; aiuta la piccola e la media proprietà.

La legge dispone provvedimenti a favore delle zone montane.

45 La Repubblica riconosce la funzione sociale della cooperazione a carattere di mutualità e senza fini di speculazione privata. La legge ne promuove e favorisce l'incremento con i mezzi più idonei e ne assicura, con gli opportuni controlli, il carattere e le finalità.

La legge provvede alla tutela e allo sviluppo dell'artigianato.

46 Ai fini dell'elevazione economica e sociale del lavoro e in armonia con le esigenze della produzione, la Repubblica riconosce il diritto dei lavoratori a collaborare, nei modi e nei limiti stabiliti dalle leggi, alla gestione delle aziende.

47 La Repubblica incoraggia e tutela il risparmio in tutte le sue forme; disciplina, coordina e controlla l'esercizio del credito.

Favorisce l'accesso del risparmio popolare alla proprietà dell'abitazione, alla proprietà diretta coltivatrice e al diretto e indiretto investimento azionario nei grandi complessi produttivi del Paese.

TITOLO IV
RAPPORTI POLITICI

48 Sono elettori tutti i cittadini, uomini e donne, che hanno raggiunto la maggiore età.

Il voto è personale ed eguale, libero e segreto. Il suo esercizio è dovere civico.

La legge stabilisce requisiti e modalità per l'esercizio del diritto di voto dei cittadini residenti all'estero e ne assicura l'effettività. A tal fine è istituita una circoscrizione Estero per l'elezione delle Camere, alla quale sono assegnati seggi nel numero stabilito da norma costituzionale e secondo criteri determinati dalla legge (1).

Il diritto di voto non può essere limitato se non per incapacità civile o per effetto di sentenza penale irrevocabile e nei casi di indegnità morale indicati dalla legge.

49 Tutti i cittadini hanno diritto di associarsi liberamente in partiti per concorrere con metodo democratico a determinare la politica nazionale.

50 Tutti i cittadini possono rivolgere petizioni alle Camere per chiedere provvedimenti legislativi o esporre comuni necessità.

51 Tutti i cittadini dell'uno o dell'altro sesso possono accedere agli uffici pubblici e alle cariche elettive in condizioni di eguaglianza, secondo i requisiti stabiliti dalla legge. A tal fine la Repubblica promuova con appositi provvedimenti le pari opportunità tra donne e uomini (2).

La legge può, per l'ammissione ai pubblici uffici e alle cariche elettive, parificare ai cittadini gli italiani non appartenenti alla Repubblica.

Chi è chiamato a funzioni pubbliche elettive ha diritto di disporre del tempo necessario al loro adempimento e di conservare il suo posto di lavoro.

52 La difesa della Patria è sacro dovere del cittadino.

Il servizio militare è obbligatorio nei limiti e modi stabiliti dalla legge. Il suo adempimento non pregiudica la posizione di lavoro del cittadino, né l'esercizio dei diritti politici.

L'ordinamento delle Forze armate si informa allo spirito democratico della Repubblica.

53 Tutti sono tenuti a concorrere alle spese pubbliche in ragione della loro capacità contributiva.

Il sistema tributario è informato a criteri di progressività.

54 Tutti i cittadini hanno il dovere di essere fedeli alla Repubblica e di osservare la Costituzione e le leggi.

I cittadini cui sono affidate funzioni pubbliche hanno il dovere di adempierle con disciplina ed onore, prestando giuramento nei casi stabiliti dalla legge.

PARTE II
ORDINAMENTO DELLA REPUBBLICA

TITOLO I
IL PARLAMENTO

SEZIONE I
Le Camere

55 Il Parlamento si compone della Camera dei deputati e del Senato della Repubblica.

Il Parlamento si riunisce in seduta comune dei membri delle due Camere nei soli casi stabiliti dalla Costituzione.

56 La Camera dei deputati è eletta a suffragio universale e diretto.

Il numero dei deputati è di seicentotrenta, dodici dei quali eletti nella circoscrizione Estero.

Sono eleggibili a deputati tutti gli elettori che nel giorno delle elezioni hanno compiuto i venticinque anni di età.

La ripartizione dei seggi tra le circoscrizioni, fatto salvo il numero dei seggi assegnato alla circoscrizione Estero, si effettua dividendo il numero degli abitanti della Repubblica, quale risulta dall'ultimo censimento generale della popolazione, per seicentodiciotto e distribuendo i seggi in proporzione alla popolazione di ogni circoscrizione, sulla base dei quozienti interi e dei più alti resti (1).

57 Il Senato della Repubblica è eletto a base regionale, salvi i seggi assegnati alla circoscrizione Estero.

---

(1) Comma aggiunto della l. cost. 17 gennaio 2000, n. 1.
(2) Comma così modificato dalla l. cost. 30 maggio 2003, n. 1.

(1) Articolo così sostituito dalla l. cost. 9 febbraio 1963, n. 2. I commi 2° e 4° sono stati sostituiti dalla l. cost. n. 1 del 2001.

Il numero dei senatori elettivi è di trecentoquindici, sei dei quali eletti nella circoscrizione Estero.

Nessuna Regione può avere un numero di senatori inferiore a sette; il Molise ne ha due; la Valle d'Aosta uno.

La ripartizione dei seggi tra le Regioni, previa applicazione delle disposizioni del precedente comma, si effettua in proporzione alla popolazione delle Regioni, quale risulta dall'ultimo censimento generale, sulla base dei quozienti interi e dei più alti resti (1).

58 I senatori sono eletti a suffragio universale e diretto dagli elettori che hanno superato il venticinquesimo anno di età.

Sono eleggibili a senatori gli elettori che hanno compiuto il quarantesimo anno.

59 È senatore di diritto e a vita, salvo rinunzia, chi è stato Presidente della Repubblica.

Il Presidente della Repubblica può nominare senatori a vita cinque cittadini che hanno illustrato la Patria per altissimi meriti nel campo sociale, scientifico, artistico e letterario.

60 La Camera dei Deputati e il Senato della Repubblica sono eletti per cinque anni. La durata di ciascuna Camera non può essere prorogata se non per legge e soltanto in caso di guerra.

61 Le elezioni delle nuove camere hanno luogo entro settanta giorni dalla fine delle precedenti. La prima riunione ha luogo non oltre il ventesimo giorno dalle elezioni.

Finché non siano riunite le nuove Camere sono prorogati i poteri delle precedenti.

62 Le Camere si riuniscono di diritto il primo giorno non festivo di febbraio e di ottobre.

Ciascuna camera può essere convocata in via straordinaria per iniziativa del suo Presidente o del Presidente della Repubblica o di un terzo dei suoi componenti.

Quando si riunisce in via straordinaria una Camera, è convocata di diritto anche l'altra.

63 Ciascuna Camera elegge fra i suoi componenti il Presidente e l'Ufficio di presidenza.

Quando il Parlamento si riunisce in seduta comune, il Presidente e l'Ufficio di Presidenza sono quelli della Camera dei deputati.

64 Ciascuna Camera adotta il proprio regolamento a maggioranza assoluta dei suoi componenti.

(1) Articolo così sostituito dalla l. cost. 9 febbraio 1963, n. 2. I commi 1° e 2° sono stati sostituiti dalla l. cost. n. 1 del 2001. Il 3° comma dell'art. 57 è stato modificato dall'art. 2, l. cost. 27 dicembre 1963, n. 3, che istituisce la Regione « Molise ».

Le sedute sono pubbliche: tuttavia ciascuna delle due Camere e il Parlamento a Camere riunite possono deliberare di adunarsi in seduta segreta.

Le deliberazioni di ciascuna Camera e del Parlamento non sono valide se non è presente la maggioranza dei loro componenti, e se non sono adottate a maggioranza dei presenti, salvo che la Costituzione prescriva una maggioranza speciale.

I membri del Governo, anche se non fanno parte delle Camere, hanno diritto, e se richiesti obbligo, di assistere alle sedute. Devono essere sentiti ogni volta che lo richiedono.

65 La legge determina i casi di ineleggibilità e di incompatibilità con l'ufficio di deputato o di senatore.

Nessuno può appartenere contemporaneamente alle due Camere.

66 Ciascuna Camera giudica dei titoli di ammissione dei suoi componenti e delle cause sopraggiunte di ineleggibilità e di incompatibilità.

67 Ogni membro del Parlamento rappresenta la Nazione ed esercita le sue funzioni senza vincolo di mandato.

68 I membri del Parlamento non possono essere chiamati a rispondere delle opinioni espresse e dei voti dati nell'esercizio delle loro funzioni.

Senza autorizzazione della Camera alla quale appartiene, nessun membro del Parlamento può essere sottoposto a perquisizione personale o domiciliare, né può essere arrestato o altrimenti privato della libertà personale, o mantenuto in detenzione, salvo che in esecuzione di una sentenza irrevocabile di condanna, ovvero se sia colto nell'atto di commettere un delitto per il quale è previsto l'arresto obbligatorio in flagranza.

Analoga autorizzazione è richiesta per sottoporre i membri del Parlamento ad intercettazioni, in qualsiasi forma, di conversazioni o comunicazioni e a sequestro di corrispondenza (1).

69 I membri del Parlamento ricevono una indennità stabilita dalla legge.

SEZIONE II

La formazione delle leggi

70 La funzione legislativa è esercitata collettivamente dalle due Camere.

71 L'iniziativa delle leggi appartiene al Governo, a ciascun membro delle Camere ed agli organi ed enti ai quali sia conferita da legge costituzionale.

(1) Articolo così sostituito dalla l. cost. n. 3 del 1993.

Il popolo esercita l'iniziativa delle leggi, mediante la proposta da parte di almeno cinquantamila elettori di un progetto redatto in articoli.

72 Ogni disegno di legge, presentato ad una Camera è, secondo le norme del suo regolamento, esaminato da una commissione, e poi dalla Camera stessa, che l'approva articolo per articolo e con votazione finale.

Il regolamento stabilisce procedimenti abbreviati per i disegni di legge dei quali è dichiarata l'urgenza.

Può altresì stabilire in quali casi e forme l'esame e l'approvazione dei disegni di legge sono deferiti a commissioni, anche permanenti, composte in modo da rispecchiare la proporzione dei gruppi parlamentari. Anche in tali casi, fino al momento della sua approvazione definitiva, il disegno di legge è rimesso alla Camera, se il Governo o un decimo dei componenti della Camera o un quinto della Commissione richiedono che sia discusso o votato dalla Camera stessa oppure che sia sottoposto alla sua approvazione finale con sole dichiarazioni di voto. Il regolamento determina le forme di pubblicità dei lavori delle commissioni.

La procedura normale di esame e di approvazione diretta da parte della Camera è sempre adottata per i disegni di legge in materia costituzionale ed elettorale e per quelli di delegazione legislativa, di autorizzazione a ratificare trattati internazionali, di approvazione di bilanci e consuntivi.

73 Le leggi sono promulgate dal Presidente della Repubblica entro un mese dall'approvazione.

Se le Camere, ciascuna a maggioranza assoluta dei propri componenti, ne dichiarano l'urgenza, la legge è promulgata nel termine da essa stabilito.

Le leggi sono pubblicate subito dopo la promulgazione ed entrano in vigore il quindicesimo giorno successivo alla loro pubblicazione, salvo che le leggi stesse stabiliscano un termine diverso.

74 Il Presidente della Repubblica, prima di promulgare la legge, può con messaggio motivato alle Camere chiedere una nuova deliberazione.

Se le Camere approvano nuovamente la legge, questa deve essere promulgata.

75 È indetto *referendum* popolare per deliberare l'abrogazione, totale o parziale, di una legge o di un atto avente valore di legge, quando lo richiedono cinquecentomila elettori o cinque Consigli regionali.

Non è ammesso il *referendum* per le leggi tributarie e di bilancio, di amnistia e di indulto, di autorizzazione a ratificare trattati internazionali.

Hanno diritto di partecipare al *referendum* tutti i cittadini chiamati ad eleggere la Camera dei deputati.

La proposta soggetta a *referendum* è approvata se ha partecipato alla votazione la maggioranza degli aventi diritto, e se è raggiunta la maggioranza dei voti validamente espressi.

La legge determina le modalità di attuazione del *referendum*.

76 L'esercizio della funzione legislativa non può essere delegato al Governo se non con determinazione di principi e criteri direttivi e soltanto per tempo limitato e per oggetti definiti.

77 Il Governo non può, senza delegazione delle Camere, emanare decreti che abbiano valore di legge ordinaria.

Quando, in casi straordinari di necessità e d'urgenza, il Governo adotta, sotto la sua responsabilità, provvedimenti provvisori con forza di legge, deve il giorno stesso presentarli per la conversione alle Camere che, anche se sciolte, sono appositamente convocate e si riuniscono entro cinque giorni.

I decreti perdono efficacia sin dall'inizio, se non sono convertiti in legge entro sessanta giorni dalla loro pubblicazione. Le Camere possono tuttavia regolare con legge i rapporti giuridici sorti sulla base dei decreti non convertiti.

78 Le Camere deliberano lo stato di guerra e conferiscono al Governo i poteri necessari.

79 L'amnistia e l'indulto sono concessi con legge deliberata a maggioranza dei due terzi dei componenti di ciascuna Camera, in ogni suo articolo e nella votazione finale.

La legge che concede l'amnistia o l'indulto stabilisce il termine per la loro applicazione.

In ogni caso l'amnistia e l'indulto non possono applicarsi ai reati commessi successivamente alla presentazione del disegno di legge (1).

80 Le Camere autorizzano con legge la ratifica dei trattati internazionali che sono di natura politica, o prevedono arbitrati o regolamenti giudiziari, o importano variazioni del territorio od oneri alle finanze o modificazioni di leggi.

81 Le Camere approvano ogni anno i bilanci e il rendiconto consuntivo presentati dal Governo.

L'esercizio provvisorio del bilancio non può essere concesso se non per legge e per periodi non superiori complessivamente a quattro mesi.

Con la legge di approvazione del bilancio non si possono stabilire nuovi tributi e nuove spese.

Ogni altra legge che importi nuove e maggiori spese deve indicare i mezzi per farvi fronte.

82 Ciascuna Camera può disporre inchieste su materie di pubblico interesse.

---

(1) Articolo così sostituito dalla l. cost. 6 marzo 1992, n. 1.

A tale scopo nomina fra i propri componenti una commissione formata in modo da rispecchiare la proporzione dei vari gruppi. La commissione d'inchiesta procede alle indagini e agli esami con gli stessi poteri e le stesse limitazioni dell'autorità giudiziaria.

TITOLO II

IL PRESIDENTE DELLA REPUBBLICA

83 Il Presidente della Repubblica è eletto dal Parlamento in seduta comune dei suoi membri.

All'elezione partecipano tre delegati per ogni Regione eletti dal Consiglio regionale in modo che sia assicurata la rappresentanza delle minoranze. La Valle d'Aosta ha un solo delegato.

L'elezione del Presidente della Repubblica ha luogo per scrutinio segreto a maggioranza di due terzi dell'assemblea. Dopo il terzo scrutinio è sufficiente la maggioranza assoluta.

84 Può essere eletto Presidente della Repubblica ogni cittadino che abbia compiuto cinquant'anni d'età e goda dei diritti civili e politici.

L'ufficio di Presidente della Repubblica è incompatibile con qualsiasi altra carica.

L'assegno e la dotazione del Presidente sono determinati per legge

85 Il Presidente della Repubblica è eletto per sette anni.

Trenta giorni prima che scada il termine il Presidente della Camera dei deputati convoca in seduta comune il Parlamento e i delegati regionali, per eleggere il nuovo Presidente della Repubblica.

Se le Camere sono sciolte, o manca meno di tre mesi alla loro cessazione, l'elezione ha luogo entro quindici giorni dalla riunione delle Camere nuove. Nel frattempo sono prorogati i poteri del Presidente in carica.

86 Le funzioni del Presidente della Repubblica, in ogni caso che egli non possa adempierle, sono esercitate dal Presidente del Senato.

In caso di impedimento permanente o di morte o di dimissioni del Presidente della Repubblica, il Presidente della Camera dei deputati indice l'elezione del nuovo Presidente della Repubblica entro quindici giorni, salvo il maggior termine previsto se le Camere sono sciolte o manca meno di tre mesi alla loro cessazione.

87 Il Presidente della Repubblica è il capo dello Stato e rappresenta l'unità nazionale.

Può inviare messaggi alle Camere.

Indice le elezioni delle nuove Camere e ne fissa la prima riunione.

Autorizza la presentazione alle Camere dei disegni di legge di iniziativa del Governo.

Promulga le leggi ed emana i decreti aventi valore di legge e i regolamenti.

Indice il *referendum* popolare nei casi previsti dalla Costituzione.

Nomina, nei casi indicati dalla legge, i funzionari dello Stato.

Accredita e riceve i rappresentanti diplomatici, ratifica i trattati internazionali, previa, quando occorra, l'autorizzazione delle Camere.

Ha il comando delle Forze Armate, presiede il Consiglio supremo di difesa costituito secondo la legge, dichiara lo stato di guerra deliberato dalle Camere.

Presiede il Consiglio superiore della magistratura.

Può concedere grazie e commutare le pene.

Conferisce le onorificenze della Repubblica.

88 Il Presidente della Repubblica può, sentiti i loro Presidenti, sciogliere le Camere o anche una sola di esse.

Non può esercitare tale facoltà negli ultimi sei mesi del suo mandato, salvo che essi coincidano in tutto o in parte con gli ultimi sei mesi della legislatura (1).

89 Nessun atto del Presidente della Repubblica è valido se non è controfirmato dai ministri proponenti, che ne assumono la responsabilità.

Gli atti che hanno valore legislativo e gli altri indicati dalla legge sono controfirmati anche dal Presidente del Consiglio dei ministri.

90 Il Presidente della Repubblica non è responsabile degli atti compiuti nell'esercizio delle sue funzioni, tranne che per alto tradimento o per attentato alla Costituzione.

In tali casi è messo in stato di accusa dal Parlamento in seduta comune, a maggioranza assoluta dei suoi membri.

91 Il Presidente della Repubblica, prima di assumere le sue funzioni, presta giuramento di fedeltà alla Repubblica e di osservanza della Costituzione dinanzi al Parlamento in seduta comune.

TITOLO III

IL GOVERNO

SEZIONE I

Il Consiglio dei ministri

92 Il Governo della Repubblica è composto del Presidente del Consiglio e dei ministri, che costituiscono insieme il Consiglio dei ministri.

Il Presidente della Repubblica nomina il Presidente del Consiglio dei ministri e, su proposta di questo, i ministri.

---

(1) Comma così sostituito dalla l. cost. 4 novembre 1991, n. 1.

93 Il Presidente del Consiglio dei ministri e i ministri, prima di assumere le funzioni, prestano giuramento nelle mani del Presidente della Repubblica.

94 Il Governo deve avere la fiducia delle due Camere.

Ciascuna Camera accorda o revoca la fiducia mediante mozione motivata e votata per appello nominale.

Entro dieci giorni dalla sua formazione il Governo si presenta alle Camere per ottenere la fiducia.

Il voto contrario di una o d'entrambe le Camere su una proposta del Governo non importa obbligo di dimissioni.

La mozione di sfiducia deve essere firmata da almeno un decimo dei componenti della Camera e non può essere messa in discussione prima di tre giorni dalla sua presentazione.

95 Il Presidente del Consiglio dei ministri dirige la politica generale del Governo e ne è responsabile. Mantiene l'unità di indirizzo politico ed amministrativo, promovendo e coordinando l'attività dei ministri.

I ministri sono responsabili collegialmente degli atti del Consiglio dei ministri, e individualmente degli atti dei loro dicasteri.

La legge provvede all'ordinamento della Presidenza del Consiglio e determina il numero, le attribuzioni e l'organizzazione dei ministeri.

96 Il Presidente del Consiglio dei ministri ed i ministri, anche se cessati dalla carica, sono sottoposti, per i reati commessi nell'esercizio delle loro funzioni, alla giurisdizione ordinaria, previa autorizzazione del Senato della Repubblica o della Camera dei deputati, secondo le norme stabilite con legge costituzionale (1).

SEZIONE II
La Pubblica amministrazione

97 I pubblici uffici sono organizzati secondo disposizioni di legge, in modo che siano assicurati il buon andamento e l'imparzialità dell'amministrazione.

Nell'ordinamento degli uffici sono determinate le sfere di competenza, le attribuzioni e le responsabilità proprie dei funzionari.

Agli impieghi nelle pubbliche amministrazioni si accede mediante concorso, salvo i casi stabiliti dalla legge.

98 I pubblici impiegati sono al servizio esclusivo della Nazione.

Se sono membri del Parlamento, non possono conseguire promozioni se non per anzianità.

Si possono con legge stabilire limitazioni al diritto d'iscriversi ai partiti politici per i magistrati, i militari di carriera in servizio attivo, i funzionari ed agenti di polizia, i rappresentanti diplomatici e consolari all'estero.

SEZIONE III
Gli organi ausiliari

99 Il Consiglio nazionale dell'economia e del lavoro è composto, nei modi stabiliti dalla legge, di esperti e di rappresentanti delle categorie produttive in misura che tenga conto della loro importanza numerica e qualitativa.

È organo di consulenza delle Camere e del Governo per le materie e secondo le funzioni che gli sono attribuite dalla legge.

Ha l'iniziativa legislativa e può contribuire all'elaborazione della legislazione economica e sociale secondo i principi ed entro i limiti stabiliti dalla legge.

100 Il Consiglio di Stato è organo di consulenza giuridico-amministrativa e di tutela della giustizia nell'amministrazione.

La Corte dei conti esercita il controllo preventivo di legittimità sugli atti del Governo, e anche quello successivo sulla gestione del bilancio dello Stato. Partecipa, nei casi e nelle forme stabiliti dalla legge, al controllo sulla gestione finanziaria degli enti a cui lo Stato contribuisce in via ordinaria. Riferisce direttamente alle Camere sul risultato del riscontro eseguito.

La legge assicura l'indipendenza dei due Istituti e dei loro componenti di fronte al Governo.

TITOLO IV
LA MAGISTRATURA

SEZIONE I
Ordinamento giurisdizionale

101 La giustizia è amministrata in nome del popolo.

I giudici sono soggetti soltanto alla legge.

102 La funzione giurisdizionale è esercitata da magistrati ordinari istituiti e regolati dalle norme sull'ordinamento giudiziario.

Non possono essere istituiti giudici straordinari o giudici speciali. Possono soltanto istituirsi presso gli organi giudiziari ordinari sezioni specializzate per determinate materie, anche con la partecipazione di cittadini idonei estranei alla magistratura.

La legge regola i casi e le forme della partecipazione diretta del popolo all'amministrazione della giustizia.

---

(1) Articolo così sostituito dalla l. cost. 16 gennaio 1989, n. 1.

103 Il Consiglio di Stato e gli altri organi di giustizia amministrativa hanno giurisdizione per la tutela nei confronti della pubblica amministrazione degli interessi legittimi e, in particolari materie indicate dalla legge, anche dei diritti soggettivi.

La Corte dei conti ha giurisdizione nelle materie di contabilità pubblica e nelle altre specificate dalla legge.

I tribunali militari in tempo di guerra hanno la giurisdizione stabilita dalla legge. In tempo di pace hanno giurisdizione soltanto per i reati militari commessi da appartenenti alle Forze Armate.

104 La magistratura costituisce un ordine autonomo e indipendente da ogni altro potere.

Il Consiglio superiore della magistratura è presieduto dal Presidente della Repubblica.

Ne fanno parte di diritto il primo presidente e il procuratore generale della Corte di Cassazione.

Gli altri componenti sono eletti per due terzi da tutti i magistrati ordinari tra gli appartenenti alle varie categorie, e per un terzo dal Parlamento in seduta comune tra professori ordinari di università in materie giuridiche ed avvocati dopo quindici anni di esercizio.

Il Consiglio elegge un vice presidente fra i componenti designati dal Parlamento.

I membri elettivi del Consiglio durano in carica quattro anni e non sono immediatamente rieleggibili.

Non possono, finché sono in carica, essere iscritti negli albi professionali, né far parte del Parlamento o di un Consiglio regionale.

105 Spettano al Consiglio superiore della magistratura, secondo le norme dell'ordinamento giudiziario, le assunzioni, le assegnazioni e i trasferimenti, le promozioni e i provvedimenti disciplinari nei riguardi dei magistrati.

106 Le nomine dei magistrati hanno luogo per concorso.

La legge sull'ordinamento giudiziario può ammettere la nomina, anche elettiva, di magistrati onorari per tutte le funzioni attribuite a giudici singoli.

Su designazione del Consiglio superiore della magistratura possono essere chiamati all'ufficio di consiglieri di cassazione, per meriti insigni, professori ordinari di università in materie giuridiche e avvocati che abbiano quindici anni d'esercizio e siano iscritti negli albi speciali per le giurisdizioni superiori.

107 I magistrati sono inamovibili. Non possono essere dispensati o sospesi dal servizio né destinati ad altre sedi o funzioni se non in seguito a decisione del Consiglio superiore della magistratura, adottata o per i motivi e con le garanzie di difesa stabilite dall'ordinamento giudiziario o con il loro consenso.

Il Ministro della giustizia ha facoltà di promuovere l'azione disciplinare.

I magistrati si distinguono fra loro soltanto per diversità di funzioni.

Il pubblico ministero gode delle garanzie stabilite nei suoi riguardi dalle norme sull'ordinamento giudiziario.

108 Le norme sull'ordinamento giudiziario e su ogni magistratura sono stabilite con legge.

La legge assicura l'indipendenza dei giudici delle giurisdizioni speciali, del pubblico ministero presso di esse, e degli estranei che partecipano all'amministrazione della giustizia.

109 L'autorità giudiziaria dispone direttamente della polizia giudiziaria.

110 Ferme le competenze del Consiglio superiore della magistratura, spettano al Ministero della giustizia l'organizzazione e il funzionamento dei servizi relativi alla giustizia.

SEZIONE II
Norme sulla giurisdizione

111 La giurisdizione si attua mediante il giusto processo regolato dalla legge.

Ogni processo si svolge nel contraddittorio tra le parti, in condizioni di parità, davanti a giudice terzo e imparziale. La legge ne assicura la ragionevole durata.

Nel processo penale, la legge assicura che la persona accusata di un reato sia, nel più breve tempo possibile, informata riservatamente della natura e dei motivi dell'accusa elevata a suo carico; disponga del tempo e delle condizioni necessari per preparare la sua difesa; abbia la facoltà, davanti al giudice, di interrogare o di far interrogare le persone che rendono dichiarazioni a suo carico, di ottenere la convocazione e l'interrogatorio di persone a sua difesa nelle stesse condizioni dell'accusa e l'acquisizione di ogni altro mezzo di prova a suo favore; sia assistita da un interprete se non comprende o non parla la lingua impiegata nel processo.

Il processo penale è regolato dal principio del contraddittorio nella formazione della prova. La colpevolezza dell'imputato non può essere provata sulla base di dichiarazioni rese da chi, per libera scelta, si è sempre volontariamente sottratto all'interrogatorio da parte dell'imputato o del suo difensore.

La legge regola i casi in cui la formazione della prova non ha luogo in contraddittorio per consenso dell'imputato o per accertata impossibilità di natura oggettiva o per effetto di provata condotta illecita (1).

Tutti i provvedimenti giurisdizionali devono essere motivati.

---

(1) I primi cinque commi sono stati introdotti con la l. costituzionale 23 novembre 1999, n. 2.

Contro le sentenze e contro i provvedimenti sulla libertà personale, pronunciati dagli organi giurisdizionali ordinari o speciali, è sempre ammesso ricorso in Cassazione per violazione di legge. Si può derogare a tale norma soltanto per le sentenze dei tribunali militari in tempo di guerra.

Contro le decisioni del Consiglio di Stato e della Corte dei conti il ricorso in Cassazione è ammesso per i soli motivi inerenti alla giurisdizione.

112 Il pubblico ministero ha l'obbligo di esercitare l'azione penale.

113 Contro gli atti della pubblica amministrazione è sempre ammessa la tutela giurisdizionale dei diritti e degli interessi legittimi dinanzi agli organi di giurisdizione ordinaria o amministrativa.

Tale tutela giurisdizionale non può essere esclusa o limitata a particolari mezzi di impugnazione o per determinate categorie di atti.

La legge determina quali organi di giurisdizione possono annullare gli atti della pubblica amministrazione nei casi e con gli effetti previsti dalla legge stessa.

TITOLO V
LE REGIONI, LE PROVINCE, I COMUNI

114 La Repubblica è costituita dai Comuni, dalle Province, dalle Città metropolitane, dalle Regioni e dallo Stato.

I Comuni, le Province, le Città metropolitane e le Regioni sono enti autonomi con propri statuti, poteri e funzioni secondo i principi fissati dalla Costituzione.

Roma è la capitale della Repubblica. La legge dello Stato disciplina il suo ordinamento (1).

115 Abrogato (2).

116 Il Friuli-Venezia Giulia, la Sardegna, la Sicilia, il Trentino-Alto Adige/Südtirol e la Valle d'Aosta/Vallée d'Aoste dispongono di forme e condizioni particolari di autonomia, secondo i rispettivi statuti speciali adottati con legge costituzionale.

La Regione Trentino-Alto Adige/Südtirol è costituita dalle Province autonome di Trento e di Bolzano.

Ulteriori forme e condizioni particolari di autonomia, concernenti le materie di cui al terzo comma dell'articolo 117 e le materie indicate dal secondo comma del medesimo articolo alle lettere *l*), limitatamente all'organizzazione della giustizia di pace, *n* e *s*), possono essere attribuite ad altre Regioni, con legge dello Stato, su iniziativa della Regione interessata, sentiti gli enti locali, nel rispetto dei principi di cui all'articolo 119. La legge è approvata dalle Camere a maggioranza assoluta dei componenti, sulla base di intesa fra lo Stato e la Regione interessata (1).

(1) Articolo così sostituito dalla l. cost. 18 ottobre 2001, n. 3.

(2) Articolo abrogato dalla l. cost. 18 ottobre 2001, n. 3.

117 La potestà legislativa è esercitata dallo Stato e dalle Regioni nel rispetto della Costituzione, nonché dei vincoli derivanti dall'ordinamento comunitario e dagli obblighi internazionali.

Lo Stato ha legislazione esclusiva nelle seguenti materie:

a) politica estera e rapporti internazionali dello Stato; rapporti dello Stato con l'Unione europea; diritto di asilo e condizione giuridica dei cittadini di Stati non appartenenti all'Unione europea;

b) immigrazione;

c) rapporti tra la Repubblica e le confessioni religiose;

d) difesa e Forze armate; sicurezza dello Stato; armi, munizioni ed esplosivi;

e) moneta, tutela del risparmio e mercati finanziari; tutela della concorrenza; sistema valutario; sistema tributario e contabile dello Stato; perequazione delle risorse finanziarie;

f) organi dello Stato e relative leggi elettorali; referendum statali; elezione del Parlamento europeo;

g) ordinamento e organizzazione amministrativa dello Stato e degli enti pubblici nazionali;

h) ordine pubblico e sicurezza, ad esclusione della polizia amministrativa locale;

i) cittadinanza, stato civile e anagrafi;

l) giurisdizione e norme processuali; ordinamento civile e penale; giustizia amministrativa;

m) determinazione dei livelli essenziali delle prestazioni concernenti i diritti civili e sociali che devono essere garantiti su tutto il territorio nazionale;

n) norme generali sull'istruzione;

o) previdenza sociale;

p) legislazione elettorale, organi di governo e funzioni fondamentali di Comuni, Province e Città metropolitane;

q) dogane, protezione dei confini nazionali e profilassi internazionale;

r) pesi, misure e determinazione del tempo; coordinamento informativo statistico e informatico dei dati dell'amministrazione statale, regionale e locale; opere dell'ingegno;

s) tutela dell'ambiente, dell'ecosistema e dei beni culturali.

Sono materie di legislazione concorrente quelle relative a: rapporti internazionali e con l'Unione europea delle Regioni; commercio con l'estero; tutela e sicurezza del lavoro; istruzione, salva l'autonomia delle istituzioni scolastiche e con esclusione della istruzione e della formazione

(1) Articolo così sostituito dalla l. cost. 18 ottobre 2001, n. 3.

professionale; professioni; ricerca scientifica e tecnologica e sostegno all'innovazione per i settori produttivi; tutela della salute; alimentazione; ordinamento sportivo; protezione civile; governo del territorio; porti e aeroporti civili; grandi reti di trasporto e di navigazione; ordinamento della comunicazione; produzione, trasporto e distribuzione nazionale dell'energia; previdenza complementare e integrativa; armonizzazione dei bilanci pubblici e coordinamento della finanza pubblica e del sistema tributario; valorizzazione dei beni culturali e ambientali e promozione e organizzazione di attività culturali; casse di risparmio, casse rurali, aziende di credito a carattere regionale; enti di credito fondiario e agrario a carattere regionale. Nelle materie di legislazione concorrente spetta alle Regioni la potestà legislativa, salvo che per la determinazione dei principi fondamentali, riservata alla legislazione dello Stato.

Spetta alle Regioni la potestà legislativa in riferimento ad ogni materia non espressamente riservata alla legislazione dello Stato.

Le Regioni e le Province autonome di Trento e di Bolzano, nelle materie di loro competenza, partecipano alle decisioni dirette alla formazione degli atti normativi comunitari e provvedono all'attuazione e all'esecuzione degli accordi internazionali e degli atti dell'Unione europea, nel rispetto delle norme di procedura stabilite da legge dello Stato, che disciplina le modalità di esercizio del potere sostitutivo in caso di inadempienza.

La potestà regolamentare spetta allo Stato nelle materie di legislazione esclusiva, salva delega alle Regioni. La potestà regolamentare spetta alla Regioni in ogni altra materia. I Comuni, le Province e le Città metropolitane hanno potestà regolamentare in ordine alla disciplina dell'organizzazione e dello svolgimento delle funzioni loro attribuite.

Le leggi regionali rimuovono ogni ostacolo che impedisce la piena parità degli uomini e delle donne nella vita sociale, culturale ed economica e promuovono la parità di accesso tra donne e uomini alle cariche elettive.

La legge regionale ratifica le intese della Regione con altre Regioni per il migliore esercizio delle proprie funzioni, anche con individuazione di organi comuni.

Nelle materie di sua competenza la Regione può concludere accordi con Stati e intese con enti territoriali interni ad altro Stato, nei casi e con le forme disciplinati da leggi dello Stato (1).

118 Le funzioni amministrative sono attribuite ai Comuni salvo che, per assicurarne l'esercizio unitario, siano conferite a Province, Città metropolitane, Regioni e Stato, sulla base dei principi di sussidiarietà, differenziazione ed adeguatezza.

(1) Articolo così sostituito dalla l. cost. 18 ottobre 2001, n. 3.

I Comuni, le Province e le Città metropolitane sono titolari di funzioni amministrative proprie e di quelle conferite con legge statale o regionale, secondo le rispettive competenze.

La legge statale disciplina forme di coordinamento fra Stato e Regioni nelle materie di cui alle lettere *b*) e *h*) del secondo comma dell'articolo 117, e disciplina inoltre forme di intesa e coordinamento nella materia della tutela dei beni culturali.

Stato, Regioni, Città metropolitane, Province e Comuni favoriscono l'autonoma iniziativa dei cittadini, singoli e associati, per lo svolgimento di attività di interesse generale, sulla base del principio di sussidiarietà (1).

119 I Comuni, le Province, le Città metropolitane e le Regioni hanno autonomia finanziaria di entrata e di spesa.

I Comuni, le Province, le Città metropolitane e le Regioni hanno risorse autonome. Stabiliscono e applicano tributi ed entrate propri, in armonia con la Costituzione e secondo i principi di coordinamento della finanza pubblica e del sistema tributario. Dispongono di compartecipazioni al gettito di tributi erariali riferibile al loro territorio.

La legge dello Stato istituisce un fondo perequativo, senza vincoli di destinazione, per i territori con minore capacità fiscale per abitante.

Le risorse derivanti dalle fonti di cui ai commi precedenti consentono ai Comuni, alle Province, alle Città metropolitane e alle Regioni di finanziare integralmente le funzioni pubbliche loro attribuite.

Per promuovere lo sviluppo economico, la coesione e la solidarietà sociale, per rimuovere gli squilibri economici e sociali, per favorire l'effettivo esercizio dei diritti della persona, o per provvedere a scopi diversi dal normale esercizio delle loro funzioni, lo Stato destina risorse aggiuntive ed effettua interventi speciali in favore di determinati Comuni, Province, Città metropolitane e Regioni.

I Comuni, le Province, le Città metropolitane e le Regioni hanno un proprio patrimonio, attribuito secondo i principi generali determinati dalla legge dello Stato. Possono ricorrere all'indebitamento solo per finanziare spese di investimento. È esclusa ogni garanzia dello Stato sui prestiti dagli stessi contratti (2).

120 La Regione non può istituire dazi di importazione o esportazione o transito tra le Regioni, né adottare provvedimenti che ostacolino in qualsiasi modo la libera circolazione delle persone e delle cose tra le Regioni, né limitare

(1) Articolo così sostituito dalla l. cost. 18 ottobre 2001, n. 3.

(2) Articolo così sostituito dalla l. cost. 18 ottobre 2001, n. 3.

l'esercizio del diritto al lavoro in qualunque parte del territorio nazionale.

Il Governo può sostituirsi a organi delle Regioni, della Città metropolitane, delle Province e dei Comuni nel caso di mancato rispetto di norme e trattati internazionali o della normativa comunitaria oppure di pericolo grave per l'incolumità e la sicurezza pubblica, ovvero quando lo richiedono la tutela dell'unità giuridica o dell'unità economica e in particolare la tutela dei livelli essenziali delle prestazioni concernenti i diritti civili e sociali, prescindendo dai confini territoriali dei governi locali. La legge definisce le procedure atte a garantire che i poteri sostitutivi siano esercitati nel rispetto del principio di sussidiarietà e del principio di leale collaborazione (1).

121 Sono organi della Regione: il Consiglio regionale, la Giunta e il suo Presidente.

Il Consiglio regionale esercita le potestà legislative attribuite alla Regione e le altre funzioni conferitegli dalla Costituzione e dalle leggi. Può fare proposte di legge alle Camere (2).

La Giunta regionale è l'organo esecutivo delle Regioni.

Il Presidente della Giunta rappresenta la Regione; dirige la politica della Giunta e ne è responsabile; promulga le leggi ed emana i regolamenti regionali; dirige le funzioni amministrative delegate dallo Stato alla Regione, conformandosi alle istruzioni del Governo della Repubblica (3).

122 Il sistema di elezione e i casi di ineleggibilità e di incompatibilità del Presidente e degli altri componenti della Giunta regionale nonché dei consiglieri regionali sono disciplinati con legge della Regione nei limiti dei princìpi fondamentali stabiliti con legge delle Repubblica, che stabilisce anche la durata degli organi elettivi.

Nessuno può appartenere contemporaneamente a un Consiglio o a una Giunta regionale e ad una delle Camere del Parlamento, ad un altro Consiglio o ad altra Giunta regionale, ovvero al Parlamento europeo.

Il Consiglio elegge tra i suoi componenti un Presidente e un ufficio di presidenza.

I consiglieri regionali non possono essere chiamati a rispondere delle opinioni espresse e dei voti dati nell'esercizio delle loro funzioni.

Il Presidente della Giunta regionale, salvo che lo statuto regionale disponga diversamente, è eletto a suffragio universale e diretto. Il Presidente eletto nomina e revoca i componenti della Giunta.

(1) Articolo così sostituito dalla l. cost. 18 ottobre 2001, n. 3.

(2) Comma così modificato dall'articoli 1 della l. cost. 22 novembre 1999, n. 1.

(3) Comma così modificato dall'articolo 1 della l. cost. 22 novembre 1999, n. 1.

123 Ciascuna Regione ha uno statuto che, in armonia con la Costituzione, ne determina la forma di governo e i principi fondamentali di organizzazione e funzionamento. Lo statuto regola l'esercizio del diritti di iniziativa e del referendum su leggi e provvedimenti amministrativi della Regione e la pubblicazione delle leggi e dei regolamenti regionali.

Lo statuto è approvato e modificato dal Consiglio regionale con legge approvata a maggioranza assoluta dei suoi componenti, con due deliberazioni successive adottate ad intervallo non minore di due mesi. Per tale legge non è richiesta l'apposizione del visto da parte del Commissario del Governo. Il Governo dalla Repubblica può promuovere la questione di legittimità costituzionale sugli statuti regionali dinanzi alla Corte costituzionale entro trenta giorni dalla loro pubblicazione.

Lo statuto è sottoposto a referendum popolare qualora entro tre mesi dalla sua pubblicazione ne faccia richiesta un cinquantesimo degli elettori della Regione o un quinto dei componenti il Consiglio regionale. Lo statuto sottoposto a referendum non è promulgato se non è approvato dalla maggioranza dei voti validi (1).

In ogni Regione, lo statuto disciplina il Consiglio delle autonomie locali, quale organo di consultazione fra la Regione e gli enti locali (2).

124 Abrogato (3).

125 Nella Regione sono istituiti organi di giustizia amministrativa di primo grado, secondo l'ordinamento stabilito da legge della Repubblica. Possono istituirsi sezioni con sede diversa dal capoluogo della Regione (4).

126 Con decreto motivato del Presidente della Repubblica sono disposti lo scioglimento del Consiglio regionale e la rimozione del Presidente della Giunta che abbiano compiuto atti contrari alla Costituzione o gravi violazioni di legge. Lo scioglimento e la rimozione possono altresì essere disposti per ragioni di sicurezza nazionale. Il decreto è adottato sentita una Commissione di deputati e senatori costituita, per le questioni regionali, nei modi stabiliti con legge della Repubblica.

Il Consiglio regionale può esprimere la sfiducia nei confronti del Presidente della Giunta mediante mozione motivata, sottoscritta da almeno un quinto dei suoi componenti e approvata per appello nominale a maggioranza assoluta dei componenti. La mozione non può esse-

(1) Articolo così sostituito dall'art. 1 della l. cost. 22 novembre 1999, n. 1.

(2) Comma aggiunto dalla legge cost. 18 ottobre 2001, n. 3.

(3) Articolo abrogato dalla l. cost. 18 ottobre 2001, n. 3.

(4) Il primo comma dell'art. 185 è stato abrogato dalla l. cost. 18 ottobre 2001, n. 3.

re messa in discussione prima di tre giorni dalla presentazione.

L'approvazione della mozione di sfiducia nei confronti del Presidente della Giunta eletto a suffragio universale e diretto, nonché la rimozione, l'impedimento permanente, la morte o le dimissioni volontarie dello stesso comportano le dimissioni della Giunta e lo scioglimento del Consiglio. In ogni caso i medesimi effetti conseguono alle dimissioni contestuali della maggioranza dei componenti il Consiglio (1).

127 Il Governo, quando ritenga che una legge regionale ecceda la competenza della Regione, può promuovere la questione di legittimità costituzionale dinanzi alla Corte costituzionale entro sessanta giorni dalla sua pubblicazione.

La Regione, quando ritenga che una legge o un atto avente valore di legge dello Stato o di un'altra Regione leda la sua sfera di competenza, può promuovere la questione di legittimità costituzionale dinanzi alla Corte costituzionale entro sessanta giorni dalla pubblicazione della legge o dell'atto avente valore di legge (2).

128 Abrogato (3).

129 Abrogato (4).

130 Abrogato (5).

131 Sono costituite le seguenti Regioni:
Piemonte;
Valle d'Aosta;
Lombardia;
Trentino-Alto Adige;
Veneto;
Friuli-Venezia Giulia;
Liguria;
Emilia-Romagna;
Toscana;
Umbria;
Marche;
Lazio;
Abruzzi (6);
Molise (6);
Campania;
Puglia;
Basilicata;
Calabria;
Sicilia;
Sardegna.

(1) Articolo così modificato dall'art. 1 della l. cost. 22 novembre 1999, n. 1.
(2) Articolo così sostituito dalla l. cost. 18 ottobre 2001, n. 3.
(3) Articolo abrogato dalla l. cost. 18 ottobre 2001, n. 3.
(4) Articolo abrogato dalla l. cost. 18 ottobre 2001, n. 3.
(5) Articolo abrogato dalla l. cost. 18 ottobre 2001, n. 3.
(6) Articolo così modificato dall'art. 1 l. cost. 27 dicembre 1963, che ha istituito la Regione Molise.

132 Si può, con legge costituzionale, sentiti i Consigli regionali, disporre la fusione di Regioni esistenti o la creazione di nuove Regioni con un minimo di un milione di abitanti, quando ne facciano richiesta tanti Consigli comunali che rappresentino almeno un terzo delle popolazioni interessate, e la proposta sia approvata con referendum dalla maggioranza delle popolazioni stesse.

Si può, con l'approvazione della maggioranza delle popolazioni della Provincia o delle Province interessate e del Comune o dei Comuni interessati espressa mediante *referendum* e con legge della repubblica, sentiti i Consigli regionali, consentire che Province e Comuni, che ne facciano richiesta, siano staccati da una Regione e aggregati ad un'altra (1).

133 Il mutamento delle circoscrizioni provinciali e la istituzione di nuove Province nell'ambito di una Regione sono stabiliti con leggi della Repubblica, su iniziativa dei Comuni, sentita la stessa Regione.

La Regione, sentite le popolazioni interessate, può con sue leggi istituire nel proprio territorio nuovi comuni e modificare le loro circoscrizioni e denominazioni.

TITOLO VI
GARANZIE COSTITUZIONALI

SEZIONE I
La Corte costituzionale

134 La Corte costituzionale giudica:

sulle controversie relative alla legittimità costituzionale delle leggi e degli atti, aventi forza di legge, dello Stato e delle Regioni;

sui conflitti di attribuzione tra i poteri dello Stato e su quelli tra lo Stato e le Regioni, e tra le Regioni;

sulle accuse promosse contro il Presidente della Repubblica, a norma della Costituzione (2).

135 La Corte costituzionale è composta da quindici giudici nominati per un terzo dal Presi dente della Repubblica, per un terzo dal Parlamento in seduta comune e per un terzo dalle supreme magistrature ordinaria ed amministrative.

I giudici della Corte costituzionale sono scelti tra i magistrati anche a riposo delle giurisdizioni superiori ordinaria e amministrative, i professori ordinari di università in materie giuridiche e gli avvocati dopo venti anni d'esercizio.

(1) Comma così modificato dalla l. cost. 18 ottobre 2001, n. 3.
(2) Articolo così modificato dalla l. cost. 19 gennaio 1989, n. 1.

I giudici della Corte costituzionale sono nominati per nove anni, decorrenti per ciascuno di essi dal giorno del giuramento, e non possono essere nuovamente nominati.

Alla scadenza del termine il giudice costituzionale cessa dalla carica e dall'esercizio delle funzioni.

La Corte elegge tra i suoi componenti, secondo le norme stabilite dalla legge, il Presidente, che rimane in carica per un triennio, ed è rieleggibile, fermi in ogni caso i termini di scadenza dall'ufficio di giudice.

L'ufficio di giudice della Corte è incompatibile con quello di membro del Parlamento, di un Consiglio regionale, con l'esercizio della professione di avvocato e con ogni carica ed ufficio indicati dalla legge.

Nei giudizi d'accusa contro il Presidente della Repubblica intervengono, oltre i giudici ordinari della Corte, sedici membri tratti a sorte da un elenco di cittadini aventi i requisiti per l'eleggibilità a senatore, che il Parlamento compila ogni nove anni mediante elezione con le stesse modalità stabilite per la nomina dei giudici ordinari (1).

136 Quando la Corte dichiara l'illegittimità costituzionale di una norma di legge o di un atto avente forza di legge, la norma cessa di avere efficacia dal giorno successivo alla pubblicazione della decisione.

La decisione della Corte è pubblicata e comunicata alle Camere ed ai Consigli regionali interessati, affinché, ove lo ritengano necessario, provvedano nelle forme costituzionali.

137 Una legge costituzionale stabilisce le condizioni, le forme, i termini di proponibilità dei giudizi di legittimità costituzionale, e le garanzie d'indipendenza dei giudici della Corte.

Con legge ordinaria sono stabilite le altre norme necessarie per la costituzione e il funzionamento della Corte.

Contro le decisioni della Corte costituzionale non è ammessa alcuna impugnazione.

SEZIONE II

Revisione della Costituzione. Leggi costituzionali

138 Le leggi di revisione della Costituzione e le altre leggi costituzionali sono adottate da ciascuna Camera con due successive deliberazioni ad intervallo non minore di tre mesi, e sono approvate a maggioranza assoluta dai componenti di ciascuna Camera nella seconda votazione.

Le leggi stesse sono sottoposte a *referendum* popolare quando, entro tre mesi dalla loro pubblicazione, ne facciano domanda un quinto dei membri di una Camera o cinquecentomila elettori o cinque Consigli regionali. La legge sottoposta a *referendum* non è promulgata, se non è approvata dalla maggioranza dei voti validi.

Non si fa luogo a *referendum* se la legge è stata approvata nella seconda votazione da ciascuna delle Camere a maggioranza di due terzi dei suoi componenti.

139 La forma repubblicana non può essere oggetto di revisione costituzionale.

DISPOSIZIONI TRANSITORIE E FINALI

I Con l'entrata in vigore della Costituzione il Capo provvisorio dello Stato esercita le attribuzioni di Presidente della Repubblica e ne assume il titolo.

II Se alla data dell'elezione del Presidente della Repubblica non sono costituiti tutti i Consigli regionali, partecipano all'elezione soltanto i componenti delle due Camere.

III Per la prima composizione del Senato della Repubblica sono nominati senatori, con decreto del Presidente della Repubblica, i deputati dell'assemblea Costituente che posseggono i requisiti di legge per essere senatori e che:

sono stati Presidenti del Consiglio dei ministri o di Assemblee legislative;

hanno fatto parte del disciolto Senato;

hanno avuto almeno tre elezioni, compresa quella all'Assemblea Costituente;

sono stati dichiarati decaduti nella seduta della Camera dei deputati del 9 novembre 1926;

hanno scontato la pena della reclusione non inferiore a cinque anni in seguito a condanna del tribunale speciale fascista per la difesa dello Stato.

Sono nominati altresì senatori, con decreto del Presidente della Repubblica, i membri del disciolto Senato che hanno fatto parte della Consulta Nazionale.

Al diritto di essere nominato senatore si può rinunciare prima della firma del decreto di nomina. L'accettazione della candidatura alle elezioni politiche implica rinuncia al diritto di nomina a senatore.

IV Per la prima elezione del Senato il Molise è considerato come Regione a sé stante, con il numero dei senatori che gli compete in base alla sua popolazione.

V La disposizione dell'articolo 80 della Costituzione, per quanto concerne i trattati internazionali che importano oneri alle finanze o mo-

(1) Articolo così sostituito dall'art. 1 della l. cost. 22 novembre 1967, n. 2, contenente altre norme sull'elezione dei giudici della Corte costituzionale, quindi modificato dalla l. cost. 19 gennaio 1989, n. 1.

dificazioni di legge, ha effetto dalla data di convocazione delle Camere.

VI Entro cinque anni dall'entrata in vigore della Costituzione si procede alla revisione degli organi speciali di giurisdizione attualmente esistenti, salvo le giurisdizioni del Consiglio di Stato, della Corte dei conti e dei tribunali militari.

Entro un anno dalla stessa data si provvede con legge al riordinamento del Tribunale supremo militare in relazione all'articolo 111.

VII Fino a quando non sia emanata la nuova legge sull'ordinamento giudiziario in conformità con la Costituzione, continuano ad osservarsi le norme dell'ordinamento vigente.

Fino a quanto non entri in funzione la Corte costituzionale, la decisione delle controversie indicate nell'articolo 134 ha luogo nelle forme e nei limiti delle norme preesistenti all'entrata in vigore della Costituzione.

I giudici della Corte costituzionale nominati nella prima composizione della Corte stessa non sono soggetti alla parziale rinnovazione e durano in carica dodici anni (1).

VIII Le elezioni dei Consigli regionali e degli organi elettivi delle amministrazioni provinciali sono indette entro un anno dall'entrata in vigore della Costituzione.

Leggi della Repubblica regolano per ogni ramo della pubblica amministrazione il passaggio delle funzioni statali attribuite alle Regioni. Fino a quando non sia provveduto al riordinamento e alla distribuzione delle funzioni amministrative fra gli enti locali restano alle Province ed ai Comuni le funzioni che esercitano attualmente e le altre di cui le Regioni deleghino loro l'esercizio.

Leggi della Repubblica regolano il passaggio alle Regioni di funzionari e dipendenti dello Stato, anche delle amministrazioni centrali, che sia reso necessario dal nuovo ordinamento. Per la formazione dei loro uffici le Regioni devono, tranne che in casi di necessità, trarre il proprio personale da quello dello Stato e degli enti locali.

IX La Repubblica, entro tre anni dall'entrata in vigore della Costituzione, adegua le sue leggi alle esigenze delle autonomie locali e alla competenza legislativa attribuita alle Regioni.

X Alla Regione del Friuli-Venezia Giulia, di cui all'articolo 116, si applicano provvisoriamente le norme generali del Titolo V della parte seconda, ferma restando la tutela delle minoranze linguistiche in conformità con l'articolo 6.

(1) Comma abrogato dall'art. 7 della l. cost. 22 novembre 1967, n. 2.

XI Fino a cinque anni dall'entrata in vigore della Costituzione si possono, con leggi costituzionali, formare altre regioni, a modificazione dell'elenco di cui all'articolo 131, anche senza il concorso delle condizioni richieste dal primo comma dell'articolo 132, fermo rimanendo tuttavia l'obbligo di sentire le popolazioni interessate (1).

XII È vietata la riorganizzazione, sotto qualsiasi forma, del disciolto partito fascista.

In deroga all'articolo 48, sono stabilite con legge, per non oltre un quinquennio dall'entrata in vigore della Costituzione, limitazioni temporanee al diritto di voto e all'eleggibilità per i capi responsabili del regime fascista.

XIII [I membri e i discendenti di Casa Savoia non sono elettori e non possono ricoprire uffici pubblici né cariche elettive.] (2)

[Agli ex re di Casa Savoia, alle loro consorti e ai loro discendenti maschi sono vietati l'ingresso e il soggiorno nel territorio nazionale.] (2)

I beni esistenti nel territorio nazionale, degli ex re di Casa Savoia, delle loro consorti e dei loro discendenti maschi, sono avocati allo Stato. I trasferimenti e le costituzioni di diritti reali sui beni stessi, che siano avvenuti dopo il 2 giugno 1946, sono nulli.

XIV I titoli nobiliari non sono riconosciuti.

I predicati di quelli esistenti prima del 28 ottobre 1922 valgono come parte del nome.

L'Ordine mauriziano è conservato come ente ospedaliero e funziona nei modi stabiliti dalla legge.

La legge regola la soppressione della Consulta araldica.

XV Con l'entrata in vigore della Costituzione si ha per convertito in legge il decreto legislativo luogotenenziale 25 giugno 1944, n. 151, sull'ordinamento provvisorio dello Stato.

XVI Entro un anno dall'entrata in vigore della Costituzione si procede alla revisione e al coordinamento con essa delle precedenti leggi costituzionali che non siano state finora esplicitamente o implicitamente abrogate.

XVII L'Assemblea Costituente sarà convocata dal suo Presidente per deliberare, entro il 31 gennaio 1948, sulla legge per l'elezione del Senato della Repubblica, sugli statuti regionali speciali e sulla legge per la stampa.

Fino al giorno delle elezioni delle nuove Ca-

(1) Il termine è stato prorogato al 31 dicembre 1963 con l. cost. 18 marzo 1958, n. 1.

(2) Gli effetti dei commi primo e secondo della XIII disposizione transitoria sono stati dichiarati esauriti dall'art. 1 della l. cost. 23 ottobre 2002, n. 1.

mere, l'Assemblea Costituente può essere convocata, quando vi sia necessità di deliberare nelle materie attribuite alla sua competenza dagli articoli 2, primo e secondo comma, e 3, comma primo e secondo, del decreto legislativo 16 marzo 1946, n. 98.

In tale periodo le Commissioni permanenti restano in funzione. Quelle legislative rinviano al Governo i disegni di legge, ad essi trasmessi, con eventuali osservazioni e proposte di emendamenti.

I deputati possono presentare al Governo interrogazioni con richiesta di risposta scritta.

L'Assemblea Costituente, agli effetti di cui al secondo comma del presente articolo, è convocata dal suo Presidente su richiesta motivata del Governo o di almeno duecento deputati.

XVIII La presente Costituzione è promulgata dal Capo provvisorio dello Stato entro cinque giorni dalla sua approvazione da parte dell'Assemblea Costituente, ed entra in vigore il 1° gennaio 1948.

Il testo della Costituzione è depositato nella sala comunale di ciascun Comune della Repubblica per rimanervi esposto, durante tutto l'anno 1948, affinché ogni cittadino possa prenderne cognizione.

La Costituzione, munita del sigillo di Stato, sarà inserita nella Raccolta ufficiale delle leggi e dei decreti della Repubblica.

La Costituzione dovrà essere fedelmente osservata come Legge fondamentale della Repubblica da tutti i cittadini e dagli organi dello Stato.

Data a Roma, addì 27 dicembre 1947.

ENRICO DE NICOLA

Controfirmano: Il Presidente dell'Assemblea Costituente: UMBERTO TERRACINI. – Il Presidente del Consiglio dei ministri: ALCIDE DE GASPERI. – Visto: il Guardasigilli: GRASSI.

Trattato sull'Unione europea

TITOLO I

DISPOSIZIONI COMUNI

1 (*ex articolo 1 del TUE*) Con il presente trattato, le ALTE PARTI CONTRAENTI istituiscono tra loro un'UNIONE EUROPEA, in appresso denominata «Unione», alla quale gli Stati membri attribuiscono competenze per conseguire i loro obiettivi comuni.

Il presente trattato segna una nuova tappa nel processo di creazione di un'unione sempre più stretta tra i popoli dell'Europa, in cui le decisioni siano prese nel modo più trasparente possibile e il più vicino possibile ai cittadini.

L'Unione si fonda sul presente trattato e sul trattato sul funzionamento dell'Unione europea (in appresso denominati «i trattati»). I due trattati hanno lo stesso valore giuridico. L'Unione sostituisce e succede alla Comunità europea.

2 L'Unione si fonda sui valori del rispetto della dignità umana, della libertà, della democrazia, dell'uguaglianza, dello Stato di diritto e del rispetto dei diritti umani, compresi i diritti delle persone appartenenti a minoranze. Questi valori sono comuni agli Stati membri in una società caratterizzata dal pluralismo, dalla non discriminazione, dalla tolleranza, dalla giustizia, dalla solidarietà e dalla parità tra donne e uomini.

3 (*ex articolo 2 del TUE*) 1. L'Unione si prefigge di promuovere la pace, i suoi valori e il benessere dei suoi popoli.

2. L'Unione offre ai suoi cittadini uno spazio di libertà, sicurezza e giustizia senza frontiere interne, in cui sia assicurata la libera circolazione delle persone insieme a misure appropriate per quanto concerne i controlli alle frontiere esterne, l'asilo, l'immigrazione, la prevenzione della criminalità e la lotta contro quest'ultima.

3. L'Unione instaura un mercato interno. Si adopera per lo sviluppo sostenibile dell'Europa, basato su una crescita economica equilibrata e sulla stabilità dei prezzi, su un'economia sociale di mercato fortemente competitiva, che mira alla piena occupazione e al progresso sociale, e su un elevato livello di tutela e di miglioramento della qualità dell'ambiente. Essa promuove il progresso scientifico e tecnologico.

L'Unione combatte l'esclusione sociale e le discriminazioni e promuove la giustizia e la protezione sociali, la parità tra donne e uomini, la solidarietà tra le generazioni e la tutela dei diritti del minore.

Essa promuove la coesione economica, sociale e territoriale, e la solidarietà tra gli Stati membri.

Essa rispetta la ricchezza della sua diversità culturale e linguistica e vigila sulla salvaguardia e sullo sviluppo del patrimonio culturale europeo.

4. L'Unione istituisce un'unione economica e monetaria la cui moneta è l'euro.

5. Nelle relazioni con il resto del mondo l'Unione afferma e promuove i suoi valori e interessi, contribuendo alla protezione dei suoi cittadini. Contribuisce alla pace, alla sicurezza, allo sviluppo sostenibile della Terra, alla solidarietà e al rispetto reciproco tra i popoli, al commercio libero ed equo, all'eliminazione della povertà e alla tutela dei diritti umani, in particolare dei diritti del minore, e alla rigorosa osservanza e allo sviluppo del diritto internazionale, in particolare al rispetto dei principi della Carta delle Nazioni Unite.

6. L'Unione persegue i suoi obiettivi con i mezzi appropriati, in ragione delle competenze che le sono attribuite nei trattati.

4 1. In conformità dell'articolo 5, qualsiasi competenza non attribuita all'Unione nei trattati appartiene agli Stati membri.

2. L'Unione rispetta l'uguaglianza degli Stati membri davanti ai trattati e la loro identità nazionale insita nella loro struttura fondamentale, politica e costituzionale, compreso il sistema delle autonomie locali e regionali. Rispetta le funzioni essenziali dello Stato, in particolare le funzioni di salvaguardia dell'integrità territoriale, di mantenimento dell'ordine pubblico e di tutela della sicurezza nazionale. In particolare, la sicurezza nazionale resta di esclusiva competenza di ciascuno Stato membro.

3. In virtù del principio di leale cooperazione, l'Unione e gli Stati membri si rispettano e si assistono reciprocamente nell'adempimento dei compiti derivanti dai trattati.

Gli Stati membri adottano ogni misura di carattere generale o particolare atta ad assicurare l'esecuzione degli obblighi derivanti dai trattati o conseguenti agli atti delle istituzioni dell'Unione.

Gli Stati membri facilitano all'Unione l'adempimento dei suoi compiti e si astengono da qualsiasi misura che rischi di mettere in pericolo la realizzazione degli obiettivi dell'Unione.

5 (*ex articolo 5 del TCE*) 1. La delimitazione delle competenze dell'Unione si fonda sul principio di attribuzione. L'esercizio delle competenze dell'Unione si fonda sui principi di sussidiarietà e proporzionalità.

2. In virtù del principio di attribuzione, l'Unione agisce esclusivamente nei limiti delle competenze che le sono attribuite dagli Stati membri nei trattati per realizzare gli obiettivi da questi stabiliti. Qualsiasi competenza non attribuita all'Unione nei trattati appartiene agli Stati membri.

3. In virtù del principio di sussidiarietà, nei settori che non sono di sua competenza esclusiva l'Unione interviene soltanto se e in quanto gli obiettivi dell'azione prevista non possono essere conseguiti in misura sufficiente dagli Stati membri, né a livello centrale né a livello regionale e locale, ma possono, a motivo della portata o degli effetti dell'azione in questione, essere conseguiti meglio a livello di Unione.

Le istituzioni dell'Unione applicano il principio di sussidiarietà conformemente al protocollo sull'applicazione dei principi di sussidiarietà e di proporzionalità. I parlamenti nazionali vigilano sul rispetto del principio di sussidiarietà secondo la procedura prevista in detto protocollo.

4. In virtù del principio di proporzionalità, il contenuto e la forma dell'azione dell'Unione si limitano a quanto necessario per il conseguimento degli obiettivi dei trattati.

Le istituzioni dell'Unione applicano il principio di proporzionalità conformemente al protocollo sull'applicazione dei principi di sussidiarietà e di proporzionalità.

6 (*ex articolo 6 del TUE*) 1. L'Unione riconosce i diritti, le libertà e i principi sanciti nella Carta dei diritti fondamentali dell'Unione europea del 7 dicembre 2000, adattata il 12 dicembre 2007 a Strasburgo, che ha lo stesso valore giuridico dei trattati.

Le disposizioni della Carta non estendono in alcun modo le competenze dell'Unione definite nei trattati.

I diritti, le libertà e i principi della Carta sono interpretati in conformità delle disposizioni generali del titolo VII della Carta che disciplinano la sua interpretazione e applicazione e tenendo in debito conto le spiegazioni cui si fa riferimento nella Carta, che indicano le fonti di tali disposizioni.

2. L'Unione aderisce alla Convenzione europea per la salvaguardia dei diritti dell'uomo e delle libertà fondamentali. Tale adesione non modifica le competenze dell'Unione definite nei trattati.

3. I diritti fondamentali, garantiti dalla Convenzione europea per la salvaguardia dei diritti dell'uomo e delle libertà fondamentali e risultanti dalle tradizioni costituzionali comuni agli Stati membri, fanno parte del diritto dell'Unione in quanto principi generali.

7 (*ex articolo 7 del TUE*) 1. Su proposta motivata di un terzo degli Stati membri, del Parlamento europeo o della Commissione europea, il Consiglio, deliberando alla maggioranza dei quattro quinti dei suoi membri previa approvazione del Parlamento europeo, può constatare che esiste un evidente rischio di violazione grave da parte di uno Stato membro dei valori di cui all'articolo 2. Prima di procedere a tale constatazione il Consiglio ascolta lo Stato membro in questione e può rivolgergli delle raccomandazioni, deliberando secondo la stessa procedura.

Il Consiglio verifica regolarmente se i motivi che hanno condotto a tale constatazione permangono validi.

2. Il Consiglio europeo, deliberando all'unanimità su proposta di un terzo degli Stati membri o della Commissione europea e previa approvazione del Parlamento europeo, può constatare l'esistenza di una violazione grave e persistente da parte di uno Stato membro dei valori di cui all'articolo 2, dopo aver invitato tale Stato membro a presentare osservazioni.

3. Qualora sia stata effettuata la constatazione di cui al paragrafo 2, il Consiglio, deliberando a maggioranza qualificata, può decidere di sospendere alcuni dei diritti derivanti allo Stato membro in questione dall'applicazione dei trattati, compresi i diritti di voto del rappresentante del governo di tale Stato membro in seno al Consiglio. Nell'agire in tal senso, il Consiglio tiene conto delle possibili conseguenze di una siffatta sospensione sui diritti e sugli obblighi delle persone fisiche e giuridiche.

Lo Stato membro in questione continua in ogni caso ad essere vincolato dagli obblighi che gli derivano dai trattati.

4. Il Consiglio, deliberando a maggioranza qualificata, può successivamente decidere di modificare o revocare le misure adottate a norma del paragrafo 3, per rispondere ai cambiamenti nella situazione che ha portato alla loro imposizione.

5. Le modalità di voto che, ai fini del presente articolo, si applicano al Parlamento europeo, al Consiglio europeo e al Consiglio sono stabilite nell'articolo 354 del trattato sul funzionamento dell'Unione europea.

8 1. L'Unione sviluppa con i paesi limitrofi relazioni privilegiate al fine di creare uno spazio di prosperità e buon vicinato fondato sui valori dell'Unione e caratterizzato da relazioni strette e pacifiche basate sulla cooperazione.

2. Ai fini del paragrafo 1, l'Unione può concludere accordi specifici con i paesi interessati. Detti accordi possono comportare diritti e obblighi reciproci, e la possibilità di condurre

azioni in comune. La loro attuazione è oggetto di una concertazione periodica.

TITOLO II

DISPOSIZIONI RELATIVE AI PRINCIPI DEMOCRATICI

9 L'Unione rispetta, in tutte le sue attività, il principio dell'uguaglianza dei cittadini, che beneficiano di uguale attenzione da parte delle sue istituzioni, organi e organismi. È cittadino dell'Unione chiunque abbia la cittadinanza di uno Stato membro. La cittadinanza dell'Unione si aggiunge alla cittadinanza nazionale e non la sostituisce.

10 1. Il funzionamento dell'Unione si fonda sulla democrazia rappresentativa.

2. I cittadini sono direttamente rappresentati, a livello dell'Unione, nel Parlamento europeo.

Gli Stati membri sono rappresentati nel Consiglio europeo dai rispettivi capi di Stato o di governo e nel Consiglio dai rispettivi governi, a loro volta democraticamente responsabili dinanzi ai loro parlamenti nazionali o dinanzi ai loro cittadini.

3. Ogni cittadino ha il diritto di partecipare alla vita democratica dell'Unione. Le decisioni sono prese nella maniera il più possibile aperta e vicina ai cittadini.

4. I partiti politici a livello europeo contribuiscono a formare una coscienza politica europea e ad esprimere la volontà dei cittadini dell'Unione.

11 1. Le istituzioni danno ai cittadini e alle associazioni rappresentative, attraverso gli opportuni canali, la possibilità di far conoscere e di scambiare pubblicamente le loro opinioni in tutti i settori di azione dell'Unione.

2. Le istituzioni mantengono un dialogo aperto, trasparente e regolare con le associazioni rappresentative e la società civile.

3. Al fine di assicurare la coerenza e la trasparenza delle azioni dell'Unione, la Commissione europea procede ad ampie consultazioni delle parti interessate.

4. Cittadini dell'Unione, in numero di almeno un milione, che abbiano la cittadinanza di un numero significativo di Stati membri, possono prendere l'iniziativa d'invitare la Commissione europea, nell'ambito delle sue attribuzioni, a presentare una proposta appropriata su materie in merito alle quali tali cittadini ritengono necessario un atto giuridico dell'Unione ai fini dell'attuazione dei trattati.

Le procedure e le condizioni necessarie per la presentazione di una iniziativa dei cittadini sono stabilite conformemente all'articolo 24, primo comma del trattato sul funzionamento dell'Unione europea.

12 I parlamenti nazionali contribuiscono attivamente al buon funzionamento dell'Unione:

a) venendo informati dalle istituzioni dell'Unione e ricevendo i progetti di atti legislativi dell'Unione in conformità del protocollo sul ruolo dei parlamenti nazionali nell'Unione europea;

b) vigilando sul rispetto del principio di sussidiarietà secondo le procedure previste dal protocollo sull'applicazione dei principi di sussidiarietà e di proporzionalità;

c) partecipando, nell'ambito dello spazio di libertà, sicurezza e giustizia, ai meccanismi di valutazione ai fini dell'attuazione delle politiche dell'Unione in tale settore, in conformità dell'articolo 70 del trattato sul funzionamento dell'Unione europea, ed essendo associati al controllo politico di Europol e alla valutazione delle attività di Eurojust, in conformità degli articoli 88 e 85 di detto trattato;

d) partecipando alle procedure di revisione dei trattati in conformità dell'articolo 48 del presente trattato;

e) venendo informati delle domande di adesione all'Unione in conformità dell'articolo 49 del presente trattato;

f) partecipando alla cooperazione interparlamentare tra parlamenti nazionali e con il Parlamento europeo in conformità del protocollo sul ruolo dei parlamenti nazionali nell'Unione europea.

TITOLO III

DISPOSIZIONI RELATIVE ALLE ISTITUZIONI

13 1. L'Unione dispone di un quadro istituzionale che mira a promuoverne i valori, perseguirne gli obiettivi, servire i suoi interessi, quelli dei suoi cittadini e quelli degli Stati membri, garantire la coerenza, l'efficacia e la continuità delle sue politiche e delle sue azioni.

Le istituzioni dell'Unione sono:

- il Parlamento europeo,
- il Consiglio europeo,
- il Consiglio,
- la Commissione europea (in appresso «Commissione»),
- la Corte di giustizia dell'Unione europea,
- la Banca centrale europea,
- la Corte dei conti.

2. Ciascuna istituzione agisce nei limiti delle attribuzioni che le sono conferite dai trattati, secondo le procedure, condizioni e finalità da essi previste. Le istituzioni attuano tra loro una leale cooperazione.

3. Le disposizioni relative alla Banca centrale europea e alla Corte dei conti figurano, insieme a disposizioni dettagliate sulle altre istituzioni, nel trattato sul funzionamento dell'Unione europea.

4. Il Parlamento europeo, il Consiglio e la

Commissione sono assistiti da un Comitato economico e sociale e da un Comitato delle regioni, che esercitano funzioni consultive.

14 1. Il Parlamento europeo esercita, congiuntamente al Consiglio, la funzione legislativa e la funzione di bilancio. Esercita funzioni di controllo politico e consultive alle condizioni stabilite dai trattati. Elegge il presidente della Commissione.

2. Il Parlamento europeo è composto di rappresentanti dei cittadini dell'Unione. Il loro numero non può essere superiore a settecentocinquanta, più il presidente. La rappresentanza dei cittadini è garantita in modo degressivamente proporzionale, con una soglia minima di sei membri per Stato membro. A nessuno Stato membro sono assegnati più di novantasei seggi.

Il Consiglio europeo adotta all'unanimità, su iniziativa del Parlamento europeo e con l'approvazione di quest'ultimo, una decisione che stabilisce la composizione del Parlamento europeo, nel rispetto dei principi di cui al primo comma.

3. I membri del Parlamento europeo sono eletti a suffragio universale diretto, libero e segreto, per un mandato di cinque anni.

4. Il Parlamento europeo elegge tra i suoi membri il presidente e l'ufficio di presidenza.

15 1. Il Consiglio europeo dà all'Unione gli impulsi necessari al suo sviluppo e ne definisce gli orientamenti e le priorità politiche generali. Non esercita funzioni legislative.

2. Il Consiglio europeo è composto dai capi di Stato o di governo degli Stati membri, dal suo presidente e dal presidente della Commissione. L'alto rappresentante dell'Unione per gli affari esteri e la politica di sicurezza partecipa ai lavori.

3. Il Consiglio europeo si riunisce due volte a semestre su convocazione del presidente. Se l'ordine del giorno lo richiede, i membri del Consiglio europeo possono decidere di farsi assistere ciascuno da un ministro e, per quanto riguarda il presidente della Commissione, da un membro della Commissione. Se la situazione lo richiede, il presidente convoca una riunione straordinaria del Consiglio europeo.

4. Il Consiglio europeo si pronuncia per consenso, salvo nei casi in cui i trattati dispongano diversamente.

5. Il Consiglio europeo elegge il presidente a maggioranza qualificata per un mandato di due anni e mezzo, rinnovabile una volta. In caso di impedimento o colpa grave, il Consiglio europeo può porre fine al mandato secondo la medesima procedura.

6. Il presidente del Consiglio europeo:

a) presiede e anima i lavori del Consiglio europeo;

b) assicura la preparazione e la continuità dei lavori del Consiglio europeo, in cooperazione con il presidente della Commissione e in base ai lavori del Consiglio «Affari generali»;

c) si adopera per facilitare la coesione e il consenso in seno al Consiglio europeo;

d) presenta al Parlamento europeo una relazione dopo ciascuna delle riunioni del Consiglio europeo.

Il presidente del Consiglio europeo assicura, al suo livello e in tale veste, la rappresentanza esterna dell'Unione per le materie relative alla politica estera e di sicurezza comune, fatte salve le attribuzioni dell'alto rappresentante dell'Unione per gli affari esteri e la politica di sicurezza.

Il presidente del Consiglio europeo non può esercitare un mandato nazionale.

16 1. Il Consiglio esercita, congiuntamente al Parlamento europeo, la funzione legislativa e la funzione di bilancio. Esercita funzioni di definizione delle politiche e di coordinamento alle condizioni stabilite nei trattati.

2. Il Consiglio è composto da un rappresentante di ciascuno Stato membro a livello ministeriale, abilitato a impegnare il governo dello Stato membro che rappresenta e ad esercitare il diritto di voto.

3. Il Consiglio delibera a maggioranza qualificata, salvo nei casi in cui i trattati dispongano diversamente.

4. A decorrere dal 1° novembre 2014, per maggioranza qualificata si intende almeno il 55% dei membri del Consiglio, con un minimo di quindici, rappresentanti Stati membri che totalizzino almeno il 65% della popolazione dell'Unione.

La minoranza di blocco deve comprendere almeno quattro membri del Consiglio; in caso contrario la maggioranza qualificata si considera raggiunta.

Le altre modalità che disciplinano il voto a maggioranza qualificata sono stabilite all'articolo 238, paragrafo 2 del trattato sul funzionamento dell'Unione europea.

5. Le disposizioni transitorie relative alla definizione della maggioranza qualificata applicabili fino al 31 ottobre 2014 e quelle applicabili tra il 1° novembre 2014 e il 31 marzo 2017 sono stabilite dal protocollo sulle disposizioni transitorie.

6. Il Consiglio si riunisce in varie formazioni, il cui elenco è adottato conformemente all'articolo 236 del trattato sul funzionamento dell'Unione europea.

Il Consiglio «Affari generali» assicura la coerenza dei lavori delle varie formazioni del Consiglio. Esso prepara le riunioni del Consiglio europeo e ne assicura il seguito in collegamento con il presidente del Consiglio europeo e la Commissione.

Il Consiglio «Affari esteri» elabora l'azione esterna dell'Unione secondo le linee strategiche definite dal Consiglio europeo e assicura la coerenza dell'azione dell'Unione.

7. Un comitato dei rappresentanti permanenti dei governi degli Stati membri è respon-

sabile della preparazione dei lavori del Consiglio.

8. Il Consiglio si riunisce in seduta pubblica quando delibera e vota su un progetto di atto legislativo. A tal fine, ciascuna sessione del Consiglio è suddivisa in due parti dedicate, rispettivamente, alle deliberazioni su atti legislativi dell'Unione e alle attività non legislative.

9. La presidenza delle formazioni del Consiglio, ad eccezione della formazione «Affari esteri», è esercitata dai rappresentanti degli Stati membri nel Consiglio secondo un sistema di rotazione paritaria, alle condizioni stabilite conformemente all'articolo 236 del trattato sul funzionamento dell'Unione europea.

17 1. La Commissione promuove l'interesse generale dell'Unione e adotta le iniziative appropriate a tal fine. Vigila sull'applicazione dei trattati e delle misure adottate dalle istituzioni in virtù dei trattati. Vigila sull'applicazione del diritto dell'Unione sotto il controllo della Corte di giustizia dell'Unione europea. Dà esecuzione al bilancio e gestisce i programmi. Esercita funzioni di coordinamento, di esecuzione e di gestione, alle condizioni stabilite dai trattati. Assicura la rappresentanza esterna dell'Unione, fatta eccezione per la politica estera e di sicurezza comune e per gli altri casi previsti dai trattati. Avvia il processo di programmazione annuale e pluriennale dell'Unione per giungere ad accordi interistituzionali.

2. Un atto legislativo dell'Unione può essere adottato solo su proposta della Commissione, salvo che i trattati non dispongano diversamente. Gli altri atti sono adottati su proposta della Commissione se i trattati lo prevedono.

3. Il mandato della Commissione è di cinque anni.

I membri della Commissione sono scelti in base alla loro competenza generale e al loro impegno europeo e tra personalità che offrono tutte le garanzie di indipendenza.

La Commissione esercita le sue responsabilità in piena indipendenza. Fatto salvo l'articolo 18, paragrafo 2, i membri della Commissione non sollecitano né accettano istruzioni da alcun governo, istituzione, organo o organismo. Essi si astengono da ogni atto incompatibile con le loro funzioni o con l'esecuzione dei loro compiti.

4. La Commissione nominata tra la data di entrata in vigore del trattato di Lisbona e il 31 ottobre 2014 è composta da un cittadino di ciascuno Stato membro, compreso il presidente e l'alto rappresentante dell'Unione per gli affari esteri e la politica di sicurezza, che è uno dei vicepresidenti.

5. A decorrere dal 1° novembre 2014, la Commissione è composta da un numero di membri, compreso il presidente e l'alto rappresentante dell'Unione per gli affari esteri e la politica di sicurezza, corrispondente ai due terzi del numero degli Stati membri, a meno che il Consiglio europeo, deliberando all'unanimità, non decida di modificare tale numero.

I membri della Commissione sono scelti tra i cittadini degli Stati membri in base ad un sistema di rotazione assolutamente paritaria tra gli Stati membri che consenta di riflettere la molteplicità demografica e geografica degli Stati membri. Tale sistema è stabilito all'unanimità dal Consiglio europeo conformemente all'articolo 244 del trattato sul funzionamento dell'Unione europea.

6. Il presidente della Commissione:

a) definisce gli orientamenti nel cui quadro la Commissione esercita i suoi compiti;

b) decide l'organizzazione interna della Commissione per assicurare la coerenza, l'efficacia e la collegialità della sua azione;

c) nomina i vicepresidenti, fatta eccezione per l'alto rappresentante dell'Unione per gli affari esteri e la politica di sicurezza, tra i membri della Commissione.

Un membro della Commissione rassegna le dimissioni se il presidente glielo chiede. L'alto rappresentante dell'Unione per gli affari esteri e la politica di sicurezza rassegna le dimissioni conformemente alla procedura di cui all'articolo 18, paragrafo 1, se il presidente glielo chiede.

7. Tenuto conto delle elezioni del Parlamento europeo e dopo aver effettuato le consultazioni appropriate, il Consiglio europeo, deliberando a maggioranza qualificata, propone al Parlamento europeo un candidato alla carica di presidente della Commissione. Tale candidato è eletto dal Parlamento europeo a maggioranza dei membri che lo compongono. Se il candidato non ottiene la maggioranza, il Consiglio europeo, deliberando a maggioranza qualificata, propone entro un mese un nuovo candidato, che è eletto dal Parlamento europeo secondo la stessa procedura.

Il Consiglio, di comune accordo con il presidente eletto, adotta l'elenco delle altre personalità che propone di nominare membri della Commissione. Dette personalità sono selezionate in base alle proposte presentate dagli Stati membri, conformemente ai criteri di cui al paragrafo 3, secondo comma e al paragrafo 5, secondo comma.

Il presidente, l'alto rappresentante dell'Unione per gli affari esteri e la politica di sicurezza e gli altri membri della Commissione sono soggetti, collettivamente, ad un voto di approvazione del Parlamento europeo. In seguito a tale approvazione la Commissione è nominata dal Consiglio europeo, che delibera a maggioranza qualificata.

8. La Commissione è responsabile collettivamente dinanzi al Parlamento europeo. Il Parlamento europeo può votare una mozione di censura della Commissione secondo le modalità di cui all'articolo 234 del trattato sul funzionamento dell'Unione europea. Se tale mozione è adottata, i membri della Commissione si dimettono collettivamente dalle loro funzioni e l'alto rappresentante dell'Unione per gli affari esteri e la

politica di sicurezza si dimette dalle funzioni che esercita in seno alla Commissione.

18 1. Il Consiglio europeo, deliberando a maggioranza qualificata con l'accordo del presidente della Commissione, nomina l'alto rappresentante dell'Unione per gli affari esteri e la politica di sicurezza. Il Consiglio europeo può porre fine al suo mandato mediante la medesima procedura.

2. L'alto rappresentante guida la politica estera e di sicurezza comune dell'Unione. Contribuisce con le sue proposte all'elaborazione di detta politica e la attua in qualità di mandatario del Consiglio. Egli agisce allo stesso modo per quanto riguarda la politica di sicurezza e di difesa comune.

3. L'alto rappresentante presiede il Consiglio «Affari esteri».

4. L'alto rappresentante è uno dei vicepresidenti della Commissione. Vigila sulla coerenza dell'azione esterna dell'Unione. In seno alla Commissione, è incaricato delle responsabilità che incombono a tale istituzione nel settore delle relazioni esterne e del coordinamento degli altri aspetti dell'azione esterna dell'Unione. Nell'esercizio di queste responsabilità in seno alla Commissione e limitatamente alle stesse, l'alto rappresentante è soggetto alle procedure che regolano il funzionamento della Commissione, per quanto compatibile con i paragrafi 2 e 3.

19 1. La Corte di giustizia dell'Unione europea comprende la Corte di giustizia, il Tribunale e i tribunali specializzati. Assicura il rispetto del diritto nell'interpretazione e nell'applicazione dei trattati.

Gli Stati membri stabiliscono i rimedi giurisdizionali necessari per assicurare una tutela giurisdizionale effettiva nei settori disciplinati dal diritto dell'Unione.

2. La Corte di giustizia è composta da un giudice per Stato membro. È assistita da avvocati generali.

Il Tribunale è composto da almeno un giudice per Stato membro.

I giudici e gli avvocati generali della Corte di giustizia e i giudici del Tribunale sono scelti tra personalità che offrano tutte le garanzie di indipendenza e che soddisfino le condizioni richieste agli articoli 253 e 254 del trattato sul funzionamento dell'Unione europea. Sono nominati di comune accordo dai governi degli Stati membri per sei anni. I giudici e gli avvocati generali uscenti possono essere nuovamente nominati.

3. La Corte di giustizia dell'Unione europea si pronuncia conformemente ai trattati:

a) sui ricorsi presentati da uno Stato membro, da un'istituzione o da una persona fisica o giuridica;

b) in via pregiudiziale, su richiesta delle giurisdizioni nazionali, sull'interpretazione del diritto dell'Unione o sulla validità degli atti adottati dalle istituzioni;

c) negli altri casi previsti dai trattati.

TITOLO IV

DISPOSIZIONI SULLE COOPERAZIONI RAFFORZATE

20 (*ex articoli da 27 A a 27 E, da 40 a 40 B e da 43 a 45 del TUE ed ex articoli da 11 a 11 A del TCE*) 1. Gli Stati membri che intendono instaurare tra loro una cooperazione rafforzata nel quadro delle competenze non esclusive dell'Unione possono far ricorso alle sue istituzioni ed esercitare tali competenze applicando le pertinenti disposizioni dei trattati, nei limiti e con le modalità previsti nel presente articolo e negli articoli da 326 a 334 del trattato sul funzionamento dell'Unione europea.

Le cooperazioni rafforzate sono intese a promuovere la realizzazione degli obiettivi dell'Unione, a proteggere i suoi interessi e a rafforzare il suo processo di integrazione. Sono aperte in qualsiasi momento a tutti gli Stati membri ai sensi dell'articolo 328 del trattato sul funzionamento dell'Unione europea.

2. La decisione che autorizza una cooperazione rafforzata è adottata dal Consiglio in ultima istanza, qualora esso stabilisca che gli obiettivi ricercati da detta cooperazione non possono essere conseguiti entro un termine ragionevole dall'Unione nel suo insieme, e a condizione che vi partecipino almeno nove Stati membri. Il Consiglio delibera secondo la procedura di cui all'articolo 329 del trattato sul funzionamento dell'Unione europea.

3. Tutti i membri del Consiglio possono partecipare alle sue deliberazioni, ma solo i membri del Consiglio che rappresentano gli Stati membri partecipanti ad una cooperazione rafforzata prendono parte al voto. Le modalità di voto sono previste all'articolo 330 del trattato sul funzionamento dell'Unione europea.

4. Gli atti adottati nel quadro di una cooperazione rafforzata vincolano solo gli Stati membri partecipanti. Non sono considerati un acquis che deve essere accettato dagli Stati candidati all'adesione all'Unione.

21-46 *omessi*

TITOLO VI

DISPOSIZIONI FINALI

47 L'Unione ha personalità giuridica.

48 (*ex articolo 48 del TUE*) 1. I trattati possono essere modificati conformemente a una procedura di revisione ordinaria. Possono inoltre essere modificati conformemente a procedure di revisione semplificate.

Procedura di revisione ordinaria

2. Il governo di qualsiasi Stato membro, il Parlamento europeo o la Commissione possono sottoporre al Consiglio progetti intesi a modificare i trattati. Tali progetti possono, tra l'al-

tro, essere intesi ad accrescere o a ridurre le competenze attribuite all'Unione nei trattati. Tali progetti sono trasmessi dal Consiglio al Consiglio europeo e notificati ai parlamenti nazionali.

3. Qualora il Consiglio europeo, previa consultazione del Parlamento europeo e della Commissione, adotti a maggioranza semplice una decisione favorevole all'esame delle modifiche proposte, il presidente del Consiglio europeo convoca una convenzione composta da rappresentanti dei parlamenti nazionali, dei capi di Stato o di governo degli Stati membri, del Parlamento europeo e della Commissione. In caso di modifiche istituzionali nel settore monetario, è consultata anche la Banca centrale europea. La convenzione esamina i progetti di modifica e adotta per consenso una raccomandazione a una conferenza dei rappresentanti dei governi degli Stati membri quale prevista al paragrafo 4.

Il Consiglio europeo può decidere a maggioranza semplice, previa approvazione del Parlamento europeo, di non convocare una convenzione qualora l'entità delle modifiche non lo giustifichi. In questo caso, il Consiglio europeo definisce il mandato per una conferenza dei rappresentanti dei governi degli Stati membri.

4. Una conferenza dei rappresentanti dei governi degli Stati membri è convocata dal presidente del Consiglio allo scopo di stabilire di comune accordo le modifiche da apportare ai trattati.

Le modifiche entrano in vigore dopo essere state ratificate da tutti gli Stati membri conformemente alle rispettive norme costituzionali.

5. Qualora, al termine di un periodo di due anni a decorrere dalla firma di un trattato che modifica i trattati, i quattro quinti degli Stati membri abbiano ratificato detto trattato e uno o più Stati membri abbiano incontrato difficoltà nelle procedure di ratifica, la questione è deferita al Consiglio europeo.

Procedure di revisione semplificate

6. Il governo di qualsiasi Stato membro, il Parlamento europeo o la Commissione possono sottoporre al Consiglio europeo progetti intesi a modificare in tutto o in parte le disposizioni della parte terza del trattato sul funzionamento dell'Unione europea relative alle politiche e azioni interne dell'Unione.

Il Consiglio europeo può adottare una decisione che modifica in tutto o in parte le disposizioni della parte terza del trattato sul funzionamento dell'Unione europea. Il Consiglio europeo delibera all'unanimità previa consultazione del Parlamento europeo, della Commissione e, in caso di modifiche istituzionali nel settore monetario, della Banca centrale europea. Tale decisione entra in vigore solo previa approvazione degli Stati membri conformemente alle rispettive norme costituzionali.

La decisione di cui al secondo comma non può estendere le competenze attribuite all'Unione nei trattati.

7. Quando il trattato sul funzionamento dell'Unione europea o il titolo V del presente trattato prevedono che il Consiglio deliberi all'unanimità in un settore o in un caso determinato, il Consiglio europeo può adottare una decisione che consenta al Consiglio di deliberare a maggioranza qualificata in detto settore o caso. Il presente comma non si applica alle decisioni che hanno implicazioni militari o che rientrano nel settore della difesa.

Quando il trattato sul funzionamento dell'Unione europea prevede che il Consiglio adotti atti legislativi secondo una procedura legislativa speciale, il Consiglio europeo può adottare una decisione che consenta l'adozione di tali atti secondo la procedura legislativa ordinaria.

Ogni iniziativa presa dal Consiglio europeo in base al primo o al secondo comma è trasmessa ai parlamenti nazionali. In caso di opposizione di un parlamento nazionale notificata entro sei mesi dalla data di tale trasmissione, la decisione di cui al primo o al secondo comma non è adottata. In assenza di opposizione, il Consiglio europeo può adottare detta decisione.

Per l'adozione delle decisioni di cui al primo o al secondo comma, il Consiglio europeo delibera all'unanimità previa approvazione del Parlamento europeo, che si pronuncia a maggioranza dei membri che lo compongono.

49 (*ex articolo 49 del TUE*) Ogni Stato europeo che rispetti i valori di cui all'articolo 2 e si impegni a promuoverli può domandare di diventare membro dell'Unione. Il Parlamento europeo e i parlamenti nazionali sono informati di tale domanda. Lo Stato richiedente trasmette la sua domanda al Consiglio, che si pronuncia all'unanimità, previa consultazione della Commissione e previa approvazione del Parlamento europeo, che si pronuncia a maggioranza dei membri che lo compongono. Si tiene conto dei criteri di ammissibilità convenuti dal Consiglio europeo.

Le condizioni per l'ammissione e gli adattamenti dei trattati su cui è fondata l'Unione, da essa determinati, formano l'oggetto di un accordo tra gli Stati membri e lo Stato richiedente. Tale accordo è sottoposto a ratifica da tutti gli Stati contraenti conformemente alle loro rispettive norme costituzionali.

50 1. Ogni Stato membro può decidere, conformemente alle proprie norme costituzionali, di recedere dall'Unione.

2. Lo Stato membro che decide di recedere notifica tale intenzione al Consiglio europeo. Alla luce degli orientamenti formulati dal Consiglio europeo, l'Unione negozia e conclude con tale Stato un accordo volto a definire le modalità del recesso, tenendo conto del quadro delle future relazioni con l'Unione. L'accordo è negoziato conformemente all'articolo 218, paragrafo 3 del trattato sul funzionamento del-

l'Unione europea. Esso è concluso a nome dell'Unione dal Consiglio, che delibera a maggioranza qualificata previa approvazione del Parlamento europeo.

3. I trattati cessano di essere applicabili allo Stato interessato a decorrere dalla data di entrata in vigore dell'accordo di recesso o, in mancanza di tale accordo, due anni dopo la notifica di cui al paragrafo 2, salvo che il Consiglio europeo, d'intesa con lo Stato membro interessato, decida all'unanimità di prorogare tale termine.

4. Ai fini dei paragrafi 2 e 3, il membro del Consiglio europeo e del Consiglio che rappresenta lo Stato membro che recede non partecipa né alle deliberazioni né alle decisioni del Consiglio europeo e del Consiglio che lo riguardano.

Per maggioranza qualificata s'intende quella definita conformemente all'articolo 238, paragrafo 3, lettera b) del trattato sul funzionamento dell'Unione europea.

5. Se lo Stato che ha receduto dall'Unione chiede di aderirvi nuovamente, tale richiesta è oggetto della procedura di cui all'articolo 49.

51 I protocolli e gli allegati ai trattati ne costituiscono parte integrante.

52 1. I trattati si applicano al Regno del Belgio, alla Repubblica di Bulgaria, alla Repubblica ceca, al Regno di Danimarca, alla Repubblica federale di Germania, alla Repubblica di Estonia, all'Irlanda, alla Repubblica ellenica, al Regno di Spagna, alla Repubblica francese, alla Repubblica italiana, alla Repubblica di Cipro, alla Repubblica di Lettonia, alla Repubblica di Lituania, al Granducato del Lussemburgo, alla Repubblica di Ungheria, alla Repubblica di Malta, al Regno dei Paesi Bassi, alla Repubblica d'Austria, alla Repubblica di Polonia, alla Repubblica portoghese, alla Romania, alla Repubblica di Slovenia, alla Repubblica slovacca, alla Repubblica di Finlandia, al Regno di Svezia e al Regno Unito di Gran Bretagna e Irlanda del Nord.

2. Il campo di applicazione territoriale dei trattati è precisato all'articolo 355 del trattato sul funzionamento dell'Unione europea.

53 (*ex articolo 51 del TUE*) Il presente trattato è concluso per una durata illimitata.

54-55 *omessi*

Trattato sul funzionamento dell'Unione europea

PARTE PRIMA

PRINCIPI

1 1. Il presente trattato organizza il funzionamento dell'Unione e determina i settori, la delimitazione e le modalità d'esercizio delle sue competenze.

2. Il presente trattato e il trattato sull'Unione europea costituiscono i trattati su cui è fondata l'Unione. I due trattati, che hanno lo stesso valore giuridico, sono denominati «i trattati».

TITOLO I

CATEGORIE E SETTORI DI COMPETENZA DELL'UNIONE

2 1. Quando i trattati attribuiscono all'Unione una competenza esclusiva in un determinato settore, solo l'Unione può legiferare e adottare atti giuridicamente vincolanti. Gli Stati membri possono farlo autonomamente solo se autorizzati dall'Unione oppure per dare attuazione agli atti dell'Unione.

2. Quando i trattati attribuiscono all'Unione una competenza concorrente con quella degli Stati membri in un determinato settore, l'Unione e gli Stati membri possono legiferare e adottare atti giuridicamente vincolanti in tale settore. Gli Stati membri esercitano la loro competenza nella misura in cui l'Unione non ha esercitato la propria. Gli Stati membri esercitano nuovamente la loro competenza nella misura in cui l'Unione ha deciso di cessare di esercitare la propria.

3. Gli Stati membri coordinano le loro politiche economiche e occupazionali secondo le modalità previste dal presente trattato, la definizione delle quali è di competenza dell'Unione.

4. L'Unione ha competenza, conformemente alle disposizioni del trattato sull'Unione europea, per definire e attuare una politica estera e di sicurezza comune, compresa la definizione progressiva di una politica di difesa comune.

5. In taluni settori e alle condizioni previste dai trattati, l'Unione ha competenza per svolgere azioni intese a sostenere, coordinare o completare l'azione degli Stati membri, senza tuttavia sostituirsi alla loro competenza in tali settori.

Gli atti giuridicamente vincolanti dell'Unione adottati in base a disposizioni dei trattati relative a tali settori non possono comportare un'armonizzazione delle disposizioni legislative e regolamentari degli Stati membri.

6. La portata e le modalità d'esercizio delle competenze dell'Unione sono determinate dalle disposizioni dei trattati relative a ciascun settore.

3 1. L'Unione ha competenza esclusiva nei seguenti settori:

a) unione doganale;

b) definizione delle regole di concorrenza necessarie al funzionamento del mercato interno;

c) politica monetaria per gli Stati membri la cui moneta è l'euro;

d) conservazione delle risorse biologiche del mare nel quadro della politica comune della pesca;

e) politica commerciale comune.

2. L'Unione ha inoltre competenza esclusiva per la conclusione di accordi internazionali allorché tale conclusione è prevista in un atto legislativo dell'Unione o è necessaria per consentirle di esercitare le sue competenze a livello interno o nella misura in cui può incidere su norme comuni o modificarne la portata.

4 1. L'Unione ha competenza concorrente con quella degli Stati membri quando i trattati le attribuiscono una competenza che non rientra nei settori di cui agli articoli 3 e 6.

2. L'Unione ha una competenza concorrente con quella degli Stati membri nei principali seguenti settori:

a) mercato interno;

b) politica sociale, per quanto riguarda gli aspetti definiti nel presente trattato;

c) coesione economica, sociale e territoriale;

d) agricoltura e pesca, tranne la conservazione delle risorse biologiche del mare;

e) ambiente;

f) protezione dei consumatori;

g) trasporti;

h) reti transeuropee;

i) energia;

j) spazio di libertà, sicurezza e giustizia;

k) problemi comuni di sicurezza in materia di sanità pubblica, per quanto riguarda gli aspetti definiti nel presente trattato.

3. Nei settori della ricerca, dello sviluppo tecnologico e dello spazio, l'Unione ha competenza per condurre azioni, in particolare la definizione e l'attuazione di programmi, senza che l'esercizio di tale competenza possa avere per

effetto di impedire agli Stati membri di esercitare la loro.

4. Nei settori della cooperazione allo sviluppo e dell'aiuto umanitario, l'Unione ha competenza per condurre azioni e una politica comune, senza che l'esercizio di tale competenza possa avere per effetto di impedire agli Stati membri di esercitare la loro.

5 1. Gli Stati membri coordinano le loro politiche economiche nell'ambito dell'Unione. A tal fine il Consiglio adotta delle misure, in particolare gli indirizzi di massima per dette politiche.

Agli Stati membri la cui moneta è l'euro si applicano disposizioni specifiche.

2. L'Unione prende misure per assicurare il coordinamento delle politiche occupazionali degli Stati membri, in particolare definendo gli orientamenti per dette politiche.

3. L'Unione può prendere iniziative per assicurare il coordinamento delle politiche sociali degli Stati membri.

6 L'Unione ha competenza per svolgere azioni intese a sostenere, coordinare o completare l'azione degli Stati membri. I settori di tali azioni, nella loro finalità europea, sono i seguenti:

a) tutela e miglioramento della salute umana;

b) industria;

c) cultura;

d) turismo;

e) istruzione, formazione professionale, gioventù e sport;

f) protezione civile;

g) cooperazione amministrativa.

TITOLO II

DISPOSIZIONI DI APPLICAZIONE GENERALE

7 L'Unione assicura la coerenza tra le sue varie politiche e azioni, tenendo conto dell'insieme dei suoi obiettivi e conformandosi al principio di attribuzione delle competenze.

8 (*ex articolo 3, paragrafo 2, del TCE*) Nelle sue azioni l'Unione mira ad eliminare le ineguaglianze, nonché a promuovere la parità, tra uomini e donne.

9 Nella definizione e nell'attuazione delle sue politiche e azioni, l'Unione tiene conto delle esigenze connesse con la promozione di un elevato livello di occupazione, la garanzia di un'adeguata protezione sociale, la lotta contro l'esclusione sociale e un elevato livello di istruzione, formazione e tutela della salute umana.

10 Nella definizione e nell'attuazione delle sue politiche e azioni, l'Unione mira a combattere le discriminazioni fondate sul sesso, la razza o l'origine etnica, la religione o le convinzioni personali, la disabilità, l'età o l'orientamento sessuale.

11 (*ex articolo 6 del TCE*) Le esigenze connesse con la tutela dell'ambiente devono essere integrate nella definizione e nell'attuazione delle politiche e azioni dell'Unione, in particolare nella prospettiva di promuovere lo sviluppo sostenibile.

12 (*ex articolo 153, paragrafo 2, del TCE*) Nella definizione e nell'attuazione di altre politiche o attività dell'Unione sono prese in considerazione le esigenze inerenti alla protezione dei consumatori.

13 Nella formulazione e nell'attuazione delle politiche dell'Unione nei settori dell'agricoltura, della pesca, dei trasporti, del mercato interno, della ricerca e sviluppo tecnologico e dello spazio, l'Unione e gli Stati membri tengono pienamente conto delle esigenze in materia di benessere degli animali in quanto esseri senzienti, rispettando nel contempo le disposizioni legislative o amministrative e le consuetudini degli Stati membri per quanto riguarda, in particolare, i riti religiosi, le tradizioni culturali e il patrimonio regionale.

14 (*ex articolo 16 del TCE*) Fatti salvi l'articolo 4 del trattato sull'Unione europea e gli articoli 93, 106 e 107 del presente trattato, in considerazione dell'importanza dei servizi di interesse economico generale nell'ambito dei valori comuni dell'Unione, nonché del loro ruolo nella promozione della coesione sociale e territoriale, l'Unione e gli Stati membri, secondo le rispettive competenze e nell'ambito del campo di applicazione dei trattati, provvedono affinché tali servizi funzionino in base a principi e condizioni, in particolare economiche e finanziarie, che consentano loro di assolvere i propri compiti. Il Parlamento europeo e il Consiglio, deliberando mediante regolamenti secondo la procedura legislativa ordinaria, stabiliscono tali principi e fissano tali condizioni, fatta salva la competenza degli Stati membri, nel rispetto dei trattati, di fornire, fare eseguire e finanziare tali servizi.

15 (*ex articolo 255 del TCE*) 1. Al fine di promuovere il buon governo e garantire la partecipazione della società civile, le istituzioni, gli organi e gli organismi dell'Unione operano nel modo più trasparente possibile.

2. Il Parlamento europeo si riunisce in seduta pubblica, così come il Consiglio allorché delibera e vota in relazione ad un progetto di atto legislativo.

3. Qualsiasi cittadino dell'Unione e qualsiasi persona fisica o giuridica che risieda o abbia la sede sociale in uno Stato membro ha il diritto di accedere ai documenti delle istituzioni, organi e

organismi dell'Unione, a prescindere dal loro supporto, secondo i principi e alle condizioni da definire a norma del presente paragrafo.

I principi generali e le limitazioni a tutela di interessi pubblici o privati applicabili al diritto di accesso ai documenti sono stabiliti mediante regolamenti dal Parlamento europeo e dal Consiglio, che deliberano secondo la procedura legislativa ordinaria.

Ciascuna istituzione, organo od organismo garantisce la trasparenza dei suoi lavori e definisce nel proprio regolamento interno disposizioni specifiche riguardanti l'accesso ai propri documenti, in conformità dei regolamenti di cui al secondo comma.

La Corte di giustizia dell'Unione europea, la Banca centrale europea e la Banca europea per gli investimenti sono soggette al presente paragrafo soltanto allorché esercitano funzioni amministrative.

Il Parlamento europeo e il Consiglio assicurano la pubblicità dei documenti relativi alle procedure legislative nel rispetto delle condizioni previste dai regolamenti di cui al secondo comma.

16 (*ex articolo 286 del TCE*) 1. Ogni persona ha diritto alla protezione dei dati di carattere personale che la riguardano.

2. Il Parlamento europeo e il Consiglio, deliberando secondo la procedura legislativa ordinaria, stabiliscono le norme relative alla protezione delle persone fisiche con riguardo al trattamento dei dati di carattere personale da parte delle istituzioni, degli organi e degli organismi dell'Unione, nonché da parte degli Stati membri nell'esercizio di attività che rientrano nel campo di applicazione del diritto dell'Unione, e le norme relative alla libera circolazione di tali dati. Il rispetto di tali norme è soggetto al controllo di autorità indipendenti.

Le norme adottate sulla base del presente articolo fanno salve le norme specifiche di cui all'articolo 39 del trattato sull'Unione europea.

17 1. L'Unione rispetta e non pregiudica lo status di cui le chiese e le associazioni o comunità religiose godono negli Stati membri in virtù del diritto nazionale.

2. L'Unione rispetta ugualmente lo status di cui godono, in virtù del diritto nazionale, le organizzazioni filosofiche e non confessionali.

3. Riconoscendone l'identità e il contributo specifico, l'Unione mantiene un dialogo aperto, trasparente e regolare con tali chiese e organizzazioni.

PARTE SECONDA

NON DISCRIMINAZIONE E CITTADINANZA DELL'UNIONE

18 (*ex articolo 12 del TCE*) Nel campo di applicazione dei trattati, e senza pregiudizio delle disposizioni particolari dagli stessi previste, è vietata ogni discriminazione effettuata in base alla nazionalità.

Il Parlamento europeo e il Consiglio, deliberando secondo la procedura legislativa ordinaria, possono stabilire regole volte a vietare tali discriminazioni.

19 (*ex articolo 13 del TCE*) 1. Fatte salve le altre disposizioni dei trattati e nell'ambito delle competenze da essi conferite all'Unione, il Consiglio, deliberando all'unanimità secondo una procedura legislativa speciale e previa approvazione del Parlamento europeo, può prendere i provvedimenti opportuni per combattere le discriminazioni fondate sul sesso, la razza o l'origine etnica, la religione o le convinzioni personali, la disabilità, l'età o l'orientamento sessuale.

2. In deroga al paragrafo 1, il Parlamento europeo e il Consiglio, deliberando secondo la procedura legislativa ordinaria, possono adottare i principi di base delle misure di incentivazione dell'Unione, ad esclusione di qualsiasi armonizzazione delle disposizioni legislative e regolamentari degli Stati membri, destinate ad appoggiare le azioni degli Stati membri volte a contribuire alla realizzazione degli obiettivi di cui al paragrafo 1.

20 (*ex articolo 17 del TCE*) 1. È istituita una cittadinanza dell'Unione. È cittadino dell'Unione chiunque abbia la cittadinanza di uno Stato membro. La cittadinanza dell'Unione si aggiunge alla cittadinanza nazionale e non sostituisce quest'ultima.

2. I cittadini dell'Unione godono dei diritti e sono soggetti ai doveri previsti nei trattati. Essi hanno, tra l'altro:

a) il diritto di circolare e di soggiornare liberamente nel territorio degli Stati membri;

b) il diritto di voto e di eleggibilità alle elezioni del Parlamento europeo e alle elezioni comunali nello Stato membro in cui risiedono, alle stesse condizioni dei cittadini di detto Stato;

c) il diritto di godere, nel territorio di un Paese terzo nel quale lo Stato membro di cui hanno la cittadinanza non è rappresentato, della tutela delle autorità diplomatiche e consolari di qualsiasi Stato membro, alle stesse condizioni dei cittadini di detto Stato;

d) il diritto di presentare petizioni al Parlamento europeo, di ricorrere al Mediatore europeo, di rivolgersi alle istituzioni e agli organi consultivi dell'Unione in una delle lingue dei trattati e di ricevere una risposta nella stessa lingua.Tali diritti sono esercitati secondo le condizioni e i limiti definiti dai trattati e dalle misure adottate in applicazione degli stessi.

21 (*ex articolo 18 del TCE*) 1. Ogni cittadino dell'Unione ha il diritto di circolare e di soggiornare liberamente nel territorio degli Stati membri, fatte salve le limitazioni e le condizioni previste dai trattati e dalle disposizioni adottate in applicazione degli stessi.

2. Quando un'azione dell'Unione risulti necessaria per raggiungere questo obiettivo e salvo che i trattati non abbiano previsto poteri di azione a tal fine, il Parlamento europeo e il Consiglio, deliberando secondo la procedura legislativa ordinaria, possono adottare disposizioni intese a facilitare l'esercizio dei diritti di cui al paragrafo 1.

3. Agli stessi fini enunciati al paragrafo 1 e salvo che i trattati non abbiano previsto poteri di azione a tale scopo, il Consiglio, deliberando secondo una procedura legislativa speciale, può adottare misure relative alla sicurezza sociale o alla protezione sociale. Il Consiglio delibera all'unanimità previa consultazione del Parlamento europeo.

22 (*ex articolo 19 del TCE*) 1. Ogni cittadino dell'Unione residente in uno Stato membro di cui non è cittadino ha il diritto di voto e di eleggibilità alle elezioni comunali nello Stato membro in cui risiede, alle stesse condizioni dei cittadini di detto Stato. Tale diritto sarà esercitato con riserva delle modalità che il Consiglio adotta, deliberando all'unanimità secondo una procedura legislativa speciale e previa consultazione del Parlamento europeo; tali modalità possono comportare disposizioni derogatorie ove problemi specifici di uno Stato membro lo giustifichino.

2. Fatte salve le disposizioni dell'articolo 223, paragrafo 1, e le disposizioni adottate in applicazione di quest'ultimo, ogni cittadino dell'Unione residente in uno Stato membro di cui non è cittadino ha il diritto di voto e di eleggibilità alle elezioni del Parlamento europeo nello Stato membro in cui risiede, alle stesse condizioni dei cittadini di detto Stato. Tale diritto sarà esercitato con riserva delle modalità che il Consiglio adotta, deliberando all'unanimità secondo una procedura legislativa speciale e previa consultazione del Parlamento europeo; tali modalità possono comportare disposizioni derogatorie ove problemi specifici di uno Stato membro lo giustifichino.

23 (*ex articolo 20 del TCE*) Ogni cittadino dell'Unione gode, nel territorio di un Paese terzo nel quale lo Stato membro di cui ha la cittadinanza non è rappresentato, della tutela da parte delle autorità diplomatiche e consolari di qualsiasi Stato membro, alle stesse condizioni dei cittadini di detto Stato. Gli Stati membri adottano le disposizioni necessarie e avviano i negoziati internazionali richiesti per garantire detta tutela.

Il Consiglio, deliberando secondo una procedura legislativa speciale e previa consultazione del Parlamento europeo, può adottare direttive che stabiliscono le misure di coordinamento e cooperazione necessarie per facilitare tale tutela.

24 (*ex articolo 21 del TCE*) Il Parlamento europeo e il Consiglio, deliberando mediante regolamenti secondo la procedura legislativa ordinaria, adottano le disposizioni relative alle procedure e alle condizioni necessarie per la presentazione di un'iniziativa dei cittadini ai sensi dell'articolo 11 del trattato sull'Unione europea, incluso il numero minimo di Stati membri da cui i cittadini che la presentano devono provenire.

Ogni cittadino dell'Unione ha il diritto di petizione dinanzi al Parlamento europeo conformemente all'articolo 227.

Ogni cittadino dell'Unione può rivolgersi al Mediatore istituito conformemente all'articolo 228.

Ogni cittadino dell'Unione può scrivere alle istituzioni, agli organi o agli organismi di cui al presente articolo o all'articolo 13 del trattato sull'Unione europea in una delle lingue menzionate all'articolo 55, paragrafo 1, di tale trattato e ricevere una risposta nella stessa lingua.

25 (*ex articolo 22 del TCE*) La Commissione presenta una relazione al Parlamento europeo, al Consiglio e al Comitato economico e sociale, ogni tre anni, in merito all'applicazione delle disposizioni della presente parte. Tale relazione tiene conto dello sviluppo dell'Unione.

Su questa base, lasciando impregiudicate le altre disposizioni dei trattati, il Consiglio, deliberando all'unanimità secondo una procedura legislativa speciale e previa approvazione del Parlamento europeo, può adottare disposizioni intese a completare i diritti elencati all'articolo 20, paragrafo 2. Tali disposizioni entrano in vigore previa approvazione degli Stati membri, conformemente alle rispettive norme costituzionali.

PARTE TERZA

POLITICHE DELL'UNIONE E AZIONI INTERNE

TITOLO I

MERCATO INTERNO

26 (*ex articolo 14 del TCE*) 1. L'Unione adotta le misure destinate all'instaurazione o al funzionamento del mercato interno, conformemente alle disposizioni pertinenti dei trattati.

2. Il mercato interno comporta uno spazio senza frontiere interne, nel quale è assicurata la libera circolazione delle merci, delle persone, dei servizi e dei capitali secondo le disposizioni dei trattati.

3. Il Consiglio, su proposta della Commissione, definisce gli orientamenti e le condizioni necessari per garantire un progresso equilibrato nell'insieme dei settori considerati.

27 (*ex articolo 15 del TCE*) Nella formulazione delle proprie proposte intese a realizzare gli obiettivi dell'articolo 26, la Commissione tiene conto dell'ampiezza dello sforzo che dovrà essere sopportato, per l'instaurazione del mercato interno, da talune economie che presentano differenze di sviluppo e può proporre le disposizioni appropriate.

Se queste disposizioni assumono la forma di deroghe, esse debbono avere un carattere temporaneo ed arrecare meno perturbazioni possibili al funzionamento del mercato interno.

TITOLO II

LIBERA CIRCOLAZIONE DELLE MERCI

28 (*ex articolo 23 del TCE*) 1. L'Unione comprende un'unione doganale che si estende al complesso degli scambi di merci e comporta il divieto, fra gli Stati membri, dei dazi doganali all'importazione e all'esportazione e di qualsiasi tassa di effetto equivalente, come pure l'adozione di una tariffa doganale comune nei loro rapporti con i Paesi terzi.

2. Le disposizioni dell'articolo 30 e del capo 32 del presente titolo si applicano ai prodotti originari degli Stati membri e ai prodotti provenienti da Paesi terzi che si trovano in libera pratica negli Stati membri.

29 (*ex articolo 24 del TCE*) Sono considerati in libera pratica in uno Stato membro i prodotti provenienti da Paesi terzi per i quali siano state adempiute in tale Stato le formalità di importazione e riscossi i dazi doganali e le tasse di effetto equivalente esigibili e che non abbiano beneficiato di un ristorno totale o parziale di tali dazi e tasse.

30-44 *omessi*

TITOLO IV

LIBERA CIRCOLAZIONE DELLE PERSONE, DEI SERVIZI E DEI CAPITALI

CAPO I

I lavoratori

45 (*ex articolo 39 del TCE*) 1. La libera circolazione dei lavoratori all'interno dell'Unione è assicurata.

2. Essa implica l'abolizione di qualsiasi discriminazione, fondata sulla nazionalità, tra i lavoratori degli Stati membri, per quanto riguarda l'impiego, la retribuzione e le altre condizioni di lavoro.

3. Fatte salve le limitazioni giustificate da motivi di ordine pubblico, pubblica sicurezza e sanità pubblica, essa importa il diritto:

a) di rispondere a offerte di lavoro effettive;

b) di spostarsi liberamente a tal fine nel territorio degli Stati membri;

c) di prendere dimora in uno degli Stati membri al fine di svolgervi un'attività di lavoro, conformemente alle disposizioni legislative, regolamentari e amministrative che disciplinano l'occupazione dei lavoratori nazionali;

d) di rimanere, a condizioni che costituiranno l'oggetto di regolamenti stabiliti dalla Commissione, sul territorio di uno Stato membro, dopo aver occupato un impiego.

4. Le disposizioni del presente articolo non sono applicabili agli impieghi nella pubblica amministrazione.

46 (*ex articolo 40 del TCE*) Il Parlamento europeo e il Consiglio, deliberando secondo la procedura legislativa ordinaria e previa consultazione del Comitato economico e sociale stabiliscono, mediante direttive o regolamenti, le misure necessarie per attuare la libera circolazione dei lavoratori, quale è definita dall'articolo 45, in particolare:

a) assicurando una stretta collaborazione tra le amministrazioni nazionali del lavoro;

b) eliminando quelle procedure e pratiche amministrative, come anche i termini per l'accesso agli impieghi disponibili, contemplati dalla legislazione interna ovvero da accordi conclusi in precedenza tra gli Stati membri, il cui mantenimento sarebbe di ostacolo alla liberalizzazione dei movimenti dei lavoratori;

c) abolendo tutti i termini e le altre restrizioni previste dalle legislazioni interne ovvero da accordi conclusi in precedenza tra gli Stati membri, che impongano ai lavoratori degli altri Stati membri, in ordine alla libera scelta di un lavoro, condizioni diverse da quelle stabilite per i lavoratori nazionali;

d) istituendo meccanismi idonei a mettere in contatto le offerte e le domande di lavoro e a facilitarne l'equilibrio a condizioni che evitino di compromettere gravemente il tenore di vita e il livello dell'occupazione nelle diverse regioni e industrie.

47 (*ex articolo 41 del TCE*) Gli Stati membri favoriscono, nel quadro di un programma comune, gli scambi di giovani lavoratori.

48 (*ex articolo 42 del TCE*) Il Parlamento europeo e il Consiglio, deliberando secondo la procedura legislativa ordinaria, adottano in materia di sicurezza sociale le misure necessarie per l'instaurazione della libera circolazione dei lavoratori, attuando in particolare un sistema che consenta di assicurare ai lavoratori migranti dipendenti e autonomi e ai loro aventi diritto:

a) il cumulo di tutti i periodi presi in considerazione dalle varie legislazioni nazionali, sia per il sorgere e la conservazione del diritto alle prestazioni sia per il calcolo di queste;

b) il pagamento delle prestazioni alle persone residenti nei territori degli Stati membri.

Qualora un membro del Consiglio dichiari che un progetto di atto legislativo di cui al primo comma lede aspetti importanti del suo sistema di sicurezza sociale, in particolare per quanto riguarda il campo di applicazione, i costi o la struttura finanziaria, oppure ne altera l'equilibrio finanziario, può chiedere che il Consiglio europeo sia investito della questione. In tal caso la procedura legislativa ordinaria è sospesa. Previa discussione ed entro quattro mesi da tale sospensione, il Consiglio europeo:

a) rinvia il progetto al Consiglio, il che pone fine alla sospensione della procedura legislativa ordinaria; oppure

b) non agisce o chiede alla Commissione di presentare una nuova proposta; in tal caso l'atto inizialmente proposto si considera non adottato.

CAPO II

Il diritto di stabilimento

49 (*ex articolo 43 del TCE*) Nel quadro delle disposizioni che seguono, le restrizioni alla libertà di stabilimento dei cittadini di uno Stato membro nel territorio di un altro Stato membro vengono vietate. Tale divieto si estende altresì alle restrizioni relative all'apertura di agenzie, succursali o filiali, da parte dei cittadini di uno Stato membro stabiliti sul territorio di un altro Stato membro.

La libertà di stabilimento importa l'accesso alle attività autonome e al loro esercizio, nonché la costituzione e la gestione di imprese e in particolare di società ai sensi dell'articolo 54, secondo comma, alle condizioni definite dalla legislazione del Paese di stabilimento nei confronti dei propri cittadini, fatte salve le disposizioni del capo relativo ai capitali.

50 (*ex articolo 44 del TCE*) 1. Per realizzare la libertà di stabilimento in una determinata attività, il Parlamento europeo e il Consiglio deliberano mediante direttive secondo la procedura legislativa ordinaria, previa consultazione del Comitato economico e sociale.

2. Il Parlamento europeo, il Consiglio e la Commissione esercitano le funzioni loro attribuite in virtù delle disposizioni che precedono, in particolare:

a) trattando, in generale, con precedenza le attività per le quali la libertà di stabilimento costituisce un contributo particolarmente utile all'incremento della produzione e degli scambi;

b) assicurando una stretta collaborazione tra le amministrazioni nazionali competenti al fine di conoscere le situazioni particolari all'interno dell'Unione delle diverse attività interessate;

c) sopprimendo quelle procedure e pratiche amministrative contemplate dalla legislazione interna ovvero da accordi precedentemente conclusi tra gli Stati membri, il cui mantenimento sarebbe di ostacolo alla libertà di stabilimento;

d) vigilando a che i lavoratori dipendenti di uno degli Stati membri, occupati nel territorio di un altro Stato membro, possano quivi rimanere per intraprendere un'attività autonoma, quando soddisfino alle condizioni che sarebbero loro richieste se entrassero in quello Stato nel momento in cui desiderano accedere all'attività di cui trattasi;

e) rendendo possibile l'acquisto e lo sfruttamento di proprietà fondiarie situate nel territorio di uno Stato membro da parte di un cittadino di un altro Stato membro, sempre che non siano lesi i principi stabiliti dall'articolo 39, paragrafo 2;

f) applicando la graduale soppressione delle restrizioni relative alla libertà di stabilimento in ogni ramo di attività considerato, da una parte alle condizioni per l'apertura di agenzie, succursali o filiali sul territorio di uno Stato membro e dall'altra alle condizioni di ammissione del personale della sede principale negli organi di gestione o di controllo di queste ultime;

g) coordinando, nella necessaria misura e al fine di renderle equivalenti, le garanzie che sono richieste, negli Stati membri, alle società a mente dell'articolo 54, secondo comma per proteggere gli interessi tanto dei soci come dei terzi;

h) accertandosi che le condizioni di stabilimento non vengano alterate mediante aiuti concessi dagli Stati membri.

51 (*ex articolo 45 del TCE*) Sono escluse dall'applicazione delle disposizioni del presente capo, per quanto riguarda lo Stato membro interessato, le attività che in tale Stato partecipino, sia pure occasionalmente, all'esercizio dei pubblici poteri.

Il Parlamento europeo e il Consiglio, deliberando secondo la procedura legislativa ordinaria, possono escludere talune attività dall'applicazione delle disposizioni del presente capo.

52 (*ex articolo 46 del TCE*) 1. Le prescrizioni del presente capo e le misure adottate in virtù di queste ultime lasciano impregiudicata l'applicabilità delle disposizioni legislative, regolamentari e amministrative che prevedano un regime particolare per i cittadini stranieri e che siano giustificate da motivi di ordine pubblico, di pubblica sicurezza e di sanità pubblica.

2. Il Parlamento europeo e il Consiglio, deliberando secondo la procedura legislativa ordinaria, stabiliscono direttive per il coordinamento delle suddette disposizioni.

53 (*ex articolo 47 del TCE*) 1. Al fine di agevolare l'accesso alle attività autonome e l'esercizio di queste, il Parlamento europeo e il Consiglio, deliberando secondo la procedura legislativa ordinaria, stabiliscono direttive intese al reciproco riconoscimento dei diplomi, certificati ed altri titoli e al coordinamento delle disposizioni legislative, regolamentari e amministrative degli Stati membri relative all'accesso alle attività autonome e all'esercizio di queste.

2. Per quanto riguarda le professioni mediche, paramediche e farmaceutiche, la graduale soppressione delle restrizioni è subordinata al coordinamento delle condizioni richieste per il loro esercizio nei singoli Stati membri.

54 (*ex articolo 48 del TCE*) Le società costituite conformemente alla legislazione di uno Stato membro e aventi la sede sociale, l'amministrazione centrale o il centro di attività principale all'interno dell'Unione, sono equiparate, ai fini dell'applicazione delle disposizioni del presente capo, alle persone fisiche aventi la cittadinanza degli Stati membri.

Per società si intendono le società di diritto civile o di diritto commerciale, ivi comprese le società cooperative, e le altre persone giuridiche contemplate dal diritto pubblico o privato, ad eccezione delle società che non si prefiggono scopi di lucro.

55 (*ex articolo 294 del TCE*) Fatta salva l'applicazione delle altre disposizioni dei trattati, gli Stati membri applicano la disciplina nazionale nei confronti della partecipazione finanziaria dei cittadini degli altri Stati membri al capitale delle società a mente dell'articolo 54.

CAPO III

I servizi

56 (*ex articolo 49 del TCE*) Nel quadro delle disposizioni seguenti, le restrizioni alla libera prestazione dei servizi all'interno dell'Unione sono vietate nei confronti dei cittadini degli Stati membri stabiliti in uno Stato membro che non sia quello del destinatario della prestazione.

Il Parlamento europeo e il Consiglio, deliberando secondo la procedura legislativa ordinaria, possono estendere il beneficio delle disposizioni del presente capo ai prestatori di servizi, cittadini di un Paese terzo e stabiliti all'interno dell'Unione.

57 (*ex articolo 50 del TCE*) Ai sensi dei trattati, sono considerate come servizi le prestazioni fornite normalmente dietro retribuzione, in quanto non siano regolate dalle disposizioni relative alla libera circolazione delle merci, dei capitali e delle persone.

I servizi comprendono in particolare:

a) attività di carattere industriale;
b) attività di carattere commerciale;
c) attività artigiane;
d) attività delle libere professioni.

Senza pregiudizio delle disposizioni del capo relativo al diritto di stabilimento, il prestatore può, per l'esecuzione della sua prestazione, esercitare, a titolo temporaneo, la sua attività nello Stato membro ove la prestazione è fornita, alle stesse condizioni imposte da tale Stato ai propri cittadini.

58 (*ex articolo 51 del TCE*) 1. La libera circolazione dei servizi, in materia di trasporti, è regolata dalle disposizioni del titolo relativo ai trasporti.

2. La liberalizzazione dei servizi delle banche e delle assicurazioni che sono vincolati a movimenti di capitale deve essere attuata in armonia con la liberalizzazione della circolazione dei capitali.

59 (*ex articolo 52 del TCE*) 1. Per realizzare la liberalizzazione di un determinato servizio, il Parlamento europeo e il Consiglio, deliberando secondo la procedura legislativa ordinaria e previa consultazione del Comitato economico e sociale, stabiliscono direttive.

2. Nelle direttive di cui al paragrafo 1 sono in generale considerati con priorità i servizi che intervengono in modo diretto nei costi di produzione, ovvero la cui liberalizzazione contribuisce a facilitare gli scambi di merci.

60 (*ex articolo 53 del TCE*) Gli Stati membri si sforzano di procedere alla liberalizzazione dei servizi in misura superiore a quella obbligatoria in virtù delle direttive stabilite in applicazione dell'articolo 59, paragrafo 1, quando ciò sia loro consentito dalla situazione economica generale e dalla situazione del settore interessato.

La Commissione rivolge a tal fine raccomandazioni agli Stati membri interessati.

61 (*ex articolo 54 del TCE*) Fino a quando non saranno soppresse le restrizioni alla libera prestazione dei servizi, ciascuno degli Stati membri le applica senza distinzione di nazionalità o di residenza a tutti i prestatori di servizi contemplati dall'articolo 56, primo comma.

62 (*ex articolo 55 del TCE*) Le disposizioni degli articoli da 51 a 54 inclusi sono applicabili alla materia regolata dal presente capo.

CAPO IV

Capitali e pagamenti

63 (*ex articolo 56 del TCE*) 1. Nell'ambito delle disposizioni previste dal presente capo sono vietate tutte le restrizioni ai movimenti di capitali tra Stati membri, nonché tra Stati membri e paesi terzi.

2. Nell'ambito delle disposizioni previste dal presente capo sono vietate tutte le restrizioni

sui pagamenti tra Stati membri, nonché tra Stati membri e paesi terzi.

64-65 *omessi*

66 (*ex articolo 59 del TCE*) Qualora, in circostanze eccezionali, i movimenti di capitali provenienti da paesi terzi o ad essi diretti causino o minaccino di causare difficoltà gravi per il funzionamento dell'Unione economica e monetaria, il Consiglio, su proposta della Commissione e previa consultazione della Banca centrale europea, può prendere nei confronti di paesi terzi, e se strettamente necessarie, misure di salvaguardia di durata limitata, per un periodo non superiore a sei mesi.

67-222 *omessi*

PARTE SESTA

DISPOSIZIONI ISTITUZIONALI E FINANZIARIE

TITOLO I

DISPOSIZIONI ISTITUZIONALI

CAPO I

Le istituzioni

SEZIONE I

Il Parlamento europeo

223 (*ex articolo 190, paragrafi 4 e 5 del TCE*) 1. Il Parlamento europeo elabora un progetto volto a stabilire le disposizioni necessarie per permettere l'elezione dei suoi membri a suffragio universale diretto, secondo una procedura uniforme in tutti gli Stati membri o secondo principi comuni a tutti gli Stati membri.

Il Consiglio, deliberando all'unanimità secondo una procedura legislativa speciale e previa approvazione del Parlamento europeo che si pronuncia alla maggioranza dei membri che lo compongono, stabilisce le disposizioni necessarie. Tali disposizioni entrano in vigore previa approvazione degli Stati membri conformemente alle rispettive norme costituzionali.

2. Previo parere della Commissione e con l'approvazione del Consiglio, il Parlamento europeo, di sua iniziativa, deliberando mediante regolamenti secondo una procedura legislativa speciale, stabilisce lo statuto e le condizioni generali per l'esercizio delle funzioni dei suoi membri. Per le norme o le condizioni relative al regime fiscale dei membri o ex membri è richiesta l'unanimità in sede di Consiglio.

224 (*ex articolo 191, secondo comma, del TCE*) Il Parlamento europeo e il Consiglio, deliberando mediante regolamenti secondo la procedura legislativa ordinaria, determinano lo statuto dei partiti politici a livello europeo di cui all'articolo 10, paragrafo 4 del trattato sull'Unione europea, in particolare le norme relative al loro finanziamento.

225 (*ex articolo 192, secondo comma, del TCE*) A maggioranza dei membri che lo compongono, il Parlamento europeo può chiedere alla Commissione di presentare adeguate proposte sulle questioni per le quali reputa necessaria l'elaborazione di un atto dell'Unione ai fini dell'attuazione dei trattati. Se la Commissione non presenta una proposta, essa ne comunica le motivazioni al Parlamento europeo.

226 (*ex articolo 193 del TCE*) Nell'ambito delle sue funzioni, il Parlamento europeo, su richiesta di un quarto dei membri che lo compongono, può costituire una commissione temporanea d'inchiesta incaricata di esaminare, fatti salvi i poteri conferiti dai trattati ad altre istituzioni o ad altri organi, le denunce di infrazione o di cattiva amministrazione nell'applicazione del diritto dell'Unione, salvo quando i fatti di cui trattasi siano pendenti dinanzi ad una giurisdizione e fino all'espletamento della procedura giudiziaria.

La commissione temporanea d'inchiesta cessa di esistere con il deposito della sua relazione.

Previa approvazione del Consiglio e della Commissione, il Parlamento europeo, di sua iniziativa, deliberando mediante regolamenti secondo una procedura legislativa speciale, fissa le modalità per l'esercizio del diritto d'inchiesta.

227 (*ex articolo 194 del TCE*) Qualsiasi cittadino dell'Unione, nonché ogni persona fisica o giuridica che risieda o abbia la sede sociale in uno Stato membro, ha il diritto di presentare, individualmente o in associazione con altri cittadini o persone, una petizione al Parlamento europeo su una materia che rientra nel campo di attività dell'Unione e che lo (la) concerne direttamente.

228 (*ex articolo 195 del TCE*) 1. Un mediatore europeo, eletto dal Parlamento europeo, è abilitato a ricevere le denunce di qualsiasi cittadino dell'Unione o di qualsiasi persona fisica o giuridica che risieda o abbia la sede sociale in uno Stato membro, e riguardanti casi di cattiva amministrazione nell'azione delle istituzioni, degli organi o degli organismi dell'Unione, salvo la Corte di giustizia dell'Unione europea nell'esercizio delle sue funzioni giurisdizionali. Egli istruisce tali denunce e riferisce al riguardo.

Conformemente alla sua missione, il Mediatore, di propria iniziativa o in base alle denunce che gli sono state presentate direttamente o tramite un membro del Parlamento europeo, procede alle indagini che ritiene giustificate, tranne quando i fatti in questione formino o abbiano formato oggetto di una procedura giudiziaria. Qualora il Mediatore constati un caso di cattiva amministrazione, egli ne investe l'istituzione interessata, che dispone di tre mesi per comunicargli il suo parere. Il Mediatore trasmette poi una relazione al Parlamento europeo e all'istituzione, all'organo o all'organismo interessati. La persona che ha sporto denuncia viene informata del risultato dell'indagine.

Ogni anno il Mediatore presenta una relazione al Parlamento europeo sui risultati delle sue indagini.

2. Il Mediatore è eletto dopo ogni elezione del Parlamento europeo per la durata della legislatura. Il suo mandato è rinnovabile.

Il Mediatore può essere dichiarato dimissionario dalla Corte di giustizia, su richiesta del Parlamento europeo, qualora non risponda più alle condizioni necessarie all'esercizio delle sue funzioni o abbia commesso una colpa grave.

3. Il Mediatore esercita le sue funzioni in piena indipendenza. Nell'adempimento dei suoi doveri, egli non sollecita né accetta istruzioni da alcun Governo, istituzione, organo o organismo. Per tutta la durata del suo mandato, il Mediatore non può esercitare alcuna altra attività professionale, remunerata o meno.

4. Previo parere della Commissione e con l'approvazione del Consiglio, il Parlamento europeo, di sua iniziativa, deliberando mediante regolamenti secondo una procedura legislativa speciale, fissa lo statuto e le condizioni generali per l'esercizio delle funzioni del Mediatore.

229 (*ex articolo 196 del TCE*) Il Parlamento europeo tiene una sessione annuale. Esso si riunisce di diritto il secondo martedì del mese di marzo.

Il Parlamento europeo può riunirsi in tornata a richiesta della maggioranza dei membri che lo compongono, del Consiglio o della Commissione.

230 (*ex articolo 197, secondo, terzo e quarto comma, del TCE*) La Commissione può assistere a tutte le sedute ed essere ascoltata a sua richiesta.

La Commissione risponde oralmente o per iscritto alle interrogazioni che le sono presentate dal Parlamento europeo o dai membri di questo.

Il Consiglio europeo e il Consiglio sono ascoltati dal Parlamento europeo, secondo le modalità previste dal regolamento interno del Consiglio europeo e da quello del Consiglio.

231 (*ex articolo 198 del TCE*) Salvo contrarie disposizioni dei trattati, il Parlamento europeo delibera a maggioranza dei suffragi espressi.

Il regolamento interno fissa il numero legale.

232 (*ex articolo 199 del TCE*) Il Parlamento europeo stabilisce il proprio regolamento interno a maggioranza dei membri che lo compongono.

Gli atti del Parlamento europeo sono pubblicati conformemente alle condizioni previste dai trattati e da detto regolamento.

233 (*ex articolo 200 del TCE*) Il Parlamento europeo, in seduta pubblica, procede all'esame della relazione generale annuale, che gli è sottoposta dalla Commissione.

234 (*ex articolo 201 del TCE*) Il Parlamento europeo, cui sia presentata una mozione di censura sull'operato della Commissione, non può pronunciarsi su tale mozione prima che siano trascorsi almeno tre giorni dal suo deposito e con scrutinio pubblico.

Se la mozione di censura è approvata a maggioranza di due terzi dei voti espressi e a maggioranza dei membri che compongono il Parlamento europeo, i membri della Commissione si dimettono collettivamente dalle loro funzioni e l'alto rappresentante dell'Unione per gli affari esteri e la politica di sicurezza si dimette dalle funzioni che esercita in seno alla Commissione. Essi rimangono in carica e continuano a curare gli affari di ordinaria amministrazione fino alla loro sostituzione conformemente all'articolo 17 del trattato sull'Unione europea. In questo caso, il mandato dei membri della Commissione nominati per sostituirli scade alla data in cui sarebbe scaduto il mandato dei membri della Commissione costretti a dimettersi collettivamente dalle loro funzioni.

SEZIONE II

Il Consiglio europeo

235 1. In caso di votazione, ciascun membro del Consiglio europeo può ricevere delega da uno solo degli altri membri.

L'articolo 16, paragrafo 4 del trattato sull'Unione europea e l'articolo 238, paragrafo 2 del presente trattato si applicano al Consiglio europeo allorché delibera a maggioranza qualificata. Allorché il Consiglio europeo delibera mediante votazione, il presidente e il presidente della Commissione non partecipano al voto.

L'astensione di membri presenti o rappresentati non osta all'adozione delle deliberazioni del Consiglio europeo per le quali è richiesta l'unanimità.

2. Il presidente del Parlamento europeo può essere invitato per essere ascoltato dal Consiglio europeo.

3. Il Consiglio europeo delibera a maggioranza semplice in merito alle questioni procedurali e per l'adozione del suo regolamento interno.

4. Il Consiglio europeo è assistito dal segretariato generale del Consiglio.

236 Il Consiglio europeo adotta a maggioranza qualificata:

a) una decisione che stabilisce l'elenco delle formazioni del Consiglio, eccettuate quella «Affari generali» e quella «Affari esteri», conformemente all'articolo 16, paragrafo 6 del trattato sull'Unione europea;

b) una decisione sulla presidenza delle formazioni del Consiglio, eccettuata quella «Affari esteri», conformemente all'articolo 16, paragrafo 9 del trattato sull'Unione europea.

SEZIONE III

Il Consiglio

237 (*ex articolo 204 del TCE*) Il Consiglio si riunisce su convocazione del suo presidente, per iniziativa di questi, di uno dei suoi membri o della Commissione.

238 (*ex articolo 205, paragrafi 1 e 2, del TCE*) 1. Per le deliberazioni che richiedono la maggioranza semplice, il Consiglio delibera alla maggioranza dei membri che lo compongono.

2. In deroga all'articolo 16, paragrafo 4 del trattato sull'Unione europea, a decorrere dal 1° novembre 2014 e fatte salve le disposizioni stabilite dal protocollo sulle disposizioni transitorie, quando il Consiglio non delibera su proposta della Commissione o dell'alto rappresentante dell'Unione per gli affari esteri e la politica di sicurezza, per maggioranza qualificata si intende almeno il 72% dei membri del Consiglio rappresentanti Stati membri che totalizzino almeno il 65% della popolazione dell'Unione.

3. A decorrere dal 1° novembre 2014 e fatte salve le disposizioni stabilite dal protocollo sulle disposizioni transitorie, nei casi in cui, a norma dei trattati, non tutti i membri del Consiglio partecipano alla votazione, per maggioranza qualificata si intende quanto segue:

a) per maggioranza qualificata si intende almeno il 55% dei membri del Consiglio rappresentanti gli Stati membri partecipanti che totalizzino almeno il 65% della popolazione di tali Stati.La minoranza di blocco deve comprendere almeno il numero minimo di membri del Consiglio che rappresentano oltre il 35% della popolazione degli Stati membri partecipanti, più un altro membro; in caso contrario la maggioranza qualificata si considera raggiunta;

b) in deroga alla lettera a), quando il Consiglio non delibera su proposta della Commissione o dell'alto rappresentante dell'Unione per gli affari esteri e la politica di sicurezza, per maggioranza qualificata si intende almeno il 72% dei membri del Consiglio rappresentanti gli Stati membri partecipanti, che totalizzino almeno il 65% della popolazione di tali Stati.

4. Le astensioni dei membri presenti o rappresentati non ostano all'adozione delle deliberazioni del Consiglio per le quali è richiesta l'unanimità.

239 (*ex articolo 206 del TCE*) In caso di votazione, ciascun membro del Consiglio può ricevere delega da uno solo degli altri membri.

240 (*ex articolo 207 del TCE*) 1. Un comitato costituito dai rappresentanti permanenti dei Governi degli Stati membri è responsabile della preparazione dei lavori del Consiglio e dell'esecuzione dei compiti che quest'ultimo gli assegna. Il comitato può adottare decisioni di procedura nei casi previsti dal regolamento interno del Consiglio.

2. Il Consiglio è assistito dal segretariato generale, sotto la responsabilità di un segretario generale nominato dal Consiglio.

Il Consiglio decide a maggioranza semplice in merito all'organizzazione del segretariato generale.

3. Il Consiglio delibera a maggioranza semplice in merito alle questioni procedurali e per l'adozione del suo regolamento interno.

241 (*ex articolo 208 del TCE*) Il Consiglio, deliberando a maggioranza semplice, può chiedere alla Commissione di procedere a tutti gli studi che esso ritiene opportuni ai fini del raggiungimento degli obiettivi comuni e di sottoporgli tutte le proposte del caso. Se la Commissione non presenta una proposta, ne comunica le motivazioni al Consiglio.

242 (*ex articolo 209 del TCE*) Il Consiglio deliberando a maggioranza semplice, stabilisce, previa consultazione della Commissione, lo statuto dei comitati previsti dai trattati.

243 (*ex articolo 210 del TCE*) Il Consiglio fissa gli stipendi, indennità e pensioni del presidente del Consiglio europeo, del presidente della Commissione, dell'alto rappresentante dell'Unione per gli affari esteri e la politica di sicurezza, dei membri della Commissione, dei presidenti, dei membri e dei cancellieri della Corte di giustizia dell'Unione europea, nonché del segretario generale del Consiglio. Esso fissa altresì tutte le indennità sostitutive di retribuzione.

SEZIONE IV

La Commissione

244 A norma dell'articolo 17, paragrafo 5 del trattato sull'Unione europea i membri della Commissione sono scelti in base ad un sistema di rotazione stabilito all'unanimità dal Consiglio europeo secondo i principi seguenti:

a) gli Stati membri sono trattati su un piano di assoluta parità per quanto concerne la determinazione dell'avvicendamento e del periodo di permanenza dei loro cittadini in seno alla

Commissione; pertanto lo scarto tra il numero totale dei mandati detenuti da cittadini di due Stati membri non può mai essere superiore a uno;

b) fatta salva la lettera a), ciascuna delle Commissioni successive è costituita in modo da riflettere in maniera soddisfacente la molteplicità demografica e geografica degli Stati membri.

245 (*ex articolo 213 del TCE*) I membri della Commissione si astengono da ogni atto incompatibile con il carattere delle loro funzioni. Gli Stati membri rispettano la loro indipendenza e non cercano di influenzarli nell'adempimento dei loro compiti.

I membri della Commissione non possono, per la durata delle loro funzioni, esercitare alcun'altra attività professionale, rimunerata o meno. Fin dal loro insediamento, essi assumono l'impegno solenne di rispettare, per la durata delle loro funzioni e dopo la cessazione di queste, gli obblighi derivanti dalla loro carica, ed in particolare i doveri di onestà e delicatezza per quanto riguarda l'accettare, dopo tale cessazione, determinate funzioni o vantaggi. In caso di violazione degli obblighi stessi, la Corte di giustizia, su istanza del Consiglio, che delibera a maggioranza semplice, o della Commissione, può, a seconda dei casi, pronunciare le dimissioni d'ufficio alle condizioni previste dall'articolo 247 ovvero la decadenza dal diritto a pensione dell'interessato o da altri vantaggi sostitutivi.

246 (*ex articolo 215 del TCE*) A parte i rinnovi regolari e i decessi, le funzioni dei membri della Commissione cessano individualmente per dimissioni volontarie o d'ufficio.

Il posto divenuto vacante a seguito di dimissioni volontarie o d'ufficio o di decesso è coperto, per la restante durata del mandato del membro, da un nuovo membro della stessa nazionalità, nominato dal Consiglio di comune accordo col presidente della Commissione, previa consultazione del Parlamento europeo e in conformità dei criteri di cui all'articolo 17, paragrafo 3, secondo comma del trattato sull'Unione europea.

Il Consiglio, deliberando all'unanimità su proposta del presidente della Commissione, può decidere che tale posto divenuto vacante non deve essere coperto, in particolare se la restante durata del mandato è breve.

In caso di dimissioni volontarie, di dimissioni d'ufficio o di decesso, il presidente è sostituito per la restante durata del suo mandato. Per la sua sostituzione si applica la procedura prevista dall'articolo 17, paragrafo 7, primo comma del trattato sull'Unione europea.

In caso di dimissioni volontarie o d'ufficio o di decesso, l'alto rappresentante dell'Unione per gli affari esteri e la politica di sicurezza è sostituito per la restante durata del suo mandato, in conformità dell'articolo 18, paragrafo 1 del trattato sull'Unione europea.

In caso di dimissioni volontarie di tutti i membri della Commissione, questi rimangono in carica e continuano a curare gli affari di ordinaria amministrazione fino alla loro sostituzione, per la restante durata del mandato, in conformità dell'articolo 17 del trattato sull'Unione europea.

247 (*ex articolo 216 del TCE*) Qualsiasi membro della Commissione che non risponda più alle condizioni necessarie all'esercizio delle sue funzioni o che abbia commesso una colpa grave può essere dichiarato dimissionario dalla Corte di giustizia, su istanza del Consiglio, che delibera a maggioranza semplice, o della Commissione.

248 (*ex articolo 217, paragrafo 2, del TCE*) Fatto salvo l'articolo 18, paragrafo 4 del trattato sull'Unione europea, le competenze che spettano alla Commissione sono strutturate e ripartite fra i membri dal presidente, in conformità dell'articolo 17, paragrafo 6 di detto trattato. Il presidente può modificare la ripartizione delle competenze nel corso del mandato. I membri della Commissione esercitano le funzioni loro attribuite dal presidente, sotto la sua autorità.

249 (*ex articoli 218, paragrafo 2, e 212 del TCE*) 1. La Commissione stabilisce il proprio regolamento interno allo scopo di assicurare il proprio funzionamento e quello dei propri servizi. Essa provvede alla pubblicazione del regolamento.

2. La Commissione pubblica ogni anno, almeno un mese prima dell'apertura della sessione del Parlamento europeo, una relazione generale sull'attività dell'Unione.

250 (*ex articolo 219 del TCE*) Le deliberazioni della Commissione sono prese a maggioranza dei suoi membri.

Il regolamento interno fissa il numero legale.

SEZIONE V

La Corte di giustizia dell'Unione europea

251 (*ex articolo 221 del TCE*) La Corte di giustizia si riunisce in sezioni o in grande sezione, conformemente alle regole previste a tal fine dallo statuto della Corte di giustizia dell'Unione europea.

Ove ciò sia previsto dallo statuto, la Corte di giustizia può riunirsi anche in seduta plenaria.

252 (*ex articolo 222 del TCE*) La Corte di giustizia è assistita da otto avvocati generali. Ove ciò sia richiesto dalla Corte di giustizia, il Consiglio, deliberando all'unanimità, può aumentare il numero degli avvocati generali.

L'avvocato generale ha l'ufficio di presentare pubblicamente, con assoluta imparzialità e in piena indipendenza, conclusioni motivate sulle cause che, conformemente allo statuto della Corte di giustizia dell'Unione europea, richiedono il suo intervento.

253 (*ex articolo 223 del TCE*) I giudici e gli avvocati generali della Corte di giustizia, scelti tra personalità che offrano tutte le garanzie di indipendenza e che riuniscano le condizioni richieste per l'esercizio, nei rispettivi Paesi, delle più alte funzioni giurisdizionali, ovvero che siano giureconsulti di notoria competenza, sono nominati di comune accordo per sei anni dai Governi degli Stati membri, previa consultazione del comitato di cui all'articolo 255.

Ogni tre anni si procede a un rinnovo parziale dei giudici e degli avvocati generali, alle condizioni previste dallo statuto della Corte di giustizia dell'Unione europea.

I giudici designano tra loro, per tre anni, il presidente della Corte di giustizia. Il suo mandato è rinnovabile.

I giudici e gli avvocati generali uscenti possono essere nuovamente nominati.

La Corte di giustizia nomina il proprio cancelliere, di cui fissa lo statuto.

La Corte di giustizia stabilisce il proprio regolamento di procedura. Tale regolamento è sottoposto all'approvazione del Consiglio.

254 (*ex articolo 224 del TCE*) Il numero dei giudici del Tribunale è stabilito dallo statuto della Corte di giustizia dell'Unione europea. Lo statuto può prevedere che il Tribunale sia assistito da avvocati generali.

I membri del Tribunale sono scelti tra persone che offrano tutte le garanzie di indipendenza e possiedano la capacità per l'esercizio di alte funzioni giurisdizionali. Essi sono nominati di comune accordo per sei anni dai governi degli Stati membri, previa consultazione del comitato di cui all'articolo 255. Ogni tre anni si procede a un rinnovo parziale. I membri uscenti possono essere nuovamente nominati.

I giudici designano tra loro, per tre anni, il presidente del Tribunale. Il suo mandato è rinnovabile.

Il Tribunale nomina il proprio cancelliere, di cui fissa lo statuto.

Il Tribunale stabilisce il proprio regolamento di procedura di concerto con la Corte di giustizia. Tale regolamento è sottoposto all'approvazione del Consiglio.

Salvo quanto diversamente disposto dallo statuto della Corte di giustizia dell'Unione europea, le disposizioni dei trattati relative alla Corte di giustizia sono applicabili al Tribunale.

255 È istituito un comitato con l'incarico di fornire un parere sull'adeguatezza dei candidati all'esercizio delle funzioni di giudice e di avvocato generale della Corte di giustizia e del Tribunale, prima che i Governi degli Stati membri procedano alle nomine in conformità degli articoli 253 e 224.

Il comitato è composto da sette personalità scelte tra ex membri della Corte di giustizia e del Tribunale, membri dei massimi organi giurisdizionali nazionali e giuristi di notoria competenza, uno dei quali è proposto dal Parlamento europeo. Il Consiglio adotta una decisione che stabilisce le regole di funzionamento di detto comitato e una decisione che ne designa i membri. Esso delibera su iniziativa del presidente della Corte di giustizia.

256 (*ex articolo 225 del TCE*) 1. Il Tribunale è competente a conoscere in primo grado dei ricorsi di cui agli articoli 263, 265, 268, 270 e 272, ad eccezione di quelli attribuiti a un tribunale specializzato istituito in applicazione dell'articolo 257 e di quelli che lo statuto riserva alla Corte di giustizia. Lo statuto può prevedere che il Tribunale sia competente per altre categorie di ricorsi.

Le decisioni emesse dal Tribunale ai sensi del presente paragrafo possono essere oggetto di impugnazione dinanzi alla Corte di giustizia per i soli motivi di diritto e alle condizioni ed entro i limiti previsti dallo statuto.

2. Il Tribunale è competente a conoscere dei ricorsi proposti contro le decisioni dei tribunali specializzati.

Le decisioni emesse dal Tribunale ai sensi del presente paragrafo possono eccezionalmente essere oggetto di riesame da parte della Corte di giustizia, alle condizioni ed entro i limiti previsti dallo statuto, ove sussistano gravi rischi che l'unità o la coerenza del diritto dell'Unione siano compromesse.

3. Il Tribunale è competente a conoscere delle questioni pregiudiziali, sottoposte ai sensi dell'articolo 267, in materie specifiche determinate dallo statuto.

Il Tribunale, ove ritenga che la causa richieda una decisione di principio che potrebbe compromettere l'unità o la coerenza del diritto dell'Unione, può rinviare la causa dinanzi alla Corte di giustizia affinché si pronunci.

Le decisioni emesse dal Tribunale su questioni pregiudiziali possono eccezionalmente essere oggetto di riesame da parte della Corte di giustizia, alle condizioni ed entro i limiti previsti dallo statuto, ove sussistano gravi rischi che l'unità o la coerenza del diritto dell'Unione siano compromesse.

257 (*ex articolo 225 A del TCE*) Il Parlamento europeo e il Consiglio, deliberando secondo la procedura legislativa ordinaria, possono istituire tribunali specializzati affiancati al Tribunale, e incaricati di conoscere in primo grado di talune categorie di ricorsi proposti in materie specifiche. Il Parlamento europeo e il Consiglio deliberano mediante regolamenti su proposta della Commissione e previa consultazione della Corte di giustizia o su richiesta della Corte di giustizia e previa consultazione della Commissione.

Il regolamento sull'istituzione di un tribunale

specializzato stabilisce le regole relative alla composizione di tale tribunale e precisa la portata delle competenze ad esso conferite.

Le decisioni dei tribunali specializzati possono essere oggetto di impugnazione per i soli motivi di diritto o, qualora il regolamento sull'istituzione del tribunale specializzato lo preveda, anche per motivi di fatto, dinanzi al Tribunale.

I membri dei tribunali specializzati sono scelti tra persone che offrano tutte le garanzie di indipendenza e possiedano la capacità per l'esercizio di funzioni giurisdizionali. Essi sono nominati dal Consiglio, che delibera all'unanimità.

I tribunali specializzati stabiliscono il proprio regolamento di procedura di concerto con la Corte di giustizia. Tale regolamento è sottoposto all'approvazione del Consiglio.

Salvo ove diversamente disposto dal regolamento sull'istituzione del tribunale specializzato, le disposizioni dei trattati relative alla Corte di giustizia dell'Unione europea e le disposizioni dello statuto della Corte di giustizia dell'Unione europea si applicano ai tribunali specializzati. Il titolo I dello statuto e l'articolo 64 del medesimo si applicano in ogni caso ai tribunali specializzati.

258 (*ex articolo 226 del TCE*) La Commissione, quando reputi che uno Stato membro abbia mancato a uno degli obblighi a lui incombenti in virtù dei trattati, emette un parere motivato al riguardo, dopo aver posto lo Stato in condizioni di presentare le sue osservazioni.

Qualora lo Stato in causa non si conformi a tale parere nel termine fissato dalla Commissione, questa può adire la Corte di giustizia dell'Unione europea.

259 (*ex articolo 227 del TCE*) Ciascuno degli Stati membri può adire la Corte di giustizia dell'Unione europea quando reputi che un altro Stato membro ha mancato a uno degli obblighi a lui incombenti in virtù dei trattati.

Uno Stato membro, prima di proporre contro un altro Stato membro un ricorso fondato su una pretesa violazione degli obblighi che a quest'ultimo incombono in virtù dei trattati, deve rivolgersi alla Commissione.

La Commissione emette un parere motivato dopo che gli Stati interessati siano posti in condizione di presentare in contraddittorio le loro osservazioni scritte e orali.

Qualora la Commissione non abbia formulato il parere nel termine di tre mesi dalla domanda, la mancanza del parere non osta alla facoltà di ricorso alla Corte.

260 (*ex articolo 228 del TCE*) 1. Quando la Corte di giustizia dell'Unione europea riconosca che uno Stato membro ha mancato ad uno degli obblighi ad esso incombenti in virtù dei trattati, tale Stato è tenuto a prendere i provvedimenti che l'esecuzione della sentenza della Corte comporta.

2. Se ritiene che lo Stato membro in questione non abbia preso le misure che l'esecuzione della sentenza della Corte comporta, la Commissione, dopo aver posto tale Stato in condizione di presentare osservazioni, può adire la Corte. Essa precisa l'importo della somma forfettaria o della penalità, da versare da parte dello Stato membro in questione, che essa consideri adeguato alle circostanze.

La Corte, qualora riconosca che lo Stato membro in questione non si è conformato alla sentenza da essa pronunciata, può comminargli il pagamento di una somma forfettaria o di una penalità.

Questa procedura lascia impregiudicate le disposizioni dell'articolo 259.

3. La Commissione, quando propone ricorso dinanzi alla Corte in virtù dell'articolo 258 reputando che lo Stato membro interessato non abbia adempiuto all'obbligo di comunicare le misure di attuazione di una direttiva adottata secondo una procedura legislativa, può, se lo ritiene opportuno, indicare l'importo della somma forfettaria o della penalità da versare da parte di tale Stato che essa consideri adeguato alle circostanze.

Se la Corte constata l'inadempimento, può comminare allo Stato membro in questione il pagamento di una somma forfettaria o di una penalità entro i limiti dell'importo indicato dalla Commissione. Il pagamento è esigibile alla data fissata dalla Corte nella sentenza.

261 (*ex articolo 229 del TCE*) I regolamenti adottati congiuntamente dal Parlamento europeo e dal Consiglio e dal Consiglio in virtù delle disposizioni dei trattati possono attribuire alla Corte di giustizia dell'Unione europea una competenza giurisdizionale anche di merito per quanto riguarda le sanzioni previste nei regolamenti stessi.

262 (*ex articolo 229 A del TCE*) Fatte salve le altre disposizioni dei trattati, il Consiglio, deliberando all'unanimità secondo una procedura legislativa speciale e previa consultazione del Parlamento europeo, può adottare disposizioni intese ad attribuire alla Corte di giustizia dell'Unione europea, nella misura da esso stabilita, la competenza a pronunciarsi su controversie connesse con l'applicazione degli atti adottati in base ai trattati che creano titoli europei di proprietà intellettuale. Tali disposizioni entrano in vigore previa approvazione degli Stati membri, conformemente alle rispettive norme costituzionali.

263 (*ex articolo 230 del TCE*) La Corte di giustizia dell'Unione europea esercita un controllo di legittimità sugli atti legislativi, sugli atti del Consiglio, della Commissione e della Banca centrale europea che non siano raccomandazioni o pareri, nonché sugli atti del Parlamento europeo e del Consiglio europeo destinati a produrre effetti giuridici nei confronti di terzi. Esercita inoltre un controllo di legittimità sugli atti degli organi o organismi dell'Unione destinati a produrre effetti giuridici nei confronti di terzi.

A tal fine, la Corte è competente a pronunciarsi sui ricorsi per incompetenza, violazione delle forme sostanziali, violazione dei trattati o di qualsiasi regola di diritto relativa alla loro applicazione, ovvero per sviamento di potere, proposti da uno Stato membro, dal Parlamento europeo, dal Consiglio o dalla Commissione.

La Corte è competente, alle stesse condizioni, a pronunciarsi sui ricorsi che la Corte dei conti, la Banca centrale europea ed il Comitato delle regioni propongono per salvaguardare le proprie prerogative.

Qualsiasi persona fisica o giuridica può proporre, alle condizioni previste al primo e secondo comma, un ricorso contro gli atti adottati nei suoi confronti o che la riguardano direttamente e individualmente, e contro gli atti regolamentari che la riguardano direttamente e che non comportano alcuna misura d'esecuzione.

Gli atti che istituiscono gli organi e organismi dell'Unione possono prevedere condizioni e modalità specifiche relative ai ricorsi proposti da persone fisiche o giuridiche contro atti di detti organi o organismi destinati a produrre effetti giuridici nei loro confronti.

I ricorsi previsti dal presente articolo devono essere proposti nel termine di due mesi a decorrere, secondo i casi, dalla pubblicazione dell'atto, dalla sua notificazione al ricorrente ovvero, in mancanza, dal giorno in cui il ricorrente ne ha avuto conoscenza.

264 (*ex articolo 231 del TCE*) Se il ricorso è fondato, la Corte di giustizia dell'Unione europea dichiara nullo e non avvenuto l'atto impugnato.

Tuttavia la Corte, ove lo reputi necessario, precisa gli effetti dell'atto annullato che devono essere considerati definitivi.

265 (*ex articolo 232 del TCE*) Qualora, in violazione dei trattati, il Parlamento europeo, il Consiglio europeo, il Consiglio, la Commissione o la Banca centrale europea si astengano dal pronunciarsi, gli Stati membri e le altre istituzioni dell'Unione possono adire la Corte di giustizia dell'Unione europea per far constatare tale violazione. Il presente articolo si applica, alle stesse condizioni, agli organi e organismi dell'Unione che si astengano dal pronunciarsi.

Il ricorso è ricevibile soltanto quando l'istituzione, l'organo o l'organismo in causa siano stati preventivamente richiesti di agire. Se, allo scadere di un termine di due mesi da tale richiesta, l'istituzione, l'organo o l'organismo non hanno preso posizione, il ricorso può essere proposto entro un nuovo termine di due mesi.

Ogni persona fisica o giuridica può adire la Corte alle condizioni stabilite dai commi precedenti per contestare ad una istituzione, organo o organismo dell'Unione di avere omesso di emanare nei suoi confronti un atto che non sia una raccomandazione o un parere.

266 (*ex articolo 233 del TCE*) L'istituzione, l'organo o l'organismo da cui emana l'atto annullato o la cui astensione sia stata dichiarata contraria ai trattati sono tenuti a prendere i provvedimenti che l'esecuzione della sentenza della Corte di giustizia dell'Unione europea comporta.

Tale obbligo non pregiudica quello eventualmente risultante dall'applicazione dell'articolo 340.

267 (*ex articolo 234 del TCE*) La Corte di giustizia dell'Unione europea è competente a pronunciarsi, in via pregiudiziale:

a) sull'interpretazione dei trattati;

b) sulla validità e l'interpretazione degli atti compiuti dalle istituzioni, dagli organi o dagli organismi dell'Unione.

Quando una questione del genere è sollevata dinanzi ad un organo giurisdizionale di uno degli Stati membri, tale organo giurisdizionale può, qualora reputi necessaria per emanare la sua sentenza una decisione su questo punto, domandare alla Corte di pronunciarsi sulla questione.

Quando una questione del genere è sollevata in un giudizio pendente davanti a un organo giurisdizionale nazionale, avverso le cui decisioni non possa proporsi un ricorso giurisdizionale di diritto interno, tale organo giurisdizionale è tenuto a rivolgersi alla Corte.

Quando una questione del genere è sollevata in un giudizio pendente davanti a un organo giurisdizionale nazionale e riguardante una persona in stato di detenzione, la Corte statuisce il più rapidamente possibile.

268 (*ex articolo 235 del TCE*) La Corte di giustizia dell'Unione europea è competente a conoscere delle controversie relative al risarcimento dei danni di cui all'articolo 340, secondo e terzo comma.

269 La Corte di giustizia è competente a pronunciarsi sulla legittimità di un atto adottato dal Consiglio europeo o dal Consiglio a norma dell'articolo 7 del trattato sull'Unione europea unicamente su domanda dello Stato membro oggetto di una constatazione del Consiglio europeo o del Consiglio e per quanto concerne il rispetto delle sole prescrizioni di carattere procedurale previste dal suddetto articolo.

La domanda deve essere formulata entro il termine di un mese a decorrere da detta constatazione. La Corte statuisce entro il termine di un mese a decorrere dalla data della domanda.

270 (*ex articolo 236 del TCE*) La Corte di giustizia dell'Unione europea è competente a pronunciarsi su qualsiasi controversia tra l'Unione e gli agenti di questa, nei limiti e alle condizioni determinati dallo statuto dei funzionari dell'Unione e dal regime applicabile agli altri agenti dell'Unione.

271 (*ex articolo 237 del TCE*) La Corte di giustizia dell'Unione europea è competente, nei limiti sotto specificati, a conoscere delle controversie in materia di:

a) esecuzione degli obblighi degli Stati membri derivanti dallo statuto della Banca europea per gli investimenti. Il consiglio di amministrazione della Banca dispone a tale riguardo dei poteri riconosciuti alla Commissione dall'articolo 258;

b) deliberazioni del consiglio dei governatori della Banca europea per gli investimenti. Ciascuno Stato membro, la Commissione e il consiglio di amministrazione della Banca possono proporre un ricorso in materia, alle condizioni previste dall'articolo 263;

c) deliberazioni del consiglio di amministrazione della Banca europea per gli investimenti. I ricorsi avverso tali deliberazioni possono essere proposti, alle condizioni fissate dall'articolo 263, soltanto dagli Stati membri o dalla Commissione e unicamente per violazione delle norme di cui all'articolo 19, paragrafo 2 e paragrafi da 5 a 7 inclusi, dello statuto della Banca;

d) esecuzione, da parte delle banche centrali nazionali, degli obblighi derivanti dai trattati e dallo statuto del SEBC e della BCE. Il consiglio direttivo della Banca centrale europea dispone al riguardo, nei confronti delle banche centrali nazionali, dei poteri riconosciuti alla Commissione dall'articolo 258 nei confronti degli Stati membri. Quando la Corte riconosca che una banca centrale nazionale ha mancato ad uno degli obblighi ad essa incombenti in virtù dei trattati, essa è tenuta a prendere i provvedimenti che l'esecuzione della sentenza della Corte comporta.

272 (*ex articolo 238 del TCE*) La Corte di giustizia dell'Unione europea è competente a giudicare in virtù di una clausola compromissoria contenuta in un contratto di diritto pubblico o di diritto privato stipulato dall'Unione o per conto di questa.

273 (*ex articolo 239 del TCE*) La Corte di giustizia è competente a conoscere di qualsiasi controversia tra Stati membri in connessione con l'oggetto dei trattati, quando tale controversia le venga sottoposta in virtù di un compromesso.

274 (*ex articolo 240 del TCE*) Fatte salve le competenze attribuite alla Corte di giustizia dell'Unione europea dai trattati, le controversie nelle quali l'Unione sia parte non sono, per tale motivo, sottratte alla competenza delle giurisdizioni nazionali.

275 La Corte di giustizia dell'Unione europea non è competente per quanto riguarda le disposizioni relative alla politica estera e di sicurezza comune, né per quanto riguarda gli atti adottati in base a dette disposizioni.

Tuttavia, la Corte è competente a controllare il rispetto dell'articolo 40 del trattato sull'Unione europea e a pronunciarsi sui ricorsi, proposti secondo le condizioni di cui all'articolo 263, quarto comma del presente trattato, riguardanti il controllo della legittimità delle decisioni che prevedono misure restrittive nei confronti di persone fisiche o giuridiche adottate dal Consiglio in base al titolo V, capo 2 del trattato sull'Unione europea.

276 Nell'esercizio delle attribuzioni relative alle disposizioni dei capi 4 e 5 della parte terza, titolo V concernenti lo spazio di libertà, sicurezza e giustizia, la Corte di giustizia dell'Unione europea non è competente a esaminare la validità o la proporzionalità di operazioni condotte dalla polizia o da altri servizi incaricati dell'applicazione della legge di uno Stato membro o l'esercizio delle responsabilità incombenti agli Stati membri per il mantenimento dell'ordine pubblico e la salvaguardia della sicurezza interna.

277 (*ex articolo 241 del TCE*) Nell'eventualità di una controversia che metta in causa un atto di portata generale adottato da un'istituzione, organo o organismo dell'Unione, ciascuna parte può, anche dopo lo spirare del termine previsto all'articolo 263, sesto comma, valersi dei motivi previsti all'articolo 263, secondo comma, per invocare dinanzi alla Corte di giustizia dell'Unione europea l'inapplicabilità dell'atto stesso.

278 (*ex articolo 242 del TCE*) I ricorsi proposti alla Corte di giustizia dell'Unione europea non hanno effetto sospensivo. Tuttavia, la Corte può, quando reputi che le circostanze lo richiedano, ordinare la sospensione dell'esecuzione dell'atto impugnato.

279 (*ex articolo 243 del TCE*) La Corte di giustizia dell'Unione europea, negli affari che le sono proposti, può ordinare i provvedimenti provvisori necessari.

280 (*ex articolo 244 del TCE*) Le sentenze della Corte di giustizia dell'Unione europea hanno forza esecutiva alle condizioni fissate dall'articolo 299.

281 (*ex articolo 245 del TCE*) Lo statuto della Corte di giustizia dell'Unione europea è stabilito con un protocollo separato.

Il Parlamento europeo e il Consiglio, deliberando secondo la procedura legislativa ordinaria, possono modificare le disposizioni dello statuto, ad eccezione del titolo I e dell'articolo 64. Il Parlamento europeo e il Consiglio deliberano su richiesta della Corte di giustizia e previa consultazione della Commissione o su proposta della Commissione e previa consultazione della Corte di giustizia.

SEZIONE VI

La Banca centrale europea

282 1. La Banca centrale europea e le banche centrali nazionali costituiscono il Sistema europeo di banche centrali (SEBC). La Banca centrale europea e le banche centrali nazionali degli Stati membri la cui moneta è l'euro, che costituiscono l'Eurosistema, conducono la politica monetaria dell'Unione.

2. Il SEBC è diretto dagli organi decisionali della Banca centrale europea. L'obiettivo principale del SEBC è il mantenimento della stabilità dei prezzi. Fatto salvo tale obiettivo, esso sostiene le politiche economiche generali nell'Unione per contribuire alla realizzazione degli obiettivi di quest'ultima.

3. La Banca centrale europea ha personalità giuridica. Ha il diritto esclusivo di autorizzare l'emissione dell'euro. È indipendente nell'esercizio dei suoi poteri e nella gestione delle sue finanze. Le istituzioni, organi e organismi dell'Unione e i Governi degli Stati membri rispettano tale indipendenza.

4. La Banca centrale europea adotta le misure necessarie all'assolvimento dei suoi compiti in conformità degli articoli da 127 a 133, dell'articolo 138 e delle condizioni stabilite dallo statuto del SEBC e della BCE. In conformità di questi stessi articoli, gli Stati membri la cui moneta non è l'euro e le rispettive banche centrali conservano le loro competenze nel settore monetario.

5. Nei settori che rientrano nelle sue attribuzioni, la Banca centrale europea è consultata su ogni progetto di atto dell'Unione e su ogni progetto di atto normativo a livello nazionale, e può formulare pareri.

283 (*ex articolo 112 del TCE*) 1. Il consiglio direttivo della Banca centrale europea comprende i membri del comitato esecutivo della Banca centrale europea nonché i governatori delle banche centrali nazionali degli Stati membri la cui moneta è l'euro.

2. Il comitato esecutivo comprende il presidente, il vicepresidente e quattro altri membri.

Il presidente, il vicepresidente e gli altri membri del comitato esecutivo sono nominati, tra persone di riconosciuta levatura ed esperienza professionale nel settore monetario o bancario, dal Consiglio europeo che delibera a maggioranza qualificata, su raccomandazione del Consiglio e previa consultazione del Parlamento europeo e del consiglio direttivo della Banca centrale europea.

Il loro mandato ha una durata di otto anni e non è rinnovabile.

Soltanto cittadini degli Stati membri possono essere membri del comitato esecutivo.

284 (*ex articolo 113 del TCE*) 1. Il presidente del Consiglio e un membro della Commissione possono partecipare, senza diritto di voto, alle riunioni del Consiglio direttivo della Banca centrale europea.

Il presidente del Consiglio può sottoporre una mozione alla delibera del consiglio direttivo della Banca centrale europea.

2. Il presidente della Banca centrale europea è invitato a partecipare alle riunioni del Consiglio quando quest'ultimo discute su argomenti relativi agli obiettivi e ai compiti del SEBC.

3. La Banca centrale europea trasmette al Parlamento europeo, al Consiglio e alla Commissione nonché al Consiglio europeo, una relazione annuale sull'attività del SEBC e sulla politica monetaria dell'anno precedente e dell'anno in corso. Il presidente della Banca centrale europea presenta tale relazione al Consiglio e al Parlamento europeo, che può procedere su questa base ad un dibattito generale.

Il presidente della Banca centrale europea e gli altri membri del comitato esecutivo possono, a richiesta del Parlamento europeo o di propria iniziativa, essere ascoltati dalle commissioni competenti del Parlamento europeo.

SEZIONE VII

La Corte dei conti

285 (*ex articolo 246 del TCE*) La Corte dei conti assicura il controllo dei conti dell'Unione.

Essa è composta da un cittadino di ciascuno Stato membro. I suoi membri esercitano le loro funzioni in piena indipendenza, nell'interesse generale dell'Unione.

286 (*ex articolo 247 del TCE*) 1. I membri della Corte dei conti sono scelti tra personalità che fanno o hanno fatto parte, nei rispettivi Stati, delle istituzioni di controllo esterno o che posseggono una qualifica specifica per tale funzione. Essi devono offrire tutte le garanzie d'indipendenza.

2. I membri della Corte dei conti sono nominati per un periodo di sei anni. Il Consiglio, previa consultazione del Parlamento europeo, adotta l'elenco dei membri, redatto conformemente alle proposte presentate da ciascuno Stato membro. Il mandato dei membri della Corte dei conti è rinnovabile.

I membri designano tra loro, per tre anni, il presidente della Corte dei conti. Il suo mandato è rinnovabile.

3. Nell'adempimento dei loro doveri, i membri della Corte dei Conti non sollecitano né accettano istruzioni da alcun Governo né da alcun organismo. Essi si astengono da ogni atto incompatibile con il carattere delle loro funzioni.

4. I membri della Corte dei conti non possono, per la durata delle loro funzioni, esercitare alcun'altra attività professionale, remunerata o meno. Fin dal loro insediamento, i membri della Corte dei conti assumono l'impegno solenne di rispettare, per la durata delle loro funzioni e dopo la cessazione di queste, gli obblighi derivanti dalla loro carica ed in particolare i doveri di onestà e delicatezza per quanto riguarda l'accettare, dopo tale cessazione, determinate funzioni o vantaggi.

5. A parte rinnovamenti regolari e i decessi, le funzioni dei membri della Corte dei conti cessano individualmente per dimissioni volontarie o per dimissioni d'ufficio dichiarate dalla Corte di giustizia conformemente alle disposizioni del paragrafo 6.

L'interessato è sostituito per la restante durata del mandato.

Salvo il caso di dimissioni d'ufficio, i membri della Corte dei conti restano in carica fino a quando non si sia provveduto alla loro sostituzione.

6. I membri della Corte dei conti possono essere destituiti dalle loro funzioni oppure essere dichiarati decaduti dal loro diritto alla pensione o da altri vantaggi sostitutivi soltanto se la Corte di giustizia constata, su richiesta della Corte dei conti, che essi non sono più in possesso dei requisiti necessari o non soddisfano più agli obblighi derivanti dalla loro carica.

7. Il Consiglio fissa le condizioni di impiego, in particolare stipendi, indennità e pensioni, del presidente e dei membri della Corte dei conti. Esso fissa altresì tutte le indennità sostitutive di retribuzione.

8. Le disposizioni del protocollo sui privilegi e sulle immunità dell'Unione europea applicabili ai giudici della Corte di giustizia dell'Unione europea sono applicabili anche ai membri della Corte dei conti.

287 (*ex articolo 248 del TCE*) 1. La Corte dei conti esamina i conti di tutte le entrate e le spese dell'Unione. Esamina del pari i conti di tutte le entrate e le spese di ogni organo o organismo creato dall'Unione, nella misura in cui l'atto costitutivo non escluda tale esame.

La Corte dei conti presenta al Parlamento europeo e al Consiglio una dichiarazione in cui attesta l'affidabilità dei conti e la legittimità e la regolarità delle relative operazioni, che è pubblicata nella Gazzetta ufficiale dell'Unione europea. Detta dichiarazione può essere completata da valutazioni specifiche per ciascuno dei settori principali dell'attività dell'Unione.

2. La Corte dei conti controlla la legittimità e la regolarità delle entrate e delle spese ed accerta la sana gestione finanziaria. Nell'esercitare tale controllo, essa riferisce in particolare su ogni caso di irregolarità.

Il controllo delle entrate si effettua in base agli accertamenti ed ai versamenti delle entrate all'Unione.

Il controllo delle spese si effettua in base agli impegni ed ai pagamenti.

Tali controlli possono essere effettuati prima della chiusura dei conti dell'esercizio di bilancio considerato.

3. Il controllo ha luogo tanto sui documenti quanto, in caso di necessità, sul posto, presso le altre istituzioni dell'Unione, nei locali di qualsiasi organo o organismo che gestisca le entrate o le spese per conto dell'Unione e negli Stati membri, compresi i locali di persone fisiche o giuridiche che ricevano contributi a carico del bilancio. Il controllo negli Stati membri si effettua in collaborazione con le istituzioni nazionali di controllo o, se queste non hanno la necessaria competenza, con i servizi nazionali competenti. La Corte dei conti e le istituzioni nazionali di controllo degli Stati membri cooperano in uno spirito di reciproca fiducia, pur mantenendo la loro indipendenza. Tali istituzioni o servizi comunicano alla Corte dei conti se intendono partecipare al controllo.

Le altre istituzioni dell'Unione, gli organi o organismi che gestiscono le entrate o le spese per conto dell'Unione, le persone fisiche o giuridiche che ricevono contributi a carico del bilancio e le istituzioni nazionali di controllo o, se queste non hanno la necessaria competenza, i servizi nazionali competenti trasmettono alla Corte dei conti, a sua richiesta, i documenti e le informazioni necessari all'espletamento delle sue funzioni.

Per quanto riguarda l'attività della Banca europea per gli investimenti in merito alla gestione delle entrate e delle spese dell'Unione, il diritto della Corte di accedere alle informazioni in possesso della Banca è disciplinato da un accordo tra la Corte, la Banca e la Commissione. In mancanza di un accordo, la Corte ha tuttavia accesso alle informazioni necessarie al controllo delle entrate e delle spese dell'Unione gestite dalla Banca.

4. Dopo la chiusura di ciascun esercizio, la Corte dei conti stende una relazione annua. Questa è trasmessa alle altre istituzioni dell'Unione ed è pubblicata nella Gazzetta ufficiale dell'Unione europea, accompagnata dalle risposte delle istituzioni alle osservazioni della Corte dei conti.

La Corte dei conti può inoltre presentare in ogni momento le sue osservazioni su problemi particolari sotto forma, tra l'altro, di relazioni speciali e dare pareri su richiesta di una delle altre istituzioni dell'Unione.

Essa adotta le relazioni annue, le relazioni speciali o i pareri a maggioranza dei membri che la compongono. Ha tuttavia la possibilità di istituire nel suo ambito delle sezioni per adottare talune categorie di relazioni o di pareri, alle condizioni previste nel suo regolamento interno.

Essa assiste il Parlamento europeo e il Consiglio nell'esercizio della loro funzione di controllo dell'esecuzione del bilancio.

La Corte dei conti stabilisce il proprio regolamento interno. Tale regolamento è sottoposto all'approvazione del Consiglio.

CAPO II

Atti giuridici dell'Unione, procedure di adozione e altre disposizioni

SEZIONE I

Atti giuridici dell'Unione

288 (*ex articolo 249 del TCE*) Per esercitare le competenze dell'Unione, le istituzioni adottano regolamenti, direttive, decisioni, raccomandazioni e pareri.

Il regolamento ha portata generale. Esso è obbligatorio in tutti i suoi elementi e direttamente applicabile in ciascuno degli Stati membri.

La direttiva vincola lo Stato membro cui è rivolta per quanto riguarda il risultato da raggiungere, salva restando la competenza degli organi nazionali in merito alla forma e ai mezzi.

La decisione è obbligatoria in tutti i suoi elementi. Se designa i destinatari è obbligatoria soltanto nei confronti di questi.

Le raccomandazioni e i pareri non sono vincolanti.

289 1. La procedura legislativa ordinaria consiste nell'adozione congiunta di un regolamento, di una direttiva o di una decisione da parte del Parlamento europeo e del Consiglio su proposta della Commissione. Tale procedura è definita all'articolo 294.

2. Nei casi specifici previsti dai trattati, l'adozione di un regolamento, di una direttiva o di una decisione da parte del Parlamento europeo con la partecipazione del Consiglio o da parte di quest'ultimo con la partecipazione del Parlamento europeo costituisce una procedura legislativa speciale.

3. Gli atti giuridici adottati mediante procedura legislativa sono atti legislativi.

4. Nei casi specifici previsti dai trattati, gli atti legislativi possono essere adottati su iniziativa di un gruppo di Stati membri o del Parlamento europeo, su raccomandazione della Banca centrale europea o su richiesta della Corte di giustizia o della Banca europea per gli investimenti.

290 1. Un atto legislativo può delegare alla Commissione il potere di adottare atti non legislativi di portata generale che integrano o modificano determinati elementi non essenziali dell'atto legislativo.

Gli atti legislativi delimitano esplicitamente gli obiettivi, il contenuto, la portata e la durata della delega di potere. Gli elementi essenziali di un settore sono riservati all'atto legislativo e non possono pertanto essere oggetto di delega di potere.

2. Gli atti legislativi fissano esplicitamente le condizioni cui è soggetta la delega, che possono essere le seguenti:

a) il Parlamento europeo o il Consiglio possono decidere di revocare la delega;

b) l'atto delegato può entrare in vigore soltanto se, entro il termine fissato dall'atto legislativo, il Parlamento europeo o il Consiglio non sollevano obiezioni.Ai fini delle lettere a) e b), il Parlamento europeo delibera a maggioranza dei membri che lo compongono e il Consiglio delibera a maggioranza qualificata.

3. L'aggettivo «delegato» o «delegata» è inserito nel titolo degli atti delegati.

291 1. Gli Stati membri adottano tutte le misure di diritto interno necessarie per l'attuazione degli atti giuridicamente vincolanti dell'Unione.

2. Allorché sono necessarie condizioni uniformi di esecuzione degli atti giuridicamente vincolanti dell'Unione, questi conferiscono competenze di esecuzione alla Commissione o, in casi specifici debitamente motivati e nelle circostanze previste agli articoli 24 e 26 del trattato sull'Unione europea, al Consiglio.

3. Ai fini del paragrafo 2, il Parlamento europeo e il Consiglio, deliberando mediante regolamenti secondo la procedura legislativa ordinaria, stabiliscono preventivamente le regole e i principi generali relativi alle modalità di controllo da parte degli Stati membri dell'esercizio delle competenze di esecuzione attribuite alla Commissione.

4. I termini «di esecuzione» sono inseriti nel titolo degli atti di esecuzione.

292 Il Consiglio adotta raccomandazioni. Delibera su proposta della Commissione in tutti i casi in cui i trattati prevedono che adotti atti su proposta della Commissione. Delibera all'unanimità nei settori nei quali è richiesta l'unanimità per l'adozione di un atto dell'Unione. La Commissione, e la Banca centrale europea nei casi specifici previsti dai trattati, adottano raccomandazioni.

SEZIONE II

Procedure di adozione degli atti e altre disposizioni

293 (*ex articolo 250 del TCE*) 1. Quando, in virtù dei trattati, delibera su proposta della Commissione, il Consiglio può emendare la proposta solo deliberando all'unanimità, salvo nei casi di cui all'articolo 294, paragrafi 10 e 13, agli articoli 310, 312, 314 e all'articolo 315, secondo comma.

2. Fintantoché il Consiglio non ha deliberato, la Commissione può modificare la propria proposta in ogni fase delle procedure che portano all'adozione di un atto dell'Unione.

294 (*ex articolo 251 del TCE*) 1. Quando nei trattati si fa riferimento alla procedura legislativa ordinaria per l'adozione di un atto, si applica la procedura che segue.

2. La Commissione presenta una proposta al Parlamento europeo e al Consiglio.

Prima lettura

3. Il Parlamento europeo adotta la sua posizione in prima lettura e la trasmette al Consiglio.

4. Se il Consiglio approva la posizione del Parlamento europeo, l'atto in questione è adottato nella formulazione che corrisponde alla posizione del Parlamento europeo.

5. Se il Consiglio non approva la posizione del Parlamento europeo, esso adotta la sua posizione in prima lettura e la trasmette al Parlamento europeo.

6. Il Consiglio informa esaurientemente il Parlamento europeo dei motivi che l'hanno indotto ad adottare la sua posizione in prima lettura. La Commissione informa esaurientemente il Parlamento europeo della sua posizione.

Seconda lettura

7. Se, entro un termine di tre mesi da tale comunicazione, il Parlamento europeo:

a) approva la posizione del Consiglio in prima lettura o non si è pronunciato, l'atto in questione si considera adottato nella formulazione che corrisponde alla posizione del Consiglio;

b) respinge la posizione del Consiglio in prima lettura a maggioranza dei membri che lo compongono, l'atto proposto si considera non adottato;

c) propone emendamenti alla posizione del Consiglio in prima lettura a maggioranza dei membri che lo compongono, il testo così emendato è comunicato al Consiglio e alla Commissione che formula un parere su tali emendamenti.

8. Se, entro un termine di tre mesi dal ricevimento degli emendamenti del Parlamento europeo, il Consiglio, deliberando a maggioranza qualificata:

a) approva tutti gli emendamenti, l'atto in questione si considera adottato;

b) non approva tutti gli emendamenti, il presidente del Consiglio, d'intesa con il presidente del Parlamento europeo, convoca entro sei settimane il comitato di conciliazione.

9. Il Consiglio delibera all'unanimità sugli emendamenti rispetto ai quali la Commissione ha dato parere negativo.

Conciliazione

10. Il comitato di conciliazione, che riunisce i membri del Consiglio o i loro rappresentanti ed altrettanti membri rappresentanti il Parlamento europeo, ha il compito di giungere ad un accordo su un progetto comune a maggioranza qualificata dei membri del Consiglio o dei loro rappresentanti e a maggioranza dei membri rappresentanti il Parlamento europeo entro un termine di sei settimane dalla convocazione, basandosi sulle posizioni del Parlamento europeo e del Consiglio in seconda lettura.

11. La Commissione partecipa ai lavori del comitato di conciliazione e prende ogni iniziativa necessaria per favorire un ravvicinamento fra la posizione del Parlamento europeo e quella del Consiglio.

12. Se, entro un termine di sei settimane dalla convocazione, il comitato di conciliazione non approva un progetto comune, l'atto in questione si considera non adottato.

Terza lettura

13. Se, entro tale termine, il comitato di conciliazione approva un progetto comune, il Parlamento europeo e il Consiglio dispongono ciascuno di un termine di sei settimane a decorrere dall'approvazione per adottare l'atto in questione in base al progetto comune; il Parlamento europeo delibera a maggioranza dei voti espressi e il Consiglio a maggioranza qualificata. In mancanza di una decisione, l'atto in questione si considera non adottato.

14. I termini di tre mesi e di sei settimane di cui al presente articolo sono prorogati rispettivamente di un mese e di due settimane, al massimo, su iniziativa del Parlamento europeo o del Consiglio.

Disposizioni particolari

15. Quando, nei casi previsti dai trattati, un atto legislativo è soggetto alla procedura legislativa ordinaria su iniziativa di un gruppo di Stati membri, su raccomandazione della Banca centrale europea o su richiesta della Corte di giustizia, il paragrafo 2, il paragrafo 6, seconda frase e il paragrafo 9 non si applicano.

In tali casi, il Parlamento europeo e il Consiglio trasmettono alla Commissione il progetto di atto insieme alle loro posizioni in prima e seconda lettura. Il Parlamento europeo o il Consiglio possono chiedere il parere della Commissione durante tutta la procedura, parere che la Commissione può altresì formulare di sua iniziativa. Se lo reputa necessario, essa può anche partecipare al comitato di conciliazione conformemente al paragrafo 11.

295 Il Parlamento europeo, il Consiglio e la Commissione procedono a reciproche consultazioni e definiscono di comune accordo le modalità della cooperazione. A tale scopo, nel rispetto dei trattati, possono concludere accordi interistituzionali che possono assumere carattere vincolante.

296 (*ex articolo 253 del TCE*) Qualora i trattati non prevedano il tipo di atto da adottare, le istituzioni lo decidono di volta in volta, nel rispetto delle procedure applicabili e del principio di proporzionalità.

Gli atti giuridici sono motivati e fanno riferimento alle proposte, iniziative, raccomandazioni, richieste o pareri previsti dai trattati.

In presenza di un progetto di atto legislativo, il Parlamento europeo e il Consiglio si astengono dall'adottare atti non previsti dalla procedura legislativa applicabile al settore interessato.

297 (*ex articolo 254 del TCE*) 1. Gli atti legislativi adottati secondo la procedura legislativa ordinaria sono firmati dal presidente del Parlamento europeo e dal presidente del Consiglio.

Gli atti legislativi adottati secondo una procedura legislativa speciale sono firmati dal presidente dell'istituzione che li ha adottati.

Gli atti legislativi sono pubblicati nella Gazzetta ufficiale dell'Unione europea. Essi entrano in vigore alla data da essi stabilita oppure, in mancanza di data, il ventesimo giorno successivo alla pubblicazione.

2. Gli atti non legislativi adottati sotto forma di regolamenti, di direttive e di decisioni, quando queste ultime non designano i destinatari, sono firmati dal presidente dell'istituzione che li ha adottati.

I regolamenti, le direttive che sono rivolte a tutti gli Stati membri e le decisioni che non designano i destinatari sono pubblicati nella Gazzetta ufficiale dell'Unione europea. Essi entrano in vigore alla data da essi stabilita oppure, in mancanza di data, il ventesimo giorno successivo alla pubblicazione.

Le altre direttive e le decisioni che designano i destinatari sono notificate ai destinatari e hanno efficacia in virtù di tale notificazione.

298 1. Nell'assolvere i loro compiti le istituzioni, organi e organismi dell'Unione si basano su un'amministrazione europea aperta, efficace ed indipendente.

2. Il Parlamento europeo e il Consiglio, deliberando mediante regolamenti secondo la procedura legislativa ordinaria, fissano disposizioni a tal fine, nel rispetto dello statuto e del regime adottati sulla base dell'articolo 336.

299 (*ex articolo 256 del TCE*) Gli atti del Consiglio, della Commissione o della Banca centrale europea che comportano, a carico di persone che non siano gli Stati, un obbligo pecuniario costituiscono titolo esecutivo.

L'esecuzione forzata è regolata dalle norme di procedura civile vigenti nello Stato sul cui territorio essa viene effettuata. La formula esecutiva è apposta, con la sola verificazione dell'autenticità del titolo, dall'autorità nazionale che il Governo di ciascuno degli Stati membri designerà a tal fine, informandone la Commissione e la Corte di giustizia dell'Unione europea.

Assolte tali formalità a richiesta dell'interessato, quest'ultimo può ottenere l'esecuzione forzata richiedendola direttamente all'organo competente, secondo la legislazione nazionale.

L'esecuzione forzata può essere sospesa soltanto in virtù di una decisione della Corte. Tuttavia, il controllo della regolarità dei provvedimenti esecutivi è di competenza delle giurisdizioni nazionali.

CAPO III

Gli organi consultivi dell'Unione

300 1. Il Parlamento europeo, il Consiglio e la Commissione sono assistiti da un Comitato economico e sociale e da un Comitato delle regioni, che esercitano funzioni consultive.

2. Il Comitato economico e sociale è composto da rappresentanti delle organizzazioni di datori di lavoro, di lavoratori dipendenti e di altri attori rappresentativi della società civile, in particolare nei settori socioeconomico, civico, professionale e culturale.

3. Il Comitato delle regioni è composto da rappresentanti delle collettività regionali e locali che sono titolari di un mandato elettorale nell'ambito di una collettività regionale o locale, o politicamente responsabili dinanzi ad un'assemblea eletta.

4. I membri del Comitato economico e sociale e del Comitato delle regioni non sono vincolati da alcun mandato imperativo. Essi esercitano le loro funzioni in piena indipendenza, nell'interesse generale dell'Unione.

5. Le regole di cui ai paragrafi 2 e 3 relative alla natura della composizione di tali comitati sono riesaminate a intervalli regolari dal Consiglio, per tener conto dell'evoluzione economica, sociale e demografica nell'Unione. Il Consiglio, su proposta della Commissione, adotta delle decisioni a tal fine.

SEZIONE I

Il Comitato economico e sociale

301 (*ex articolo 258 del TCE*) Il numero dei membri del Comitato economico e sociale non può essere superiore a trecentocinquanta.

Il Consiglio, deliberando all'unanimità su proposta della Commissione, adotta una decisione che determina la composizione del Comitato.

Il Consiglio fissa le indennità dei membri del Comitato.

302 (*ex articolo 259 del TCE*) 1. I membri del Comitato sono nominati per cinque anni. Il Consiglio adotta l'elenco dei membri redatto conformemente alle proposte presentate da ciascuno Stato membro. Il mandato dei membri del Comitato è rinnovabile.

2. Il Consiglio delibera previa consultazione della Commissione. Esso può chiedere il parere delle organizzazioni europee rappresentative dei diversi settori economici e sociali e della società civile interessati dall'attività dell'Unione.

303 (*ex articolo 260 del TCE*) Il Comitato designa tra i suoi membri il presidente e l'ufficio di presidenza per una durata di due anni e mezzo.

Esso stabilisce il proprio regolamento interno.

Il Comitato è convocato dal presidente su richiesta del Parlamento europeo, del Consiglio o della Commissione. Esso può altresì riunirsi di propria iniziativa.

304 (*ex articolo 262 del TCE*) Il Parlamento europeo, il Consiglio o la Commissione consultano il Comitato nei casi previsti dai trattati. Tali istituzioni possono consultarlo in tutti i casi in cui lo ritengano opportuno. Il Comitato, qualora lo ritenga opportuno, può formulare un parere di propria iniziativa.

Qualora lo reputino necessario, il Parlamento europeo, il Consiglio o la Commissione fissano al Comitato, per la presentazione del suo parere, un termine che non può essere inferiore ad un mese a decorrere dalla data della comunicazione inviata a tal fine al presidente. Allo spirare del termine fissato, si può non tener conto dell'assenza di parere.

Il parere del Comitato è trasmesso al Parlamento europeo, al Consiglio e alla Commissione, unitamente a un resoconto delle deliberazioni.

SEZIONE II

Il Comitato delle regioni

305 (*ex articolo 263, secondo, terzo e quarto comma, del TCE*) Il numero dei membri del Comitato delle regioni non può essere superiore a trecentocinquanta.

Il Consiglio, deliberando all'unanimità su proposta della Commissione, adotta una decisione che determina la composizione del Comitato.

I membri del Comitato nonché un numero uguale di supplenti sono nominati per cinque anni. Il loro mandato è rinnovabile. Il Consiglio adotta l'elenco dei membri e dei supplenti redatto conformemente alle proposte presentate da ciascuno Stato membro. Alla scadenza del mandato di cui all'articolo 300, paragrafo 3 in virtù del quale sono stati proposti, il mandato dei membri del Comitato termina automaticamente e essi sono sostituiti per la restante durata di detto mandato secondo la medesima procedura. I membri del Comitato non possono essere nel contempo membri del Parlamento europeo.

306 (*ex articolo 264 del TCE*) Il Comitato delle regioni designa tra i suoi membri il presidente e l'ufficio di presidenza per la durata di due anni e mezzo.

Esso stabilisce il proprio regolamento interno.

Il Comitato è convocato dal presidente su richiesta del Parlamento europeo, del Consiglio o della Commissione. Esso può altresì riunirsi di propria iniziativa.

307 (*ex articolo 265 del TCE*) Il Parlamento europeo, il Consiglio o la Commissione consultano il Comitato delle regioni nei casi previsti dai trattati e in tutti gli altri casi in cui una di tali istituzioni lo ritenga opportuno, in particolare nei casi concernenti la cooperazione transfrontaliera.

Qualora lo reputino necessario, il Parlamento europeo, il Consiglio o la Commissione fissano al Comitato, per la presentazione del suo parere, un termine che non può essere inferiore a un mese a decorrere dalla data della comunicazione inviata a tal fine al presidente. Allo spirare del termine fissato, si può non tener conto dell'assenza di parere.

Quando il Comitato economico e sociale è consultato in applicazione dell'articolo 304, il Parlamento europeo, il Consiglio o la Commissione informano il Comitato delle regioni di tale domanda di parere. Il Comitato delle regioni, qualora ritenga che sono in causa interessi regionali specifici, può formulare un parere in materia.

Il Comitato delle regioni, qualora lo ritenga utile, può formulare un parere di propria iniziativa.

Il parere del Comitato è trasmesso al Parlamento europeo, al Consiglio e alla Commissione, unitamente a un resoconto delle deliberazioni.

CAPO IV

La Banca europea per gli investimenti

308 (*ex articolo 266 del TCE*) La Banca europea per gli investimenti è dotata di personalità giuridica.

Sono membri della Banca europea per gli investimenti gli Stati membri.

Lo statuto della Banca europea per gli investimenti costituisce l'oggetto di un protocollo allegato ai trattati. Il Consiglio, deliberando all'unanimità secondo una procedura legislativa speciale su richiesta della Banca europea per gli investimenti e previa consultazione del Parlamento europeo e della Commissione, o su proposta della Commissione e previa consultazione del Parlamento europeo e della Banca europea per gli investimenti, può modificare detto statuto.

309 (*ex articolo 267 del TCE*) La Banca europea per gli investimenti ha il compito di contribuire, facendo appello al mercato dei capitali ed alle proprie risorse, allo sviluppo equilibrato e senza scosse del mercato interno nell'interesse dell'Unione. A tal fine facilita, mediante la concessione di prestiti e garanzie, senza perseguire scopi di lucro, il finanziamento dei seguenti progetti in tutti i settori dell'economia:

a) progetti contemplanti la valorizzazione delle regioni meno sviluppate;

b) progetti contemplanti l'ammodernamento o la riconversione di imprese oppure la creazione di nuove attività indotte dall'instaurazione o dal funzionamento del mercato interno che, per la loro ampiezza o natura, non possono essere interamente assicurati dai vari mezzi di finanziamento esistenti nei singoli Stati membri;

c) progetti di interesse comune per più Stati membri che, per la loro ampiezza o natura, non possono essere completamente assicurati dai vari mezzi di finanziamento esistenti nei singoli Stati membri.

Nello svolgimento dei suoi compiti la Banca facilita il finanziamento di programmi di investimento congiuntamente con gli interventi dei fondi strutturali e degli altri strumenti finanziari dell'Unione.

310-358 *omessi*

INDICAZIONI BIBLIOGRAFICHE

Le seguenti indicazioni bibliografiche consentono un primo approfondimento delle nozioni che nel volume sono esposte in termini essenziali. Si tratta dunque solo di indicazioni iniziali, utilizzando le quali si troveranno, all'occorrenza, altre e più specifiche informazioni bibliografiche.

In pratica, si sono segnalate, accanto a talune opere di interesse più generale, come commentari e raccolte di leggi, alcune delle trattazioni generali più approfondite, estendendo però l'attenzione, oltre il solo diritto costituzionale e amministrativo, agli altri settori del diritto pubblico. Inoltre, ho indicato qualche trattazione, in lingua italiana o straniera, per alcuni dei più importanti Stati oggi esistenti.

Per facilitare il reperimento si è indicato, di massima, anche l'editore.

I. Atti della Costituente, commenti alla Costituzione, raccolte di legislazione, codici e leggi commentati, bibliografia giuridica

1. *Atti della Costituzione*

Atti dell'Assemblea costituente, ristampa a cura della Camera dei deputati, Roma 1970.

V. Falzone, F. Palermo, F. Cosentino, *La Costituzione della Repubblica italiana (illustrata con i lavori preparatori e corredata da note e riferimenti)*, edizione aggiornata a cura di Sergio Bartole, Mondadori (Oscar Studio), 5ª ed., Milano 1991.

2. *Commenti alla Costituzione*

G. Branca, A. Pizzorusso (curatori), *Commentario della Costituzione*, Zanichelli e Società ed. del Foro italiano, Bologna e Roma, in più volumi.

S. Bartole, R. Bin, *Commentario breve alla Costituzione*, Cedam, Padova 2008.

3. *Raccolte di legislazione di diritto costituzionale e amministrativo*

M. Bassani, V. Italia, G. Bottino, M. Della Torre, A. Zucchetti, *Leggi fondamentali del diritto pubblico e costituzionale*, Giuffré, 34ª ed., Milano 2010.

M. Cammelli, G. Sciullo, G. Piperata, *Codice breve delle amministrazioni pubbliche*, Zanichelli, 4ª ed., Bologna 2007.
P. Costanzo, *Codice di giustizia costituzionale*, Giappichelli, 8ª ed., Torino 2009.
G. De Vergottini, F. Roversi Monaco, *Codice costituzionale e amministrativo*, Maggioli, 7ª ed., Rimini 2002.
V. Italia, M. Bassani, G. Ruggeri, *Leggi fondamentali del diritto amministrativo*, Giuffrè, 4ª ed., Milano 2007.
G. Pescatore, P. Lignani, G. Giovannini, G. Vacirca, *Leggi amministrative fondamentali annotate con la giurisprudenza della Corte costituzionale, della Cassazione e delle giurisdizioni amministrative*, Giuffrè, 6ª ed., Milano 2007.
A. Romano (curatore), *Commentario breve alle leggi sulla giustizia amministrativa*, Cedam, 3ª ed., Padova 2009.
F.A. Roversi Monaco, L. Vandelli (a cura di), *Codice di diritto amministrativo*, Maggioli, 10ª ed., Rimini 2010.

4. *Altre raccolte e commenti di legislazione*

G. Alpa, P. Zatti, *Commentario breve al codice civile. Leggi complementari*, Cedam, 4ª ed., Padova 2006.
F. Carpi, M. Taruffo, *Commentario breve al codice di procedura civile*, Cedam, 6ª ed., Padova 2006, aggiornata a novembre 2010.
G. Cian, A. Trabucchi, *Commentario breve al codice civile*, Cedam, 9ª ed., Padova 2010.
G. Conso, V. Grevi, *Commentario breve al codice di procedura penale*, Cedam, Padova 2009.
C. Consolo, P. Luiso, *Codice di procedura civile commentato*, Ipsoa, 3ª ed., Milano 2007.
A. Crespi, G. Zuccalà, G. Forti, *Commentario breve al codice penale*, Cedam, Padova, 5ª ed., 2008.
M. Grandi, G. Pera, *Commentario breve alle leggi sul lavoro*, Cedam, 4ª ed., Padova 2009.
T. Lamedica, *Codice della riforma tributaria*, Ipsoa, 34ª ed., Milano 2011.

5. *Legislazione della Comunità europea e raccolte di Costituzioni straniere*

P. Biscaretti di Ruffia, *Costituzioni straniere contemporanee: testi scelti*, I e II, Giuffrè, 6ª ed., Milano 1994 e 1996.
A.P. Blaustein, G.H. Flanz, *Constitutions of the Countries of the World*, voll. 17 e un *Supplemento*, Oceana Publications, Inc. Dobbs Ferry, New York (a fogli mobili con aggiornamenti periodici).
M. Duverger, *Constitutions et documents politiques*, Puf, 14ª ed., Paris 1996.
B. Nascimbene, *Comunità e Unione europea. Codice delle istituzioni*, Giappichelli, 6ª ed., Torino 2008.
F. Pocar, M. Tamburini, *Norme fondamentali dell'Unione*, Giuffrè, 14ª ed., Milano 2009.
F. Pocar, *Commentario breve ai trattati della Comunità e dell'Unione Europea*, Cedam, Padova 2001.

6. Bibliografia e informatica giuridica

A. Meloncelli, *Sistema della bibliografia giuridica*, Giuffrè, Milano 1977.
A. Meloncelli, *Come si cerca il diritto*, Maggioli, Rimini 1990.
V. Napoletano, *Dizionario bibliografico delle riviste giuridiche italiane*, Giuffrè, Milano (in volumi annuali).
G. Pascuzzi, *Cyberdiritto*, Zanichelli, 2ª ed., Bologna 2005.

II. Introduzione allo studio del diritto e del diritto comparato

1. Introduzione al diritto e teoria generale del diritto

N. Bobbio, *Giusnaturalismo e positivismo giuridico*, Laterza, Roma 2011.
F. Carnelutti, *Teoria generale del diritto*, 3ª ed., Roma 1955.
R. Dworkin, *I diritti presi sul serio* (1977), trad. it. Il Mulino, Bologna 2010.
J. Esser, *Precomprensione a scelta del metodo nel processo di individuazione del diritto* (1970), trad. it. ESI, Napoli 2010.
D.D. Friedman, *L'ordine del diritto* (2000), trad. it. Il Mulino, Bologna 2004.
H.L. Hart, *Il concetto di diritto* (1960, 2ª ed. 1994) trad. it. Einaudi, Torino 2002.
H. Kelsen, *Lineamenti di una dottrina pura del diritto* (1934), trad. it. Einaudi, 4ª ed., Torino 1976.
H. Kelsen, *La dottrina pura del diritto*, trad. it. della 2ª ed. del 1960, Einaudi, Torino 1990.
R. Orestano, *Azione, Diritti soggettivi, Persone giuridiche*, Il Mulino, Bologna 1978.
R. Pound, *Giustizia, diritto, interesse* (1922), trad. it. Il Mulino, Bologna 1978.
S. Romano, *L'ordinamento giuridico* (1916), ristampa della 2ª ed. del 1945, Giuffrè, Milano 1962.
A. Ross, *Diritto e giustizia* (1958), trad. it. Einaudi, Torino 1990.
R. Treves, *Sociologia del diritto*, Einaudi, Torino 1993.

2. Diritto comparato e storia del diritto europeo

P. Biscaretti di Ruffia, *Introduzione al diritto costituzionale comparato*, Giuffrè, 6ª ed., Milano 1988.
R. David, C. Jauffret-Spinosi, *I grandi sistemi giuridici contemporanei*, 5ª ed. it. a cura di R. Sacco, Cedam, Padova 2004.
G. de Vergottini, *Diritto costituzionale comparato*, Ie II, Cedam, 7ª ed., Padova 2007.
M.G. Losano, *I grandi sistemi giuridici. Introduzione ai diritti europei ed extraeuropei*, Laterza, Bari 2000.
U. Mattei, *Il modello di common law*, 2ª ed., Giappichelli, Torino 2004.
G. Morbidelli, L. Pegoraro, A. Reposo, M. Volpi, *Diritto pubblico comparato*, Giappichelli, 2ª ed., Torino 2007.
A. Pizzorusso, *Sistemi giuridici comparati*, Giuffrè, 2ª ed., Milano 1998.
R. Sacco, *Introduzione al diritto comparato*, Utet, 5ª ed., Torino 1992.
H. Berman, *Diritto e rivoluzione. Le origini della tradizione giuridica occidentale* (1983), trad. it., Bologna 2006.
H. Berman, *Diritto e rivoluzione. II. L'impatto delle riforme protestanti sulla tradizione giuridica occidentale* (2006), trad. it., Bologna 2010.

III. Diritto internazionale

T. Ballarino, *Manuale breve di diritto internazionale privato*, Cedam, 3ª ed., Padova 2008.
G. Battaglini, C. Fioravanti, *Materiali per un corso breve di diritto internazionale (Formazione delle norme e loro adattamento)*, Giappichelli, Torino 1991.
A. Cassese, *Il diritto internazionale nel mondo contemporaneo*, Il Mulino, Bologna 1987.
S. Cassese, *Lo spazio giuridico globale*, Laterza, Bari 2006.
B. Conforti, *Diritto internazionale*, Editoriale scientifica, 8ª ed., Napoli 2011.
R. Quadri, *Diritto internazionale pubblico*, Liguori, Napoli 1989.

IV. Diritto dell'Unione europea

B. Beutler, R. Bieber, J. Pipkorn, J. Streil, J. Weiler, *L'Unione europea*, Il Mulino, Bologna 2001.
M. Cartabia, J.H.H. Weiler, *L'Italia in Europa*, Il Mulino, Bologna 2000.
M.P. Chiti, *Diritto amministrativo europeo*, 4ª ed., Giuffrè, Milano 2011.
M.P. Chiti, G. Greco (curatori), *Trattato di diritto amministrativo europeo*, due tomi, Giuffrè, 2ª ed., Milano 2007.
F. Pocar, *Diritto dell'Unione e delle Comunità europee*, Giuffrè, 10ª ed., Milano 2006.
P. Craig, *EU administrative law*, Oxford 2006.
R. Adam, A. Tizzano, *Lineamenti di diritto dell'Unione europea*, Giappichelli, 2ª ed., Torino 2010.

V. Trattazioni di diritto italiano

1. Diritto pubblico generale

G. Amato, A. Barbera (curatori), *Manuale di diritto pubblico*, 3 volumi, Il Mulino, 5ª ed., Bologna 1997.
È opera collettiva di diversi autori, specialisti della materia, a ciascuno dei quali è stata affidata l'illustrazione analitica di un argomento: è perciò molto adatto ad un primo approfondimento di temi già sommariamente conosciuti, ed è ricco di ulteriori indicazioni bibliografiche per la prosecuzione dello studio.
P. Caretti, U. de Siervo, *Istituzioni di diritto pubblico*, Giappichelli, 10ª ed., Torino 2010.
S. Cassese, S. Battini, C. Franchini, R. Perez, G. Vesperini, *Manuale di diritto pubblico*, 4ª ed., Giuffrè, Milano 2009.
C. Mortati, *Istituzioni di diritto pubblico*, in due tomi di cui il Tomo I è giunto alla 10ª ed. (aggiornata a cura di F. Modugno, A. Baldassarre, C. Mezzanotte), Cedam, Padova 1991; il Tomo II è fermo invece alla 9ª ed., del 1976.
Trattazione ormai classica, di grande valore formativo anche se di studio non certo semplice. È l'esposizione più compiuta – in Italia – della dottrina «istituzionistica» del diritto; rimane un punto di riferimento obbligato per gli studi.
G.U. Rescigno, *Corso di diritto pubblico*, Zanichelli, 13ª ed., Bologna 2010.

2. Diritto costituzionale

S. BARTOLE, *Interpretazioni e trasformazioni della Costituzione repubblicana*, Il Mulino, Bologna 2004.
R. BIN, G. PITRUZZELLA, *Diritto costituzionale*, 11ª ed., Giappichelli, Torino 2010.
V. CRISAFULLI, *Lezioni di diritto costituzionale*, Cedam, Padova, vol. I, 2ª ed., 1970; vol. II, V ed., 1984.
Manuale non completo (si limita alla parte introduttiva, alle fonti del diritto e alla Corte costituzionale), ma magistralmente concepito e scritto. Di grandissimo valore formativo, è altresì un punto di riferimento essenziale nello studio scientifico della materia. Ora a cura di F. Crisafulli è stata riedita con aggiornamenti la parte su *Le fonti normative*, Cedam, Padova 1993.
T. MARTINES, *Diritto costituzionale*, Giuffrè, ed. interamente riveduta a cura di G. Silvestri, Milano 2010.
L. PALADIN, *Diritto costituzionale*, Cedam, 3ª ed., Padova 1998.

3. Diritto amministrativo

F. BASSI, *Lezioni di diritto amministrativo*, Giuffrè, 8ª ed., Milano 2008.
E. CASETTA, *Manuale di diritto amministrativo*, 12ª ed., Giuffrè, Milano 2010.
S. CASSESE (curatore), *Trattato di diritto amministrativo*, Giuffrè, 2ª ed., Milano 2003.
S. CASSESE, *Le basi del diritto amministrativo*, Garzanti, 6ª ed., Milano 2000.
V. CERULLI IRELLI, *Lineamenti di diritto amministrativo*, Giappichelli, 2ª ed., Torino 2011.
G. CORSO, *Manuale di diritto amministrativo*, 5ª ed., Giappichelli, Torino 2010.
M.S. GIANNINI, *Istituzioni di diritto amministrativo*, a cura di A. Mirabelli Centurione, Giuffrè, 2ª ed., Milano 2000.
M.S. GIANNINI, *Diritto amministrativo*, 2 volumi, Giuffrè, 3ª ed., Milano 1993.
Le esposizioni di M.S. Giannini sono attente non solo al diritto positivo ed ai relativi studi, ma altresì ai dati «strutturali» dell'organizzazione e dell'attività amministrativa, ai condizionamenti empirici che esse subiscono, alle disfunzioni che si producono. Si potrebbe dire che sono l'espressione della ormai consolidata tendenza «modernista» e realista nello studio del diritto amministrativo.
G. GRECO, *Argomenti di diritto amministrativo*, 3ª ed., Giuffrè, 2010.
L. MAZZAROLLI, G. PERICU, A. ROMANO, F.A. ROVERSI MONACO, F.G. SCOCA (curatori), *Diritto amministrativo*, 2 volumi, Monduzzi, 4ª ed., Bologna 2005.
G. ROSSI, *I principi di diritto amministrativo*, Giappichelli, Torino 2010.
F.G. SCOCA (curatore), *Diritto amministrativo*, Giappichelli, 2008.
D. SORACE, *Diritto delle amministrazioni pubbliche*, Il Mulino, Bologna 2010.

4. Diritto regionale e degli enti locali

S. BARTOLE, R. BIN, G. FALCON, R. TOSI, *Diritto regionale*, Il Mulino, nuova ed., Bologna 2005.
T. MARTINES, A. RUGGERI, C. SALAZAR, *Lineamenti di diritto regionale*, Giuffrè, 8ª ed., Milano 2008.
P. CARETTI, G. TARLI BARBIERI, *Diritto regionale*, Giappichelli, Torino 2009.
L. PALADIN, *Diritto regionale*, Cedam, 7ª ed., Padova 2000.
F. STADERINI, *Diritto degli enti locali*, Cedam, 12ª ed., Padova 2009.

L. Vandelli, *Il sistema delle autonomie locali*, Il Mulino, Bologna 2011.
P. Virga, *L'amministrazione locale*, Giuffrè, 2ª ed., Milano 2003.

5. Diritto pubblico dell'economia

S. Cassese (curatore), *La nuova costituzione economica*, Laterza, Bari 2008.
M.S. Giannini, *Diritto pubblico dell'economia*, Il Mulino, Bologna 1995.

6. Diritto tributario

G. Falsitta, *Corso istituzionale di diritto tributario*, Cedam, 3ª ed., Padova 2009.
G. Giuliani, *Diritto tributario*, 3ª ed., Giuffrè, Milano 2002.
R. Lupi, *Diritto tributario*, Giuffrè, Milano, *Parte generale*, 8ª ed., 2005; *Parte speciale*, 9ª ed., 2007.

7. Diritto dell'urbanistica e dell'ambiente

T. Alibrandi, P. Ferri, *I beni culturali e ambientali*, Giuffrè, 4ª ed., Milano 2001.
B. Caravita, *Diritto dell'ambiente*, Il Mulino, Bologna 2005.
Crosetti, Ferrara, Fracchia, Olivetti Rason, *Diritto dell'ambiente*, Laterza, Bari 2008.
P. Dell'Anno, *Manuale di diritto ambientale*, 4ª ed., Cedam, Padova 2003.
G.C. Mengoli, *Manuale di diritto urbanistico*, 6ª ed., Giuffrè, Milano 2009.
F. Salvia, F. Teresi, *Diritto urbanistico*, Cedam, 7ª ed., Padova 2002.

8. Diritto penale

F. Antolisei, *Manuale di diritto penale*, a cura di L. Conti, Giuffrè, Milano, I, *Parte generale*, 16ª ed., 2003; II, *Parte speciale*, 15ª ed., 2008.
F. Mantovani, *Principi di diritto penale*, 2ª ed., Cedam, Padova 2007.

9. Diritto processuale

V. Caianiello, *Manuale di diritto processuale amministrativo*, Utet, 2ª ed., Torino 2003.
S. Cassarino, *Il processo amministrativo nella legislazione e nella giurisprudenza*, Giuffrè, Milano, vol. I, *I presupposti*, 1984; vol. II, *Lo svolgimento del giudizio*, 1987.
C. Consolo, *Spiegazioni di diritto processuale civile*, Tomo I, *Le tutele: di merito, sommarie ed esecutive*, Tomo II, *Profili generali*, Cedam, 6ª, Padova 2010.
F. Cordero, *Procedura penale*, Giuffrè, 8ª ed., Milano 2006.
G. Conso, V. Grevi, *Compendio di procedura penale*, 5ª ed., Cedam, Padova 2010.
A. Lugo, *Manuale di diritto processuale civile*, 12ª ed., Giuffrè, Milano 2009.
C. Mandrioli, *Diritto processuale civile*, Giappichelli, 21ª ed., Torino 2011.
M. Nigro, *Giustizia amministrativa*, Il Mulino, Bologna 2002.
A. Ruggeri, A. Spadaro, *Lineamenti di giustizia costituzionale*, Giappichelli, 4ª ed., Torino 2009.

A. Travi, *Lezioni di giustizia amministrativa*, Giappichelli, 8ª ed., Torino 2010.
G.B. Verbari, *Principi di diritto processuale amministrativo*, Giuffrè, 3ª ed., Milano 2000.
G. Zagrebelsky, *La giustizia costituzionale*, 3ª ed. Il Mulino, Bologna 1996.

VI. Altri Stati

1. *Francia*

J.B. Auby, *Droit des collectivités locales*, 3ª ed., Presses Universitaires de France 2004.
G. Burdeau, F. Hamon, M. Troper, *Droit constitutionnel*, L.G.D.J., 30ª ed. Paris 2007.
M. Duverger, *Le sistème politique français. Droit constitutionnel et sistèmes politiques*, 21ª ed., Presses Universitaires de France 1996.
Y. Gaudemet, *Droit administratif*, 19ª ed., L.G.D.J., Paris 2010.
E. Gicquel, J. Gicquel, *Droit constitutionnel et institutions politiques*, 24ª ed., Montchrestien, Paris 2010.
J. Waline, *Droit administratif*, Dalloz, 23ª ed., Dalloz-Sirey, Paris 2010.
D. Turpin, *Droit constitutionnel*, PUF, Paris 2007.

2. *Germania*

Th. Maunz, G. Dürig, R. Herzog, *Grundgesetz Kommentar*, München e Berlin 2000 (a fogli mobili con aggiornamenti periodici).
H. Maurer, *Allgemeines Verwaltungsrecht*, 17 Aug., München 2009.

3. *Inghilterra*

P.P. Craig, *Administrative law*, 6ª ed., Sweet & Maxwell, London 2008.
S.A. De Smith, R. Brazier, *Constitutional and Administrative law*, Penguin Books, 8ª ed., London 1999.
S.A. de Smith, H.K. Wolf, J. Jowel, *Judicial Review of administrative action*, 5ª ed., London 1995.
O. Hood Philips, *A first Book of English Law*, Sweet Maxwell, 8ª ed., London 1988.
J. Iliffe, *Lineamenti di diritto inglese*, Cedam, Padova 1987.
M.T. Molan, *Constitutional Law: The Machinery of Government*, 3ª ed., Old Bailey Press, London 2003.
H.R. Wade, C. Forsyth, *Administrative law*, 10ª ed., Oxford 2009 (trad. it. della 2ª edizione Giuffrè, Milano 1969).

4. *Spagna*

F. Balaguer Callejón, M.L. Balaguer Callejón, G. Cámara Villar, J.F. López Aguilar, J.A. Montilla Martos, A. Rodriguez, *Manual de derecho constitucional*, Tecnos, Madrid, 2007.
E. García de Enterría, T. Ramón Fernández, *Curso de derecho administrativo*, Civitas Madrid, I, 12ª ed. 2004, II, 9ª ed. 2004 (parte del volume primo è tra-

dotto in italiano con il titolo *Principi di diritto amministrativo*, Giuffrè, Milano 1983).
F. Garrido Falla, A. Palomar Olmeda, H. Losada Gonzales, *Tratado de derecho administrativo*, Tecnos, Madrid, I, 14ª ed. 2005, II, 12ª ed. 2006, III, 2006.

5. Stati Uniti d'America

A. Aman, W. Mayton, *Administrative Law*, 2ª ed., West Group co., St. Paul, Minn 2001.
W. Cohen, J. O. Varat, A.R. Amar, *Constitutuional Law, Cases and Materials*, 13ª ed., 2009, The Foundation Press, New York.
B. Schwartz, R. Corrada, *Administrative Law: a Casebook*, 7ª ed. Boston 2010.
L.H. Tribe, *American Constitutional Law*, I, 3ª ed., The Foundation Press, New York, 2000.

INDICE DELLE FONTI NORMATIVE

Avvertenza. *Le fonti sono elencate nel seguente ordine: I. Costituzione della Repubblica e leggi costituzionali; II. Atti internazionali; III. Codici; IV. Leggi e altri atti normativi.*

I numeri rimandano ai capitoli e ai paragrafi

I. COSTITUZIONE E LEGGI COSTITUZIONALI.

II. ATTI INTERNAZIONALI

III. CODICI

IV. LEGGI E ALTRI ATTI NORMATIVI

INDICE DELLA GIURISPRUDENZA COSTITUZIONALE

I numeri rimandano ai capitoli e ai paragrafi

INDICE DELLA GIURISPRUDENZA DI ALTRE CORTI

I numeri rimandano ai capitoli e ai paragrafi

INDICE ANALITICO-ALFABETICO

I numeri rimandano ai capitoli e ai paragrafi